中华人民共和国 民法典

注解与配套

第六版

中国法制出版社
CHINA LEGAL PUBLISHING HOUSE

出版说明

中国法制出版社一直致力于出版适合大众需求的法律图书。为了帮助读者准确理解与适用法律，我社于 2008 年 9 月推出"法律注解与配套丛书"，深受广大读者的认同与喜爱，此后推出的第二、三、四、五版也持续热销。为了更好地服务读者，及时反映国家最新立法动态及法律文件的多次清理结果，我社决定推出"法律注解与配套丛书"（第六版）。

本丛书具有以下特点：

1. 由相关领域的具有丰富实践经验和学术素养的法律专业人士撰写适用导引，对相关法律领域作提纲挈领的说明，重点提示立法动态及适用重点、难点。

2. 对主体法中的重点法条及专业术语进行注解，帮助读者把握立法精神，理解条文含义。

3. 根据司法实践提炼疑难问题，由相关专家运用法律规定及原理进行权威解答。

4. 在主体法律文件之后择要收录与其实施相关的配套规定，便于读者查找、应用。

此外，为了凸显丛书简约、实用的特色，分册根据需要附上实用图表、办事流程等，方便读者查阅使用。

真诚希望本丛书的出版能给您在法律的应用上带来帮助和便利，同时也恳请广大读者对书中存在的不足之处提出批评和建议。

中国法制出版社

2024 年 11 月

适用导引

《中华人民共和国民法典》共 7 编、1260 条，各编依次为总则、物权、合同、人格权、婚姻家庭、继承、侵权责任，以及附则。

总则编规定了民事活动必须遵循的基本原则和一般性规则，统领民法典各分编。总则编共 10 章、204 条，规定了民法基本原则，自然人、法人和非法人组织等民事主体，民事权利，民事法律行为和代理，民事责任和诉讼时效等基本民事制度。

物权是民事主体依法享有的重要财产权。物权法律制度调整因物的归属和利用产生的民事关系，是最重要的民事基本制度之一。民法典第二编"物权"在物权法的基础上，按照党中央提出的完善产权保护制度，健全归属清晰、权责明确、保护严格、流转顺畅的现代产权制度的要求，结合现实需要，进一步完善了物权法律制度。物权编共 5 个分编、20 章、258 条。

合同制度是社会主义市场经济的基本法律制度。合同编设 3 个分编，共 29 章 526 条。合同编规定了合同的调整范围、合同解释等一般性规定，修改完善了合同的订立、效力、履行、保全、变更和转让以及违约责任等合同基本制度；在合同法规定的 15 类典型合同的基础上，增加了保证合同、保理合同、物业服务合同、合伙合同 4 类典型合同，共规定了 19 类典型合同；对无因管理和不当得利的一般性规则作了规定。

人格权编坚持以人民为中心，顺应人民群众对人格权保护的迫切需求，在现行有关法律法规和司法解释的基础上，对人格权的一般规定以及各种具体人格权作了较为详细的规定，为人格权保护奠定和提供充分的规范基础。本编分为 6 章，共 51 条，规定了自然人所享有的人格权和法人、非法人组织享有的人格权，包括人格权的一般规定（第一章）以及各项人格权的具体规定（第二章至第六章）。

我国的婚姻家庭制度是具有中国特色的社会主义婚姻家庭制度。婚姻家庭立法作为规范婚姻家庭关系的基本准则，涉及家家户户的利益。婚姻家庭编以婚姻法和收养法为基础，在坚持婚姻自由、男女平等、一夫一妻等基本原则和特别保护妇女、未成年人和老年人权益的前提下，结合社会发展的需要，修改了部分规定，并增加了一些新规定。婚姻家庭编共 5 章、79 条。

继承制度是关于自然人死亡后财富传承的制度。根据我国社会家庭结构、继承观念等方面的发展变化，继承编在继承法的基础上，修改完善了我国的继承制度，以满足人民群众处理遗产的现实需要。继承编共 4 章、45 条，对法定继承、遗嘱继承和遗赠、遗产的处理等制度作了规定。

侵权责任是民事主体侵害他人权益应当承担的法律后果。民法典侵权责任编在总结侵权责任法实践经验的基础上，针对侵权领域出现的新情况，回应社会关切，广泛听取和吸收各方面意见，借鉴司法解释的有益做法，体现法学理论研究的最新成果，对侵权责任制度作了必要的补充和完善。本编共 10 章、95 条。

《民法典》是人民法院审理和执行民事案件的基本法律遵循。为正确适用《民法典》新增制度、重大修订内容，准确把握立法精神，充分掌握条文新旧变化，将《民法典》条文与审判执行具体工作相结合，根据《民法典》《民事诉讼法》等相关法律规定，结合民事审判实践，最高人民法院制定了多部涉《民法典》的司法解释。

最高人民法院按照"统一规划、分批制定，急用先行、重点推进"原则，制定了与《民法典》配套的第一批共 7 件新的司法解释，于 2021 年 1 月 1 日与《民法典》同步施行。

《最高人民法院关于适用〈中华人民共和国民法典〉时间效力的若干规定》。根据《立法法》的规定，新的法律只对其施行后的法律事实产生约束力，对施行前的法律事实无溯及力，但为了更好地保护公民、法人和其他组织的权利和利益而作的特别规定除外。作为适用《民法典》的第一部司法解释，在适用《民法典》时间效力上着重解决《民法典》与合同法、物权法等九部法律的新旧衔接适用问题，依法严格明确了溯及适用这一例外情形的适用条件，统一裁判尺度，确保《民法典》正确实施。

《最高人民法院关于适用〈中华人民共和国民法典〉有关担保制度的解释》。担保制度对于坚持和完善社会主义基本经济制度、优化营商环境、推动高质量发展，具有重要作用。《民法典》对担保制度进行了重大完善，在清理废止以往与担保有关的9件司法解释的基础上，为切实规范担保交易秩序，减轻融资成本，促进资金融通，扩大增信手段，保障债权实现，缓解中小企业融资难融资贵问题，新制定了关于适用民法典担保制度的司法解释。

另外五件分别涉及物权、婚姻家庭、继承、建设工程合同、劳动争议等方面。按照清晰、简明、针对性强的原则，在废止原有众多司法解释的基础上，根据《民法典》的新精神，新修改制定为5件相应司法解释。比如，为弘扬社会主义核心价值观，加强家庭文明建设，树立优良家风，在废止原7件有关司法解释基础上，分别制定了《最高人民法院关于适用〈中华人民共和国民法典〉婚姻家庭编的解释（一）》《最高人民法院关于适用〈中华人民共和国民法典〉继承编的解释（一）》。其中，《最高人民法院关于适用〈中华人民共和国民法典〉婚姻家庭编的解释（一）》依照《民法典》的规定对亲子关系确认和否认之诉作了相应完善。再比如，为强化民生司法保障、维护和谐劳动关系、维护建筑市场公平竞争秩序，在废止原7件有关司法解释的基础

3

上，分别制定了《最高人民法院关于审理劳动争议案件适用法律问题的解释（一）》和《最高人民法院关于审理建设工程施工合同纠纷案件适用法律问题的解释（一）》。还比如，《最高人民法院关于适用〈中华人民共和国民法典〉物权编的解释（一）》，相应增加了《民法典》物权编规定的"居住权"等新型用益物权。

除上述7件司法解释，还对《民事案件案由规定》进行了修改。按照《民法典》规定的新制度，增加声音保护、个人信息保护、申请人格权侵害禁令、居住权、保理合同等案由，用以规范和指导民事审判工作。

为指导各级人民法院贯彻实施好《民法典》，充分发挥总则编在《民法典》中统领全局的作用，依法保护民事主体的合法权益，大力弘扬社会主义核心价值观，最高人民法院制定了《关于适用〈中华人民共和国民法典〉总则编若干问题的解释》，由最高人民法院审判委员会第1861次全体会议通过，自2022年3月1日起施行。总则编司法解释共39条，分为一般规定、民事权利能力和民事行为能力、监护、宣告失踪和宣告死亡、民事法律行为、代理、民事责任、诉讼时效和附则9个部分。

《民法典》颁布后，最高人民法院废止了根据原合同法制定的《合同法解释一》和《合同法解释二》，司法实践急需出台关于《民法典》合同编通则的司法解释。为此，最高人民法院在清理相关司法解释的基础上，结合审判实践中遇到的疑难问题，制定了《关于适用〈中华人民共和国民法典〉合同编通则若干问题的解释》，于2023年12月4日公告公布，并自2023年12月5日起施行。《合同编通则解释》共69条，分为一般规定、合同的订立、合同的效力、合同的履行、合同的保全、合同的变更和转让、合同的权利义务终止、违约责任和附则9个部分。最高人民法院在公布解释的同时，还配套发布了十个典型案例，帮助大家更好地理解《合同编通则解释》的具体规定，与《合同编通则解释》确定的裁判规则形成有效互补。

《民法典》施行后，最高人民法院为正确实施《民法典》，回应社会关切，结合审判实践中遇到的新情况新问题，制定了《最高人民法院关于适用〈中华人民共和国民法典〉侵权责任编的解释（一）》（法释〔2024〕12 号，以下简称《解释》），于 2024 年 9 月 26 日正式发布，并自 2024 年 9 月 27 日起施行。《解释》共计 26 条，除了第 26 条是关于施行时间及效力的规定外，其余 25 个条文都是针对具体问题作出的规定。一是明确非法使被监护人脱离监护的侵权责任。二是明确监护人责任，教唆、帮助侵权责任和教育机构责任的实体和程序规则。三是明确用人单位责任的适用范围和劳务派遣关系中的侵权责任形态。四是明确机动车交通事故责任的相关适用规则。五是明确缺陷产品造成的产品自身损害（即产品自损）属于产品责任赔偿范围。六是明确规定禁止饲养的烈性犬等危险动物致人损害不适用免责事由。七是明确高空抛掷物、坠落物致害责任的实体和程序规则。

这些解释的出台，能够与《民法典》一起，为广大法官提供执法办案的规定，也可以使广大读者深入学习《民法典》的规定。

目　录

第二章 自然人

第一节 民事权利能力和民事行为能力

第二节 监 护

第四节 个体工商户和农村承包经营户

第三章 法 人

第一节 一般规定

第四章　非法人组织

第五章　民事权利

第六章　民事法律行为

第一节　一般规定

第二节　意思表示

第三节　民事法律行为的效力

第七章　代　理

第一节　一般规定

第九章　诉讼时效

第十章　期间计算

第二编　物　权

第一分编　通　则

第一章　一般规定

14

第三章 物权的保护

第二分编　所有权

第四章　一般规定

第五章　国家所有权和集体所有权、私人所有权

第六章　业主的建筑物区分所有权

第七章 相邻关系

第八章 共 有

第九章 所有权取得的特别规定

第三分编　　用益物权

第十章　　一般规定

第十一章　　土地承包经营权

第十二章　建设用地使用权

第十三章　宅基地使用权

第十四章　居住权

第十五章　地役权

第四分编　担保物权

第十六章　一般规定

第十七章 抵押权

第一节 一般抵押权

第十八章　质　权

第一节　动产质权

第五分编　占　有

第二十章　占　有

第三编　合　同

第一分编　通　则

第一章　一般规定

第二章 合同的订立

第六章　合同的变更和转让

第七章　合同的权利义务终止

第八章　违约责任

第二分编　典型合同

第九章　买卖合同

第十章　供用电、水、气、热力合同

第十一章　赠与合同

第十二章　借款合同

第十三章　保证合同

第一节　一般规定

第十四章 租赁合同

第十五章　融资租赁合同

第十六章　保理合同

第十七章　承揽合同

第十八章　建设工程合同

第十九章　运输合同

第一节　一般规定

第二节　客运合同

第三节　货运合同

第二十一章 保管合同

第二十二章　仓储合同

第二十五章　行纪合同

第二十六章　中介合同

第二十七章　合伙合同

第三分编 准合同

第二十八章 无因管理

第二十九章 不当得利

第四编 人格权

第一章 一般规定

第二章　生命权、身体权和健康权

第五编 婚姻家庭

第一章 一般规定

第二章 结 婚

第三章　家庭关系

第一节　夫妻关系

第四章 离 婚

第五章 收 养

第一节 收养关系的成立

64

第七编　侵权责任

第一章　一般规定

第二章　损害赔偿

69

第六章　医疗损害责任

第七章　环境污染和生态破坏责任

第八章　高度危险责任

附　则

配 套 法 规

实用附录

中华人民共和国民法典

（2020 年 5 月 28 日第十三届全国人民代表大会第三次会议通过　2020 年 5 月 28 日中华人民共和国主席令第 45 号公布　自 2021 年 1 月 1 日起施行）

目　　录

第三编　合　同

第一编　总　　则

第一章　基本规定

第一条　【立法目的和依据】* 为了保护民事主体的合法权益，调整民事关系，维护社会和经济秩序，适应中国特色社会主义发展要求，弘扬社会主义核心价值观，根据宪法，制定本法。

第二条　【调整范围】民法调整平等主体的自然人、法人和非法人组织之间的人身关系和财产关系。

注解

　　民法所调整的民事关系根据权利义务所涉及的内容不同可以分为两大类，即民事主体之间的人身关系和财产关系。人身关系是指民事主体之间基于人格和身份形成的无直接物质利益因素的民事法律关系。人身关系有的与民事主体的人格利益相关，有的与民事主体的特定身份相关。如配偶之间的婚姻关系，父母子女之间的抚养和赡养关系。财产关系是指民事主体之间基于物质利益而形成的民事法律关系。财产关系包括静态的财产支配关系，如

---

　　* 条文主旨为编者所加，下同。

6

所有权关系，还包括动态的财产流转关系，如债权债务关系等。从财产关系所涉及的权利内容而言，财产关系包括物权关系、债权关系等。

配套

《民事诉讼法》第 3 条

第三条　【民事权利及其他合法权益受法律保护】 民事主体的人身权利、财产权利以及其他合法权益受法律保护，任何组织或者个人不得侵犯。

注解

人身权利包括生命权、健康权、姓名权、名誉权、荣誉权、肖像权、隐私权、婚姻自主权、监护权等，财产权利包括所有权、用益物权、担保物权、股权等。民法除保护人身权利和财产权利外，兼具人身和财产性质的知识产权、继承权等也受法律保护。除列明的民事权利外，《民法典》还规定保护其他合法权益，原因在于，有些民事权益法律并未明确规定，但确有必要予以保护的，法律也应当予以保护。

民事权利及其他合法权益受法律保护，就要求任何组织或者个人不得侵犯。不得侵犯就是任何组织或者个人不得非法侵占、限制、剥夺他人的民事权利及其他合法权益，也不得干涉他人正常行使民事权利及其他合法权益。当然，这并非意味着民事主体的民事权利可以毫无限制，是绝对自由的。相反，民事主体行使民事权利要受到法律、公序良俗的约束，民事主体不得滥用民事权利，且国家基于公共利益的需要，在法律权限范围内经法定程序，在给予公平合理补偿的前提下，可以对民事主体的财产予以征收或者征用。

应用

1. 保护丧偶妇女辅助生育权益

本案是依照民法典和《妇女权益保障法》相关规定的精神，保护丧偶妇女辅助生育权益的典型案例。审理法院结合案情和《人类辅助生殖技术规范》《人类辅助生殖技术和人类精子库伦理原则》有关"禁止给单身妇女实施人类辅助生殖技术"的规范目的，依法认定本案原告丧偶后与上述规定中的"单身妇女"有本质不同，从而确认了"丧偶妇女"继续实施人类辅助生殖技术的正当性。本案是依法保护女性生育权益的具体实践，体现了司法对妇女合法权益的有效维护，具有积极的导向意义。[人民法院贯彻实施民法典典型案例（第二批）五：邹某玲诉某医院医疗服务合同纠纷案]

第四条　【平等原则】民事主体在民事活动中的法律地位一律平等。

注 解

平等原则，是指民事主体在从事民事活动时，相互之间在法律地位上都是平等的，合法权益受到法律的平等保护。当事人之间地位平等是民法区别于其他法律部门的最为重要的特征。

民事主体的法律地位一律平等。首先，体现为自然人的权利能力一律平等。权利能力就是自然人享有民事权利、承担民事义务的法律资格，这种法律资格，不因自然人的出身、身份、职业、性别、年龄、民族、种族等而不同，所有自然人从法律人格上而言都是平等的、没有差别的。其次，体现为所有民事主体之间在从事民事活动时双方的法律地位平等。最后，平等原则的平等还体现为所有民事主体的合法权益受到法律的平等保护。

配 套

《宪法》第 33 条；《消费者权益保护法》第 4 条；《合伙企业法》第 5 条

第五条　【自愿原则】民事主体从事民事活动，应当遵循自愿原则，按照自己的意思设立、变更、终止民事法律关系。

注 解

自愿原则，也被称为意思自治原则，就是民事主体有权根据自己的意愿，自愿从事民事活动，按照自己的意思自主决定民事法律关系的内容及其设立、变更和终止，自觉承受相应的法律后果。平等原则是民法的前提和基础，自愿原则即意思自治原则，是民法的核心。

配 套

《证券法》第 4 条；《反不正当竞争法》第 2 条；《电子商务法》第 5 条

第六条　【公平原则】民事主体从事民事活动，应当遵循公平原则，合理确定各方的权利和义务。

公平原则要求民事主体从事民事活动时秉持公平理念，公正、平允、合理地确定各方的权利和义务，并依法承担相应的民事责任。公平原则体现了民法促进社会公平正义的基本价值，对规范民事主体的行为发挥着重要作用。公平原则作为民法的基本原则，不仅仅是民事主体从事民事活动应当遵守的基本行为准则，也是人民法院审理民事纠纷应当遵守的基本裁判准则。

配 套

《拍卖法》第 4 条

第七条　【诚信原则】民事主体从事民事活动，应当遵循诚信原则，秉持诚实，恪守承诺。

应 用

2. 民事主体应当遵循诚信原则

当事人双方就债务清偿达成和解协议，约定解除财产保全措施及违约责任。一方当事人依约申请人民法院解除了保全措施后，另一方当事人违反诚实信用原则不履行和解协议，并在和解协议违约金诉讼中请求减少违约金的，人民法院不予支持。[北京隆昌伟业贸易有限公司诉北京城建重工有限公司合同纠纷案（最高人民法院指导案例 166 号）]

配 套

《反不正当竞争法》第 2 条；《拍卖法》第 4 条

第八条　【守法与公序良俗原则】民事主体从事民事活动，不得违反法律，不得违背公序良俗。

注 解

公序良俗是指公共秩序和善良习俗。守法和公序良俗原则要求自然人、法人和非法人组织在从事民事活动时，不得违反各种法律的强制性规定，不得违背公共秩序和善良习俗。

3. 依法成立的合同，不违反法律法规及公序良俗，应当履行

夫妻双方与医疗机构订立"体外受精—胚胎移植"医疗服务合同并已经完成取卵、胚胎培养等合同内容，在胚胎正式移植前丈夫死亡且生前并未向医疗机构表示拒绝履行合同，妻子要求医疗机构继续履行胚胎移植义务，既是当事人真实意思的反映，亦具备可履行的内容，且并不违反法律法规及公序良俗，医疗机构应当继续履行医疗服务合同。丧偶妇女符合国家相关人口和计划生育法律法规情况下以其夫妇通过实施人类辅助生殖技术而获得的胚胎继续生育子女，有别于原卫生部实施人类辅助生殖技术规范中的单身妇女，不违反社会公益原则。医院不得基于部门规章的行政管理规定对抗当事人基于法律所享有的正当生育权利。[陈某某诉无锡市妇幼保健院医疗服务合同纠纷案（《最高人民法院公报》2022 年第 2 期）]

配套

《妇女权益保障法》第 7 条；《保险法》第 4 条

第九条　【绿色原则】民事主体从事民事活动，应当有利于节约资源、保护生态环境。

第十条　【处理民事纠纷的依据】处理民事纠纷，应当依照法律；法律没有规定的，可以适用习惯，但是不得违背公序良俗。

注解

人民法院、仲裁机构等在处理民事纠纷时，应当依照法律。这里的法律是指广义的法律，包括全国人大及其常委会制定的法律和国务院制定的行政法规，也不排除地方性法规、自治条例和单行条例等。

法律没有规定的，可以适用不违背公序良俗的习惯。在一定地域、行业范围内长期为一般人从事民事活动时普遍遵守的民间习俗、惯常做法等，可以认定为本条规定的习惯。当事人主张适用习惯的，应当就习惯及其具体内容提供相应证据；必要时，人民法院可以依职权查明。适用习惯，不得违背社会主义核心价值观，不得违背公序良俗。

配套

《最高人民法院关于适用〈中华人民共和国民法典〉总则编若干问题的解释》第 2 条

第十一条　【特别法优先】其他法律对民事关系有特别规定的，依照其规定。

配套

《立法法》第 103 条、第 105 条；《涉外民事关系法律适用法》第 2 条；《票据法》第 96 条

第十二条　【民法的效力范围】中华人民共和国领域内的民事活动，适用中华人民共和国法律。法律另有规定的，依照其规定。

配套

《涉外民事关系法律适用法》第 3 条

第二章　自　然　人

第一节　民事权利能力和民事行为能力

第十三条　【自然人民事权利能力的起止时间】自然人从出生时起到死亡时止，具有民事权利能力，依法享有民事权利，承担民事义务。

注解

民事权利能力具有不可剥夺的特征。民事权利能力始于出生，终于死亡。自然人生存期间，其民事权利能力不因任何原因丧失、消灭。自然人受到刑事处罚、丧失民事行为能力等，都不能导致民事权利能力的减损或者消灭。法律包括公法都不得对自然人的民事权利能力进行限制或者剥夺。

11

第十四条 【民事权利能力平等】自然人的民事权利能力一律平等。

第十五条 【出生和死亡时间的认定】自然人的出生时间和死亡时间，以出生证明、死亡证明记载的时间为准；没有出生证明、死亡证明的，以户籍登记或者其他有效身份登记记载的时间为准。有其他证据足以推翻以上记载时间的，以该证据证明的时间为准。

注解

出生证明，即出生医学证明，载有新生儿的姓名、性别、出生时间、父母姓名等。

死亡证明是指有关单位出具的证明自然人死亡的文书。主要包括以下几类：公民死于医疗单位的，由医疗单位出具死亡医学证明书；公民正常死亡但无法取得医院出具的死亡证明的，由社区、村（居）委会或者基层卫生医疗机构出具证明；公民非正常死亡或者卫生部门不能确定是否属于正常死亡的，由公安司法部门出具死亡证明；死亡公民已经火化的，由殡葬部门出具火化证明。死亡证明是记载死亡时间的原始凭证，具有证明死亡时间的准确性和规范性，因此本条将死亡证明记载的时间作为判断自然人死亡时间的最基本依据。

配套

《医师法》第56条；《户口登记条例》第7条

第十六条 【胎儿利益保护】涉及遗产继承、接受赠与等胎儿利益保护的，胎儿视为具有民事权利能力。但是，胎儿娩出时为死体的，其民事权利能力自始不存在。

注解

自然人的民事权利能力始于出生，胎儿尚未与母体分离，不是独立的自然人，不能依据民事权利能力的一般规定进行保护。

本条从法律上明确胎儿在特定情形下视为具有民事权利能力。胎儿自母亲怀孕之时起就应当被视为具有民事权利能力，无须待到其出生之时，即可行使继承权等权利。但如"胎儿娩出时为死体"的，则溯及怀胎期间消灭其

12

民事权利能力。胎儿享有的部分民事权利能力，除本条明确规定的遗产继承、接受赠与，还可能包括人身损害赔偿请求权、抚养损害赔偿请求权以及其他基于身份的请求权。

第十七条　【成年时间】 十八周岁以上的自然人为成年人。不满十八周岁的自然人为未成年人。

配套

《宪法》第 34 条；《未成年人保护法》第 2 条

第十八条　【完全民事行为能力人】 成年人为完全民事行为能力人，可以独立实施民事法律行为。

十六周岁以上的未成年人，以自己的劳动收入为主要生活来源的，视为完全民事行为能力人。

注解

民事行为能力是指民事主体独立参与民事活动，以自己的行为取得民事权利或者承担民事义务的法律资格。《民法典》根据自然人辨识能力的不同，将自然人的民事行为能力分为完全民事行为能力、限制民事行为能力和无民事行为能力。

完全民事行为能力人具有健全的辨识能力，可以独立进行民事活动；限制民事行为能力人只能独立进行与其辨识能力相适应的民事活动；无民事行为能力人应当由其法定代理人代理实施民事活动。

配套

《劳动法》第 15 条；《预防未成年人犯罪法》第 27 条

第十九条　【限制民事行为能力的未成年人】 八周岁以上的未成年人为限制民事行为能力人，实施民事法律行为由其法定代理人代理或者经其法定代理人同意、追认；但是，可以独立实施纯获利益的民事法律行为或者与其年龄、智力相适应的民事法律行为。

同意是指事前同意，即限制民事行为能力的未成年人实施民事法律行为要经法定代理人的事前同意；追认是指事后追认，即限制民事行为能力的未成年人实施的民事法律行为要经过法定代理人的事后追认，才能对该未成年人发生效力。

8周岁以上的未成年人已经具有一定的辨认识别能力，法律应当允许其独立实施一定的民事法律行为。可以独立实施的民事法律行为包括两类：一类是纯获利益的民事法律行为，例如接受赠与等。限制民事行为能力的未成年人通常不会因这类行为遭受不利益，可以独立实施。另一类是与其年龄、智力相适应的民事法律行为，例如8周岁的儿童购买学习用品等。限制民事行为能力的未成年人对实施这类行为有相应的认知能力，可以独立实施。

《广告法》第33条；《公证法》第31条；《保险法》第39条

第二十条　【无民事行为能力的未成年人】 不满八周岁的未成年人为无民事行为能力人，由其法定代理人代理实施民事法律行为。

第二十一条　【无民事行为能力的成年人】 不能辨认自己行为的成年人为无民事行为能力人，由其法定代理人代理实施民事法律行为。

八周岁以上的未成年人不能辨认自己行为的，适用前款规定。

第二十二条　【限制民事行为能力的成年人】 不能完全辨认自己行为的成年人为限制民事行为能力人，实施民事法律行为由其法定代理人代理或者经其法定代理人同意、追认；但是，可以独立实施纯获利益的民事法律行为或者与其智力、精神健康状况相适应的民事法律行为。

4. 与其智力、精神健康状况相适应

关于"与其智力、精神健康状况相适应"的认定，应当结合限制民事行为能力的成年人的智力、精神健康状况、行为的性质、标的数额等因素综合判断，具体情况具体分析，没有统一的标准。如果该成年人所从事的民事法律行为与其智力、精神健康状况不相适应，需经其法定代理人事前同意或者事后追认；如果该成年人所从事的民事法律行为与其智力、精神健康状况相适应，不需经其法定代理人同意或者追认，即为有效。

第二十三条　【非完全民事行为能力人的法定代理人】无民事行为能力人、限制民事行为能力人的监护人是其法定代理人。

第二十四条　【民事行为能力的认定及恢复】不能辨认或者不能完全辨认自己行为的成年人，其利害关系人或者有关组织，可以向人民法院申请认定该成年人为无民事行为能力人或者限制民事行为能力人。

被人民法院认定为无民事行为能力人或者限制民事行为能力人的，经本人、利害关系人或者有关组织申请，人民法院可以根据其智力、精神健康恢复的状况，认定该成年人恢复为限制民事行为能力人或者完全民事行为能力人。

本条规定的有关组织包括：居民委员会、村民委员会、学校、医疗机构、妇女联合会、残疾人联合会、依法设立的老年人组织、民政部门等。

第二十五条　【自然人的住所】自然人以户籍登记或者其他有效身份登记记载的居所为住所；经常居所与住所不一致的，经常居所视为住所。

注　解

住所是指民事主体进行民事活动的中心场所或者主要场所。自然人的住所一般指自然人长期居住、较为固定的居所。自然人的住所对婚姻登记、宣告失踪、宣告死亡、债务履行地、司法管辖、诉讼送达等具有重要的法律意义。

居所指自然人实际居住的一定处所，其与住所的区别是，一个自然人可以同时有两个或多个居所，但只能有一个住所。一般的居所都是自然人临时居住，为暂时性的，住所则为长期固定的。

《民事诉讼法》第22条、第23条

第二节 监　护

第二十六条　【父母子女之间的法律义务】父母对未成年子女负有抚养、教育和保护的义务。

成年子女对父母负有赡养、扶助和保护的义务。

父母对未成年子女的抚养、教育和保护义务，主要包括进行生活上的照料，保障未成年人接受义务教育，以适当的方式方法管理和教育未成年人，保护未成年人的人身、财产不受到侵害，促进未成年人的身心健康发展等。

成年子女对父母的赡养、扶助和保护义务，主要包括子女对丧失劳动能力或生活困难的父母，要进行生活上的照料和经济上的供养，从精神上慰藉父母，保护父母的人身、财产权益不受侵害。本法婚姻家庭编、老年人权益保障法等对此作出了较为具体的规定。

《宪法》第49条；《老年人权益保障法》第14条；《教育法》第50条；《未成年人保护法》第7条

第二十七条　【未成年人的监护人】父母是未成年子女的监护人。

未成年人的父母已经死亡或者没有监护能力的，由下列有监护能力的人按顺序担任监护人：

（一）祖父母、外祖父母；

（二）兄、姐；

（三）其他愿意担任监护人的个人或者组织，但是须经未成年人住所地的居民委员会、村民委员会或者民政部门同意。

人民法院认定自然人的监护能力，应当根据其年龄、身心健康状况、经济条件等因素确定；认定有关组织的监护能力，应当根据其资质、信用、财产状况等因素确定。

监护人因患病、外出务工等原因在一定期限内不能完全履行监护职责，将全部或者部分监护职责委托给他人，当事人主张受托人因此成为监护人的，人民法院不予支持。

配 套

《最高人民法院关于适用〈中华人民共和国民法典〉总则编若干问题的解释》第6条、第13条

第二十八条　【非完全民事行为能力成年人的监护人】无民事行为能力或者限制民事行为能力的成年人，由下列有监护能力的人按顺序担任监护人：

（一）配偶；

（二）父母、子女；

（三）其他近亲属；

（四）其他愿意担任监护人的个人或者组织，但是须经被监护人住所地的居民委员会、村民委员会或者民政部门同意。

第二十九条　【遗嘱指定监护】被监护人的父母担任监护人的，可以通过遗嘱指定监护人。

注 解

担任监护人的被监护人父母通过遗嘱指定监护人，遗嘱生效时被指定的人不同意担任监护人的，人民法院应当适用民法典第27条、第28条的规定确定监护人。未成年人由父母担任监护人，父母中的一方通过遗嘱指定监护人，另一方在遗嘱生效时有监护能力，有关当事人对监护人的确定有争议的，人民法院应当适用民法典第27条第1款的规定确定监护人。

配 套

《最高人民法院关于适用〈中华人民共和国民法典〉总则编若干问题的

第三十条 【协议确定监护人】依法具有监护资格的人之间可以协议确定监护人。协议确定监护人应当尊重被监护人的真实意愿。

注解

未成年人的父母与其他依法具有监护资格的人订立协议，约定免除具有监护能力的父母的监护职责的，人民法院不予支持。协议约定在未成年人的父母丧失监护能力时由该具有监护资格的人担任监护人的，人民法院依法予以支持。依法具有监护资格的人之间依据民法典第 30 条的规定，约定由民法典第 27 条第 2 款、第 28 条规定的不同顺序的人共同担任监护人，或者由顺序在后的人担任监护人的，人民法院依法予以支持。

应用

5. 尊重被监护人的真实意愿

协议确定监护人对被监护人的利益影响重大，应当充分尊重被监护人的真实意愿。"尊重被监护人的真实意愿"不是简单地征求被监护人的意见，而是要结合多种情况进行综合考量判断，探求其内心真实的愿望。限制民事行为能力的未成年人和成年人已经具备了一定的认知判断能力以及较强的表达能力，协议确定监护人应当直接听取其意见，并对其意见是否反映其真实意愿，结合其他一些因素进行判断，如是否受到胁迫等。无民事行为能力的被监护人，不具有独立的认知判断能力，但这并不意味着这些被监护人没有真实意愿。对于无民事行为能力的被监护人的真实意愿，也应当结合各种情况判断，如被监护人与哪一个具有监护资格的人生活联系最为密切等。发现并充分尊重被监护人的真实意愿，对于保护被监护人的身心健康，具有重要意义。

配套

《最高人民法院关于适用〈中华人民共和国民法典〉总则编若干问题的解释》第 8 条

第三十一条 【监护争议解决程序】对监护人的确定有争议的，由被监护人住所地的居民委员会、村民委员会或者民政部门指定监护人，有关当事人对指定不服的，可以向人民法院申请指定监护人；有关当事人也可以直接向人民法院申请指定监护人。

居民委员会、村民委员会、民政部门或者人民法院应当尊重被监护人的真实意愿，按照最有利于被监护人的原则在依法具有监护资格的人中指定监护人。

依据本条第一款规定指定监护人前，被监护人的人身权利、财产权利以及其他合法权益处于无人保护状态的，由被监护人住所地的居民委员会、村民委员会、法律规定的有关组织或者民政部门担任临时监护人。

监护人被指定后，不得擅自变更；擅自变更的，不免除被指定的监护人的责任。

应　用

6. 最有利于被监护人的原则

人民法院依据民法典第31条第2款、第36条第1款的规定指定监护人时，应当尊重被监护人的真实意愿，按照最有利于被监护人的原则指定，具体参考以下因素：（1）与被监护人生活、情感联系的密切程度；（2）依法具有监护资格的人的监护顺序；（3）是否有不利于履行监护职责的违法犯罪等情形；（4）依法具有监护资格的人的监护能力、意愿、品行等。人民法院依法指定的监护人一般应当是一人，由数人共同担任监护人更有利于保护被监护人利益的，也可以是数人。

7. 指定监护

依照监护争议解决程序，由居民委员会、村民委员会、民政部门或者人民法院指定监护人后，被指定的监护人应当履行监护职责，不得推卸，不得擅自变更。有关当事人不服居民委员会、村民委员会或者民政部门的指定，在接到指定通知之日起30日内向人民法院申请指定监护人的，人民法院经审理认为指定并无不当，依法裁定驳回申请；认为指定不当，依法判决撤销指定并另行指定监护人。有关当事人在接到指定通知之日起30日后提出申请的，人民法院应当按照变更监护关系处理。

配套

《最高人民法院关于适用〈中华人民共和国民法典〉总则编若干问题的解释》第 9 条、第 10 条

第三十二条　【公职监护人】没有依法具有监护资格的人的，监护人由民政部门担任，也可以由具备履行监护职责条件的被监护人住所地的居民委员会、村民委员会担任。

注解

"没有依法具有监护资格的人的"主要指没有本法第 27 条、第 28 条规定的具有监护资格的人的情况，即被监护人的父母死亡或者没有监护能力，也没有其他近亲属，或者其他近亲属都没有监护能力，而且还没有符合条件的其他愿意担任监护人的个人或者组织。如果存在具有监护资格的人，但其拒绝担任监护人的，不适用本条规定。

第三十三条　【意定监护】具有完全民事行为能力的成年人，可以与其近亲属、其他愿意担任监护人的个人或者组织事先协商，以书面形式确定自己的监护人，在自己丧失或者部分丧失民事行为能力时，由该监护人履行监护职责。

注解

具有完全民事行为能力的成年人与他人依据民法典第 33 条的规定订立书面协议事先确定自己的监护人后，协议的任何一方在该成年人丧失或者部分丧失民事行为能力前请求解除协议的，人民法院依法予以支持。该成年人丧失或者部分丧失民事行为能力后，协议确定的监护人无正当理由请求解除协议的，人民法院不予支持。

该成年人丧失或者部分丧失民事行为能力后，协议确定的监护人有民法典第 36 条第 1 款规定的情形之一，该条第 2 款规定的有关个人、组织申请撤销其监护人资格的，人民法院依法予以支持。

配套

《民法典》第 36 条；《最高人民法院关于适用〈中华人民共和国民法

第三十四条　【监护职责及临时生活照料】监护人的职责是代理被监护人实施民事法律行为，保护被监护人的人身权利、财产权利以及其他合法权益等。

监护人依法履行监护职责产生的权利，受法律保护。

监护人不履行监护职责或者侵害被监护人合法权益的，应当承担法律责任。

因发生突发事件等紧急情况，监护人暂时无法履行监护职责，被监护人的生活处于无人照料状态的，被监护人住所地的居民委员会、村民委员会或者民政部门应当为被监护人安排必要的临时生活照料措施。

应 用

8. 突发事件

这里的"突发事件"，是指《突发事件应对法》中规定的突然发生，造成或者可能造成严重社会危害，需要采取应急处置措施予以应对的自然灾害、事故灾难、公共卫生事件和社会安全事件。需要注意的是，安排临时生活照料措施与民事监护中的临时监护制度不同。安排临时生活照料措施主要就是对被监护人进行生活照料，而临时监护除了照料生活之外，还有许多情况需要处理，可能包括一些涉及被监护人的权利义务的重大决定。

第三十五条　【履行监护职责应遵循的原则】监护人应当按照最有利于被监护人的原则履行监护职责。监护人除为维护被监护人利益外，不得处分被监护人的财产。

未成年人的监护人履行监护职责，在作出与被监护人利益有关的决定时，应当根据被监护人的年龄和智力状况，尊重被监护人的真实意愿。

成年人的监护人履行监护职责，应当最大程度地尊重被监护人的真实意愿，保障并协助被监护人实施与其智力、精神健康状况相适应的民事法律行为。对被监护人有能力独立处理的事务，监护人不得干涉。

配套

《未成年人保护法》第 16 条

第三十六条　【监护人资格的撤销】 监护人有下列情形之一的，人民法院根据有关个人或者组织的申请，撤销其监护人资格，安排必要的临时监护措施，并按照最有利于被监护人的原则依法指定监护人：

（一）实施严重损害被监护人身心健康的行为；

（二）怠于履行监护职责，或者无法履行监护职责且拒绝将监护职责部分或者全部委托给他人，导致被监护人处于危困状态；

（三）实施严重侵害被监护人合法权益的其他行为。

本条规定的有关个人、组织包括：其他依法具有监护资格的人、居民委员会、村民委员会、学校、医疗机构、妇女联合会、残疾人联合会、未成年人保护组织、依法设立的老年人组织、民政部门等。

前款规定的个人和民政部门以外的组织未及时向人民法院申请撤销监护人资格的，民政部门应当向人民法院申请。

应用

9. 最有利于被监护人的原则

未成年人是祖国的未来和民族的希望，进一步加强未成年人司法保护是新时代对人民法院工作提出的更高要求。本案是适用民法典相关规定，依法撤销监护人资格的典型案例。民法典扩大了监护人的范围，进一步严格了监护责任，对撤销监护人资格的情形作出了明确规定。本案中，未成年人生母构成遗弃罪，为切实保护未成年人合法权益，梅河口市儿童福利院申请撤销监护人资格并申请指定其作为监护人。人民法院依法判决支持其申请，彰显

了司法的态度和温度。[人民法院贯彻实施民法典典型案例（第一批）二：梅河口市儿童福利院与张某柔申请撤销监护人资格案]

10. 人民法院根据案件具体情况指定民政部门作为监护人

未成年人是祖国的未来和民族的希望，进一步加强未成年人司法保护是新时代对人民法院工作提出的更高要求。本案是人民法院准确适用民法典关于监护制度的规定，并主动延伸司法职能，与有关部门合力守护未成年人健康成长的典型案例。本案中，人民法院根据案件具体情况依法撤销了原监护人的监护人资格，指定民政部门作为监护人，同时向民政部门发出司法建议书，协助其更好地履行监护职责，为被监护人的临时生活照料、确定收养关系、完善收养手续以及后续的生活教育提供司法服务。[人民法院贯彻实施民法典典型案例（第二批）一：乐平市民政局申请撤销罗某监护人资格案]

配套

《反家庭暴力法》第 21 条；《未成年人保护法》第 94 条、第 108 条

第三十七条 【监护人资格撤销后的义务】依法负担被监护人抚养费、赡养费、扶养费的父母、子女、配偶等，被人民法院撤销监护人资格后，应当继续履行负担的义务。

注 解

实践中，监护人往往由父母、子女、配偶等法定扶养义务人担任。监护人被撤销监护人资格后，就不能再继续履行监护职责。但法定扶养义务是基于血缘、婚姻等关系确立的法律义务，该义务不因监护人资格的撤销而免除。

第三十八条 【监护人资格的恢复】被监护人的父母或者子女被人民法院撤销监护人资格后，除对被监护人实施故意犯罪的外，确有悔改表现的，经其申请，人民法院可以在尊重被监护人真实意愿的前提下，视情况恢复其监护人资格，人民法院指定的监护人与被监护人的监护关系同时终止。

注 解

依据本条规定，恢复监护人资格必须向人民法院申请，由人民法院决定

23

是否予以恢复。父母与子女是最近的直系亲属关系，本条适用的对象仅限于被监护人的父母或者子女，其他个人或者组织的监护人资格一旦被撤销，即不再恢复。被监护人的父母或者子女被撤销监护人资格后，再恢复监护人资格还需要满足以下几个条件：（1）没有对被监护人实施故意犯罪的情形。如对被监护人实施性侵害、虐待、遗弃被监护人等构成刑事犯罪的，不得恢复监护人资格。但对因过失犯罪，例如因过失导致被监护人受到伤害等被撤销监护人资格的，则可以根据具体情况来判断是否恢复监护人资格。（2）确有悔改表现，即被监护人的父母或者子女不但要有悔改的意愿，还要有实际的悔改表现，这需要由人民法院根据具体情形予以判断。（3）要尊重被监护人的真实意愿。如被监护人不愿意由其父母或者子女继续担任监护人的，则不得恢复。（4）即使符合以上条件，法院也还需要综合考虑各方面情况，从有利于被监护人权益保护的角度，决定是否恢复监护人资格。

第三十九条　【监护关系的终止】有下列情形之一的，监护关系终止：

（一）被监护人取得或者恢复完全民事行为能力；

（二）监护人丧失监护能力；

（三）被监护人或者监护人死亡；

（四）人民法院认定监护关系终止的其他情形。

监护关系终止后，被监护人仍然需要监护的，应当依法另行确定监护人。

`注 解`

监护人、其他依法具有监护资格的人之间就监护人是否有民法典第 39 条第 1 款第 2 项、第 4 项规定的应当终止监护关系的情形发生争议，申请变更监护人的，人民法院应当依法受理。经审理认为理由成立的，人民法院依法予以支持。

`配 套`

《最高人民法院关于适用〈中华人民共和国民法典〉总则编若干问题的解释》第 12 条

第三节　宣告失踪和宣告死亡

第四十条　【宣告失踪】自然人下落不明满二年的，利害关系人可以向人民法院申请宣告该自然人为失踪人。

应　用

11. 利害关系人

人民法院审理宣告失踪案件时，下列人员应当认定为民法典第40条规定的利害关系人：（1）被申请人的近亲属；（2）依据民法典第1128条、第1129条规定对被申请人有继承权的亲属；（3）债权人、债务人、合伙人等与被申请人有民事权利义务关系的民事主体，但是不申请宣告失踪不影响其权利行使、义务履行的除外。

12. 宣告失踪的法定程序

公民下落不明满二年，利害关系人申请宣告其失踪的，向下落不明人住所地基层人民法院提出。申请书应当写明失踪的事实、时间和请求，并附有公安机关或者其他有关机关关于该公民下落不明的书面证明。

人民法院受理宣告失踪案件后，应当发出寻找下落不明人的公告。宣告失踪的公告期间为三个月。公告期间届满，人民法院应当根据被宣告失踪的事实是否得到确认，作出宣告失踪的判决或者驳回申请的判决。

配　套

《民事诉讼法》第190条、第192条；《最高人民法院关于适用〈中华人民共和国民事诉讼法〉的解释》第345条；《最高人民法院关于适用〈中华人民共和国民法典〉总则编若干问题的解释》第14条

第四十一条　【下落不明的起算时间】自然人下落不明的时间自其失去音讯之日起计算。战争期间下落不明的，下落不明的时间自战争结束之日或者有关机关确定的下落不明之日起计算。

第四十二条　【财产代管人】失踪人的财产由其配偶、成年子女、父母或者其他愿意担任财产代管人的人代管。

代管有争议，没有前款规定的人，或者前款规定的人无代管能力的，由人民法院指定的人代管。

法律设立宣告失踪制度，主要就是为了结束失踪人财产无人管理以及其应当履行的义务不能得到及时履行的不确定状态，这既是对失踪人利益的保护，同时也是对失踪人的债权人等利害关系人合法权益的保护。

本条规定的"其他愿意担任财产代管人的人"，既包括其他亲属、朋友，也包括有关组织。

《最高人民法院关于适用〈中华人民共和国民事诉讼法〉的解释》第341条、第342条

第四十三条　【财产代管人的职责】财产代管人应当妥善管理失踪人的财产，维护其财产权益。

失踪人所欠税款、债务和应付的其他费用，由财产代管人从失踪人的财产中支付。

财产代管人因故意或者重大过失造成失踪人财产损失的，应当承担赔偿责任。

失踪人的财产代管人向失踪人的债务人请求偿还债务的，人民法院应当将财产代管列为原告。债权人提起诉讼，请求失踪人的财产代管人支付失踪人所欠的债务和其他费用的，人民法院应当将财产代管人列为被告。经审理认为债权人的诉讼请求成立的，人民法院应当判决财产代管人从失踪人的财产中支付失踪人所欠的债务和其他费用。

《最高人民法院关于适用〈中华人民共和国民法典〉总则编若干问题的解释》第15条

第四十四条　【财产代管人的变更】财产代管人不履行代管职责、侵害失踪人财产权益或者丧失代管能力的，失踪人的利害关系人可以向人民法院申请变更财产代管人。

财产代管人有正当理由的，可以向人民法院申请变更财产代管人。

人民法院变更财产代管人的，变更后的财产代管人有权请求原财产代管人及时移交有关财产并报告财产代管情况。

《最高人民法院关于适用〈中华人民共和国民事诉讼法〉的解释》第342条规定："失踪人的财产代管人经人民法院指定后，代管人申请变更代管的，比照民事诉讼法特别程序的有关规定进行审理。申请理由成立的，裁定撤销申请人的代管人身份，同时另行指定财产代管人；申请理由不成立的，裁定驳回申请。失踪人的其他利害关系人申请变更代管的，人民法院应当告知其以原指定的代管人为被告起诉，并按普通程序进行审理。"

第四十五条　【失踪宣告的撤销】失踪人重新出现，经本人或者利害关系人申请，人民法院应当撤销失踪宣告。

失踪人重新出现，有权请求财产代管人及时移交有关财产并报告财产代管情况。

《民事诉讼法》第 193 条

第四十六条　【宣告死亡】自然人有下列情形之一的，利害关系人可以向人民法院申请宣告该自然人死亡：

（一）下落不明满四年；

（二）因意外事件，下落不明满二年。

因意外事件下落不明，经有关机关证明该自然人不可能生存的，申请宣告死亡不受二年时间的限制。

13. 宣告死亡案件的利害关系人

人民法院审理宣告死亡案件时，被申请人的配偶、父母、子女，以及依据民法典第1129条规定对被申请人有继承权的亲属应当认定为民法典第46条规定的利害关系人。

符合下列情形之一的，被申请人的其他近亲属，以及依据民法典第1128条规定对被申请人有继承权的亲属应当认定为民法典第46条规定的利害关系人：（1）被申请人的配偶、父母、子女均已死亡或者下落不明的；（2）不申请宣告死亡不能保护其相应合法权益的。

被申请人的债权人、债务人、合伙人等民事主体不能认定为民法典第46条规定的利害关系人，但是不申请宣告死亡不能保护其相应合法权益的除外。

14. 申请宣告死亡

公民下落不明满四年，或者因意外事件下落不明满二年，或者因意外事件下落不明，经有关机关证明该公民不可能生存，利害关系人申请宣告其死亡的，向下落不明人住所地基层人民法院提出。申请书应当写明下落不明的事实、时间和请求，并附有公安机关或者其他有关机关关于该公民下落不明的书面证明。

人民法院受理宣告死亡案件后，应当发出寻找下落不明人的公告。宣告死亡的公告期间为一年。因意外事件下落不明，经有关机关证明该公民不可能生存的，宣告死亡的公告期间为三个月。公告期间届满，人民法院应当根据被宣告死亡的事实是否得到确认，作出宣告死亡的判决或者驳回申请的判决。

《民事诉讼法》第191条、第192条；《最高人民法院关于适用〈中华人民共和国民法典〉总则编若干问题的解释》第16条、第17条

第四十七条　【宣告失踪与宣告死亡申请的竞合】 对同一自然人，有的利害关系人申请宣告死亡，有的利害关系人申请宣告失踪，符合本法规定的宣告死亡条件的，人民法院应当宣告死亡。

第四十八条 【死亡日期的确定】被宣告死亡的人，人民法院宣告死亡的判决作出之日视为其死亡的日期；因意外事件下落不明宣告死亡的，意外事件发生之日视为其死亡的日期。

第四十九条 【被宣告死亡人实际生存时的行为效力】自然人被宣告死亡但是并未死亡的，不影响该自然人在被宣告死亡期间实施的民事法律行为的效力。

第五十条 【死亡宣告的撤销】被宣告死亡的人重新出现，经本人或者利害关系人申请，人民法院应当撤销死亡宣告。

注解

宣告死亡是人民法院经过法定程序作出的，具有宣示性和公信力，产生相应的法律后果。即使被宣告人事实上没有死亡，也不能在重新出现后使得与其相关的民事法律关系当然地回复到原来的状态，而必须经本人或者利害关系人申请，同样由人民法院通过法定程序，作出新判决，撤销原判决。

配套

《民事诉讼法》第 193 条

第五十一条 【宣告死亡及其撤销后婚姻关系的效力】被宣告死亡的人的婚姻关系，自死亡宣告之日起消除。死亡宣告被撤销的，婚姻关系自撤销死亡宣告之日起自行恢复。但是，其配偶再婚或者向婚姻登记机关书面声明不愿意恢复的除外。

应用

15. 死亡宣告被撤销后，对当事人婚姻关系发生的法律效果

（1）被宣告死亡的自然人的配偶没有再婚的，死亡宣告被撤销后，原来的婚姻关系可以自行恢复，仍与原配偶为夫妻关系，不必再进行结婚登记。

（2）其配偶向婚姻登记机关书面声明不愿意与被宣告死亡的配偶恢复婚姻关系的，则不能自行恢复夫妻关系。

（3）被宣告死亡的自然人的配偶已经再婚，即使再婚后又离婚或再婚后新配偶已经死亡的，也不得因为撤销死亡宣告而自动恢复原来的婚姻关系。

第五十二条 【死亡宣告撤销后子女被收养的效力】被宣告死亡的人在被宣告死亡期间，其子女被他人依法收养的，在死亡宣告被撤销后，不得以未经本人同意为由主张收养行为无效。

第五十三条 【死亡宣告撤销后的财产返还与赔偿责任】被撤销死亡宣告的人有权请求依照本法第六编取得其财产的民事主体返还财产；无法返还的，应当给予适当补偿。

利害关系人隐瞒真实情况，致使他人被宣告死亡而取得其财产的，除应当返还财产外，还应当对由此造成的损失承担赔偿责任。

第四节 个体工商户和农村承包经营户

第五十四条 【个体工商户】自然人从事工商业经营，经依法登记，为个体工商户。个体工商户可以起字号。

注解

在中华人民共和国境内从事工商业经营，依法登记为个体工商户。个体工商户可以个人经营，也可以家庭经营。个体工商户的合法权益受法律保护，任何单位和个人不得侵害。

配套

《促进个体工商户发展条例》

第五十五条 【农村承包经营户】农村集体经济组织的成员，依法取得农村土地承包经营权，从事家庭承包经营的，为农村承包经营户。

注解

农村承包经营户是指在法律允许的范围内，按照农村土地承包经营合同的约定，利用农村集体土地从事种植业以及副业生产经营的农村集体经济组织的成员或者家庭。农村土地家庭承包的承包方是本集体经济组织的农户。

配套

《农村土地承包法》第 5 条、第 16 条

第五十六条 【"两户"的债务承担】个体工商户的债务，个人经营的，以个人财产承担；家庭经营的，以家庭财产承担；无法区分的，以家庭财产承担。

农村承包经营户的债务，以从事农村土地承包经营的农户财产承担；事实上由农户部分成员经营的，以该部分成员的财产承担。

第三章 法 人

第一节 一般规定

第五十七条 【法人的定义】法人是具有民事权利能力和民事行为能力，依法独立享有民事权利和承担民事义务的组织。

注解

法人的民事权利能力，是指法人作为民事主体，享受民事权利并承担民事义务的资格。法人的民事权利能力是法人实施民事行为和从事民事活动的前提和基础。法人和自然人均具有民事权利能力，但是法人的民事权利能力不同于自然人的民事权利能力。法人是组织体，不是生命体，因此，某些与自然人的人身不可分离的人身权如生命权、健康权等不可能由法人享有，以性别、年龄、身份及亲属关系等为前提的权利义务，也不可能由法人享有和承担。

法人的民事行为能力，是指法人作为民事主体，以自己的行为取得民事权利并承担民事义务的资格。法人作为一个统一的组织体，有自己的内部机构，能够产生并实现自己的意思，从而决定了法人具有民事行为能力。

第五十八条 【法人的成立】法人应当依法成立。

法人应当有自己的名称、组织机构、住所、财产或者经费。法人成立的具体条件和程序，依照法律、行政法规的规定。

设立法人，法律、行政法规规定须经有关机关批准的，依照其规定。

配套

《社会团体登记管理条例》第3条

第五十九条 【法人的民事权利能力和民事行为能力】法人的民事权利能力和民事行为能力，从法人成立时产生，到法人终止时消灭。

注解

法人的民事权利能力是法人具有民事主体资格的表现，一旦成立即具有民事权利能力，在法人终止前，其民事权利能力始终存在。法人的民事权利能力因法人成立而取得，因法人终止而消灭。

法人的民事行为能力是法人自己实施民事法律行为的资格。一旦成立，即具有民事行为能力。一旦终止，其民事行为能力立即消灭。也就是说，法人的民事权利能力与民事行为能力在取得和消灭的时间上是一致的。

第六十条 【法人的民事责任承担】法人以其全部财产独立承担民事责任。

注解

法人以其全部财产独立承担民事责任，即承担有限责任。无论法人应当承担多少责任，最终都以其全部财产来承担，不承担无限责任。法人以其全部财产独立承担民事责任，这就是法人的民事责任能力。

第六十一条 【法定代表人】依照法律或者法人章程的规定，代表法人从事民事活动的负责人，为法人的法定代表人。

法定代表人以法人名义从事的民事活动，其法律后果由法人承受。

法人章程或者法人权力机构对法定代表人代表权的限制，不得对抗善意相对人。

法人的章程或者权力机构对法定代表人的代表权范围的限制，对于法定代表人有完全的效力，即法定代表人不得超出其法人章程或者权力机构对其的限制。法人的章程或者权力机构对法定代表人的代表权范围的限制，对于第三人不具有完全的效力。只要与其进行民事活动的相对人是善意的，对其超出职权范围不知情且无过失，法人就不能以超越职权为由对抗该善意相对人；如果相对人知情，则可以主张该民事法律行为无效或者撤销。

配 套

《民事诉讼法》第51条

第六十二条　【法定代表人职务行为的法律责任】法定代表人因执行职务造成他人损害的，由法人承担民事责任。

法人承担民事责任后，依照法律或者法人章程的规定，可以向有过错的法定代表人追偿。

注 解

法定代表人因执行职务造成他人损害的，由法人承担责任，此处法人承担的责任形态是替代责任。法定代表人因执行职务造成他人损害的责任承担规则是：（1）法定代表人因执行职务造成他人的损害，由法人承担赔偿责任。（2）法人承担了赔偿责任以后，如果法定代表人在执行职务中，对造成他人损害是有过错的，法人可以向法定代表人要求追偿。

配 套

《保险法》第83条

第六十三条　【法人的住所】法人以其主要办事机构所在地为住所。依法需要办理法人登记的，应当将主要办事机构所在地登记为住所。

注 解

住所是民事主体从事民事活动所产生的各种权利义务的归属地点，是发生民事法律关系的中心地域。法人若要从事民事活动，形成各种民事法律关系，则与自然人一样，也需要以一定的地域作为中心，即也需要住所。一个法人有可能拥有数个活动场所或者办事机构，但法人的住所只有一个。法人的住所在法律上具有重要意义，如决定债务履行地、登记管辖、诉讼管辖、法律文书送达之处所、涉外民事关系之准据法等。

法人登记是指法人依法将其内部情况向国家登记机关报告登记的制度，是将法人内部情况公布于外的一种方法。除依法不需要办理法人登记即可成立的少数法人外，绝大多数法人只有经登记机关依法登记，方能取得法人资格。

配套

《最高人民法院关于适用〈中华人民共和国民事诉讼法〉的解释》第3条

第六十四条　【法人的变更登记】法人存续期间登记事项发生变化的，应当依法向登记机关申请变更登记。

配套

《事业单位登记管理暂行条例》第10条；《社会团体登记管理条例》第18条；《基金会管理条例》第15条；《市场主体登记管理条例》

第六十五条　【法人登记的对抗效力】法人的实际情况与登记的事项不一致的，不得对抗善意相对人。

应用

16. 变更公司的法定代表人未办理变更登记的法律效果

公司的法定代表人依法代表公司对外进行民事活动。法定代表人发生变更的，应当在工商管理部门办理变更登记。公司的法定代表人在对外签订合同时已经被上级单位决定停止职务，但未办理变更登记，公司以此主张合同无效的，人民法院不予支持。[北京公达房地产有限责任公司诉北京市祥和三峡房地产开发公司房地产开发合同纠纷案（《最高人民法院公报》2010年第11期）]

第六十六条　【法人登记公示制度】登记机关应当依法及时公示法人登记的有关信息。

配套

《慈善法》第 70 条；《市场主体登记管理条例》；《企业信息公示暂行条例》第 3 条、第 6-8 条

第六十七条　【法人合并、分立后的权利义务承担】法人合并的，其权利和义务由合并后的法人享有和承担。

法人分立的，其权利和义务由分立后的法人享有连带债权，承担连带债务，但是债权人和债务人另有约定的除外。

应用

17. 法人合并

法人合并，是指两个以上的法人不经清算程序而合并为一个法人的法律行为。按合并方式的不同，法人合并分为吸收合并和新设合并。吸收合并，是指一个或多个法人归并到一个现存的法人中，被合并的法人资格消灭，存续法人的主体资格仍然存在。新设合并，是指两个以上的法人合并为一个新法人，原来的法人消灭，新的法人产生。

18. 法人分立

法人分立，是指一个法人分成两个或两个以上法人的法律行为。按分立方式的不同，法人分立分为派生分立和新设分立两种方式。派生分立，是指原法人仍然存在，但从原法人中分立出去一个新的法人；新设分立，是指原法人分立为两个或者两个以上新的法人，原法人不复存在。

第六十八条　【法人的终止】有下列原因之一并依法完成清算、注销登记的，法人终止：

（一）法人解散；

（二）法人被宣告破产；

（三）法律规定的其他原因。

法人终止，法律、行政法规规定须经有关机关批准的，依照其规定。

法人的终止也叫法人的消灭，是指法人丧失民事主体资格，不再具有民事权利能力与民事行为能力。法人终止后，其民事权利能力和民事行为能力消灭，民事主体资格丧失，终止后的法人不能再以法人的名义对外从事民事活动。

配套

《企业破产法》第 2 条、第 7 条

第六十九条　【法人的解散】有下列情形之一的，法人解散：

（一）法人章程规定的存续期间届满或者法人章程规定的其他解散事由出现；

（二）法人的权力机构决议解散；

（三）因法人合并或者分立需要解散；

（四）法人依法被吊销营业执照、登记证书，被责令关闭或者被撤销；

（五）法律规定的其他情形。

应用

19. 如何理解《公司法》第 183 条①中将"公司经营管理发生严重困难"作为股东提起解散公司的条件之一

《公司法》第 183 条将"公司经营管理发生严重困难"作为股东提起解散公司之诉的条件之一。判断"公司经营管理是否发生严重困难"，应从公司组织机构的运行状态进行综合分析。公司虽处于盈利状态，但其股东会机制长期失灵，内部管理有严重障碍，已陷入僵局状态，可以认定为公司经营管理发生严重困难。对于符合公司法及相关司法解释规定的其他条件的，人民法院可以依法判决公司解散。[林方清诉常熟市凯莱实业有限公司、戴小明公司解散纠纷案（最高人民法院指导案例 8 号）]

第七十条　【法人解散后的清算】法人解散的，除合并或者分立的情形外，清算义务人应当及时组成清算组进行清算。

---

① 2023 年公司法修改后，该条改为第 231 条。

法人的董事、理事等执行机构或者决策机构的成员为清算义务人。法律、行政法规另有规定的，依照其规定。

清算义务人未及时履行清算义务，造成损害的，应当承担民事责任；主管机关或者利害关系人可以申请人民法院指定有关人员组成清算组进行清算。

配套

《慈善法》第18条；《保险法》第89条、第149条；《基金会管理条例》第18条；《宗教事务条例》第60条

第七十一条 【法人清算的法律适用】法人的清算程序和清算组职权，依照有关法律的规定；没有规定的，参照适用公司法律的有关规定。

第七十二条 【清算的法律效果】清算期间法人存续，但是不得从事与清算无关的活动。

法人清算后的剩余财产，按照法人章程的规定或者法人权力机构的决议处理。法律另有规定的，依照其规定。

清算结束并完成法人注销登记时，法人终止；依法不需要办理法人登记的，清算结束时，法人终止。

第七十三条 【法人因破产而终止】法人被宣告破产的，依法进行破产清算并完成法人注销登记时，法人终止。

注解

与法人解散后进行的清算不同，法人被宣告破产后，依法进行破产清算。

需要注意的是，目前我国并无统一的破产法，《企业破产法》的适用范围是企业。但《企业破产法》为企业法人以外的法人和非法人组织破产时的清算程序预留了接口。该法第135条规定："其他法律规定企业法人以外的组织的清算，属于破产清算的，参照适用本法规定的程序。"

配套

《企业破产法》

第七十四条 【法人的分支机构】法人可以依法设立分支机构。法律、行政法规规定分支机构应当登记的，依照其规定。

分支机构以自己的名义从事民事活动，产生的民事责任由法人承担；也可以先以该分支机构管理的财产承担，不足以承担的，由法人承担。

注 解

法人的分支机构，是指企业法人投资设立的、有固定经营场所、以自己名义直接对外从事经营活动的、不具有法人资格，其民事责任由其隶属企业法人承担的经济组织。包括企业法人或公司的分厂、分公司、营业部、分理处、储蓄所等机构。

法人设立分支机构，可以根据自己的实际需要确定。只有在法律、行政法规规定，分支机构应当办理登记的时候，设立的分支机构才需要按照规定办理登记。

配 套

《商业银行法》第19条、第22条；《保险法》第74条；《社会团体登记管理条例》第17条；《基金会管理条例》第12条

第七十五条 【法人设立行为的法律后果】设立人为设立法人从事的民事活动，其法律后果由法人承受；法人未成立的，其法律后果由设立人承受，设立人为二人以上的，享有连带债权，承担连带债务。

设立人为设立法人以自己的名义从事民事活动产生的民事责任，第三人有权选择请求法人或者设立人承担。

第二节 营利法人

第七十六条 【营利法人的定义和类型】以取得利润并分配给股东等出资人为目的成立的法人，为营利法人。

营利法人包括有限责任公司、股份有限公司和其他企业法人等。

营利法人区别于非营利法人的重要特征，不是"取得利润"，而是"利润分配给出资人"。如果利润归属于法人，用于实现法人目的，则不是营利法人；如果利润分配给出资人，则属于营利法人。是否从事经营活动并获取利润，与法人成立的目的没有直接关系，也不影响营利法人与非营利法人的分类。

第七十七条　【营利法人的成立】营利法人经依法登记成立。

营利法人取得法人资格只有一种方式，即经过登记程序成立。经过依法登记后，营利法人取得法人资格。

《市场主体登记管理条例》

第七十八条　【营利法人的营业执照】依法设立的营利法人，由登记机关发给营利法人营业执照。营业执照签发日期为营利法人的成立日期。

申请人申请市场主体设立登记，登记机关依法予以登记的，签发营业执照。营业执照签发日期为市场主体的成立日期。法律、行政法规或者国务院决定规定设立市场主体须经批准的，应当在批准文件有效期内向登记机关申请登记。

营业执照分为正本和副本，具有同等法律效力。电子营业执照与纸质营业执照具有同等法律效力。营业执照样式、电子营业执照标准由国务院市场监督管理部门统一制定。

市场主体变更登记涉及营业执照记载事项的，登记机关应当及时为市场主体换发营业执照。

市场主体应当将营业执照置于住所或者主要经营场所的醒目位置。从事电子商务经营的市场主体应当在其首页显著位置持续公示营业执照信息或者相关链接标识。

任何单位和个人不得伪造、涂改、出租、出借、转让营业执照。营业执照遗失或者毁坏的，市场主体应当通过国家企业信用信息公示系统声明作废，申请补领。登记机关依法作出变更登记、注销登记和撤销登记决定的，市场主体应当缴回营业执照。拒不缴回或者无法缴回营业执照的，由登记机关通过国家企业信用信息公示系统公告营业执照作废。

配套

《市场主体登记管理条例》

第七十九条　【营利法人的章程】设立营利法人应当依法制定法人章程。

注解

法人章程是关于法人组织和行为的自治规则。设立营利法人必须有法人章程，章程是营利法人设立的法定必备文件之一。法人章程是法人的行为准则，对法人具有约束力，法人的权力机构、执行机构和监督机构及其成员等也都要受到章程的制约。

第八十条　【营利法人的权力机构】营利法人应当设权力机构。

权力机构行使修改法人章程，选举或者更换执行机构、监督机构成员，以及法人章程规定的其他职权。

第八十一条　【营利法人的执行机构】营利法人应当设执行机构。

执行机构行使召集权力机构会议，决定法人的经营计划和投资方案，决定法人内部管理机构的设置，以及法人章程规定的其他职权。

执行机构为董事会或者执行董事的，董事长、执行董事或者经理按照法人章程的规定担任法定代表人；未设董事会或者执行董事的，法人章程规定的主要负责人为其执行机构和法定代表人。

第八十二条　【营利法人的监督机构】营利法人设监事会或者监事等监督机构的，监督机构依法行使检查法人财务，监督执行机构成员、高级管理人员执行法人职务的行为，以及法人章程规定的其他职权。

第八十三条 **【出资人滥用权利的责任承担】**营利法人的出资人不得滥用出资人权利损害法人或者其他出资人的利益；滥用出资人权利造成法人或者其他出资人损失的，应当依法承担民事责任。

营利法人的出资人不得滥用法人独立地位和出资人有限责任损害法人债权人的利益；滥用法人独立地位和出资人有限责任，逃避债务，严重损害法人债权人的利益的，应当对法人债务承担连带责任。

应用

20. 滥用出资人权利

滥用出资人权利，是指营利法人的出资人为自己的利益或者第三人谋取利益，利用自己作为出资人的权利，损害法人或者其他出资人利益的行为。构成滥用出资人权利的要件是：

（1）行为的主体是营利法人的出资人；

（2）营利法人的出资人实施了不正当地利用自己出资人权利的行为；

（3）出资人滥用自己权利的目的，是为自己或者为第三人谋取利益，是故意所为；

（4）出资人滥用自己权利的行为，给法人或者其他出资人造成损失的，滥用权利的行为与损害后果之间具有引起与被引起的因果关系。滥用出资人权利的法律后果是依法承担损害赔偿责任。损害赔偿请求权人，是因此受到损害的法人或者其他出资人。

21. 法人人格否认

法人人格否认，是指法人虽为独立的民事主体，承担独立于其成员的责任，但当出现有悖于法人存在目的及独立责任的情形时，如果在坚持形式上的独立人格与独立责任将有悖于公平时，在具体个案中视法人的独立人格于不顾，直接将法人的责任归结为法人成员的责任。

法人人格否认的构成要件是：

（1）法人人格否认的行为人是营利法人的出资人；

（2）法人人格否认的行为，是营利法人的出资人滥用法人独立地位和出资人有限责任而逃避债务；

（3）营利法人的出资人滥用其权利逃避债务的目的，是为自己或者其他第三人谋取利益；

（4）出资人滥用法人独立地位和出资人有限责任的行为，损害了法人债权人的利益，滥用行为与损害后果之间具有因果关系。法人的债权人是实际损害的受害人，其受到的损害应当达到严重的程度。构成法人人格否认，应当承担损害赔偿责任，请求权人是受到严重损害的法人债权人。责任主体是滥用权利地位的出资人和法人，共同对受到损害的法人债权人承担连带责任。

22. 认定公司滥用法人人格和有限责任的法律责任，应综合多种因素作出判断

依据《公司法》第 20 条第 3 款的规定，认定公司滥用法人人格和有限责任的法律责任，应综合多种因素作出判断。在实践中，公司设立的背景，公司的股东、控制人以及主要财务人员的情况，该公司的主要经营业务以及公司与其他公司之间的交易目的，公司的纳税情况以及具体债权人与公司签订合同时的背景情况和履行情况等因素，均应纳入考察范围。[邵萍与云南通海昆通工贸有限公司、通海兴通达工贸有限公司民间借贷纠纷案（《最高人民法院公报》2017 年第 3 期）]

第八十四条　【利用关联关系造成损失的赔偿责任】营利法人的控股出资人、实际控制人、董事、监事、高级管理人员不得利用其关联关系损害法人的利益；利用关联关系造成法人损失的，应当承担赔偿责任。

注　解

关联关系，是指营利法人的控股出资人、实际控制人、董事、监事、高级管理人员与其直接或者间接控制的营利法人之间的关系，以及可能导致营利法人利益转移的其他关系；但是，国家控股的营利法人之间不仅仅因为同受国家控股而具有关联关系。利用关联关系给法人造成损失的，应当就损失承担赔偿责任。

第八十五条　【营利法人出资人对瑕疵决议的撤销权】营利法人的权力机构、执行机构作出决议的会议召集程序、表决方式违反法律、行政法规、法人章程，或者决议内容违反法人章程

42

的，营利法人的出资人可以请求人民法院撤销该决议。但是，营利法人依据该决议与善意相对人形成的民事法律关系不受影响。

根据本条的规定，可以请求人民法院撤销的营利法人权力机构、执行机构决议，分为存在程序瑕疵和存在内容瑕疵两类。程序瑕疵是指营利法人权力机构、执行机构作出决议的会议召集程序、表决方式违反法律、行政法规、法人章程。内容瑕疵是指营利法人的权力机构、执行机构决议内容违反法人章程。无论存在程序瑕疵还是内容瑕疵，营利法人的任何出资人都可以请求人民法院撤销该决议。

要注意的是，根据本条规定，即使决议被人民法院撤销，营利法人依据该决议与善意相对人形成的民事法律关系仍不受影响。

23. 在公司决议撤销纠纷案件中应当审查的内容

人民法院在审理公司决议撤销纠纷案件中应当审查：会议召集程序、表决方式是否违反法律、行政法规或者公司章程，以及决议内容是否违反公司章程。在未违反上述规定的前提下，解聘总经理职务的决议所依据的事实是否属实，理由是否成立，不属于司法审查范围。［李建军诉上海佳动力环保科技有限公司公司决议撤销纠纷案（最高人民法院指导案例 10 号）］

第八十六条　【营利法人的社会责任】营利法人从事经营活动，应当遵守商业道德，维护交易安全，接受政府和社会的监督，承担社会责任。

第三节　非营利法人

第八十七条　【非营利法人的定义和范围】为公益目的或者其他非营利目的成立，不向出资人、设立人或者会员分配所取得利润的法人，为非营利法人。

非营利法人包括事业单位、社会团体、基金会、社会服务机构等。

　　非营利法人，是"营利法人"的对称，指为公益目的或者其他非营利目的成立，不向其成员或者设立人分配利润的法人。非营利法人均不得分配利润，这是由其设立目的决定的。非营利法人如果在其存续期间分配利润，则与营利法人难以区分，背离非营利法人的设立目的。

　　第八十八条　【事业单位法人资格的取得】具备法人条件，为适应经济社会发展需要，提供公益服务设立的事业单位，经依法登记成立，取得事业单位法人资格；依法不需要办理法人登记的，从成立之日起，具有事业单位法人资格。

　　《事业单位登记管理暂行条例》第2条、第3条、第6条、第11条

　　第八十九条　【事业单位法人的组织机构】事业单位法人设理事会的，除法律另有规定外，理事会为其决策机构。事业单位法人的法定代表人依照法律、行政法规或者法人章程的规定产生。

　　第九十条　【社会团体法人资格的取得】具备法人条件，基于会员共同意愿，为公益目的或者会员共同利益等非营利目的设立的社会团体，经依法登记成立，取得社会团体法人资格；依法不需要办理法人登记的，从成立之日起，具有社会团体法人资格。

　　《社会团体登记管理条例》第2条、第3条、第6条、第9条

　　第九十一条　【社会团体法人章程和组织机构】设立社会团体法人应当依法制定法人章程。

　　社会团体法人应当设会员大会或者会员代表大会等权力机构。

　　社会团体法人应当设理事会等执行机构。理事长或者会长等负责人按照法人章程的规定担任法定代表人。

　　第九十二条　【捐助法人】具备法人条件，为公益目的以捐

助财产设立的基金会、社会服务机构等，经依法登记成立，取得捐助法人资格。

依法设立的宗教活动场所，具备法人条件的，可以申请法人登记，取得捐助法人资格。法律、行政法规对宗教活动场所有规定的，依照其规定。

应　用

24. 设立宗教活动场所，应当具备的条件

根据《宗教事务条例》的规定，设立宗教活动场所，应当具备下列条件：（1）设立宗旨不违背本条例第四条、第五条的规定；（2）当地信教公民有经常进行集体宗教活动的需要；（3）有拟主持宗教活动的宗教教职人员或者符合本宗教规定的其他人员；（4）有必要的资金，资金来源渠道合法；（5）布局合理，符合城乡规划要求，不妨碍周围单位和居民的正常生产、生活。

配　套

《宗教事务条例》第4条、第5条、第7条、第19条；《基金会管理条例》第2条

第九十三条　【捐助法人章程和组织机构】 设立捐助法人应当依法制定法人章程。

捐助法人应当设理事会、民主管理组织等决策机构，并设执行机构。理事长等负责人按照法人章程的规定担任法定代表人。

捐助法人应当设监事会等监督机构。

第九十四条　【捐助人的权利】 捐助人有权向捐助法人查询捐助财产的使用、管理情况，并提出意见和建议，捐助法人应当及时、如实答复。

捐助法人的决策机构、执行机构或者法定代表人作出决定的程序违反法律、行政法规、法人章程，或者决定内容违反法人章程的，捐助人等利害关系人或者主管机关可以请求人民法院撤销该决定。但是，捐助法人依据该决定与善意相对人形成的民事法律关系不受影响。

45

25. 捐助人对捐助法人享有的权利

捐助法人的财产，由捐助人提供，因而捐助人尽管不从捐助法人的活动中获得利益，但是对于捐助法人享有部分权利。

捐助人对捐助法人享有的权利是：

（1）查询捐助财产使用、管理情况。捐助法人对此负有义务，应当及时、如实答复。

（2）对捐助法人使用和管理捐助财产有权提出意见和建议，便于改进工作，使捐助财产发挥更好的公益效益。

（3）对于捐助法人错误的决定有权向人民法院主张撤销。捐助法人的决策机构、执行机构或者其法定代表人作出的决定违反了捐助法人章程的规定，不符合捐助人捐助财产设置捐助法人的意愿，捐助人享有向人民法院请求予以撤销的权利，查证属实的，人民法院应当予以撤销。与捐助法人有关的利害关系人或者捐助法人的主管机关，对此也享有撤销权，可以请求人民法院予以撤销。

《基金会管理条例》第 39 条、第 43 条；《宗教事务条例》第 57 条、第 58 条

第九十五条　【公益性非营利法人剩余财产的处理】为公益目的成立的非营利法人终止时，不得向出资人、设立人或者会员分配剩余财产。剩余财产应当按照法人章程的规定或者权力机构的决议用于公益目的；无法按照法人章程的规定或者权力机构的决议处理的，由主管机关主持转给宗旨相同或者相近的法人，并向社会公告。

第四节　特别法人

第九十六条　【特别法人的类型】本节规定的机关法人、农村集体经济组织法人、城镇农村的合作经济组织法人、基层群众性自治组织法人，为特别法人。

26. 特别法人

特别法人特点是:

(1)特别法人既不属于营利法人,也不属于非营利法人。特别法人是为公益目的或者其他非营利目的而成立的,但又不具有出资人和设立人,而是依据国家法律或者政府的命令而设立的法人。

(2)特别法人具有法人的组织形式。特别法人有自己的名称、组织机构、住所,有一定的财产或者经费,也有其法定代表人,并且依照法律的规定而设立,具备法人的所有组织形式,是一个具有法人资格的组织体。

(3)特别法人具有民事权利能力和民事行为能力,能够以自己的财产或者经费承担民事责任。

(4)法律只规定了四类特别法人,包括机关法人、农村集体经济组织法人、合作经济组织法人和基层群众性自治组织法人。

第九十七条 **【机关法人】**有独立经费的机关和承担行政职能的法定机构从成立之日起,具有机关法人资格,可以从事为履行职能所需要的民事活动。

机关法人,是指依照法律和行政命令组建,享有公权力,有独立的经费,以从事国家管理活动为主的各级国家机关。这种机关从成立之日起,即具有法人资格。机关法人作为民事主体,只有在其从事为履行职能所需要的民事活动时,才有意义。

《行政诉讼法》第 26 条

第九十八条 **【机关法人的终止】**机关法人被撤销的,法人终止,其民事权利和义务由继任的机关法人享有和承担;没有继任的机关法人的,由作出撤销决定的机关法人享有和承担。

第九十九条 **【农村集体经济组织法人】**农村集体经济组织依法取得法人资格。

法律、行政法规对农村集体经济组织有规定的，依照其规定。

配套
《农村土地承包法》第 13 条

第一百条　【合作经济组织法人】城镇农村的合作经济组织依法取得法人资格。

法律、行政法规对城镇农村的合作经济组织有规定的，依照其规定。

配套
《农民专业合作社法》第 2 条、第 10 条、第 11 条

第一百零一条　【基层群众性自治组织法人】居民委员会、村民委员会具有基层群众性自治组织法人资格，可以从事为履行职能所需要的民事活动。

未设立村集体经济组织的，村民委员会可以依法代行村集体经济组织的职能。

配套
《村民委员会组织法》第 2 条；《城市居民委员会组织法》第 2-4 条

第四章　非法人组织

第一百零二条　【非法人组织的定义】非法人组织是不具有法人资格，但是能够依法以自己的名义从事民事活动的组织。

非法人组织包括个人独资企业、合伙企业、不具有法人资格的专业服务机构等。

第一百零三条　【非法人组织的设立程序】非法人组织应当依照法律的规定登记。

设立非法人组织，法律、行政法规规定须经有关机关批准的，依照其规定。

第一百零四条 　【非法人组织的债务承担】非法人组织的财产不足以清偿债务的，其出资人或者设立人承担无限责任。法律另有规定的，依照其规定。

第一百零五条 　【非法人组织的代表人】非法人组织可以确定一人或者数人代表该组织从事民事活动。

第一百零六条 　【非法人组织的解散】有下列情形之一的，非法人组织解散：

（一）章程规定的存续期间届满或者章程规定的其他解散事由出现；

（二）出资人或者设立人决定解散；

（三）法律规定的其他情形。

配套

《合伙企业法》第85条；《个人独资企业法》第26条

第一百零七条 　【非法人组织的清算】非法人组织解散的，应当依法进行清算。

注解

出资人或设立人在非法人组织出现解散事由后，应当解散非法人组织，指定清算人开展清算活动。清算期间，非法人组织不得开展与清算目的无关的活动。非法人组织清算完成后，依法需要登记的非法人组织，还需要到登记机关办理注销登记手续，完成注销登记手续后非法人组织终止。

配套

《个人独资企业法》第27-30条、第32条；《合伙企业法》第86-88条

第一百零八条 　【非法人组织的参照适用规定】非法人组织除适用本章规定外，参照适用本编第三章第一节的有关规定。

第五章　民事权利

第一百零九条　【一般人格权】自然人的人身自由、人格尊严受法律保护。

第一百一十条　【民事主体的人格权】自然人享有生命权、身体权、健康权、姓名权、肖像权、名誉权、荣誉权、隐私权、婚姻自主权等权利。

法人、非法人组织享有名称权、名誉权和荣誉权。

第一百一十一条　【个人信息受法律保护】自然人的个人信息受法律保护。任何组织或者个人需要获取他人个人信息的，应当依法取得并确保信息安全，不得非法收集、使用、加工、传输他人个人信息，不得非法买卖、提供或者公开他人个人信息。

`应用`

27. 个人信息

根据《个人信息保护法》，个人信息是以电子或者其他方式记录的与已识别或者可识别的自然人有关的各种信息，不包括匿名化处理后的信息。个人信息的处理包括个人信息的收集、存储、使用、加工、传输、提供、公开、删除等。敏感个人信息是一旦泄露或者非法使用，容易导致自然人的人格尊严受到侵害或者人身、财产安全受到危害的个人信息，包括生物识别、宗教信仰、特定身份、医疗健康、金融账户、行踪轨迹等信息，以及不满十四周岁未成年人的个人信息。

28. 针对手机 APP 等互联网软件侵害公民个人信息损害社会公共利益的情形，检察机关督促行政机关依法履职

APP 违规收集个人信息具有较强的隐蔽性和危害性。办理手机 APP 侵害公民个人信息案件，检察机关可以借助第三方检测机构的专业力量，调查收集 APP 违法违规收集使用个人信息的相关证据，确定侵害社会公共利益的违法事实。对手机 APP 侵害个人信息进行监管涉及多个职能部门，检察机关运用"磋商+听证"的监督模式，加强与职能部门的沟通协调，协同职能部

门在各自职责范围内加强网络个人信息安全保护和监督管理，形成个人信息保护合力。（2021年4月22日最高人民检察院发布11件检察机关个人信息保护公益诉讼典型案例）

29. 针对非法获取消费者个人信息并进行消费欺诈的行为，检察机关提出惩罚性赔偿诉讼请求

个人信息泄露、电话营销欺诈严重侵害公民个人信息安全和消费者合法权益，是民生痛点。本案中，检察机关通过专家论证和问卷调查，对非法获取、出售公民个人信息，并利用个人信息进行消费欺诈的行为提起惩罚性赔偿公益诉讼，对充分运用公益诉讼职能惩治和预防个人信息保护领域的损害公益行为、真正实现"让违法者痛到不敢再犯"的目的，具有积极的引领、示范和指导作用。（2021年4月22日最高人民检察院发布11件检察机关个人信息保护公益诉讼典型案例）

30. 针对在互联网上非法获取、出售公民个人信息，损害社会公共利益的行为，检察机关依法提起刑事附带民事公益诉讼

通过互联网非法获取、出售公民个人信息，导致众多不特定公民个人信息被泄露，侵害公民个人信息安全，损害社会公共利益。检察机关作为公共利益的代表，可以对侵犯公民个人信息的违法行为人依法提起刑事附带民事公益诉讼，要求其承担赔偿损失等公益损害责任，加重侵犯公民个人信息违法犯罪成本，全面维护公民个人信息安全。（2021年4月22日最高人民检察院发布11件检察机关个人信息保护公益诉讼典型案例）

配套

《个人信息保护法》；《消费者权益保护法》第14条、第29条、第50条；《网络安全法》第42条、第76条；《商业银行法》第29条；《居民身份证法》第19条；《刑法》第253条之一；《最高人民法院、最高人民检察院关于办理侵犯公民个人信息刑事案件适用法律若干问题的解释》

第一百一十二条　【婚姻家庭关系等产生的人身权利】 自然人因婚姻家庭关系等产生的人身权利受法律保护。

第一百一十三条　【财产权受法律平等保护】 民事主体的财产权利受法律平等保护。

　　财产权利平等保护原则，是指不同的民事主体对其所享有的财产权利，享有平等地位，适用规则平等和法律保护平等的民法原则。其内容是：（1）财产权利的地位一律平等，最主要的含义是强调自然人和其他权利人的财产权利受到平等保护。（2）适用规则平等，对于财产权利的取得、设定、移转和消灭，都适用共同规则，体现法律规则适用的平等性。（3）保护的平等，在财产权利出现争议时，平等保护所有受到侵害的财产权利，不受任何歧视。

配套

《宪法》第 12 条、第 13 条

第一百一十四条　【物权的定义及类型】民事主体依法享有物权。

　　物权是权利人依法对特定的物享有直接支配和排他的权利，包括所有权、用益物权和担保物权。

应用

31. 物权类型

　　物权，是对物的权利。物权的权利人对物享有直接支配的权利，是物权的主要特征之一。各种物权均以直接支配物作为其基本内容。"直接"即权利人实现其权利不必借助于他人，在法律规定的范围内，完全可以按照自己的意愿行使权利。"支配"有安排、利用的意思，包括占有、使用、收益和处分的权能总和。"直接支配"指的是对于物不需要他人的协助、配合，权利人就能对物自主利用。

　　（1）所有权。所有权是指权利人依法对自己的不动产和动产享有全面支配的权利。所有权具有四项权能，即占有、使用、收益和处分。"占有"是对于财产的实际管领或控制，拥有一个物的一般前提就是占有，这是财产所有者直接行使所有权的表现。"使用"是权利主体对财产的运用，发挥财产的使用价值。拥有物的目的一般是使用。"收益"是通过财产的占有、使用等方式取得的经济效益。使用物并获益是拥有物的目的之一。"处分"是指财产所有人对其财产在事实上和法律上的最终处置。

（2）用益物权。用益物权是权利人对他人所有的不动产或者动产，依法享有占有、使用和收益的权利。本法中规定了土地承包经营权、建设用地使用权、宅基地使用权和地役权这几种用益物权。用益物权是以对他人所有的不动产或者动产为使用、收益的目的而设立的，因而被称作"用益"物权。用益物权制度是物权法律制度中一项非常重要的制度，与所有权制度、担保物权制度一同构成了物权制度的完整体系。

（3）担保物权。担保物权是为了确保债务履行而设立的物权，当债务人不履行债务时，债权人就担保财产依法享有优先受偿的权利。担保物权对保证债权实现、维护交易秩序、促进资金融通，具有重要作用。担保物权包括抵押权、质权和留置权。

第一百一十五条 【物权的客体】 物包括不动产和动产。法律规定权利作为物权客体的，依照其规定。

第一百一十六条 【物权法定原则】 物权的种类和内容，由法律规定。

注 解

物权法定中的法律，除本法物权编外，还包括其他法律，如《土地管理法》、《城市房地产管理法》、《矿产资源法》、《草原法》、《森林法》、《海域使用管理法》、《渔业法》、《海商法》、《民用航空法》等，这些法律中都有对物权的规定。

物权法定，有两层含义：一是物权由法律规定，当事人不能自由创设物权；二是违背物权法定原则，所设"物权"没有法律效力。

本条规定"物权的种类和内容，由法律规定"，需要注意以下几点：

（1）设立哪些物权的种类，只能由法律规定，当事人之间不能创立。物权的种类分所有权、用益物权和担保物权，用益物权中还可分为土地承包经营权、建设用地使用权、宅基地使用权和地役权；担保物权中还可分为抵押权、质权和留置权。

（2）物的权利内容，一般也只能由法律规定，物权的内容指物权的权利义务，如土地承包经营权的承包期多长、何时设立、流转权限，承包地的调整、收回，被征收中的权利义务等。有关物权的规定许多都是强制性规

53

范，当事人应当严格遵守，不能由当事人约定排除，除非法律规定了"有约定的按照约定""当事人另有约定的除外"这些例外情形。

第一百一十七条 【征收与征用】为了公共利益的需要，依照法律规定的权限和程序征收、征用不动产或者动产的，应当给予公平、合理的补偿。

注解

征收是国家以行政权取得集体、单位和个人的财产所有权的行为。征收的主体是国家，通常是政府以行政命令的方式从集体、单位和个人手中取得土地、房屋等财产。

征用是国家为了抢险、救灾等公共利益需要，在紧急情况下强制性地使用单位、个人的不动产或者动产。征用的目的只在获得使用权，征用不导致所有权移转，被征用的不动产或者动产使用后，应当返还被征用人。

配套

《宪法》第 10 条、第 13 条；《土地管理法》第 45-49 条；《国有土地上房屋征收与补偿条例》第 2 条

第一百一十八条 【债权的定义】民事主体依法享有债权。

债权是因合同、侵权行为、无因管理、不当得利以及法律的其他规定，权利人请求特定义务人为或者不为一定行为的权利。

注解

债是因合同、侵权行为、无因管理、不当得利以及法律的其他规定，在特定当事人之间发生的权利义务关系。债是一种民事法律关系，是民事主体之间以权利义务为内容的法律关系。债是特定当事人之间的法律关系。债的主体各方均为特定当事人。债是特定当事人之间得请求为或者不为一定行为的法律关系。享有权利的人是债权人，负有义务的人是债务人。债是以请求权为特征的法律关系，债权人行使债权，只能通过请求债务人为或者不为一定行为得以实现。

第一百一十九条 【合同之债】依法成立的合同，对当事人具有法律约束力。

合同依法成立以后，对当事人具有法律约束力。所谓法律约束力，是指当事人应当按照合同的约定履行自己的义务，非依法律规定或者取得对方同意，不得擅自变更或者解除合同。如果不履行合同义务或者履行合同义务不符合约定，应当承担违约责任。只有依法成立的合同才能产生合同之债。

第一百二十条 　【侵权之债】民事权益受到侵害的，被侵权人有权请求侵权人承担侵权责任。

在侵权人的行为构成侵权，侵害了被侵权人的民事权益时，被侵权人有权请求侵权人承担侵权责任。被侵权人可以直接向侵权人行使请求权，也可以向法院提起诉讼，请求法院保护自己的合法权益。

被侵权人可以是所有具有民事权利能力的民事主体，只要是具有实体法上的民事权利能力，又因侵权行为而使其民事权益受到侵害的人，就具有被侵权人的资格，包括自然人、法人和非法人组织。被侵权人的资格不在于其是否具有民事行为能力，但是有无民事行为能力关系到其是否可以自己行使请求侵权人承担侵权责任的权利。

第一百二十一条 　【无因管理之债】没有法定的或者约定的义务，为避免他人利益受损失而进行管理的人，有权请求受益人偿还由此支出的必要费用。

32. 构成无因管理的要件

构成无因管理，有以下几个要件：

（1）管理他人事务。管理他人事务，即为他人进行管理，这是成立无因管理的首要条件。如将自己的事务误认为他人事务进行管理，即使目的是使他人避免损失，也不能构成无因管理。

（2）为避免他人利益受损失。法律规定的无因管理，是为避免他人利益受损失而进行管理的行为。符合助人为乐、危难相助的道德准则的行为，应该得到鼓励和受到保护。

（3）没有法定的或者约定的义务。无因，指没有法定的或者约定的义务。没有法定的或者约定的义务是无因管理成立的重要条件。如果行为人负有法定的或者约定的义务进行管理，则不能构成无因管理。

根据本条规定，符合以上三个要件，构成无因管理。无因管理发生后，管理人享有请求受益人偿还因管理行为支出的必要费用，受益人有偿还该项费用的义务。

第一百二十二条　【不当得利之债】因他人没有法律根据，取得不当利益，受损失的人有权请求其返还不当利益。

应 用

33. 构成不当得利的要件

构成不当得利，有以下几个要件：

（1）民事主体一方取得利益。取得利益，是指财产利益的增加。既包括积极的增加，即财产总额的增加；也包括消极的增加，即财产总额应减少而未减少，如本应支付的费用没有支付等。

（2）民事主体他方受到损失。受到损失，是指财产利益的减少。既包括积极损失，即财产总额的减少；也包括消极损失，即应当增加的利益没有增加。

（3）一方取得利益与他方受到损失之间有因果关系。一方取得利益与他方受到损失之间有因果关系是指他方的损失是因一方获得利益造成的。

（4）没有法律根据。没有法律根据是构成不当得利的重要要件。如果一方取得利益和他方受到损失之间有法律根据，民事主体之间的关系就受到法律的认可和保护，不构成不当得利。

第一百二十三条　【知识产权及其客体】民事主体依法享有知识产权。

知识产权是权利人依法就下列客体享有的专有的权利：

（一）作品；

（二）发明、实用新型、外观设计；

（三）商标；

（四）地理标志；

（五）商业秘密；

（六）集成电路布图设计；

（七）植物新品种；

（八）法律规定的其他客体。

应 用

34. 知识产权的内容

根据本条规定，知识产权是权利人依法就下列客体所享有的专有权利：

（1）作品。对作品的知识产权保护主要规定在著作权相关法律法规中。《著作权法》第3条规定，本法所称的作品，是指文学、艺术和科学领域内具有独创性并能以一定形式表现的智力成果，包括：①文字作品；②口述作品；③音乐、戏剧、曲艺、舞蹈、杂技艺术作品；④美术、建筑作品；⑤摄影作品；⑥视听作品；⑦工程设计图、产品设计图、地图、示意图等图形作品和模型作品；⑧计算机软件；⑨符合作品特征的其他智力成果。著作权是指著作权人对其作品享有的人身权和财产权，包括发表权、署名权、修改权、保护作品完整权、复制权、发行权、出租权、展览权、表演权、放映权、广播权、信息网络传播权、摄制权、改编权、翻译权、汇编权和应当由著作权人享有的其他权利。

（2）发明、实用新型、外观设计。《专利法》第2条规定，本法所称的发明创造是指发明、实用新型和外观设计。发明，是指对产品、方法或者其改进所提出的新的技术方案。实用新型，是指对产品的形状、构造或者其结合所提出的适于实用的新的技术方案。外观设计，是指对产品的整体或者局部的形状、图案或者其结合以及色彩与形状、图案的结合所作出的富有美感并适于工业应用的新设计。

（3）商标。《商标法》第3条规定，经商标局核准注册的商标为注册商标，包括商品商标、服务商标和集体商标、证明商标；商标注册人享有商标专用权，受法律保护。本法所称集体商标，是指以团体、协会或者其他组织名义注册，供该组织成员在商事活动中使用，以表明使用者在该组织中的成员资格的标志。本法所称证明商标，是指由对某种商品或者服务具有监督能力的组织所控制，而由该组织以外的单位或者个人使用于其商品或者服务，用以证明该商品或者服务的原产地、原料、制造方法、质量或者其他特定品质的标志。

（4）地理标志。地理标志是指标示某商品来源于某地区，该商品的特定质量、信誉或者其他特征，主要由该地区的自然因素或者人文因素所决定的标志。权利人依法就地理标志享有专有权。

（5）商业秘密。商业秘密是指不为公众所知悉、具有商业价值并经权利人采取相应保密措施的技术信息、经营信息等商业信息。

（6）集成电路布图设计。集成电路布图设计是指集成电路中至少有一个是有源元件的两个以上元件和部分或者全部互连线路的三维配置，或者为制造集成电路而准备的上述三维配置。权利人依法对集成电路布图设计享有专有权。

（7）植物新品种。植物新品种是指经过人工培育的或者对发现的野生植物加以开发，具备新颖性、特异性、一致性和稳定性并有适当命名的植物品种。

（8）法律规定的其他客体。除了前述明确列举的知识产权的客体，本条第2款第8项规定了"法律规定的其他客体"，为未来知识产权客体的发展留出了空间。

35. 最高人民法院知识产权法庭

根据《最高人民法院关于知识产权法庭若干问题的规定》，最高人民法院设立知识产权法庭，主要审理专利等专业技术性较强的知识产权上诉案件。知识产权法庭是最高人民法院派出的常设审判机构，设在北京市。知识产权法庭作出的判决、裁定、调解书和决定，是最高人民法院的判决、裁定、调解书和决定。

知识产权法庭审理下列上诉案件：（1）专利、植物新品种、集成电路布图设计授权确权行政上诉案件；（2）发明专利、植物新品种、集成电路布图设计权属、侵权民事和行政上诉案件；（3）重大、复杂的实用新型专利、技术秘密、计算机软件权属、侵权民事和行政上诉案件；（4）垄断民事和行政上诉案件。

知识产权法庭审理下列其他案件：（1）上述规定类型的全国范围内重大、复杂的第一审民事和行政案件；（2）对上述规定的第一审民事和行政案件已经发生法律效力的判决、裁定、调解书依法申请再审、抗诉、再审等适用审判监督程序的案件；（3）上述规定的第一审民事和行政案件管辖权争议，行为保全裁定申请复议，罚款、拘留决定申请复议，报请延长审限等案件；（4）最高人民法院认为应当由知识产权法庭审理的其他案件。

36. 家谱是否是著作权法意义上的作品，是否受著作权法保护

著作权法意义上的作品，是指文学、艺术和科学领域内具有独创性并能以某种有形形式复制的智力成果。独创性是界定著作权法意义上的作品的前提条件和实质要件，它直接影响作品著作权的法律保护和侵权责任承担。家谱主要是记载一个姓氏家族或某一分支的宗族氏系和历代祖先的名号谱籍，其关于素材或公有领域的信息，不具有独创性，不应当受著作权法保护。（《最高人民法院公报》2015 年第 7 期：陆道龙诉陆逵等侵犯著作权纠纷案）

配套

《著作权法》；《商标法》；《专利法》；《植物新品种保护条例》；《最高人民法院关于审理侵犯商业秘密民事案件适用法律若干问题的规定》

第一百二十四条　【继承权及其客体】自然人依法享有继承权。自然人合法的私有财产，可以依法继承。

第一百二十五条　【投资性权利】民事主体依法享有股权和其他投资性权利。

注解

股权是指民事主体因投资于公司成为公司股东而享有的权利。其他投资性权利是指民事主体通过投资享有的权利。如民事主体通过购买证券、基金、保险等进行投资，而享有的民事权利。

第一百二十六条　【其他民事权益】民事主体享有法律规定的其他民事权利和利益。

第一百二十七条　【对数据和网络虚拟财产的保护】法律对数据、网络虚拟财产的保护有规定的，依照其规定。

注解

根据《数据安全法》，数据是指任何以电子或者其他方式对信息的记录。数据处理，包括数据的收集、存储、使用、加工、传输、提供、公开等。数据安全，是指通过采取必要措施，确保数据处于有效保护和合法利用的状态，以及具备保障持续安全状态的能力。

37. 具有财产利益属性的游戏道具属于网络虚拟财产

大数据时代孕育各类网络经济活动，应运而生的是形式纷繁复杂的网络虚拟财产。本案通过界定网络游戏领域虚拟财产的法律性质、权利归属，阐明其保护边界，触类旁通、见微知著，进一步明晰网络虚拟财产的整体保护范围、侵权认定、损害赔偿等细节问题，从而更好地发挥法律的社会功能、指引社会公众行为，保障数字经济良好发展。本案获评"2022年度中国网络治理十大司法案件"。（北京互联网法院发布平台治理十大典型案件之三：成某诉某科技公司侵害财产权纠纷案）

配 套

《数据安全法》；《网络安全法》第10条

第一百二十八条 【对弱势群体的特别保护】法律对未成年人、老年人、残疾人、妇女、消费者等的民事权利保护有特别规定的，依照其规定。

注 解

国家保障老年人依法享有的权益。老年人有从国家和社会获得物质帮助的权利，有享受社会服务和社会优待的权利，有参与社会发展和共享发展成果的权利。禁止歧视、侮辱、虐待或者遗弃老年人。国家和社会应当采取措施，健全保障老年人权益的各项制度，逐步改善保障老年人生活、健康、安全以及参与社会发展的条件，实现老有所养、老有所医、老有所为、老有所学、老有所乐。

残疾人是指在心理、生理、人体结构上，某种组织、功能丧失或者不正常，全部或者部分丧失以正常方式从事某种活动能力的人。残疾人包括视力残疾、听力残疾、言语残疾、肢体残疾、智力残疾、精神残疾、多重残疾和其他残疾的人。残疾标准由国务院规定。残疾人在政治、经济、文化、社会和家庭生活等方面享有同其他公民平等的权利。残疾人的公民权利和人格尊严受法律保护。禁止基于残疾的歧视。禁止侮辱、侵害残疾人。禁止通过大众传播媒介或者其他方式贬低损害残疾人人格。国家采取辅助方法和扶持措施，对残疾人给予特别扶助，减轻或者消除残疾影响和外界障碍，保障残疾人权利的实现。

应用

38. 《未成年人保护法》对未成年人的父母或者其他监护人不得实施的行为的规定

根据《未成年人保护法》第17条的规定，未成年人的父母或者其他监护人不得实施下列行为：（1）虐待、遗弃、非法送养未成年人或者对未成年人实施家庭暴力；（2）放任、教唆或者利用未成年人实施违法犯罪行为；（3）放任、唆使未成年人参与邪教、迷信活动或者接受恐怖主义、分裂主义、极端主义等侵害；（4）放任、唆使未成年人吸烟、饮酒、赌博、流浪乞讨或者欺凌他人；（5）放任或者迫使应当接受义务教育的未成年人失学、辍学；（6）放任未成年人沉迷网络，接触危害或者可能影响其身心健康的图书、报刊、电影、广播电视节目、音像制品、电子出版物和网络信息等；（7）放任未成年人进入营业性娱乐场所、酒吧、互联网上网服务营业场所等不适宜未成年人活动的场所；（8）允许或者迫使未成年人从事国家规定以外的劳动；（9）允许、迫使未成年人结婚或者为未成年人订立婚约；（10）违法处分、侵吞未成年人的财产或者利用未成年人牟取不正当利益；（11）其他侵犯未成年人身心健康、财产权益或者不依法履行未成年人保护义务的行为。

39. 《妇女权益保障法》对妇女财产权益的保障

妇女在农村集体经济组织成员身份确认、土地承包经营、集体经济组织收益分配、土地征收补偿安置或者征用补偿以及宅基地使用等方面，享有与男子平等的权利。申请农村土地承包经营权、宅基地使用权等不动产登记，应当在不动产登记簿和权属证书上将享有权利的妇女等家庭成员全部列明。征收补偿安置或者征用补偿协议应当将享有相关权益的妇女列入，并记载权益内容。

村民自治章程、村规民约，村民会议、村民代表会议的决定以及其他涉及村民利益事项的决定，不得以妇女未婚、结婚、离婚、丧偶、户无男性等为由，侵害妇女在农村集体经济组织中的各项权益。因结婚男方到女方住所落户的，男方和子女享有与所在地农村集体经济组织成员平等的权益。

国家保护妇女在城镇集体所有财产关系中的权益。妇女依照法律、法规的规定享有相关权益。

40. 中国残疾人联合会及其地方组织所属的残疾人就业服务机构为残疾人就业提供的服务

根据《残疾人就业条例》的规定，中国残疾人联合会及其地方组织所属的残疾人就业服务机构应当免费为残疾人就业提供下列服务：（1）发布残疾人就业信息；（2）组织开展残疾人职业培训（3）为残疾人提供职业心理咨询、职业适应评估、职业康复训练、求职定向指导、职业介绍等服务（4）为残疾人自主择业提供必要的帮助；（5）为用人单位安排残疾人就业提供必要的支持。国家鼓励其他就业服务机构为残疾人就业提供免费服务。

配套

《残疾人保障法》；《老年人权益保障法》；《妇女权益保障法》；《未成年人保护法》

第一百二十九条 【民事权利的取得方式】民事权利可以依据民事法律行为、事实行为、法律规定的事件或者法律规定的其他方式取得。

注解

民事权利的取得，是指民事主体依据合法的方式获得民事权利。根据本条规定，民事权利可以依据民事法律行为、事实行为、法律规定的事件或者法律规定的其他方式取得。

（1）民事法律行为。民事法律行为是指民事主体通过意思表示设立、变更、终止民事法律关系的行为，民法理论一般称为法律行为。如订立买卖合同的行为、订立遗嘱、放弃继承权、赠与等。本法本编第六章专章规定了民事法律行为，对民事法律行为的概念、成立、效力等作了规定。

（2）事实行为。事实行为是指行为人主观上没有引起民事法律关系发生、变更或者消灭的意思，而依照法律的规定产生一定民事法律后果的行为。如自建房屋、拾得遗失物、无因管理行为、劳动生产等。事实行为有合法的，也有不合法的。拾得遗失物等属于合法的事实行为，侵害他人的人身、财产的侵权行为是不合法的事实行为。民事权利可以依据事实行为取得，如民事主体因无因管理行为取得对他人的无因管理债权等。

（3）法律规定的事件。法律规定的事件是指与人的意志无关而根据法律规定能引起民事法律关系变动的客观情况，如自然人的出生、死亡，自然灾害，生产事故、果实自落以及时间经过等。民事权利可以依据法律规定的事件取得，如民事主体因出生取得继承权等。

（4）法律规定的其他方式。除了民事法律行为、事实行为、法律规定的事件，民事权利还可以依据法律规定的其他方式取得。如本法第229条规定，因人民法院、仲裁机构的法律文书或者人民政府的征收决定等，导致物权设立、变更、转让或者消灭的，自法律文书或者征收决定等生效时发生效力。

第一百三十条　【权利行使的自愿原则】民事主体按照自己的意愿依法行使民事权利，不受干涉。

注　解

本条是自愿原则在行使民事权利中的体现，民事主体按照自己的意愿依法行使民事权利，不受干涉。体现在：一是民事主体有权按照自己的意愿依法行使民事权利或者不行使民事权利。二是民事主体有权按照自己的意愿选择依法行使的民事权利内容。三是民事主体有权按照自己的意愿选择依法行使民事权利的方式。民事主体按照自己的意愿行使权利，任何组织和个人不得非法干涉。

第一百三十一条　【权利人的义务履行】民事主体行使权利时，应当履行法律规定的和当事人约定的义务。

第一百三十二条　【禁止权利滥用】民事主体不得滥用民事权利损害国家利益、社会公共利益或者他人合法权益。

应　用

41. 滥用民事权利

对于民法典第132条所称的滥用民事权利，人民法院可以根据权利行使的对象、目的、时间、方式、造成当事人之间利益失衡的程度等因素作出认定。行为人以损害国家利益、社会公共利益、他人合法权益为主要目的行使民事权利的，人民法院应当认定构成滥用民事权利。构成滥用民事权利的，人民法院应当认定该滥用行为不发生相应的法律效力。滥用民事权利造成损害的，依照民法典第七编等有关规定处理。

配套

《宪法》第51条；《最高人民法院关于适用〈中华人民共和国民法典〉总则编若干问题的解释》第3条

第六章　民事法律行为

第一节　一般规定

第一百三十三条　【民事法律行为的定义】民事法律行为是民事主体通过意思表示设立、变更、终止民事法律关系的行为。

第一百三十四条　【民事法律行为的成立】民事法律行为可以基于双方或者多方的意思表示一致成立，也可以基于单方的意思表示成立。

法人、非法人组织依照法律或者章程规定的议事方式和表决程序作出决议的，该决议行为成立。

注解

本条第1款根据不同的民事法律行为类型对其不同的成立条件和成立时间作了规定：

（1）双方民事法律行为。双方民事法律行为是指双方当事人意思表示一致才能成立的民事法律行为。最为典型的双方民事法律行为是合同。双方民事法律行为与单方民事法律行为的最大区别是行为的成立需要双方的意思表示一致，仅凭一方的意思表示而没有经过对方的认可或者同意不能成立。

（2）多方民事法律行为。多方民事法律行为是指根据两个以上的民事主体的意思表示一致而成立的行为。订立公司章程的行为和签订合伙协议的行为就是较为典型的多方民事法律行为。

（3）单方民事法律行为。单方民事法律行为是指根据一方的意思表示就能成立的行为。与双方民事法律行为不同，单方民事法律行为不存在相对方，其成立不需要其他人的配合或者同意，而是依据行为人自己一方的意志就可以产生自己所期望的法律效果。在现实生活中单方民事法律行为也不少，这些民事法律行为从内容上划分，主要可以分为两类：①行使个人权利而实施的单方行为，例如所有权人抛弃所有权的行为等，这些单方民事法律行为仅涉及个人的权利变动，不涉及他人的权利变动；②涉及他人权利变动的单方民事法律行为，例如立遗嘱，授予代理权，行使撤销权、解除权、选择权等处分形成权的行为。

本条第2款规定了一种较为特殊的民事法律行为，即决议行为。决议行为是两个或者两个以上的当事人基于共同的意思表示、意图实现一定法律效果而实施的行为，其满足民事法律行为的所有条件，是一种民事法律行为。

第一百三十五条　【民事法律行为的形式】民事法律行为可以采用书面形式、口头形式或者其他形式；法律、行政法规规定或者当事人约定采用特定形式的，应当采用特定形式。

应用

42. 书面形式

书面形式是指以文字等可以有形形式再现民事法律行为内容的形式。书面形式的种类很多，根据本法第469条的规定，书面形式是合同书、信件、电报、电传、传真等可以有形地表现所载内容的形式。以电子数据交换、电子邮件等方式能够有形地表现所载内容，并可以随时调取查用的数据电文，视为书面形式。

43. 口头形式

口头形式是指当事人以面对面的谈话或者以电话交流等方式形成民事法律行为的形式。口头形式的特点是直接、简便和快捷，在现实生活中数额较小或者现款交易的民事法律行为通常都采用口头形式，如在自由市场买菜、在商店买衣服等。

44. 其他形式

当事人未采用书面形式或者口头形式，但是实施的行为本身表明已经作出相应意思表示，并符合民事法律行为成立条件的，人民法院可以认定为本条规定的采用其他形式实施的民事法律行为。

配套

《最高人民法院关于适用〈中华人民共和国民法典〉总则编若干问题的解释》第 18 条

第一百三十六条　【民事法律行为的生效】民事法律行为自成立时生效，但是法律另有规定或者当事人另有约定的除外。

行为人非依法律规定或者未经对方同意，不得擅自变更或者解除民事法律行为。

注解

民事法律行为的生效是指民事法律行为产生法律约束力。

根据本条规定，民事法律行为从成立时具有法律拘束力。也就是说，民事法律行为自成立时生效，但是，民事法律行为成立和生效的时间，既有相一致的情形，也有不一致的情形：（1）民事法律行为的成立和生效处于同一个时间点，依法成立的民事法律行为，具备法律行为生效要件的，即时生效。（2）民事法律行为的成立和生效并非同一个时间，有三种情形：①法律规定民事法律行为须批准、登记生效的，成立后须经过批准、登记程序才能发生法律效力。②当事人约定民事法律行为生效条件的，约定的生效条件成就的，才能发生法律效力。③附生效条件、附生效期限的民事法律行为，其所附条件成就，或者所附期限到来时，该民事法律行为才能生效，其成立和生效也并非同一时间。

第二节　意思表示

第一百三十七条　【有相对人的意思表示的生效时间】以对话方式作出的意思表示，相对人知道其内容时生效。

以非对话方式作出的意思表示，到达相对人时生效。以非对话方式作出的采用数据电文形式的意思表示，相对人指定特定系统接收数据电文的，该数据电文进入该特定系统时生效；未指定特定系统的，相对人知道或者应当知道该数据电文进入其系统时生效。当事人对采用数据电文形式的意思表示的生效时间另有约定的，按照其约定。

注 解

意思表示是指行为人为了产生一定民法上的效果而将其内心意思通过一定方式表达于外部的行为。意思是指设立、变更、终止民事法律关系的内心意图，表示是指将内心意思以适当方式向适当对象表示出来的行为。

应 用

45. 数据电文

根据《电子签名法》，数据电文，是指以电子、光学、磁或者类似手段生成、发送、接收或者储存的信息。能够有形地表现所载内容，并可以随时调取查用的数据电文，视为符合法律、法规要求的书面形式。

符合下列条件的数据电文，视为满足法律、法规规定的原件形式要求：（1）能够有效地表现所载内容并可供随时调取查用；（2）能够可靠地保证自最终形成时起，内容保持完整、未被更改。但是，在数据电文上增加背书以及数据交换、储存和显示过程中发生的形式变化不影响数据电文的完整性。

数据电文有下列情形之一的，视为发件人发送：（1）经发件人授权发送的；（2）发件人的信息系统自动发送的；（3）收件人按照发件人认可的方法对数据电文进行验证后结果相符的。当事人对上述规定的事项另有约定的，从其约定。

法律、行政法规规定或者当事人约定数据电文需要确认收讫的，应当确认收讫。发件人收到收件人的收讫确认时，数据电文视为已经收到。

发件人的主营业地为数据电文的发送地点，收件人的主营业地为数据电文的接收地点。没有主营业地的，其经常居住地为发送或者接收地点。当事人对数据电文的发送地点、接收地点另有约定的，从其约定。

配 套

《电子签名法》第 11 条

第一百三十八条 【无相对人的意思表示的生效时间】无相对人的意思表示，表示完成时生效。法律另有规定的，依照其规定。

本条对无相对人的意思表示的生效时间作了规定。无相对人的意思表示在完成时生效，这是无相对人意思表示生效的一般性规则。但有时法律对无相对人的意思表示的生效时间会作出特别规定，例如《民法典》继承编部分就明确规定，遗嘱这种无相对人的意思表示自遗嘱人死亡时发生效力。所以，本条还规定，法律对无相对人意思表示的生效时间另有规定的，依照其规定。

第一百三十九条 【公告的意思表示的生效时间】以公告方式作出的意思表示，公告发布时生效。

第一百四十条 【意思表示的方式】行为人可以明示或者默示作出意思表示。

沉默只有在有法律规定、当事人约定或者符合当事人之间的交易习惯时，才可以视为意思表示。

意思表示可以明示的方式或默示的方式做出。所谓明示的意思表示就是行为人以作为的方式，使得相对人能够直接了解到意思表示的内容。比较典型的是表意人采用口头、书面方式直接向相对人进行的意思表示。以默示方式作出的意思表示，又称为行为默示，是指行为人虽没有以语言或文字等明示方式作出意思表示，但以行为的方式作出了意思表示。这种方式虽不如明示方式那么直接表达出了意思表示的内容，但通过其行为可以推定出其作出一定的意思表示。

在现实生活中也会出现一种特殊情形，即行为人以沉默的方式作出意思表示。沉默是一种既无语言表示也无行为表示的纯粹的缄默，是一种完全的不作为。沉默原则上不得作为意思表示的方式。只有在有法律规定、当事人约定或者符合当事人之间的交易习惯时，才可以视为意思表示。例如本法第638条第1款规定，试用买卖的买受人在试用期内可以购买标的物，也可以拒绝购买。试用期间届满，买受人对是否购买标的物未作表示的，视为购买。在这条规定中，试用期间届满后，买受人对是否购买标的物未作表示就是一种沉默，但这种沉默就可以视为买受人作出了购买的意思表示。

第一百四十一条 【意思表示的撤回】行为人可以撤回意思表示。撤回意思表示的通知应当在意思表示到达相对人前或者与意思表示同时到达相对人。

注 解

意思表示的撤回，是指在意思表示作出之后但在发生法律效力之前，意思表示的行为人欲使该意思表示不发生效力而作出的意思表示。意思表示之所以可以撤回，是因为意思表示生效才能发生法律约束力，在其尚未生效之前，不会对意思表示的相对人产生任何影响，也不会对交易秩序产生任何影响。

第一百四十二条 【意思表示的解释】有相对人的意思表示的解释，应当按照所使用的词句，结合相关条款、行为的性质和目的、习惯以及诚信原则，确定意思表示的含义。

无相对人的意思表示的解释，不能完全拘泥于所使用的词句，而应当结合相关条款、行为的性质和目的、习惯以及诚信原则，确定行为人的真实意思。

注 解

意思表示的解释是指因意思表示不清楚或者不明确发生争议时，由人民法院或者仲裁机构对意思表示进行的解释。解释的目的就是明确意思表示的真实含义。

第三节 民事法律行为的效力

第一百四十三条 【民事法律行为的有效条件】具备下列条件的民事法律行为有效：

（一）行为人具有相应的民事行为能力；

（二）意思表示真实；

（三）不违反法律、行政法规的强制性规定，不违背公序良俗。

第一百四十四条　【无民事行为能力人实施的民事法律行为】 无民事行为能力人实施的民事法律行为无效。

第一百四十五条　【限制民事行为能力人实施的民事法律行为】 限制民事行为能力人实施的纯获利益的民事法律行为或者与其年龄、智力、精神健康状况相适应的民事法律行为有效；实施的其他民事法律行为经法定代理人同意或者追认后有效。

相对人可以催告法定代理人自收到通知之日起三十日内予以追认。法定代理人未作表示的，视为拒绝追认。民事法律行为被追认前，善意相对人有撤销的权利。撤销应当以通知的方式作出。

注解

限制民事行为能力人所从事的民事法律行为，须经法定代理人同意或者追认才能有效。如果没有经过同意或者追认，民事法律行为即使成立，也并不实际生效，而处于效力待定状态。这里对法定代理人补正限制民事行为能力人的行为能力规定了两种方式：一种是同意，指的是法定代理人事先对限制民事行为能力人实施某种民事法律行为予以明确认可；另一种是追认，指的是法定代理人事后明确无误地对限制民事行为能力人实施某种民事法律行为表示同意。无论是事先的同意还是事后的追认，都是法定代理人的单方意思表示，无须行为相对人的同意即可发生效力。需要说明的是，法定代理人对限制民事行为能力人行为的同意或者追认应当采用明示的方式作出，同时应当为行为相对人所知晓才能发生效力。

应用

46. 与其年龄、智力、精神健康状况相适应的认定

限制民事行为能力人实施的民事法律行为是否与其年龄、智力、精神健康状况相适应，人民法院可以从行为与本人生活相关联的程度，本人的智力、精神健康状况能否理解其行为并预见相应的后果，以及标的、数量、价款或者报酬等方面认定。

配套

《最高人民法院关于适用〈中华人民共和国民法典〉总则编若干问题的解释》第 5 条

第一百四十六条　【虚假表示与隐藏行为效力】行为人与相对人以虚假的意思表示实施的民事法律行为无效。

以虚假的意思表示隐藏的民事法律行为的效力，依照有关法律规定处理。

注解

虚假意思表示又称虚伪表示，是指行为人与相对人都知道自己所表示的意思并非真意，通谋作出与真意不一致的意思表示。虚假表示的特征在于，双方当事人都知道自己所表示出的意思不是真实意思，民事法律行为本身欠缺效果意思，双方均不希望此行为能够真正发生法律上的效力。一般而言，虚假表示在结构上包括内外两层行为：外部的表面行为是双方当事人共同作出与真实意思不一致的行为，也可称作伪装行为；内部的隐藏行为则是被隐藏于表面行为之下，体现双方真实意思的行为，也可称作非伪装行为。

应用

47. 以虚假的意思表示实施的民事法律行为无效

借款人与贷款银行在双方签订的借款合同之外，另行签订债权转让及资产委托管理协议，约定借款人受让贷款银行的债权并支付一定金额的债权转让费用，但不获取任何利益的，应认定该债权转让及资产委托管理协议系以变相收取借款利息等为目的。双方签订该债权转让及资产委托管理协议的行为系以虚假的意思表示实施，依法应认定为无效；该行为所隐藏的收取利息的行为的效力，依照有关法律规定处理。（《最高人民法院公报》2023 年第 1 期：江西腾荣实业有限公司与江西银行股份有限公司南昌高新支行债权转让合同纠纷案）

48. 企业间为掩盖借贷法律关系而签订的买卖合同，属于当事人共同实施的虚伪意思表示，应认定为无效

在三方或三方以上的企业间进行的封闭式循环买卖中，一方在同一时期

先卖后买同一标的物，低价卖出高价买入，明显违背营利法人的经营目的与商业常理，此种异常的买卖实为企业间以买卖形式掩盖的借贷法律关系。企业间为此而签订的买卖合同，属于当事人共同实施的虚伪意思表示，应认定为无效。

在企业间实际的借贷法律关系中，作为中间方的托盘企业并非出于生产、经营需要而借款，而是为了转贷牟利，故借贷合同亦应认定为无效。借款合同无效后，借款人应向贷款人返还借款的本金和利息。因贷款人对合同的无效也存在过错，人民法院可以相应减轻借款人返还的利息金额。[日照港集团有限公司煤炭运销部与山西焦煤集团国际发展股份有限公司借款合同纠纷案（《最高人民法院公报》2017年第6期）]

第一百四十七条　【重大误解】基于重大误解实施的民事法律行为，行为人有权请求人民法院或者仲裁机构予以撤销。

应用

49. 重大误解

行为人对行为的性质、对方当事人或者标的物的品种、质量、规格、价格、数量等产生错误认识，按照通常理解如果不发生该错误认识行为人就不会作出相应意思表示的，人民法院可以认定为本条规定的重大误解。

行为人能够证明自己实施民事法律行为时存在重大误解，并请求撤销该民事法律行为的，人民法院依法予以支持；但是，根据交易习惯等认定行为人无权请求撤销的除外。

行为人以其意思表示存在第三人转达错误为由请求撤销民事法律行为的，适用上述规定。

配套

《最高人民法院关于适用〈中华人民共和国民法典〉总则编若干问题的解释》第19条、第20条

第一百四十八条　【欺诈】一方以欺诈手段，使对方在违背真实意思的情况下实施的民事法律行为，受欺诈方有权请求人民法院或者仲裁机构予以撤销。

故意告知虚假情况，或者负有告知义务的人故意隐瞒真实情况，致使当事人基于错误认识作出意思表示的，人民法院可以认定为民法典第 148 条、第 149 条规定的欺诈。

50. 保险公司故意隐瞒被保险人可以获得保险赔偿的重要事实，保险公司的行为违背诚信原则构成保险合同欺诈

保险事故发生后，保险公司作为专业理赔机构，基于专业经验及对保险合同的理解，其明知或应知保险事故属于赔偿范围，而在无法律和合同依据的情况下，故意隐瞒被保险人可以获得保险赔偿的重要事实，对被保险人进行诱导，在此基础上双方达成销案协议的，应认定被保险人作出了不真实的意思表示，保险公司的行为违背诚信原则构成保险合同欺诈。被保险人请求撤销该销案协议的，人民法院应予支持。[刘向前诉安邦财产保险公司保险合同纠纷案（《最高人民法院公报》2013 年第 8 期）]

51. 合同当事人分别持有的合同文本内容有出入，合同一方当事人如果据此主张对方当事人恶意欺诈，还应当提供其他证据予以证明

导致合同当事人分别持有的合同文本内容有出入的原因复杂多样，不能据此简单地认定合同某一方当事人存在故意欺诈的情形。合同一方当事人如果据此主张对方当事人恶意欺诈，还应当提供其他证据予以证明。[中国农业银行长沙市先锋支行与湖南金帆投资管理有限公司、长沙金霞开发建设有限公司借款担保合同纠纷案（《最高人民法院公报》2009 年第 1 期）]

《最高人民法院关于适用〈中华人民共和国民法典〉总则编若干问题的解释》第 21 条

第一百四十九条　【第三人欺诈】 第三人实施欺诈行为，使一方在违背真实意思的情况下实施的民事法律行为，对方知道或者应当知道该欺诈行为的，受欺诈方有权请求人民法院或者仲裁机构予以撤销。

第一百五十条　【胁迫】 一方或者第三人以胁迫手段，使对

方在违背真实意思的情况下实施的民事法律行为，受胁迫方有权请求人民法院或者仲裁机构予以撤销。

注解

以给自然人及其近亲属等的人身权利、财产权利以及其他合法权益造成损害或者以给法人、非法人组织的名誉、荣誉、财产权益等造成损害为要挟，迫使其基于恐惧心理作出意思表示的，人民法院可以认定为本条规定的胁迫。

配套

《最高人民法院关于适用〈中华人民共和国民法典〉总则编若干问题的解释》第22条

第一百五十一条　【乘人之危导致的显失公平】一方利用对方处于危困状态、缺乏判断能力等情形，致使民事法律行为成立时显失公平的，受损害方有权请求人民法院或者仲裁机构予以撤销。

应用

52. 缺乏判断能力

当事人一方是自然人，根据该当事人的年龄、智力、知识、经验并结合交易的复杂程度，能够认定其对合同的性质、合同订立的法律后果或者交易中存在的特定风险缺乏应有的认知能力的，人民法院可以认定该情形构成民法典第151条规定的"缺乏判断能力"。

配套

《最高人民法院关于适用〈中华人民共和国民法典〉合同编通则若干问题的解释》第11条

第一百五十二条　【撤销权的消灭期间】有下列情形之一的，撤销权消灭：

（一）当事人自知道或者应当知道撤销事由之日起一年内、重大误解的当事人自知道或者应当知道撤销事由之日起九十日内没有行使撤销权；

（二）当事人受胁迫，自胁迫行为终止之日起一年内没有行使撤销权；

（三）当事人知道撤销事由后明确表示或者以自己的行为表明放弃撤销权。

当事人自民事法律行为发生之日起五年内没有行使撤销权的，撤销权消灭。

注解

撤销权原则上应在权利人知道或者应当知道撤销事由之日起 1 年内行使，但自民事法律行为发生之日起 5 年内没有行使的，撤销权消灭。将期间起算的标准规定为"权利人知道或者应当知道撤销事由之日"有利于撤销权人的利益保护，防止其因不知撤销事由存在而错失撤销权的行使。同时，辅之以"自民事法律行为发生之日起五年"的客观期间，有助于法律关系的稳定，稳定交易秩序，维护交易安全。

对于因重大误解享有撤销权的，权利人应在知道或者应当知道撤销事由之日起 90 日内行使，否则撤销权消灭。同欺诈、胁迫、显失公平等影响意思表示自由的情形相比，重大误解权利人的撤销事由系自己造就，不应赋予其与其他撤销事由同样的除斥期间。

对于因胁迫享有撤销权的，应自胁迫行为终止之日起 1 年内行使，否则撤销权消灭。同欺诈、重大误解等其他撤销事由相比，胁迫具有特殊性。受胁迫人在胁迫行为终止前，即使知道胁迫行为的存在，事实上仍然无法行使撤销权。考虑到这一特殊情况，本条将因胁迫享有撤销权的除斥期间起算规定为"自胁迫行为终止之日起"，期间仍为 1 年。

对于权利人知道撤销事由后明确表示或者以自己的行为表明放弃撤销权的，撤销权消灭，不受 1 年期间的限制。权利人无论是明确表示还是通过行为表示对撤销权的放弃，均属于对自己权利的处分，依据意思自治的原则，法律予以准许。

第一百五十三条　【违反强制性规定及违背公序良俗的民事法律行为的效力】 违反法律、行政法规的强制性规定的民事法律行为无效。但是，该强制性规定不导致该民事法律行为无效的除外。

违背公序良俗的民事法律行为无效。

应用

53. 损害社会公共利益、违背公序良俗的民事法律行为无效

违反行政规章一般不影响合同效力，但违反行政规章签订租赁合同，约定将经鉴定机构鉴定存在严重结构隐患，或将造成重大安全事故的应当尽快拆除的危房出租用于经营酒店，危及不特定公众人身及财产安全，属于损害社会公共利益、违背公序良俗的行为，应当依法认定租赁合同无效，按照合同双方的过错大小确定各自应当承担的法律责任。[饶国礼诉某物资供应站等房屋租赁合同纠纷案（最高人民法院指导案例 170 号）]

54. 违反法律、行政法规的强制性规定的民事法律行为无效

当事人关于在自然保护区、风景名胜区、重点生态功能区、生态环境敏感区和脆弱区等区域内勘查开采矿产资源的合同约定，不得违反法律、行政法规的强制性规定或者损害环境公共利益，否则应依法认定无效。环境资源法律法规中的禁止性规定，即便未明确违反相关规定将导致合同无效，但若认定合同有效并继续履行将损害环境公共利益的，应当认定合同无效。[四川金核矿业有限公司与新疆临钢资源投资股份有限公司特殊区域合作勘查合同纠纷案（《最高人民法院公报》2017 年第 4 期）]

55. 在合同效力的认定中，不宜以合同违反行政规章的规定为由认定合同无效

在合同效力的认定中，应该以合同是否违反法律、行政法规的强制性规定为判断标准，而不宜以合同违反行政规章的规定为由认定合同无效。在技术合同纠纷案件中，如果技术合同涉及的生产产品或提供服务依法须经行政部门审批或者许可而未经审批或许可的，不影响当事人订立的相关技术合同的效力。[海南康力元药业有限公司、海南通用康力制药有限公司与海口奇力制药股份有限公司技术转让合同纠纷案（《最高人民法院公报》2013 年第 2 期）]

56. "该强制性规定不导致该民事法律行为无效的除外"的认定

《最高人民法院关于适用〈中华人民共和国民法典〉合同编通则若干问

题的解释》第 16 条第 1 款规定："合同违反法律、行政法规的强制性规定，有下列情形之一，由行为人承担行政责任或者刑事责任能够实现强制性规定的立法目的的，人民法院可以依据民法典第一百五十三条第一款关于'该强制性规定不导致该民事法律行为无效的除外'的规定认定该合同不因违反强制性规定无效：（一）强制性规定虽然旨在维护社会公共秩序，但是合同的实际履行对社会公共秩序造成的影响显著轻微，认定合同无效将导致案件处理结果有失公平公正；（二）强制性规定旨在维护政府的税收、土地出让金等国家利益或者其他民事主体的合法利益而非合同当事人的民事权益，认定合同有效不会影响该规范目的的实现；（三）强制性规定旨在要求当事人一方加强风险控制、内部管理等，对方无能力或者无义务审查合同是否违反强制性规定，认定合同无效将使其承担不利后果；（四）当事人一方虽然在订立合同时违反强制性规定，但是在合同订立后其已经具备补正违反强制性规定的条件却违背诚信原则不予补正；（五）法律、司法解释规定的其他情形。"

57. 违背公序良俗的民事法律行为无效的情形

《最高人民法院关于适用〈中华人民共和国民法典〉合同编通则若干问题的解释》第 17 条规定："合同虽然不违反法律、行政法规的强制性规定，但是有下列情形之一，人民法院应当依据民法典第一百五十三条第二款的规定认定合同无效：（一）合同影响政治安全、经济安全、军事安全等国家安全的；（二）合同影响社会稳定、公平竞争秩序或者损害社会公共利益等违背社会公共秩序的；（三）合同背离社会公德、家庭伦理或者有损人格尊严等违背善良风俗的。人民法院在认定合同是否违背公序良俗时，应当以社会主义核心价值观为导向，综合考虑当事人的主观动机和交易目的、政府部门的监管强度、一定期限内当事人从事类似交易的频次、行为的社会后果等因素，并在裁判文书中充分说理。当事人确因生活需要进行交易，未给社会公共秩序造成重大影响，且不影响国家安全，也不违背善良风俗的，人民法院不应当认定合同无效。"

58. 违反法律法规强制性规定的合同无效

当事人订立、履行合同，应当遵守法律法规，不得扰乱社会秩序，损害社会公共利益。居间合同约定的居间事项系促成签订违反法律法规强制性规定的无效建设工程施工合同的，该居间合同因扰乱建筑市场秩序，损害社会公共利益，应属无效合同，居间据此主张居间费用的，人民法院不予支

持。(《最高人民法院公报》2023 年第 5 期：张正国诉江苏红战建设工程有限公司等居间合同纠纷案)

配套

《最高人民法院关于审理建设工程施工合同纠纷案件适用法律问题的解释（一）》第 1 条

第一百五十四条 【恶意串通】行为人与相对人恶意串通，损害他人合法权益的民事法律行为无效。

注解

《最高人民法院关于适用〈中华人民共和国民法典〉合同编通则若干问题的解释》第 23 条规定："法定代表人、负责人或者代理人与相对人恶意串通，以法人、非法人组织的名义订立合同，损害法人、非法人组织的合法权益，法人、非法人组织主张不承担民事责任的，人民法院应予支持。法人、非法人组织请求法定代表人、负责人或者代理人与相对人对因此受到的损失承担连带赔偿责任的，人民法院应予支持。根据法人、非法人组织的举证，综合考虑当事人之间的交易习惯、合同在订立时是否显失公平、相关人员是否获取了不正当利益、合同的履行情况等因素，人民法院能够认定法定代表人、负责人或者代理人与相对人存在恶意串通的高度可能性的，可以要求前述人员就合同订立、履行的过程等相关事实作出陈述或者提供相应的证据。其无正当理由拒绝作出陈述，或者所作陈述不具合理性又不能提供相应证据的，人民法院可以认定恶意串通的事实成立。"

应用

59. 当事人存在恶意串通以谋取非法利益，进行虚假民事诉讼情形的，应当依法予以制裁

人民法院审理民事案件中发现存在虚假诉讼可能时，应当依职权调取相关证据，详细询问当事人，全面严格审查诉讼请求与相关证据之间是否存在矛盾，以及当事人诉讼中言行是否违背常理。经综合审查判断，当事人存在虚构事实、恶意串通、规避法律或国家政策以谋取非法利益，进行虚假民事诉讼情形的，应当依法予以制裁。[上海欧宝生物科技有限公司诉辽宁特莱维置业发展有限公司企业借贷纠纷案（最高人民法院指导案例 68 号）]

60. 人民法院可以视为拍卖行与买受人恶意串通，依法裁定该拍卖无效的情形

拍卖行与买受人有关联关系，拍卖行为存在以下情形，损害与标的物相关权利人合法权益的，人民法院可以视为拍卖行与买受人恶意串通，依法裁定该拍卖无效：（1）拍卖过程中没有其他无关联关系的竞买人参与竞买，或者虽有其他竞买人参与竞买，但未进行充分竞价的；（2）拍卖标的物的评估价明显低于实际价格，仍以该评估价成交的。[广东龙正投资发展有限公司与广东景茂拍卖行有限公司委托拍卖执行复议案（最高人民法院指导案例35号）]

配套

《拍卖法》第65条；《企业国有资产法》第72条；《海事诉讼特别程序法》第41条

第一百五十五条　【无效或者被撤销民事法律行为自始无效】 无效的或者被撤销的民事法律行为自始没有法律约束力。

第一百五十六条　【民事法律行为部分无效】 民事法律行为部分无效，不影响其他部分效力的，其他部分仍然有效。

注解

民事法律行为的无效事由既可以导致其全部无效，也可以导致其部分无效。在部分无效时，如果不影响其他部分的效力，其他部分仍可有效。这意味着，只有在民事法律行为的内容效力可分且相互不影响的情况下，部分无效才不会导致其他部分同时无效。反之，当部分无效的民事法律行为会影响其他部分效力的，其他部分也应无效。

配套

《劳动法》第18条；《劳动合同法》第27条

第一百五十七条　【民事法律行为无效、被撤销、不生效力的法律后果】 民事法律行为无效、被撤销或者确定不发生效力后，行为人因该行为取得的财产，应当予以返还；不能返还或者没有必要返还的，应当折价补偿。有过错的一方应当赔偿对方由

此所受到的损失；各方都有过错的，应当各自承担相应的责任。法律另有规定的，依照其规定。

第四节　民事法律行为的附条件和附期限

第一百五十八条　【附条件的民事法律行为】民事法律行为可以附条件，但是根据其性质不得附条件的除外。附生效条件的民事法律行为，自条件成就时生效。附解除条件的民事法律行为，自条件成就时失效。

注解

民事法律行为中所附的条件，是指当事人以未来客观上不确定发生的事实，作为民事法律行为效力的附款。

以所附条件决定民事法律行为效力发生或消灭为标准，条件可以分为生效条件和解除条件。所谓生效条件，是指使民事法律行为效力发生或者不发生的条件。生效条件具备之前，民事法律行为虽已成立但未生效，其效力是否发生处于不确定状态。条件具备，民事法律行为生效；条件不具备，民事法律行为就不生效。所谓解除条件，又称消灭条件，是指对已经生效的民事法律行为，当条件具备时，该民事法律行为失效；如果该条件确定不具备，则该民事法律行为将继续有效。

在附条件的民事法律行为中，所附条件的出现与否将直接决定民事法律行为的效力状态。附生效条件的民事法律行为，自条件成就时生效。附解除条件的民事法律行为，自条件成就时失效。

配套

《保险法》第 13 条；《票据法》第 33 条

第一百五十九条　【条件成就或不成就的拟制】附条件的民事法律行为，当事人为自己的利益不正当地阻止条件成就的，视为条件已经成就；不正当地促成条件成就的，视为条件不成就。

对本条的把握应当注意以下几点：第一，当事人主观上有为自己利益人为改变条件状态的故意。换言之，当事人从自己利益角度考虑，主观上具有使条件成就或者不成就的故意。第二，当事人为此实施了人为改变条件成就状态的行为。民事法律行为中所附条件，其成就与否本不确定。当事人为自己利益实施了促成或阻止条件成就的行为。第三，该行为具有不正当性。这主要是指当事人的此种行为违反了诚信原则，不符合事先约定。

第一百六十条　【附期限的民事法律行为】民事法律行为可以附期限，但是根据其性质不得附期限的除外。附生效期限的民事法律行为，自期限届至时生效。附终止期限的民事法律行为，自期限届满时失效。

生效期限，是指决定民事法律行为效力发生的期限。期限届至，民事法律行为生效；期限届至前，民事法律行为虽已成立但并未生效。终止期限，是指决定民事法律行为效力消灭的期限。期限届至，民事法律行为失效；期限届至前，民事法律行为始终有效。

《保险法》第 13 条

第七章　代　理

第一节　一般规定

第一百六十一条　【代理的适用范围】民事主体可以通过代理人实施民事法律行为。

依照法律规定、当事人约定或者民事法律行为的性质，应当由本人亲自实施的民事法律行为，不得代理。

代理是指代理人代被代理人实施民事法律行为，其法律效果直接归属于被代理人的行为。

下列三类民事法律行为不得代理：（1）依照法律规定应当由本人亲自实施的民事法律行为。（2）依照当事人约定应当由本人亲自实施的民事法律行为。当事人双方基于某种原因，约定某一民事法律行为必须由本人亲自实施的，当事人自然应当遵守这一约定，不得通过代理人实施该民事法律行为。（3）依照民事法律行为的性质，应当由本人亲自实施的民事法律行为。这主要是指具有人身性质的身份行为，比如结婚、离婚、收养、遗嘱、遗赠等。

配套

《海关法》第 11 条；《保险法》第 117 条；《拍卖法》第 26 条、第 34 条

第一百六十二条 **【代理的效力】**代理人在代理权限内，以被代理人名义实施的民事法律行为，对被代理人发生效力。

第一百六十三条 **【代理的类型】**代理包括委托代理和法定代理。

委托代理人按照被代理人的委托行使代理权。法定代理人依照法律的规定行使代理权。

注解

委托代理是指按照代理人的委托来行使代理权的代理，有的学者又称为"意定代理"、"授权代理"等。

法定代理是指依照法律的规定来行使代理权的代理。法定代理人的代理权来自法律的直接规定，无需被代理人的授权，也只有在符合法律规定条件的情况下才能取消代理人的代理权。

第一百六十四条 **【不当代理的民事责任】**代理人不履行或者不完全履行职责，造成被代理人损害的，应当承担民事责任。

代理人和相对人恶意串通，损害被代理人合法权益的，代理人和相对人应当承担连带责任。

第二节　委托代理

第一百六十五条　【授权委托书】委托代理授权采用书面形式的，授权委托书应当载明代理人的姓名或者名称、代理事项、权限和期限，并由被代理人签名或者盖章。

第一百六十六条　【共同代理】数人为同一代理事项的代理人的，应当共同行使代理权，但是当事人另有约定的除外。

注解

共同代理是指数个代理人共同行使一项代理权的代理。共同代理有几个特征：（1）有数个代理人。（2）只有一个代理权。（3）共同行使代理权。数人应当共同实施代理行为，享有共同的权利义务。任何一个代理人单独行使代理权，均属于无权代理。

配套

《信托法》第31条

第一百六十七条　【违法代理的责任承担】代理人知道或者应当知道代理事项违法仍然实施代理行为，或者被代理人知道或者应当知道代理人的代理行为违法未作反对表示的，被代理人和代理人应当承担连带责任。

第一百六十八条　【禁止自己代理和双方代理】代理人不得以被代理人的名义与自己实施民事法律行为，但是被代理人同意或者追认的除外。

代理人不得以被代理人的名义与自己同时代理的其他人实施民事法律行为，但是被代理的双方同意或者追认的除外。

第一百六十九条　【复代理】代理人需要转委托第三人代理的，应当取得被代理人的同意或者追认。

转委托代理经被代理人同意或者追认的，被代理人可以就代理事务直接指示转委托的第三人，代理人仅就第三人的选任以及对第三人的指示承担责任。

转委托代理未经被代理人同意或者追认的，代理人应当对转委托的第三人的行为承担责任；但是，在紧急情况下代理人为了维护被代理人的利益需要转委托第三人代理的除外。

61. 紧急情况

由于急病、通讯联络中断、疫情防控等特殊原因，委托代理人自己不能办理代理事项，又不能与被代理人及时取得联系，如不及时转委托第三人代理，会给被代理人的利益造成损失或者扩大损失的，人民法院应当认定为民法典第169条规定的紧急情况。

《最高人民法院关于适用〈中华人民共和国民法典〉总则编若干问题的解释》第26条

第一百七十条　【职务代理】执行法人或者非法人组织工作任务的人员，就其职权范围内的事项，以法人或者非法人组织的名义实施的民事法律行为，对法人或者非法人组织发生效力。

法人或者非法人组织对执行其工作任务的人员职权范围的限制，不得对抗善意相对人。

本条是关于职务代理的规定。职务代理，顾名思义，是指根据代理人所担任的职务而产生的代理，即执行法人或者非法人组织工作任务的人员，就其职权范围内的事项，以法人或者非法人组织的名义实施的民事法律行为，无须法人或者非法人组织的特别授权，对法人或者非法人组织发生效力。

第一百七十一条　【无权代理】行为人没有代理权、超越代理权或者代理权终止后，仍然实施代理行为，未经被代理人追认的，对被代理人不发生效力。

84

相对人可以催告被代理人自收到通知之日起三十日内予以追认。被代理人未作表示的，视为拒绝追认。行为人实施的行为被追认前，善意相对人有撤销的权利。撤销应当以通知的方式作出。

行为人实施的行为未被追认的，善意相对人有权请求行为人履行债务或者就其受到的损害请求行为人赔偿。但是，赔偿的范围不得超过被代理人追认时相对人所能获得的利益。

相对人知道或者应当知道行为人无权代理的，相对人和行为人按照各自的过错承担责任。

注解

没有代理权的无权代理，指行为人根本没有得到被代理人的授权，就以被代理人名义从事的代理。

超越代理权的无权代理，指行为人与被代理人之间有代理关系存在，行为人有一定的代理权，但其实施的代理行为超出了代理权的范围的代理。

代理权终止后的无权代理，指行为人与被代理人之间原本有代理关系，由于法定情形的出现使得代理权终止，但是行为人仍然从事的代理。法定情形主要指本法第 173 条规定的情形，包括代理期限届满、代理事务完成或者被代理人取消委托等。

无权代理行为未被追认，相对人请求行为人履行债务或者赔偿损失的，由行为人就相对人知道或者应当知道行为人无权代理承担举证责任。行为人不能证明的，人民法院依法支持相对人的相应诉讼请求；行为人能够证明的，人民法院应当按照各自的过错认定行为人与相对人的责任。

配套

《最高人民法院关于适用〈中华人民共和国民法典〉总则编若干问题的解释》第 27 条

第一百七十二条　【表见代理】行为人没有代理权、超越代理权或者代理权终止后，仍然实施代理行为，相对人有理由相信行为人有代理权的，代理行为有效。

62. 相对人有理由相信行为人有代理权

同时符合下列条件的，人民法院可以认定为民法典第172条规定的相对人有理由相信行为人有代理权：（1）存在代理权的外观；（2）相对人不知道行为人行为时没有代理权，且无过失。

因是否构成表见代理发生争议的，相对人应当就无权代理符合上述（1）规定的条件承担举证责任；被代理人应当就相对人不符合上述（2）规定的条件承担举证责任。

63. 夫妻一方转让个人独资企业，即使未经另一方同意，相对人有理由相信行为人有代理权的，则构成表见代理

夫妻一方转让个人独资企业，即使未经另一方同意，相对人有理由相信行为人有代理权的，则构成表见代理，该代理行为有效。个人独资企业的投资人发生变更的，应向工商登记机关申请办理变更登记，但该变更登记不属于转让行为有效的前提条件，未办理变更登记，依照法律规定应当受到相应的行政处罚，但并不影响转让的效力。《个人独资企业法》第15条的规定应视为管理性的强制性规范而非效力性的强制性规范。[王见刚与王永安、第三人岚县大源采矿厂侵犯出资人权益纠纷案（《最高人民法院公报》2013年第5期）]

64. 法人、非法人组织的工作人员在订立合同时超越其职权范围

《最高人民法院关于适用〈中华人民共和国民法典〉合同编通则若干问题的解释》第21条第2款规定："合同所涉事项有下列情形之一的，人民法院应当认定法人、非法人组织的工作人员在订立合同时超越其职权范围：（一）依法应当由法人、非法人组织的权力机构或者决策机构决议的事项；（二）依法应当由法人、非法人组织的执行机构决定的事项；（三）依法应当由法定代表人、负责人代表法人、非法人组织实施的事项；（四）不属于通常情形下依其职权可以处理的事项。"

配套

《最高人民法院关于适用〈中华人民共和国民法典〉总则编若干问题的解释》第28条；《最高人民法院关于适用〈中华人民共和国民法典〉合同编通则若干问题的解释》第16条、第21条

第三节　代理终止

第一百七十三条　【委托代理的终止】有下列情形之一的，委托代理终止：

（一）代理期限届满或者代理事务完成；

（二）被代理人取消委托或者代理人辞去委托；

（三）代理人丧失民事行为能力；

（四）代理人或者被代理人死亡；

（五）作为代理人或者被代理人的法人、非法人组织终止。

第一百七十四条　【委托代理终止的例外】被代理人死亡后，有下列情形之一的，委托代理人实施的代理行为有效：

（一）代理人不知道且不应当知道被代理人死亡；

（二）被代理人的继承人予以承认；

（三）授权中明确代理权在代理事务完成时终止；

（四）被代理人死亡前已经实施，为了被代理人的继承人的利益继续代理。

作为被代理人的法人、非法人组织终止的，参照适用前款规定。

第一百七十五条　【法定代理的终止】有下列情形之一的，法定代理终止：

（一）被代理人取得或者恢复完全民事行为能力；

（二）代理人丧失民事行为能力；

（三）代理人或者被代理人死亡；

（四）法律规定的其他情形。

第八章　民事责任

第一百七十六条　【民事责任】民事主体依照法律规定或者按照当事人约定，履行民事义务，承担民事责任。

民事责任的基本特征有两个方面：（1）民事责任是民事主体违反民事义务所应承担的责任，是以民事义务为基础的。法律规定或者当事人约定民事主体应当做什么和不应当做什么，即要求应当为一定的行为或者不为一定的行为，这就是民事主体的义务。法律也同时规定了违反民事义务的后果，即应当承担的责任，这就是民事责任。民事责任不同于民事义务，民事责任是违反民事义务的后果，而不是民事义务本身。

（2）民事责任具有强制性。强制性是法律责任的重要特征。民事责任的强制性表现在对不履行民事义务的行为予以制裁，要求民事主体承担民事责任。

配套

《劳动合同法》第 39 条

第一百七十七条　【按份责任】二人以上依法承担按份责任，能够确定责任大小的，各自承担相应的责任；难以确定责任大小的，平均承担责任。

注解

按份责任，是指责任人为多人时，各责任人按照一定的份额向权利人承担民事责任，各责任人之间无连带关系。也就是说，责任人各自承担不同份额的责任，不具有连带性，权利人只能请求属于按份责任人的责任份额。按份责任产生的前提，是两个以上的民事主体不依照法律规定或者当事人约定履行民事义务，产生的民事责任。

第一百七十八条　【连带责任】二人以上依法承担连带责任的，权利人有权请求部分或者全部连带责任人承担责任。

连带责任人的责任份额根据各自责任大小确定；难以确定责任大小的，平均承担责任。实际承担责任超过自己责任份额的连带责任人，有权向其他连带责任人追偿。

连带责任，由法律规定或者当事人约定。

连带责任，是指依照法律规定或者当事人约定，两个或者两个以上当事人对共同产生的不履行民事义务的民事责任承担全部责任，并因此引起内部债务关系的一种民事责任。连带责任是一项重要的责任承担方式。连带责任可能基于合同产生，也可能基于侵权行为导致。

在一个或者数个连带责任人清偿了全部责任后，实际承担责任的人有权向其他连带责任人追偿。行使追偿权的前提是连带责任人实际承担了超出自己责任的份额。

第一百七十九条　【民事责任的承担方式】承担民事责任的方式主要有：

（一）停止侵害；

（二）排除妨碍；

（三）消除危险；

（四）返还财产；

（五）恢复原状；

（六）修理、重作、更换；

（七）继续履行；

（八）赔偿损失；

（九）支付违约金；

（十）消除影响、恢复名誉；

（十一）赔礼道歉。

法律规定惩罚性赔偿的，依照其规定。

本条规定的承担民事责任的方式，可以单独适用，也可以合并适用。

注 解

根据本条规定，承担民事责任的方式主要有：

（1）停止侵害。停止侵害主要是要求行为人不实施某种侵害。这种责任方式能够及时制止侵害，防止侵害后果的扩大。

（2）排除妨碍。排除妨碍是指行为人实施的行为使他人无法行使或者不能正常行使人身、财产权利，受害人可以要求行为人排除妨碍权利实施的障碍。

（3）消除危险。消除危险是指行为人的行为对他人人身、财产权益造成现实威胁，他人有权要求行为人采取有效措施消除这种现实威胁。

（4）返还财产。返还财产责任是因行为人无权占有他人财产而产生。没有法律或者合同根据占有他人财产，就构成无权占有，侵害了他人财产权益，行为人应当返还该财产。

（5）恢复原状。恢复原状是指行为人通过修理等手段使受到损坏的财产恢复到损坏发生前的状况的一种责任方式。

（6）修理、重作、更换。修理、重作、更换主要是违反合同应当承担的民事责任形式，是违反合同后所采取的补救措施。修理包括对产品、工作成果等标的物质量瑕疵的修补，也包括对服务质量瑕疵的改善，这是最为普遍的补救方式。在存在严重的质量瑕疵，以致不能通过修理达到约定的或者法定的质量情形下，受损害方可以选择重作或者更换的补救方式。修理、重作、更换不是恢复原状。如果违法行为人将损坏的财产修理复原，则是承担恢复原状的责任。

（7）继续履行。继续履行就是按照合同的约定继续履行义务。继续履行合同是当事人一方违反合同后，应当负的一项重要的民事责任。对于合同一方当事人不能自觉履行合同的，另一方当事人有权请求违约方继续履行合同或者请求人民法院、仲裁机构强制违约当事人继续履行合同。

（8）赔偿损失。赔偿损失是指行为人向受害人支付一定数额的金钱以弥补其损失的责任方式，是运用较为广泛的一种责任方式。赔偿的目的，最基本的是补偿损害，使受到损害的权利得到救济，使受害人能恢复到未受到损害前的状态。

（9）支付违约金。违约金是当事人在合同中约定的或者由法律直接规定的一方违反合同时应向对方支付一定数额的金钱，这是违反合同可以采用的承担民事责任的方式，只适用于合同当事人有违约金约定或者法律规定违反合同应支付违约金的情形。

（10）消除影响、恢复名誉。消除影响、恢复名誉是指人民法院根据受害人的请求，责令行为人在一定范围内采取适当方式消除对受害人名誉的不利影响，以使其名誉得到恢复的一种责任方式。具体适用消除影响、恢复名誉，要根据侵害行为所造成的影响和受害人名誉受损的后果决定。

（11）赔礼道歉。赔礼道歉是指行为人通过口头、书面或者其他方式向受害人进行道歉，以取得谅解的一种责任方式。

本条规定了11种承担民事责任的方式，各有特点，可以单独采用一种方式，也可以采用多种方式。具体适用民事责任的方式掌握的原则是，如果一种方式不足以救济权利人的，就应当同时适用其他方式。

配套

《药品管理法》第144条；《商标法》第63条；《食品安全法》第148条；《电子商务法》第42条；《消费者权益保护法》第50条、第52条、第55条；《最高人民法院关于审理旅游纠纷案件适用法律若干问题的规定》第15条

第一百八十条　【不可抗力】因不可抗力不能履行民事义务的，不承担民事责任。法律另有规定的，依照其规定。

不可抗力是不能预见、不能避免且不能克服的客观情况。

注解

不可抗力是指不能预见、不能避免且不能克服的客观情况。对不能预见的理解，是根据现有的技术水平，一般对某事件发生没有预知能力。人们对某事件的发生的预知能力取决于当代的科学技术水平。不能避免并不能克服，应是指当事人已经尽到最大努力和采取一切可以采取的措施，仍不能避免某种事件的发生并不能克服事件所造成的后果。其表明某个事件的发生和事件所造成的后果具有必然性。

通常情况下，因不可抗力不能履行民事义务的，不承担民事责任。但法律规定因不可抗力不能履行民事义务，也要承担民事责任的则需要依法承担民事责任。例如《民用航空法》第160条规定，民用航空器造成他人损害的，民用航空器的经营人只有能够证明损害是武装冲突、骚乱造成的，或者是因受害人故意造成的，才能免除其责任。因不可抗力的自然灾害造成的，不能免除民用航空器经营人的责任。举例来说，民用飞机在空中遭雷击坠毁，造成地面人员伤亡。航空公司不能以不可抗力为由，对受害人予以抗辩。

《电力法》第 60 条；《旅游法》第 67 条；《水污染防治法》第 96 条；《铁路法》第 18 条

第一百八十一条　【正当防卫】因正当防卫造成损害的，不承担民事责任。

正当防卫超过必要的限度，造成不应有的损害的，正当防卫人应当承担适当的民事责任。

65. 正当防卫的认定

为了使国家利益、社会公共利益、本人或者他人的人身权利、财产权利以及其他合法权益免受正在进行的不法侵害，而针对实施侵害行为的人采取的制止不法侵害的行为，应当认定为本条规定的正当防卫。

对于正当防卫是否超过必要的限度，人民法院应当综合不法侵害的性质、手段、强度、危害程度和防卫的时机、手段、强度、损害后果等因素判断。经审理，正当防卫没有超过必要限度的，人民法院应当认定正当防卫人不承担责任。正当防卫超过必要限度的，人民法院应当认定正当防卫人在造成不应有的损害范围内承担部分责任；实施侵害行为的人请求正当防卫人承担全部责任的，人民法院不予支持。实施侵害行为的人不能证明防卫行为造成不应有的损害，仅以正当防卫人采取的反击方式和强度与不法侵害不相当为由主张防卫过当的，人民法院不予支持。

《刑法》第 20 条；《最高人民法院关于适用〈中华人民共和国民法典〉总则编若干问题的解释》第 30 条、第 31 条

第一百八十二条　【紧急避险】因紧急避险造成损害的，由引起险情发生的人承担民事责任。

危险由自然原因引起的，紧急避险人不承担民事责任，可以给予适当补偿。

紧急避险采取措施不当或者超过必要的限度，造成不应有的

损害的，紧急避险人应当承担适当的民事责任。

应用

66. 紧急避险

为了使国家利益、社会公共利益、本人或者他人的人身权利、财产权利以及其他合法权益免受正在发生的急迫危险，不得已而采取紧急措施的，应当认定为民法典第182条规定的紧急避险。

对于紧急避险是否采取措施不当或者超过必要的限度，人民法院应当综合危险的性质、急迫程度、避险行为所保护的权益以及造成的损害后果等因素判断。经审理，紧急避险采取措施并无不当且没有超过必要限度的，人民法院应当认定紧急避险人不承担责任。紧急避险采取措施不当或者超过必要限度的，人民法院应当根据紧急避险人的过错程度、避险措施造成不应有的损害的原因力大小、紧急避险人是否为受益人等因素认定紧急避险人在造成的不应有的损害范围内承担相应的责任。

配套

《刑法》第21条；《最高人民法院关于适用〈中华人民共和国民法典〉总则编若干问题的解释》第32条、第33条

第一百八十三条　【因保护他人民事权益而受损的责任承担】 因保护他人民事权益使自己受到损害的，由侵权人承担民事责任，受益人可以给予适当补偿。没有侵权人、侵权人逃逸或者无力承担民事责任，受害人请求补偿的，受益人应当给予适当补偿。

注解

因保护他人民事权益而使自己受到损害，受害人依据民法典第183条的规定请求受益人适当补偿的，人民法院可以根据受害人所受损失和已获赔偿的情况、受益人受益的多少及其经济条件等因素确定受益人承担的补偿数额。

应用

67. 见义勇为的认定

行为人非因法定职责、法定义务或约定义务，为保护国家、社会公共利

益或者他人的人身、财产安全，实施阻止不法侵害者逃逸的行为，人民法院可以认定为见义勇为。[张庆福、张殿凯诉朱振彪生命权纠纷案（最高人民法院指导案例98号）]

68. 职工为制止违法犯罪行为而受到伤害视同工伤

职工见义勇为，为制止违法犯罪行为而受到伤害的，属于《工伤保险条例》第15条第1款第2项规定的为维护公共利益受到伤害的情形，应当视同工伤。[重庆市涪陵志大物业管理有限公司诉重庆市涪陵区人力资源和社会保障局劳动和社会保障行政确认案（最高人民法院指导案例94号）]

69. 见义勇为损害救济规则

见义勇为是中华民族的传统美德，是社会主义核心价值观的内在要求。"一人兴善，万人可激"，新时代新征程，更需要榜样的力量、榜样的激励。本案中，李某林在突发情况下毫不犹豫跳水救人后不幸溺亡，其英勇救人的行为值得肯定、褒扬和尊重。审理法院适用民法典"见义勇为损害救济规则"，肯定李某林的见义勇为精神，通过以案释法树立是非标杆，积极倡导了崇德向善的社会风尚。[人民法院贯彻实施民法典典型案例（第二批）二：李某良、钟某梅诉吴某闲等生命权纠纷案]

配套

《最高人民法院关于适用〈中华人民共和国民法典〉总则编若干问题的解释》第34条

第一百八十四条　【紧急救助的责任豁免】因自愿实施紧急救助行为造成受助人损害的，救助人不承担民事责任。

第一百八十五条　【英雄烈士人格利益的保护】侵害英雄烈士等的姓名、肖像、名誉、荣誉，损害社会公共利益的，应当承担民事责任。

应用

70. 将雷锋姓名用于商业广告和营利宣传应当承担相应法律责任

英雄烈士是一个国家和民族精神的体现，是引领社会风尚的标杆，加强对英烈姓名、名誉、荣誉等的法律保护，对于促进社会尊崇英烈、扬善抑恶、弘扬社会主义核心价值观意义重大。为更好地弘扬英雄烈士精神，增强民族凝聚力，维护社会公共利益，民法典第185条对英雄烈士等的人格利益保护作出了特别规定。本案适用民法典的规定，认定将雷锋姓名用于商业广告和营利宣传，曲解了雷锋精神，构成对雷锋同志人格利益的侵害，损害了社会公共利益，依法应当承担相应法律责任，为网络空间注入缅怀英烈、热爱英烈、敬仰英烈的法治正能量。[人民法院贯彻实施民法典典型案例（第一批）三：杭州市上城区人民检察院诉某网络科技有限公司英雄烈士保护民事公益诉讼案]

71. 侵害英雄烈士等的名誉、荣誉，损害社会公共利益的，应当承担民事责任

习近平总书记指出，一切民族英雄都是中华民族的脊梁，他们的事迹和精神都是激励我们前行的强大力量。英烈不容诋毁，法律不容挑衅。民法典第185条"英烈条款"的核心要义是保护英雄烈士的人格利益，维护社会公共利益，弘扬尊崇英烈、扬善抑恶的精神风气。肖思远烈士为国戍边守土，遭敌围攻壮烈牺牲，其英雄事迹必将为人民群众缅怀铭记。该案适用民法典规定，认定陈某的行为侵害肖思远烈士的名誉、荣誉，损害了社会公共利益，鲜明表达了人民法院严厉打击和制裁抹黑英雄烈士形象行为的坚定立场，向全社会传递了热爱英雄、崇尚英雄、捍卫英雄的强烈态度。[人民法院贯彻实施民法典典型案例（第二批）三：杭州市临平区人民检察院诉陈某英雄烈士保护民事公益诉讼案]

配套

《英雄烈士保护法》第22条；《烈士褒扬条例》第2条、第8条、第53条、第64条；《军人抚恤优待条例》第11条；《最高人民法院关于适用〈中华人民共和国民法典〉时间效力的若干规定》第6条

第一百八十六条　**【违约责任与侵权责任的竞合】**因当事人一方的违约行为，损害对方人身权益、财产权益的，受损害方有权选择请求其承担违约责任或者侵权责任。

注解

本条是关于违约责任与侵权责任竞合的规定。违约责任与侵权责任的竞合，是指义务人的违约行为既符合违约要件，又符合侵权要件，导致违约责

任与侵权责任一并产生。从另一方面来说，受损害方既可以就违约责任行使请求权，也可以就侵权责任行使请求权。这就又产生两种请求权竞合的情况。根据公平原则，本条规定，受损害方可以在两种请求权中选择行使一种请求权。这意味着受损害方只能行使一种请求权，如果受损害方选择行使一种请求权并得到实现，那么另一种请求权即告消灭。

第一百八十七条 　【民事责任优先】民事主体因同一行为应当承担民事责任、行政责任和刑事责任的，承担行政责任或者刑事责任不影响承担民事责任；民事主体的财产不足以支付的，优先用于承担民事责任。

配　套

《产品质量法》第 64 条；《食品安全法》第 147 条；《刑法》第 36 条

第九章　诉讼时效

第一百八十八条 　【普通诉讼时效】向人民法院请求保护民事权利的诉讼时效期间为三年。法律另有规定的，依照其规定。

诉讼时效期间自权利人知道或者应当知道权利受到损害以及义务人之日起计算。法律另有规定的，依照其规定。但是，自权利受到损害之日起超过二十年的，人民法院不予保护，有特殊情况的，人民法院可以根据权利人的申请决定延长。

注　解

诉讼时效是权利人在法定期间内不行使权利，该期间届满后，发生义务人可以拒绝履行其给付义务效果的法律制度。该制度有利于促使权利人及时行使权利，维护交易秩序和安全。

第 1 款规定的三年诉讼时效期间，可以适用民法典有关诉讼时效中止、中断的规定，不适用延长的规定。第 2 款规定的二十年期间不适用中止、中断的规定。

72. 无民事行为能力人或者限制民事行为能力人的权利受到损害的，诉讼时效期间的计算

《最高人民法院关于适用〈中华人民共和国民法典〉总则编若干问题的解释》第 36 条规定："无民事行为能力人或者限制民事行为能力人的权利受到损害的，诉讼时效期间自其法定代理人知道或者应当知道权利受到损害以及义务人之日起计算，但是法律另有规定的除外。"

《最高人民法院关于适用〈中华人民共和国民法典〉总则编若干问题的解释》第 37 条规定："无民事行为能力人、限制民事行为能力人的权利受到原法定代理人损害，且在取得、恢复完全民事行为能力或者在原法定代理终止并确定新的法定代理人后，相应民事主体才知道或者应当知道权利受到损害的，有关请求权诉讼时效期间的计算适用民法典第一百八十八条第二款、本解释第三十六条的规定。"

《最高人民法院关于适用〈中华人民共和国民法典〉总则编若干问题的解释》第 35 条

第一百八十九条　【分期履行债务诉讼时效的起算】 当事人约定同一债务分期履行的，诉讼时效期间自最后一期履行期限届满之日起计算。

分期履行债务是按照当事人事先约定，分批分次完成一个债务履行的情况。分期付款买卖合同是最典型的分期履行债务。分期履行债务具有整体性和唯一性，系本条规定的同一债务，诉讼时效期间自该一个债务履行期限届满之日起计算。

第一百九十条　【对法定代理人请求权诉讼时效的起算】 无民事行为能力人或者限制民事行为能力人对其法定代理人的请求权的诉讼时效期间，自该法定代理终止之日起计算。

第一百九十一条　【未成年人遭受性侵害的损害赔偿诉讼时

效的起算】 未成年人遭受性侵害的损害赔偿请求权的诉讼时效期间，自受害人年满十八周岁之日起计算。

需注意的是，如果年满 18 周岁之前，其法定代理人选择与侵害人私了的方式解决纠纷，受害人在年满 18 周岁之后，可以依据本条的规定请求损害赔偿。未成年人遭受性侵害的损害赔偿请求权的诉讼时效期间，自受害人年满 18 周岁之日起计算。其具体的诉讼时效期间，适用本法第 188 条 3 年的普通诉讼时效期间的规定，即从年满 18 周岁之日起计算 3 年；符合本法第 194 条、第 195 条诉讼时效中止、中断情形的，可以相应中止、中断。

第一百九十二条 **【诉讼时效届满的法律效果】** 诉讼时效期间届满的，义务人可以提出不履行义务的抗辩。

诉讼时效期间届满后，义务人同意履行的，不得以诉讼时效期间届满为由抗辩；义务人已经自愿履行的，不得请求返还。

根据本条规定，诉讼时效期间届满的，义务人可以提出不履行义务的抗辩。这就意味着，权利人享有起诉权，可以向法院主张其已过诉讼时效之权利，法院应当受理。如果义务人不提出时效完成的抗辩，法院将以公权力维护权利人的利益；如果义务人行使抗辩权，法院审查后会依法保护义务人的抗辩权，不得强制义务人履行义务。但是，义务人行使时效抗辩权不得违反诚实信用原则，否则即使诉讼时效完成，义务人也不能取得时效抗辩权。

第一百九十三条 **【诉讼时效援用】** 人民法院不得主动适用诉讼时效的规定。

第一百九十四条 **【诉讼时效的中止】** 在诉讼时效期间的最后六个月内，因下列障碍，不能行使请求权的，诉讼时效中止：

（一）不可抗力；

（二）无民事行为能力人或者限制民事行为能力人没有法定代理人，或者法定代理人死亡、丧失民事行为能力、丧失代理权；

（三）继承开始后未确定继承人或者遗产管理人；

（四）权利人被义务人或者其他人控制；

（五）其他导致权利人不能行使请求权的障碍。

自中止时效的原因消除之日起满六个月，诉讼时效期间届满。

诉讼时效中止，是因法定事由的存在使诉讼时效停止进行，待法定事由消除后继续进行的制度。在诉讼时效进行中的某一时间内，出现了权利人主张权利的客观障碍，导致权利人无法在诉讼时效期间内行使权利，可能产生不公平的结果，因此法律规定了诉讼时效中止制度。

第一百九十五条　【诉讼时效的中断】有下列情形之一的，诉讼时效中断，从中断、有关程序终结时起，诉讼时效期间重新计算：

（一）权利人向义务人提出履行请求；

（二）义务人同意履行义务；

（三）权利人提起诉讼或者申请仲裁；

（四）与提起诉讼或者申请仲裁具有同等效力的其他情形。

诉讼时效期间中断，指诉讼时效期间进行过程中，出现了权利人积极行使权利的法定事由，从而使已经经过的诉讼时效期间归于消灭，重新计算期间的制度。

诉讼时效依据本条的规定中断后，在新的诉讼时效期间内，再次出现本条规定的中断事由，可以认定为诉讼时效再次中断。权利人向义务人的代理人、财产代管人或者遗产管理人等提出履行请求的，可以认定为本条规定的诉讼时效中断。

《最高人民法院关于审理民事案件适用诉讼时效制度若干问题的规定》

第 8-17 条;《最高人民法院关于适用〈中华人民共和国民法典〉总则编若干问题的解释》第 38 条

第一百九十六条 【不适用诉讼时效的情形】 下列请求权不适用诉讼时效的规定:

(一) 请求停止侵害、排除妨碍、消除危险;

(二) 不动产物权和登记的动产物权的权利人请求返还财产;

(三) 请求支付抚养费、赡养费或者扶养费;

(四) 依法不适用诉讼时效的其他请求权。

应 用

73. 业主拒绝缴纳专项维修资金,并以诉讼时效提出抗辩的,人民法院是否支持

专项维修资金是专门用于物业共用部位、共用设施设备保修期满后的维修和更新、改造的资金,属于全体业主共有。缴纳专项维修资金是业主为维护建筑物的长期安全使用而应承担的一项法定义务。业主拒绝缴纳专项维修资金,并以诉讼时效提出抗辩的,人民法院不予支持。[上海市虹口区久乐大厦小区业主大会诉上海环亚实业总公司业主共有权纠纷案(最高人民法院指导案例 65 号)]

第一百九十七条 【诉讼时效法定】 诉讼时效的期间、计算方法以及中止、中断的事由由法律规定,当事人约定无效。

当事人对诉讼时效利益的预先放弃无效。

第一百九十八条 【仲裁时效】 法律对仲裁时效有规定的,依照其规定;没有规定的,适用诉讼时效的规定。

第一百九十九条 【除斥期间】 法律规定或者当事人约定的撤销权、解除权等权利的存续期间,除法律另有规定外,自权利人知道或者应当知道权利产生之日起计算,不适用有关诉讼时效中止、中断和延长的规定。存续期间届满,撤销权、解除权等权利消灭。

74. 超出合理期间行使新增资本的优先认缴权主张不予支持

在民商事法律关系中，公司作为行为主体实施法律行为的过程可以划分为两个层次，一是公司内部的意思形成阶段，通常表现为股东会或董事会决议；二是公司对外作出意思表示的阶段，通常表现为公司对外签订的合同。出于保护善意第三人和维护交易安全的考虑，在公司内部意思形成过程存在瑕疵的情况下，只要对外的表示行为不存在无效的情形，公司就应受其表示行为的制约。

根据《公司法》的规定，公司新增资本时，股东有权优先按照实缴的出资比例认缴出资。从权利性质上来看，股东对于新增资本的优先认缴权应属形成权。现行法律并未明确规定该项权利的行使期限，但从维护交易安全和稳定经济秩序的角度出发，结合商事行为的规则和特点，人民法院在处理相关案件时应限定该项权利行使的合理期间，对于超出合理期间行使优先认缴权的主张不予支持。[绵阳市红日实业有限公司、蒋洋诉绵阳高新区科创实业有限公司股东会决议效力及公司增资纠纷案（《最高人民法院公报》2011 年第 3 期）]

第十章　期间计算

第二百条　【期间的计算单位】民法所称的期间按照公历年、月、日、小时计算。

第二百零一条　【期间的起算】按照年、月、日计算期间的，开始的当日不计入，自下一日开始计算。

按照小时计算期间的，自法律规定或者当事人约定的时间开始计算。

《民事诉讼法》第 85 条

第二百零二条　【期间结束】按照年、月计算期间的，到期月的对应日为期间的最后一日；没有对应日的，月末日为期间的最后一日。

第二百零三条 **【期间计算的特殊规定】**期间的最后一日是法定休假日的，以法定休假日结束的次日为期间的最后一日。

期间的最后一日的截止时间为二十四时；有业务时间的，停止业务活动的时间为截止时间。

配套

《劳动法》第44条、第45条；《民事诉讼法》第85条；《全国年节及纪念日放假办法》；《国务院关于职工工作时间的规定》第7条

第二百零四条 **【期间法定或约定】**期间的计算方法依照本法的规定，但是法律另有规定或者当事人另有约定的除外。

第二编 物 权

第一分编 通 则

第一章 一般规定

第二百零五条 **【物权编的调整范围】**本编调整因物的归属和利用产生的民事关系。

注解

本条是对物权编调整范围的规定。物权法律关系，是因对物的归属和利用在民事主体之间产生的权利义务关系。物包括不动产和动产。法律规定权利作为物权客体的，依照其规定。物权是权利人依法对特定的物享有直接支配和排他的权利，包括所有权、用益物权和担保物权。

配套

《民法典》第2条、第114条、第115条

第二百零六条 【我国基本经济制度与社会主义市场经济原则】国家坚持和完善公有制为主体、多种所有制经济共同发展，按劳分配为主体、多种分配方式并存，社会主义市场经济体制等社会主义基本经济制度。

国家巩固和发展公有制经济，鼓励、支持和引导非公有制经济的发展。

国家实行社会主义市场经济，保障一切市场主体的平等法律地位和发展权利。

配套

《宪法》第6条、第11条、第15条

第二百零七条 【平等保护原则】国家、集体、私人的物权和其他权利人的物权受法律平等保护，任何组织或者个人不得侵犯。

第二百零八条 【物权公示原则】不动产物权的设立、变更、转让和消灭，应当依照法律规定登记。动产物权的设立和转让，应当依照法律规定交付。

注解

物权公示，是指在物权变动时，必须将物权变动的事实通过一定的公示方法向社会公开，使第三人知道物权变动的情况，以避免第三人遭受损害并保护交易安全。物权公信，是指物权变动经过公示以后所产生的公信力，即物权变动按照法定方法公示以后，不仅正常的物权变动产生公信后果，而且即使物的出让人事实上无权处分，善意受让人基于对公示的信赖，仍能取得物权。

根据本条规定，不动产物权变动的公示方法是登记，不动产物权的设立、变更、转让和消灭应当依照法律规定登记，才能取得公信力；动产物权变动的公示方法是交付，动产物权的设立和转让，应当依照法律规定交付，动产交付产生动产物权变动的公信力。

《城市房地产管理法》第60条、第61条;《不动产登记暂行条例》

第二章　物权的设立、变更、转让和消灭

第一节　不动产登记

第二百零九条　【不动产物权的登记生效原则及其例外】不动产物权的设立、变更、转让和消灭,经依法登记,发生效力;未经登记,不发生效力,但是法律另有规定的除外。

依法属于国家所有的自然资源,所有权可以不登记。

注解

不动产物权的设立、变更、转让和消灭,统称为不动产物权变动。不动产物权变动必须依照法律规定进行登记,只有经过登记,才能够发生物权变动的效果,才具有发生物权变动的外部特征,才能取得不动产物权变动的公信力。除法律另有规定外,不动产物权变动未经登记,不发生物权变动的法律效果,法律不承认其物权已经发生变动,也不予以法律保护。

配套

《民法典》第374条;《不动产登记暂行条例》;《不动产登记暂行条例实施细则》

第二百一十条　【不动产登记机构和不动产统一登记】不动产登记,由不动产所在地的登记机构办理。

国家对不动产实行统一登记制度。统一登记的范围、登记机构和登记办法,由法律、行政法规规定。

注解

不动产登记实行属地原则,即不动产登记由不动产所在地的登记机构专属管辖,不得在异地进行不动产物权变动登记。

国家对不动产实行统一登记制度，《不动产登记暂行条例》规定的就是统一的不动产物权变动的登记制度；《不动产登记暂行条例实施细则》细化了不动产统一登记制度。

配套

《不动产登记暂行条例》；《不动产登记暂行条例实施细则》

第二百一十一条 **【申请不动产登记应提供的必要材料】**当事人申请登记，应当根据不同登记事项提供权属证明和不动产界址、面积等必要材料。

注解

本条是对申请不动产登记应当提供必要材料的规定。申请人应当提交下列材料，并对申请材料的真实性负责：（1）登记申请书；（2）申请人、代理人身份证明材料、授权委托书；（3）相关的不动产权属来源证明材料、登记原因证明文件、不动产权属证书；（4）不动产界址、空间界限、面积等材料；（5）与他人利害关系的说明材料；（6）法律、行政法规以及不动产登记暂行条例实施细则规定的其他材料。不动产登记机构应当在办公场所和门户网站公开申请登记所需材料目录和示范文本等信息。

配套

《不动产登记暂行条例》第14-16条

第二百一十二条 **【不动产登记机构应当履行的职责】**登记机构应当履行下列职责：

（一）查验申请人提供的权属证明和其他必要材料；

（二）就有关登记事项询问申请人；

（三）如实、及时登记有关事项；

（四）法律、行政法规规定的其他职责。

申请登记的不动产的有关情况需要进一步证明的，登记机构可以要求申请人补充材料，必要时可以实地查看。

配套

《不动产登记暂行条例》第 17–22 条

第二百一十三条　【不动产登记机构的禁止行为】登记机构不得有下列行为：

（一）要求对不动产进行评估；

（二）以年检等名义进行重复登记；

（三）超出登记职责范围的其他行为。

配套

《不动产登记暂行条例》第 29 条、第 30 条

第二百一十四条　【不动产物权变动的生效时间】不动产物权的设立、变更、转让和消灭，依照法律规定应当登记的，自记载于不动产登记簿时发生效力。

注解

不动产物权变动登记效力的发生时间，是指不动产发生物权变动效力的具体时间。只有不动产物权变动发生了效力，不动产物权才真正归属于不动产登记申请人享有，不动产物权人才可以依照自己的意志行使物权。

应当将登记机构审查认为符合不动产物权变动登记要求的时间，作为不动产物权变动登记记载于不动产登记簿的时间。

配套

《不动产登记暂行条例》第 21 条

第二百一十五条　【合同效力和物权效力区分】当事人之间订立有关设立、变更、转让和消灭不动产物权的合同，除法律另有规定或者当事人另有约定外，自合同成立时生效；未办理物权登记的，不影响合同效力。

应用

75. 抵押人未办理抵押登记，不影响抵押合同的效力

以不动产提供抵押担保，抵押人未依抵押合同约定办理抵押登记的，不

影响抵押合同的效力。债权人依据抵押合同主张抵押人在抵押物的价值范围内承担违约赔偿责任的，人民法院应予支持。抵押权人对未能办理抵押登记有过错的，相应减轻抵押人的赔偿责任。[中信银行股份有限公司东莞分行诉陈志华等金融借款合同纠纷案（最高人民法院指导案例168号）]

第二百一十六条　【不动产登记簿效力及管理机构】不动产登记簿是物权归属和内容的根据。

不动产登记簿由登记机构管理。

注　解

不动产登记簿，是不动产登记机构按照国务院自然资源主管部门规定设立的统一的不动产权属登记簿。不动产登记簿应当记载以下事项：（1）不动产的坐落、界址、空间界限、面积、用途等自然状况；（2）不动产权利的主体、类型、内容、来源、期限、权利变化等权属状况；（3）涉及不动产权利限制、提示的事项；（4）其他相关事项。

不动产登记簿应当采用电子介质，暂不具备条件的，可以采用纸质介质。不动产登记机构应当明确不动产登记簿唯一、合法的介质形式。

由于不动产登记簿是物权归属和内容的根据，因此在不动产登记簿上记载某人享有某项物权时，就直接推定该人享有该项物权，其物权的内容也以不动产登记簿上的记载为准。这就是不动产登记簿所记载的权利的正确性推定效力规则。但当事人有证据证明不动产登记簿的记载与真实权利状态不符、其为该不动产物权的真实权利人，请求确认其享有物权的，应予支持。

配　套

《不动产登记暂行条例》第8-10条；《最高人民法院关于适用〈中华人民共和国民法典〉物权编的解释（一）》第2条

第二百一十七条　【不动产登记簿与不动产权属证书的关系】不动产权属证书是权利人享有该不动产物权的证明。不动产权属证书记载的事项，应当与不动产登记簿一致；记载不一致的，除有证据证明不动产登记簿确有错误外，以不动产登记簿为准。

不动产权属证书是权利人享有该不动产物权的证明。不动产登记机构完成登记后，依法向申请人核发不动产权属证书。不动产权属证书与不动产登记簿的关系是：完成不动产物权公示的是不动产登记簿，不动产物权的归属和内容以不动产登记簿的记载为根据；不动产权属证书只是不动产登记簿所记载的内容的外在表现形式。简言之，不动产登记簿是不动产权属证书的母本，不动产权属证书是证明不动产登记簿登记内容的证明书。故不动产权属证书记载的事项应当与不动产登记簿一致；如果出现记载不一致的，除有证据证明并且经过法定程序认定不动产登记簿确有错误的外，物权的归属以不动产登记簿为准。

《不动产登记暂行条例》第 21 条

第二百一十八条 **【不动产登记资料的查询、复制】**权利人、利害关系人可以申请查询、复制不动产登记资料，登记机构应当提供。

本条中的权利人，是指不动产权属持有者以及不动产权属交易合同的双方当事人；利害关系人是在合同双方当事人以外的或者物权人以外的人中，可能和这个物权发生联系的这部分人。

《不动产登记暂行条例》第 27 条

第二百一十九条 **【利害关系人的非法利用不动产登记资料禁止义务】**利害关系人不得公开、非法使用权利人的不动产登记资料。

查询不动产登记资料的单位、个人应当向不动产登记机构说明查询目的，不得将查询获得的不动产登记资料用于其他目的；未经权利人同意，不得泄露查询获得的不动产登记资料。

《不动产登记暂行条例》第28条

第二百二十条 **【更正登记和异议登记】**权利人、利害关系人认为不动产登记簿记载的事项错误的，可以申请更正登记。不动产登记簿记载的权利人书面同意更正或者有证据证明登记确有错误的，登记机构应当予以更正。

不动产登记簿记载的权利人不同意更正的，利害关系人可以申请异议登记。登记机构予以异议登记，申请人自异议登记之日起十五日内不提起诉讼的，异议登记失效。异议登记不当，造成权利人损害的，权利人可以向申请人请求损害赔偿。

应 用

76. 更正登记

更正登记，是指已经完成的登记，由于当初登记手续的错误或者遗漏，致使登记与原始的实体权利关系不一致，为消除这种不一致的状态，对既存的登记内容进行修正补充的登记。故更正登记的目的是对不动产物权登记订正错误、补充遗漏。更正登记有两种方式，一种是经权利人（包括登记上的权利人和事实上的权利人）以及利害关系人申请作出的更正登记，另一种是登记机关自己发现错误后作出的更正登记。

77. 异议登记

异议登记，就是将事实上的权利人以及利害关系人对不动产登记簿记载的权利所提出的异议记入登记簿。异议登记的法律效力是，登记簿上所记载的权利失去正确性推定的效力，第三人也不得主张依照登记的公信力而受到保护。异议登记虽然可以对真正权利人提供保护，但这种保护应当是临时性的，因为它同时也给不动产物权交易造成了一种不稳定的状态。为使不动产物权的不稳定状态早日恢复正常，法律必须对异议登记的有效期间作出限制。因此，本条规定，申请人在异议登记之日起十五日内不提起诉讼的，异议登记失效。由于异议登记可以使登记簿上所记载的权利失去正确性推定的效力，同时，异议登记的申请人在提出异议登记的申请时也无需充分证明其权利受到了损害，如果申请人滥用异议登记制度，将可能给登记簿上记载的权利人的利益造成损害。因此，本条规定，异议登记不当，造成权利人损害的，权利人可以向申请人请求损害赔偿。

配套

《最高人民法院关于适用〈中华人民共和国民法典〉物权编的解释（一）》第 3 条

第二百二十一条　【预告登记】当事人签订买卖房屋的协议或者签订其他不动产物权的协议，为保障将来实现物权，按照约定可以向登记机构申请预告登记。预告登记后，未经预告登记的权利人同意，处分该不动产的，不发生物权效力。

预告登记后，债权消灭或者自能够进行不动产登记之日起九十日内未申请登记的，预告登记失效。

应用

78. 预告登记

预告登记，是指为了保全债权的实现、保全物权的顺位请求权等而进行的提前登记。预告登记与一般的不动产登记的区别在于：一般的不动产登记都是在不动产物权变动已经完成的状态下所进行的登记，而预告登记则是为了保全将来发生的不动产物权变动而进行的登记。预告登记完成后，并不导致不动产物权的设立或者变动，只是使登记申请人取得请求将来发生物权变动的权利。纳入预告登记的请求权，对后来发生与该项请求权内容相同的不动产物权的处分行为，具有排他的效力，以确保将来只发生该请求权所期待的法律后果。

未经预告登记的权利人同意，转让不动产所有权等物权，或者设立建设用地使用权、居住权、地役权、抵押权等其他物权的，应当依照本条第一款的规定，认定其不发生物权效力。预告登记的买卖不动产物权的协议被认定无效、被撤销，或者预告登记的权利人放弃债权的，应当认定为本条第二款所称的"债权消灭"。

配套

《最高人民法院关于适用〈中华人民共和国民法典〉物权编的解释（一）》第 4 条、第 5 条

第二百二十二条 【不动产登记错误损害赔偿责任】当事人提供虚假材料申请登记，造成他人损害的，应当承担赔偿责任。

因登记错误，造成他人损害的，登记机构应当承担赔偿责任。登记机构赔偿后，可以向造成登记错误的人追偿。

配套

《不动产登记暂行条例》第 29 条

第二百二十三条 【不动产登记收费标准的确定】不动产登记费按件收取，不得按照不动产的面积、体积或者价款的比例收取。

配套

《关于不动产登记收费标准等有关问题的通知》

第二节 动产交付

第二百二十四条 【动产物权变动生效时间】动产物权的设立和转让，自交付时发生效力，但是法律另有规定的除外。

第二百二十五条 【船舶、航空器和机动车物权变动采取登记对抗主义】船舶、航空器和机动车等的物权的设立、变更、转让和消灭，未经登记，不得对抗善意第三人。

注解

根据《海商法》的规定，船舶所有权的取得、转让和消灭，应当向船舶登记机关登记；未经登记的，不得对抗第三人。根据《民用航空法》的规定，民用航空器所有权的取得、转让和消灭，应当向国务院民用航空主管部门登记；未经登记的，不得对抗第三人。

所谓善意第三人，就是指不知道也不应当知道物权发生了变动的其他人。转让人转让船舶、航空器和机动车等所有权，受让人已经支付合理价款并取得占有，虽未经登记，但转让人的债权人主张其为本条所称的"善意第三人"的，不予支持，法律另有规定的除外。

《最高人民法院关于适用〈中华人民共和国民法典〉物权编的解释（一）》第 6 条

第二百二十六条　【简易交付】动产物权设立和转让前，权利人已经占有该动产的，物权自民事法律行为生效时发生效力。

注解

简易交付，是指交易标的物已经为受让人占有，转让人无须进行现实交付的无形交付方式。简易交付的条件，须在受让人已经占有了动产的场合，仅需当事人之间就所有权让与达成合意，即产生物权变动的效力。转让人将自主占有的意思授予受让人，以代替现实的交付行为，受让人就从他主占有变为自主占有，就实现了动产交付，实现了动产物权的变动。当事人以本条规定的简易交付方式交付动产的，转让动产民事法律行为生效时为动产交付之时。

第二百二十七条　【指示交付】动产物权设立和转让前，第三人占有该动产的，负有交付义务的人可以通过转让请求第三人返还原物的权利代替交付。

注释

指示交付，又叫返还请求权让与，是指在交易标的物被第三人占有的场合，出让人与受让人约定，出让人将其对占有人的返还请求权移转给受让人，由受让人向第三人行使，以代替现实交付的动产交付方式。

配套

《最高人民法院关于适用〈中华人民共和国民法典〉物权编的解释（一）》第 17 条

第二百二十八条　【占有改定】动产物权转让时，当事人又约定由出让人继续占有该动产的，物权自该约定生效时发生效力。

注解

占有改定，是指在转让动产物权时，转让人希望继续占有该动产，当事

112

人双方订立合同并约定转让人可以继续占有该动产，而受让人因此取得对标的物的间接占有以代替标的物的实际交付。

第三节　其他规定

第二百二十九条　【法律文书、征收决定导致物权变动效力发生时间】 因人民法院、仲裁机构的法律文书或者人民政府的征收决定等，导致物权设立、变更、转让或者消灭的，自法律文书或者征收决定等生效时发生效力。

注解

人民法院、仲裁机构在分割共有不动产或者动产等案件中作出并依法生效的改变原有物权关系的判决书、裁决书、调解书，以及人民法院在执行程序中作出的拍卖成交裁定书、变卖成交裁定书、以物抵债裁定书，应当认定为民法典第229条所称导致物权设立、变更、转让或者消灭的人民法院、仲裁机构的法律文书。

配套

《最高人民法院关于适用〈中华人民共和国民法典〉物权编的解释（一）》第7条、第8条

第二百三十条　【因继承取得物权的生效时间】 因继承取得物权的，自继承开始时发生效力。

注解

根据民法典第1121条第1款的规定，继承从被继承人死亡时开始。尽管在被继承人死亡时好像并未直接发生继承，还要办继承手续，有的还要进行诉讼通过裁判确定。无论在继承人死亡之后多久才确定继承的结果，但在实际上，继承人取得被继承人的遗产物权，都是在被继承人死亡之时，因为法律规定被继承人死亡的时间，就是继承开始的时间，该继承开始的时间，就是遗产的物权变动的时间。

配套

《民法典》第1121条；《最高人民法院关于适用〈中华人民共和国民法

第二百三十一条 　**【因事实行为设立或者消灭物权的生效时间】**因合法建造、拆除房屋等事实行为设立或者消灭物权的，自事实行为成就时发生效力。

第二百三十二条 　**【非依民事法律行为享有的不动产物权变动】**处分依照本节规定享有的不动产物权，依照法律规定需要办理登记的，未经登记，不发生物权效力。

第三章　物权的保护

第二百三十三条 　**【物权保护争讼程序】**物权受到侵害的，权利人可以通过和解、调解、仲裁、诉讼等途径解决。

注 解

和解是当事人之间私了。调解是通过第三人调停解决纠纷。仲裁是当事人协议选择仲裁机构，由仲裁机构裁决解决争端。诉讼包括民事、行政、刑事三大诉讼，物权保护的诉讼主要指提起民事诉讼。

配 套

《最高人民法院关于适用〈中华人民共和国民法典〉物权编的解释（一）》第1条

第二百三十四条 　**【物权确认请求权】**因物权的归属、内容发生争议的，利害关系人可以请求确认权利。

注 解

确认物权的归属必须向有关行政机关或者人民法院提出请求，而不能实行自力救济，即不能单纯以自身的力量维护或者恢复物权的圆满状态。在很多情形中，确认物权往往是行使返还原物请求权的前提，物权的归属如果没有得到确认，根本就无法行使返还原物请求权。

根据《最高人民法院关于审理森林资源民事纠纷案件适用法律若干问题

的解释》，当事人因下列行为，对林地、林木的物权归属、内容产生争议，依据民法典第234条的规定提起民事诉讼，请求确认权利的，人民法院应当依法受理：（1）林地承包；（2）林地承包经营权互换、转让；（3）林地经营权流转；（4）林木流转；（5）林地、林木担保；（6）林地、林木继承；（7）其他引起林地、林木物权变动的行为。

第二百三十五条　【返还原物请求权】 无权占有不动产或者动产的，权利人可以请求返还原物。

注解

返还原物请求权，是指物权人对于无权占有标的物之人的请求返还该物的权利。所有权人在其所有物被他人非法占有时，可以向非法占有人请求返还原物，或请求法院责令非法占有人返还原物。适用返还原物保护方法的前提，须原物仍然存在，如果原物已经灭失，只能请求赔偿损失。

第二百三十六条　【排除妨害、消除危险请求权】 妨害物权或者可能妨害物权的，权利人可以请求排除妨害或者消除危险。

注解

排除妨害请求权，是指当物权的享有和行使受到占有以外的方式妨害，物权人对妨害人享有请求排除妨害，使自己的权利恢复圆满状态的物权请求权。被排除的妨害需具有不法性，倘若物权人负有容忍义务，则无排除妨害请求权。排除妨害的费用应当由非法妨害人负担。

消除危险请求权，是指由于他人的非法行为足以使财产有遭受毁损、灭失的危险时，物权人有权请求人民法院责令其消除危险，以免造成财产损失的物权请求权。采用消除危险这种保护方法时，应当查清事实，只有危险是客观存在的，且这种违法行为足以危及财产安全时，才能运用消除危险的方法来保护其所有权，其条件是根据社会一般观念确认危险有可能发生。危险的可能性主要是针对将来而言，只要将来有可能发生危险，所有人便可行使此项请求权。对消除危险的费用，由造成危险的行为人负担。

第二百三十七条　【修理、重作、更换或者恢复原状请求权】 造成不动产或者动产毁损的，权利人可以依法请求修理、重

115

作、更换或者恢复原状。

第二百三十八条 【物权损害赔偿请求权】侵害物权，造成权利人损害的，权利人可以依法请求损害赔偿，也可以依法请求承担其他民事责任。

第二百三十九条 【物权保护方式的单用和并用】本章规定的物权保护方式，可以单独适用，也可以根据权利被侵害的情形合并适用。

第二分编 所 有 权

第四章 一般规定

第二百四十条 【所有权的定义】所有权人对自己的不动产或者动产，依法享有占有、使用、收益和处分的权利。

注 解

占有，就是对财产的实际管领或控制，拥有一个物的一般前提就是占有，这是财产所有者直接行使所有权的表现。使用，是权利主体对财产的运用，发挥财产的使用价值。收益，是通过财产的占有、使用等方式取得经济效益。处分，是指财产所有人对其财产在事实上和法律上的最终处置。

第二百四十一条 【所有权人设立他物权】所有权人有权在自己的不动产或者动产上设立用益物权和担保物权。用益物权人、担保物权人行使权利，不得损害所有权人的权益。

注 解

所有权人在自己的不动产或者动产上设立用益物权和担保物权，是所有权人行使其所有权的具体体现。由于用益物权与担保物权都是对他人的物享有的权利，因此统称为"他物权"，与此相对应，所有权称为"自物权"。

他物权分为用益物权和担保物权。用益物权包括土地承包经营权、建设用地使用权、宅基地使用权、地役权、居住权；担保物权包括抵押权、质权和留置权，还包括所有权保留、优先权、让与担保等非典型担保物权。由于用益物权和担保物权都是在他人所有之物上设置的物权，因此，在行使用益物权和担保物权的时候，权利人不得损害所有权人的权益。

第二百四十二条　【国家专有】法律规定专属于国家所有的不动产和动产，任何组织或者个人不能取得所有权。

第二百四十三条　【征收】为了公共利益的需要，依照法律规定的权限和程序可以征收集体所有的土地和组织、个人的房屋以及其他不动产。

征收集体所有的土地，应当依法及时足额支付土地补偿费、安置补助费以及农村村民住宅、其他地上附着物和青苗等的补偿费用，并安排被征地农民的社会保障费用，保障被征地农民的生活，维护被征地农民的合法权益。

征收组织、个人的房屋以及其他不动产，应当依法给予征收补偿，维护被征收人的合法权益；征收个人住宅的，还应当保障被征收人的居住条件。

任何组织或者个人不得贪污、挪用、私分、截留、拖欠征收补偿费等费用。

注 解

征收，是国家取得所有权的一种方式，是将集体或者个人的财产征收到国家手中，成为国家所有权的客体，其后果是集体或者个人消灭所有权，国家取得所有权。征收的后果严重，应当给予严格限制：（1）征收的目的必须是公共利益的需要，而不是一般的建设需要。（2）征收的财产应当是土地、房屋及其他不动产。（3）征收不动产应当支付补偿费，对丧失所有权的人给予合理的补偿。征收集体所有的土地，应当支付土地补偿费、安置补助费以及农村村民住宅、其他地上附着物和青苗补偿费等费用。同时，要足额安排被征地农民的社会保障费用，维护被征地农民的合法权益，保障被征地农民的生活。征收组织、个人的房屋或者其他不动产，应当给予征收补偿，维护被征收人的合法权益。征收居民住房的，还应当保障被征收人的居住条件。（4）为了保证补偿费能够足额地发到被征收人的手中，任何组织和个人不得贪污、挪用、私分、截留、拖欠征收补偿费等费用。

应用

79. 确需征收农民集体所有的土地的

根据《土地管理法》第45条第1款的规定，为了公共利益的需要，有下列情形之一，确需征收农民集体所有的土地的，可以依法实施征收：（1）军事和外交需要用地的；（2）由政府组织实施的能源、交通、水利、通信、邮政等基础设施建设需要用地的；（3）由政府组织实施的科技、教育、文化、卫生、体育、生态环境和资源保护、防灾减灾、文物保护、社区综合服务、社会福利、市政公用、优抚安置、英烈保护等公共事业需要用地的；（4）由政府组织实施的扶贫搬迁、保障性安居工程建设需要用地的；（5）在土地利用总体规划确定的城镇建设用地范围内，经省级以上人民政府批准由县级以上地方人民政府组织实施的成片开发建设需要用地的；（6）法律规定为公共利益需要可以征收农民集体所有的土地的其他情形。

配套

《土地管理法》第2条、第45-51条、第79条、第80条；《国有土地上房屋征收与补偿条例》

第二百四十四条　【保护耕地与禁止违法征地】国家对耕地实行特殊保护，严格限制农用地转为建设用地，控制建设用地总量。不得违反法律规定的权限和程序征收集体所有的土地。

应用

80. 农用地转为建设用地的程序

根据《土地管理法实施条例》的规定，在国土空间规划确定的城市和村庄、集镇建设用地范围内，为实施该规划而将农用地转为建设用地的，由市、县人民政府组织自然资源等部门拟订农用地转用方案，分批次报有批准权的人民政府批准。农用地转用方案应当重点对建设项目安排、是否符合国土空间规划和土地利用年度计划以及补充耕地情况作出说明。农用地转用方案经批准后，由市、县人民政府组织实施。

建设项目确需占用国土空间规划确定的城市和村庄、集镇建设用地范围外的农用地，涉及占用永久基本农田的，由国务院批准；不涉及占用永久基本农田的，由国务院或者国务院授权的省、自治区、直辖市人民政府批准。具体按照下列规定办理：（1）建设项目批准、核准前或者备案前后，由自然资源主管部门对建设项目用地事项进行审查，提出建设项目用地预审意见。建设项目需要申请核发选址意见书的，应当合并办理建设项目用地预审与选址意见书，核发建设项目用地预审与选址意见书。（2）建设单位持建设项目的批准、核准或者备案文件，向市、县人民政府提出建设用地申请。市、县人民政府组织自然资源等部门拟订农用地转用方案，报有批准权的人民政府批准；依法应当由国务院批准的，由省、自治区、直辖市人民政府审核后上报。农用地转用方案应当重点对是否符合国土空间规划和土地利用年度计划以及补充耕地情况作出说明，涉及占用永久基本农田的，还应当对占用永久基本农田的必要性、合理性和补划可行性作出说明。（3）农用地转用方案经批准后，由市、县人民政府组织实施。

建设项目需要使用土地的，建设单位原则上应当一次申请，办理建设用地审批手续，确需分期建设的项目，可以根据可行性研究报告确定的方案，分期申请建设用地，分期办理建设用地审批手续。建设过程中用地范围确需调整的，应当依法办理建设用地审批手续。农用地转用涉及征收土地的，还应当依法办理征收土地手续。

第二百四十五条　【征用】因抢险救灾、疫情防控等紧急需要，依照法律规定的权限和程序可以征用组织、个人的不动产或者动产。被征用的不动产或者动产使用后，应当返还被征用人。组织、个人的不动产或者动产被征用或者征用后毁损、灭失的，应当给予补偿。

注解

征用，是国家对单位和个人的财产的强制使用。遇有抢险救灾、疫情防控等紧急需要时，国家可以依照法律规定的权限和程序，征用组织、个人的不动产或者动产。

对于被征用的所有权人的权利保护方法是：（1）被征用的动产或者不动产在使用后，应当返还被征用人，其条件是被征用的不动产或者动产的价值仍在。（2）如果不动产或者动产被征用或者被征用后毁损灭失的，则应当由国家给予补偿，不能使权利人因此受到损失。

【配套】

《民法典》第 117 条、第 327 条

第五章　国家所有权和集体所有权、私人所有权

第二百四十六条　【国家所有权】法律规定属于国家所有的财产，属于国家所有即全民所有。

国有财产由国务院代表国家行使所有权。法律另有规定的，依照其规定。

第二百四十七条　【矿藏、水流和海域的国家所有权】矿藏、水流、海域属于国家所有。

第二百四十八条　【无居民海岛的国家所有权】无居民海岛属于国家所有，国务院代表国家行使无居民海岛所有权。

【注解】

无居民海岛，是指不属于居民户籍管理的住址登记地的海岛。我国《海岛保护法》自 2010 年 3 月 1 日起施行，明确规定无居民海岛属于国家所有，国务院代表国家行使无居民海岛所有权。凡是无居民海岛开发利用，都必须报经省级人民政府或者国务院批准并取得海岛使用权、缴纳海岛使用金。

【配套】

《海岛保护法》第 4 条、第 5 条

第二百四十九条　【国家所有土地的范围】城市的土地，属于国家所有。法律规定属于国家所有的农村和城市郊区的土地，属于国家所有。

第二百五十条　【国家所有的自然资源】森林、山岭、草原、荒地、滩涂等自然资源，属于国家所有，但是法律规定属于集体所有的除外。

第二百五十一条　【国家所有的野生动植物资源】法律规定属于国家所有的野生动植物资源，属于国家所有。

第二百五十二条　【无线电频谱资源的国家所有权】无线电频谱资源属于国家所有。

第二百五十三条　【国家所有的文物的范围】法律规定属于国家所有的文物，属于国家所有。

注解

中华人民共和国境内地下、内水和领海中遗存的一切文物，属于国家所有。古文化遗址、古墓葬、石窟寺属于国家所有。国家指定保护的纪念建筑物、古建筑、石刻、壁画、近代现代代表性建筑等不可移动文物，除国家另有规定的以外，属于国家所有。国有不可移动文物的所有权不因其所依附的土地所有权或者使用权的改变而改变。

下列可移动文物，属于国家所有：（1）中国境内出土的文物，国家另有规定的除外；（2）国有文物收藏单位以及其他国家机关、部队和国有企业、事业组织等收藏、保管的文物；（3）国家征集、购买的文物；（4）公民、法人和其他组织捐赠给国家的文物；（5）法律规定属于国家所有的其他文物。属于国家所有的可移动文物的所有权不因其保管、收藏单位的终止或者变更而改变。

配套

《文物保护法》第5条

第二百五十四条　【国防资产、基础设施的国家所有权】国防资产属于国家所有。

铁路、公路、电力设施、电信设施和油气管道等基础设施，依照法律规定为国家所有的，属于国家所有。

第二百五十五条　【国家机关的物权】国家机关对其直接支

配的不动产和动产，享有占有、使用以及依照法律和国务院的有关规定处分的权利。

第二百五十六条 【国家举办的事业单位的物权】国家举办的事业单位对其直接支配的不动产和动产，享有占有、使用以及依照法律和国务院的有关规定收益、处分的权利。

第二百五十七条 【国有企业出资人制度】国家出资的企业，由国务院、地方人民政府依照法律、行政法规规定分别代表国家履行出资人职责，享有出资人权益。

配 套

《企业国有资产法》；《企业国有资产监督管理暂行条例》

第二百五十八条 【国有财产的保护】国家所有的财产受法律保护，禁止任何组织或者个人侵占、哄抢、私分、截留、破坏。

第二百五十九条 【国有财产管理法律责任】履行国有财产管理、监督职责的机构及其工作人员，应当依法加强对国有财产的管理、监督，促进国有财产保值增值，防止国有财产损失；滥用职权，玩忽职守，造成国有财产损失的，应当依法承担法律责任。

违反国有财产管理规定，在企业改制、合并分立、关联交易等过程中，低价转让、合谋私分、擅自担保或者以其他方式造成国有财产损失的，应当依法承担法律责任。

第二百六十条 【集体财产范围】集体所有的不动产和动产包括：

（一）法律规定属于集体所有的土地和森林、山岭、草原、荒地、滩涂；

（二）集体所有的建筑物、生产设施、农田水利设施；

（三）集体所有的教育、科学、文化、卫生、体育等设施；

（四）集体所有的其他不动产和动产。

第二百六十一条　【农民集体所有财产归属及重大事项集体决定】农民集体所有的不动产和动产，属于本集体成员集体所有。

下列事项应当依照法定程序经本集体成员决定：

（一）土地承包方案以及将土地发包给本集体以外的组织或者个人承包；

（二）个别土地承包经营权人之间承包地的调整；

（三）土地补偿费等费用的使用、分配办法；

（四）集体出资的企业的所有权变动等事项；

（五）法律规定的其他事项。

注解

涉及村民利益的下列事项，经村民会议讨论决定方可办理：（1）本村享受误工补贴的人员及补贴标准；（2）从村集体经济所得收益的使用；（3）本村公益事业的兴办和筹资筹劳方案及建设承包方案；（4）土地承包经营方案；（5）村集体经济项目的立项、承包方案；（6）宅基地的使用方案；（7）征地补偿费的使用、分配方案；（8）以借贷、租赁或者其他方式处分村集体财产；（9）村民会议认为应当由村民会议讨论决定的涉及村民利益的其他事项。村民会议可以授权村民代表会议讨论决定前述规定的事项。法律对讨论决定村集体经济组织财产和成员权益的事项另有规定的，依照其规定。

配套

《土地管理法》第9-10条；《农村土地承包法》第28条、第52条；《村民委员会组织法》第21-24条

第二百六十二条　【行使集体所有权的主体】对于集体所有的土地和森林、山岭、草原、荒地、滩涂等，依照下列规定行使所有权：

（一）属于村农民集体所有的，由村集体经济组织或者村民委员会依法代表集体行使所有权；

（二）分别属于村内两个以上农民集体所有的，由村内各该集体经济组织或者村民小组依法代表集体行使所有权；

（三）属于乡镇农民集体所有的，由乡镇集体经济组织代表集体行使所有权。

配套

《土地管理法》第 11 条；《农村土地承包法》第 13 条

第二百六十三条 【城镇集体财产权利】城镇集体所有的不动产和动产，依照法律、行政法规的规定由本集体享有占有、使用、收益和处分的权利。

第二百六十四条 【集体财产状况的公布】农村集体经济组织或者村民委员会、村民小组应当依照法律、行政法规以及章程、村规民约向本集体成员公布集体财产的状况。集体成员有权查阅、复制相关资料。

第二百六十五条 【集体财产的保护】集体所有的财产受法律保护，禁止任何组织或者个人侵占、哄抢、私分、破坏。

农村集体经济组织、村民委员会或者其负责人作出的决定侵害集体成员合法权益的，受侵害的集体成员可以请求人民法院予以撤销。

注解

集体所有的财产，不论是农村集体所有的财产，还是城镇集体所有的财产，都平等地受到法律保护，他人不得侵害。故本条规定禁止任何组织或者个人侵占、哄抢、私分、破坏集体所有的财产。

本条特别授予集体组织成员一个权利，即在农村集体经济组织、村民委员会或者其负责人作出的决定侵害集体成员合法权益的时候，受侵害的集体成员享有撤销权，可以请求人民法院对侵害集体成员合法权益的决定予以撤销。这个撤销权没有规定除斥期间，原则上应当适用民法典第 152 条有关除斥期间为一年的规定。

第二百六十六条 【私人所有权】私人对其合法的收入、房屋、生活用品、生产工具、原材料等不动产和动产享有所有权。

"私人"是和国家、集体相对应的物权主体，不但包括我国的公民，也包括在我国合法取得财产的外国人和无国籍人。不仅包括自然人，还包括个人独资企业、个人合伙等组织。

（1）收入。是指人们从事各种劳动获得的货币收入或者有价物。主要包括：工资，指定期支付给员工的劳动报酬，包括计时工资、计件工资、职务工资、级别工资、基础工资、工龄工资、奖金、津贴和补贴、加班加点工资和特殊情况下支付的报酬等；从事智力创造和提供劳务所取得的物质权利，如稿费、专利转让费、讲课费、咨询费、演出费等；因拥有债权、股权而取得的利息、股息、红利所得；出租建筑物、土地使用权、机器设备、车船以及其他财产所得；转让有价证券、股权、建筑物、土地使用权、机器设备、车船以及其他财产所得；得奖、中奖、中彩以及其他偶然所得；从事个体经营的劳动收入、从事承包土地所获得的收益等。

（2）房屋。包括依法购买的城镇住宅，也包括在农村宅基地上依法建造的住宅，还包括商铺、厂房等建筑物。根据土地管理法、城市房地产管理法以及本法的规定，房屋仅指在土地上的建筑物部分，不包括其占有的土地。

（3）生活用品。是指用于生活方面的物品，如家用电器、私人汽车、家具等。

（4）生产工具和原材料。生产工具是指人们在进行生产活动时所使用的器具，如机器设备、车辆、船舶等运输工具。原材料是指生产产品所需的物质基础材料，如矿石、木材、钢铁等。生产工具和原材料是重要的生产资料，是生产所必需的基础物质。

除上述外，私人财产还包括其他的不动产和动产，如图书、个人收藏品、牲畜和家禽等。

配 套

《宪法》第 13 条;《刑法》第 92 条

第二百六十七条 **【私有财产的保护】**私人的合法财产受法律保护，禁止任何组织或者个人侵占、哄抢、破坏。

第二百六十八条 **【企业出资人的权利】**国家、集体和私人依法可以出资设立有限责任公司、股份有限公司或者其他企业。国家、集体和私人所有的不动产或者动产投到企业的，由出资人按照约定或者出资比例享有资产收益、重大决策以及选择经营管理者等权利并履行义务。

第二百六十九条　【法人财产权】营利法人对其不动产和动产依照法律、行政法规以及章程享有占有、使用、收益和处分的权利。

营利法人以外的法人，对其不动产和动产的权利，适用有关法律、行政法规以及章程的规定。

注解

法人是具有民事权利能力和民事行为能力，依法独立享有民事权利和承担民事义务的组织。

以取得利润并分配给股东等出资人为目的成立的法人，为营利法人。营利法人包括有限责任公司、股份有限公司和其他企业法人等。出资人将其不动产或者动产投入营利法人后，即构成了法人独立的财产。营利法人享有法人财产权，即依照法律、行政法规和章程的规定对该财产享有占有、使用、收益和处分的权利，出资人个人不能直接对其投入的资产进行支配，这是营利法人实现自主经营、自负盈亏，独立承担民事责任的物质基础。

配套

《民法典》第 57 条、第 76 条

第二百七十条　【社会团体法人、捐助法人合法财产的保护】社会团体法人、捐助法人依法所有的不动产和动产，受法律保护。

配套

《民法典》第 87 条、第 90 条、第 92 条

第六章　业主的建筑物区分所有权

第二百七十一条　【建筑物区分所有权】业主对建筑物内的

住宅、经营性用房等专有部分享有所有权，对专有部分以外的共有部分享有共有和共同管理的权利。

依法登记取得或者依据民法典第 229 条至第 231 条规定取得建筑物专有部分所有权的人，应当认定为民法典第二编第六章所称的业主。基于与建设单位之间的商品房买卖民事法律行为，已经合法占有建筑物专有部分，但尚未依法办理所有权登记的人，可以认定为民法典第二编第六章所称的业主。

81. 业主行使知情权是否应加以合理限制

业主作为建筑物区分所有人，享有知情权，享有了解本小区建筑区划内涉及业主共有权及共同管理权等相关事项的权利，业主委员会应全面、合理公开其掌握的情况和资料。对于业主行使知情权亦应加以合理限制，防止滥用权利，其范围应限于涉及业主合法权益的信息，并遵循简便的原则。［孙庆军诉南京市清江花苑小区业主委员会业主知情权纠纷案（《最高人民法院公报》2015 年第 12 期）］

《物业管理条例》第 6 条；《最高人民法院关于审理建筑物区分所有权纠纷案件适用法律若干问题的解释》第 1 条

第二百七十二条　【业主对专有部分的专有权】 业主对其建筑物专有部分享有占有、使用、收益和处分的权利。业主行使权利不得危及建筑物的安全，不得损害其他业主的合法权益。

建筑区划内符合下列条件的房屋，以及车位、摊位等特定空间，应当认定为本章所称的专有部分：（1）具有构造上的独立性，能够明确区分；（2）具有利用上的独立性，可以排他使用；（3）能够登记成为特定业主所有权的客体。规划上专属于特定房屋，且建设单位销售时已经根据规划列入该特定房屋买卖合同中的露台等，应当认定为本章所称专有部分的组成部分。

《最高人民法院关于审理建筑物区分所有权纠纷案件适用法律若干问题的解释》第 2 条

第二百七十三条 【业主对共有部分的共有权及义务】业主对建筑物专有部分以外的共有部分，享有权利，承担义务；不得以放弃权利为由不履行义务。

业主转让建筑物内的住宅、经营性用房，其对共有部分享有的共有和共同管理的权利一并转让。

除法律、行政法规规定的共有部分外，建筑区划内的以下部分，也应当认定为民法典第二编第六章所称的共有部分：（1）建筑物的基础、承重结构、外墙、屋顶等基本结构部分，通道、楼梯、大堂等公共通行部分，消防、公共照明等附属设施、设备，避难层、设备层或者设备间等结构部分；（2）其他不属于业主专有部分，也不属于市政公用部分或者其他权利人所有的场所及设施等。

《物业管理条例》第 54 条；《最高人民法院关于审理建筑物区分所有权纠纷案件适用法律若干问题的解释》第 3 条、第 4 条

第二百七十四条 【建筑区划内的道路、绿地等场所和设施属于业主共有财产】建筑区划内的道路，属于业主共有，但是属于城镇公共道路的除外。建筑区划内的绿地，属于业主共有，但是属于城镇公共绿地或者明示属于个人的除外。建筑区划内的其他公共场所、公用设施和物业服务用房，属于业主共有。

82. 建筑区划内的公用设施属于业主共有

小区内的通信管道在小区交付后属于全体业主共有。通信运营公司与小区房地产开发公司签订的小区内通信管线等通信设施由通信运营公司享有

专有使用权的条款，侵犯了业主的共有权，侵犯了业主选择电信服务的自由选择权，应属无效。[长城宽带网络服务有限公司江苏分公司诉中国铁通集团有限公司南京分公司恢复原状纠纷案（《最高人民法院公报》2019年第12期）]

83. 开发商与小区业主对开发商在小区内建造的房屋发生权属争议时，应如何处理

开发商与小区业主对开发商在小区内建造的房屋发生权属争议时，应由开发商承担举证责任。如开发商无充分证据证明该房屋系其所有，且其已将该房屋建设成本分摊到出售给业主的商品房中，则该房屋应当属于小区全体业主所有。开发商在没有明确取得业主同意的情况下，自行占有使用该房屋，不能视为业主默示同意由开发商无偿使用，应认定开发商构成侵权。业主参照自该房屋应当移交时起的使用费向开发商主张赔偿责任的，人民法院应予支持。[宜兴市新街街道海德名园业主委员会诉宜兴市恒兴置业有限公司、南京紫竹物业管理股份有限公司宜兴分公司物权确认纠纷、财产损害赔偿纠纷案（《最高人民法院公报》2018年第11期）]

配套

《物业管理条例》第37条；《最高人民法院关于审理建筑物区分所有权纠纷案件适用法律若干问题的解释》第3条

第二百七十五条　【车位、车库的归属规则】 建筑区划内，规划用于停放汽车的车位、车库的归属，由当事人通过出售、附赠或者出租等方式约定。

占用业主共有的道路或者其他场地用于停放汽车的车位，属于业主共有。

配套

《最高人民法院关于审理建筑物区分所有权纠纷案件适用法律若干问题的解释》第6条

第二百七十六条　【车位、车库优先满足业主需求】 建筑区划内，规划用于停放汽车的车位、车库应当首先满足业主的需要。

《最高人民法院关于审理建筑物区分所有权纠纷案件适用法律若干问题的解释》第5条规定："建设单位按照配置比例将车位、车库，以出售、附赠或者出租等方式处分给业主的，应当认定其行为符合民法典第二百七十六条有关'应当首先满足业主的需要'的规定。前款所称配置比例是指规划确定的建筑区划内规划用于停放汽车的车位、车库与房屋套数的比例。"

第二百七十七条 【设立业主大会和选举业主委员会】业主可以设立业主大会，选举业主委员会。业主大会、业主委员会成立的具体条件和程序，依照法律、法规的规定。

地方人民政府有关部门、居民委员会应当对设立业主大会和选举业主委员会给予指导和协助。

84. 业主大会

业主大会由物业管理区域内的全体业主组成，代表和维护物业管理区域内全体业主在物业管理活动中的合法权利，履行相应的义务。

业主大会根据物业管理区域的划分成立，一个物业管理区域成立一个业主大会。只有一个业主的，或者业主人数较少且经全体业主同意，不成立业主大会的，由业主共同履行业主大会、业主委员会职责。

符合成立业主大会条件的，区、县房地产行政主管部门或者街道办事处、乡镇人民政府应当在收到业主提出筹备业主大会书面申请后60日内，负责组织、指导成立首次业主大会会议筹备组。

首次业主大会会议筹备组由业主代表、建设单位代表、街道办事处、乡镇人民政府代表和居民委员会代表组成。筹备组成员人数应为单数，其中业主代表人数不低于筹备组总人数的一半，筹备组组长由街道办事处、乡镇人民政府代表担任。

85. 业主委员会

业主委员会由业主大会依法选举产生，履行业主大会赋予的职责，执行业主大会决定的事项，接受业主的监督。

业主委员会由业主大会会议选举产生，由5至11人单数组成。业主委员会委员应当是物业管理区域内的业主，并符合下列条件：（1）具有完全民事行为能力；（2）遵守国家有关法律、法规；（3）遵守业主大会议事规则、管理规约，模范履行业主义务；（4）热心公益事业，责任心强，公正廉洁；（5）具有一定的组织能力；（6）具备必要的工作时间。

配 套

《物业管理条例》第8-20条

第二百七十八条 【由业主共同决定的事项以及表决规则】
下列事项由业主共同决定：

（一）制定和修改业主大会议事规则；

（二）制定和修改管理规约；

（三）选举业主委员会或者更换业主委员会成员；

（四）选聘和解聘物业服务企业或者其他管理人；

（五）使用建筑物及其附属设施的维修资金；

（六）筹集建筑物及其附属设施的维修资金；

（七）改建、重建建筑物及其附属设施；

（八）改变共有部分的用途或者利用共有部分从事经营活动；

（九）有关共有和共同管理权利的其他重大事项。

业主共同决定事项，应当由专有部分面积占比三分之二以上的业主且人数占比三分之二以上的业主参与表决。决定前款第六项至第八项规定的事项，应当经参与表决专有部分面积四分之三以上的业主且参与表决人数四分之三以上的业主同意。决定前款其他事项，应当经参与表决专有部分面积过半数的业主且参与表决人数过半数的业主同意。

注 解

处分共有部分，以及业主大会依法决定或者管理规约依法确定应由业主共同决定的事项，应当认定为本条规定的有关共有和共同管理权利的"其他重大事项"。

本条规定中的专有部分面积，可以按照不动产登记簿记载的面积计算；

尚未进行物权登记的，暂按测绘机构的实测面积计算；尚未进行实测的，暂按房屋买卖合同记载的面积计算。本条规定中的业主人数，可以按照专有部分的数量计算，一个专有部分按一人计算。但建设单位尚未出售和虽已出售但尚未交付的部分，以及同一买受人拥有一个以上专有部分的，按一人计算。

配套

《最高人民法院关于审理建筑物区分所有权纠纷案件适用法律若干问题的解释》第 7-9 条

第二百七十九条　【业主将住宅转变为经营性用房应当遵循的规则】 业主不得违反法律、法规以及管理规约，将住宅改变为经营性用房。业主将住宅改变为经营性用房的，除遵守法律、法规以及管理规约外，应当经有利害关系的业主一致同意。

注解

业主将住宅改变为经营性用房，未依据本条的规定经有利害关系的业主一致同意，有利害关系的业主请求排除妨害、消除危险、恢复原状或者赔偿损失的，人民法院应予支持。将住宅改变为经营性用房的业主以多数有利害关系的业主同意其行为进行抗辩的，人民法院不予支持。

应用

86. 如何认定将住宅改变为经营性用房

在审理建筑物区分所有权案件时，即使业主对房屋的使用没有给其他区分所有权人造成噪音、污水、异味等影响，只要房屋的用途发生改变，由专供个人、家庭日常生活居住使用改变为用于商业、工业、旅游、办公等经营性活动，即可认定该行为影响了业主的安宁生活，属于将住宅改变为经营性用房，应依照《物权法》第 77 条①关于业主改变住宅用途的规定处理。房屋使用人将住宅改变为经营性用房的，应承担与业主相同的法定义务，除遵守法律、法规和管理规约外，还应当经有利害关系的业主同意。[张一诉郑

---

① 参见《民法典》第 279 条。

132

中伟、中国联合网络通信有限公司武汉市分公司建筑物区分所有权纠纷案（《最高人民法院公报》2014年第11期）]

配套

《最高人民法院关于审理建筑物区分所有权纠纷案件适用法律若干问题的解释》第10条、第11条

第二百八十条　【业主大会、业主委员会决定的效力】业主大会或者业主委员会的决定，对业主具有法律约束力。

业主大会或者业主委员会作出的决定侵害业主合法权益的，受侵害的业主可以请求人民法院予以撤销。

注解

业主以业主大会或者业主委员会作出的决定侵害其合法权益或者违反了法律规定的程序为由，依据本条第2款的规定请求人民法院撤销该决定的，应当在知道或者应当知道业主大会或者业主委员会作出决定之日起一年内行使。

配套

《物业管理条例》第12条、第19条；《最高人民法院关于审理建筑物区分所有权纠纷案件适用法律若干问题的解释》第12条

第二百八十一条　【建筑物及其附属设施维修资金的归属和处分】建筑物及其附属设施的维修资金，属于业主共有。经业主共同决定，可以用于电梯、屋顶、外墙、无障碍设施等共有部分的维修、更新和改造。建筑物及其附属设施的维修资金的筹集、使用情况应当定期公布。

紧急情况下需要维修建筑物及其附属设施的，业主大会或者业主委员会可以依法申请使用建筑物及其附属设施的维修资金。

应用

87. 业主以合理的方式行使知情权，应当受到法律保护

业主知情权是指业主了解建筑区划内涉及业主共有权以及共同管理权相关事项的权利。根据最高人民法院《关于审理建筑物区分所有权纠纷案件具

体应用法律若干问题的解释》第十三条的规定，业主请求公布、查阅建筑物及其附属设施的维修基金使用、业委会的决定及会议记录、共有部分的收益、物业服务合同等情况和资料的，人民法院应予支持。司法解释对于业主知情权的范围作出了明确的规定，业主以合理的方式行使知情权，应当受到法律保护。[夏浩鹏等人诉上海市闸北区精文城市家园小区业主委员会业主知情权纠纷案（《最高人民法院公报》2011年第10期）]

配套

《物业管理条例》第53条、第54条、第60条；《最高人民法院关于审理建筑物区分所有权纠纷案件适用法律若干问题的解释》第13条

第二百八十二条　【业主共有部分产生收入的归属】 建设单位、物业服务企业或者其他管理人等利用业主的共有部分产生的收入，在扣除合理成本之后，属于业主共有。

注解

本条是民法典新增的条文，是关于建筑物共有部分产生收益的归属的规定。区分所有建筑物的共有部分属于业主共有，如果共有部分发生收益，应当归属于全体业主所有。物业服务机构将这些收益作为自己的经营收益，侵害全体业主的权利的，构成侵权行为。

配套

《物业管理条例》第54条、第63条

第二百八十三条　【建筑物及其附属设施的费用分摊和收益分配确定规则】 建筑物及其附属设施的费用分摊、收益分配等事项，有约定的，按照约定；没有约定或者约定不明确的，按照业主专有部分面积所占比例确定。

第二百八十四条　【建筑物及其附属设施的管理】 业主可以自行管理建筑物及其附属设施，也可以委托物业服务企业或者其他管理人管理。

对建设单位聘请的物业服务企业或者其他管理人，业主有权依法更换。

在业主、业主大会选聘物业服务企业之前，建设单位选聘物业服务企业的，应当签订书面的前期物业服务合同。建设单位与物业买受人签订的买卖合同应当包含前期物业服务合同约定的内容。前期物业服务合同可以约定期限；但是，期限未满、业主委员会与物业服务企业签订的物业服务合同生效的，前期物业服务合同终止。

《物业管理条例》第 2 条、第 32—36 条

第二百八十五条　【物业服务企业或其他接受业主委托的管理人的管理义务】 物业服务企业或者其他管理人根据业主的委托，依照本法第三编有关物业服务合同的规定管理建筑区划内的建筑物及其附属设施，接受业主的监督，并及时答复业主对物业服务情况提出的询问。

物业服务企业或者其他管理人应当执行政府依法实施的应急处置措施和其他管理措施，积极配合开展相关工作。

业主委员会应当与业主大会选聘的物业服务企业订立书面的物业服务合同。物业服务合同应当对服务事项、服务质量、服务费用的标准和收取办法、维修资金的使用、服务用房的管理和使用、服务期限、服务交接等内容进行约定。物业服务企业应当按照物业服务合同的约定，提供相应的服务。物业服务企业未能履行物业服务合同的约定，导致业主人身、财产安全受到损害的，应当依法承担相应的法律责任。

《民法典》第 937—950 条；《最高人民法院关于审理建筑物区分所有权纠纷案件适用法律若干问题的解释》

第二百八十六条　【业主守法义务和业主大会与业主委员会职责】 业主应当遵守法律、法规以及管理规约，相关行为应当符

合节约资源、保护生态环境的要求。对于物业服务企业或者其他管理人执行政府依法实施的应急处置措施和其他管理措施，业主应当依法予以配合。

业主大会或者业主委员会，对任意弃置垃圾、排放污染物或者噪声、违反规定饲养动物、违章搭建、侵占通道、拒付物业费等损害他人合法权益的行为，有权依照法律、法规以及管理规约，请求行为人停止侵害、排除妨碍、消除危险、恢复原状、赔偿损失。

业主或者其他行为人拒不履行相关义务的，有关当事人可以向有关行政主管部门报告或者投诉，有关行政主管部门应当依法处理。

注解

业主或者其他行为人违反法律、法规、国家相关强制性标准、管理规约，或者违反业主大会、业主委员会依法作出的决定，实施下列行为的，可以认定为本条第 2 款所称的其他"损害他人合法权益的行为"：（1）损害房屋承重结构，损害或者违章使用电力、燃气、消防设施，在建筑物内放置危险、放射性物品等危及建筑物安全或者妨碍建筑物正常使用；（2）违反规定破坏、改变建筑物外墙面的形状、颜色等损害建筑物外观；（3）违反规定进行房屋装饰装修；（4）违章加建、改建、侵占、挖掘公共通道、道路、场地或者其他共有部分。

配套

《物业管理条例》第 17 条、第 45 条、第 50 条；《最高人民法院关于审理建筑物区分所有权纠纷案件适用法律若干问题的解释》第 15 条

第二百八十七条　【业主请求权】 业主对建设单位、物业服务企业或者其他管理人以及其他业主侵害自己合法权益的行为，有权请求其承担民事责任。

注解

本条赋予业主以请求权，业主对建设单位、物业服务企业或者其他管理

人以及其他业主侵害自己合法权益的行为，有权请求其承担民事责任，维护自己的合法权益。业主行使该请求权，可以直接向建设单位、物业服务企业和其他管理人请求，可以向有关行政主管部门投诉，也可以向人民法院起诉，由人民法院判决。

配套

《最高人民法院关于审理物业服务纠纷案件适用法律若干问题的解释》

第七章 相邻关系

第二百八十八条 【处理相邻关系的原则】不动产的相邻权利人应当按照有利生产、方便生活、团结互助、公平合理的原则，正确处理相邻关系。

注解

相邻关系，是指不动产的相邻各方在行使所有权或其他物权时，因相互间应当给予方便或接受限制而发生的权利义务关系。相邻权利义务关系也可以从权利的角度称其为相邻权。

应用

88. 依法加装电梯的业主有权请求相邻楼栋业主停止妨害加装电梯的行为

本案是一起因老旧小区加装电梯而造成的相邻关系纠纷，增设电梯工程系依法进行，相邻楼栋业主以侵害相邻权提出异议、阻挠施工。某号楼位于小区的中间位置，加装电梯意味着不仅要对该楼外墙进行改建，且电梯井道也需占用紧邻的一部分土地和地上空间，属于影响业主权利、需由业主共同决定的事项。人民法院判决中明确该楼加装电梯事宜已经获得该栋楼法定比例以上业主同意，程序合法。关于增设的电梯是否会对相邻楼栋业主通风采光造成影响的问题，某号楼增设电梯可以改善该幢楼业主的居住条件及生活便利程度，电梯井道采用的是玻璃幕墙，在设计时已经考虑了可能给相邻楼栋及低楼层业主造成的采光问题，在保证本楼业主出行便利的情况下，尽可能将相邻及低楼层业主通风采光权的影响降到最低。同样，可能受到影响的业主如本案例中的范某，也应对相邻楼栋业主合理合法使用不动产提供一定的便利，即容忍相邻楼栋业主因加装电梯而在合法合理范围内改造建筑物。此外，考虑到增设电梯可能给小区业主造成的影响并非一开始就会全部显露，为充分保障范某的权利，本案二审中也提出，如加装电梯后在采光、通风等方面确对部分业主造成较大影响的，亦可就补偿问题另行协商或通过法律途径解决，既保障了增设电梯工程的顺利完工，也为范某合理合法行使权利指明了路径。（老旧小区既有住宅加装电梯典型案例一）

89. 依法加装电梯占用公共绿地对其他业主影响较小的，有权请求其他业主停止阻挠施工、排除妨害

既有住宅增设电梯政策是落实《中华人民共和国无障碍环境建设法》的重要措施，是保障残疾人、老年人权益的重要抓手。与常见的因低楼层业主阻碍电梯加装活动引发纠纷不同，本案系相邻的其他楼栋业主以电梯加装占用公共绿地，侵犯业主共有权为由引发。本案的处理兼顾了法理与人情，倡导当既有住宅有必要加装电梯且需占用公共绿地时，在占地的位置、面积合理的情况下，若加装行为不会导致他人采光、通行、安全等方面受到明显不利影响，相关业主应当秉持有利生产、方便生活的原则，给予电梯加装活动便利。本案充分践行了文明、和谐、法治的社会主义核心价值观，对构建自由平等、和谐友善邻里关系具有积极示范作用。（老旧小区既有住宅加装电梯典型案例二）

90. 业主诉请拆除电梯但无充分证据证明依法加装的电梯影响其通风、采光及通行的，人民法院不予支持

城市老旧小区加装电梯是推动城市更新、缓解老弱人群出行难的民生工程，也是明显改善人民群众生活质量的善举，受到全社会的关注。在加装过程中，低楼层与高楼层住户矛盾较大，低楼层业主往往以影响其采光、通风、隐私等理由反对加装电梯。在加装电梯表决程序合法前提下，已加装的电梯经过绝大部分住户同意，且未明显影响低楼层住户利益，则低楼层住户负有适度容忍义务。电梯加装过程中应大力弘扬"老吾老，以及人之老；幼吾幼，以及人之幼"的中华民族传统美德。本案体现了和谐、友善的社会主义核心价值观，彰显了司法裁判在社会治理中的规则引领和价值导向作用，对维护团结互助的社区环境、营造和谐友爱的邻里关系具有积极意义。（老旧小区既有住宅加装电梯典型案例三）

91. 业主违法阻挠加装电梯施工应当依法承担赔偿责任

老旧小区加装电梯易引发邻里间矛盾，双方应本着和谐、友善的原则相互沟通和协商。在加装电梯方案设计过程中，高低楼层业主可在充分协商后确定方案，尽可能从技术上减少或避免对低层业主的影响。在加装电梯方案的公示审批过程中，低层业主应当合理行使自己的异议权，在法定的批前公示时间内向相关行政部门提出主张，从而实质性解决加装电梯方案争议。在加装电梯方案无法从技术手段上避免影响且获得行政许可的情况下，低楼层业主应当通过协商补偿或者诉讼等方式合理主张权利。审理法院判决对低楼层业主擅自采取各种行为粗暴阻挠电梯施工作出否定性评价，倡导低楼层业主应采取合法合理的方式维护自身权利，而不是粗暴干涉甚至以置自己于危险境地的手段阻挠施工，对于构建和谐共处、团结互助的邻里关系具有积极引导意义。（老旧小区既有住宅加装电梯典型案例四）

92. 未同意加装电梯业主补交出资后有权使用电梯

加装电梯涉及的法理、情理错综复杂，邻里之间应多一分理解和包容，坚持自愿平等、友好协商、兼顾公平的原则开展协商，共同营造和谐舒适的居住环境。郭某已 80 岁高龄，确有使用电梯的客观需要，其在加装电梯期间提出异议属于正常表达意见的范围，若其他业主以此为由拒绝高龄老人使用电梯，不符合诚信友善的社会主义核心价值观。其他业主如认为郭某阻碍电梯加装的行为给其造成损失，可另案主张权利，但不能以此拒绝郭某在补交集资款后使用电梯。（老旧小区既有住宅加装电梯典型案例五）

93. 优化施工工艺、安排安全监测，人民法院加强调解解心结

老旧小区加装电梯，是居民为提升生活品质的合理需求，但却会引发相邻业主对加装电梯施工影响其房屋安全的担忧，进而产生矛盾纠纷。本案审理法院找准问题解决的突破口，通过多次调解解开当事人心结，促使双方重新商定施工方案，并确定对被告房屋安全进行动态监测。这一解决方案既消除了本案被告对房屋安全的顾虑，又满足了原告对美好生活的需求，还为同类矛盾化解提供了新的解纷思路。（老旧小区既有住宅加装电梯典型案例六）

94. 法院调解促成业主按有利生产方便生活原则化解纠纷，依法保障未出资业主使用电梯权利

本案中，计划加装电梯时，为争取更多的业主签字同意，部分加装电梯意愿强烈的业主以免费使用电梯为条件，争取加装电梯意愿不强烈的业主签字同意。双方签署了电梯使用协议，明确约定未出资建设的业主也可以使用电梯。但电梯使用协议对电梯使用过程中的运行费用、维保费用以及安全责任等问题未作明确约定，以致产生矛盾。

加装电梯使用过程中，因涉及电梯运行费用、维保费用的承担以及安全保障义务等问题，由使用电梯的部分业主承担全部费用和安全保障义务确实有失公平，但是本案双方已经签署了使用协议，双方应当遵守诚实信用原则。法院在审理本案过程中，直接作出判决不仅不能化解双方的矛盾，还会加剧双方的矛盾，造成邻里关系恶化，达不到法律效果和社会效果的统一。且赵某在一审庭审中表明其愿意就承担电梯管理、维护等义务，与单元内包括出资户在内的其他业主进行友好协商。在此情况下，人民法院组织双方进行调解，既遵从了双方使用电梯的意愿，也兼顾了权利和义务的统一，最终双方重新达成新的电梯使用方案，彻底解决了双方现有的矛盾和将来的隐患。（老旧小区既有住宅加装电梯典型案例七）

95. 法院调解引导当事人互谅互让、睦邻友善，化解加装电梯使用纠纷

本案中，由于案涉楼栋建筑结构特点，电梯的增设虽无法满足业主平层入户，但从总体效益而言，提高了绝大部分业主的出行便利，提升了居住质量。本案中一楼业主苏某同意增设电梯，但其需求与其他业主的利益发生冲突，一审法院结合实际施工条件及公平原则，权衡各方利益，驳回了苏某、吴某全部诉讼请求。苏某不服提出上诉后，二审法院晓之以理、动之以情，促成原告与被告达成和解协议并撤回上诉。该案在坚持依法审理的同时，运用平等协商、互谅互让、与邻为善的理念化解了邻里之间的纠纷，充分发挥已加装电梯的实际效益，从根本上实现案结事了。（老旧小区既有住宅加装电梯典型案例八）

96. 楼上业主集资免费为低层老年业主加装电梯连廊，共享加装电梯便利

广西壮族自治区南宁市青秀区人民法院积极引导当事人维护友善和谐文明的邻里关系，在审理中坚持法理情的统一，判令被告停止对电梯安装施工的阻挠、妨碍，从法律层面平衡利益、定分止争，作出符合法律规定、符合社会主义核心价值观、符合人民群众期待的价值判断，彰显了司法为民的价值理念和情怀。同时，在支持加装电梯业主胜诉后，居民党员牵头主动沟通

协商，既保障了加装电梯项目圆满推进，又促成了双方破冰和解，维护了以和为贵、团结互助的邻里真情。本案例做到了"法理和情理"的交融，大力弘扬了和睦包容、互谅互让的中华民族传统美德，充分表明党建引领议事协商在小区"微治理"中的关键作用，为坚持和完善共建共治共享的社会治理制度提供了有益探索。(老旧小区既有住宅加装电梯典型案例九)

97. 联合调解、释法答疑促进业主形成加装电梯共识

处理加装电梯纠纷，需要坚持德法融合、情理结合，注重平衡各方利益，推动"共情"促和，寻求加装电梯的"最大公约数"。本案坚持将非诉讼纠纷解决机制挺在前面，充分发挥人民调解化解矛盾、排忧解难的第一道防线作用，以"和善"为主基调，注重法理情相结合，积极调动各方力量共同参与，从不同专业、不同角度查找切入点和突破口，兼顾各方利益，做好正面引导，晓之以理、动之以情，力促双方求同存异，化解心结，拉近距离，促进双方达成加装电梯共识。(老旧小区既有住宅加装电梯典型案例十)

98. 搭建公开听证平台力促搁置4年加梯项目"破冰"

商以求同，协以成事，"有事好商量，众人的事由众人商量"是基层社会治理的真谛。浙江省杭州市探索建立加装电梯项目公开听证制度，整合人民调解组织、矛盾调解中心和第三方专业机构等各方力量，由公益律师为各自委托人主张权利，让加装电梯申请方和反对方的诉求能够清晰、理性表达，听证员倾听、归纳争议焦点，释疑解惑并居中评判，确保加装电梯纠纷回归到理性和法治轨道，形成"政府引导、居民自治、社会参与"良性互动，实现群众问题能反映、矛盾能化解、权益能保障，从源头上减少加装电梯矛盾产生，为完善非诉讼纠纷解决机制，破解加装电梯中各楼层业主"意愿难统一"问题提供了新思路。(老旧小区既有住宅加装电梯典型案例十一)

第二百八十九条 【处理相邻关系的依据】法律、法规对处理相邻关系有规定的，依照其规定；法律、法规没有规定的，可以按照当地习惯。

注解

处理相邻关系，首先是依照法律、法规的规定。当没有法律、法规的规

定时，可以适用习惯作为处理相邻关系的依据。习惯，是指在长期的社会实践中逐渐形成的，被人们公认的行为准则，具有普遍性和认同性，一经国家认可，就具有法律效力，成为调整社会关系的行为规范。民间习惯虽然没有上升为法律，但它之所以存在，被人们普遍接受和遵从，有其社会根源、思想根源、文化根源和经济根源，只要不违反法律的规定和公序良俗，人民法院在规范民事裁判尺度时就应当遵从。

配套

《民法典》第 10 条

第二百九十条　【相邻用水、排水、流水关系】不动产权利人应当为相邻权利人用水、排水提供必要的便利。

对自然流水的利用，应当在不动产的相邻权利人之间合理分配。对自然流水的排放，应当尊重自然流向。

注解

关于生产、生活用水的排放，相邻一方必须使用另一方的土地排水的，应当予以准许；但应在必要限度内使用并采取适当的保护措施排水，如仍造成损失的，由受益人合理补偿。相邻一方可以采取其他合理的措施排水而未采取，向他方土地排水毁损或者可能毁损他方财产，他方要求致害人停止侵害、消除危险、恢复原状、赔偿损失的，应予以支持。

第二百九十一条　【相邻关系中的通行权】不动产权利人对相邻权利人因通行等必须利用其土地的，应当提供必要的便利。

应用

99. 出卖人出卖不动产时，其基于相邻关系而在他人不动产上享有的通行等权利不应成为转让标的

出卖人出卖不动产时，其基于相邻关系而在他人不动产上享有的通行等权利不应成为转让标的。即使双方在买卖合同中对该通行权进行了所谓的约定，对第三人也不具有约束力。买受人享有的通行权权源基础同样是相邻关系，而并非是买卖合同的约定。当客观情况发生变化，买受人不再符合相邻关系要件时，第三人得拒绝买受人的通行要求，买受人无权以买卖合同中关

于通行权的约定约束第三人。[屠福炎诉王义炎相邻通行权纠纷案（《最高人民法院公报》2013 年第 3 期）]

第二百九十二条 【相邻土地的利用】不动产权利人因建造、修缮建筑物以及铺设电线、电缆、水管、暖气和燃气管线等必须利用相邻土地、建筑物的，该土地、建筑物的权利人应当提供必要的便利。

第二百九十三条 【相邻建筑物通风、采光、日照】建造建筑物，不得违反国家有关工程建设标准，不得妨碍相邻建筑物的通风、采光和日照。

第二百九十四条 【相邻不动产之间不得排放、施放污染物】不动产权利人不得违反国家规定弃置固体废物，排放大气污染物、水污染物、土壤污染物、噪声、光辐射、电磁辐射等有害物质。

第二百九十五条 【维护相邻不动产安全】不动产权利人挖掘土地、建造建筑物、铺设管线以及安装设备等，不得危及相邻不动产的安全。

第二百九十六条 【相邻权的限度】不动产权利人因用水、排水、通行、铺设管线等利用相邻不动产的，应当尽量避免对相邻的不动产权利人造成损害。

第八章 共 有

第二百九十七条 【共有及其形式】不动产或者动产可以由两个以上组织、个人共有。共有包括按份共有和共同共有。

注解

共有权，是指两个以上的民事主体对同一项财产共同享有的所有权。其特征是：（1）共有权的主体具有非单一性，须由两个或两个以上的自然人、法人或非法人组织构成。（2）共有物的所有权具有单一性，共有权的客体即共有物是同一项财产，共有权是一个所有权。（3）共有权的内容具有双重性，包括所有权具有的与非所有权人构成的对世性的权利义务关系，以及内部共有人之间的权利义务关系。（4）共有权具有意志或目的的共同性，基于共同的生活、生产和经营目的，或者基于共同的意志发生共有关系。

第二百九十八条　【按份共有】按份共有人对共有的不动产或者动产按照其份额享有所有权。

注 解

按份共有，又称分别共有，指数人按应有份额（部分）对共有物共同享有权利和分担义务的共有。

按份共有的法律特征有：第一，各个共有人对共有物按份额享有不同的权利。各个共有人的份额又称为应有份额，其数额一般由共有人事先约定，或按出资比例决定。如果各个共有人应有部分不明确，则应推定为均等。第二，各共有人对共有财产享有权利和承担义务是根据其不同的份额确定的。份额不同，各个共有人对共有财产的权利和义务各不相同。第三，各个共有人的权利不是局限于共有财产某一具体部分，或就某一具体部分单独享有所有权，而是及于财产的全部。

第二百九十九条　【共同共有】共同共有人对共有的不动产或者动产共同享有所有权。

第三百条　【共有物的管理】共有人按照约定管理共有的不动产或者动产；没有约定或者约定不明确的，各共有人都有管理的权利和义务。

第三百零一条　【共有人对共有财产重大事项的表决权规则】处分共有的不动产或者动产以及对共有的不动产或者动产作重大修缮、变更性质或者用途的，应当经占份额三分之二以上的按份共有人或者全体共同共有人同意，但是共有人之间另有约定的除外。

第三百零二条　【共有物管理费用的分担规则】共有人对共有物的管理费用以及其他负担，有约定的，按照其约定；没有约定或者约定不明确的，按份共有人按照其份额负担，共同共有人共同负担。

共有财产的管理费用，是指因保存、改良或者利用共有财产的行为所支付的费用。管理费用也包括其他负担，如因共有物致害他人所应支付的损害赔偿金。

对管理费用的负担规则是：（1）对共有物的管理费用以及其他负担，有约定的，按照约定处理。（2）没有约定或者约定不明确的，按份共有人按照其份额负担，共同共有人共同负担。（3）共有人中的一人支付管理费用，该费用是必要管理费用的，其超过应有份额所应分担的额外部分，对其他共有人可以按其各应分担的份额请求偿还。

第三百零三条 【共有物的分割规则】共有人约定不得分割共有的不动产或者动产，以维持共有关系的，应当按照约定，但是共有人有重大理由需要分割的，可以请求分割；没有约定或者约定不明确的，按份共有人可以随时请求分割，共同共有人在共有的基础丧失或者有重大理由需要分割时可以请求分割。因分割造成其他共有人损害的，应当给予赔偿。

注 解

在共有关系存续期间，共有人负有维持共有状态的义务。分割共有财产的规则是：

（1）约定不得分割共有财产的，不得分割。共有人约定不得分割共有的不动产或者动产以维持共有关系的，应当按照约定，维持共有关系，不得请求分割共有财产，消灭共有关系。共同共有的共有关系存续期间，原则上不得分割。

（2）有不得分割约定，但有重大理由需要分割共有财产的。共有人虽有不得分割共有的不动产或者动产以维持共有关系的协议，但有重大理由需要分割的，可以请求分割。至于请求分割的共有人究竟是一人、数人还是全体，则不问。共有人全体请求分割共有财产的，则为消灭共有关系的当事人一致意见，可以分割。

（3）没有约定或者约定不明确的，按份共有的共有人可以随时请求分割；共同共有的共有人在共有的基础丧失或者有重大理由需要分割时，也可以请求分割。

（4）造成损害的赔偿。不论是否约定保持共有关系，共有人提出对共有财产请求分割，在分割共有财产时对其他共有人造成损害的，应当给予赔偿。

第三百零四条　【共有物分割的方式】共有人可以协商确定分割方式。达不成协议，共有的不动产或者动产可以分割且不会因分割减损价值的，应当对实物予以分割；难以分割或者因分割会减损价值的，应当对折价或者拍卖、变卖取得的价款予以分割。

共有人分割所得的不动产或者动产有瑕疵的，其他共有人应当分担损失。

第三百零五条　【按份共有人的优先购买权】按份共有人可以转让其享有的共有的不动产或者动产份额。其他共有人在同等条件下享有优先购买的权利。

应 用

100. 优先购买权

这里的"同等条件"是指，其他共有人就购买该份额所给出的价格等条件与欲购买该份额的非共有人相同。同等条件应当综合共有份额的转让价格、价款履行方式及期限等因素确定。值得注意的是，优先购买权是共有人相对于非共有人而言的，在共有人之间并无优先的问题，当数个共有人均欲行使其优先购买权时，应协商确定各自购买比例。

配 套

《最高人民法院关于适用〈中华人民共和国民法典〉物权编的解释（一）》第9-13条

第三百零六条　【按份共有人行使优先购买权的规则】按份共有人转让其享有的共有的不动产或者动产份额的，应当将转让条件及时通知其他共有人。其他共有人应当在合理期限内行使优先购买权。

两个以上其他共有人主张行使优先购买权的，协商确定各自的购买比例；协商不成的，按照转让时各自的共有份额比例行使优先购买权。

注 解

本条为民法典新增条款，是对行使优先购买权方法的规定。按份共有人转让其享有的共有的不动产或者动产份额的，应当将转让条件及时通知其他共有人。优先购买权的行使期间，按份共有人之间有约定的，按照约定处理；没有约定或者约定不明的，按照下列情形确定：

（1）转让人向其他按份共有人发出的包含同等条件内容的通知中载明行使期间的，以该期间为准；（2）通知中未载明行使期间，或者载明的期间短于通知送达之日起十五日的，为十五日；（3）转让人未通知的，为其他按份共有人知道或者应当知道最终确定的同等条件之日起十五日；（4）转让人未通知，且无法确定其他按份共有人知道或者应当知道最终确定的同等条件的，为共有份额权属转移之日起六个月。

配 套

《最高人民法院关于适用〈中华人民共和国民法典〉物权编的解释（一）》第11条、第14条

第三百零七条 【因共有产生的债权债务承担规则】因共有的不动产或者动产产生的债权债务，在对外关系上，共有人享有连带债权、承担连带债务，但是法律另有规定或者第三人知道共有人不具有连带债权债务关系的除外；在共有人内部关系上，除共有人另有约定外，按份共有人按照份额享有债权、承担债务，共同共有人共同享有债权、承担债务。偿还债务超过自己应当承担份额的按份共有人，有权向其他共有人追偿。

注 解

对外关系是指共有人与全体共有人之外的第三人之间的法律关系。关于对外效力，首先注意，对因共有财产产生的债权债务关系的对外效力不区分按份共有和共同共有，只要是因共有的不动产或者动产产生的债权债务，共

有人对债权债务享有连带债权、承担连带债务。但法律另有规定或者第三人知道共有人不具有连带债权债务关系的除外。其次，连带的方法，是共有人享有连带债权时，任一共有人都可向第三人主张债权，共有人承担连带债务时，第三人可向任一共有人主张债权。

内部关系是指共有人之间的关系。关于对内效力，首先注意，除共有人另有约定外，因共有形式不同，共有人享有债权、承担债务的方式也不同。按份共有人按照份额享有权利、承担债务，共同共有人共同享有债权、承担债务。其次，只有按份共有人有权向其他共有人追偿，并且，行使该追偿权的前提是其偿还债务超过自己应当承担的份额。

第三百零八条　【共有关系不明时对共有关系性质的推定】共有人对共有的不动产或者动产没有约定为按份共有或者共同共有，或者约定不明确的，除共有人具有家庭关系等外，视为按份共有。

注 解

共有人对共有的不动产或者动产没有约定为按份共有或者共同共有，或者约定不明确的，就是共有关系性质不明。在共有关系性质不明的情况下，确定的规则是，除共有人具有家庭关系等外，都视为按份共有，按照按份共有确定共有人的权利义务和对外关系。本条使用的是"视为"，如果共有人之一能够推翻"视为"的推定，则应当按照证据认定共有的性质。

第三百零九条　【按份共有人份额不明时份额的确定】按份共有人对共有的不动产或者动产享有的份额，没有约定或者约定不明确的，按照出资额确定；不能确定出资额的，视为等额享有。

第三百一十条　【准共有】两个以上组织、个人共同享有用益物权、担保物权的，参照适用本章的有关规定。

第九章　所有权取得的特别规定

第三百一十一条　【善意取得】无处分权人将不动产或者动产转让给受让人的，所有权人有权追回；除法律另有规定外，符合下列情形的，受让人取得该不动产或者动产的所有权：

（一）受让人受让该不动产或者动产时是善意；

（二）以合理的价格转让；

（三）转让的不动产或者动产依照法律规定应当登记的已经登记，不需要登记的已经交付给受让人。

受让人依据前款规定取得不动产或者动产的所有权的，原所有权人有权向无处分权人请求损害赔偿。

当事人善意取得其他物权的，参照适用前两款规定。

应用

101. 不动产受让人知道转让人无处分权的认定

受让人受让不动产或者动产时，不知道转让人无处分权，且无重大过失的，应当认定受让人为善意。真实权利人主张受让人不构成善意的，应当承担举证证明责任。具有下列情形之一的，应当认定不动产受让人知道转让人无处分权：（1）登记簿上存在有效的异议登记；（2）预告登记有效期内，未经预告登记的权利人同意；（3）登记簿上已经记载司法机关或者行政机关依法裁定、决定查封或者以其他形式限制不动产权利的有关事项；（4）受让人知道登记簿上记载的权利主体错误；（5）受让人知道他人已经依法享有不动产物权。真实权利人有证据证明不动产受让人应当知道转让人无处分权的，应当认定受让人具有重大过失。

102. 不能证明自己为善意并付出相应合理价格的，对其主张善意取得的请求，人民法院不予支持

善意取得是指无处分权人将不动产或者动产转让给受让人，受让人是善意的且付出合理的价格，依法取得该不动产或者动产的所有权。因此，善意取得应当符合以下三个条件：一、受让人受让该财产时是善意的；二、以合理的价格受让；三、受让的财产依照法律规定应当登记的已经登记，不需要登记的已经交付给受让人。

机动车虽然属于动产，但存在一些严格的管理措施使机动车不同于其他无需登记的动产。行为人未在二手机动车交易市场内交易取得他人合法所有的机动车，不能证明自己为善意并付出相应合理价格的，对其主张善意取得

机动车所有权的请求，人民法院不予支持。[刘志兵诉卢志成财产权属纠纷案（《最高人民法院公报》2008 年第 2 期）]

配套

《最高人民法院关于适用〈中华人民共和国民法典〉物权编的解释（一）》第 14-20 条

第三百一十二条　【遗失物的善意取得】所有权人或者其他权利人有权追回遗失物。该遗失物通过转让被他人占有的，权利人有权向无处分权人请求损害赔偿，或者自知道或者应当知道受让人之日起二年内向受让人请求返还原物；但是，受让人通过拍卖或者向具有经营资格的经营者购得该遗失物的，权利人请求返还原物时应当支付受让人所付的费用。权利人向受让人支付所付费用后，有权向无处分权人追偿。

注解

本条对遗失物的善意取得制度作出了规定。规则是：（1）所有权人或者其他权利人有权追回遗失物，这是一般性原则。（2）如果该遗失物通过转让被他人占有的，权利人可以选择，或者向无处分权人请求遗失物转让的损害赔偿，这是承认善意取得的效力，因而向无处分权人请求损害赔偿；或者自知道或者应当知道受让人之日起二年内向受让人请求返还原物，这是在行使物权请求权，但是受让人通过拍卖或者向具有经营资格的经营者购得该遗失物的，权利人请求返还原物时应当支付受让人所付的费用。（3）如果权利人取得了返还的遗失物，又向受让人支付了所付费用后，有权向无处分权人进行追偿。

第三百一十三条　【善意取得的动产上原有的权利负担消灭及其例外】善意受让人取得动产后，该动产上的原有权利消灭。但是，善意受让人在受让时知道或者应当知道该权利的除外。

第三百一十四条　【拾得遗失物的返还】拾得遗失物，应当返还权利人。拾得人应当及时通知权利人领取，或者送交公安等有关部门。

第三百一十五条　【有关部门收到遗失物的处理】有关部门

150

收到遗失物，知道权利人的，应当及时通知其领取；不知道的，应当及时发布招领公告。

第三百一十六条　【遗失物的妥善保管义务】 拾得人在遗失物送交有关部门前，有关部门在遗失物被领取前，应当妥善保管遗失物。因故意或者重大过失致使遗失物毁损、灭失的，应当承担民事责任。

第三百一十七条　【权利人领取遗失物时的费用支付义务】 权利人领取遗失物时，应当向拾得人或者有关部门支付保管遗失物等支出的必要费用。

权利人悬赏寻找遗失物的，领取遗失物时应当按照承诺履行义务。

拾得人侵占遗失物的，无权请求保管遗失物等支出的费用，也无权请求权利人按照承诺履行义务。

第三百一十八条　【无人认领的遗失物的处理规则】 遗失物自发布招领公告之日起一年内无人认领的，归国家所有。

注 解

本条是对遗失物招领公告期限的规定。遗失物自发布招领公告之日起一年内无人认领的，归国家所有。对此，原物权法规定的是六个月，民法典物权编改为一年，更有利于保护遗失人的权利。

遗失物归国家所有的，属于原始取得。

第三百一十九条　【拾得漂流物、埋藏物或者隐藏物】 拾得漂流物、发现埋藏物或者隐藏物的，参照适用拾得遗失物的有关规定。法律另有规定的，依照其规定。

注 解

漂流物，是指在河流等水域漂流的无主物或者所有权人不明的物。埋藏物，是指藏附于土地中的物。隐藏物，是指隐匿于土地之外的其他包藏物中的物。

对于漂流物、埋藏物或者隐藏物的权属取得规则，本条规定适用拾得遗失物的规则处理。漂流物、埋藏物或者隐藏物归还失主的，不发生原始取得；归国家所有的，属于原始取得。法律另有规定的，依照法律的规定确定。例如属于国家所有的资源，他人不能取得。

第三百二十条 【从物随主物转让规则】 主物转让的，从物随主物转让，但是当事人另有约定的除外。

注解

主物是指独立存在，与同属于一人的他物结合在一起使用而起主要作用的物。

从物是主物的对称，指独立存在，与同属于一人的他物合并使用而起辅助作用的物。

主物和从物的关系及划分标准一般有如下几个方面：（1）主物和从物在物理意义上看是两个独立的物，而不是整体与部分的关系；（2）主物和从物结合在一起发挥作用，即必须有从物附着于主物的事实，并且从物对主物发挥辅助性的作用；（3）主物和从物必须具有可分性；（4）主物和从物应为同一人所有。

值得强调的是，当事人的约定可以排除"从物随主物转让"规则的适用。

配套

《民法典》第 631 条

第三百二十一条 【孳息的归属】 天然孳息，由所有权人取得；既有所有权人又有用益物权人的，由用益物权人取得。当事人另有约定的，按照其约定。

法定孳息，当事人有约定的，按照约定取得；没有约定或者约定不明确的，按照交易习惯取得。

注解

天然孳息是指按照原物的自然规律而自然滋生和繁衍的新的独立的物。天然孳息的范围非常广，主要来源于种植业和养殖业，如耕作土地获得粮食和其他出产物，种植果树产生果实，养殖牲畜获得各种子畜和奶产品等。

法定孳息是指物依据法律规定或当事人的法律行为而产生的孳息，如利息、租金等。法定孳息，当事人有约定的，应当按照约定取得；没有约定或者约定不明确的，按照交易习惯取得。交易习惯通常是，孳息在没有与原物分离以前，由原物所有权人享有，原物所有权转移后，孳息的所有权随之转移。

第三百二十二条　【添附】因加工、附合、混合而产生的物的归属，有约定的，按照约定；没有约定或者约定不明确的，依照法律规定；法律没有规定的，按照充分发挥物的效用以及保护无过错当事人的原则确定。因一方当事人的过错或者确定物的归属造成另一方当事人损害的，应当给予赔偿或者补偿。

注　解

本条是民法典新增的条款，是对添附的规定。

添附，是指不同所有权人的物被结合、混合在一起成为一个新物，或者利用别人之物加工成为新物的事实状态。把添附作为取得所有权的根据，原因在于添附发生后，要恢复各物的原状在事实上已不可能或者在经济上是不合理的，有必要使添附物归一方所有或各方共有，以解决双方的争执。

应　用

103. 添附物所有权归属的认定方式

民法典新增添附制度，明确规定添附物所有权归属的认定方式，以及因此造成当事人损害的赔偿或补偿规则，使我国有关产权保护的法律规则体系更加完备。本案中，审理法院依法认定添附物的所有权优先按合同约定确定归属，同时妥善解决因确定添附物归属造成当事人损害的赔偿问题，有效维护了物的归属和利用关系，有利于保障诚信、公平的市场交易秩序。[人民法院贯彻实施民法典典型案例（第二批）四：某金属表面处理公司与某铁塔公司破产债权确认纠纷案]

第三分编　用益物权

第十章　一般规定

第三百二十三条　【用益物权的定义】用益物权人对他人所

有的不动产或者动产，依法享有占有、使用和收益的权利。

作为物权体系的重要组成部分，用益物权具备物权的一般特征，如以对物的实际占有为前提、以使用收益为目的，此外还有以下几个方面的特征：（1）用益物权是一种他物权，是在他人所有之物上设立一个新的物权。（2）用益物权是以使用和收益为内容的定限物权，目的就是对他人所有的不动产或动产的使用和收益。（3）用益物权为独立物权，一旦依当事人约定或法律直接规定设立，用益物权人便能独立地享有对标的物的使用和收益权，除了能有效地对抗第三人以外，也能对抗所有权人。

用益物权的基本内容，是对用益物权的标的物享有占有、使用和收益的权利，是通过直接支配他人之物而占有、使用和收益。这是从所有权的权能中分离出来的权能，表现的是对财产的利用关系。用益物权人享有用益物权，就可以占有用益物、使用用益物，对用益物直接支配并进行收益。

第三百二十四条 **【国家和集体所有的自然资源的使用规则】**国家所有或者国家所有由集体使用以及法律规定属于集体所有的自然资源，组织、个人依法可以占有、使用和收益。

第三百二十五条 **【自然资源有偿使用制度】**国家实行自然资源有偿使用制度，但是法律另有规定的除外。

第三百二十六条 **【用益物权的行使规范】**用益物权人行使权利，应当遵守法律有关保护和合理开发利用资源、保护生态环境的规定。所有权人不得干涉用益物权人行使权利。

第三百二十七条 **【被征收、征用时用益物权人的补偿请求权】**因不动产或者动产被征收、征用致使用益物权消灭或者影响用益物权行使的，用益物权人有权依据本法第二百四十三条、第二百四十五条的规定获得相应补偿。

第三百二十八条 **【海域使用权】**依法取得的海域使用权受法律保护。

海域使用权是指单位或者个人依法取得对国家所有的特定海域排他性的使用权。单位和个人使用海域，必须依法取得海域使用权。海域使用权取得的方式主要有三种：一是单位和个人向海洋行政主管部门申请；二是招标；三是拍卖。

《海域使用管理法》第 19-26 条

第三百二十九条　【特许物权依法保护】依法取得的探矿权、采矿权、取水权和使用水域、滩涂从事养殖、捕捞的权利受法律保护。

第十一章　土地承包经营权

第三百三十条　【农村土地承包经营】农村集体经济组织实行家庭承包经营为基础、统分结合的双层经营体制。

农民集体所有和国家所有由农民集体使用的耕地、林地、草地以及其他用于农业的土地，依法实行土地承包经营制度。

《农村土地承包法》第 1-3 条

第三百三十一条　【土地承包经营权内容】土地承包经营权人依法对其承包经营的耕地、林地、草地等享有占有、使用和收益的权利，有权从事种植业、林业、畜牧业等农业生产。

《土地管理法》第 13 条；《农村土地承包法》第 8-11 条、第 17 条

第三百三十二条　【土地的承包期限】耕地的承包期为三十年。草地的承包期为三十年至五十年。林地的承包期为三十年至七十年。

前款规定的承包期限届满，由土地承包经营权人依照农村土地承包的法律规定继续承包。

第三百三十三条　【土地承包经营权的设立与登记】土地承包经营权自土地承包经营权合同生效时设立。

登记机构应当向土地承包经营权人发放土地承包经营权证、林权证等证书，并登记造册，确认土地承包经营权。

第三百三十四条　【土地承包经营权的互换、转让】土地承包经营权人依照法律规定，有权将土地承包经营权互换、转让。未经依法批准，不得将承包地用于非农建设。

配套

《农村土地承包法》第9条、第33-34条；《农村土地经营权流转管理办法》；《农村土地承包合同管理办法》

第三百三十五条　【土地承包经营权流转的登记对抗主义】土地承包经营权互换、转让的，当事人可以向登记机构申请登记；未经登记，不得对抗善意第三人。

第三百三十六条　【承包地的调整】承包期内发包人不得调整承包地。

因自然灾害严重毁损承包地等特殊情形，需要适当调整承包的耕地和草地的，应当依照农村土地承包的法律规定办理。

注解

承包期内，因自然灾害严重毁损承包地等特殊情形对个别农户之间承包的耕地和草地需要适当调整的，必须经本集体经济组织成员的村民会议三分之二以上成员或者三分之二以上村民代表的同意，并报乡（镇）人民政府和县级人民政府农业农村、林业和草原等主管部门批准。承包合同中约定不得调整的，按照其约定。

配套

《农村土地承包法》第28-31条

第三百三十七条 【承包地的收回】承包期内发包人不得收回承包地。法律另有规定的，依照其规定。

配套

《农村土地承包法》第 27 条

第三百三十八条 【征收承包地的补偿规则】承包地被征收的，土地承包经营权人有权依据本法第二百四十三条的规定获得相应补偿。

配套

《土地管理法》第 47 条、第 48 条；《农村土地承包法》第 17 条

第三百三十九条 【土地经营权的流转】土地承包经营权人可以自主决定依法采取出租、入股或者其他方式向他人流转土地经营权。

第三百四十条 【土地经营权人的基本权利】土地经营权人有权在合同约定的期限内占有农村土地，自主开展农业生产经营并取得收益。

注 解

本条为民法典新增条文，是关于土地经营权人受让权利后果的规定。

土地经营权也是用益物权，通过转让而取得土地经营权的权利人，是用益物权人，享有用益物权的权利。

由于土地经营权是建立在土地承包经营权之上的用益物权，其期限受到原来的用益物权即土地承包经营权期限的制约，因而土地经营权人的权利行使期限是在合同约定的期限内，即设置土地经营权的期限不得超过土地承包经营权的期限，土地承包经营权的期限受制于设置土地承包经营权合同的期限。在合同约定的期限内，土地经营权人享有用益物权的权能，即占有、使用、收益的权利，有权占有该农村土地，自主开展农业生产经营活动，获得收益。

第三百四十一条 【土地经营权的设立与登记】流转期限为五年以上的土地经营权,自流转合同生效时设立。当事人可以向登记机构申请土地经营权登记;未经登记,不得对抗善意第三人。

注解

本条为民法典新增条文,是关于土地经营权设立时间及登记的规定。

土地经营权作为用益物权,其设立的方式是出让方和受让方签订土地经营权出租、入股等合同,在合同中约定双方各自的权利义务。对于流转期限为五年以上的土地经营权流转,当该合同生效时土地经营权就设立,受让方取得土地经营权。对于土地经营权的登记问题,本条规定采登记对抗主义,即当事人可以向登记机构申请土地经营权登记,未经登记的,不得对抗善意第三人。

配套

《农村土地承包法》第 41 条

第三百四十二条 【以其他方式承包取得的土地经营权流转】通过招标、拍卖、公开协商等方式承包农村土地,经依法登记取得权属证书的,可以依法采取出租、入股、抵押或者其他方式流转土地经营权。

配套

《农村土地承包法》第 48 条、第 49 条

第三百四十三条 【国有农用地承包经营的法律适用】国家所有的农用地实行承包经营的,参照适用本编的有关规定。

配套

《土地管理法》第 13 条

第十二章　建设用地使用权

第三百四十四条 【建设用地使用权的概念】建设用地使用权人依法对国家所有的土地享有占有、使用和收益的权利,有权

利用该土地建造建筑物、构筑物及其附属设施。

第三百四十五条　【建设用地使用权的分层设立】建设用地使用权可以在土地的地表、地上或者地下分别设立。

第三百四十六条　【建设用地使用权的设立原则】设立建设用地使用权，应当符合节约资源、保护生态环境的要求，遵守法律、行政法规关于土地用途的规定，不得损害已经设立的用益物权。

第三百四十七条　【建设用地使用权的出让方式】设立建设用地使用权，可以采取出让或者划拨等方式。

工业、商业、旅游、娱乐和商品住宅等经营性用地以及同一土地有两个以上意向用地者的，应当采取招标、拍卖等公开竞价的方式出让。

严格限制以划拨方式设立建设用地使用权。

注解

建设用地使用权设立的方式主要有两种：出让和划拨。出让是建设用地使用权设立的主要方式，是指出让人将一定期限的建设用地使用权出让给建设用地使用权人使用，建设用地使用权人向出让人支付一定的出让金。出让的方式主要包括拍卖、招标和协议等。划拨是无偿取得建设用地使用权的一种方式，是指县级以上人民政府依法批准，在建设用地使用权人缴纳补偿、安置等费用后将该幅土地交付其使用，或者将建设用地使用权无偿交付给建设用地使用权人使用的行为。划拨土地没有期限的规定。

配套

《土地管理法》第54条；《城市房地产管理法》第8条、第13条、第23条、第24条

第三百四十八条　【建设用地使用权出让合同】通过招标、拍卖、协议等出让方式设立建设用地使用权的，当事人应当采用书面形式订立建设用地使用权出让合同。

建设用地使用权出让合同一般包括下列条款：

（一）当事人的名称和住所；

（二）土地界址、面积等；

（三）建筑物、构筑物及其附属设施占用的空间；

（四）土地用途、规划条件；

（五）建设用地使用权期限；

（六）出让金等费用及其支付方式；

（七）解决争议的方法。

配套

《城市房地产管理法》第 15 条；《城镇国有土地使用权出让和转让暂行条例》第 11 条、第 12 条

第三百四十九条　【建设用地使用权的登记】设立建设用地使用权的，应当向登记机构申请建设用地使用权登记。建设用地使用权自登记时设立。登记机构应当向建设用地使用权人发放权属证书。

配套

《土地管理法》第 12 条；《城市房地产管理法》第 60 条

第三百五十条　【土地用途限定规则】建设用地使用权人应当合理利用土地，不得改变土地用途；需要改变土地用途的，应当依法经有关行政主管部门批准。

配套

《土地管理法》第 4 条、第 56 条；《城市房地产管理法》第 18 条、第 44 条

第三百五十一条　【建设用地使用权人支付出让金等费用的义务】建设用地使用权人应当依照法律规定以及合同约定支付出让金等费用。

第三百五十二条　【建设用地使用权人建造的建筑物、构筑物及其附属设施的归属】建设用地使用权人建造的建筑物、构筑

物及其附属设施的所有权属于建设用地使用权人，但是有相反证据证明的除外。

第三百五十三条 【建设用地使用权的流转方式】建设用地使用权人有权将建设用地使用权转让、互换、出资、赠与或者抵押，但是法律另有规定的除外。

配套

《土地管理法》第 2 条；《城市房地产管理法》第 39 条、第 40 条、第 48 条、第 51 条

第三百五十四条 【建设用地使用权流转的合同形式和期限】建设用地使用权转让、互换、出资、赠与或者抵押的，当事人应当采用书面形式订立相应的合同。使用期限由当事人约定，但是不得超过建设用地使用权的剩余期限。

配套

《城镇国有土地使用权出让和转让暂行条例》第 20-22 条

第三百五十五条 【建设用地使用权流转登记】建设用地使用权转让、互换、出资或者赠与的，应当向登记机构申请变更登记。

第三百五十六条 【建设用地使用权流转之房随地走】建设用地使用权转让、互换、出资或者赠与的，附着于该土地上的建筑物、构筑物及其附属设施一并处分。

第三百五十七条 【建设用地使用权流转之地随房走】建筑物、构筑物及其附属设施转让、互换、出资或者赠与的，该建筑物、构筑物及其附属设施占用范围内的建设用地使用权一并处分。

注解

本条和上一条规定了建设用地使用权与其地上不动产一并处分的规则。这两条实际上是一个整体，只要建设用地使用权和地上房屋有一个发生了转

让，另外一个就要相应转让。从法律后果上说，不可能也不允许，把"房"和"地"分别转让给不同的主体。此外，本条中所讲的附属设施占用范围内的建设用地使用权有可能是一宗单独的建设用地使用权，也有可能是共同享有的建设用地使用权中的份额，特别是在建筑物区分所有的情况下。转让占用范围内的建设用地使用权不可能也不应该导致对业主共同享有的建设用地使用权的分割。在这种情况下，除了本条外，还要依据业主的建筑物区分所有权的有关规定，全面确定当事人的权利义务。

配套

《城市房地产管理法》第32条

第三百五十八条 　【建设用地使用权的提前收回及其补偿】建设用地使用权期限届满前，因公共利益需要提前收回该土地的，应当依据本法第二百四十三条的规定对该土地上的房屋以及其他不动产给予补偿，并退还相应的出让金。

第三百五十九条 　【建设用地使用权期限届满的处理规则】住宅建设用地使用权期限届满的，自动续期。续期费用的缴纳或者减免，依照法律、行政法规的规定办理。

非住宅建设用地使用权期限届满后的续期，依照法律规定办理。该土地上的房屋以及其他不动产的归属，有约定的，按照约定；没有约定或者约定不明确的，依照法律、行政法规的规定办理。

注解

根据《城镇国有土地使用权出让和转让暂行条例》的规定，土地使用权出让的最高年限为：居住用地七十年。本条对住宅建设用地使用权和非住宅建设用地使用权的续期分别作出了规定，明确规定住宅建设用地使用权期限届满的，自动续期。

第三百六十条 　【建设用地使用权注销登记】建设用地使用权消灭的，出让人应当及时办理注销登记。登记机构应当收回权属证书。

第三百六十一条 【集体土地作为建设用地的法律适用】集体所有的土地作为建设用地的，应当依照土地管理的法律规定办理。

第十三章　宅基地使用权

第三百六十二条 【宅基地使用权内容】宅基地使用权人依法对集体所有的土地享有占有和使用的权利，有权依法利用该土地建造住宅及其附属设施。

第三百六十三条 【宅基地使用权的法律适用】宅基地使用权的取得、行使和转让，适用土地管理的法律和国家有关规定。

注 解

农村村民申请宅基地的，应当以户为单位向农村集体经济组织提出申请；没有设立农村集体经济组织的，应当向所在的村民小组或者村民委员会提出申请。宅基地申请依法经农村村民集体讨论通过并在本集体范围内公示后，报乡（镇）人民政府审核批准。涉及占用农用地的，应当依法办理农用地转用审批手续。

国家允许进城落户的农村村民依法自愿有偿退出宅基地。乡（镇）人民政府和农村集体经济组织、村民委员会等应当将退出的宅基地优先用于保障该农村集体经济组织成员的宅基地需求。

依法取得的宅基地和宅基地上的农村村民住宅及其附属设施受法律保护。禁止违背农村村民意愿强制流转宅基地，禁止违法收回农村村民依法取得的宅基地，禁止以退出宅基地作为农村村民进城落户的条件，禁止强迫农村村民搬迁退出宅基地。

第三百六十四条 【宅基地灭失后的重新分配】宅基地因自然灾害等原因灭失的，宅基地使用权消灭。对失去宅基地的村民，应当依法重新分配宅基地。

第三百六十五条 【宅基地使用权的变更登记与注销登记】已

经登记的宅基地使用权转让或者消灭的，应当及时办理变更登记或者注销登记。

第十四章 居 住 权

第三百六十六条 【居住权的定义】居住权人有权按照合同约定，对他人的住宅享有占有、使用的用益物权，以满足生活居住的需要。

注 解

本章内容为民法典新增内容。本条是对居住权的规定。

居住权，是指自然人依照合同的约定，对他人所有的住宅享有占有、使用的用益物权。民法的居住权与公法的居住权不同。在公法，国家保障人人有房屋居住的权利也叫居住权，或者叫住房权。民法的居住权是民事权利，是用益物权的一种，其特征是：（1）居住权的基本属性是他物权，具有用益性；（2）居住权是为特定自然人基于生活用房而设立的物权，具有人身性；（3）居住权是一种长期存在的物权，具有独立性；（4）居住权的设定是一种恩惠行为，具有不可转让性。

居住权作为用益物权具有特殊性，即居住权人对于权利的客体即住宅只享有占有和使用的权利，不享有收益的权利，不能以此进行出租等营利活动。

第三百六十七条 【居住权合同】设立居住权，当事人应当采用书面形式订立居住权合同。

居住权合同一般包括下列条款：

（一）当事人的姓名或者名称和住所；

（二）住宅的位置；

（三）居住的条件和要求；

（四）居住权期限；

（五）解决争议的方法。

居住权可以通过合同方式设立，也可以通过遗嘱方式设立。通过合同设立居住权，是房屋所有权人通过书面合同的方式与他人协议，设定居住权。例如，夫妻双方离婚时在离婚协议中约定，离婚后的房屋所有权归一方所有，另一方对其中的一部分房屋享有一定期限或者终身的居住权。

第三百六十八条 【居住权的设立】居住权无偿设立，但是当事人另有约定的除外。设立居住权的，应当向登记机构申请居住权登记。居住权自登记时设立。

居住权是用益物权，对其设立采用登记发生主义，只有经过登记才能设立居住权。之所以对居住权采取登记发生主义，是因为居住权与租赁权相似，但租赁权是债权，而居住权是物权，性质截然不同，如果不采取登记发生主义，可能会与租赁权相混淆。规定居住权须经登记而发生，就能够确定其与租赁权的界限，不会发生混淆，一旦没有登记，就没有发生居住权。

第三百六十九条 【居住权的限制性规定及例外】居住权不得转让、继承。设立居住权的住宅不得出租，但是当事人另有约定的除外。

居住权人行使居住权，须履行应尽的义务：

（1）合理使用房屋的义务：居住权人不得将房屋用于生活消费以外的目的，可以对房屋进行合理的装饰装修，进行必要的维护，但不得改建、改装和作重大的结构性改变。

（2）对房屋的合理保管义务：居住权人应当合理保管房屋，在居住期内尽到善良管理人的注意义务，不得实施任何损害房屋的行为。如果房屋存在毁损的隐患，应当及时通知所有人进行修缮或者采取必要的措施。

（3）不得转让、继承和出租的义务：居住权人对其居住的房屋不得转让，在居住权存续期间，对居住权的标的负有不得出租义务，不能以此进行营利活动；居住权也不能成为居住权人的遗产，不能通过继承而由其继承人所继承。居住权也不得转让，具有专属性。如果双方当事人在设立的居住权合同中对上述义务另有约定的，依照其约定处理。

第三百七十条　【居住权的消灭】居住权期限届满或者居住权人死亡的，居住权消灭。居住权消灭的，应当及时办理注销登记。

第三百七十一条　【以遗嘱设立居住权的法律适用】以遗嘱方式设立居住权的，参照适用本章的有关规定。

注解

依据遗嘱方式设立居住权，包括遗嘱继承和遗赠。

（1）依据遗嘱继承方式设立：房屋所有权人可以在遗嘱中对死后房屋作为遗产的使用问题，为法定继承人中的一人或者数人设定居住权，但须留出适当房屋由其配偶终身居住。

（2）依据遗赠方式设立：房屋所有权人可以在遗嘱中，为法定继承人之外的人设定居住权。例如，遗嘱指定将自己所有的房屋中的一部分，让自己的保姆终身或者非终身居住。

不论是依据遗嘱继承方式还是遗赠方式取得居住权，都是依据遗嘱取得居住权。遗嘱生效后，还须进行居住权登记，否则不能取得居住权。

配套

《民法典》第1133条

第十五章　地　役　权

第三百七十二条　【地役权的定义】地役权人有权按照合同约定，利用他人的不动产，以提高自己的不动产的效益。

前款所称他人的不动产为供役地，自己的不动产为需役地。

注解

地役权是一种独立的物权，在性质上属用益物权的范围，是按照合同约定利用他人的不动产，以提高自己不动产效益的权利。因使用他人不动产而获得便利的不动产为需役地，为他人不动产的便利而供使用的不动产为供役地。地役权的"役"，即"使用"的意思。

第三百七十三条　【地役权合同】 设立地役权，当事人应当采用书面形式订立地役权合同。

地役权合同一般包括下列条款：

（一）当事人的姓名或者名称和住所；

（二）供役地和需役地的位置；

（三）利用目的和方法；

（四）地役权期限；

（五）费用及其支付方式；

（六）解决争议的方法。

第三百七十四条　【地役权的设立与登记】 地役权自地役权合同生效时设立。当事人要求登记的，可以向登记机构申请地役权登记；未经登记，不得对抗善意第三人。

第三百七十五条　【供役地权利人的义务】 供役地权利人应当按照合同约定，允许地役权人利用其不动产，不得妨害地役权人行使权利。

第三百七十六条　【地役权人的义务】 地役权人应当按照合同约定的利用目的和方法利用供役地，尽量减少对供役地权利人物权的限制。

第三百七十七条　【地役权的期限】 地役权期限由当事人约定；但是，不得超过土地承包经营权、建设用地使用权等用益物权的剩余期限。

> 注 解

地役权的期限的确定方法，是由当事人约定，当事人没有约定或者约定不明确的，应当签订补充协议，按照补充协议的约定确定期限。但是，如果供役地或者需役地是土地承包经营权或者建设用地使用权的，不论是约定地役权的期限，还是补充协议约定地役权的期限，只要是设定地役权，地役权的期限就不得超过该土地承包经营权和建设用地使用权的剩余期限。供役地和需役地所剩余的期限不同的，应当按照最短的剩余期限确定地役权的期限。如果供役地和需役地是土地所有权或者宅基地使用权的，尽管这两个土地权利不具有期限，但是在设定地役权时，也应当约定地役权的期限，不得约定为永久期限。

第三百七十八条 【在享有或者负担地役权的土地上设立用益物权的规则】土地所有权人享有地役权或者负担地役权的，设立土地承包经营权、宅基地使用权等用益物权时，该用益物权人继续享有或者负担已经设立的地役权。

第三百七十九条 【土地所有权人在已设立用益物权的土地上设立地役权的规则】土地上已经设立土地承包经营权、建设用地使用权、宅基地使用权等用益物权的，未经用益物权人同意，土地所有权人不得设立地役权。

第三百八十条 【地役权的转让规则】地役权不得单独转让。土地承包经营权、建设用地使用权等转让的，地役权一并转让，但是合同另有约定的除外。

注解

由于地役权的成立必须是需役地与供役地同时存在，因此在法律属性上地役权与其他物权不同。地役权虽然是一种独立的用益物权，但它仍然应当与需役地的使用权共命运，必须与需役地使用权一同移转，不得与需役地分离而单独让与。

地役权的从属性，主要表现在三种情形：第一，地役权人不得自己保留需役地的使用权，而单独将地役权转让；第二，地役权人不得自己保留地役权，而单独将需役地的使用权转让；第三，地役权人也不得将需役地的使用权与地役权分别让与不同的人。总之，地役权只能随需役地使用权的转让而转让。

第三百八十一条 【地役权不得单独抵押】地役权不得单独抵押。土地经营权、建设用地使用权等抵押的，在实现抵押权

168

时，地役权一并转让。

第三百八十二条　【需役地部分转让效果】需役地以及需役地上的土地承包经营权、建设用地使用权等部分转让时，转让部分涉及地役权的，受让人同时享有地役权。

第三百八十三条　【供役地部分转让效果】供役地以及供役地上的土地承包经营权、建设用地使用权等部分转让时，转让部分涉及地役权的，地役权对受让人具有法律约束力。

第三百八十四条　【供役地权利人解除权】地役权人有下列情形之一的，供役地权利人有权解除地役权合同，地役权消灭：

（一）违反法律规定或者合同约定，滥用地役权；

（二）有偿利用供役地，约定的付款期限届满后在合理期限内经两次催告未支付费用。

注解

针对地役权而言，当地役权合同出现本条规定的两项法定事由时，供役地权利人有权解除地役权合同，地役权随之消灭。

（1）违反法律规定或者合同约定，滥用地役权。地役权设定后，地役权人与供役地权利人的任何一方都不得擅自解除地役权合同，但如果地役权人违反法律规定或者合同约定，法律赋予了供役地权利人解除地役权合同的权利。如地役权人超越土地利用的范围不按约定的方法利用供役地等，就属于滥用地役权。

（2）有偿利用供役地，约定的付款期间届满后在合理期限内经两次催告未支付费用。地役权合同通常为有偿，那么，地役权人应当按照合同的约定履行付款义务。如果地役权人无正当理由，在合同约定的付款期限届满后，仍没有按照合同约定支付费用，而且在供役地权利人确定的一个合理期限内经两次催告，地役权人仍不履行付款义务的，表明地役权人没有履行合同的诚意，或者根本不可能再履行合同，供役地权利人可以解除地役权合同，地役权随之消灭。

第三百八十五条　【地役权变动后的登记】已经登记的地役权变更、转让或者消灭的，应当及时办理变更登记或者注销登记。

第四分编　担保物权

第十六章　一般规定

第三百八十六条　【担保物权的定义】担保物权人在债务人不履行到期债务或者发生当事人约定的实现担保物权的情形，依法享有就担保财产优先受偿的权利，但是法律另有规定的除外。

注解

担保物权以确保债权人的债权得到完全清偿为目的。这是担保物权与其他物权的最大区别。

担保物权具有优先受偿的效力。优先受偿性是担保物权的最主要效力。担保物权的优先受偿性主要体现在两方面：一是优先于其他不享有担保物权的普通债权；二是有可能优先于其他物权，如后顺位的担保物权。但需要注意的是，担保物权的优先受偿性并不是绝对的，如果本法或者其他法律有特别的规定，担保物权的优先受偿效力会受到影响，如我国海商法规定，船舶优先权人优先于担保物权人受偿。

担保物权是在债务人或者第三人的财产上设立的权利。债务人既可以自己的财产，也可以第三人的财产为债权设立担保物权。

担保物权具有物上代位性。债权人设立担保物权并不以使用担保财产为目的，而是以取得该财产的交换价值为目的，因此，担保财产灭失、毁损，但代替该财产的交换价值还存在的，担保物权的效力仍存在，但此时担保物权的效力转移到了该代替物上。

第三百八十七条　【担保物权适用范围及反担保】债权人在借贷、买卖等民事活动中，为保障实现其债权，需要担保的，可以依照本法和其他法律的规定设立担保物权。

第三人为债务人向债权人提供担保的，可以要求债务人提供反担保。反担保适用本法和其他法律的规定。

【配套】

《最高人民法院关于适用〈中华人民共和国民法典〉有关担保制度的解释》第19条

第三百八十八条　【担保合同及其与主合同的关系】设立担保物权，应当依照本法和其他法律的规定订立担保合同。担保合同包括抵押合同、质押合同和其他具有担保功能的合同。担保合同是主债权债务合同的从合同。主债权债务合同无效的，担保合同无效，但是法律另有规定的除外。

担保合同被确认无效后，债务人、担保人、债权人有过错的，应当根据其过错各自承担相应的民事责任。

【注解】

当事人在担保合同中约定担保合同的效力独立于主合同，或者约定担保人对主合同无效的法律后果承担担保责任，该有关担保独立性的约定无效。主合同有效的，有关担保独立性的约定无效不影响担保合同的效力；主合同无效的，人民法院应当认定担保合同无效，但是法律另有规定的除外。因金融机构开立的独立保函发生的纠纷，适用《最高人民法院关于审理独立保函纠纷案件若干问题的规定》。

【配套】

《最高人民法院关于适用〈中华人民共和国民法典〉有关担保制度的解释》第2条、第17-19条

第三百八十九条　【担保范围】担保物权的担保范围包括主债权及其利息、违约金、损害赔偿金、保管担保财产和实现担保物权的费用。当事人另有约定的，按照其约定。

【注解】

担保物权的担保范围包括：

（1）主债权。主债权指债权人与债务人之间因债的法律关系所发生的原本债权，例如金钱债权、交付货物的债权或者提供劳务的债权。主债权是相对于利息和其他附随债权而言，不包括利息以及其他因主债权而产生的附随债权。

（2）利息。利息指实现担保物权时主债权所应产生的收益。一般来说，金钱债权都有利息，因此其当然也在担保范围内。利息可以按照法律规定确定，也可以由当事人自己约定，但当事人不能违反法律规定约定过高的利息，否则超过部分的利息无效。

（3）违约金。违约金指按照当事人的约定，一方当事人违约的，应向另一方支付的金钱。

（4）损害赔偿金。损害赔偿金指一方当事人因违反合同或者因其他行为给债权人造成的财产、人身损失而给付的赔偿额。损害赔偿金的范围可以由法律直接规定，或由双方约定，在法律没有特别规定或者当事人没有约定的情况下，应按照完全赔偿原则确定具体赔偿数额。

（5）保管担保财产的费用。保管担保财产的费用指债权人在占有担保财产期间因履行善良保管义务而支付的各种费用。

（6）实现担保物权的费用。实现担保物权的费用指担保物权人在实现担保物权过程中所花费的各种实际费用，如对担保财产的评估费用、拍卖或者变卖担保财产的费用、向人民法院申请强制变卖或者拍卖的费用等。

配套

《最高人民法院关于适用〈中华人民共和国民法典〉有关担保制度的解释》第3条、第22条

第三百九十条 【担保物权的物上代位性】担保期间，担保财产毁损、灭失或者被征收等，担保物权人可以就获得的保险金、赔偿金或者补偿金等优先受偿。被担保债权的履行期限未届满的，也可以提存该保险金、赔偿金或者补偿金等。

注解

抵押权依法设立后，抵押财产毁损、灭失或者被征收等，抵押权人请求按照原抵押权的顺位就保险金、赔偿金或者补偿金等优先受偿的，人民法院

应予支持。给付义务人已经向抵押人给付了保险金、赔偿金或者补偿金，抵押权人请求给付义务人向其给付保险金、赔偿金或者补偿金的，人民法院不予支持，但是给付义务人接到抵押权人要求向其给付的通知后仍然向抵押人给付的除外。抵押权人请求给付义务人向其给付保险金、赔偿金或者补偿金的，人民法院可以通知抵押人作为第三人参加诉讼。

《最高人民法院关于适用〈中华人民共和国民法典〉有关担保制度的解释》第42条

第三百九十一条 【债务转让对担保物权的效力】第三人提供担保，未经其书面同意，债权人允许债务人转移全部或者部分债务的，担保人不再承担相应的担保责任。

第三百九十二条 【人保和物保并存时的处理规则】被担保的债权既有物的担保又有人的担保的，债务人不履行到期债务或者发生当事人约定的实现担保物权的情形，债权人应当按照约定实现债权；没有约定或者约定不明确，债务人自己提供物的担保的，债权人应当先就该物的担保实现债权；第三人提供物的担保的，债权人可以就物的担保实现债权，也可以请求保证人承担保证责任。提供担保的第三人承担担保责任后，有权向债务人追偿。

注 解

本条区分三种情况对同一债权上既有物的担保又有人的担保的情况作了规定：（1）在当事人对物的担保和人的担保的关系有约定的情况下，应当尊重当事人的意思，按约定实现。这充分尊重了当事人的意愿。（2）在没有约定或者约定不明确，债务人自己提供物的担保的情况下，应当先就该物的担保实现担保物权。（3）在没有约定或者约定不明确，既有第三人提供物的担保，又有人的担保的情况下，应当允许当事人进行选择。实践中，对同一债权，还可能出现债务人和第三人均提供了物的担保，还有第三人提供人的担保的情形。在这种情况下，无论是从公平的角度，还是从防止日后追索权的

173

繁琐，节约成本的角度，债权人均应当先行使债务人提供的物的担保，再行使第三人提供的物的担保，否则保证人可以有抗辩权。

承担了担保责任或者赔偿责任的担保人，在其承担责任的范围内向债务人追偿的，人民法院应予支持。同一债权既有债务人自己提供的物的担保，又有第三人提供的担保，承担了担保责任或者赔偿责任的第三人，主张行使债权人对债务人享有的担保物权的，人民法院应予支持。

配套

《最高人民法院关于适用〈中华人民共和国民法典〉有关担保制度的解释》第13条、第14条、第18条

第三百九十三条　【担保物权消灭的情形】 有下列情形之一的，担保物权消灭：

（一）主债权消灭；

（二）担保物权实现；

（三）债权人放弃担保物权；

（四）法律规定担保物权消灭的其他情形。

第十七章　抵　押　权

第一节　一般抵押权

第三百九十四条　【抵押权的定义】 为担保债务的履行，债务人或者第三人不转移财产的占有，将该财产抵押给债权人的，债务人不履行到期债务或者发生当事人约定的实现抵押权的情形，债权人有权就该财产优先受偿。

前款规定的债务人或者第三人为抵押人，债权人为抵押权人，提供担保的财产为抵押财产。

第三百九十五条　【可抵押财产的范围】 债务人或者第三人有权处分的下列财产可以抵押：

174

（一）建筑物和其他土地附着物；

（二）建设用地使用权；

（三）海域使用权；

（四）生产设备、原材料、半成品、产品；

（五）正在建造的建筑物、船舶、航空器；

（六）交通运输工具；

（七）法律、行政法规未禁止抵押的其他财产。

抵押人可以将前款所列财产一并抵押。

注解

抵押财产，也称为抵押权标的物或者抵押物，是指被设置了抵押权的不动产、动产或者权利。抵押财产的特点是：（1）抵押财产包括不动产、特定动产和权利。抵押财产主要是不动产，也包括特定的动产，以及建设用地使用权、土地经营权等物权。（2）抵押财产须具有可转让性，抵押权的性质是变价权，供抵押的不动产或者动产如果有妨害其使用的目的，具有不得让与的性质或者即使可以让与但让与其变价将会受到影响的，都不能设置抵押权。

配套

《最高人民法院关于适用〈中华人民共和国民法典〉有关担保制度的解释》第49-50条；《城市房地产管理法》第32条、第48条；《农村土地承包法》第53条

第三百九十六条　【浮动抵押】企业、个体工商户、农业生产经营者可以将现有的以及将有的生产设备、原材料、半成品、产品抵押，债务人不履行到期债务或者发生当事人约定的实现抵押权的情形，债权人有权就抵押财产确定时的动产优先受偿。

注解

浮动抵押，是指企业、个体工商户、农业生产经营者作为抵押人，以其所有的全部财产包括现有的以及将有的生产设备、原材料、半成品、产品为标的而设立的动产抵押权。债务人不履行到期债务或者发生当事人约定的实

现抵押权的情形，债权人有权就抵押财产确定时的动产优先受偿。比如企业以现有的以及未来可能买进的机器设备、库存产成品、生产原材料等动产担保债务的履行。

浮动抵押权设定后，抵押人可以将抵押的原材料投入成品生产，也可以卖出抵押的财产。当发生债务履行期届满未清偿债务、当事人约定的实现抵押权的情形成就时，抵押财产确定，也就是说此时企业有什么财产，这些财产就是抵押财产。抵押财产确定前企业卖出的财产不追回，买进的财产算作抵押财产。

浮动抵押具有不同于固定抵押的两个特征：第一，浮动抵押设定后，抵押的财产不断发生变化，直到约定或者法定的事由发生，抵押财产才确定。第二，浮动抵押期间，抵押人处分抵押财产不必经抵押权人同意，除抵押人恶意实施损害抵押权人利益的行为外，抵押权人对抵押财产无追及的权利，只能就约定或者法定事由发生后确定的财产优先受偿。

浮动抵押设立条件：（1）设定浮动抵押的主体仅限于企业、个体工商户、农业生产经营者。只要是注册的企业都可以设定浮动抵押。除了上述三项主体，国家机关、社会团体、事业单位、非农业生产者的自然人不可以设立浮动抵押。（2）设定浮动抵押的财产仅限于生产设备、原材料、半成品和产品。除此之外的动产、不动产、知识产权以及债权等不得设立浮动抵押。（3）设定浮动抵押要有书面协议。该协议一般包括担保债权的种类和数额、债务履行期间、抵押财产的范围、实现抵押权的条件等。（4）实现抵押权的条件是债务人不履行到期债务或者发生当事人约定的实现抵押权的事由。

配套

《民法典》第 411 条

第三百九十七条　【建筑物和相应的建设用地使用权一并抵押规则】 以建筑物抵押的，该建筑物占用范围内的建设用地使用权一并抵押。以建设用地使用权抵押的，该土地上的建筑物一并抵押。

抵押人未依据前款规定一并抵押的，未抵押的财产视为一并抵押。

《城市房地产管理法》第 32 条、第 48 条

第三百九十八条 　**【乡镇、村企业的建设用地使用权与房屋一并抵押规则】**乡镇、村企业的建设用地使用权不得单独抵押。以乡镇、村企业的厂房等建筑物抵押的，其占用范围内的建设用地使用权一并抵押。

第三百九十九条 　**【禁止抵押的财产范围】**下列财产不得抵押：

（一）土地所有权；

（二）宅基地、自留地、自留山等集体所有土地的使用权，但是法律规定可以抵押的除外；

（三）学校、幼儿园、医疗机构等为公益目的成立的非营利法人的教育设施、医疗卫生设施和其他公益设施；

（四）所有权、使用权不明或者有争议的财产；

（五）依法被查封、扣押、监管的财产；

（六）法律、行政法规规定不得抵押的其他财产。

注 解

土地所有权包括国有土地所有权，也包括集体土地所有权。

以公益为目的的非营利性学校、幼儿园、医疗机构、养老机构等提供担保的，人民法院应当认定担保合同无效，但是有下列情形之一的除外：（1）在购入或者以融资租赁方式承租教育设施、医疗卫生设施、养老服务设施和其他公益设施时，出卖人、出租人为担保价款或者租金实现而在该公益设施上保留所有权；（2）以教育设施、医疗卫生设施、养老服务设施和其他公益设施以外的不动产、动产或者财产权利设立担保物权。登记为营利法人的学校、幼儿园、医疗机构、养老机构等提供担保，当事人以其不具有担保资格为由主张担保合同无效的，人民法院不予支持。

依法查封、扣押的财产，指人民法院或者行政机关采取强制措施将财产就地贴上封条或者运到另外的处所，不准任何人占有、使用或者处分的财产。依法监管的财产，指行政机关依照法律规定监督、管理的财产。比如海

关依照有关法律、法规，监管进出境的运输工具、货物、行李物品、邮递物品和其他物品，对违反海关法和其他有关法律法规规定的进出境货物、物品予以扣留。依法被查封、扣押、监管的财产，其合法性处于不确定状态，国家法律不能予以确认和保护。因此禁止以依法被查封、扣押、监管的财产抵押。但已经设定抵押的财产被采取查封、扣押等财产保全或者执行措施的，不影响抵押权的效力。

配套

《最高人民法院关于适用〈中华人民共和国民法典〉有关担保制度的解释》第 5-6 条

第四百条　【抵押合同】设立抵押权，当事人应当采用书面形式订立抵押合同。

抵押合同一般包括下列条款：

（一）被担保债权的种类和数额；

（二）债务人履行债务的期限；

（三）抵押财产的名称、数量等情况；

（四）担保的范围。

配套

《城市房地产管理法》第 50 条

第四百零一条　【流押条款的效力】抵押权人在债务履行期限届满前，与抵押人约定债务人不履行到期债务时抵押财产归债权人所有的，只能依法就抵押财产优先受偿。

第四百零二条　【不动产抵押登记】以本法第三百九十五条第一款第一项至第三项规定的财产或者第五项规定的正在建造的建筑物抵押的，应当办理抵押登记。抵押权自登记时设立。

注解

抵押权是担保物权，设定抵押权除了要订立抵押合同之外，对某些不动产设置抵押权还须进行抵押权登记，并且只有经过抵押权登记，才能发生抵押权的效果。本条规定，须登记发生法律效力的抵押权是：（1）建筑物和其他土地附着物；（2）建设用地使用权；（3）海域使用权；（4）正在建造的建筑物。以这些不动产设置抵押权的，在订立抵押合同之后，应当进行抵押权登记，经过登记之后，抵押权才发生，即抵押权自登记时设立。

不动产抵押合同生效后未办理抵押登记手续，债权人请求抵押人办理抵押登记手续的，人民法院应予支持。不动产登记簿就抵押财产、被担保的债权范围等所作的记载与抵押合同约定不一致的，人民法院应当根据登记簿的记载确定抵押财产、被担保的债权范围等事项。当事人申请办理抵押登记手续时，因登记机构的过错致使其不能办理抵押登记，当事人请求登记机构承担赔偿责任的，人民法院依法予以支持。

配套

《最高人民法院关于适用〈中华人民共和国民法典〉有关担保制度的解释》第46-48条

第四百零三条　【动产抵押的效力】以动产抵押的，抵押权自抵押合同生效时设立；未经登记，不得对抗善意第三人。

注解

动产抵押合同订立后未办理抵押登记，动产抵押权的效力按照下列情形分别处理：（1）抵押人转让抵押财产，受让人占有抵押财产后，抵押权人向受让人请求行使抵押权的，人民法院不予支持，但是抵押权人能够举证证明受让人知道或者应当知道已经订立抵押合同的除外；（2）抵押人将抵押财产出租给他人并移转占有，抵押权人行使抵押权的，租赁关系不受影响，但是抵押权人能够举证证明承租人知道或者应当知道已经订立抵押合同的除外；（3）抵押人的其他债权人向人民法院申请保全或者执行抵押财产，人民法院已经作出财产保全裁定或者采取执行措施，抵押权人主张对抵押财产优先受偿的，人民法院不予支持；（4）抵押人破产，抵押权人主张对抵押财产优先受偿的，人民法院不予支持。

配套

《最高人民法院关于适用〈中华人民共和国民法典〉有关担保制度的解释》第54条

第四百零四条 【动产抵押权对抗效力的限制】以动产抵押的,不得对抗正常经营活动中已经支付合理价款并取得抵押财产的买受人。

动产抵押采取登记对抗主义,未经登记不得对抗善意第三人;不仅如此,即使办理登记的动产抵押,也不得对抗在正常经营活动中已经支付合理价款并取得抵押财产的买受人,如果在动产抵押过程中,抵押人在与他人进行正常的经营活动,对抵押财产与对方当事人进行交易,对方已经支付了合理价款、取得了该抵押财产的,这些抵押财产就不再是抵押权的客体,抵押权人对其不能主张抵押权。但有下列情形之一的除外:(1)购买商品的数量明显超过一般买受人;(2)购买出卖人的生产设备;(3)订立买卖合同的目的在于担保出卖人或者第三人履行债务;(4)买受人与出卖人存在直接或者间接的控制关系;(5)买受人应当查询抵押登记而未查询的其他情形。出卖人正常经营活动,是指出卖人的经营活动属于其营业执照明确记载的经营范围,且出卖人持续销售同类商品。

《最高人民法院关于适用〈中华人民共和国民法典〉有关担保制度的解释》第56条

第四百零五条 【抵押权和租赁权的关系】抵押权设立前,抵押财产已经出租并转移占有的,原租赁关系不受该抵押权的影响。

第四百零六条 【抵押期间抵押财产转让应当遵循的规则】抵押期间,抵押人可以转让抵押财产。当事人另有约定的,按照其约定。抵押财产转让的,抵押权不受影响。

抵押人转让抵押财产的,应当及时通知抵押权人。抵押权人能够证明抵押财产转让可能损害抵押权的,可以请求抵押人将转让所得的价款向抵押权人提前清偿债务或者提存。转让的价款超过债权数额的部分归抵押人所有,不足部分由债务人清偿。

当事人约定禁止或者限制转让抵押财产但是未将约定登记，抵押人违反约定转让抵押财产，抵押权人请求确认转让合同无效的，人民法院不予支持；抵押财产已经交付或者登记，抵押权人请求确认转让不发生物权效力的，人民法院不予支持，但是抵押权人有证据证明受让人知道的除外；抵押权人请求抵押人承担违约责任的，人民法院依法予以支持。当事人约定禁止或者限制转让抵押财产且已经将约定登记，抵押人违反约定转让抵押财产，抵押权人请求确认转让合同无效的，人民法院不予支持；抵押财产已经交付或者登记，抵押权人主张转让不发生物权效力的，人民法院应予支持，但是因受让人代替债务人清偿债务导致抵押权消灭的除外。

《最高人民法院关于适用〈中华人民共和国民法典〉有关担保制度的解释》第43条

第四百零七条　【抵押权的从属性】抵押权不得与债权分离而单独转让或者作为其他债权的担保。债权转让的，担保该债权的抵押权一并转让，但是法律另有规定或者当事人另有约定的除外。

抵押权不是独立的物权，是附随于被担保的债权的从权利，因而抵押权不得与债权分离而单独转让，也不得作为已经提供担保的债权以外的其他债权的担保。所以，债权转让的，担保该债权的抵押权一并转让，但是法律另有规定或者当事人另有约定的除外，例如民法典第421条规定，最高额抵押担保的债权确定前，部分债权转让的，最高额抵押权不得转让，但是当事人另有约定的除外。

第四百零八条　【抵押财产价值减少时抵押权人的保护措施】抵押人的行为足以使抵押财产价值减少的，抵押权人有权请求抵押人停止其行为；抵押财产价值减少的，抵押权人有权请求恢复抵押财产的价值，或者提供与减少的价值相应的担保。抵押人不恢复抵押财产的价值，也不提供担保的，抵押权人有权请求债务人提前清偿债务。

　　本条规定的抵押财产价值减少，均是由于抵押人的行为造成的，即只有在抵押人对抵押财产价值减少有过错时，才按照本条的规定处理。这种侵害行为必须是抵押人的行为，故意和过失、作为与不作为均包括在内。

　　第四百零九条　【抵押权人放弃抵押权或抵押权顺位的法律后果】抵押权人可以放弃抵押权或者抵押权的顺位。抵押权人与抵押人可以协议变更抵押权顺位以及被担保的债权数额等内容。但是，抵押权的变更未经其他抵押权人书面同意的，不得对其他抵押权人产生不利影响。

　　债务人以自己的财产设定抵押，抵押权人放弃该抵押权、抵押权顺位或者变更抵押权的，其他担保人在抵押权人丧失优先受偿权益的范围内免除担保责任，但是其他担保人承诺仍然提供担保的除外。

　　抵押权人放弃抵押权，不必经过抵押人的同意。抵押权人放弃抵押权的，抵押权消灭。此时抵押权人变成普通债权人，其债权应当与其他普通债权人按照债权的比例受偿。

　　抵押权的顺位是抵押权人优先受偿的顺序，作为抵押权人享有的一项利益，抵押权人可以放弃其顺位，即放弃优先受偿的次序利益。抵押权人放弃抵押权顺位的，放弃人处于最后顺位，所有后顺位抵押权人的顺位依次递进。但在放弃人放弃抵押权顺位后新设定的抵押权不受该放弃的影响，其顺位仍应在放弃人的抵押权顺位之后。

　　抵押权顺位的变更，是指将同一抵押财产上的数个抵押权的清偿顺序互换。抵押权的顺位变更后，各抵押权人只能在其变更后的顺序上行使优先受偿权。抵押权顺位的变更对其他抵押权人产生不利影响时，必须经过他们的书面同意。

第四百一十条 【抵押权实现的方式和程序】债务人不履行到期债务或者发生当事人约定的实现抵押权的情形，抵押权人可以与抵押人协议以抵押财产折价或者以拍卖、变卖该抵押财产所得的价款优先受偿。协议损害其他债权人利益的，其他债权人可以请求人民法院撤销该协议。

抵押权人与抵押人未就抵押权实现方式达成协议的，抵押权人可以请求人民法院拍卖、变卖抵押财产。

抵押财产折价或者变卖的，应当参照市场价格。

注解

本条提供了三种抵押财产的处理方式供抵押权人与抵押人协议时选择：

（1）折价方式

抵押财产折价，是指在抵押权实现时，抵押权人与抵押人协议，或者协议不成经由人民法院判决，按照抵押财产自身的品质、参考市场价格折算为价款，把抵押财产所有权转移给抵押权人，从而实现抵押权的抵押权实现方式。

（2）拍卖方式

拍卖也称为竞卖，是指以公开竞争的方法将标的物卖给出价最高的买者。拍卖又分为自愿拍卖和强制拍卖两种，自愿拍卖是出卖人与拍卖机构，一般为拍卖行订立委托合同，委托拍卖机构拍卖；强制拍卖是债务人的财产基于某些法定的原因由司法机关如人民法院强制性拍卖。抵押权人与抵押人协议以抵押财产拍卖来实现债权的方式属于第一种方式，双方达成一致意见，即可选择拍卖机构进行拍卖。

（3）变卖方式

变卖的方式就是以拍卖以外的生活中一般的买卖形式出让抵押财产来实现债权的方式。为了保障变卖的价格公允，变卖抵押财产应当参照市场价格。

配套

《最高人民法院关于适用〈中华人民共和国民法典〉有关担保制度的解释》第45条

第四百一十一条 【浮动抵押财产的确定】依据本法第三百九十六条规定设定抵押的，抵押财产自下列情形之一发生时确定：

（一）债务履行期限届满，债权未实现；

（二）抵押人被宣告破产或者解散；

（三）当事人约定的实现抵押权的情形；

（四）严重影响债权实现的其他情形。

浮动抵押权在以下情形时确定：

（1）债务履行期限届期，债权未实现：应当对浮动抵押的抵押财产进行确定，不得再进行浮动。

（2）抵押人被宣告破产或者解散：抵押财产必须确定，这种确定称为自动封押，浮动抵押变为固定抵押，无论浮动抵押权人是否知道该事由的发生或者有没有实现抵押权，都不影响抵押财产的自动确定。

（3）当事人约定的实现抵押权的情形：实现抵押权，抵押的财产必须确定，浮动抵押必须经过确定变为固定抵押，抵押权的实现才有可能。

（4）严重影响债权实现的其他情形：抵押财产也必须确定。例如，抵押人因经营管理不善而导致经营状况恶化或严重亏损，或者抵押人为了逃避债务而故意低价转让财产或隐匿、转移财产，都属于严重影响债权实现的情形。

浮动抵押财产被确定后，变成固定抵押，在抵押权实现的规则上，与普通抵押没有区别。

第四百一十二条 【抵押财产孳息归属】债务人不履行到期债务或者发生当事人约定的实现抵押权的情形，致使抵押财产被人民法院依法扣押的，自扣押之日起，抵押权人有权收取该抵押财产的天然孳息或者法定孳息，但是抵押权人未通知应当清偿法定孳息义务人的除外。

前款规定的孳息应当先充抵收取孳息的费用。

第四百一十三条 【抵押财产变价款的归属原则】抵押财产折价或者拍卖、变卖后，其价款超过债权数额的部分归抵押人所有，不足部分由债务人清偿。

第四百一十四条 【同一财产上多个抵押权的效力顺序】同一财产向两个以上债权人抵押的，拍卖、变卖抵押财产所得的价款依照下列规定清偿：

（一）抵押权已经登记的，按照登记的时间先后确定清偿顺序；

（二）抵押权已经登记的先于未登记的受偿；

（三）抵押权未登记的，按照债权比例清偿。

其他可以登记的担保物权，清偿顺序参照适用前款规定。

注解

同一财产向两个以上的债权人抵押的，拍卖、变卖抵押财产所得价款的清偿顺位有三项标准：（1）抵押权都已经登记的，按照登记的先后顺序清偿。顺序相同的，按照债权比例清偿。（2）抵押权已经登记的，先于未登记的受偿。已经登记的优先清偿，没有登记的，只能在经过登记的抵押权实现后，以剩余的抵押财产受偿。（3）抵押权未登记的，不具有对抗效力，无优先受偿权，仍按照债权比例平均清偿。

第四百一十五条 【既有抵押权又有质权的财产的清偿顺序】同一财产既设立抵押权又设立质权的，拍卖、变卖该财产所得的价款按照登记、交付的时间先后确定清偿顺序。

注解

本条是民法典新增的条文，是关于抵押权与质权关系的规定。我国立法承认动产抵押，因而可能发生抵押财产被质押或质押财产被抵押的情形。同一财产既设立抵押权又设立质权的，本条规定的清偿顺序是：拍卖、变卖该财产所得的价款，按照登记、交付的时间先后确定清偿顺序。

第四百一十六条 【买卖价款抵押权】动产抵押担保的主债权是抵押物的价款，标的物交付后十日内办理抵押登记的，该抵押权人优先于抵押物买受人的其他担保物权人受偿，但是留置权人除外。

配套

《最高人民法院关于适用〈中华人民共和国民法典〉有关担保制度的解释》第 57 条

第四百一十七条　【抵押权对新增建筑物的效力】建设用地使用权抵押后，该土地上新增的建筑物不属于抵押财产。该建设用地使用权实现抵押权时，应当将该土地上新增的建筑物与建设用地使用权一并处分。但是，新增建筑物所得的价款，抵押权人无权优先受偿。

注解

当事人仅以建设用地使用权抵押，债权人主张抵押权的效力及于土地上已有的建筑物以及正在建造的建筑物已完成部分的，人民法院应予支持。债权人主张抵押权的效力及于正在建造的建筑物的续建部分以及新增建筑物的，人民法院不予支持。当事人以正在建造的建筑物抵押，抵押权的效力范围限于已办理抵押登记的部分。当事人按照担保合同的约定，主张抵押权的效力及于续建部分、新增建筑物以及规划中尚未建造的建筑物的，人民法院不予支持。抵押人将建设用地使用权、土地上的建筑物或者正在建造的建筑物分别抵押给不同债权人的，人民法院应当根据抵押登记的时间先后确定清偿顺序。

配套

《最高人民法院关于适用〈中华人民共和国民法典〉有关担保制度的解释》第 51 条

第四百一十八条　【集体所有土地使用权抵押权的实现效果】以集体所有土地的使用权依法抵押的，实现抵押权后，未经法定程序，不得改变土地所有权的性质和土地用途。

第四百一十九条　【抵押权的存续期间】抵押权人应当在主债权诉讼时效期间行使抵押权；未行使的，人民法院不予保护。

注解

主债权诉讼时效期间届满后，抵押权人主张行使抵押权的，人民法院不

186

予支持；抵押人以主债权诉讼时效期间届满为由，主张不承担担保责任的，人民法院应予支持。主债权诉讼时效期间届满前，债权人仅对债务人提起诉讼，经人民法院判决或者调解后未在民事诉讼法规定的申请执行时效期间内对债务人申请强制执行，其向抵押人主张行使抵押权的，人民法院不予支持。

配套

《最高人民法院关于适用〈中华人民共和国民法典〉有关担保制度的解释》第44条

第二节 最高额抵押权

第四百二十条 **【最高额抵押规则】**为担保债务的履行，债务人或者第三人对一定期间内将要连续发生的债权提供担保财产的，债务人不履行到期债务或者发生当事人约定的实现抵押权的情形，抵押权人有权在最高债权额限度内就该担保财产优先受偿。

最高额抵押权设立前已经存在的债权，经当事人同意，可以转入最高额抵押担保的债权范围。

注解

最高额担保中的最高债权额，是指包括主债权及其利息、违约金、损害赔偿金、保管担保财产的费用、实现债权或者实现担保物权的费用等在内的全部债权，但是当事人另有约定的除外。登记的最高债权额与当事人约定的最高债权额不一致的，人民法院应当依据登记的最高债权额确定债权人优先受偿的范围。

配套

《最高人民法院关于适用〈中华人民共和国民法典〉有关担保制度的解释》第15条

第四百二十一条 **【最高额抵押权担保的部分债权转让效力】**最高额抵押担保的债权确定前，部分债权转让的，最高额抵押权不得转让，但是当事人另有约定的除外。

第四百二十二条 【最高额抵押合同条款变更】最高额抵押担保的债权确定前，抵押权人与抵押人可以通过协议变更债权确定的期间、债权范围以及最高债权额。但是，变更的内容不得对其他抵押权人产生不利影响。

第四百二十三条 【最高额抵押所担保债权的确定事由】有下列情形之一的，抵押权人的债权确定：

（一）约定的债权确定期间届满；

（二）没有约定债权确定期间或者约定不明确，抵押权人或者抵押人自最高额抵押权设立之日起满二年后请求确定债权；

（三）新的债权不可能发生；

（四）抵押权人知道或者应当知道抵押财产被查封、扣押；

（五）债务人、抵押人被宣告破产或者解散；

（六）法律规定债权确定的其他情形。

第四百二十四条 【最高额抵押的法律适用】最高额抵押权除适用本节规定外，适用本章第一节的有关规定。

第十八章 质 权

第一节 动产质权

第四百二十五条 【动产质权概念】为担保债务的履行，债务人或者第三人将其动产出质给债权人占有的，债务人不履行到期债务或者发生当事人约定的实现质权的情形，债权人有权就该动产优先受偿。

前款规定的债务人或者第三人为出质人，债权人为质权人，交付的动产为质押财产。

第四百二十六条 【禁止出质的动产范围】法律、行政法规禁止转让的动产不得出质。

法律、行政法规未明确规定禁止转让的动产，都可以作为设定质权的标的。法律、行政法规规定禁止转让的动产的依据只能是全国人大及其常委会制定的法律以及国务院制定的行政法规。其他规范性文件，不能作为规定禁止转让动产的依据。

第四百二十七条　【质押合同形式及内容】 设立质权，当事人应当采用书面形式订立质押合同。

质押合同一般包括下列条款：

（一）被担保债权的种类和数额；

（二）债务人履行债务的期限；

（三）质押财产的名称、数量等情况；

（四）担保的范围；

（五）质押财产交付的时间、方式。

《最高人民法院关于适用〈中华人民共和国民法典〉有关担保制度的解释》第 53 条

第四百二十八条　【流质条款的效力】 质权人在债务履行期限届满前，与出质人约定债务人不履行到期债务时质押财产归债权人所有的，只能依法就质押财产优先受偿。

流质，是指转移质物所有权的预先约定。订立质押合同时，出质人和质权人在合同中不得约定在债务人履行期限届满质权人未受清偿时，将质物所有权转移为债权人所有。当事人在质押合同中约定流质条款的，流质条款无效，但是质押合同还是有效的，因此，只能依法就质押财产优先受偿。

第四百二十九条　【质权的设立】 质权自出质人交付质押财产时设立。

出质人与质权人订立动产质押合同，该合同自成立时生效。但是在移转质押财产的占有之前，并不发生担保物权的效力；出质人只有将质押财产通过交付的形式实际移转给质权人占有时，质权才发生效力。根据本条的规定，质押财产是否移转是质权是否生效的判断标准：当事人没有移转质押财产，质权无效。其质押合同是否有效要根据本法合同编的有关规定判断，质权无效并不当然导致合同无效，不应将质权有效与否与质押合同的效力合二为一混同判断。

配 套

《最高人民法院关于适用〈中华人民共和国民法典〉有关担保制度的解释》第 55 条

第四百三十条　【质权人的孳息收取权】 质权人有权收取质押财产的孳息，但是合同另有约定的除外。

前款规定的孳息应当先充抵收取孳息的费用。

注 解

质权人有权收取质押财产的孳息。孳息不仅包括天然孳息，也包括法定孳息。质权合同另有约定的，按照其约定。不过，质权人收取质物的孳息，并不是取得质物孳息的所有权，而是取得质物孳息的质权，取得对质物孳息的占有，但质物孳息的所有权仍然归属于出质人。

第四百三十一条　【质权人对质押财产处分的限制及其法律责任】 质权人在质权存续期间，未经出质人同意，擅自使用、处分质押财产，造成出质人损害的，应当承担赔偿责任。

第四百三十二条　【质物保管义务】 质权人负有妥善保管质押财产的义务；因保管不善致使质押财产毁损、灭失的，应当承担赔偿责任。

质权人的行为可能使质押财产毁损、灭失的，出质人可以请求质权人将质押财产提存，或者请求提前清偿债务并返还质押财产。

妥善保管，即以善良管理人的注意义务加以保管。善良管理人的注意，是指依照一般交易上的观念，认为有相当的知识经验及诚意的人所具有的注意，即以一种善良的心和应当具备的知识来保管质物。如果达不到应当注意的保管标准的，就不是妥善保管。

第四百三十三条 【质押财产保全】 因不可归责于质权人的事由可能使质押财产毁损或者价值明显减少，足以危害质权人权利的，质权人有权请求出质人提供相应的担保；出质人不提供的，质权人可以拍卖、变卖质押财产，并与出质人协议将拍卖、变卖所得的价款提前清偿债务或者提存。

注 解

质权保全权的行使规则是：

（1）质权人不能直接将质押财产加以拍卖或变卖，而须先要求出质人提供相应的担保，如果出质人提供了担保的，质权人不得行使物上代位权。

（2）出质人拒不提供担保时，质权人才能行使物上代位权，拍卖、变卖质押财产；质权人可以自行拍卖、变卖质押财产。

（3）质权人对于拍卖或变卖质押财产的价金，应当与出质人协商，作出选择：或者将价金用于提前清偿质权人的债权，或者将价金提存，在债务履行期届满之时再行使质权。

第四百三十四条 【转质】 质权人在质权存续期间，未经出质人同意转质，造成质押财产毁损、灭失的，应当承担赔偿责任。

注 解

转质，是指质权人为自己或他人债务提供担保，将质物再度设定新的质权给第三人的行为。

转质的后果是：（1）转质权担保的债权范围，应当在原质权所担保的债权范围之内，超过的部分不具有优先受偿的效力。（2）转质权的效力优于原质权。

第四百三十五条　【放弃质权】质权人可以放弃质权。债务人以自己的财产出质，质权人放弃该质权的，其他担保人在质权人丧失优先受偿权益的范围内免除担保责任，但是其他担保人承诺仍然提供担保的除外。

第四百三十六条　【质物返还与质权实现】债务人履行债务或者出质人提前清偿所担保的债权的，质权人应当返还质押财产。

债务人不履行到期债务或者发生当事人约定的实现质权的情形，质权人可以与出质人协议以质押财产折价，也可以就拍卖、变卖质押财产所得的价款优先受偿。

质押财产折价或者变卖的，应当参照市场价格。

第四百三十七条　【出质人请求质权人及时行使质权】出质人可以请求质权人在债务履行期限届满后及时行使质权；质权人不行使的，出质人可以请求人民法院拍卖、变卖质押财产。

出质人请求质权人及时行使质权，因质权人怠于行使权利造成出质人损害的，由质权人承担赔偿责任。

注解

为了避免质权人怠于行使权利，本条赋予了出质人行使质权的请求权及质权人怠于行使质权的责任。适用本条时应注意：

（1）出质人的质权行使请求权。出质人在债务履行期届满，不能偿还债务时，有权请求质权人及时行使质权，如果质权人经出质人请求后仍不行使的，出质人有权径行到人民法院要求拍卖、变卖质物，以清偿债务。

（2）质权人怠于行使质权的责任。随着市场价格的变化，质物也存在价格下跌或者意外灭失的风险，因此，一旦债务履行期届满而债务人未清偿债务时，质权人应当及时行使质权，以免给出质人造成损失，出质人也有权请求质权人行使权利。因质权人怠于行使权利致使质物价格下跌，或者发生其他毁损、灭失等情形使质物无法实现其原有的变价额，在此情形下，质权人对于出质人的损失要承担赔偿责任。

第四百三十八条　【质押财产变价款归属原则】 质押财产折价或者拍卖、变卖后，其价款超过债权数额的部分归出质人所有，不足部分由债务人清偿。

第四百三十九条　【最高额质权】 出质人与质权人可以协议设立最高额质权。

最高额质权除适用本节有关规定外，参照适用本编第十七章第二节的有关规定。

注 解

最高额质权，是指对于一定期间内连续发生的不特定的债权预定一个限额，由债务人或者第三人提供质物予以担保而设定的特殊质权。根据本条第2款，关于最高额质权的具体的规则，应参照关于质权的规定和最高额抵押权的规定确定。

第二节　权利质权

第四百四十条　【可出质的权利的范围】 债务人或者第三人有权处分的下列权利可以出质：

（一）汇票、本票、支票；

（二）债券、存款单；

（三）仓单、提单；

（四）可以转让的基金份额、股权；

（五）可以转让的注册商标专用权、专利权、著作权等知识产权中的财产权；

（六）现有的以及将有的应收账款；

（七）法律、行政法规规定可以出质的其他财产权利。

应 用

104. 特许经营权的收益权可以质押

特许经营权的收益权可以质押，并可作为应收账款进行出质登记。特许经营权的收益权依其性质不宜折价、拍卖或变卖，质权人主张优先受偿权的，人民法院可以判令出质债权的债务人将收益权的应收账款优先支付给质权人。[福建海峡银行股份有限公司福州五一支行诉长乐亚新污水处理有限公司、福州市政工程有限公司金融借款合同纠纷案（最高人民法院指导案例第53号）]

第四百四十一条　【有价证券质权】 以汇票、本票、支票、债券、存款单、仓单、提单出质的，质权自权利凭证交付质权人时设立；没有权利凭证的，质权自办理出质登记时设立。法律另有规定的，依照其规定。

注 解

以汇票出质，当事人以背书记载"质押"字样并在汇票上签章，汇票已经交付质权人的，人民法院应当认定质权自汇票交付质权人时设立。

存货人或者仓单持有人在仓单上以背书记载"质押"字样，并经保管人签章，仓单已经交付质权人的，人民法院应当认定质权自仓单交付质权人时设立。没有权利凭证的仓单，依法可以办理出质登记的，仓单质权自办理出质登记时设立。

配 套

《最高人民法院关于适用〈中华人民共和国民法典〉有关担保制度的解释》第58-60条

第四百四十二条　【有价证券质权人行使权利的特别规定】 汇票、本票、支票、债券、存款单、仓单、提单的兑现日期或者提货日期先于主债权到期的，质权人可以兑现或者提货，并与出质人协议将兑现的价款或者提取的货物提前清偿债务或者提存。

注 解

以有价证券为标的设定质权，在质押中会存在两个债权的有效期。一个是票据债权的履行期，另一个是质权担保债权的履行期。本条所指兑现日期，是指汇票、支票、本票、债券、存款单上所记载的票据权利得以实现的日期。

第四百四十三条 **【基金份额质权、股权质权】** 以基金份额、股权出质的，质权自办理出质登记时设立。

基金份额、股权出质后，不得转让，但是出质人与质权人协商同意的除外。出质人转让基金份额、股权所得的价款，应当向质权人提前清偿债务或者提存。

第四百四十四条 **【知识产权质权】** 以注册商标专用权、专利权、著作权等知识产权中的财产权出质的，质权自办理出质登记时设立。

知识产权中的财产权出质后，出质人不得转让或者许可他人使用，但是出质人与质权人协商同意的除外。出质人转让或者许可他人使用出质的知识产权中的财产权所得的价款，应当向质权人提前清偿债务或者提存。

第四百四十五条 **【应收账款质权】** 以应收账款出质的，质权自办理出质登记时设立。

应收账款出质后，不得转让，但是出质人与质权人协商同意的除外。出质人转让应收账款所得的价款，应当向质权人提前清偿债务或者提存。

配套

《最高人民法院关于适用〈中华人民共和国民法典〉有关担保制度的解释》第 61 条

第四百四十六条 **【权利质权的法律适用】** 权利质权除适用本节规定外，适用本章第一节的有关规定。

第十九章　留　置　权

第四百四十七条 **【留置权的定义】** 债务人不履行到期债

务，债权人可以留置已经合法占有的债务人的动产，并有权就该动产优先受偿。

前款规定的债权人为留置权人，占有的动产为留置财产。

注 解

留置权，是对于法律规定可以留置的债权，债权人依债权占有属于债务人的动产，在债务人未按照约定的期限履行债务时，债权人有权依法留置该财产，以该财产折价或者以拍卖、变卖的价款优先受偿的法定担保物权。留置权具有以下几项特征：

（1）从属性。留置权依主债权的存在而存在，依主债权的转移而转移，并因主债权的消灭而消灭。

（2）法定性。留置权只能直接依据法律的规定发生，不能由当事人自由设定。只要债务人不履行到期债务，债权人即可以依照法律规定留置已经合法占有的债务人的动产，并在满足法律规定的条件的情况下，折价或者拍卖、变卖留置财产以受偿。

（3）不可分性。留置权的不可分性表现为：一是留置权所担保的是债权的全部，而不是部分；二是留置权的效力及于债权人所留置的全部留置财产，留置权人可以对留置财产的全部行使留置权，而不是部分。只要债权未受全部清偿，留置权人就可以对全部留置财产行使权利，不受债权分割或者部分清偿以及留置财产分割的影响。当然，为了公平起见，依据本法第450条，留置财产为可分物的，债权人留置的财产的价值应当相当于债务的金额，而不应留置其占有的债务人的全部动产。

第四百四十八条　【留置财产与债权的关系】债权人留置的动产，应当与债权属于同一法律关系，但是企业之间留置的除外。

注 解

所谓"同一法律关系"，是指动产的占有和债权的发生之间有关联，动产的占有与债权的发生均基于同一法律关系。同一法律关系不以合同关系为限，合同关系以外的其他法律关系，诸如因不当得利、无因管理、侵权行为而发生的债权关系，若与动产的占有之间存在关联，亦属于存在同一法律关系。

应 用

105. 劳动者以用人单位拖欠劳动报酬为由，是否能主张对用人单位供其使用的工具、物品等动产行使留置权

留置权是平等主体之间实现债权的担保方式；除企业之间留置的以外，债权人留置的动产，应当与债权属于同一法律关系。劳动关系主体双方在履行劳动合同过程中处于管理与被管理的不平等关系。劳动者以用人单位拖欠劳动报酬为由，主张对用人单位供其使用的工具、物品等动产行使留置权，因此类动产不是劳动合同关系的标的物，与劳动债权不属于同一法律关系，故人民法院不予支持该主张。［长三角商品交易所有限公司诉卢海云返还原物纠纷案（《最高人民法院公报》2017 年第 1 期）］

配 套

《最高人民法院关于适用〈中华人民共和国民法典〉有关担保制度的解释》第 62 条

第四百四十九条　【留置权适用范围的限制性规定】法律规定或者当事人约定不得留置的动产，不得留置。

第四百五十条　【可分留置物】留置财产为可分物的，留置财产的价值应当相当于债务的金额。

配 套

《最高人民法院关于适用〈中华人民共和国民法典〉有关担保制度的解释》第 38 条

第四百五十一条　【留置权人保管义务】留置权人负有妥善保管留置财产的义务；因保管不善致使留置财产毁损、灭失的，应当承担赔偿责任。

注 解

本条是关于留置权人保管义务的规定。有几点需要注意：

（1）这里的"妥善保管"，理论上是指留置权人应当以善良管理人的注意保管留置财产。留置权人对保管未予以善良管理人之注意的，即为保管不善。而在实际中应当依据一般交易上的观念，以一个有知识有经验的理性人所应具有的标准来加以衡量。

（2）对留置权人保管义务的责任实行过错推定。只要留置物毁损、灭失，而留置权人又不能证明自己对留置物进行了妥善保管的，就应承担赔偿责任；若留置权人能够证明自己已尽必要的注意并采取适当的措施进行了妥善保管，则其不承担赔偿责任。

（3）妥善保管留置物是留置权人的法定义务，原则上未经债务人同意，不得使用、出租留置财产或者擅自把留置财产作为其他债权的担保物。但是，留置权人出于保管的需要，为使留置财产不因闲置而产生损害，在必要的范围内有使用留置财产的权利。

第四百五十二条　【留置财产的孳息收取】留置权人有权收取留置财产的孳息。

前款规定的孳息应当先充抵收取孳息的费用。

注 解

留置权人对收取的孳息只享有留置权，并不享有所有权。留置财产孳息抵充债权清偿顺序的一般规则是：先抵充收取孳息的费用，次及利息，然后是原债权。

第四百五十三条　【留置权的实现】留置权人与债务人应当约定留置财产后的债务履行期限；没有约定或者约定不明确的，留置权人应当给债务人六十日以上履行债务的期限，但是鲜活易腐等不易保管的动产除外。债务人逾期未履行的，留置权人可以与债务人协议以留置财产折价，也可以就拍卖、变卖留置财产所得的价款优先受偿。

留置财产折价或者变卖的，应当参照市场价格。

第四百五十四条　【债务人请求留置权人行使留置权】债务人可以请求留置权人在债务履行期限届满后行使留置权；留置权

人不行使的，债务人可以请求人民法院拍卖、变卖留置财产。

第四百五十五条 【留置权实现方式】留置财产折价或者拍卖、变卖后，其价款超过债权数额的部分归债务人所有，不足部分由债务人清偿。

第四百五十六条 【留置权优先于其他担保物权效力】同一动产上已经设立抵押权或者质权，该动产又被留置的，留置权人优先受偿。

> **注解**
>
> 本条是关于留置权与抵押权或者质权关系的规定。适用本条应注意：在同一动产上，无论留置权是产生于抵押权或者质权之前，还是产生于抵押权或者质权之后，留置权的效力都优先于抵押权或者质权。也就是说，留置权对抵押权或者质权的优先效力不受其产生时间的影响。

第四百五十七条 【留置权消灭】留置权人对留置财产丧失占有或者留置权人接受债务人另行提供担保的，留置权消灭。

第五分编　占　　有

第二十章　占　　有

第四百五十八条 【有权占有法律适用】基于合同关系等产生的占有，有关不动产或者动产的使用、收益、违约责任等，按照合同约定；合同没有约定或者约定不明确的，依照有关法律规定。

第四百五十九条 【恶意占有人的损害赔偿责任】占有人因使用占有的不动产或者动产，致使该不动产或者动产受到损害的，恶意占有人应当承担赔偿责任。

第四百六十条　【权利人的返还请求权和占有人的费用求偿权】不动产或者动产被占有人占有的，权利人可以请求返还原物及其孳息；但是，应当支付善意占有人因维护该不动产或者动产支出的必要费用。

注 解

无论是善意占有人还是恶意占有人，对于权利人都负有返还原物及其孳息的义务。返还原物及其孳息之后，善意占有人对于因维护该不动产或者动产而支出的必要费用，可以要求权利人返还，而恶意占有人无此项请求权。

值得注意的是，善意占有人求偿权的范围限于必要费用。必要费用是指因保存、管理占有物所必需支出的费用。如占有物的维修费、饲养费等。

第四百六十一条　【占有物毁损或者灭失时占有人的责任】占有的不动产或者动产毁损、灭失，该不动产或者动产的权利人请求赔偿的，占有人应当将因毁损、灭失取得的保险金、赔偿金或者补偿金等返还给权利人；权利人的损害未得到足够弥补的，恶意占有人还应当赔偿损失。

注 解

占有的不动产或者动产毁损、灭失，不论是不可抗力，还是被遗失或者盗窃，其责任规则是：

（1）如果该不动产或者动产即占有物的权利人请求赔偿的，占有人应当将因毁损、灭失取得的保险金、赔偿金或者补偿金等代位物如数返还给权利人，对此，不论是善意占有人还是恶意占有人，均负此责任。

（2）占有物因毁损、灭失取得的保险金、赔偿金或者补偿金全部返还权利人，权利人的损害未得到足够弥补的，恶意占有人应当承担赔偿损失的责任，善意占有人不负此责任。

第四百六十二条　【占有保护的方法】占有的不动产或者动产被侵占的，占有人有权请求返还原物；对妨害占有的行为，占有人有权请求排除妨害或者消除危险；因侵占或者妨害造成损害

200

的，占有人有权依法请求损害赔偿。

占有人返还原物的请求权，自侵占发生之日起一年内未行使的，该请求权消灭。

第三编　合　　同

第一分编　通　　则

第一章　一般规定

第四百六十三条　【合同编的调整范围】本编调整因合同产生的民事关系。

第四百六十四条　【合同的定义及身份关系协议的法律适用】合同是民事主体之间设立、变更、终止民事法律关系的协议。

婚姻、收养、监护等有关身份关系的协议，适用有关该身份关系的法律规定；没有规定的，可以根据其性质参照适用本编规定。

注 解

根据本条规定，合同是民事主体之间设立、变更、终止民事法律关系的协议。其特征是：（1）合同的主体是民事主体，包括自然人、法人和非法人组织；（2）合同的内容是民事主体设立、变更、终止民事法律关系；（3）合同是协议，是民事主体之间就上述内容达成的协议。因此，合同的本质是民事主体就民事权利义务关系的变动达成合意而形成的协议。

婚姻、收养、监护等有关身份关系的协议也是民事合同，由于其内容的性质不同，因而应当适用有关该身份关系的法律规定。当这些具有身份关系、人格关系的协议在总则编、人格权编、婚姻家庭编等或者其他法律中没有规定的，可以根据其性质参照适用本编关于合同的规定。

配套

《保险法》第 10 条

第四百六十五条　【依法成立的合同受法律保护及合同相对性原则】依法成立的合同，受法律保护。

依法成立的合同，仅对当事人具有法律约束力，但是法律另有规定的除外。

注解

依法成立的合同受法律保护，说的是合同成立后即在当事人之间产生了法律效力，当事人必须受到合同的约束。如果当事人在合同依法成立后，不履行合同义务，或者不完全履行合同义务，法律将强制其履行，并科以违约责任。当然，合同的法律约束力是有限度的，即只对合同当事人发生，对合同以外的人不发生法律约束力。这就是合同的相对性原则。

本条第 2 款规定的但书，含义是在法律另有规定的情况下，可以打破合同相对性原则。比如涉他合同，合同约定为他人设置权利的，债务人应当向第三人履行义务，突破了合同相对性原则拘束。

第四百六十六条　【合同的解释规则】当事人对合同条款的理解有争议的，应当依据本法第一百四十二条第一款的规定，确定争议条款的含义。

合同文本采用两种以上文字订立并约定具有同等效力的，对各文本使用的词句推定具有相同含义。各文本使用的词句不一致的，应当根据合同的相关条款、性质、目的以及诚信原则等予以解释。

注解

《最高人民法院关于适用〈中华人民共和国民法典〉合同编通则若干问题的解释》第 1 条规定："人民法院依据民法典第一百四十二条第一款、第四百六十六条第一款的规定解释合同条款时，应当以词句的通常含义为基础、结合相关条款、合同的性质和目的、习惯以及诚信原则，参考缔约背景、磋商过程、履行行为等因素确定争议条款的含义。有证据证明当事人之间对合同条款有不同于词句的通常含义的其他共同理解，一方主张按照词句的通常含义理解合同条款的，人民法院不予支持。对合同条款有两种以上解释，可能影响该条款效力的，人民法院应当选择有利于该条款有效的解释；属于无偿合同的，应当选择对债务人负担较轻的解释。"

《最高人民法院关于适用〈中华人民共和国民法典〉合同编通则若干问题的解释》第 15 条规定："人民法院认定当事人之间的权利义务关系，不应当拘泥于合同使用的名称，而应当根据合同约定的内容。当事人主张的权利义务关系与根据合同内容认定的权利义务关系不一致的，人民法院应当结合缔约背景、交易目的、交易结构、履行行为以及当事人是否存在虚构交易标的等事实认定当事人之间的实际民事法律关系。"

应用

106. 当事人主张的权利义务关系与根据合同内容认定的权利义务关系不一致的，人民法院如何认定当事人之间的实际民事法律关系

案涉交易符合以票据贴现为手段的多链条融资交易的基本特征。案涉《回购协议》是双方虚假意思表示，目的是借用银行承兑汇票买入返售的形式为某甲银行向实际用资人提供资金通道，真实合意是资金通道合同。在资金通道合同项下，各方当事人的权利义务是，过桥行提供资金通道服务，由出资银行提供所需划转的资金并支付相应的服务费，过桥行无交付票据的义务，但应根据其过错对出资银行的损失承担相应的赔偿责任。（最高人民法院发布《关于适用〈中华人民共和国民法典〉合同编通则若干问题的解释》相关典型案例之案例三：某甲银行和某乙银行合同纠纷案）

配套

《民法典》第 142 条第 1 款

第四百六十七条 【非典型合同及特定涉外合同的法律适用】 本法或者其他法律没有明文规定的合同，适用本编通则的规定，并可以参照适用本编或者其他法律最相类似合同的规定。

在中华人民共和国境内履行的中外合资经营企业合同、中外合作经营企业合同、中外合作勘探开发自然资源合同，适用中华人民共和国法律。

注解

无名合同又叫非典型合同，是指法律尚未规定，也未赋予其一定名称的合同。本法或者其他法律没有明文规定的合同就是无名合同。依照合同自由原则，在不违反法律强制性规定和公序良俗的前提下，当事人可以根据实际生活需要，选择订立法律没有规范的无名合同。

第四百六十八条 　【非合同之债的法律适用】非因合同产生的债权债务关系，适用有关该债权债务关系的法律规定；没有规定的，适用本编通则的有关规定，但是根据其性质不能适用的除外。

注解

非因合同产生的债权债务关系，是合同以外的债权债务关系，依照《民法典》第118条第2款规定，包括无因管理之债、不当得利之债、侵权行为之债以及法律的其他规定的债，例如单方允诺之债。

本条规定的主要目的是为合同编第三分编规定的无因管理之债和不当得利之债的法律适用，提供一般规则的法律依据，同时，也对侵权行为之债以及法律的其他规定的债与合同编通则规定的关系予以明确。

第二章　合同的订立

第四百六十九条 　【合同形式】当事人订立合同，可以采用书面形式、口头形式或者其他形式。

书面形式是合同书、信件、电报、电传、传真等可以有形地表现所载内容的形式。

以电子数据交换、电子邮件等方式能够有形地表现所载内容，并可以随时调取查用的数据电文，视为书面形式。

配套

《民法典》第 135 条;《电子签名法》第 4 条;《仲裁法》第 16 条

第四百七十条 　【合同主要条款及示范文本】合同的内容由当事人约定,一般包括下列条款:

(一) 当事人的姓名或者名称和住所;

(二) 标的;

(三) 数量;

(四) 质量;

(五) 价款或者报酬;

(六) 履行期限、地点和方式;

(七) 违约责任;

(八) 解决争议的方法。

当事人可以参照各类合同的示范文本订立合同。

注解

当事人对合同是否成立存在争议,人民法院能够确定当事人姓名或者名称、标的和数量的,一般应当认定合同成立。但是,法律另有规定或者当事人另有约定的除外。根据前述规定能够认定合同已经成立的,对合同欠缺的内容,人民法院应当依据民法典第 510 条、第 511 条等规定予以确定。当事人主张合同无效或者请求撤销、解除合同等,人民法院认为合同不成立的,应当依据《最高人民法院关于民事诉讼证据的若干规定》第 53 条的规定将合同是否成立作为焦点问题进行审理,并可以根据案件的具体情况重新指定举证期限。

配套

《最高人民法院关于适用〈中华人民共和国民法典〉合同编通则若干问题的解释》第 3 条

第四百七十一条 　【订立合同的方式】当事人订立合同,可以采取要约、承诺方式或者其他方式。

合同订立的方式是要约和承诺。在订立合同中，一方当事人提出要约，另一方当事人予以承诺，双方就交易目的及其实现达成合意，合同即告成立。因此，要约和承诺既是合同订立的方式，也是合同订立的两个阶段，其结果是合同成立。

合同成立的其他方式，主要是指格式条款和悬赏广告等。

《最高人民法院关于适用〈中华人民共和国民法典〉合同编通则若干问题的解释》第 4 条规定："采取招标方式订立合同，当事人请求确认合同自中标通知书到达中标人时成立的，人民法院应予支持。合同成立后，当事人拒绝签订书面合同的，人民法院应当依据招标文件、投标文件和中标通知书等确定合同内容。采取现场拍卖、网络拍卖等公开竞价方式订立合同，当事人请求确认合同自拍卖师落槌、电子交易系统确认成交时成立的，人民法院应予支持。合同成立后，当事人拒绝签订成交确认书的，人民法院应当依据拍卖公告、竞买人的报价等确定合同内容。产权交易所等机构主持拍卖、挂牌交易，其公布的拍卖公告、交易规则等文件公开确定了合同成立需要具备的条件，当事人请求确认合同自该条件具备时成立的，人民法院应予支持。"

107. 中标通知书送达后，一方当事人不履行订立书面合同的义务，相对方如何维护自己的权益

招投标程序中，中标通知书送达后，一方当事人不履行订立书面合同的义务，相对方请求确认合同自中标通知书到达中标人时成立的，人民法院应予支持。(最高人民法院发布《关于适用〈中华人民共和国民法典〉合同编通则若干问题的解释》相关典型案例之案例一：某物业管理有限公司与某研究所房屋租赁合同纠纷案)

第四百七十二条　【要约的定义及其构成】要约是希望与他人订立合同的意思表示，该意思表示应当符合下列条件：

（一）内容具体确定；

（二）表明经受要约人承诺，要约人即受该意思表示约束。

206

要约发生法律效力，应当符合下列构成要件：（1）要约的内容具体、确定。内容具体，是指要约的内容必须具有足以确定合同成立的内容，包含合同的主要条款。要约人发出要约后，受要约人一旦承诺，合同就告成立。内容确定，是指要约的内容必须明确，不能含混不清，应当达到一般人能够理解其真实含义的水平，否则合同将无法履行。（2）表明经受要约人承诺，要约人即受该意思表示约束。不论要约人向特定的还是不特定的受要约人发出要约，要约的内容都须表明，一旦该要约经受要约人承诺，要约人即受该意思表示约束，约束的具体表现是要约被承诺后合同即告成立，要约人要受合同效力的约束。

第四百七十三条　【要约邀请】要约邀请是希望他人向自己发出要约的表示。拍卖公告、招标公告、招股说明书、债券募集办法、基金招募说明书、商业广告和宣传、寄送的价目表等为要约邀请。

商业广告和宣传的内容符合要约条件的，构成要约。

注解

要约邀请，即要约引诱，也称为邀请要约，是一方希望他人向自己发出要约的表示。

要约邀请与要约的主要区别是：（1）要约是一种法律行为，具有法律意义；要约邀请是一种事实行为，不具有法律意义。（2）要约是当事人自己主动提出愿意与他人订立合同的意思表示；要约邀请是希望他人向自己发出要约的意思表示。（3）要约中表明经受要约人承诺，要约人即受该意思表示约束的意思，要约一旦被承诺，合同即告成立，要约人受其要约的约束；而要约邀请则不包括发出要约邀请的当事人表示愿意接受要约邀请内容约束的意思，受要约邀请的人依要约邀请发出要约，要约邀请人仍然享有是否作出承诺的选择权。（4）要约的内容应当包括合同的主要条款，这样才能因受要约人的承诺而成立合同；而要约邀请只是希望对方向自己发出要约，无需具备合同的主要条款。

拍卖公告、招标公告、招股说明书、债券募集办法、基金招募说明书、商业广告和宣传、寄送的价目表，都是要约邀请，因而具有这些形式的意思表示都不是要约，而是要约邀请。

在这些形式的意思表示中，只有商业广告和宣传才有特例，即在一般情况下，它们是要约邀请，但是，如果商业广告和宣传具备了要约的条件，就构成了要约。比如，在商品房买卖中，商品房的销售广告和宣传资料为要约邀请，但是出卖人就商品房开发规划范围内的房屋及相关设施所作的说明和允诺具体确定，并对商品房买卖合同的订立以及房屋价格的确定有重大影响的，构成要约。该说明和允诺即使未载入商品房买卖合同，亦应当为合同内容，当事人违反的，应当承担违约责任。（参见《最高人民法院关于审理商品房买卖合同纠纷案件适用法律若干问题的解释》第 3 条）

配套

《招标投标法》第 10 条、第 16 条、第 17 条；《拍卖法》第 45-48 条

第四百七十四条　【要约的生效时间】 要约生效的时间适用本法第一百三十七条的规定。

第四百七十五条　【要约的撤回】 要约可以撤回。要约的撤回适用本法第一百四十一条的规定。

第四百七十六条　【要约不得撤销情形】 要约可以撤销，但是有下列情形之一的除外：

（一）要约人以确定承诺期限或者其他形式明示要约不可撤销；

（二）受要约人有理由认为要约是不可撤销的，并已经为履行合同做了合理准备工作。

注解

要约撤销，是指要约人在要约生效之后，受要约人作出承诺之前，宣布取消该项要约，使该要约的效力归于消灭的行为。

本条在规定要约可以撤销的同时，规定了以下限制性的条件：（1）要约人以确定承诺期限或者以其他形式明示要约不可撤销。①要约中确定了承诺期限，就意味着要约人向受要约人允诺在承诺期限内要约是可以信赖的。在

承诺期限内，发生不利于要约人的变化，应当视为商业风险，也意味着受要约人在承诺期限内取得了承诺资格和对承诺期限的信赖，只要在承诺期限内作出承诺，就可以成立合同。即便受要约人没有发出承诺，但受要约人可能已经在为履约做准备，待准备工作就绪后再向要约人承诺，订立合同。因此，在承诺期限内，不得撤销要约。②以其他形式明示要约不可撤销。例如，标明"保证现货供应"、"随到随买"等字样的要约，根据交易习惯就是不得撤销的要约。(2) 受要约人有理由认为要约不可撤销，并且已经为履行合同做了准备工作。

第四百七十七条 　**【要约撤销条件】**撤销要约的意思表示以对话方式作出的，该意思表示的内容应当在受要约人作出承诺之前为受要约人所知道；撤销要约的意思表示以非对话方式作出的，应当在受要约人作出承诺之前到达受要约人。

第四百七十八条 　**【要约失效】**有下列情形之一的，要约失效：

（一）要约被拒绝；

（二）要约被依法撤销；

（三）承诺期限届满，受要约人未作出承诺；

（四）受要约人对要约的内容作出实质性变更。

注 解

　　要约在特定的情形下会丧失效力，对要约人和受要约人不再产生约束力。此时，受要约人不再有承诺的资格，即使作出"承诺"，也不再发生承诺的效力，这就是要约失效。

　　要约失效的事由是：(1) 要约被拒绝。受要约人直接向要约人明确表示对要约予以拒绝，拒绝的通知到达要约人时要约失效。(2) 要约被依法撤销。要约人依照法律的规定撤销要约，发生要约失效的法律效力。撤销要约后，如果收到受要约人拒绝要约的通知，可以免除要约人撤销要约的法律责任。(3) 承诺期限届满，受要约人未作出承诺。凡是要约规定了承诺期限的，必须在该期限内作出承诺，超过承诺期限受要约人未作出承诺，要约失效。(4) 受要约人对要约的内容作出实质性变更。承诺是对要约内容的全部接受，凡是对要约的内容进行实质性变更的，都是新的要约，受要约人变成要约人，原要约人成为受要约人，原要约人发出的要约失效。

配套

《拍卖法》第36条

第四百七十九条　【承诺的定义】 承诺是受要约人同意要约的意思表示。

第四百八十条　【承诺的方式】 承诺应当以通知的方式作出；但是，根据交易习惯或者要约表明可以通过行为作出承诺的除外。

注解

承诺的方式是指受要约人将承诺的意思送达要约人的具体方式。

承诺的法定形式是通知方式，称为积极的承诺方式，是受要约人以明示的方式明确无误地表达承诺意思表示内容的形式。

选择通知以外的行为方式进行承诺的是：（1）根据交易习惯或者要约表明可以通过行为的形式作出承诺的，也是符合要求的承诺方式。交易习惯是指某种合同的承诺适合以行为作为承诺方式，例如悬赏广告，或者当事人之间进行交易的某种习惯。（2）要约人在要约中表明可以通过行为作出承诺。只要这种表明没有违背法律和公序良俗，就对受要约人产生约束力，受要约人应当依照要约人规定的方式进行承诺。如要约人在要约中明确表明"同意上述条件，即可在某期限内发货"的，就表明了要约人同意受要约人以发货行为作为承诺的意思表示。

应用

108. 哪些情形，人民法院可以认定为民法典所称的"交易习惯"

根据《最高人民法院关于适用〈中华人民共和国民法典〉合同编通则若干问题的解释》第2条的规定："下列情形，不违反法律、行政法规的强制性规定且不违背公序良俗的，人民法院可以认定为民法典所称的'交易习惯'：（一）当事人之间在交易活动中的惯常做法；（二）在交易行为当地或者某一领域、某一行业通常采用并为交易对方订立合同时所知道或者应当知道的做法。对于交易习惯，由提出主张的当事人一方承担举证责任。"

第四百八十一条　【承诺的期限】 承诺应当在要约确定的期限内到达要约人。

要约没有确定承诺期限的，承诺应当依照下列规定到达：

（一）要约以对话方式作出的，应当即时作出承诺；

（二）要约以非对话方式作出的，承诺应当在合理期限内到达。

第四百八十二条　【承诺期限的起算】 要约以信件或者电报作出的，承诺期限自信件载明的日期或者电报交发之日开始计算。信件未载明日期的，自投寄该信件的邮戳日期开始计算。要约以电话、传真、电子邮件等快速通讯方式作出的，承诺期限自要约到达受要约人时开始计算。

注　解

以电话、传真、电子邮件等快捷通讯方式发出的要约，承诺期限从要约到达受要约人的时间开始计算，电话以接听为准，传真、电子邮件则适用本法总则编第 137 条第 2 款规定的该数据电文进入受要约人的特定系统时生效的规则。

第四百八十三条　【合同成立时间】 承诺生效时合同成立，但是法律另有规定或者当事人另有约定的除外。

第四百八十四条　【承诺生效时间】 以通知方式作出的承诺，生效的时间适用本法第一百三十七条的规定。

承诺不需要通知的，根据交易习惯或者要约的要求作出承诺的行为时生效。

第四百八十五条　【承诺的撤回】 承诺可以撤回。承诺的撤回适用本法第一百四十一条的规定。

注　解

承诺的撤回，是指在发出承诺之后，承诺生效之前，宣告收回发出的承诺，取消其效力的行为。法律规定承诺人的承诺撤回权，是由于承诺的撤回发生在承诺生效之前，要约人还未曾知晓受要约人承诺的事实，合同没有成立，一般不会造成要约人的损害，因而允许承诺人根据市场的变化、需求等各种经济情势，改变发出的承诺，以保护承诺人的利益。

第四百八十六条 【逾期承诺及效果】受要约人超过承诺期限发出承诺，或者在承诺期限内发出承诺，按照通常情形不能及时到达要约人的，为新要约；但是，要约人及时通知受要约人该承诺有效的除外。

第四百八十七条 【迟到的承诺】受要约人在承诺期限内发出承诺，按照通常情形能够及时到达要约人，但是因其他原因致使承诺到达要约人时超过承诺期限的，除要约人及时通知受要约人因承诺超过期限不接受该承诺外，该承诺有效。

注解

承诺迟延，是承诺人在承诺期限内发出承诺，按照通常情形能够及时到达要约人，但是因其他原因致使承诺到达要约人时超出了承诺期限。承诺迟延和逾期承诺不同，逾期承诺的受要约人发出承诺的时间就已经超出了承诺期限。

非因受要约人原因的承诺迟延的法律效力是，原则上该承诺发生承诺的法律效力，但要约人及时通知受要约人因承诺超过期限不接受承诺的，不发生承诺的效力。

第四百八十八条 【承诺对要约内容的实质性变更】承诺的内容应当与要约的内容一致。受要约人对要约的内容作出实质性变更的，为新要约。有关合同标的、数量、质量、价款或者报酬、履行期限、履行地点和方式、违约责任和解决争议方法等的变更，是对要约内容的实质性变更。

注解

判断受要约人是否对要约内容作出实质性变更，根据以下项目进行：(1) 合同标的的变更，改变了要约人的根本目的，发生根本的变化；(2) 数量、质量的变更，对要约人的权利义务有重大影响；(3) 价款或者报酬的变更，对要约人将来的权利义务有重大影响；（4）履行期限的变更，改变了当事人的期限利益；（5）履行地点的变更，关系到运费的负担、标的物所有权的转移和意外灭失风险的转移；（6）履行方式的变更，对双方的权利有不同影响；（7）违约责任的变更，有可能不利于要约人；（8）解决争议方法的变更，有可能不利于要约人。这些变更都属于对要约内容的实质性变更。

第四百八十九条　【承诺对要约内容的非实质性变更】承诺对要约的内容作出非实质性变更的，除要约人及时表示反对或者要约表明承诺不得对要约的内容作出任何变更外，该承诺有效，合同的内容以承诺的内容为准。

第四百九十条　【采用书面形式订立合同的成立时间】当事人采用合同书形式订立合同的，自当事人均签名、盖章或者按指印时合同成立。在签名、盖章或者按指印之前，当事人一方已经履行主要义务，对方接受时，该合同成立。

法律、行政法规规定或者当事人约定合同应当采用书面形式订立，当事人未采用书面形式但是一方已经履行主要义务，对方接受时，该合同成立。

配套

《电子签名法》第13条、第14条；《电子商务法》第49条；《保险法》第13条；《信托法》第8条；《最高人民法院关于审理买卖合同纠纷案件适用法律问题的解释》第1条

第四百九十一条　【签订确认书的合同及电子合同成立时间】当事人采用信件、数据电文等形式订立合同要求签订确认书的，签订确认书时合同成立。

当事人一方通过互联网等信息网络发布的商品或者服务信息符合要约条件的，对方选择该商品或者服务并提交订单成功时合同成立，但是当事人另有约定的除外。

第四百九十二条 【合同成立的地点】 承诺生效的地点为合同成立的地点。

采用数据电文形式订立合同的，收件人的主营业地为合同成立的地点；没有主营业地的，其住所地为合同成立的地点。当事人另有约定的，按照其约定。

注 解

合同成立地点，是当事人经过对合同内容的磋商，最终意思表示一致的地点。最终意思表示一致以承诺的生效为标志。确定合同生效地点的一般原则，是以承诺生效的地点为合同成立的地点。合同成立地点成为缔约地，对于合同的纠纷管辖、法律适用等具有重要意义。

采用数据电文形式订立合同的，没有明显的承诺生效地点，因而以收件人的主营业地为合同成立的地点；如果收件人没有主营业地的，其住所地为合同成立的地点。如果采用数据电文形式订立合同的当事人对合同成立地点另有约定的，按照其约定确定合同成立地点。

第四百九十三条 【采用合同书订立合同的成立地点】 当事人采用合同书形式订立合同的，最后签名、盖章或者按指印的地点为合同成立的地点，但是当事人另有约定的除外。

配 套

《电子签名法》第 12 条；《民事诉讼法》第 35 条

第四百九十四条 【强制缔约义务】 国家根据抢险救灾、疫情防控或者其他需要下达国家订货任务、指令性任务的，有关民事主体之间应当依照有关法律、行政法规规定的权利和义务订立合同。

依照法律、行政法规的规定负有发出要约义务的当事人，应当及时发出合理的要约。

依照法律、行政法规的规定负有作出承诺义务的当事人，不得拒绝对方合理的订立合同要求。

第四百九十五条 **【预约合同】**当事人约定在将来一定期限内订立合同的认购书、订购书、预订书等，构成预约合同。

当事人一方不履行预约合同约定的订立合同义务的，对方可以请求其承担预约合同的违约责任。

注解

预约，也叫预备合同或合同预约，是指当事人之间约定在将来一定期限内应当订立合同的预先约定。而将来应当订立的合同叫本约，或者本合同。预约是订立合同的意向，本约是订立的合同本身。预约的表现形式，通常是认购书、订购书、预订书等。预约成立之后，产生预约的法律效力，即当事人在将来一定期限内订立本约的债务。预约的成立应当遵循合同成立的一般规则。

《最高人民法院关于适用〈中华人民共和国民法典〉合同编通则若干问题的解释》第6条规定："当事人以认购书、订购书、预订书等形式约定在将来一定期限内订立合同，或者为担保在将来一定期限内订立合同交付了定金，能够确定将来所要订立合同的主体、标的等内容的，人民法院应当认定预约合同成立。当事人通过签订意向书或者备忘录等方式，仅表达交易的意向，未约定在将来一定期限内订立合同，或者虽然有约定但是难以确定将来所要订立合同的主体、标的等内容，一方主张预约合同成立的，人民法院不予支持。当事人订立的认购书、订购书、预订书等已就合同标的、数量、价款或者报酬等主要内容达成合意，符合本解释第三条第一款规定的合同成立条件，未明确约定在将来一定期限内另行订立合同，或者虽然有约定但是当事人一方已实施履行行为且对方接受的，人民法院应当认定本约合同成立。"

《最高人民法院关于适用〈中华人民共和国民法典〉合同编通则若干问题的解释》第7条规定："预约合同生效后，当事人一方拒绝订立本约合同或者在磋商订立本约合同时违背诚信原则导致未能订立本约合同的，人民法院应当认定该当事人不履行预约合同约定的义务。人民法院认定当事人一方在磋商订立本约合同时是否违背诚信原则，应当综合考虑该当事人在磋商时提出的条件是否明显背离预约合同约定的内容以及是否已尽合理努力进行协商等因素。"

《最高人民法院关于适用〈中华人民共和国民法典〉合同编通则若干问题的解释》第8条规定："预约合同生效后，当事人一方不履行订立本约合同的义务，对方请求其赔偿因此造成的损失的，人民法院依法予以支持。前款规定的损失赔偿，当事人有约定的，按照约定；没有约定的，人民法院应当综合考虑预约合同在内容上的完备程度以及订立本约合同的条件的成就程度等因素酌定。"

应用

109. 订立的合同是本约还是预约的根本标准

判断当事人之间订立的合同是本约还是预约的根本标准应当是当事人是否有意在将来另行订立一个新的合同，以最终明确双方之间的权利义务关系。即使当事人对标的、数量以及价款等内容进行了约定，但如果约定将来一定期间仍须另行订立合同，就应认定该约定是预约而非本约。当事人在签订预约合同后，已经实施交付标的物或者支付价款等履行行为，应当认定当事人以行为的方式订立了本约合同。（最高人民法院发布《关于适用〈中华人民共和国民法典〉合同编通则若干问题的解释》相关典型案例之案例二：某通讯公司与某实业公司房屋买卖合同纠纷案）

第四百九十六条　【格式条款】格式条款是当事人为了重复使用而预先拟定，并在订立合同时未与对方协商的条款。

采用格式条款订立合同的，提供格式条款的一方应当遵循公平原则确定当事人之间的权利和义务，并采取合理的方式提示对方注意免除或者减轻其责任等与对方有重大利害关系的条款，按照对方的要求，对该条款予以说明。提供格式条款的一方未履行提示或者说明义务，致使对方没有注意或者理解与其有重大利害关系的条款的，对方可以主张该条款不成为合同的内容。

注解

格式条款，是指当事人为了重复使用而预先拟定，并在订立合同时未与对方协商的条款。

格式条款的优点是便捷、易行、高效，缺点是无协商余地，双方地位不平等。故对提供格式条款的一方当事人规定了法定义务：（1）遵循公平原则确定当事人权利义务的义务；（2）采取合理的方式提示对方注意免除或者减轻其责任等与对方有重大利害关系条款的义务；（3）按照对方的要求对该条款予以说明的义务。

《最高人民法院关于适用〈中华人民共和国民法典〉合同编通则若干问题的解释》第9条规定："合同条款符合民法典第四百九十六条第一款规定的情形，当事人仅以合同系依据合同示范文本制作或者双方已经明确约定合同条款不属于格式条款为由主张该条款不是格式条款的，人民法院不予支持。从事经营活动的当事人一方仅以未实际重复使用为由主张其预先拟定且未与对方协商的合同条款不是格式条款的，人民法院不予支持。但是，有证据证明该条款不是为了重复使用而预先拟定的除外。"

应 用

110. 电子商务经营者提供的格式条款效力的认定

根据《最高人民法院关于审理网络消费纠纷案件适用法律若干问题的规定（一）》第1条的规定："电子商务经营者提供的格式条款有以下内容的，人民法院应当依法认定无效：（一）收货人签收商品即视为认可商品质量符合约定；（二）电子商务平台经营者依法应承担的责任一概由平台内经营者承担；（三）电子商务经营者享有单方解释权或者最终解释权；（四）排除或者限制消费者依法投诉、举报、请求调解、申请仲裁、提起诉讼的权利；（五）其他排除或者限制消费者权利、减轻或者免除电子商务经营者责任、加重消费者责任等对消费者不公平、不合理的内容。"

111. 提示义务

提供格式条款的一方在合同订立时采用通常足以引起对方注意的文字、符号、字体等明显标识，提示对方注意免除或者减轻其责任、排除或者限制对方权利等与对方有重大利害关系的异常条款的，人民法院可以认定其已经履行民法典第496条第2款规定的提示义务。

112. 说明义务

提供格式条款的一方按照对方的要求，就与对方有重大利害关系的异常条款的概念、内容及其法律后果以书面或者口头形式向对方作出通常能够理解的解释说明的，人民法院可以认定其已经履行民法典第496条第2款规定的说明义务。

配 套

《最高人民法院关于审理网络消费纠纷案件适用法律若干问题的规定（一）》；《最高人民法院关于适用〈中华人民共和国民法典〉合同编通则若干问题的解释》第 10 条

第四百九十七条　【格式条款无效的情形】有下列情形之一的，该格式条款无效：

（一）具有本法第一编第六章第三节和本法第五百零六条规定的无效情形；

（二）提供格式条款一方不合理地免除或者减轻其责任、加重对方责任、限制对方主要权利；

（三）提供格式条款一方排除对方主要权利。

注 解

具有以下情形之一的格式条款无效：

（1）格式条款具备《民法典》第一编第六章第三节和第 506 条规定的情形，即无民事行为能力人实施的民事法律行为、虚假的民事法律行为、违反法律强制性规定的民事法律行为、违背公序良俗的民事法律行为、恶意串通的民事法律行为，以及造成对方人身损害、因故意或者重大过失造成对方财产损害的免责条款，都一律无效。

（2）提供格式条款一方不合理地免除或者减轻责任、加重对方责任、限制对方主要权利。这些情形都不是合同当事人订立合同时所期望的，与当事人订立合同的目的相悖，严重地损害对方当事人的合法权益，明显违背公平原则等民法基本原则，因而都是导致格式条款无效的法定事由，只要出现其中一种情形，格式条款就无效。

（3）提供格式条款一方排除对方主要权利。排除对方当事人的主要权利，将导致对方当事人订立合同的目的不能实现，因而属于格式条款绝对无效的情形。

113. 人脸信息处理者采用格式条款要求授予无期限限制、不可撤销、可任意转授权等处理人脸信息的权利，能否认定为无效

信息处理者采用格式条款与自然人订立合同，要求自然人授予其无期限限制、不可撤销、可任意转授权等处理人脸信息的权利，该自然人依据民法典第497条请求确认格式条款无效的，人民法院依法予以支持。

114. 食品、药品的生产者与销售者以格式合同等方式作出对消费者不公平、不合理的规定，该内容应认定为无效

根据《最高人民法院关于审理食品药品纠纷案件适用法律若干问题的规定》，食品、药品的生产者与销售者以格式合同、通知、声明、告示等方式作出排除或者限制消费者权利、减轻或者免除经营者责任、加重消费者责任等对消费者不公平、不合理的规定，消费者依法请求认定该内容无效的，人民法院应予支持。

《消费者权益保护法》第26条；《最高人民法院关于审理使用人脸识别技术处理个人信息相关民事案件适用法律若干问题的规定》

第四百九十八条 【格式条款的解释方法】 对格式条款的理解发生争议的，应当按照通常理解予以解释。对格式条款有两种以上解释的，应当作出不利于提供格式条款一方的解释。格式条款和非格式条款不一致的，应当采用非格式条款。

当对格式条款的理解发生争议时，应当对格式条款的内容进行解释。格式条款解释的方法是：

（1）通常解释原则。格式条款解释的一般原则，是对有争议的合同条款按照通常的理解予以解释。

（2）不利解释原则。对格式条款有两种以上解释的，应当作不利于格式条款的提供方的解释。这是由于格式条款是由特定的一方当事人提供的，其服从性和不可协商性有可能使对方当事人的意思表示不真实，因而使其利益受到损害。格式条款在整体上会出现有利于提供者而不利于相对方的问题。

（3）格式条款和非格式条款不一致的，应当采用非格式条款。这是指在格式条款合同中，既存在格式条款，又存在非格式条款，内容不一致，采用不同的条款会对双方当事人的利益产生重大影响。对此，非格式条款处于优先地位，应当采用非格式条款确认合同内容，与该非格式条款相矛盾的格式条款无效。

配套

《保险法》第 30 条

第四百九十九条　【悬赏广告】悬赏人以公开方式声明对完成特定行为的人支付报酬的，完成该行为的人可以请求其支付。

注解

悬赏广告，是指广告人以公开广告的形式允诺对完成特定行为并给付一定报酬，行为人完成该种行为后，有权获得该报酬的行为。其特征是：（1）悬赏广告是要式行为，悬赏广告一经发出，即产生悬赏要约的约束力；（2）悬赏广告是有赏行为，即约定有报酬，对于完成悬赏行为的人，按照广告确定的数额给付酬金；（3）悬赏广告向不特定的人发出；（4）悬赏广告的悬赏行为是合法行为。

本条规定悬赏广告的性质属于合同，是广告人以不特定的多数人为对象发出的要约，只要某人完成特定的行为即构成承诺，双方成立合同。悬赏广告的效力是，完成广告行为的人享有报酬请求权，广告人负有按照悬赏广告的约定支付报酬的义务。悬赏人不履行或者不适当履行支付报酬义务的，构成违约行为，应当承担违约责任。

第五百条　【缔约过失责任】当事人在订立合同过程中有下列情形之一，造成对方损失的，应当承担赔偿责任：

（一）假借订立合同，恶意进行磋商；

（二）故意隐瞒与订立合同有关的重要事实或者提供虚假情况；

（三）有其他违背诚信原则的行为。

注解

缔约过失责任，也称为先契约责任或者缔约过失中的损害赔偿责任，是指在合同缔结过程中，一方当事人违反了以诚实信用为基础的先契约义务，造成了另一方当事人的损害，因此应承担的法律后果。

缔约过失责任的主要表现是：（1）假借订立合同，恶意进行磋商。恶意磋商实际上已经超出了缔约过失的范围，而是恶意借订立合同之机而加害于对方当事人或者第三人，对此造成的损失应当予以赔偿。（2）故意隐瞒与订立合同有关的重要事实或者提供虚假情况。故意隐瞒构成缔约过失，如知道或者应当知道合同无效的原因存在而不告知对方，使对方产生信赖而造成损失。（3）有其他违背诚信原则的行为。这是缔约过失责任的主要部分，只要当事人在缔约过程中具有违背诚信原则的过失，使对方相信合同已经成立，因而造成损失的，都构成缔约过失责任。

缔约过失责任的形式是损害赔偿。对方因基于对对方当事人的信赖，而相信合同成立产生的信赖利益损失，有过失的一方缔约人应当全部予以赔偿。

第五百零一条　【合同缔结人的保密义务】 当事人在订立合同过程中知悉的商业秘密或者其他应当保密的信息，无论合同是否成立，不得泄露或者不正当地使用；泄露、不正当地使用该商业秘密或者信息，造成对方损失的，应当承担赔偿责任。

注解

商业秘密，是指不为公众所知悉、具有商业价值并经权利人采取相应保密措施的技术信息、经营信息等商业信息。

经营者不得实施下列侵犯商业秘密的行为：（1）以盗窃、贿赂、欺诈、胁迫、电子侵入或者其他不正当手段获取权利人的商业秘密；（2）披露、使用或者允许他人使用以上述手段获取的权利人的商业秘密；（3）违反保密义务或者违反权利人有关保守商业秘密的要求，披露、使用或者允许他人使用其所掌握的商业秘密；（4）教唆、引诱、帮助他人违反保密义务或者违反权利人有关保守商业秘密的要求，获取、披露、使用或者允许他人使用权利人的商业秘密。

配套

《反不正当竞争法》第9条

第三章　合同的效力

第五百零二条　【合同生效时间及未办理批准手续的处理规则】依法成立的合同，自成立时生效，但是法律另有规定或者当事人另有约定的除外。

依照法律、行政法规的规定，合同应当办理批准等手续的，依照其规定。未办理批准等手续影响合同生效的，不影响合同中履行报批等义务条款以及相关条款的效力。应当办理申请批准等手续的当事人未履行义务的，对方可以请求其承担违反该义务的责任。

依照法律、行政法规的规定，合同的变更、转让、解除等情形应当办理批准等手续的，适用前款规定。

> 注 解

《最高人民法院关于审理森林资源民事纠纷案件适用法律若干问题的解释》第3条规定："当事人以未办理批准、登记、备案、审查、审核等手续为由，主张林地承包、林地承包经营权互换或者转让、林地经营权流转、林木流转、森林资源担保等合同无效的，人民法院不予支持。因前款原因，不能取得相关权利的当事人请求解除合同、由违约方承担违约责任的，人民法院依法予以支持。"

《最高人民法院关于适用〈中华人民共和国民法典〉合同编通则若干问题的解释》第12条规定："合同依法成立后，负有报批义务的当事人不履行报批义务或者履行报批义务不符合合同的约定或者法律、行政法规的规定，对方请求其继续履行报批义务的，人民法院应予支持；对方主张解除合同并请求其承担违反报批义务的赔偿责任的，人民法院应予支持。人民法院判决当事人一方履行报批义务后，其仍不履行，对方主张解除合同并参照违反合同的违约责任请求其承担赔偿责任的，人民法院应予支持。合同获得批准前，当事人一方起诉请求对方履行合同约定的主要义务，经释明后拒绝变更诉讼请求的，人民法院应当判决驳回其诉讼请求，但是不影响其另行提起诉讼。负有报批义务的当事人已经办理申请批准等手续或者已经履行生效判决确定的报批义务，批准机关决定不予批准，对方请求其承担赔偿责任的，人民法院不予支持。但是，因迟延履行报批义务等可归责于当事人的原因导致合同未获批准，对方请求赔偿因此受到的损失的，人民法院应当依据民法典第一百五十七条的规定处理。"

第五百零三条 【被代理人以默示方式追认无权代理】无权代理人以被代理人的名义订立合同，被代理人已经开始履行合同义务或者接受相对人履行的，视为对合同的追认。

<u>注解</u>

对于无权代理人以被代理人的名义订立的合同，尽管被代理人没有明示表示追认，但是被代理人已经开始履行该合同约定的义务，或者对对方当事人的履行行为予以受领的，就表明他已经接受了该合同订立的事实，并且承认其效力，因而视为被代理人对该合同的追认。被代理人不得再主张该合同对其不发生效力，善意相对人也不得对该合同行使撤销权。

第五百零四条 【超越权限订立合同的效力】法人的法定代表人或者非法人组织的负责人超越权限订立的合同，除相对人知道或者应当知道其超越权限外，该代表行为有效，订立的合同对法人或者非法人组织发生效力。

第五百零五条 【超越经营范围订立的合同效力】当事人超越经营范围订立的合同的效力，应当依照本法第一编第六章第三节和本编的有关规定确定，不得仅以超越经营范围确认合同无效。

<u>注解</u>

本条确定的规则是，当事人超越经营范围订立的合同的效力，应当依照总则编第六章关于民事法律行为效力问题的规定，以及本编关于合同效力的规定来确定，如果具有无效的事由，则应当确定合同无效；如果属于可撤销民事法律行为，则依照撤销权人的意志确定撤销还是不撤销；如果是效力待定的民事法律行为，则应当依照具体规则处理。如果不存在这些方面的法定事由，那么，这个合同就是有效的，不能仅仅以订立合同超越了该法人或者

非法人组织的经营范围而确认合同无效。这样的规则延续了《民法典》第65条规定的不得对抗善意相对人的要求。如果相对人是非善意的，则应当依据上述民事法律行为效力的基本规则确定合同的效力。

《最高人民法院关于适用〈中华人民共和国民法典〉合同编通则若干问题的解释》第20条规定："法律、行政法规为限制法人的法定代表人或者非法人组织的负责人的代表权，规定合同所涉事项应当由法人、非法人组织的权力机构或者决策机构决议，或者应当由法人、非法人组织的执行机构决定，法定代表人、负责人未取得授权而以法人、非法人组织的名义订立合同，未尽到合理审查义务的相对人主张该合同对法人、非法人组织发生效力并由其承担违约责任的，人民法院不予支持，但是法人、非法人组织有过错的，可以参照民法典第一百五十七条的规定判决其承担相应的赔偿责任。相对人已尽到合理审查义务，构成表见代表的，人民法院应当依据民法典第五百零四条的规定处理。合同所涉事项未超越法律、行政法规规定的法定代表人或者负责人的代表权限，但是超越法人、非法人组织的章程或者权力机构等对代表权的限制，相对人主张该合同对法人、非法人组织发生效力并由其承担违约责任的，人民法院依法予以支持。但是，法人、非法人组织举证证明相对人知道或者应当知道该限制的除外。法人、非法人组织承担民事责任后，向有过错的法定代表人、负责人追偿因越权代表行为造成的损失的，人民法院依法予以支持。法律、司法解释对法定代表人、负责人的民事责任另有规定的，依照其规定。"

《最高人民法院关于适用〈中华人民共和国民法典〉合同编通则若干问题的解释》第21条规定："法人、非法人组织的工作人员就超越其职权范围的事项以法人、非法人组织的名义订立合同，相对人主张该合同对法人、非法人组织发生效力并由其承担违约责任的，人民法院不予支持。但是，法人、非法人组织有过错的，人民法院可以参照民法典第一百五十七条的规定判决其承担相应的赔偿责任。前述情形，构成表见代理的，人民法院应当依据民法典第一百七十二条的规定处理。合同所涉事项有下列情形之一的，人民法院应当认定法人、非法人组织的工作人员在订立合同时超越其职权范围：（一）依法应当由法人、非法人组织的权力机构或者决策机构决议的事项；（二）依法应当由法人、非法人组织的执行机构决定的事项；（三）依法应当由法定代表人、负责人代表法人、非法人组织实施的事项；（四）不属于通常情形下依其职权可以处理的事项。合同所涉事项未超越依据前款确定的职权范围，但是超越法人、非法人组织对工作人员职权范围的限制，相对人主张该合同对法人、非法人组织发生效力并由其承担违约责任的，人民法院应予支持。但是，法人、非法人组织举证证明相对人知道或者应当知道该限制的除外。法人、非法人组织承担民事责任后，向故意或者有重大过失的工作人员追偿的，人民法院依法予以支持。"

《最高人民法院关于适用〈中华人民共和国民法典〉合同编通则若干问题的解释》第22条规定："法定代表人、负责人或者工作人员以法人、非法人组织的名义订立合同且未超越权限，法人、非法人组织仅以合同加盖的印章不是备案印章或者系伪造的印章为由主张该合同对其不发生效力的，人民法院不予支持。合同系以法人、非法人组织的名义订立，但是仅有法定代表人、负责人或者工作人员签名或者按指印而未加盖法人、非法人组织的印章，相对人能够证明法定代表人、负责人或者工作人员在订立合同时未超越权限的，人民法院应当认定合同对法人、非法人组织发生效力。但是，当事人约定以加盖印章作为合同成立条件的除外。合同仅加盖法人、非法人组织的印章而无人员签名或者按指印，相对人能够证明合同系法定代表人、负责人或者工作人员在其权限范围内订立的，人民法院应当认定该合同对法人、非法人组织发生效力。在前三款规定的情形下，法定代表人、负责人或者工作人员在订立合同时虽然超越代表或者代理权限，但是依据民法典第五百零四条的规定构成表见代表，或者依据民法典第一百七十二条的规定构成表见代理的，人民法院应当认定合同对法人、非法人组织发生效力。"

《最高人民法院关于适用〈中华人民共和国民法典〉合同编通则若干问题的解释》第23条规定："法定代表人、负责人或者代理人与相对人恶意串通，以法人、非法人组织的名义订立合同，损害法人、非法人组织的合法权益，法人、非法人组织主张不承担民事责任的，人民法院应予支持。法人、非法人组织请求法定代表人、负责人或者代理人与相对人对因此受到的损失承担连带赔偿责任的，人民法院应予支持。根据法人、非法人组织的举证，综合考虑当事人之间的交易习惯、合同在订立时是否显失公平、相关人员是否获取了不正当利益、合同的履行情况等因素，人民法院能够认定法定代表人、负责人或者代理人与相对人存在恶意串通的高度可能性的，可以要求前述人员就合同订立、履行的过程等相关事实作出陈述或者提供相应的证据。

其无正当理由拒绝作出陈述，或者所作陈述不具合理性又不能提供相应证据的，人民法院可以认定恶意串通的事实成立。"

配套

《最高人民法院关于审理建设工程施工合同纠纷案件适用法律问题的解释（一）》第4条

第五百零六条　【免责条款无效情形】合同中的下列免责条款无效：

（一）造成对方人身损害的；

（二）因故意或者重大过失造成对方财产损失的。

注解

合同免责条款，是指双方当事人在合同中预先达成的免除将来可能发生损害的赔偿责任的合同条款。

人身损害免责条款，是约定因履行合同对一方当事人造成人身伤害，而对方当事人对此不负责任、免除其赔偿责任的条款。这种免责条款是无效的。比如在劳务合同中，双方当事人约定免除人身伤害赔偿责任的条款都没有法律上的约束力，不能预先免除雇主的赔偿责任。不过这一规定有特例，例如在竞技体育中，对于某些有严重危险的项目，事先约定免除竞赛者的民事责任，为有效。如拳击、散打、跆拳道、搏击等项目，一方过失造成对方人身伤害的，不需承担赔偿责任，只有故意伤害对方当事人的，才应当承担赔偿责任。

财产损害免责条款，是约定一方当事人因故意或者重大过失造成对方损失，而免除其赔偿责任的条款。这样的免责条款，将会给对方当事人以损害他人财产的合法理由，因而也是无效的。

配套

《民用航空法》第130条；《保险法》第19条；《消费者权益保护法》第26条；《海商法》第126条

第五百零七条　【争议解决条款的独立性】合同不生效、无效、被撤销或者终止的，不影响合同中有关解决争议方法的条款

226

的效力。

第五百零八条 　【合同效力适用指引】本编对合同的效力没有规定的，适用本法第一编第六章的有关规定。

第四章　合同的履行

第五百零九条 　【合同履行的原则】当事人应当按照约定全面履行自己的义务。

当事人应当遵循诚信原则，根据合同的性质、目的和交易习惯履行通知、协助、保密等义务。

当事人在履行合同过程中，应当避免浪费资源、污染环境和破坏生态。

第五百一十条 　【约定不明时合同内容的确定】合同生效后，当事人就质量、价款或者报酬、履行地点等内容没有约定或者约定不明确的，可以协议补充；不能达成补充协议的，按照合同相关条款或者交易习惯确定。

第五百一十一条 　【质量、价款、履行地点等内容的确定】当事人就有关合同内容约定不明确，依据前条规定仍不能确定的，适用下列规定：

（一）质量要求不明确的，按照强制性国家标准履行；没有强制性国家标准的，按照推荐性国家标准履行；没有推荐性国家标准的，按照行业标准履行；没有国家标准、行业标准的，按照通常标准或者符合合同目的的特定标准履行。

（二）价款或者报酬不明确的，按照订立合同时履行地的市场价格履行；依法应当执行政府定价或者政府指导价的，依照规定履行。

（三）履行地点不明确，给付货币的，在接受货币一方所在地履行；交付不动产的，在不动产所在地履行；其他标的，在履行义务一方所在地履行。

（四）履行期限不明确的，债务人可以随时履行，债权人也可以随时请求履行，但是应当给对方必要的准备时间。

（五）履行方式不明确的，按照有利于实现合同目的的方式履行。

（六）履行费用的负担不明确的，由履行义务一方负担；因债权人原因增加的履行费用，由债权人负担。

配套

《标准化法》第 10-12 条

第五百一十二条　【电子合同交付时间的认定】 通过互联网等信息网络订立的电子合同的标的为交付商品并采用快递物流方式交付的，收货人的签收时间为交付时间。电子合同的标的为提供服务的，生成的电子凭证或者实物凭证中载明的时间为提供服务时间；前述凭证没有载明时间或者载明时间与实际提供服务时间不一致的，以实际提供服务的时间为准。

电子合同的标的物为采用在线传输方式交付的，合同标的物进入对方当事人指定的特定系统且能够检索识别的时间为交付时间。

电子合同当事人对交付商品或者提供服务的方式、时间另有约定的，按照其约定。

注解

确定网络交易合同的交付时间，分为三种情形：

（1）网络买卖合同的商品交付，采用快递物流方式交付标的物的，应当以收货人的签收时间为交付时间。网络服务合同，由于没有明显的交付标志，因此以生成的电子凭证或者实物凭证中载明的时间为提供服务时间；如果前述凭证没有载明时间或者载明时间与实际提供服务时间不一致的，以实际提供服务的时间为准。

228

（2）电子合同的标的为采用在线传输方式交付的，例如网络咨询服务合同，合同标的物（如咨询报告）进入对方当事人指定的特定系统且能够检索识别的时间为交付时间。

（3）电子合同当事人对交付商品或者提供服务的方式、时间另有约定的，按照其约定。例如，网络买卖合同的买受人主张自己选择快递物流取货的，将买卖标的物交付给买受人自己选择的快递物流单位的时间为交付时间。

配套

《电子商务法》第51-57条；《最高人民法院关于审理买卖合同纠纷案件适用法律问题的解释》

第五百一十三条　【执行政府定价或指导价的合同价格确定】 执行政府定价或者政府指导价的，在合同约定的交付期限内政府价格调整时，按照交付时的价格计价。逾期交付标的物的，遇价格上涨时，按照原价格执行；价格下降时，按照新价格执行。逾期提取标的物或者逾期付款的，遇价格上涨时，按照新价格执行；价格下降时，按照原价格执行。

注解

合同的标的物属于政府定价或者政府指导价的，必须按照政府定价和政府指导价确定其价格，当事人不得另行约定价格。

合同在履行过程中，如果遇到政府定价或者政府指导价作调整时，确定产品价格的原则是保护按约履行合同的一方。具体办法是：（1）执行政府定价和政府指导价的，在履行中遇到政府定价或者政府指导价作调整时，应按交付时的政府定价或者政府指导价计价，即按新的价格执行：交付货物时，该货物提价的，按已提的价格执行；降价的，则按所降的价格计算。（2）当事人逾期交货的，该产品的政府定价或者政府指导价提高时，按原定的价格执行；该产品政府定价或者政府指导价降低时，按已降低的价格执行。（3）当事人超过合同规定时间提货或付款的，该产品的政府定价或者政府指导价提高时，按已提高的价格计价付款；该产品政府定价或者政府指导价降低时，则按原来合同所议定的价格执行。

第五百一十四条 **【金钱之债给付货币的确定规则】**以支付金钱为内容的债，除法律另有规定或者当事人另有约定外，债权人可以请求债务人以实际履行地的法定货币履行。

注解

金钱债务，又称为金钱之债、货币之债，是指以给付一定数额的金钱为标的的债务。金钱债务的履行，涉及清偿时用何种货币支付的问题。

本条规定的规则是：（1）法律规定或者当事人有约定的，依照法律规定或者当事人约定的货币种类予以支付。例如法律规定在中国境内不能以外币支付的就应当以人民币结算；当事人约定的支付币种不违反国家法律规定的，依当事人约定。（2）除前述情形外，债权人可以请求债务人以实际履行地的法定货币履行。

第五百一十五条 **【选择之债中债务人的选择权】**标的有多项而债务人只需履行其中一项的，债务人享有选择权；但是，法律另有规定、当事人另有约定或者另有交易习惯的除外。

享有选择权的当事人在约定期限内或者履行期限届满未作选择，经催告后在合理期限内仍未选择的，选择权转移至对方。

注解

选择之债，是指债的关系在成立之时，确定的标的有数个，当事人在履行时可以选定其中一个为给付的债。

选择之债因选择权的行使，而最终确定一个给付为债的标的，并因此产生溯及既往的效力。在数种给付中确定其一为给付，就是选择之债的确定。选择权也叫择定权，是指在选择之债中，一方当事人享有的因自己的意思表示而引起选择之债变更为简单之债的形成权。

选择权以属于债务人为原则，因为债务毕竟是要由债务人实际履行的，将选择权归属于债务人，既有利于保护债务人的利益，也有利于债务的履行。如果法律另有规定或者当事人另有约定，则从其规定或者约定。

选择权也可以转移，转移的条件是：享有选择权的当事人在约定期限内或者履行期限届满未作选择，经催告后在合理期限内仍未选择。

第五百一十六条 【选择权的行使】当事人行使选择权应当及时通知对方，通知到达对方时，标的确定。标的确定后不得变更，但是经对方同意的除外。

可选择的标的发生不能履行情形的，享有选择权的当事人不得选择不能履行的标的，但是该不能履行的情形是由对方造成的除外。

选择权是形成权，一经行使，即发生选择的效力，被选择的债务就被特定化，其他选项的债务消灭。故享有选择权的当事人在行使选择权时，以对相对人作出意思表示而发生效力，即及时通知对方，通知到达对方时，标的确定，从而使该选择之债自始成为简单之债。该意思表示非经相对人同意，不得变更，也不得撤销，除非对方当事人同意。

如果在选择之债的数种给付中，其中一个或数个因不可抗力等原因而履行不能时，则选择权人只能就剩余的给付加以选择。尤其是只有一种可以履行而其他均发生履行不能时，则当事人丧失选择的余地，只能按可以履行的标的履行，选择之债变更为简单之债，无须另行选择。此种不能履行应当以不可归责于无选择权的当事人为限。如果该履行不能因无选择权的当事人的行为所致，则选择权人仍然有权就该不能履行的给付加以选择。如果选择权人为债务人，则其可以通过选择不能履行的给付而免予承担自己的债务；如果选择权人为债权人，则其可以通过选择不能履行的给付而解除合同，追究对方的违约责任。

第五百一十七条 【按份债权与按份债务】债权人为二人以上，标的可分，按照份额各自享有债权的，为按份债权；债务人为二人以上，标的可分，按照份额各自负担债务的，为按份债务。

按份债权人或者按份债务人的份额难以确定的，视为份额相同。

第五百一十八条 【连带债权与连带债务】债权人为二人以上，部分或者全部债权人均可以请求债务人履行债务的，为连带债权；债务人为二人以上，债权人可以请求部分或者全部债务人履行全部债务的，为连带债务。

连带债权或者连带债务，由法律规定或者当事人约定。

第五百一十九条　【连带债务份额的确定及追偿】连带债务人之间的份额难以确定的，视为份额相同。

实际承担债务超过自己份额的连带债务人，有权就超出部分在其他连带债务人未履行的份额范围内向其追偿，并相应地享有债权人的权利，但是不得损害债权人的利益。其他连带债务人对债权人的抗辩，可以向该债务人主张。

被追偿的连带债务人不能履行其应分担份额的，其他连带债务人应当在相应范围内按比例分担。

注解

连带债务对外不分份额，只有对内才分份额，连带债务人在内部对自己的份额承担最终责任。连带债务人可以事先约定份额，或者根据实际情况确定份额。如果债务份额难以确定的，视为份额相同，各个债务人以同等份额承担最终责任。

在连带债务中，由于每一个债务人对外均负有履行全部债务的义务，债权人有权向连带债务人中的数人或者全体请求履行。被请求的债务人不得以还有其他债务人而互相推诿，也不得以自己仅负担债务中的一定份额为由而拒绝履行全部债务。连带债务人这时承担的清偿责任，是中间责任。在承担中间责任中，如果实际承担债务的连带债务人承担了超过自己的份额的，有权就超出部分在其他连带债务人未履行的份额范围内向其追偿。在行使追偿权时，承担了超出自己份额的中间责任的债务人，实际上相应地享有了债权人的权利，但是，行使这种债权，不得损害债权人的利益。连带债务人在行使追偿权时，如果其他连带债务人对连带债务的债权人享有抗辩权的，可以向该债务人主张对债权人的抗辩，对抗该债务人的追偿权。

本条第3款为新增条文，进一步明确了被追偿的连带债务人不能履行其应分担份额时，其他连带债务人的分担规则。

第五百二十条 　**【连带债务人之一所生事项涉他效力】**部分连带债务人履行、抵销债务或者提存标的物的，其他债务人对债权人的债务在相应范围内消灭；该债务人可以依据前条规定向其他债务人追偿。

部分连带债务人的债务被债权人免除的，在该连带债务人应当承担的份额范围内，其他债务人对债权人的债务消灭。

部分连带债务人的债务与债权人的债权同归于一人的，在扣除该债务人应当承担的份额后，债权人对其他债务人的债权继续存在。

债权人对部分连带债务人的给付受领迟延的，对其他连带债务人发生效力。

第五百二十一条 　**【连带债权内外部关系】**连带债权人之间的份额难以确定的，视为份额相同。

实际受领债权的连带债权人，应当按比例向其他连带债权人返还。

连带债权参照适用本章连带债务的有关规定。

第五百二十二条 　**【向第三人履行】**当事人约定由债务人向第三人履行债务，债务人未向第三人履行债务或者履行债务不符合约定的，应当向债权人承担违约责任。

法律规定或者当事人约定第三人可以直接请求债务人向其履行债务，第三人未在合理期限内明确拒绝，债务人未向第三人履行债务或者履行债务不符合约定的，第三人可以请求债务人承担违约责任；债务人对债权人的抗辩，可以向第三人主张。

注解

向第三人履行，即第三人代债权人受领。合同当事人约定向第三人履行合同的，只要该第三人符合法律或合同规定的接受履行资格能够受领的，该第三人就成为合同的受领主体，是合格的受领主体，有权接受履行。第三人接受履行时，只是接受履行的主体，而不是合同当事人。第三人替债权人接受履行不适当或因此给债务人造成损失的，应由债权人承担民事责任。当债务人向第三人履行清偿义务，履行增加的费用，应当由债权人负担。当债务人未向第三人履行债务或者履行债务不符合约定的，构成违约行为，债务人应当向债权人承担违约责任。第三人替债权人接受履行，通常是因为第三人与债权人之间存在一定关系，但第三人并不是债权人的代理人，不应当适用关于代理的规定。

第五百二十三条　【第三人履行】当事人约定由第三人向债权人履行债务，第三人不履行债务或者履行债务不符合约定的，债务人应当向债权人承担违约责任。

注解

由第三人履行，也叫第三人代债务人履行，是指在合同的履行中，由第三人代替债务人向债权人履行债务。第三人代债务人履行，是合同的履行主体变化。在第三人代替债务人履行债务中，第三人与债权人、债务人并未达成转让债务协议，第三人并未成为合同当事人，只是按照合同当事人之间的约定，代替债务人向债权人履行债务，并不构成债务转移。根据合同自由原则，只要不违反法律规定和合同约定，且未给债权人造成损失或增加费用，由第三人履行是有效的。

构成由第三人履行，即当事人约定由第三人向债权人履行债务的，如果第三人不履行债务或者履行债务不符合约定，债务人构成违约行为，应当向债权人承担违约责任。

配套

《最高人民法院关于审理买卖合同纠纷案件适用法律问题的解释》第16条

第五百二十四条　【第三人代为履行】债务人不履行债务，第三人对履行该债务具有合法利益的，第三人有权向债权人代为履行；但是，根据债务性质、按照当事人约定或者依照法律规定只能由债务人履行的除外。

债权人接受第三人履行后，其对债务人的债权转让给第三人，但是债务人和第三人另有约定的除外。

115. "对履行债务具有合法利益的第三人"的认定

根据《最高人民法院关于适用〈中华人民共和国民法典〉合同编通则若干问题的解释》第 30 条的规定，下列民事主体，人民法院可以认定为民法典第五百二十四条第一款规定的对履行债务具有合法利益的第三人：

（1）保证人或者提供物的担保的第三人；

（2）担保财产的受让人、用益物权人、合法占有人；

（3）担保财产上的后顺位担保权人；

（4）对债务人的财产享有合法权益且该权益将因财产被强制执行而丧失的第三人；

（5）债务人为法人或者非法人组织的，其出资人或者设立人；

（6）债务人为自然人的，其近亲属；

（7）其他对履行债务具有合法利益的第三人。

116. 具有合法利益的第三人代为履行规则

民法典合同编新增了具有合法利益的第三人代为履行的规定，对于确保各交易环节有序运转，促进债权实现，维护交易安全，优化营商环境具有重要意义。本案是适用民法典关于具有合法利益的第三人代为履行规则的典型案例。审理法院适用民法典相关规定，依法认定原告某物流有限公司代被告吴某向承运司机支付吴某欠付的运费具有合法利益，且在原告履行后依法取得承运司机对被告吴某的债权。本案判决不仅对维护物流运输行业交易秩序、促进物流运输行业蓬勃发展具有保障作用，也对人民法院探索具有合法利益的第三人代为履行规则的适用具有积极意义。[人民法院贯彻实施民法典典型案例（第一批）六：某物流有限公司诉吴某运输合同纠纷案]

《最高人民法院关于适用〈中华人民共和国民法典〉合同编通则若干问题的解释》第 30 条

第五百二十五条　【同时履行抗辩权】当事人互负债务，没有先后履行顺序的，应当同时履行。一方在对方履行之前有权拒绝其履行请求。一方在对方履行债务不符合约定时，有权拒绝其相应的履行请求。

　　同时履行抗辩权，又称为不履行抗辩权，是指双务合同的当事人在对方未为对待给付之前，得拒绝履行自己的给付。同时履行抗辩权的产生需要满足下列条件：（1）当事人双方因同一双务合同而互负债务。互负债务是指当事人所负的债务具有对价关系，而并非经济上完全等价。（2）合同中没有约定履行的先后顺序。（3）双方互负的债务均已届清偿期。（4）对方当事人未履行合同义务或者未按照约定履行合同义务。其中，未按照约定履行合同义务包括瑕疵履行即交付的标的物存在质量问题和部分履行即交付的标的物在数量上不足。（5）对方当事人的对待履行是可能的。如果对方当事人因客观原因不能履行合同义务，则应当通过合同变更、解除或者追究违约责任等规则来处理，适用同时履行抗辩权规则没有任何意义。例如，以特定物为标的的合同，在履行前标的物毁损灭失的，行使同时履行抗辩权无助于合同履行。

　　《最高人民法院关于适用〈中华人民共和国民法典〉合同编通则若干问题的解释》第 31 条

　　第五百二十六条　【先履行抗辩权】当事人互负债务，有先后履行顺序，应当先履行债务一方未履行的，后履行一方有权拒绝其履行请求。先履行一方履行债务不符合约定的，后履行一方有权拒绝其相应的履行请求。

　　先履行抗辩权，是指根据法律规定或者当事人约定，双务合同的一方当事人应当先履行合同义务，先履行一方未履行或者未适当履行的，后履行一方有权拒绝为相应履行。先履行抗辩权是为了保护后履行一方的期限利益或者其履行合同条件而规定的。

　　先履行抗辩权的适用条件包括：（1）合同当事人根据同一双务合同而互负债务。（2）合同当事人的债务履行有先后次序。（3）应当先履行的一方当事人没有履行或者履行不符合约定。（4）应当先履行的债务是可能履行的。

配套

《最高人民法院关于审理买卖合同纠纷案件适用法律问题的解释》第44条；《最高人民法院关于适用〈中华人民共和国民法典〉合同编通则若干问题的解释》第31条

第五百二十七条 【不安抗辩权】应当先履行债务的当事人，有确切证据证明对方有下列情形之一的，可以中止履行：

（一）经营状况严重恶化；

（二）转移财产、抽逃资金，以逃避债务；

（三）丧失商业信誉；

（四）有丧失或者可能丧失履行债务能力的其他情形。

当事人没有确切证据中止履行的，应当承担违约责任。

注解

不安抗辩权，是指双务合同中一方当事人应当先履行合同义务，在合同订立之后履行之前，有确切证据证明后履行一方当事人将来有不履行或者不能履行合同的可能时，先履行一方可以暂时中止履行，并及时通知对方当事人在合理的期限内提供适当担保；如果对方在合理期限内提供了适当担保，则应当恢复履行；如果对方未能在合理期限内提供适当担保，则中止履行的一方可以解除合同。

不安抗辩权的适用条件包括以下几个方面：（1）双务合同中一方当事人应当先履行合同义务。如果当事人没有在合同中约定、法律也没有规定当事人履行义务的先后次序，则当事人应当同时履行合同义务，只能行使同时履行抗辩权，而不能行使不安抗辩权。（2）有确切的证据证明后履行一方当事人将来不履行或者不能履行合同义务。没有确切证据而中止自己的履行要承担违约责任。包括以下几种情形：①经营状况严重恶化，是指合同订立之后，当事人的经营状况发生不好的变化，财产大量减少，以致影响其履行债务的能力；②转移财产、抽逃资金，是指后履行债务的当事人以逃避债务为目的，将自己的财产转移到别处或者从企业中撤回所投入的资金；③丧失商业信誉，是指后履行债务的当事人失去了诚实信用、按期履行等良好的声誉；④有丧失或者可能丧失履行债务能力的其他情形。一方当事人出现丧失或者可能丧失履行债务能力的情形并不以其对这种结果的发生存在过错为条件，不论是何种原因造成的，只要存在丧失或者可能丧失履行债务能力的事实即可。（3）应当先履行一方当事人的合同义务已到履行期。如果先履行一方当事人的合同履行期限尚未届至，则其可以根据期限规定进行抗辩，而无须援用不安抗辩权。

第五百二十八条　【不安抗辩权的行使】当事人依据前条规定中止履行的，应当及时通知对方。对方提供适当担保的，应当恢复履行。中止履行后，对方在合理期限内未恢复履行能力且未提供适当担保的，视为以自己的行为表明不履行主要债务，中止履行的一方可以解除合同并可以请求对方承担违约责任。

注解

不安抗辩权行使后产生的法律后果是：（1）先履行一方已经发出通知后，在后履行一方当事人没有提供适当担保之前，有权中止自己的履行。（2）后履行一方当事人接到通知后，向对方提供了适当担保的，不安抗辩权消灭，合同恢复履行，主张不安抗辩权的当事人应当承担先履行的义务。（3）先履行债务的当事人中止履行并通知对方当事人后，对方当事人在合理期限内没有恢复履行能力，也没有提供适当担保的，先履行债务的当事人产生法定解除权，可以单方解除合同，同时还可以主张追究后履行一方的违约责任。

第五百二十九条　【因债权人原因致债务履行困难的处理】债权人分立、合并或者变更住所没有通知债务人，致使履行债务发生困难的，债务人可以中止履行或者将标的物提存。

注解

在合同履行过程中，债务人应当诚实守信，积极履约，满足债权人的债权要求。但是，在由于债权人的原因，而使债务人履行发生困难时，就不能认为债务人违约。

第五百三十条 【债务人提前履行债务】债权人可以拒绝债务人提前履行债务，但是提前履行不损害债权人利益的除外。

债务人提前履行债务给债权人增加的费用，由债务人负担。

第五百三十一条 【债务人部分履行债务】债权人可以拒绝债务人部分履行债务，但是部分履行不损害债权人利益的除外。

债务人部分履行债务给债权人增加的费用，由债务人负担。

第五百三十二条 【当事人变化不影响合同效力】合同生效后，当事人不得因姓名、名称的变更或者法定代表人、负责人、承办人的变动而不履行合同义务。

第五百三十三条 【情势变更】合同成立后，合同的基础条件发生了当事人在订立合同时无法预见的、不属于商业风险的重大变化，继续履行合同对于当事人一方明显不公平的，受不利影响的当事人可以与对方重新协商；在合理期限内协商不成的，当事人可以请求人民法院或者仲裁机构变更或者解除合同。

人民法院或者仲裁机构应当结合案件的实际情况，根据公平原则变更或者解除合同。

注解

情势变更原则，是指在合同成立后，订立合同的基础条件发生了当事人在订立合同时无法预见的、不属于商业风险的重大变化，仍然维持合同效力履行合同对于当事人一方明显不公平的情势，受不利影响的当事人可以请求对方重新协商，变更或解除合同并免除责任的合同效力规则。

在合同领域，对情势变更原则的适用条件是相当严格的，应当具备的条件是：（1）须有应变更或解除合同的情势，即订立合同的基础条件发生了变动，在履行时成为一种新的情势，与当事人的主观意思无关。（2）变更的情势须发生在合同成立后至消灭前。（3）情势变更的发生不可归责于双方当事人，当事人对于情势变更的发生没有主观过错。（4）情势变更须未为当事人所预料且不能预料，而且不属于商业风险。（5）继续维持合同效力将会产生显失公平的结果。

《最高人民法院关于适用〈中华人民共和国民法典〉合同编通则若干问题的解释》第32条规定："合同成立后，因政策调整或者市场供求关系异常变动等原因导致价格发生当事人在订立合同时无法预见的、不属于商业风险的涨跌，继续履行合同对于当事人一方明显不公平的，人民法院应当认定合同的基础条件发生了民法典第五百三十三条第一款规定的'重大变化'。但是，合同涉及市场属性活跃、长期以来价格波动较大的大宗商品以及股票、期货等风险投资型金融产品的除外。合同的基础条件发生了民法典第五百三十三条第一款规定的重大变化，当事人请求变更合同的，人民法院不得解除合同；当事人一方请求变更合同，对方请求解除合同的，或者当事人一方请求解除合同，对方请求变更合同的，人民法院应当结合案件的实际情况，根据公平原则判决变更或者解除合同。人民法院依据民法典第五百三十三条的规定判决变更或者解除合同的，应当综合考虑合同基础条件发生重大变化的时间、当事人重新协商的情况以及因合同变更或者解除给当事人造成的损失等因素，在判项中明确合同变更或者解除的时间。当事人事先约定排除民法典第五百三十三条适用的，人民法院应当认定该约定无效。"

应用

117. 如何认定"重大变化"

当事人签订具有合作性质的长期性合同，因政策变化对当事人履行合同产生影响，但该变化不属于订立合同时无法预见的重大变化，按照变化后的政策要求予以调整亦不影响合同继续履行，且继续履行不会对当事人一方明显不公平，该当事人不能依据《中华人民共和国民法典》第五百三十三条请求变更或者解除合同。该当事人请求终止合同权利义务关系，守约方不同意终止合同，但双方当事人丧失合作可能性导致合同目的不能实现的，属于《中华人民共和国民法典》第五百八十条第一款第二项规定的"债务的标的不适于强制履行"，应根据违约方的请求判令终止合同权利义务关系并判决违约方承担相应的违约责任。（最高人民法院发布《关于适用〈中华人民共和国民法典〉合同编通则若干问题的解释》相关典型案例之案例四：某旅游管理公司与某村村民委员会等合同纠纷案）

第五百三十四条 【合同监督】 对当事人利用合同实施危害国家利益、社会公共利益行为的，市场监督管理和其他有关行政主管部门依照法律、行政法规的规定负责监督处理。

第五章 合同的保全

第五百三十五条 【债权人代位权】因债务人怠于行使其债权或者与该债权有关的从权利，影响债权人的到期债权实现的，债权人可以向人民法院请求以自己的名义代位行使债务人对相对人的权利，但是该权利专属于债务人自身的除外。

代位权的行使范围以债权人的到期债权为限。债权人行使代位权的必要费用，由债务人负担。

相对人对债务人的抗辩，可以向债权人主张。

注解

债权人代位权，是指债权人依法享有的为保全其债权，以自己的名义行使属于债务人对相对人权利的实体权利。当债务人怠于行使属于自己的债权或者与该债权有关的从权利，而害及债权人的权利实现时，债权人可依债权人代位权，以自己的名义行使债务人怠于行使的债权。

本条规定的是债权人债权到期的代位权，其行使要件是：（1）债权人对债务人的债权合法；（2）债务人怠于行使其债权或者与该债权有关的从权利；（3）影响债权人到期债权的实现；（4）债务人的权利不是专属于债务人自身的权利。

《最高人民法院关于适用〈中华人民共和国民法典〉合同编通则若干问题的解释》第36条规定："债权人提起代位权诉讼后，债务人或者相对人以双方之间的债权债务关系订有仲裁协议为由对法院主管提出异议的，人民法院不予支持。但是，债务人或者相对人在首次开庭前就债务人与相对人之间的债权债务关系申请仲裁的，人民法院可以依法中止代位权诉讼。"

配套

《最高人民法院关于审理建设工程施工合同纠纷案件适用法律问题的解释（一）》第44条；《最高人民法院关于适用〈中华人民共和国民法典〉合同编通则若干问题的解释》第39-41条

第五百三十六条　【保存行为】债权人的债权到期前，债务人的债权或者与该债权有关的从权利存在诉讼时效期间即将届满或者未及时申报破产债权等情形，影响债权人的债权实现的，债权人可以代位向债务人的相对人请求其向债务人履行、向破产管理人申报或者作出其他必要的行为。

第五百三十七条　【代位权行使后的法律效果】人民法院认定代位权成立的，由债务人的相对人向债权人履行义务，债权人接受履行后，债权人与债务人、债务人与相对人之间相应的权利义务终止。债务人对相对人的债权或者与该债权有关的从权利被采取保全、执行措施，或者债务人破产的，依照相关法律的规定处理。

第五百三十八条　【撤销债务人无偿行为】债务人以放弃其债权、放弃债权担保、无偿转让财产等方式无偿处分财产权益，或者恶意延长其到期债权的履行期限，影响债权人的债权实现的，债权人可以请求人民法院撤销债务人的行为。

注解

债权人撤销权，是指债权人依法享有的为保全其债权，对债务人无偿或者低价处分作为债务履行资力的现有财产，以及放弃其债权或者债权担保、恶意延长到期债权履行期限的行为，请求法院予以撤销的权利。

债权人对债务人无偿处分行为行使撤销权的要件是：（1）债权人与债务人之间有债权债务关系；（2）债务人实施了处分财产的积极行为或者放弃债权、放弃债权担保的消极行为；（3）债务人的行为须有害于债权；（4）无偿处分行为不必具备主观恶意这一要件。

第五百三十九条　【撤销债务人有偿行为】债务人以明显不合理的低价转让财产、以明显不合理的高价受让他人财产或者为他人的债务提供担保，影响债权人的债权实现，债务人的相对人知道或者应当知道该情形的，债权人可以请求人民法院撤销债务人的行为。

债务人有偿处分自己财产的行为,原本与债权人的利益无关,但是债务人为逃避债务,恶意低价处分,就危及了债权人的债权。如果受让人对债务人低价处分财产行为知道或者应当知道该情形的,构成恶意,债权人可以行使撤销权,撤销债务人与受让人的低价处分行为,保存债务人履行债务的财产资力。

债权人对债务人低价处分财产行为行使撤销权的要件是:(1)债权人与债务人之间有债权债务关系;(2)债务人实施了明显不合理的低价处分财产的积极行为;(3)债务人的行为须有害于债权;(4)债务人有逃避债务的恶意,低价处分财产行为的受让人知道或者应当知道该情形。

《最高人民法院关于适用〈中华人民共和国民法典〉合同编通则若干问题的解释》第42-44条

第五百四十条 【撤销权的行使范围】撤销权的行使范围以债权人的债权为限。债权人行使撤销权的必要费用,由债务人负担。

《最高人民法院关于适用〈中华人民共和国民法典〉合同编通则若干问题的解释》第45、46条

第五百四十一条 【撤销权的行使期间】撤销权自债权人知道或者应当知道撤销事由之日起一年内行使。自债务人的行为发生之日起五年内没有行使撤销权的,该撤销权消灭。

债权人撤销权是形成权,存在权利失权的问题,因此,适用除斥期间的规定。本条规定的债权人撤销权的除斥期间,与《民法典》第152条规定的除斥期间相同,即自债权人知道或者应当知道撤销事由之日起,为1年时间;如果债权人不知道也不应当知道撤销事由,即自债务人实施的处分财产行为发生之日起,最长期间为5年,撤销权消灭。对此,适用《民法典》第199条关于除斥期间的一般性规定,不适用诉讼时效中止、中断和延长的规定。除斥期间届满,撤销权消灭,债权人不得再行使。

第五百四十二条 【债务人行为被撤销的法律效果】债务人影响债权人的债权实现的行为被撤销的，自始没有法律约束力。

第六章 合同的变更和转让

第五百四十三条 【协议变更合同】当事人协商一致，可以变更合同。

注解

合同的变更，分为法定变更、裁判变更和协议变更。本条规定的是协议变更。协商一致就是合意，即意思表示一致。如果一方当事人要变更合同，另一方当事人不同意变更合同，或者双方都有变更合同内容的意愿，但是双方意思表示的内容不能达成一致，还存在分歧，就是没有协商一致，还没有形成合同变更的意思表示一致，合同变更的合意就没有成立，所以不成立合同变更，不发生合同变更的效果，原合同继续有效。

第五百四十四条 【合同变更不明确推定为未变更】当事人对合同变更的内容约定不明确的，推定为未变更。

第五百四十五条 【债权转让】债权人可以将债权的全部或者部分转让给第三人，但是有下列情形之一的除外：

（一）根据债权性质不得转让；

（二）按照当事人约定不得转让；

（三）依照法律规定不得转让。

当事人约定非金钱债权不得转让的，不得对抗善意第三人。当事人约定金钱债权不得转让的，不得对抗第三人。

注解

债的移转，是指在不改变债的客体和内容的情况下，对债的主体进行变更的债的转移形态。故债的移转就是债的主体之变更，包括债权转让、债务转移以及债权债务概括转移三种形式。

债权转让，也叫债权让与，是指债权人通过协议将其享有的债权全部或者部分地转让给第三人的行为。债权转让是债的关系主体变更的一种形式，它是在不改变债的内容的情况下，通过协议将债的关系中的债权人进行变更。债权转让的构成要件是：（1）须有有效的债权存在；（2）债权的转让人与受让人应达成转让协议；（3）转让的债权必须是依法可以转让的债权；（4）债权的转让协议须通知债务人。

第五百四十六条　【债权转让的通知义务】债权人转让债权，未通知债务人的，该转让对债务人不发生效力。

债权转让的通知不得撤销，但是经受让人同意的除外。

配套

《最高人民法院关于适用〈中华人民共和国民法典〉合同编通则若干问题的解释》第48、49条

第五百四十七条　【债权转让从权利一并转让】债权人转让债权的，受让人取得与债权有关的从权利，但是该从权利专属于债权人自身的除外。

受让人取得从权利不因该从权利未办理转移登记手续或者未转移占有而受到影响。

注解

从权利随主权利转移原则，是债权转让的重要规则。主债权发生转移时，其从权利应随之一同转移，即使债权的从权利是否转让没有在转让协议中作出明确规定，也与主债权一并转移于债权的受让人。但该从权利专属于债权人自身的除外。

债权转让中从权利的随从转移具有法定性。如果受让人取得了从权利，该从权利未办理转移登记手续，或者未转移占有的，不影响债权转让引发从权利转移的效力。

第五百四十八条　【债权转让中债务人抗辩】债务人接到债权转让通知后，债务人对让与人的抗辩，可以向受让人主张。

本条中债务人得主张的抗辩包括：（1）法定抗辩事由，是法律规定的债的一方当事人用以主张对抗另一方当事人的免责事由，例如不可抗力。（2）在实际订立合同以后，发生的债务人可据以对抗原债权人的一切事由，债务人可以之对抗债权的受让人，如债务人享有撤销权的。（3）原债权人的行为引起的债务人的抗辩权，如原债权人的违约行为，原债权人有关免责的意思表示，原债权人的履行债务的行为等。（4）债务人的行为所产生的可以对抗原债权人的一切抗辩事由，如债务人对原债权人已为的履行行为，可以对抗受让人。

配套

《最高人民法院关于适用〈中华人民共和国民法典〉合同编通则若干问题的解释》第 47、50 条

第五百四十九条　【债权转让中债务人的抵销权】有下列情形之一的，债务人可以向受让人主张抵销：

（一）债务人接到债权转让通知时，债务人对让与人享有债权，且债务人的债权先于转让的债权到期或者同时到期；

（二）债务人的债权与转让的债权是基于同一合同产生。

第五百五十条　【债权转让费用的承担】因债权转让增加的履行费用，由让与人负担。

配套

《最高人民法院关于适用〈中华人民共和国民法典〉合同编通则若干问题的解释》第 51 条

第五百五十一条　【债务转移】债务人将债务的全部或者部分转移给第三人的，应当经债权人同意。

债务人或者第三人可以催告债权人在合理期限内予以同意，债权人未作表示的，视为不同意。

注解

债务转移，也称债务让与，是指债务人将其负有的债务转移给第三人，

由第三人取代债务人的地位，对债权人负责给付的债的转移形态。债务转移的要件是：（1）须有有效的债务存在；（2）转让的债务应具有可转让性，法律规定不得转移、当事人约定不得转移以及依照性质不得转移的债务，不得转移；（3）须有债务转移的内容，债务受让人成为债权人的债务人；（4）须经债权人同意，如果债权人不同意债务转让，则债务人转让其债务的行为无效，不对债权人产生约束力。

债务转移分为全部转移和部分转移：（1）债务的全部转移，是债务人与第三人达成协议，将其在债的关系中的全部债务一并转移给第三人。（2）债务的部分转移，是债务人将债的关系中债务的一部分转移给第三人，由第三人对债权人承担该部分债务。

配套

《招标投标法》第 48 条

第五百五十二条　【债务加入】第三人与债务人约定加入债务并通知债权人，或者第三人向债权人表示愿意加入债务，债权人未在合理期限内明确拒绝的，债权人可以请求第三人在其愿意承担的债务范围内和债务人承担连带债务。

应用

118. 债务加入的认定

合同外的第三人向合同中的债权人承诺承担债务人义务的，如果没有充分的证据证明债权人同意债务转移给该第三人或者债务人退出合同关系，不宜轻易认定构成债务转移，一般应认定为债务加入。第三人向债权人表明债务加入的意思后，即使债权人未明确表示同意，但只要其未明确表示反对或未以行为表示反对，仍应当认定为债务加入成立，债权人可以依照债务加入关系向该第三人主张权利。[广东达宝物业管理有限公司与广东中岱企业集团有限公司、广东中岱电讯产业有限公司、广州市中珊实业有限公司股权转让合作纠纷案（《最高人民法院公报》2012 年第 5 期）]

119. 债务加入规则

本案是适用民法典债务加入规则的典型案例。民法典总结民商事审判经验，回应民商事实践发展需要，以立法形式对债务加入作出规定，赋予民事主体更加多元的选择，对于贯彻自愿原则、保障债权安全、优化营商环境具有重要意义。本案中，审理法院结合具体案情，依法认定被告向原告作出的还款意思表示不属于债务转移，而是构成债务加入，是人民法院适用民法典新增制度规则的一次生动实践。[人民法院贯彻实施民法典典型案例（第二批）六：蔡某勤诉姚某、杨某昊买卖合同纠纷案]

配套

《最高人民法院关于适用〈中华人民共和国民法典〉有关担保制度的解释》第12条

第五百五十三条　【债务转移时新债务人抗辩】 债务人转移债务的，新债务人可以主张原债务人对债权人的抗辩；原债务人对债权人享有债权的，新债务人不得向债权人主张抵销。

注解

债务转移后，新债务人取得原债务人的一切法律地位，有关对债权人的一切抗辩和抗辩权，新债务人都有权对债权人主张。但是，原债务人享有的对债权人的抵销权不发生转移，即原债务人对债权人享有债权的，新债务人不得向债权人主张抵销。

第五百五十四条　【从债务随主债务转移】 债务人转移债务的，新债务人应当承担与主债务有关的从债务，但是该从债务专属于原债务人自身的除外。

注解

对附属于主债务的从债务，在债务人转让债务以后，新债务人一并应对从债务予以承担，即使当事人在转让债务时未在转让协议中明确规定从债务问题，也不影响从债务转移给债务的受让人。如附属于主债务的利息债务等，因债务转移而将移转承担人。

专属于原债务人的从债务，在主债务转移时不必然随之转移。专属于原债务人的从债务，是指应当由原债务人自己来履行的附属于主债务的债务。一般在债务转移之前已经发生的从债务，要由原债务人来履行，不得转由债务的受让人来承担。对于与债务人的人身相关或者与原债务人有特

248

殊关联的从债务，应由原债务人来承担，不随主债务的转让而由新债务人承担。

第五百五十五条　【合同权利义务的一并转让】 当事人一方经对方同意，可以将自己在合同中的权利和义务一并转让给第三人。

注解

债权债务概括转移，是指债的关系当事人一方将其债权与债务一并转移给第三人，由第三人概括地继受这些债权和债务的债的移转形态。债权债务概括转移与债权转让及债务转移不同之处在于，债权转让及债务转移仅是债权或者债务的单一转让，而债权债务概括转移则是债权与债务的一并转让。

债权债务概括转移，一般由债的一方当事人与债的关系之外的第三人通过签订转让协议的方式，约定由第三人取代债权债务转让人的地位，享有债的关系中转让人的一切债权并承担转让人一切债务。

可以进行债权债务概括转移的只能是双务之债，例如双务合同。仅仅一方负有债务、另一方享有债权的合同，以及单务合同，不适用债权债务概括转移。

债权债务概括转移的法律效果，是第三人替代合同的原当事人，成为新合同的当事人，一并承受转让的债权和债务。

第五百五十六条　【一并转让的法律适用】 合同的权利和义务一并转让的，适用债权转让、债务转移的有关规定。

注解

由于债权债务概括转移在转让债权的同时，也有债务的转让，因此，应当适用债权转让和债务转移的有关规定。应当特别强调的是，为保护当事人的合法权利，不因债权债务的转让而使另一方受到损失，债权债务概括转移必须经另一方当事人同意，否则转让协议不产生法律效力。

第七章　合同的权利义务终止

第五百五十七条　【债权债务终止的法定情形】 有下列情形之一的，债权债务终止：

（一）债务已经履行；

（二）债务相互抵销；

（三）债务人依法将标的物提存；

（四）债权人免除债务；

（五）债权债务同归于一人；

（六）法律规定或者当事人约定终止的其他情形。

合同解除的，该合同的权利义务关系终止。

第五百五十八条　【后合同义务】债权债务终止后，当事人应当遵循诚信等原则，根据交易习惯履行通知、协助、保密、旧物回收等义务。

后合同义务，也叫后契约义务，是指合同的权利义务终止后，当事人依照法律的规定，遵循诚信原则和交易习惯应当履行的附随义务。

后合同义务的确定根据是法律规定和交易习惯。前者如本条规定的通知、协助、保密、旧物回收等义务，后者如售后三包服务等。

后合同义务具有强制性。在后契约阶段，当事人不履行附随义务，给对方当事人造成损害的，应当承担后契约的损害赔偿责任。

第五百五十九条　【从权利消灭】债权债务终止时，债权的从权利同时消灭，但是法律另有规定或者当事人另有约定的除外。

第五百六十条　【数项债务的清偿抵充顺序】债务人对同一债权人负担的数项债务种类相同，债务人的给付不足以清偿全部债务的，除当事人另有约定外，由债务人在清偿时指定其履行的债务。

债务人未作指定的，应当优先履行已经到期的债务；数项债务均到期的，优先履行对债权人缺乏担保或者担保最少的债务；均无担保或者担保相等的，优先履行债务人负担较重的债务；负担相同的，按照债务到期的先后顺序履行；到期时间相同的，按照债务比例履行。

债务清偿抵充，是指对同一债权人负担数宗债务的债务人，其给付的种类相同，但不足以清偿全部债务时，决定清偿抵充何项债务的债法制度。例如，债务人欠银行数宗欠款，设置担保、利息高低各不相同，在其给付不能清偿全部债务时，该次清偿应偿还哪笔欠款，就是清偿抵充。

第五百六十一条 **【费用、利息和主债务的清偿抵充顺序】**债务人在履行主债务外还应当支付利息和实现债权的有关费用，其给付不足以清偿全部债务的，除当事人另有约定外，应当按照下列顺序履行：

（一）实现债权的有关费用；

（二）利息；

（三）主债务。

注 解

本条是对实现债权的费用之债、利息之债、主债务的清偿抵充顺序的规定。当债务人的给付不足以清偿全部债务时，有约定的，按照约定顺序进行；没有约定的，按照法定抵充顺序进行：（1）实现债权的有关费用；（2）利息；（3）主债务。该法定抵充顺序，均具有前一顺序对抗后一顺序的效力。

《最高人民法院关于适用〈中华人民共和国民法典〉合同编通则若干问题的解释》第56条第2款规定："行使抵销权的一方享有的债权不足以抵销其负担的包括主债务、利息、实现债权的有关费用在内的全部债务，当事人因抵销的顺序发生争议的，人民法院可以参照民法典第五百六十一条的规定处理。"

第五百六十二条 **【合同的约定解除】**当事人协商一致，可以解除合同。

当事人可以约定一方解除合同的事由。解除合同的事由发生时，解除权人可以解除合同。

注 解

本条规定了两种当事人约定解除合同的情形：（1）在合同有效成立后、

尚未履行完毕前，当事人就解除合同协商一致的，可以解除合同；（2）当事人事先约定可以解除合同的事由，当该事由发生时，赋予一方合同解除权。

配套

《劳动法》第24条；《最高人民法院关于适用〈中华人民共和国民法典〉合同编通则若干问题的解释》第52-54条

第五百六十三条　【合同的法定解除】 有下列情形之一的，当事人可以解除合同：

（一）因不可抗力致使不能实现合同目的；

（二）在履行期限届满前，当事人一方明确表示或者以自己的行为表明不履行主要债务；

（三）当事人一方迟延履行主要债务，经催告后在合理期限内仍未履行；

（四）当事人一方迟延履行债务或者有其他违约行为致使不能实现合同目的；

（五）法律规定的其他情形。

以持续履行的债务为内容的不定期合同，当事人可以随时解除合同，但是应当在合理期限之前通知对方。

注解

在出现法定解除事由的情形下，拥有解除权的一方当事人可以单方面行使解除权，而无需和对方协商一致，即当事人可以解除，也可以决定不解除而继续履行。是否解除，由享有解除权的当事人根据实际情况自行作出判断。

配套

《城市房地产管理法》第16条、第17条；《农村土地承包法》第42条；《消费者权益保护法》第24条；《最高人民法院关于审理买卖合同纠纷案件适用法律问题的解释》第19条

第五百六十四条　【解除权行使期限】 法律规定或者当事人约定解除权行使期限，期限届满当事人不行使的，该权利消灭。

法律没有规定或者当事人没有约定解除权行使期限，自解除权人知道或者应当知道解除事由之日起一年内不行使，或者经对方催告后在合理期限内不行使的，该权利消灭。

注解

本条是对解除权行使期限的规定。不论是约定的解除权行使期限，还是法定的解除权行使期限，都是不变期间，不适用中止、中断和延长的规定。

《最高人民法院关于适用〈中华人民共和国民法典〉合同编通则若干问题的解释》第53条规定："当事人一方以通知方式解除合同，并以对方未在约定的异议期限或者其他合理期限内提出异议为由主张合同已经解除的，人民法院应当对其是否享有法律规定或者合同约定的解除权进行审查。经审查，享有解除权的，合同自通知到达对方时解除；不享有解除权的，不发生合同解除的效力。"

应用

120. 以通知形式行使合同解除权的，须以享有法定或者约定解除权为前提

合同一方当事人以通知形式行使合同解除权的，须以享有法定或者约定解除权为前提。不享有解除权的一方向另一方发出解除通知，另一方即便未在合理期限内提出异议，也不发生合同解除的效力。（最高人民法院发布《关于适用〈中华人民共和国民法典〉合同编通则若干问题的解释》相关典型案例之案例七：孙某与某房地产公司合资、合作开发房地产合同纠纷案）

配套

《最高人民法院关于审理商品房买卖合同纠纷案件适用法律若干问题的解释》第11条

第五百六十五条　【合同解除权的行使规则】当事人一方依法主张解除合同的，应当通知对方。合同自通知到达对方时解除；通知载明债务人在一定期限内不履行债务则合同自动解除，债务人在该期限内未履行债务的，合同自通知载明的期限届满时解除。对方对解除合同有异议的，任何一方当事人均可以请求人

民法院或者仲裁机构确认解除行为的效力。

当事人一方未通知对方，直接以提起诉讼或者申请仲裁的方式依法主张解除合同，人民法院或者仲裁机构确认该主张的，合同自起诉状副本或者仲裁申请书副本送达对方时解除。

注解

解除权的性质是形成权，行使解除权的方式是通知。故确定解除权生效时间的基本规则是：

（1）解除权人在行使解除权时，只要将解除合同的意思表示通知对方，即产生解除的效力，解除权生效的时间采到达主义，即合同自通知到达对方时解除。

（2）通知载明债务人在一定期限内不履行债务则合同自动解除，债务人在该期限内未履行债务的，合同自通知载明的期限届满时解除。对方如果对行使解除权解除合同有异议，任何一方当事人都可以向法院起诉或者向仲裁机构申请，请求确认解除合同的效力。人民法院或者仲裁机构确认解除权成立的，按照上述解除权生效时间的规定裁判。

如果当事人一方未通知对方，而是直接向法院或者仲裁机构起诉或者申请，以诉讼或者仲裁方式主张解除合同的，人民法院或者仲裁机构支持该方当事人行使解除权主张的，起诉状副本或仲裁申请书副本送达对方的时间，为合同的解除时间。

应用

121. 解除通知送达时间拖延的法律效果

合同一方当事人构成根本违约时，守约的一方当事人享有法定解除权。合同的解除在解除通知送达违约方时即发生法律效力，解除通知送达时间的拖延只能导致合同解除时间相应后延，而不能改变合同解除的法律后果。当事人没有约定合同解除异议期间，在解除通知送达之日起三个月以后才向人民法院起诉的，人民法院不予支持。[深圳富山宝实业有限公司与深圳市福星股份合作公司、深圳市宝安区福永物业发展总公司、深圳市金安城投资发展有限公司等合作开发房地产合同纠纷案（《最高人民法院公报》2011年第5期）]

254

第五百六十六条 **【合同解除的法律后果】**合同解除后，尚未履行的，终止履行；已经履行的，根据履行情况和合同性质，当事人可以请求恢复原状或者采取其他补救措施，并有权请求赔偿损失。

合同因违约解除的，解除权人可以请求违约方承担违约责任，但是当事人另有约定的除外。

主合同解除后，担保人对债务人应当承担的民事责任仍应当承担担保责任，但是担保合同另有约定的除外。

注解

解除效力，是指合同之债解除后所产生的法律后果。

本条规定的规则是：（1）尚未履行的，履行终止，不再继续履行；（2）已经履行的，一是根据履行情况和合同性质，二是根据当事人是否请求的态度决定，当事人可以请求恢复原状，也可以不请求，完全取决于当事人的意志。请求恢复原状的，这种合同之债解除就具有溯及力，反之，就不具有溯及力。当事人也可以采取其他补救措施，并有权要求赔偿损失。根据合同的履行情况和合同性质，能够恢复原状，当事人又予以请求的，则可以恢复原状。如果根据履行情况和合同性质是不可能恢复原状的，即使当事人请求，也不可能恢复原状。例如，租赁、借贷、委托、中介、运输等合同，都是不能恢复原状的。至于损害赔偿，合同的解除不影响当事人要求损害赔偿的权利。只要合同不履行已经造成了债权人的财产利益损失，违约方就应当予以赔偿。如果解除合同的原因是不可抗力，则不发生损害赔偿责任。

合同是因违约而解除的，未违约的一方当事人是解除权人，可以请求违约方承担违约责任，如果当事人另有约定，则按照当事人的约定办理。

主合同解除后，尽管主合同的债权债务关系消灭，但是其担保人对债权人的担保权利并不一并消灭，担保人（包括第三人担保和债务人自己担保）对债务人应当承担的民事责任并不消灭，仍应承担担保责任，但是担保合同另有约定的除外。

配套

《城市房地产管理法》第 16 条；《劳动法》第 28 条；《保险法》第 47 条；《旅游法》第 65 条、第 68 条

第五百六十七条　【结算、清理条款效力的独立性】合同的权利义务关系终止，不影响合同中结算和清理条款的效力。

第五百六十八条　【法定抵销】当事人互负债务，该债务的标的物种类、品质相同的，任何一方可以将自己的债务与对方的到期债务抵销；但是，根据债务性质、按照当事人约定或者依照法律规定不得抵销的除外。

当事人主张抵销的，应当通知对方。通知自到达对方时生效。抵销不得附条件或者附期限。

注 解

法定抵销，是指由法律规定两债权得以抵销的条件，当条件具备时，依当事人一方的意思表示即可发生抵销效力的抵销。这种通过单方意思表示即可产生抵销效力的权利，是形成权。

抵销为处分债权的单方法律行为，应当适用关于法律行为和意思表示的法律规定。当事人主张抵销的，应当通知对方。通知自到达对方时生效。抵销不得附条件，也不得附期限，因为如果抵销附条件或者附期限，会使抵销的效力变得不确定，有违抵销的本意，也有害于他人的利益。

配 套

《最高人民法院关于适用〈中华人民共和国民法典〉合同编通则若干问题的解释》第55-58条

第五百六十九条　【约定抵销】当事人互负债务，标的物种类、品质不相同的，经协商一致，也可以抵销。

注 解

约定抵销，是指当事人双方基于协议而实行的抵销。

约定抵销重视的是债权人之间的意思自由，因而可以不受法律所规定的构成要件的限制，当事人只要达成抵销合意，即可发生抵销的效力。之所以这样规定，是因为债权属于债权人的私权，债权人有处分的权利，只要其处分行为不违背法律、法规与公序良俗，法律就无权干涉。

第五百七十条　【提存的条件】有下列情形之一，难以履行债务的，债务人可以将标的物提存：

（一）债权人无正当理由拒绝受领；

（二）债权人下落不明；

（三）债权人死亡未确定继承人、遗产管理人，或者丧失民事行为能力未确定监护人；

（四）法律规定的其他情形。

标的物不适于提存或者提存费用过高的，债务人依法可以拍卖或者变卖标的物，提存所得的价款。

注解

提存，是指债务人于债务已届履行期时，将无法给付的标的物提交给提存部门，以消灭债务的债的消灭方式。提存可使债务人将无法交付给债权人的标的物交付给提存部门，消灭债权债务关系，为保护债务人的利益提供了一项行之有效的措施。

提存作为债的消灭原因，提存的标的物应与合同约定给付的标的物相符合，否则不发生清偿的效力。给付的标的物是债务人的行为、不行为或单纯的劳务，不适用提存。其他不适宜提存或者提存费用过高的，如容积过大之物，易燃易爆的危险物等，应由债务人依法拍卖或变卖，将所得的价金进行提存。

配套

《公证法》第 12 条；《企业破产法》第 117—119 条

第五百七十一条　【提存的成立】债务人将标的物或者将标的物依法拍卖、变卖所得价款交付提存部门时，提存成立。

提存成立的，视为债务人在其提存范围内已经交付标的物。

第五百七十二条　【提存的通知】标的物提存后，债务人应当及时通知债权人或者债权人的继承人、遗产管理人、监护人、财产代管人。

第五百七十三条　【提存期间风险、孳息和提存费用负担】标的物提存后，毁损、灭失的风险由债权人承担。提存期间，标的物的孳息归债权人所有。提存费用由债权人负担。

第五百七十四条　【提存物的领取与取回】债权人可以随时领取提存物。但是，债权人对债务人负有到期债务的，在债权人未履行债务或者提供担保之前，提存部门根据债务人的要求应当拒绝其领取提存物。

债权人领取提存物的权利，自提存之日起五年内不行使而消灭，提存物扣除提存费用后归国家所有。但是，债权人未履行对债务人的到期债务，或者债权人向提存部门书面表示放弃领取提存物权利的，债务人负担提存费用后有权取回提存物。

第五百七十五条　【债的免除】债权人免除债务人部分或者全部债务的，债权债务部分或者全部终止，但是债务人在合理期限内拒绝的除外。

注解

免除，是指债权人抛弃债权，从而全部或者部分消灭债的关系的单方法律行为。免除是无因行为、无偿行为、不要式行为。

免除应当具备的条件是：（1）免除的意思表示须向债务人为之，免除的意思表示到达债务人或其代理人时生效。（2）债权人须对被免除的债权具有处分能力，如法律禁止抛弃的债权不得免除。（3）免除不得损害第三人利益，如已就债权设定质权的债权人，不得免除债务人的债务而对抗质权人。

免除的效力是使债的关系消灭。债务全部免除的，债的关系全部消灭；债务部分免除的，债的关系于免除的范围内部分消灭。主债务因免除而消灭的，从债务随之消灭。但从债务免除的，不影响主债务的存在，但其他债务人不再负担该份债务。

债权人作出免除的意思表示后，债务人可以拒绝。债务人拒绝债务免除的意思表示，应当在合理期限之内为之，超出合理期限的，视为免除已经生效，消灭该债权债务关系。

第五百七十六条　【债权债务混同的处理】债权和债务同归于一人的，债权债务终止，但是损害第三人利益的除外。

混同，是指债权和债务同归于一人，而使合同关系消灭的事实。混同以债权与债务归属于同一人而成立，与人的意志无关，属于事件。混同的效力是导致债的关系的绝对消灭，并且主债务消灭，从债务也随之消灭，如保证债务因主债务人与债权人混同而消灭。混同虽然产生债的消灭的效力，但在例外的情形下，即损害第三人利益时，虽然债权人和债务人混同，但是合同并不消灭。

第八章　违约责任

第五百七十七条　【违约责任的种类】 当事人一方不履行合同义务或者履行合同义务不符合约定的，应当承担继续履行、采取补救措施或者赔偿损失等违约责任。

第五百七十八条　【预期违约责任】 当事人一方明确表示或者以自己的行为表明不履行合同义务的，对方可以在履行期限届满前请求其承担违约责任。

注解

预期违约，也称为先期违约，是指在履行期限到来前，一方无正当理由而明确表示其在履行期到来后将不履行合同，或者以其行为表明其在履行期到来以后将不可能履行合同。预期违约包括明示毁约和默示毁约。明示毁约是指一方当事人无正当理由，明确肯定地向另一方当事人表示他将在履行期限到来后不履行合同。默示毁约是指在履行期到来前，一方虽然没有明确表示不履行债务但以自己的行为或者现状表明其将不会或不能履行债务。

第五百七十九条　【金钱债务的继续履行】 当事人一方未支付价款、报酬、租金、利息，或者不履行其他金钱债务的，对方可以请求其支付。

第五百八十条　【非金钱债务的继续履行】 当事人一方不履行非金钱债务或者履行非金钱债务不符合约定的，对方可以请求履行，但是有下列情形之一的除外：

（一）法律上或者事实上不能履行；

（二）债务的标的不适于强制履行或者履行费用过高；

（三）债权人在合理期限内未请求履行。

有前款规定的除外情形之一，致使不能实现合同目的的，人民法院或者仲裁机构可以根据当事人的请求终止合同权利义务关系，但是不影响违约责任的承担。

注 解

不能请求继续履行具体包括以下情形：

（1）法律上或者事实上不能履行。法律上不能履行，指的是基于法律规定而不能履行，或者履行将违反法律的强制性规定。事实上不能履行，是指依据自然法则已经不能履行。人民法院或者仲裁机构应当对是否存在法律上或者事实上不能履行的情形进行审查。

（2）债务的标的不适于强制履行或者履行费用过高。债务的标的不适于强制履行，指依据债务的性质不适合强制履行，或者执行费用过高。履行费用过高，指履行仍然可能，但会导致履行方负担过重，产生不合理的过大的负担或者过高的费用。在判断履行费用是否过高时，需要对比履行的费用和债权人通过履行所可能获得的利益、履行的费用和采取其他补救措施的费用，还需要考量守约方从其他渠道获得履行进行替代交易的合理性和可能性。

（3）债权人在合理期限内未请求履行。此处的合理期限首先可以由当事人事先约定；如果没有约定或者约定不明确，当事人可以协议补充；无法协议补充的，按照合同有关条款或者交易习惯确定，这需要在个案中结合合同种类、性质、目的和交易习惯等因素予以具体判断。

第五百八十一条　【替代履行】当事人一方不履行债务或者履行债务不符合约定，根据债务的性质不得强制履行的，对方可以请求其负担由第三人替代履行的费用。

第五百八十二条　【瑕疵履行违约责任】履行不符合约定的，应当按照当事人的约定承担违约责任。对违约责任没有约定或者约定不明确，依据本法第五百一十条的规定仍不能确定的，受损害方根据标的的性质以及损失的大小，可以合理选择请求对方承担修理、重作、更换、退货、减少价款或者报酬等违约责任。

第五百八十三条 【违约损害赔偿责任】当事人一方不履行合同义务或者履行合同义务不符合约定的，在履行义务或者采取补救措施后，对方还有其他损失的，应当赔偿损失。

第五百八十四条 【法定的违约赔偿损失】当事人一方不履行合同义务或者履行合同义务不符合约定，造成对方损失的，损失赔偿额应当相当于因违约所造成的损失，包括合同履行后可以获得的利益；但是，不得超过违约一方订立合同时预见到或者应当预见到的因违约可能造成的损失。

注 解

违约的赔偿损失包括法定的赔偿损失和约定的赔偿损失，本条规定的是法定的违约赔偿损失。承担违约赔偿损失责任的构成要件包括：（1）有违约行为，即当事人一方不履行合同义务或者履行合同义务不符合约定。（2）违约行为造成了对方的损失。如果违约行为未给对方造成损失，则不能用赔偿损失的方式追究违约人的民事责任。（3）违约行为与对方损失之间有因果关系，对方的损失是违约行为所导致的。（4）无免责事由。

《最高人民法院关于适用〈中华人民共和国民法典〉合同编通则若干问题的解释》第60条第3款规定："非违约方依法行使合同解除权但是未实施替代交易，主张按照违约行为发生后合理期间内合同履行地的市场价格与合同价格的差额确定合同履行后可以获得的利益的，人民法院应予支持。"

第五百八十五条 【违约金的约定】当事人可以约定一方违约时应当根据违约情况向对方支付一定数额的违约金，也可以约定因违约产生的损失赔偿额的计算方法。

约定的违约金低于造成的损失的，人民法院或者仲裁机构可以根据当事人的请求予以增加；约定的违约金过分高于造成的损失的，人民法院或者仲裁机构可以根据当事人的请求予以适当减少。

当事人就迟延履行约定违约金的，违约方支付违约金后，还应当履行债务。

买卖合同因违约而解除后，守约方主张继续适用违约金条款的，人民法院应予支持；但约定的违约金过分高于造成的损失的，人民法院可以参照民法典第585条第2款的规定处理。

买卖合同当事人一方以对方违约为由主张支付违约金，对方以合同不成立、合同未生效、合同无效或者不构成违约等为由进行免责抗辩而未主张调整过高的违约金的，人民法院应当就法院若不支持免责抗辩，当事人是否需要主张调整违约金进行释明。一审法院认为免责抗辩成立且未予释明，二审法院认为应当判决支付违约金的，可以直接释明并改判。

应 用

122. 当事人主张约定的违约金过高请求予以适当减少时，人民法院如何酌定

网络主播违反约定的排他性合作条款，未经直播平台同意在其他平台从事类似业务的，应当依法承担违约责任。网络主播主张合同约定的违约金明显过高请求予以减少的，在实际损失难以确定的情形下，人民法院可以根据网络直播行业特点，以网络主播从平台中获取的实际收益为参考基础，结合平台前期投入、平台流量、主播个体商业价值等因素合理酌定。（最高人民法院指导案例189号：上海熊猫互娱文化有限公司诉李岑、昆山播爱游信息技术有限公司合同纠纷案）

配 套

《最高人民法院关于审理买卖合同纠纷案件适用法律问题的解释》第20条、第21条；《最高人民法院关于适用〈中华人民共和国民法典〉合同编通则若干问题的解释》第20、21条

第五百八十六条　【定金】当事人可以约定一方向对方给付定金作为债权的担保。定金合同自实际交付定金时成立。

定金的数额由当事人约定；但是，不得超过主合同标的额的

百分之二十，超过部分不产生定金的效力。实际交付的定金数额多于或者少于约定数额的，视为变更约定的定金数额。

定金，就是指当事人约定的，为保证债权的实现，由一方在履行前预先向对方给付的一定数量的货币或者其他代替物。定金是担保的一种，本条规定的是违约定金。

定金合同是民事法律行为的一种，适用民事法律行为的一般规则，可以在合同的主文中载明，也可以单独设立。但是，按照本条第 1 款的规定，定金合同是实践性合同，自实际交付定金时才成立，当然定金交付的时间由双方当事人约定。当事人订立定金合同后，不履行交付定金的约定，不承担违约责任。同时，定金合同是一种从合同，应参照本法第 682 条第 1 款的规定，主债权债务合同无效、被撤销或者确定不发生效力，定金合同也随之无效或者不发生效力。但是，在主合同因违约而被解除后，根据本法第 566 条第 2 款的规定"合同因违约解除的，解除权人可以请求违约方承担违约责任，但是当事人另有约定的除外"，解除权人仍有权依据定金罚则请求违约方承担责任。

第五百八十七条　【定金罚则】债务人履行债务的，定金应当抵作价款或者收回。给付定金的一方不履行债务或者履行债务不符合约定，致使不能实现合同目的的，无权请求返还定金；收受定金的一方不履行债务或者履行债务不符合约定，致使不能实现合同目的的，应当双倍返还定金。

《最高人民法院关于适用〈中华人民共和国民法典〉合同编通则若干问题的解释》第 67、68 条

第五百八十八条　【违约金与定金竞合选择权】当事人既约定违约金，又约定定金的，一方违约时，对方可以选择适用违约金或者定金条款。

定金不足以弥补一方违约造成的损失的，对方可以请求赔偿超过定金数额的损失。

合同既约定了违约金，又约定了定金，在当事人不存在明确的特别约定的情况下，如果一方违约，对方当事人可以选择适用违约金或者定金条款，但二者不能并用。不能并用的前提是针对同一违约行为。如果违约金和定金是针对不同的违约行为，则存在并用的可能性，但不应超过违约行为所造成的损失总额。

第五百八十九条　【债权人受领迟延】 债务人按照约定履行债务，债权人无正当理由拒绝受领的，债务人可以请求债权人赔偿增加的费用。

在债权人受领迟延期间，债务人无须支付利息。

注解

债权人无正当理由拒绝受领，并不会使得债务人的给付义务消灭。但是，债权人受领债务人的履行，是债权人的权利，同时也是其义务，对该义务的违反一般不会导致债权人的违约责任，而是使债务人的负担或者责任减轻或者使得债权人负担由此给债务人增加的费用，可被认为是不真正义务，除非法律另有规定或者当事人另有约定。所谓给债务人增加的费用，包括：（1）债务人提出给付的费用，例如，货物往返运送的费用、履行债务所支付的交通费用、通知费用等；（2）保管给付物的必要费用；（3）其他费用，例如对不宜保存的标的物的处理费用。同时，本条第2款规定，在债权人受领迟延期间，债务人无须支付利息。

第五百九十条　【因不可抗力不能履行合同】 当事人一方因不可抗力不能履行合同的，根据不可抗力的影响，部分或者全部免除责任，但是法律另有规定的除外。因不可抗力不能履行合同的，应当及时通知对方，以减轻可能给对方造成的损失，并应当在合理期限内提供证明。

当事人迟延履行后发生不可抗力的，不免除其违约责任。

注解

当事人一方因不可抗力不能履行合同的，并不一定全部免除责任，而是要根据不可抗力的实际影响程度确定。不可抗力是不能履行合同的部分原因的，部分免除责任；不可抗力是不能履行合同的全部原因的，全部免除责任；法律如果另有规定的，依照规定，例如保价邮包因不可抗力发生灭失的，不免除赔偿责任。当因不可抗力不能履行合同时，一方当事人应当及时通知对方，以减轻可能给对方造成的损失，同时，应当在合理期限内提供因不可抗力而不能履行合同的证明。

第五百九十一条　【非违约方防止损失扩大义务】 当事人一方违约后，对方应当采取适当措施防止损失的扩大；没有采取适当措施致使损失扩大的，不得就扩大的损失请求赔偿。

当事人因防止损失扩大而支出的合理费用，由违约方负担。

注解

《最高人民法院关于适用〈中华人民共和国民法典〉合同编通则若干问题的解释》第61条第2款规定："非违约方主张按照合同解除后剩余履行期限相应的价款、租金等扣除履约成本确定合同履行后可以获得的利益的，人民法院不予支持。但是，剩余履行期限少于寻找替代交易的合理期限的除外。"第63条第3款规定："在确定违约损失赔偿额时，违约方主张扣除非违约方未采取适当措施导致的扩大损失、非违约方也有过错造成的相应损失、非违约方因违约获得的额外利益或者减少的必要支出的，人民法院依法予以支持。"

应用

123. 非违约方防止损失扩大的认定

因发包人提供错误的地质报告致使建设工程停工，当事人对停工时间未作约定或未达成协议的，承包人不应盲目等待而放任停工状态的持续以及停工损失的扩大。对于由此导致的停工损失所依据的停工时间的确定，也不能简单地以停工状态的自然持续时间为准，而是应根据案件事实综合确定一定的合理期间作为停工时间。[河南省偃师市鑫龙建安工程有限公司与洛阳理工学院、河南省第六建筑工程公司索赔及工程欠款纠纷案（《最高人民法院公报》2013年第1期）]

配套

《最高人民法院关于审理买卖合同纠纷案件适用法律问题的解释》第22

条；《最高人民法院关于适用〈中华人民共和国民法典〉合同编通则若干问题的解释》第 22 条

第五百九十二条 【双方违约和与有过错规则】当事人都违反合同的，应当各自承担相应的责任。

当事人一方违约造成对方损失，对方对损失的发生有过错的，可以减少相应的损失赔偿额。

> **注解**
>
> 本条第 2 款关于过失相抵的规则为新增规定。在合同履行过程中，当事人一方的违约行为造成对方损失，但是受损害方对损失的发生也有过错的，构成合同责任中的与有过失，应当实行过失相抵。过失相抵的法律后果是，按照受损害一方当事人对损害发生的过错程度，可以减少违约方相应的损失赔偿额。

第五百九十三条 【因第三人原因造成违约情况下的责任承担】当事人一方因第三人的原因造成违约的，应当依法向对方承担违约责任。当事人一方和第三人之间的纠纷，依照法律规定或者按照约定处理。

第五百九十四条 【国际贸易合同诉讼时效和仲裁时效】因国际货物买卖合同和技术进出口合同争议提起诉讼或者申请仲裁的时效期间为四年。

第二分编 典型合同

第九章 买卖合同

第五百九十五条 【买卖合同的概念】买卖合同是出卖人转移标的物的所有权于买受人，买受人支付价款的合同。

注 解

买卖合同是最重要的传统合同，其法律特征是：（1）买卖合同是转移标的物的所有权的合同；（2）买卖合同是双务合同；（3）买卖合同是有偿合同；（4）买卖合同是诺成性合同；（5）买卖合同一般是不要式合同。

第五百九十六条　【买卖合同条款】 买卖合同的内容一般包括标的物的名称、数量、质量、价款、履行期限、履行地点和方式、包装方式、检验标准和方法、结算方式、合同使用的文字及其效力等条款。

注 解

标的物是买卖合同双方当事人权利义务的指向对象。有关标的物的条款是合同的主要条款。

第五百九十七条　【无权处分的违约责任】 因出卖人未取得处分权致使标的物所有权不能转移的，买受人可以解除合同并请求出卖人承担违约责任。

法律、行政法规禁止或者限制转让的标的物，依照其规定。

注 解

对标的物的买卖，其实就是对标的物所有权的转移，在买卖合同中，取得标的物的所有权是买受人的交易目的，将标的物的所有权转移给买受人，是出卖人的主要义务。转移标的物的所有权是在交付标的物的基础上实现的。如果因出卖人未取得标的物的处分权，致使标的物所有权不能转移的，就不能实现转让标的物及其所有权的义务，买受人也无法取得标的物的所有权，出卖人构成根本违约，因而买受人享有法定解除权，可以解除买卖合同，并请求出卖人承担违约责任。

买卖合同转让的标的物须具有合法流通性，如果是法律、行政法规禁止或者限制转让的标的物，依照其规定，不能转让或者限制转让。如根据《野生动物保护法》的规定，国家重点保护野生动物及其制品是禁止出售、购买的。

《宪法》第 10 条；《土地管理法》第 2 条；《城市房地产管理法》第 38 条；《野生动物保护法》第 27 条、第 28 条；《文物保护法》第 24 条、第 25 条、第 51 条

第五百九十八条　【出卖人基本义务】出卖人应当履行向买受人交付标的物或者交付提取标的物的单证，并转移标的物所有权的义务。

注解

交付标的物，是将标的物交付给买受人，如果标的物是用提取标的物的单证形态表现的，交付提取标的物的单证也构成交付，例如交付仓单。

配套

《土地管理法》第 12 条；《城市房地产管理法》第 60 条、第 61 条；《民用航空法》第 14 条；《道路交通安全法》第 8 条、第 12 条

第五百九十九条　【出卖人义务：交付单证、交付资料】出卖人应当按照约定或者交易习惯向买受人交付提取标的物单证以外的有关单证和资料。

应用

124. 提取标的物单证以外的有关单证和资料

民法典第五百九十九条规定的"提取标的物单证以外的有关单证和资料"，主要应当包括保险单、保修单、普通发票、增值税专用发票、产品合格证、质量保证书、质量鉴定书、品质检验证书、产品进出口检疫书、原产地证明书、使用说明书、装箱单等。

配套

《最高人民法院关于审理买卖合同纠纷案件适用法律问题的解释》第 4 条、第 5 条；《最高人民法院关于适用〈中华人民共和国民法典〉合同编通则若干问题的解释》第 26 条

第六百条　【买卖合同知识产权保留条款】出卖具有知识产

权的标的物的，除法律另有规定或者当事人另有约定外，该标的物的知识产权不属于买受人。

注 解

　　出卖具有知识产权的标的物的，除了法律另有规定或者当事人另有约定之外，该标的物的知识产权并不随同标的物的所有权一并转移于买受人。这就是"知识产权保留条款"。例如购买著作权人享有著作权的作品，只能买到这本书，而不能买到这本书的著作权，著作权仍然保留在作者手中。

配 套

《著作权法》第20条；《计算机软件保护条例》第9-14条

　　第六百零一条　【出卖人义务：交付期间】出卖人应当按照约定的时间交付标的物。约定交付期限的，出卖人可以在该交付期限内的任何时间交付。

　　第六百零二条　【标的物交付期限不明时的处理】当事人没有约定标的物的交付期限或者约定不明确的，适用本法第五百一十条、第五百一十一条第四项的规定。

　　第六百零三条　【买卖合同标的物的交付地点】出卖人应当按照约定的地点交付标的物。

　　当事人没有约定交付地点或者约定不明确，依据本法第五百一十条的规定仍不能确定的，适用下列规定：

　　（一）标的物需要运输的，出卖人应当将标的物交付给第一承运人以运交给买受人；

　　（二）标的物不需要运输，出卖人和买受人订立合同时知道标的物在某一地点的，出卖人应当在该地点交付标的物；不知道标的物在某一地点的，应当在出卖人订立合同时的营业地交付标的物。

应 用

125. 标的物需要运输的

根据《最高人民法院关于审理买卖合同纠纷案件适用法律问题的解释》

第8条，民法典第六百零三条第二款第一项规定的"标的物需要运输的"，是指标的物由出卖人负责办理托运，承运人系独立于买卖合同当事人之外的运输业者的情形。标的物毁损、灭失的风险负担，按照民法典第六百零七条第二款的规定处理。

第六百零四条 【标的物的风险承担】标的物毁损、灭失的风险，在标的物交付之前由出卖人承担，交付之后由买受人承担，但是法律另有规定或者当事人另有约定的除外。

注解

买卖合同标的物意外灭失风险负担，是指对买卖合同标的物由于不可归责于双方当事人的事由而毁损、灭失所造成的损失应当由谁承担的规则。根据该条规定，对于标的物毁损、灭失风险的承担采用的是交付转移原则，即交付之前由出卖人承担，交付之后由买受人承担。买受人此时承担标的物风险不以其是否取得标的物的所有权为前提。此为标的物风险转移的一般规则，如果法律另有规定或者当事人另有约定的除外。

配套

《最高人民法院关于审理买卖合同纠纷案件适用法律问题的解释》第9条

第六百零五条 【迟延交付标的物的风险负担】因买受人的原因致使标的物未按照约定的期限交付的，买受人应当自违反约定时起承担标的物毁损、灭失的风险。

配套

《最高人民法院关于审理买卖合同纠纷案件适用法律问题的解释》第10条

第六百零六条 【路货买卖中的标的物风险转移】出卖人出卖交由承运人运输的在途标的物，除当事人另有约定外，毁损、灭失的风险自合同成立时起由买受人承担。

《最高人民法院关于审理买卖合同纠纷案件适用法律问题的解释》第10条

第六百零七条 【需要运输的标的物风险负担】出卖人按照约定将标的物运送至买受人指定地点并交付给承运人后，标的物毁损、灭失的风险由买受人承担。

当事人没有约定交付地点或者约定不明确，依据本法第六百零三条第二款第一项的规定标的物需要运输的，出卖人将标的物交付给第一承运人后，标的物毁损、灭失的风险由买受人承担。

第六百零八条 【买受人不履行接受标的物义务的风险负担】出卖人按照约定或者依据本法第六百零三条第二款第二项的规定将标的物置于交付地点，买受人违反约定没有收取的，标的物毁损、灭失的风险自违反约定时起由买受人承担。

第六百零九条 【未交付单证、资料的风险负担】出卖人按照约定未交付有关标的物的单证和资料的，不影响标的物毁损、灭失风险的转移。

注解

没有交付单证和资料，并不意味着权属没有转移。交付单证和资料仅仅是从义务，而不是主义务。买卖合同只要完成交付标的物的主义务，标的物的所有权就发生转移。因此，不能因为有关单证和资料没有交付而认为交付没有完成。既然标的物的所有权已经发生转移，标的物意外灭失风险当然也就由买受人负担。

第六百一十条 【根本违约】因标的物不符合质量要求，致使不能实现合同目的的，买受人可以拒绝接受标的物或者解除合同。买受人拒绝接受标的物或者解除合同的，标的物毁损、灭失的风险由出卖人承担。

配套

《最高人民法院关于审理买卖合同纠纷案件适用法律问题的解释》第
33条

第六百一十一条　【买受人承担风险与出卖人违约责任关系】 标的物毁损、灭失的风险由买受人承担的，不影响因出卖人履行义务不符合约定，买受人请求其承担违约责任的权利。

注解

本条是对标的物意外灭失风险负担不影响违约责任的规定。

标的物意外灭失风险负担，与承担违约责任是两种不同的规则，前者是由于买卖合同的标的物发生不可归责于当事人的原因而意外灭失，法律判断这种意外灭失风险由哪一方负担的规则；后者是当事人一方违反合同义务，应当向对方承担违约责任，救济对方因违约而发生损害的规则。

第六百一十二条　【出卖人的权利瑕疵担保义务】 出卖人就交付的标的物，负有保证第三人对该标的物不享有任何权利的义务，但是法律另有规定的除外。

注解

出卖人的权利瑕疵担保，是指卖方应保证对其所出售的标的物享有合法的权利，没有侵犯任何第三人的权利，并且任何第三人都不会就该标的物向买受人主张任何权利。买卖合同根本上就是标的物所有权的转让，因此，出卖人的这项义务也就是其一项最基本的义务。具体来说，出卖人的权利瑕疵担保义务包括：（1）出卖人对出卖的标的物享有合法的权利，即须对标的物具有所有权或者处分权。（2）出卖人应当保证在其出售的标的物上不存在任何未曾向买方透露的他人可以主张的权利，如抵押权、租赁权等。（3）出卖人应当保证标的物没有侵犯他人的知识产权。

第六百一十三条　【权利瑕疵担保责任之免除】 买受人订立合同时知道或者应当知道第三人对买卖的标的物享有权利的，出卖人不承担前条规定的义务。

第六百一十四条 **【买受人的中止支付价款权】**买受人有确切证据证明第三人对标的物享有权利的，可以中止支付相应的价款，但是出卖人提供适当担保的除外。

第六百一十五条 **【买卖标的物的质量瑕疵担保】**出卖人应当按照约定的质量要求交付标的物。出卖人提供有关标的物质量说明的，交付的标的物应当符合该说明的质量要求。

配套

《消费者权益保护法》第18条、第23条；《产品质量法》第26条

第六百一十六条 **【标的物法定质量担保义务】**当事人对标的物的质量要求没有约定或者约定不明确，依据本法第五百一十条的规定仍不能确定的，适用本法第五百一十一条第一项的规定。

注解

在买卖合同中，当事人如果对标的物的质量标准没有约定或者约定不明确，可以通过法律规定的质量标准确定方法予以确定。确定的办法是：(1) 依照《民法典》第510条进行补充协商，确定标的物的质量标准；(2) 在补充协商中，双方当事人不能达成补充协议的，应当依照《民法典》第511条第1项规定，首先按照合同的有关条款或者交易习惯确定；(3) 按照合同的有关条款或者交易习惯仍然不能确定的，出卖人应按照国家标准、行业标准履行；没有国家标准、行业标准的，出卖人应按照通常标准或者符合合同目的的特定标准确定。

第六百一十七条 **【质量瑕疵担保责任】**出卖人交付的标的物不符合质量要求的，买受人可以依据本法第五百八十二条至第五百八十四条的规定请求承担违约责任。

配套

《消费者权益保护法》第23条

第六百一十八条 **【标的物瑕疵担保责任减免的特约效力】**

当事人约定减轻或者免除出卖人对标的物瑕疵承担的责任，因出卖人故意或者重大过失不告知买受人标的物瑕疵的，出卖人无权主张减轻或者免除责任。

　　如果出卖人因故意或者重大过失不向买受人告知标的物存在瑕疵的，属于隐瞒标的物瑕疵，构成产品欺诈，出卖人无权主张减轻或者免除责任，应当承担违约责任，采取补救措施或者承担赔偿责任，符合法律规定的甚至要承担惩罚性赔偿责任。

　　第六百一十九条　【标的物的包装方式】 出卖人应当按照约定的包装方式交付标的物。对包装方式没有约定或者约定不明确，依据本法第五百一十条的规定仍不能确定的，应当按照通用的方式包装；没有通用方式的，应当采取足以保护标的物且有利于节约资源、保护生态环境的包装方式。

　　第六百二十条　【买受人的检验义务】 买受人收到标的物时应当在约定的检验期限内检验。没有约定检验期限的，应当及时检验。

　　第六百二十一条　【买受人检验标的物的异议通知】 当事人约定检验期限的，买受人应当在检验期限内将标的物的数量或者质量不符合约定的情形通知出卖人。买受人怠于通知的，视为标的物的数量或者质量符合约定。

　　当事人没有约定检验期限的，买受人应当在发现或者应当发现标的物的数量或者质量不符合约定的合理期限内通知出卖人。买受人在合理期限内未通知或者自收到标的物之日起二年内未通知出卖人的，视为标的物的数量或者质量符合约定；但是，对标的物有质量保证期的，适用质量保证期，不适用该二年的规定。

　　出卖人知道或者应当知道提供的标的物不符合约定的，买受人不受前两款规定的通知时间的限制。

126. 合理期限

根据《最高人民法院关于审理买卖合同纠纷案件适用法律问题的解释》第 12 条，人民法院具体认定民法典第六百二十一条第二款规定的"合理期限"时，应当综合当事人之间的交易性质、交易目的、交易方式、交易习惯、标的物的种类、数量、性质、安装和使用情况、瑕疵的性质、买受人应尽的合理注意义务、检验方法和难易程度、买受人或者检验人所处的具体环境、自身技能以及其他合理因素，依据诚实信用原则进行判断。民法典第六百二十一条第二款规定的"二年"是最长的合理期限。该期限为不变期间，不适用诉讼时效中止、中断或者延长的规定。

第六百二十二条　【检验期限或质量保证期过短的处理】 当事人约定的检验期限过短，根据标的物的性质和交易习惯，买受人在检验期限内难以完成全面检验的，该期限仅视为买受人对标的物的外观瑕疵提出异议的期限。

约定的检验期限或者质量保证期短于法律、行政法规规定期限的，应当以法律、行政法规规定的期限为准。

《最高人民法院关于审理买卖合同纠纷案件适用法律问题的解释》第 17 条

第六百二十三条　【标的物数量和外观瑕疵检验】 当事人对检验期限未作约定，买受人签收的送货单、确认单等载明标的物数量、型号、规格的，推定买受人已经对数量和外观瑕疵进行检验，但是有相关证据足以推翻的除外。

第六百二十四条　【向第三人履行情形的检验标准】 出卖人依照买受人的指示向第三人交付标的物，出卖人和买受人约定的检验标准与买受人和第三人约定的检验标准不一致的，以出卖人和买受人约定的检验标准为准。

第六百二十五条　【出卖人的回收义务】 依照法律、行政法规的规定或者按照当事人的约定，标的物在有效使用年限届满后应予回收的，出卖人负有自行或者委托第三人对标的物予以回收的义务。

第六百二十六条 【买受人支付价款及方式】买受人应当按照约定的数额和支付方式支付价款。对价款的数额和支付方式没有约定或者约定不明确的，适用本法第五百一十条、第五百一十一条第二项和第五项的规定。

第六百二十七条 【买受人支付价款的地点】买受人应当按照约定的地点支付价款。对支付地点没有约定或者约定不明确，依据本法第五百一十条的规定仍不能确定的，买受人应当在出卖人的营业地支付；但是，约定支付价款以交付标的物或者交付提取标的物单证为条件的，在交付标的物或者交付提取标的物单证的所在地支付。

第六百二十八条 【买受人支付价款的时间】买受人应当按照约定的时间支付价款。对支付时间没有约定或者约定不明确，依据本法第五百一十条的规定仍不能确定的，买受人应当在收到标的物或者提取标的物单证的同时支付。

配套

《最高人民法院关于审理买卖合同纠纷案件适用法律问题的解释》第24条

第六百二十九条 【出卖人多交标的物的处理】出卖人多交标的物的，买受人可以接收或者拒绝接收多交的部分。买受人接收多交部分的，按照约定的价格支付价款；买受人拒绝接收多交部分的，应当及时通知出卖人。

注解

根据本条的规定，买受人拒绝接收多交部分标的物的，可以代为保管多交部分标的物。买受人主张出卖人负担代为保管期间的合理费用的，人民法院应予支持。买受人主张出卖人承担代为保管期间非因买受人故意或者重大过失造成的损失的，人民法院应予支持。

配 套

《最高人民法院关于审理买卖合同纠纷案件适用法律问题的解释》第3条

第六百三十条　【买卖合同标的物孳息的归属】标的物在交付之前产生的孳息，归出卖人所有；交付之后产生的孳息，归买受人所有。但是，当事人另有约定的除外。

注 解

标的物于合同订立前后所生孳息的归属，即利益承受，与买卖合同的标的物风险负担密切相关，二者遵循同一原则，即权利归谁所有，利益和风险就归谁享有或者负担。

标的物的孳息，是指标的物在合同履行期间产生的增值或者收益，既包括天然孳息，也包括法定孳息。前者如树木的果实、牲畜的幼畜；后者如出租房屋的租金。

利益承受的规则是：（1）交付之前产生的孳息，归出卖人所有，例如买卖牲畜，在交付之前出生的幼畜，归出卖人所有。（2）交付之后产生的孳息，由买受人所有，例如交付之后的出租房屋，收取的租金归买受人所有。（3）合同另有约定的，依其约定，不适用上述规则。

第六百三十一条　【主物与从物在解除合同时的效力】因标的物的主物不符合约定而解除合同的，解除合同的效力及于从物。因标的物的从物不符合约定被解除的，解除的效力不及于主物。

第六百三十二条　【数物买卖合同的解除】标的物为数物，其中一物不符合约定的，买受人可以就该物解除。但是，该物与他物分离使标的物的价值显受损害的，买受人可以就数物解除合同。

第六百三十三条　【分批交付标的物的情况下解除合同的情形】出卖人分批交付标的物的，出卖人对其中一批标的物不交付或者交付不符合约定，致使该批标的物不能实现合同目的的，买受人可以就该批标的物解除。

出卖人不交付其中一批标的物或者交付不符合约定，致使之后其他各批标的物的交付不能实现合同目的的，买受人可以就该批以及之后其他各批标的物解除。

买受人如果就其中一批标的物解除，该批标的物与其他各批标的物相互依存的，可以就已经交付和未交付的各批标的物解除。

注解

本条涉及长期供货合同分批交付标的物的情况，如果出卖人不适当履行的，买受人要求解除合同，受本条规定调整。一般情况下，出卖人不适当履行某一批标的物的交付，买受人可以针对该批标的物不适当履行的情况，要求出卖人承担违约责任。出卖人就某批标的物的交付构成根本违约，即交付的结果将导致该批以及之后其他各批标的物的交付不能实现合同目的的，买受人有权以该批标的物的交付违约为由，解除长期供货合同该部分及之后应当交付部分的内容。法律并未明确说明属于这类情形的具体情况，因为合同实践是复杂的，立法只能作出一个原则性的规定，具体适用的尺度把握应当具体问题具体分析。但是需要明确指出的是，某批标的物交付的根本违约，将致使今后各批的交付也构成根本违约的情况必须是十分明显的，才能适用这一规定。

第六百三十四条 【分期付款买卖】 分期付款的买受人未支付到期价款的数额达到全部价款的五分之一，经催告后在合理期限内仍未支付到期价款的，出卖人可以请求买受人支付全部价款或者解除合同。

出卖人解除合同的，可以向买受人请求支付该标的物的使用费。

应用

127. 分期付款

根据《最高人民法院关于审理买卖合同纠纷案件适用法律问题的解释》，

民法典第六百三十四条第一款规定的"分期付款",系指买受人将应付的总价款在一定期限内至少分三次向出卖人支付。分期付款买卖合同的约定违反民法典第六百三十四条第一款的规定,损害买受人利益,买受人主张该约定无效的,人民法院应予支持。

第六百三十五条 【凭样品买卖合同】凭样品买卖的当事人应当封存样品,并可以对样品质量予以说明。出卖人交付的标的物应当与样品及其说明的质量相同。

注解

样品买卖,是指当事人双方约定用以决定标的物品质的样品,出卖人交付的标的物应当与样品具有相同品质。

合同约定的样品质量与文字说明不一致且发生纠纷时当事人不能达成合意,样品封存后外观和内在品质没有发生变化的,人民法院应当以样品为准;外观和内在品质发生变化,或者当事人对是否发生变化有争议而又无法查明的,人民法院应当以文字说明为准。

配套

《最高人民法院关于审理买卖合同纠纷案件适用法律问题的解释》第29条

第六百三十六条 【凭样品买卖合同样品存在隐蔽瑕疵的处理】凭样品买卖的买受人不知道样品有隐蔽瑕疵的,即使交付的标的物与样品相同,出卖人交付的标的物的质量仍然应当符合同种物的通常标准。

第六百三十七条 【试用买卖的试用期限】试用买卖的当事人可以约定标的物的试用期限。对试用期限没有约定或者约定不明确,依据本法第五百一十条的规定仍不能确定的,由出卖人确定。

应用

128. 如何认定试用买卖

《最高人民法院关于审理买卖合同纠纷案件适用法律问题的解释》第30

条规定，买卖合同存在下列约定内容之一的，不属于试用买卖。买受人主张属于试用买卖的，人民法院不予支持：（1）约定标的物经过试用或者检验符合一定要求时，买受人应当购买标的物；（2）约定第三人经试验对标的物认可时，买受人应当购买标的物；（3）约定买受人在一定期限内可以调换标的物；（4）约定买受人在一定期限内可以退还标的物。

第六百三十八条 **【试用买卖合同买受人对标的物购买选择权】**试用买卖的买受人在试用期内可以购买标的物，也可以拒绝购买。试用期限届满，买受人对是否购买标的物未作表示的，视为购买。

试用买卖的买受人在试用期内已经支付部分价款或者对标的物实施出卖、出租、设立担保物权等行为的，视为同意购买。

第六百三十九条 **【试用买卖使用费】**试用买卖的当事人对标的物使用费没有约定或者约定不明确的，出卖人无权请求买受人支付。

第六百四十条 **【试用买卖中的风险承担】**标的物在试用期内毁损、灭失的风险由出卖人承担。

第六百四十一条 **【标的物所有权保留条款】**当事人可以在买卖合同中约定买受人未履行支付价款或者其他义务的，标的物的所有权属于出卖人。

出卖人对标的物保留的所有权，未经登记，不得对抗善意第三人。

注 解

买卖合同中的所有权保留，是指买受人虽先占有、使用标的物，但在双方当事人约定的特定条件（通常是价款的一部或者全部清偿）成就之前，出卖人保留标的物的所有权，待条件成就后，再将所有权转移给买受人的特别约定。这种合同类型一般适用于动产买卖。所有权保留的担保物权，可以进行担保物权的登记。出卖人对标的物保留的所有权未经登记的，不得对抗善意第三人。

配套

《最高人民法院关于审理买卖合同纠纷案件适用法律问题的解释》第
25 条

第六百四十二条　【所有权保留中出卖人的取回权】当事人
约定出卖人保留合同标的物的所有权，在标的物所有权转移前，
买受人有下列情形之一，造成出卖人损害的，除当事人另有约定
外，出卖人有权取回标的物：

（一）未按照约定支付价款，经催告后在合理期限内仍未支付；

（二）未按照约定完成特定条件；

（三）将标的物出卖、出质或者作出其他不当处分。

出卖人可以与买受人协商取回标的物；协商不成的，可以参
照适用担保物权的实现程序。

注解

所有权保留作为担保物权的一种，最重要的担保价值，就在于出卖人将
分期付款的标的物交付买受人后，还保留自己对标的物的所有权，正是基于
该所有权保留，出卖人享有买卖合同标的物的取回权。当出现危及其价款债
权的情形时，出卖人行使取回权，追回交付给买受人占有的买卖标的物。

配套

《最高人民法院关于审理买卖合同纠纷案件适用法律问题的解释》第 26
条；《最高人民法院关于适用〈中华人民共和国民法典〉有关担保制度的解
释》第 64 条

第六百四十三条　【买受人回赎权及出卖人再出卖权】出卖
人依据前条第一款的规定取回标的物后，买受人在双方约定或者
出卖人指定的合理回赎期限内，消除出卖人取回标的物的事由
的，可以请求回赎标的物。

买受人在回赎期限内没有回赎标的物，出卖人可以以合理价
格将标的物出卖给第三人，出卖所得价款扣除买受人未支付的价

款以及必要费用后仍有剩余的，应当返还买受人；不足部分由买受人清偿。

　　第六百四十四条　　【招标投标买卖的法律适用】招标投标买卖的当事人的权利和义务以及招标投标程序等，依照有关法律、行政法规的规定。

配套

　　《招标投标法》；《反不正当竞争法》第 15 条

　　第六百四十五条　　【拍卖的法律适用】拍卖的当事人的权利和义务以及拍卖程序等，依照有关法律、行政法规的规定。

配套

　　《拍卖法》

　　第六百四十六条　　【买卖合同准用于有偿合同】法律对其他有偿合同有规定的，依照其规定；没有规定的，参照适用买卖合同的有关规定。

配套

　　《最高人民法院关于审理买卖合同纠纷案件适用法律问题的解释》第 32 条

　　第六百四十七条　　【易货交易的法律适用】当事人约定易货交易，转移标的物的所有权的，参照适用买卖合同的有关规定。

第十章　供用电、水、气、热力合同

　　第六百四十八条　　【供用电合同概念及强制缔约义务】供用电合同是供电人向用电人供电，用电人支付电费的合同。

　　向社会公众供电的供电人，不得拒绝用电人合理的订立合同要求。

第六百四十九条 【供用电合同的内容】供用电合同的内容一般包括供电的方式、质量、时间，用电容量、地址、性质，计量方式，电价、电费的结算方式，供用电设施的维护责任等条款。

配套

《电力法》第 27 条；《电力供应与使用条例》第 33 条

第六百五十条 【供用电合同的履行地点】供用电合同的履行地点，按照当事人约定；当事人没有约定或者约定不明确的，供电设施的产权分界处为履行地点。

第六百五十一条 【供电人的安全供电义务】供电人应当按照国家规定的供电质量标准和约定安全供电。供电人未按照国家规定的供电质量标准和约定安全供电，造成用电人损失的，应当承担赔偿责任。

配套

《电力法》第 28 条、第 59 条、第 60 条；《电力供应与使用条例》第 19-24 条

第六百五十二条 【供电人中断供电时的通知义务】供电人因供电设施计划检修、临时检修、依法限电或者用电人违法用电等原因，需要中断供电时，应当按照国家有关规定事先通知用电人；未事先通知用电人中断供电，造成用电人损失的，应当承担赔偿责任。

配套

《电力法》第 29 条；《电力供应与使用条例》第 28 条

第六百五十三条 【供电人抢修义务】因自然灾害等原因断电，供电人应当按照国家有关规定及时抢修；未及时抢修，造成用电人损失的，应当承担赔偿责任。

《电力法》第30条

第六百五十四条 **【用电人支付电费的义务】**用电人应当按照国家有关规定和当事人的约定及时支付电费。用电人逾期不支付电费的，应当按照约定支付违约金。经催告用电人在合理期限内仍不支付电费和违约金的，供电人可以按照国家规定的程序中止供电。

供电人依据前款规定中止供电的，应当事先通知用电人。

《电力法》第33条；《电力供应与使用条例》第23-26条、第34条

第六百五十五条 **【用电人安全用电义务】**用电人应当按照国家有关规定和当事人的约定安全、节约和计划用电。用电人未按照国家有关规定和当事人的约定用电，造成供电人损失的，应当承担赔偿责任。

《电力法》第32条、第59条、第60条；《电力供应与使用条例》第29-31条

第六百五十六条 **【供用水、气、热力合同参照适用供用电合同】**供用水、供用气、供用热力合同，参照适用供用电合同的有关规定。

《城市供水条例》；《城镇燃气管理条例》

第十一章 赠与合同

第六百五十七条 **【赠与合同的概念】**赠与合同是赠与人将自己的财产无偿给予受赠人，受赠人表示接受赠与的合同。

赠与合同是指赠与人将自己的财产及权利无偿给予受赠人，受赠人表示接受赠与的合同。赠与合同是诺成性、单务合同。赠与行为是赠与人依法处分自己财产的法律行为，要求自然人必须有民事行为能力。接受赠与是一种纯获利的行为，法律承认无民事行为能力人和限制民事行为能力人的受赠人法律地位。

第六百五十八条 【赠与的任意撤销及限制】赠与人在赠与财产的权利转移之前可以撤销赠与。

经过公证的赠与合同或者依法不得撤销的具有救灾、扶贫、助残等公益、道德义务性质的赠与合同，不适用前款规定。

婚前或者婚姻关系存续期间，当事人约定将一方所有的房产赠与另一方或者共有，赠与方在赠与房产变更登记之前撤销赠与，另一方请求判令继续履行的，人民法院可以按照本条的规定处理。

《公益事业捐赠法》第2-5条；《最高人民法院关于适用〈中华人民共和国民法典〉婚姻家庭编的解释（一）》第32条

第六百五十九条 【赠与特殊财产需要办理有关法律手续】赠与的财产依法需要办理登记或者其他手续的，应当办理有关手续。

第六百六十条 【法定不得撤销赠与的赠与人不交付赠与财产的责任】经过公证的赠与合同或者依法不得撤销的具有救灾、扶贫、助残等公益、道德义务性质的赠与合同，赠与人不交付赠与财产的，受赠人可以请求交付。

依据前款规定应当交付的赠与财产因赠与人故意或者重大过失致使毁损、灭失的，赠与人应当承担赔偿责任。

第六百六十一条 【附义务的赠与合同】赠与可以附义务。

赠与附义务的，受赠人应当按照约定履行义务。

　　赠与所附的义务不得违反法律和社会公共利益，不得违背公序良俗，否则赠与合同无效。

　　赠与附义务的，受赠人应当按照约定履行义务。如果赠与人已经为给付，而受赠人不履行其义务的，赠与人得请求受赠人履行其义务，或者依法撤销赠与，以不当得利请求返还赠与的财产。如果受赠人受领的赠与的财产的价值不足以补偿其履行义务所为的给付时，受赠人是否得继续履行其义务，我国法律没有明确规定，根据诚实信用原则和公平原则，一般认为这时受赠人仅于赠与财产的价值限度内履行其义务。

　　第六百六十二条　**【赠与财产的瑕疵担保责任】**赠与的财产有瑕疵的，赠与人不承担责任。附义务的赠与，赠与的财产有瑕疵的，赠与人在附义务的限度内承担与出卖人相同的责任。

　　赠与人故意不告知瑕疵或者保证无瑕疵，造成受赠人损失的，应当承担赔偿责任。

　　第六百六十三条　**【赠与人的法定撤销情形及撤销权行使期间】**受赠人有下列情形之一的，赠与人可以撤销赠与：

　　（一）严重侵害赠与人或者赠与人近亲属的合法权益；

　　（二）对赠与人有扶养义务而不履行；

　　（三）不履行赠与合同约定的义务。

　　赠与人的撤销权，自知道或者应当知道撤销事由之日起一年内行使。

　　第六百六十四条　**【赠与人的继承人或法定代理人的撤销权】**因受赠人的违法行为致使赠与人死亡或者丧失民事行为能力的，赠与人的继承人或者法定代理人可以撤销赠与。

　　赠与人的继承人或者法定代理人的撤销权，自知道或者应当知道撤销事由之日起六个月内行使。

　　第六百六十五条　**【撤销赠与的效力】**撤销权人撤销赠与的，可以向受赠人请求返还赠与的财产。

第六百六十六条 　【赠与义务的免除】赠与人的经济状况显著恶化，严重影响其生产经营或者家庭生活的，可以不再履行赠与义务。

第十二章　借款合同

第六百六十七条 　【借款合同的定义】借款合同是借款人向贷款人借款，到期返还借款并支付利息的合同。

注解

借款合同的特征是：（1）借款合同的标的物为货币。（2）借款合同是转让借款所有权的合同。货币是消耗物，一旦交付给借款人，则该部分货币即归借款人所有，贷款人对该部分货币的所有权则转化为合同到期时主张借款人偿还本息的请求权。（3）借款合同一般是有偿合同，除法律另有规定外，借款人按一定标准支付利息。自然人之间借款对利息如无约定或约定不明确，视为不支付利息。（4）借款合同一般是诺成、双务合同。

第六百六十八条 　【借款合同的形式和内容】借款合同应当采用书面形式，但是自然人之间借款另有约定的除外。

借款合同的内容一般包括借款种类、币种、用途、数额、利率、期限和还款方式等条款。

配套

《商业银行法》第 37 条

第六百六十九条 　【借款合同借款人的告知义务】订立借款合同，借款人应当按照贷款人的要求提供与借款有关的业务活动和财务状况的真实情况。

配套

《商业银行法》第 35 条

第六百七十条 【借款利息不得预先扣除】借款的利息不得预先在本金中扣除。利息预先在本金中扣除的，应当按照实际借款数额返还借款并计算利息。

第六百七十一条 【提供及收取借款迟延责任】贷款人未按照约定的日期、数额提供借款，造成借款人损失的，应当赔偿损失。

借款人未按照约定的日期、数额收取借款的，应当按照约定的日期、数额支付利息。

配套

《商业银行法》第42条

第六百七十二条 【贷款人对借款使用情况检查、监督的权利】贷款人按照约定可以检查、监督借款的使用情况。借款人应当按照约定向贷款人定期提供有关财务会计报表或者其他资料。

第六百七十三条 【借款人违约使用借款的后果】借款人未按照约定的借款用途使用借款的，贷款人可以停止发放借款、提前收回借款或者解除合同。

第六百七十四条 【借款利息支付期限的确定】借款人应当按照约定的期限支付利息。对支付利息的期限没有约定或者约定不明确，依据本法第五百一十条的规定仍不能确定，借款期间不满一年的，应当在返还借款时一并支付；借款期间一年以上的，应当在每届满一年时支付，剩余期间不满一年的，应当在返还借款时一并支付。

配套

《商业银行法》第42条

第六百七十五条 【还款期限的确定】借款人应当按照约定的期限返还借款。对借款期限没有约定或者约定不明确，依据本法第五百一十条的规定仍不能确定的，借款人可以随时返还；贷款人可以催告借款人在合理期限内返还。

第六百七十六条 【借款合同违约责任承担】借款人未按照约定的期限返还借款的，应当按照约定或者国家有关规定支付逾期利息。

第六百七十七条 【提前偿还借款】借款人提前返还借款的，除当事人另有约定外，应当按照实际借款的期间计算利息。

第六百七十八条 【借款展期】借款人可以在还款期限届满前向贷款人申请展期；贷款人同意的，可以展期。

第六百七十九条 【自然人之间借款合同的成立】自然人之间的借款合同，自贷款人提供借款时成立。

第六百八十条 【借款利率和利息】禁止高利放贷，借款的利率不得违反国家有关规定。

借款合同对支付利息没有约定的，视为没有利息。

借款合同对支付利息约定不明确，当事人不能达成补充协议的，按照当地或者当事人的交易方式、交易习惯、市场利率等因素确定利息；自然人之间借款的，视为没有利息。

注解

为解决民间借贷领域存在的突出问题，本条第 1 款明确规定禁止高利放贷。根据《最高人民法院关于审理民间借贷案件适用法律若干问题的规定》第 25 条："出借人请求借款人按照合同约定利率支付利息的，人民法院应予支持，但是双方约定的利率超过合同成立时一年期贷款市场报价利率四倍的除外。前款所称'一年期贷款市场报价利率'，是指中国人民银行授权全国银行间同业拆借中心自 2019 年 8 月 20 日起每月发布的一年期贷款市场报价利率。"

第十三章 保证合同

第一节 一般规定

第六百八十一条 【保证合同的概念】 保证合同是为保障债权的实现，保证人和债权人约定，当债务人不履行到期债务或者发生当事人约定的情形时，保证人履行债务或者承担责任的合同。

注解

保证是指法人、非法人组织和公民以其信誉和不特定的财产为他们的债务提供担保，当债务人不履行其债务时，该第三人按照约定履行债务或者承担责任的担保方式。这里的第三人叫作保证人，保证人必须是主合同以外的第三人。债务人不得为自己的债务作保证，且保证人应当具有清偿债务的能力，必须具有足以承担保证责任的财产，具有代为清偿能力是保证人应当具备的条件。这里的债权人既是主合同等主债的债权人，又是保证合同中的债权人，"保证人履行债务或者承担责任的合同"构成保证债务或保证责任。保证属于人的担保范畴，而不同于抵押、质押、留置等物的担保形式。保证不是以具体的财产提供担保，而是以保证人的信誉和不特定的财产为他人的债务提供担保。

第六百八十二条 【保证合同的附从性及被确认无效后的责任分配】 保证合同是主债权债务合同的从合同。主债权债务合同无效的，保证合同无效，但是法律另有规定的除外。

保证合同被确认无效后，债务人、保证人、债权人有过错的，应当根据其过错各自承担相应的民事责任。

注解

保证合同是主债权债务合同的从合同，具有附从性，以主合同的存在或将来可能存在为前提，随主合同的消灭而消灭。保证担保的范围不得超过主合同中的债务，不得与主合同债务分离而移转。但本条第1款同时又规定了但书条款，即"法律另有规定的除外"。最高人民法院发布的《关于审理独立保函纠纷案件若干问题的规定》明确了在国内交易中允许银行或非银行金融机构有资格开具独立保函。

第六百八十三条　**【保证人的资格】**机关法人不得为保证人，但是经国务院批准为使用外国政府或者国际经济组织贷款进行转贷的除外。

以公益为目的的非营利法人、非法人组织不得为保证人。

配套

《商业银行法》第22条

第六百八十四条　**【保证合同的一般内容】**保证合同的内容一般包括被保证的主债权的种类、数额，债务人履行债务的期限，保证的方式、范围和期间等条款。

第六百八十五条　**【保证合同的订立】**保证合同可以是单独订立的书面合同，也可以是主债权债务合同中的保证条款。

第三人单方以书面形式向债权人作出保证，债权人接收且未提出异议的，保证合同成立。

第六百八十六条　**【保证方式】**保证的方式包括一般保证和连带责任保证。

当事人在保证合同中对保证方式没有约定或者约定不明确的，按照一般保证承担保证责任。

配套

《最高人民法院关于适用〈中华人民共和国民法典〉有关担保制度的解释》第10条、第14条、第25-29条

第六百八十七条　**【一般保证及先诉抗辩权】**当事人在保证合同中约定，债务人不能履行债务时，由保证人承担保证责任的，为一般保证。

一般保证的保证人在主合同纠纷未经审判或者仲裁，并就债

务人财产依法强制执行仍不能履行债务前，有权拒绝向债权人承担保证责任，但是有下列情形之一的除外：

（一）债务人下落不明，且无财产可供执行；

（二）人民法院已经受理债务人破产案件；

（三）债权人有证据证明债务人的财产不足以履行全部债务或者丧失履行债务能力；

（四）保证人书面表示放弃本款规定的权利。

第六百八十八条　【连带责任保证】当事人在保证合同中约定保证人和债务人对债务承担连带责任的，为连带责任保证。

连带责任保证的债务人不履行到期债务或者发生当事人约定的情形时，债权人可以请求债务人履行债务，也可以请求保证人在其保证范围内承担保证责任。

第六百八十九条　【反担保】保证人可以要求债务人提供反担保。

第六百九十条　【最高额保证合同】保证人与债权人可以协商订立最高额保证的合同，约定在最高债权额限度内就一定期间连续发生的债权提供保证。

最高额保证除适用本章规定外，参照适用本法第二编最高额抵押权的有关规定。

第二节　保证责任

第六百九十一条　【保证责任的范围】保证的范围包括主债权及其利息、违约金、损害赔偿金和实现债权的费用。当事人另有约定的，按照其约定。

配套

《最高人民法院关于适用〈中华人民共和国民法典〉有关担保制度的解释》第 3 条

第六百九十二条 【保证期间】保证期间是确定保证人承担保证责任的期间，不发生中止、中断和延长。

债权人与保证人可以约定保证期间，但是约定的保证期间早于主债务履行期限或者与主债务履行期限同时届满的，视为没有约定；没有约定或者约定不明确的，保证期间为主债务履行期限届满之日起六个月。

债权人与债务人对主债务履行期限没有约定或者约定不明确的，保证期间自债权人请求债务人履行债务的宽限期届满之日起计算。

注解

保证期间具有如下特征：第一，保证期间是就保证责任的承担所设定的期间。从性质上说，保证期间是确定保证人承担保证责任的期间，它既非保证合同的有效期间，也非附期限合同中的期限，而仅仅是针对保证责任的承担所设定的期限。第二，保证期间由当事人约定或法律规定。保证期间可以由法律作出明确规定，也可以由当事人通过特别约定确定，在当事人没有约定或约定不明时，才适用法律规定的保证期间。保证期间设立的目的在于限制保证人的责任、保障保证人的利益，当事人可以就保证期间作出特别约定，按照私法自治的原则，此种约定应当有效。第三，保证期间是保证合同的组成部分。保证合同的当事人可以就保证期间作出约定，只要此种约定不违反法律的强制性规定，该约定就是有效的，其应当成为保证合同的重要组成部分。

第六百九十三条 【保证期间届满的法律效果】一般保证的债权人未在保证期间对债务人提起诉讼或者申请仲裁的，保证人不再承担保证责任。

连带责任保证的债权人未在保证期间请求保证人承担保证责任的，保证人不再承担保证责任。

第六百九十四条 【保证债务的诉讼时效】一般保证的债权人在保证期间届满前对债务人提起诉讼或者申请仲裁的，从保证人拒绝承担保证责任的权利消灭之日起，开始计算保证债务的诉讼时效。

连带责任保证的债权人在保证期间届满前请求保证人承担保证责任的，从债权人请求保证人承担保证责任之日起，开始计算保证债务的诉讼时效。

第六百九十五条 【主合同变更对保证责任的影响】债权人和债务人未经保证人书面同意，协商变更主债权债务合同内容，减轻债务的，保证人仍对变更后的债务承担保证责任；加重债务的，保证人对加重的部分不承担保证责任。

债权人和债务人变更主债权债务合同的履行期限，未经保证人书面同意的，保证期间不受影响。

第六百九十六条 【债权转让时保证人的保证责任】债权人转让全部或者部分债权，未通知保证人的，该转让对保证人不发生效力。

保证人与债权人约定禁止债权转让，债权人未经保证人书面同意转让债权的，保证人对受让人不再承担保证责任。

第六百九十七条 【债务承担对保证责任的影响】债权人未经保证人书面同意，允许债务人转移全部或者部分债务，保证人对未经其同意转移的债务不再承担保证责任，但是债权人和保证人另有约定的除外。

第三人加入债务的，保证人的保证责任不受影响。

第六百九十八条 【一般保证人免责】一般保证的保证人在主债务履行期限届满后，向债权人提供债务人可供执行财产的真实情况，债权人放弃或者怠于行使权利致使该财产不能被执行的，保证人在其提供可供执行财产的价值范围内不再承担保证责任。

第六百九十九条 【共同保证】同一债务有两个以上保证人的，保证人应当按照保证合同约定的保证份额，承担保证责任；

没有约定保证份额的，债权人可以请求任何一个保证人在其保证范围内承担保证责任。

配 套

《最高人民法院关于适用〈中华人民共和国民法典〉有关担保制度的解释》第13条、第14条

第七百条　【保证人的追偿权】保证人承担保证责任后，除当事人另有约定外，有权在其承担保证责任的范围内向债务人追偿，享有债权人对债务人的权利，但是不得损害债权人的利益。

第七百零一条　【保证人的抗辩权】保证人可以主张债务人对债权人的抗辩。债务人放弃抗辩的，保证人仍有权向债权人主张抗辩。

第七百零二条　【抵销权或撤销权范围内的免责】债务人对债权人享有抵销权或者撤销权的，保证人可以在相应范围内拒绝承担保证责任。

第十四章　租赁合同

第七百零三条　【租赁合同的概念】租赁合同是出租人将租赁物交付承租人使用、收益，承租人支付租金的合同。

第七百零四条　【租赁合同的内容】租赁合同的内容一般包括租赁物的名称、数量、用途、租赁期限、租金及其支付期限和方式、租赁物维修等条款。

配 套

《海商法》第130条、第145条

第七百零五条　【租赁期限的最高限制】租赁期限不得超过二十年。超过二十年的，超过部分无效。

租赁期限届满，当事人可以续订租赁合同；但是，约定的租赁期限自续订之日起不得超过二十年。

第七百零六条 　**【租赁合同登记对合同效力影响】** 当事人未依照法律、行政法规规定办理租赁合同登记备案手续的，不影响合同的效力。

第七百零七条 　**【租赁合同形式】** 租赁期限六个月以上的，应当采用书面形式。当事人未采用书面形式，无法确定租赁期限的，视为不定期租赁。

第七百零八条 　**【出租人义务】** 出租人应当按照约定将租赁物交付承租人，并在租赁期限内保持租赁物符合约定的用途。

第七百零九条 　**【承租人义务】** 承租人应当按照约定的方法使用租赁物。对租赁物的使用方法没有约定或者约定不明确，依据本法第五百一十条的规定仍不能确定的，应当根据租赁物的性质使用。

第七百一十条 　**【承租人合理使用租赁物的免责】** 承租人按照约定的方法或者根据租赁物的性质使用租赁物，致使租赁物受到损耗的，不承担赔偿责任。

第七百一十一条 　**【承租人未合理使用租赁物的责任】** 承租人未按照约定的方法或者未根据租赁物的性质使用租赁物，致使租赁物受到损失的，出租人可以解除合同并请求赔偿损失。

配套

《最高人民法院关于审理城镇房屋租赁合同纠纷案件具体应用法律若干问题的解释》第 6 条

第七百一十二条 　**【出租人的维修义务】** 出租人应当履行租赁物的维修义务，但是当事人另有约定的除外。

配套

《海商法》第 132 条、第 133 条、第 146 条

第七百一十三条 【租赁物的维修和维修费负担】承租人在租赁物需要维修时可以请求出租人在合理期限内维修。出租人未履行维修义务的，承租人可以自行维修，维修费用由出租人负担。因维修租赁物影响承租人使用的，应当相应减少租金或者延长租期。

因承租人的过错致使租赁物需要维修的，出租人不承担前款规定的维修义务。

第七百一十四条 【承租人的租赁物妥善保管义务】承租人应当妥善保管租赁物，因保管不善造成租赁物毁损、灭失的，应当承担赔偿责任。

第七百一十五条 【承租人对租赁物进行改善或增设他物】承租人经出租人同意，可以对租赁物进行改善或者增设他物。

承租人未经出租人同意，对租赁物进行改善或者增设他物的，出租人可以请求承租人恢复原状或者赔偿损失。

配套

《最高人民法院关于审理城镇房屋租赁合同纠纷案件具体应用法律若干问题的解释》第 7-12 条

第七百一十六条 【转租】承租人经出租人同意，可以将租赁物转租给第三人。承租人转租的，承租人与出租人之间的租赁合同继续有效；第三人造成租赁物损失的，承租人应当赔偿损失。

承租人未经出租人同意转租的，出租人可以解除合同。

配套

《海商法》第 137 条、第 138 条、第 150 条

第七百一十七条 【转租期限】承租人经出租人同意将租赁物转租给第三人，转租期限超过承租人剩余租赁期限的，超过部

分的约定对出租人不具有法律约束力，但是出租人与承租人另有约定的除外。

第七百一十八条 【出租人同意转租的推定】出租人知道或者应当知道承租人转租，但是在六个月内未提出异议的，视为出租人同意转租。

第七百一十九条 【次承租人的代为清偿权】承租人拖欠租金的，次承租人可以代承租人支付其欠付的租金和违约金，但是转租合同对出租人不具有法律约束力的除外。

次承租人代为支付的租金和违约金，可以充抵次承租人应当向承租人支付的租金；超出其应付的租金数额的，可以向承租人追偿。

第七百二十条 【租赁物的收益归属】在租赁期限内因占有、使用租赁物获得的收益，归承租人所有，但是当事人另有约定的除外。

第七百二十一条 【租金支付期限】承租人应当按照约定的期限支付租金。对支付租金的期限没有约定或者约定不明确，依据本法第五百一十条的规定仍不能确定，租赁期限不满一年的，应当在租赁期限届满时支付；租赁期限一年以上的，应当在每届满一年时支付，剩余期限不满一年的，应当在租赁期限届满时支付。

配套

《海商法》第 140 条

第七百二十二条 【承租人的租金支付义务】承租人无正当理由未支付或者迟延支付租金的，出租人可以请求承租人在合理期限内支付；承租人逾期不支付的，出租人可以解除合同。

配套

《海商法》第 140 条

第七百二十三条 **【出租人的权利瑕疵担保责任】** 因第三人主张权利，致使承租人不能对租赁物使用、收益的，承租人可以请求减少租金或者不支付租金。

第三人主张权利的，承租人应当及时通知出租人。

第七百二十四条 **【承租人解除合同的法定情形】** 有下列情形之一，非因承租人原因致使租赁物无法使用的，承租人可以解除合同：

（一）租赁物被司法机关或者行政机关依法查封、扣押；

（二）租赁物权属有争议；

（三）租赁物具有违反法律、行政法规关于使用条件的强制性规定情形。

第七百二十五条 **【买卖不破租赁】** 租赁物在承租人按照租赁合同占有期限内发生所有权变动的，不影响租赁合同的效力。

应 用

129. 买卖尚处于租赁期间的房屋，承租人的履约能力不属于出卖人先合同义务

买卖尚处于租赁期间的房屋，出卖人应当告知买受人房屋租赁合同的内容，但承租人的履约能力属于商业风险范畴，不属于出卖人先合同义务，买受人应自行审查与承担。租赁期间房屋产权发生变更，除当事人有特别约定外，租金自产权变更之日归买受人所有。买受人在产权变更后，因租金难以收取，以出卖人有缔约过失、交付房屋存在瑕疵为由，要求出卖人承担租金损失的，人民法院不予支持。[唐学富、庞华与合肥建鑫房地产开发有限公司给付瑕疵担保责任纠纷案（《最高人民法院公报》2020 年第 2 期）]

配 套

《最高人民法院关于审理城镇房屋租赁合同纠纷案件具体应用法律若干问题的解释》第 14 条

第七百二十六条 **【房屋承租人的优先购买权】** 出租人出卖租赁房屋的，应当在出卖之前的合理期限内通知承租人，承租人

享有以同等条件优先购买的权利；但是，房屋按份共有人行使优先购买权或者出租人将房屋出卖给近亲属的除外。

出租人履行通知义务后，承租人在十五日内未明确表示购买的，视为承租人放弃优先购买权。

配套

《最高人民法院关于审理城镇房屋租赁合同纠纷案件具体应用法律若干问题的解释》第 15 条

第七百二十七条　【承租人对拍卖房屋的优先购买权】出租人委托拍卖人拍卖租赁房屋的，应当在拍卖五日前通知承租人。承租人未参加拍卖的，视为放弃优先购买权。

第七百二十八条　【妨害承租人优先购买权的赔偿责任】出租人未通知承租人或者有其他妨害承租人行使优先购买权情形的，承租人可以请求出租人承担赔偿责任。但是，出租人与第三人订立的房屋买卖合同的效力不受影响。

第七百二十九条　【租赁物毁损、灭失的法律后果】因不可归责于承租人的事由，致使租赁物部分或者全部毁损、灭失的，承租人可以请求减少租金或者不支付租金；因租赁物部分或者全部毁损、灭失，致使不能实现合同目的的，承租人可以解除合同。

第七百三十条　【租期不明的处理】当事人对租赁期限没有约定或者约定不明确，依据本法第五百一十条的规定仍不能确定的，视为不定期租赁；当事人可以随时解除合同，但是应当在合理期限之前通知对方。

配套

《最高人民法院关于审理涉及农村土地承包纠纷案件适用法律问题的解释》第 16 条

第七百三十一条　【租赁物质量不合格时承租人的解除权】租赁物危及承租人的安全或者健康的，即使承租人订立合同时明知该租赁物质量不合格，承租人仍然可以随时解除合同。

第七百三十二条 【房屋承租人死亡时租赁关系的处理】承租人在房屋租赁期限内死亡的，与其生前共同居住的人或者共同经营人可以按照原租赁合同租赁该房屋。

第七百三十三条 【租赁物的返还】租赁期限届满，承租人应当返还租赁物。返还的租赁物应当符合按照约定或者根据租赁物的性质使用后的状态。

配套

《海商法》第 142-153 条

第七百三十四条 【租赁期限届满的续租及优先承租权】租赁期限届满，承租人继续使用租赁物，出租人没有提出异议的，原租赁合同继续有效，但是租赁期限为不定期。

租赁期限届满，房屋承租人享有以同等条件优先承租的权利。

第十五章 融资租赁合同

第七百三十五条 【融资租赁合同的概念】融资租赁合同是出租人根据承租人对出卖人、租赁物的选择，向出卖人购买租赁物，提供给承租人使用，承租人支付租金的合同。

配套

《最高人民法院关于审理融资租赁合同纠纷案件适用法律问题的解释》第 1 条、第 2 条

第七百三十六条 【融资租赁合同的内容】融资租赁合同的内容一般包括租赁物的名称、数量、规格、技术性能、检验方法，租赁期限，租金构成及其支付期限和方式、币种，租赁期限届满租赁物的归属等条款。

融资租赁合同应当采用书面形式。

第七百三十七条　【融资租赁通谋虚伪表示】当事人以虚构租赁物方式订立的融资租赁合同无效。

第七百三十八条　【特定租赁物经营许可对合同效力影响】依照法律、行政法规的规定，对于租赁物的经营使用应当取得行政许可的，出租人未取得行政许可不影响融资租赁合同的效力。

第七百三十九条　【融资租赁标的物的交付】出租人根据承租人对出卖人、租赁物的选择订立的买卖合同，出卖人应当按照约定向承租人交付标的物，承租人享有与受领标的物有关的买受人的权利。

第七百四十条　【承租人的拒绝受领权】出卖人违反向承租人交付标的物的义务，有下列情形之一的，承租人可以拒绝受领出卖人向其交付的标的物：

（一）标的物严重不符合约定；

（二）未按照约定交付标的物，经承租人或者出租人催告后在合理期限内仍未交付。

承租人拒绝受领标的物的，应当及时通知出租人。

第七百四十一条　【承租人的索赔权】出租人、出卖人、承租人可以约定，出卖人不履行买卖合同义务的，由承租人行使索赔的权利。承租人行使索赔权利的，出租人应当协助。

第七百四十二条　【承租人行使索赔权的租金支付义务】承租人对出卖人行使索赔权利，不影响其履行支付租金的义务。但是，承租人依赖出租人的技能确定租赁物或者出租人干预选择租赁物的，承租人可以请求减免相应租金。

第七百四十三条　【承租人索赔不能的违约责任承担】出租人有下列情形之一，致使承租人对出卖人行使索赔权利失败的，承租人有权请求出租人承担相应的责任：

（一）明知租赁物有质量瑕疵而不告知承租人；

（二）承租人行使索赔权利时，未及时提供必要协助。

出租人怠于行使只能由其对出卖人行使的索赔权利，造成承租人损失的，承租人有权请求出租人承担赔偿责任。

第七百四十四条　【出租人不得擅自变更买卖合同内容】出租人根据承租人对出卖人、租赁物的选择订立的买卖合同，未经承租人同意，出租人不得变更与承租人有关的合同内容。

配套

《最高人民法院关于审理融资租赁合同纠纷案件适用法律问题的解释》第4条

第七百四十五条　【租赁物的登记对抗效力】出租人对租赁物享有的所有权，未经登记，不得对抗善意第三人。

第七百四十六条　【租金的确定规则】融资租赁合同的租金，除当事人另有约定外，应当根据购买租赁物的大部分或者全部成本以及出租人的合理利润确定。

第七百四十七条　【租赁物瑕疵担保责任】租赁物不符合约定或者不符合使用目的的，出租人不承担责任。但是，承租人依赖出租人的技能确定租赁物或者出租人干预选择租赁物的除外。

配套

《最高人民法院关于审理融资租赁合同纠纷案件适用法律问题的解释》第8条

第七百四十八条　【出租人保证承租人占有和使用租赁物】出租人应当保证承租人对租赁物的占有和使用。

出租人有下列情形之一的，承租人有权请求其赔偿损失：

（一）无正当理由收回租赁物；

（二）无正当理由妨碍、干扰承租人对租赁物的占有和使用；

（三）因出租人的原因致使第三人对租赁物主张权利；

（四）不当影响承租人对租赁物占有和使用的其他情形。

配 套

《最高人民法院关于审理融资租赁合同纠纷案件适用法律问题的解释》
第6条

第七百四十九条 **【租赁物致人损害的责任承担】**承租人占
有租赁物期间，租赁物造成第三人人身损害或者财产损失的，出
租人不承担责任。

第七百五十条 **【租赁物的保管、使用、维修】**承租人应当
妥善保管、使用租赁物。

承租人应当履行占有租赁物期间的维修义务。

第七百五十一条 **【承租人占有租赁物毁损、灭失的租金承
担】**承租人占有租赁物期间，租赁物毁损、灭失的，出租人有权
请求承租人继续支付租金，但是法律另有规定或者当事人另有约
定的除外。

第七百五十二条 **【承租人支付租金的义务】**承租人应当按
照约定支付租金。承租人经催告后在合理期限内仍不支付租金的，
出租人可以请求支付全部租金；也可以解除合同，收回租赁物。

配 套

《最高人民法院关于审理融资租赁合同纠纷案件适用法律问题的解释》
第9-10条；《最高人民法院关于适用〈中华人民共和国民法典〉有关担保
制度的解释》第65条

第七百五十三条 **【承租人擅自处分租赁物时出租人的解除
权】**承租人未经出租人同意，将租赁物转让、抵押、质押、投资
入股或者以其他方式处分的，出租人可以解除融资租赁合同。

第七百五十四条 **【出租人或承租人均可解除融资租赁合同
情形】**有下列情形之一的，出租人或者承租人可以解除融资租赁
合同：

（一）出租人与出卖人订立的买卖合同解除、被确认无效或

者被撤销，且未能重新订立买卖合同；

（二）租赁物因不可归责于当事人的原因毁损、灭失，且不能修复或者确定替代物；

（三）因出卖人的原因致使融资租赁合同的目的不能实现。

应用

130. 出租人请求解除融资租赁合同的，人民法院应予支持的情形

根据《最高人民法院关于审理融资租赁合同纠纷案件适用法律问题的解释》，有下列情形之一，出租人请求解除融资租赁合同的，人民法院应予支持：（1）承租人未按照合同约定的期限和数额支付租金，符合合同约定的解除条件，经出租人催告后在合理期限内仍不支付的；（2）合同对于欠付租金解除合同的情形没有明确约定，但承租人欠付租金达到两期以上，或者数额达到全部租金百分之十五以上，经出租人催告后在合理期限内仍不支付的；（3）承租人违反合同约定，致使合同目的不能实现的其他情形。

第七百五十五条 　**【承租人承担出租人损失赔偿责任情形】**融资租赁合同因买卖合同解除、被确认无效或者被撤销而解除，出卖人、租赁物系由承租人选择的，出租人有权请求承租人赔偿相应损失；但是，因出租人原因致使买卖合同解除、被确认无效或者被撤销的除外。

出租人的损失已经在买卖合同解除、被确认无效或者被撤销时获得赔偿的，承租人不再承担相应的赔偿责任。

第七百五十六条 　**【租赁物意外毁损灭失】**融资租赁合同因租赁物交付承租人后意外毁损、灭失等不可归责于当事人的原因解除的，出租人可以请求承租人按照租赁物折旧情况给予补偿。

第七百五十七条 　**【租赁期满租赁物的归属】**出租人和承租人可以约定租赁期限届满租赁物的归属；对租赁物的归属没有约定或者约定不明确，依据本法第五百一十条的规定仍不能确定的，租赁物的所有权归出租人。

第七百五十八条 　**【承租人请求部分返还租赁物价值】**当事

人约定租赁期限届满租赁物归承租人所有，承租人已经支付大部分租金，但是无力支付剩余租金，出租人因此解除合同收回租赁物，收回的租赁物的价值超过承租人欠付的租金以及其他费用的，承租人可以请求相应返还。

当事人约定租赁期限届满租赁物归出租人所有，因租赁物毁损、灭失或者附合、混合于他物致使承租人不能返还的，出租人有权请求承租人给予合理补偿。

第七百五十九条　**【支付象征性价款时的租赁物归属】**当事人约定租赁期限届满，承租人仅需向出租人支付象征性价款的，视为约定的租金义务履行完毕后租赁物的所有权归承租人。

第七百六十条　**【融资租赁合同无效时租赁物的归属】**融资租赁合同无效，当事人就该情形下租赁物的归属有约定的，按照其约定；没有约定或者约定不明确的，租赁物应当返还出租人。但是，因承租人原因致使合同无效，出租人不请求返还或者返还后会显著降低租赁物效用的，租赁物的所有权归承租人，由承租人给予出租人合理补偿。

第十六章　保理合同

第七百六十一条　**【保理合同的概念】**保理合同是应收账款债权人将现有的或者将有的应收账款转让给保理人，保理人提供资金融通、应收账款管理或者催收、应收账款债务人付款担保等服务的合同。

配套

《最高人民法院关于适用〈中华人民共和国民法典〉有关担保制度的解释》

第七百六十二条　**【保理合同的内容与形式】**保理合同的内容一般包括业务类型、服务范围、服务期限、基础交易合同情况、应收账款信息、保理融资款或者服务报酬及其支付方式等条款。

保理合同应当采用书面形式。

第七百六十三条 【虚构应收账款】应收账款债权人与债务人虚构应收账款作为转让标的，与保理人订立保理合同的，应收账款债务人不得以应收账款不存在为由对抗保理人，但是保理人明知虚构的除外。

第七百六十四条 【保理人发出转让通知的表明身份义务】保理人向应收账款债务人发出应收账款转让通知的，应当表明保理人身份并附有必要凭证。

第七百六十五条 【无正当理由变更、终止基础交易合同对保理人的效力】应收账款债务人接到应收账款转让通知后，应收账款债权人与债务人无正当理由协商变更或者终止基础交易合同，对保理人产生不利影响的，对保理人不发生效力。

第七百六十六条 【有追索权保理】当事人约定有追索权保理的，保理人可以向应收账款债权人主张返还保理融资款本息或者回购应收账款债权，也可以向应收账款债务人主张应收账款债权。保理人向应收账款债务人主张应收账款债权，在扣除保理融资款本息和相关费用后有剩余的，剩余部分应当返还给应收账款债权人。

第七百六十七条 【无追索权保理】当事人约定无追索权保理的，保理人应当向应收账款债务人主张应收账款债权，保理人取得超过保理融资款本息和相关费用的部分，无需向应收账款债权人返还。

第七百六十八条 【多重保理的清偿顺序】应收账款债权人就同一应收账款订立多个保理合同，致使多个保理人主张权利的，已经登记的先于未登记的取得应收账款；均已经登记的，按照登记时间的先后顺序取得应收账款；均未登记的，由最先到达应收账款债务人的转让通知中载明的保理人取得应收账款；既未登记也未通知的，按照保理融资款或者服务报酬的比例取得应收账款。

配套

《最高人民法院关于适用〈中华人民共和国民法典〉有关担保制度的解释》第 66 条

第七百六十九条 【参照适用债权转让的规定】本章没有规定的，适用本编第六章债权转让的有关规定。

第十七章　承揽合同

第七百七十条 【承揽合同的定义及类型】承揽合同是承揽人按照定作人的要求完成工作，交付工作成果，定作人支付报酬的合同。

承揽包括加工、定作、修理、复制、测试、检验等工作。

第七百七十一条 【承揽合同的主要条款】承揽合同的内容一般包括承揽的标的、数量、质量、报酬，承揽方式，材料的提供，履行期限，验收标准和方法等条款。

第七百七十二条 【承揽人独立完成主要工作】承揽人应当以自己的设备、技术和劳力，完成主要工作，但是当事人另有约定的除外。

承揽人将其承揽的主要工作交由第三人完成的，应当就该第三人完成的工作成果向定作人负责；未经定作人同意的，定作人也可以解除合同。

第七百七十三条 【承揽人对辅助性工作的责任】承揽人可以将其承揽的辅助工作交由第三人完成。承揽人将其承揽的辅助工作交由第三人完成的，应当就该第三人完成的工作成果向定作人负责。

第七百七十四条 　【承揽人提供材料时的主要义务】承揽人提供材料的，应当按照约定选用材料，并接受定作人检验。

第七百七十五条 　【定作人提供材料时双方当事人的义务】定作人提供材料的，应当按照约定提供材料。承揽人对定作人提供的材料应当及时检验，发现不符合约定时，应当及时通知定作人更换、补齐或者采取其他补救措施。

承揽人不得擅自更换定作人提供的材料，不得更换不需要修理的零部件。

第七百七十六条 　【定作人要求不合理时双方当事人的义务】承揽人发现定作人提供的图纸或者技术要求不合理的，应当及时通知定作人。因定作人怠于答复等原因造成承揽人损失的，应当赔偿损失。

第七百七十七条 　【中途变更工作要求的责任】定作人中途变更承揽工作的要求，造成承揽人损失的，应当赔偿损失。

第七百七十八条 　【定作人的协助义务】承揽工作需要定作人协助的，定作人有协助的义务。定作人不履行协助义务致使承揽工作不能完成的，承揽人可以催告定作人在合理期限内履行义务，并可以顺延履行期限；定作人逾期不履行的，承揽人可以解除合同。

配 套

《最高人民法院第八次全国法院民事商事审判工作会议（民事部分）纪要》第 33 条

第七百七十九条 　【定作人监督检验承揽工作】承揽人在工作期间，应当接受定作人必要的监督检验。定作人不得因监督检验妨碍承揽人的正常工作。

第七百八十条 　【工作成果交付】承揽人完成工作的，应当向定作人交付工作成果，并提交必要的技术资料和有关质量证明。定作人应当验收该工作成果。

第七百八十一条 【工作成果质量不合约定的责任】承揽人交付的工作成果不符合质量要求的，定作人可以合理选择请求承揽人承担修理、重作、减少报酬、赔偿损失等违约责任。

配套

《产品质量法》第 40 条

第七百八十二条 【支付报酬期限】定作人应当按照约定的期限支付报酬。对支付报酬的期限没有约定或者约定不明确，依据本法第五百一十条的规定仍不能确定的，定作人应当在承揽人交付工作成果时支付；工作成果部分交付的，定作人应当相应支付。

第七百八十三条 【承揽人的留置权及同时履行抗辩权】定作人未向承揽人支付报酬或者材料费等价款的，承揽人对完成的工作成果享有留置权或者有权拒绝交付，但是当事人另有约定的除外。

第七百八十四条 【承揽人保管义务】承揽人应当妥善保管定作人提供的材料以及完成的工作成果，因保管不善造成毁损、灭失的，应当承担赔偿责任。

第七百八十五条 【承揽人的保密义务】承揽人应当按照定作人的要求保守秘密，未经定作人许可，不得留存复制品或者技术资料。

第七百八十六条 【共同承揽】共同承揽人对定作人承担连带责任，但是当事人另有约定的除外。

第七百八十七条 【定作人的任意解除权】定作人在承揽人完成工作前可以随时解除合同，造成承揽人损失的，应当赔偿损失。

第十八章 建设工程合同

第七百八十八条 【建设工程合同的定义】建设工程合同是承包人进行工程建设，发包人支付价款的合同。

建设工程合同包括工程勘察、设计、施工合同。

第七百八十九条 【建设工程合同形式】建设工程合同应当采用书面形式。

配套

《建筑法》第15条

第七百九十条 【工程招标投标】建设工程的招标投标活动，应当依照有关法律的规定公开、公平、公正进行。

配套

《建筑法》第16-22条；《招标投标法》第3条；《招标投标法实施条例》第2条；《最高人民法院关于审理建设工程施工合同纠纷案件适用法律问题的解释（一）》第2条

第七百九十一条 【总包与分包】发包人可以与总承包人订立建设工程合同，也可以分别与勘察人、设计人、施工人订立勘察、设计、施工承包合同。发包人不得将应当由一个承包人完成的建设工程支解成若干部分发包给数个承包人。

总承包人或者勘察、设计、施工承包人经发包人同意，可以将自己承包的部分工作交由第三人完成。第三人就其完成的工作成果与总承包人或者勘察、设计、施工承包人向发包人承担连带责任。承包人不得将其承包的全部建设工程转包给第三人或者将其承包的全部建设工程支解以后以分包的名义分别转包给第三人。

禁止承包人将工程分包给不具备相应资质条件的单位。禁止分包单位将其承包的工程再分包。建设工程主体结构的施工必须由承包人自行完成。

配套

《建筑法》第24条、第28条、第29条；《建设工程质量管理条例》第7条、第18条、第78条；《最高人民法院关于审理建设工程施工合同纠纷案件适用法律问题的解释（一）》第5条

第七百九十二条 【国家重大建设工程合同的订立】国家重大建设工程合同，应当按照国家规定的程序和国家批准的投资计划、可行性研究报告等文件订立。

第七百九十三条 【建设工程施工合同无效的处理】建设工程施工合同无效，但是建设工程经验收合格的，可以参照合同关于工程价款的约定折价补偿承包人。

建设工程施工合同无效，且建设工程经验收不合格的，按照以下情形处理：

（一）修复后的建设工程经验收合格的，发包人可以请求承包人承担修复费用；

（二）修复后的建设工程经验收不合格的，承包人无权请求参照合同关于工程价款的约定折价补偿。

发包人对因建设工程不合格造成的损失有过错的，应当承担相应的责任。

第七百九十四条 【勘察、设计合同主要内容】勘察、设计合同的内容一般包括提交有关基础资料和概预算等文件的期限、质量要求、费用以及其他协作条件等条款。

第七百九十五条 【施工合同主要内容】施工合同的内容一般包括工程范围、建设工期、中间交工工程的开工和竣工时间、工程质量、工程造价、技术资料交付时间、材料和设备供应责任、拨款和结算、竣工验收、质量保修范围和质量保证期、相互

协作等条款。

配套

《最高人民法院关于审理建设工程施工合同纠纷案件适用法律问题的解释（一）》第8-10条

第七百九十六条 **【建设工程监理】** 建设工程实行监理的，发包人应当与监理人采用书面形式订立委托监理合同。发包人与监理人的权利和义务以及法律责任，应当依照本编委托合同以及其他有关法律、行政法规的规定。

配套

《建筑法》第30-35条；《建设工程质量管理条例》第12条、第34-38条

第七百九十七条 **【发包人检查权】** 发包人在不妨碍承包人正常作业的情况下，可以随时对作业进度、质量进行检查。

第七百九十八条 **【隐蔽工程】** 隐蔽工程在隐蔽以前，承包人应当通知发包人检查。发包人没有及时检查的，承包人可以顺延工程日期，并有权请求赔偿停工、窝工等损失。

第七百九十九条 **【竣工验收】** 建设工程竣工后，发包人应当根据施工图纸及说明书、国家颁发的施工验收规范和质量检验标准及时进行验收。验收合格的，发包人应当按照约定支付价款，并接收该建设工程。

建设工程竣工经验收合格后，方可交付使用；未经验收或者验收不合格的，不得交付使用。

配套

《建筑法》第60条、第61条；《建设工程质量管理条例》第16条、第17条、第49条；《城镇燃气管理条例》第11条；《最高人民法院关于审理建设工程施工合同纠纷案件适用法律问题的解释（一）》第11条、第14条

第八百条 【勘察、设计人质量责任】勘察、设计的质量不符合要求或者未按照期限提交勘察、设计文件拖延工期，造成发包人损失的，勘察人、设计人应当继续完善勘察、设计，减收或者免收勘察、设计费并赔偿损失。

配套

《建筑法》第 52-56 条；《建设工程质量管理条例》第 18-24 条

第八百零一条 【施工人的质量责任】因施工人的原因致使建设工程质量不符合约定的，发包人有权请求施工人在合理期限内无偿修理或者返工、改建。经过修理或者返工、改建后，造成逾期交付的，施工人应当承担违约责任。

配套

《建筑法》第 58-60 条；《建设工程质量管理条例》第 25-33 条

第八百零二条 【质量保证责任】因承包人的原因致使建设工程在合理使用期限内造成人身损害和财产损失的，承包人应当承担赔偿责任。

配套

《建筑法》第 60-63 条；《建设工程质量管理条例》第 39-42 条；《最高人民法院关于审理建设工程施工合同纠纷案件适用法律问题的解释（一）》第 15 条

第八百零三条 【发包人违约责任】发包人未按照约定的时间和要求提供原材料、设备、场地、资金、技术资料的，承包人可以顺延工程日期，并有权请求赔偿停工、窝工等损失。

配套

《最高人民法院关于审理建设工程施工合同纠纷案件适用法律问题的解释（一）》第 13 条

第八百零四条 【发包人原因致工程停建、缓建的责任】因发包人的原因致使工程中途停建、缓建的，发包人应当采取措施弥补或者减少损失，赔偿承包人因此造成的停工、窝工、倒运、机械设备调迁、材料和构件积压等损失和实际费用。

配套

《最高人民法院关于审理建设工程施工合同纠纷案件适用法律问题的解释（一）》第 12 条

第八百零五条 【发包人原因致勘察、设计返工、停工或修改设计的责任】因发包人变更计划，提供的资料不准确，或者未按照期限提供必需的勘察、设计工作条件而造成勘察、设计的返工、停工或者修改设计，发包人应当按照勘察人、设计人实际消耗的工作量增付费用。

第八百零六条 【建设工程合同的法定解除】承包人将建设工程转包、违法分包的，发包人可以解除合同。

发包人提供的主要建筑材料、建筑构配件和设备不符合强制性标准或者不履行协助义务，致使承包人无法施工，经催告后在合理期限内仍未履行相应义务的，承包人可以解除合同。

合同解除后，已经完成的建设工程质量合格的，发包人应当按照约定支付相应的工程价款；已经完成的建设工程质量不合格的，参照本法第七百九十三条的规定处理。

第八百零七条 【工程价款的支付】发包人未按照约定支付价款的，承包人可以催告发包人在合理期限内支付价款。发包人逾期不支付的，除根据建设工程的性质不宜折价、拍卖外，承包人可以与发包人协议将该工程折价，也可以请求人民法院将该工程依法拍卖。建设工程的价款就该工程折价或者拍卖的价款优先受偿。

131. 建设工程中基坑工程承包人优先受偿权的认定

建设工程中基坑工程承包人投入的建筑材料和劳动力已物化到建筑物中，与建筑物不可分割，基坑施工合同的承包人应享有优先受偿权。对于同一建设工程，可能存在多个承包人，如承包人完成的工程属于建设工程，且共同完成的建设工程宜于折价、拍卖的，则应依法保障承包人的优先受偿权。根据建筑行业管理规范和办法，深基坑工程施工包括支护结构施工、地下水和地表水控制、土石方开挖等内容，故基坑支护、降水、土石方挖运工程施工合同的承包人，要求在未受偿工程款范围内享有优先受偿权的，人民法院应予支持。[四川中成煤炭建设（集团）有限责任公司与成都泓昌嘉泰房地产有限公司建设工程施工合同纠纷案（《最高人民法院公报》2023年第3期）]

《最高人民法院关于审理建设工程施工合同纠纷案件适用法律问题的解释（一）》第19-42条

第八百零八条　【参照适用承揽合同的规定】本章没有规定的，适用承揽合同的有关规定。

第十九章　运输合同

第一节　一般规定

第八百零九条　【运输合同的定义】运输合同是承运人将旅客或者货物从起运地点运输到约定地点，旅客、托运人或者收货人支付票款或者运输费用的合同。

《民用航空法》第107条、第108条；《铁路法》第11条；《海商法》第41条；《道路运输条例》第2条

第八百一十条 【公共运输承运人的强制缔约义务】从事公共运输的承运人不得拒绝旅客、托运人通常、合理的运输要求。

第八百一十一条 【承运人安全运输义务】承运人应当在约定期限或者合理期限内将旅客、货物安全运输到约定地点。

配套

《铁路法》第10条;《最高人民法院关于审理铁路运输损害赔偿案件若干问题的解释》第7条

第八百一十二条 【承运人合理运输义务】承运人应当按照约定的或者通常的运输路线将旅客、货物运输到约定地点。

配套

《铁路法》第12条

第八百一十三条 【支付票款或运输费用】旅客、托运人或者收货人应当支付票款或者运输费用。承运人未按照约定路线或者通常路线运输增加票款或者运输费用的,旅客、托运人或者收货人可以拒绝支付增加部分的票款或者运输费用。

配套

《铁路法》第25条、第26条

第二节 客运合同

第八百一十四条 【客运合同的成立】客运合同自承运人向旅客出具客票时成立,但是当事人另有约定或者另有交易习惯的除外。

配套

《民用航空法》第109-111条;《海商法》第110条、第111条

第八百一十五条 【按有效客票记载内容乘坐义务】旅客应当按照有效客票记载的时间、班次和座位号乘坐。旅客无票乘坐、超程乘坐、越级乘坐或者持不符合减价条件的优惠客票乘坐

的，应当补交票款，承运人可以按照规定加收票款；旅客不支付票款的，承运人可以拒绝运输。

实名制客运合同的旅客丢失客票的，可以请求承运人挂失补办，承运人不得再次收取票款和其他不合理费用。

配套

《民用航空法》第 109 条、第 112 条、第 128 条；《海商法》第 112 条；《道路运输条例》第 17 条

第八百一十六条 **【退票与变更】**旅客因自己的原因不能按照客票记载的时间乘坐的，应当在约定的期限内办理退票或者变更手续；逾期办理的，承运人可以不退票款，并不再承担运输义务。

第八百一十七条 **【按约定携带行李义务】**旅客随身携带行李应当符合约定的限量和品类要求；超过限量或者违反品类要求携带行李的，应当办理托运手续。

第八百一十八条 **【危险物品或者违禁物品的携带禁止】**旅客不得随身携带或者在行李中夹带易燃、易爆、有毒、有腐蚀性、有放射性以及可能危及运输工具上人身和财产安全的危险物品或者违禁物品。

旅客违反前款规定的，承运人可以将危险物品或者违禁物品卸下、销毁或者送交有关部门。旅客坚持携带或者夹带危险物品或者违禁物品的，承运人应当拒绝运输。

配套

《海商法》第 113 条

第八百一十九条 **【承运人告知义务和旅客协助配合义务】**承运人应当严格履行安全运输义务，及时告知旅客安全运输应当注意的事项。旅客对承运人为安全运输所作的合理安排应当积极协助和配合。

318

第八百二十条 **【承运人迟延运输或者有其他不能正常运输情形】**承运人应当按照有效客票记载的时间、班次和座位号运输旅客。承运人迟延运输或者有其他不能正常运输情形的，应当及时告知和提醒旅客，采取必要的安置措施，并根据旅客的要求安排改乘其他班次或者退票；由此造成旅客损失的，承运人应当承担赔偿责任，但是不可归责于承运人的除外。

配套

《道路运输条例》第18条、第19条

第八百二十一条 **【承运人变更服务标准的后果】**承运人擅自降低服务标准的，应当根据旅客的请求退票或者减收票款；提高服务标准的，不得加收票款。

第八百二十二条 **【承运人尽力救助义务】**承运人在运输过程中，应当尽力救助患有急病、分娩、遇险的旅客。

第八百二十三条 **【旅客伤亡的赔偿责任】**承运人应当对运输过程中旅客的伤亡承担赔偿责任；但是，伤亡是旅客自身健康原因造成的或者承运人证明伤亡是旅客故意、重大过失造成的除外。

前款规定适用于按照规定免票、持优待票或者经承运人许可搭乘的无票旅客。

配套

《民用航空法》第124条、第127-136条；《铁路法》第58条；《海商法》第114条、第115条、第117条、第118条、第120-126条；《道路运输条例》第16条、第35条

第八百二十四条 **【对行李的赔偿责任】**在运输过程中旅客随身携带物品毁损、灭失，承运人有过错的，应当承担赔偿责任。

旅客托运的行李毁损、灭失的，适用货物运输的有关规定。

《民用航空法》第 125-136 条；《铁路法》第 16-18 条；《海商法》第 114-126 条

第三节　货运合同

第八百二十五条　**【托运人如实申报情况义务】**托运人办理货物运输，应当向承运人准确表明收货人的姓名、名称或者凭指示的收货人，货物的名称、性质、重量、数量，收货地点等有关货物运输的必要情况。

因托运人申报不实或者遗漏重要情况，造成承运人损失的，托运人应当承担赔偿责任。

《民用航空法》第 117 条；《铁路法》第 18 条、第 19 条、第 23 条；《海商法》第 66 条、第 68 条

第八百二十六条　**【托运人办理审批、检验等手续义务】**货物运输需要办理审批、检验等手续的，托运人应当将办理完有关手续的文件提交承运人。

《民用航空法》第 123 条；《道路运输条例》第 25 条

第八百二十七条　**【托运人的包装义务】**托运人应当按照约定的方式包装货物。对包装方式没有约定或者约定不明确的，适用本法第六百一十九条的规定。

托运人违反前款规定的，承运人可以拒绝运输。

《铁路法》第 20 条

第八百二十八条　**【托运人运送危险货物时的义务】**托运人

托运易燃、易爆、有毒、有腐蚀性、有放射性等危险物品的，应当按照国家有关危险物品运输的规定对危险物品妥善包装，做出危险物品标志和标签，并将有关危险物品的名称、性质和防范措施的书面材料提交承运人。

托运人违反前款规定的，承运人可以拒绝运输，也可以采取相应措施以避免损失的发生，因此产生的费用由托运人负担。

配套

《海商法》第68条；《道路运输条例》第27条；《国内水路运输管理条例》第20条

第八百二十九条　【托运人变更或解除的权利】在承运人将货物交付收货人之前，托运人可以要求承运人中止运输、返还货物、变更到达地或者将货物交给其他收货人，但是应当赔偿承运人因此受到的损失。

第八百三十条　【提货】货物运输到达后，承运人知道收货人的，应当及时通知收货人，收货人应当及时提货。收货人逾期提货的，应当向承运人支付保管费等费用。

配套

《铁路法》第16条、第21条；《海商法》第50条

第八百三十一条　【收货人对货物的检验】收货人提货时应当按照约定的期限检验货物。对检验货物的期限没有约定或者约定不明确，依据本法第五百一十条的规定仍不能确定的，应当在合理期限内检验货物。收货人在约定的期限或者合理期限内对货物的数量、毁损等未提出异议的，视为承运人已经按照运输单证的记载交付的初步证据。

第八百三十二条　【承运人对货损的赔偿责任】承运人对运输过程中货物的毁损、灭失承担赔偿责任。但是，承运人证明货

物的毁损、灭失是因不可抗力、货物本身的自然性质或者合理损耗以及托运人、收货人的过错造成的，不承担赔偿责任。

配套

《民用航空法》第 125-136 条；《铁路法》第 16-18 条

第八百三十三条 【确定货损额的方法】货物的毁损、灭失的赔偿额，当事人有约定的，按照其约定；没有约定或者约定不明确，依据本法第五百一十条的规定仍不能确定的，按照交付或者应当交付时货物到达地的市场价格计算。法律、行政法规对赔偿额的计算方法和赔偿限额另有规定的，依照其规定。

第八百三十四条 【相继运输的责任承担】两个以上承运人以同一运输方式联运的，与托运人订立合同的承运人应当对全程运输承担责任；损失发生在某一运输区段的，与托运人订立合同的承运人和该区段的承运人承担连带责任。

第八百三十五条 【货物因不可抗力灭失的运费处理】货物在运输过程中因不可抗力灭失，未收取运费的，承运人不得请求支付运费；已经收取运费的，托运人可以请求返还。法律另有规定的，依照其规定。

第八百三十六条 【承运人留置权】托运人或者收货人不支付运费、保管费或者其他费用的，承运人对相应的运输货物享有留置权，但是当事人另有约定的除外。

配套

《海商法》第 87 条、第 88 条

第八百三十七条 【货物的提存】收货人不明或者收货人无正当理由拒绝受领货物的，承运人依法可以提存货物。

第四节　多式联运合同

第八百三十八条 【多式联运经营人的权利义务】多式联运

经营人负责履行或者组织履行多式联运合同，对全程运输享有承运人的权利，承担承运人的义务。

第八百三十九条 **【多式联运经营人的责任承担】** 多式联运经营人可以与参加多式联运的各区段承运人就多式联运合同的各区段运输约定相互之间的责任；但是，该约定不影响多式联运经营人对全程运输承担的义务。

配套

《海商法》第 103 条

第八百四十条 **【多式联运单据】** 多式联运经营人收到托运人交付的货物时，应当签发多式联运单据。按照托运人的要求，多式联运单据可以是可转让单据，也可以是不可转让单据。

第八百四十一条 **【托运人的过错赔偿责任】** 因托运人托运货物时的过错造成多式联运经营人损失的，即使托运人已经转让多式联运单据，托运人仍然应当承担赔偿责任。

第八百四十二条 **【赔偿责任的法律适用】** 货物的毁损、灭失发生于多式联运的某一运输区段的，多式联运经营人的赔偿责任和责任限额，适用调整该区段运输方式的有关法律规定；货物毁损、灭失发生的运输区段不能确定的，依照本章规定承担赔偿责任。

配套

《铁路法》第 29 条；《海商法》第 104-106 条

第二十章 技术合同

第一节 一般规定

第八百四十三条 **【技术合同的定义】** 技术合同是当事人就

技术开发、转让、许可、咨询或者服务订立的确立相互之间权利和义务的合同。

第八百四十四条 【订立技术合同的原则】订立技术合同，应当有利于知识产权的保护和科学技术的进步，促进科学技术成果的研发、转化、应用和推广。

配套

《最高人民法院关于审理技术合同纠纷案件适用法律若干问题的解释》第1条

第八百四十五条 【技术合同的主要条款】技术合同的内容一般包括项目的名称，标的的内容、范围和要求，履行的计划、地点和方式，技术信息和资料的保密，技术成果的归属和收益的分配办法，验收标准和方法，名词和术语的解释等条款。

与履行合同有关的技术背景资料、可行性论证和技术评价报告、项目任务书和计划书、技术标准、技术规范、原始设计和工艺文件，以及其他技术文档，按照当事人的约定可以作为合同的组成部分。

技术合同涉及专利的，应当注明发明创造的名称、专利申请人和专利权人、申请日期、申请号、专利号以及专利权的有效期限。

第八百四十六条 【技术合同价款、报酬或使用费的支付方式】技术合同价款、报酬或者使用费的支付方式由当事人约定，可以采取一次总算、一次总付或者一次总算、分期支付，也可以采取提成支付或者提成支付附加预付入门费的方式。

约定提成支付的，可以按照产品价格、实施专利和使用技术秘密后新增的产值、利润或者产品销售额的一定比例提成，也可以按照约定的其他方式计算。提成支付的比例可以采取固定比例、逐年递增比例或者逐年递减比例。

约定提成支付的，当事人可以约定查阅有关会计账目的办法。

《最高人民法院关于审理技术合同纠纷案件适用法律若干问题的解释》第 14 条

第八百四十七条 【职务技术成果的财产权归属】 职务技术成果的使用权、转让权属于法人或者非法人组织的，法人或者非法人组织可以就该项职务技术成果订立技术合同。法人或者非法人组织订立技术合同转让职务技术成果时，职务技术成果的完成人享有以同等条件优先受让的权利。

职务技术成果是执行法人或者非法人组织的工作任务，或者主要是利用法人或者非法人组织的物质技术条件所完成的技术成果。

注解

"执行法人或者非法人组织的工作任务"，包括：（1）履行法人或者非法人组织的岗位职责或者承担其交付的其他技术开发任务；（2）离职后一年内继续从事与其原所在法人或者非法人组织的岗位职责或者交付的任务有关的技术开发工作，但法律、行政法规另有规定的除外。法人或者非法人组织与其职工就职工在职期间或者离职以后所完成的技术成果的权益有约定的，人民法院应当依约定确认。

"物质技术条件"，包括资金、设备、器材、原材料、未公开的技术信息和资料等。

"主要是利用法人或者非法人组织的物质技术条件"，包括职工在技术成果的研究开发过程中，全部或者大部分利用了法人或者非法人组织的资金、设备、器材或者原材料等物质条件，并且这些物质条件对形成该技术成果具有实质性的影响；还包括该技术成果实质性内容是在法人或者非法人组织尚未公开的技术成果、阶段性技术成果基础上完成的情形。但下列情况除外：（1）对利用法人或者非法人组织提供的物质技术条件，约定返还资金或者交纳使用费的；（2）在技术成果完成后利用法人或者非法人组织的物质技术条件对技术方案进行验证、测试的。

配套

《专利法》第 6 条、第 15 条、第 16 条；《最高人民法院关于审理技术合同纠纷案件适用法律若干问题的解释》第 2-7 条

第八百四十八条　【非职务技术成果的财产权归属】非职务技术成果的使用权、转让权属于完成技术成果的个人，完成技术成果的个人可以就该项非职务技术成果订立技术合同。

第八百四十九条　【技术成果人身权】完成技术成果的个人享有在有关技术成果文件上写明自己是技术成果完成者的权利和取得荣誉证书、奖励的权利。

第八百五十条　【技术合同的无效】非法垄断技术或者侵害他人技术成果的技术合同无效。

注解

下列情形，属于民法典第八百五十条所称的"非法垄断技术"：（1）限制当事人一方在合同标的技术基础上进行新的研究开发或者限制其使用所改进的技术，或者双方交换改进技术的条件不对等，包括要求一方将其自行改进的技术无偿提供给对方、非互惠性转让给对方、无偿独占或者共享该改进技术的知识产权；（2）限制当事人一方从其他来源获得与技术提供方类似技术或者与其竞争的技术；（3）阻碍当事人一方根据市场需求，按照合理方式充分实施合同标的技术，包括明显不合理地限制技术接受方实施合同标的技术生产产品或者提供服务的数量、品种、价格、销售渠道和出口市场；（4）要求技术接受方接受并非实施技术必不可少的附带条件，包括购买非必需的技术、原材料、产品、设备、服务以及接收非必需的人员等；（5）不合理地限制技术接受方购买原材料、零部件、产品或者设备等的渠道或者来源；（6）禁止技术接受方对合同标的技术知识产权的有效性提出异议或者对提出异议附加条件。

配套

《最高人民法院关于审理技术合同纠纷案件适用法律若干问题的解释》第 10-13 条

第二节　技术开发合同

第八百五十一条　【技术开发合同的定义及种类】技术开发合同是当事人之间就新技术、新产品、新工艺、新品种或者新材料及其系统的研究开发所订立的合同。

技术开发合同包括委托开发合同和合作开发合同。

技术开发合同应当采用书面形式。

当事人之间就具有实用价值的科技成果实施转化订立的合同，参照适用技术开发合同的有关规定。

注解

"新技术、新产品、新工艺、新品种或者新材料及其系统"，包括当事人在订立技术合同时尚未掌握的产品、工艺、材料及其系统等技术方案，但对技术上没有创新的现有产品的改型、工艺变更、材料配方调整以及对技术成果的验证、测试和使用除外。

"当事人之间就具有实用价值的科技成果实施转化订立的"技术转化合同，是指当事人之间就具有实用价值但尚未实现工业化应用的科技成果包括阶段性技术成果，以实现该科技成果工业化应用为目标，约定后续试验、开发和应用等内容的合同。

配套

《最高人民法院关于审理技术合同纠纷案件适用法律若干问题的解释》第17条、第18条

第八百五十二条　【委托人的主要义务】委托开发合同的委托人应当按照约定支付研究开发经费和报酬，提供技术资料，提出研究开发要求，完成协作事项，接受研究开发成果。

第八百五十三条　【研究开发人的主要义务】委托开发合同的研究开发人应当按照约定制定和实施研究开发计划，合理使用研究开发经费，按期完成研究开发工作，交付研究开发成果，提供有关的技术资料和必要的技术指导，帮助委托人掌握研究开发成果。

第八百五十四条 【委托开发合同的当事人违约责任】委托开发合同的当事人违反约定造成研究开发工作停滞、延误或者失败的，应当承担违约责任。

第八百五十五条 【合作开发各方的主要义务】合作开发合同的当事人应当按照约定进行投资，包括以技术进行投资，分工参与研究开发工作，协作配合研究开发工作。

注解

"分工参与研究开发工作"，包括当事人按照约定的计划和分工，共同或者分别承担设计、工艺、试验、试制等工作。技术开发合同当事人一方仅提供资金、设备、材料等物质条件或者承担辅助协作事项，另一方进行研究开发工作的，属于委托开发合同。

配套

《最高人民法院关于审理技术合同纠纷案件适用法律若干问题的解释》第19条

第八百五十六条 【合作开发各方的违约责任】合作开发合同的当事人违反约定造成研究开发工作停滞、延误或者失败的，应当承担违约责任。

第八百五十七条 【技术开发合同的解除】作为技术开发合同标的的技术已经由他人公开，致使技术开发合同的履行没有意义的，当事人可以解除合同。

第八百五十八条 【技术开发合同的风险责任负担】技术开发合同履行过程中，因出现无法克服的技术困难，致使研究开发失败或者部分失败的，该风险由当事人约定；没有约定或者约定不明确，依据本法第五百一十条的规定仍不能确定的，风险由当事人合理分担。

当事人一方发现前款规定的可能致使研究开发失败或者部分失败的情形时，应当及时通知另一方并采取适当措施减少损失；

没有及时通知并采取适当措施，致使损失扩大的，应当就扩大的损失承担责任。

第八百五十九条　【发明创造的归属和分享】 委托开发完成的发明创造，除法律另有规定或者当事人另有约定外，申请专利的权利属于研究开发人。研究开发人取得专利权的，委托人可以依法实施该专利。

研究开发人转让专利申请权的，委托人享有以同等条件优先受让的权利。

第八百六十条　【合作开发发明创造专利申请权的归属和分享】 合作开发完成的发明创造，申请专利的权利属于合作开发的当事人共有；当事人一方转让其共有的专利申请权的，其他各方享有以同等条件优先受让的权利。但是，当事人另有约定的除外。

合作开发的当事人一方声明放弃其共有的专利申请权的，除当事人另有约定外，可以由另一方单独申请或者由其他各方共同申请。申请人取得专利权的，放弃专利申请权的一方可以免费实施该专利。

合作开发的当事人一方不同意申请专利的，另一方或者其他各方不得申请专利。

第八百六十一条　【技术秘密成果的归属与分配】 委托开发或者合作开发完成的技术秘密成果的使用权、转让权以及收益的分配办法，由当事人约定；没有约定或者约定不明确，依据本法第五百一十条的规定仍不能确定的，在没有相同技术方案被授予专利权前，当事人均有使用和转让的权利。但是，委托开发的研究开发人不得在向委托人交付研究开发成果之前，将研究开发成果转让给第三人。

注 解

"当事人均有使用和转让的权利"，包括当事人均有不经对方同意而自己使用或者以普通使用许可的方式许可他人使用技术秘密，并独占由此所获利益的权利。当事人一方将技术秘密成果的转让权让与他人，或者以独占或者排他使用许可的方式许可他人使用技术秘密，未经对方当事人同意或者追认的，应当认定该让与或者许可行为无效。

配套

《促进科技成果转化法》第40条；《专利法》第8条；《最高人民法院关于审理技术合同纠纷案件适用法律若干问题的解释》第20条、第21条

第三节　技术转让合同和技术许可合同

第八百六十二条　【技术转让合同和技术许可合同的定义】技术转让合同是合法拥有技术的权利人，将现有特定的专利、专利申请、技术秘密的相关权利让与他人所订立的合同。

技术许可合同是合法拥有技术的权利人，将现有特定的专利、技术秘密的相关权利许可他人实施、使用所订立的合同。

技术转让合同和技术许可合同中关于提供实施技术的专用设备、原材料或者提供有关的技术咨询、技术服务的约定，属于合同的组成部分。

配套

《专利法》第10条、第12条；《最高人民法院关于审理技术合同纠纷案件适用法律若干问题的解释》第22-27条

第八百六十三条　【技术转让合同和技术许可合同的种类及合同要件】技术转让合同包括专利权转让、专利申请权转让、技术秘密转让等合同。

技术许可合同包括专利实施许可、技术秘密使用许可等合同。

技术转让合同和技术许可合同应当采用书面形式。

第八百六十四条　【技术转让合同和技术许可合同的限制性条款】技术转让合同和技术许可合同可以约定实施专利或者使用技术秘密的范围，但是不得限制技术竞争和技术发展。

"实施专利或者使用技术秘密的范围"，包括实施专利或者使用技术秘密的期限、地域、方式以及接触技术秘密的人员等。

当事人对实施专利或者使用技术秘密的期限没有约定或者约定不明确的，受让人、被许可人实施专利或者使用技术秘密不受期限限制。

《最高人民法院关于审理技术合同纠纷案件适用法律若干问题的解释》第 28 条

第八百六十五条　【专利实施许可合同的有效期限】专利实施许可合同仅在该专利权的存续期限内有效。专利权有效期限届满或者专利权被宣告无效的，专利权人不得就该专利与他人订立专利实施许可合同。

《专利法》第 42-44 条

第八百六十六条　【专利实施许可合同许可人的义务】专利实施许可合同的许可人应当按照约定许可被许可人实施专利，交付实施专利有关的技术资料，提供必要的技术指导。

第八百六十七条　【专利实施许可合同被许可人的义务】专利实施许可合同的被许可人应当按照约定实施专利，不得许可约定以外的第三人实施该专利，并按照约定支付使用费。

第八百六十八条　【技术秘密让与人和许可人的义务】技术秘密转让合同的让与人和技术秘密使用许可合同的许可人应当按照约定提供技术资料，进行技术指导，保证技术的实用性、可靠性，承担保密义务。

前款规定的保密义务，不限制许可人申请专利，但是当事人另有约定的除外。

第八百六十九条　【技术秘密受让人和被许可人的义务】技

术秘密转让合同的受让人和技术秘密使用许可合同的被许可人应当按照约定使用技术，支付转让费、使用费，承担保密义务。

第八百七十条　【技术转让合同让与人和技术许可合同许可人的保证义务】技术转让合同的让与人和技术许可合同的许可人应当保证自己是所提供的技术的合法拥有者，并保证所提供的技术完整、无误、有效，能够达到约定的目标。

第八百七十一条　【技术转让合同受让人和技术许可合同被许可人保密义务】技术转让合同的受让人和技术许可合同的被许可人应当按照约定的范围和期限，对让与人、许可人提供的技术中尚未公开的秘密部分，承担保密义务。

注　解

考虑到技术许可合同被许可人的保密义务与技术转让合同的受让人的保密义务是一致的，故本条在合同法第350条规定的基础上增加了技术许可合同被许可人保密义务的规定。

第八百七十二条　【技术许可人和让与人的违约责任】许可人未按照约定许可技术的，应当返还部分或者全部使用费，并应当承担违约责任；实施专利或者使用技术秘密超越约定的范围的，违反约定擅自许可第三人实施该项专利或者使用该项技术秘密的，应当停止违约行为，承担违约责任；违反约定的保密义务的，应当承担违约责任。

让与人承担违约责任，参照适用前款规定。

第八百七十三条　【技术被许可人和受让人的违约责任】被许可人未按照约定支付使用费的，应当补交使用费并按照约定支付违约金；不补交使用费或者支付违约金的，应当停止实施专利或者使用技术秘密，交还技术资料，承担违约责任；实施专利或者使用技术秘密超越约定的范围的，未经许可人同意擅自许可第三人实施该专利或者使用该技术秘密的，应当停止违约行为，承担违约责任；违反约定的保密义务的，应当承担违约责任。

受让人承担违约责任，参照适用前款规定。

第八百七十四条 【实施专利、使用技术秘密侵害他人合法权益责任承担】受让人或者被许可人按照约定实施专利、使用技术秘密侵害他人合法权益的，由让与人或者许可人承担责任，但是当事人另有约定的除外。

第八百七十五条 【后续改进技术成果的分享办法】当事人可以按照互利的原则，在合同中约定实施专利、使用技术秘密后续改进的技术成果的分享办法；没有约定或者约定不明确，依据本法第五百一十条的规定仍不能确定的，一方后续改进的技术成果，其他各方无权分享。

第八百七十六条 【其他知识产权转让和许可的参照适用】集成电路布图设计专有权、植物新品种权、计算机软件著作权等其他知识产权的转让和许可，参照适用本节的有关规定。

第八百七十七条 【技术进出口合同或专利、专利申请合同的法律适用】法律、行政法规对技术进出口合同或者专利、专利申请合同另有规定的，依照其规定。

配套

《对外贸易法》第 14-19 条

第四节 技术咨询合同和技术服务合同

第八百七十八条 【技术咨询合同、技术服务合同的定义】技术咨询合同是当事人一方以技术知识为对方就特定技术项目提供可行性论证、技术预测、专题技术调查、分析评价报告等所订立的合同。

技术服务合同是当事人一方以技术知识为对方解决特定技术问题所订立的合同，不包括承揽合同和建设工程合同。

"特定技术项目"，包括有关科学技术与经济社会协调发展的软科学研究项目，促进科技进步和管理现代化、提高经济效益和社会效益等运用科学知识和技术手段进行调查、分析、论证、评价、预测的专业性技术项目。

"特定技术问题"，包括需要运用专业技术知识、经验和信息解决的有关改进产品结构、改良工艺流程、提高产品质量、降低产品成本、节约资源能耗、保护资源环境、实现安全操作、提高经济效益和社会效益等专业技术问题。

配套

《最高人民法院关于审理技术合同纠纷案件适用法律若干问题的解释》第 30 条、第 33 条

第八百七十九条　【技术咨询合同委托人的义务】技术咨询合同的委托人应当按照约定阐明咨询的问题，提供技术背景材料及有关技术资料，接受受托人的工作成果，支付报酬。

第八百八十条　【技术咨询合同受托人的义务】技术咨询合同的受托人应当按照约定的期限完成咨询报告或者解答问题，提出的咨询报告应当达到约定的要求。

配套

《最高人民法院关于审理技术合同纠纷案件适用法律若干问题的解释》第 31 条、第 32 条

第八百八十一条　【技术咨询合同当事人的违约责任及决策风险责任】技术咨询合同的委托人未按照约定提供必要的资料，影响工作进度和质量，不接受或者逾期接受工作成果的，支付的报酬不得追回，未支付的报酬应当支付。

技术咨询合同的受托人未按期提出咨询报告或者提出的咨询报告不符合约定的，应当承担减收或者免收报酬等违约责任。

技术咨询合同的委托人按照受托人符合约定要求的咨询报告和意见作出决策所造成的损失，由委托人承担，但是当事人另有

约定的除外。

第八百八十二条 【技术服务合同委托人的义务】技术服务合同的委托人应当按照约定提供工作条件，完成配合事项，接受工作成果并支付报酬。

第八百八十三条 【技术服务合同受托人的义务】技术服务合同的受托人应当按照约定完成服务项目，解决技术问题，保证工作质量，并传授解决技术问题的知识。

配套

《最高人民法院关于审理技术合同纠纷案件适用法律若干问题的解释》第34条

第八百八十四条 【技术服务合同的当事人违约责任】技术服务合同的委托人不履行合同义务或者履行合同义务不符合约定，影响工作进度和质量，不接受或者逾期接受工作成果的，支付的报酬不得追回，未支付的报酬应当支付。

技术服务合同的受托人未按照约定完成服务工作的，应当承担免收报酬等违约责任。

配套

《最高人民法院关于审理技术合同纠纷案件适用法律若干问题的解释》第35条

第八百八十五条 【技术成果的归属和分享】技术咨询合同、技术服务合同履行过程中，受托人利用委托人提供的技术资料和工作条件完成的新的技术成果，属于受托人。委托人利用受托人的工作成果完成的新的技术成果，属于委托人。当事人另有约定的，按照其约定。

第八百八十六条 【受托人履行合同的费用负担】技术咨询合同和技术服务合同对受托人正常开展工作所需费用的负担没有约定或者约定不明确的，由受托人负担。

第八百八十七条 【技术中介合同和技术培训合同法律适用】法律、行政法规对技术中介合同、技术培训合同另有规定的，依照其规定。

注解

本条规定的"技术中介合同"，是指当事人一方以知识、技术、经验和信息为另一方与第三人订立技术合同进行联系、介绍以及对履行合同提供专门服务所订立的合同。本条规定的"技术培训合同"，是指当事人一方委托另一方对指定的学员进行特定项目的专业技术训练和技术指导所订立的合同，不包括职业培训、文化学习和按照行业、法人或者非法人组织的计划进行的职工业余教育。

中介人从事中介活动的费用，是指中介人在委托人和第三人订立技术合同前，进行联系、介绍活动所支出的通信、交通和必要的调查研究等费用。中介人的报酬，是指中介人为委托人与第三人订立技术合同以及对履行该合同提供服务应当得到的收益。当事人对中介人从事中介活动的费用负担没有约定或者约定不明确的，由中介人承担。当事人约定该费用由委托人承担但未约定具体数额或者计算方法的，由委托人支付中介人从事中介活动支出的必要费用。当事人对中介人的报酬数额没有约定或者约定不明确的，应当根据中介人所进行的劳务合理确定，并由委托人承担。仅在委托人与第三人订立的技术合同中约定中介条款，但未约定给付中介人报酬或者约定不明确的，应当支付的报酬由委托人和第三人平均承担。

中介人未促成委托人与第三人之间的技术合同成立的，其要求支付报酬的请求，人民法院不予支持；其要求委托人支付其从事中介活动必要费用的请求，应当予以支持，但当事人另有约定的除外。中介人隐瞒与订立技术合同有关的重要事实或者提供虚假情况，侵害委托人利益的，应当根据情况免收报酬并承担赔偿责任。

中介人对造成委托人与第三人之间的技术合同的无效或者被撤销没有过错，并且该技术合同的无效或者被撤销不影响有关中介条款或者技术中介合同继续有效，中介人要求按照约定或者本解释的有关规定给付从事中介活动的费用和报酬的，人民法院应当予以支持。中介人收取从事中介活动的费用和报酬不应当被视为委托人与第三人之间的技术合同纠纷中一方当事人的损失。

配套

《最高人民法院关于审理技术合同纠纷案件适用法律若干问题的解释》
第36-41条

第二十一章　保管合同

第八百八十八条　【保管合同的定义】 保管合同是保管人保管寄存人交付的保管物，并返还该物的合同。

寄存人到保管人处从事购物、就餐、住宿等活动，将物品存放在指定场所的，视为保管，但是当事人另有约定或者另有交易习惯的除外。

第八百八十九条　【保管合同的报酬】 寄存人应当按照约定向保管人支付保管费。

当事人对保管费没有约定或者约定不明确，依据本法第五百一十条的规定仍不能确定的，视为无偿保管。

第八百九十条　【保管合同的成立】 保管合同自保管物交付时成立，但是当事人另有约定的除外。

第八百九十一条　【保管人给付保管凭证的义务】 寄存人向保管人交付保管物的，保管人应当出具保管凭证，但是另有交易习惯的除外。

第八百九十二条　【保管人对保管物的妥善保管义务】 保管人应当妥善保管保管物。

当事人可以约定保管场所或者方法。除紧急情况或者为维护寄存人利益外，不得擅自改变保管场所或者方法。

第八百九十三条　【寄存人如实告知义务】 寄存人交付的保管物有瑕疵或者根据保管物的性质需要采取特殊保管措施的，寄存人应当将有关情况告知保管人。寄存人未告知，致使保管物受损失的，保管人不承担赔偿责任；保管人因此受损失的，除保管人知道或者应当知道且未采取补救措施外，寄存人应当承担赔偿责任。

第八百九十四条 【保管人亲自保管义务】保管人不得将保管物转交第三人保管，但是当事人另有约定的除外。

保管人违反前款规定，将保管物转交第三人保管，造成保管物损失的，应当承担赔偿责任。

第八百九十五条 【保管人不得使用或许可他人使用保管物义务】保管人不得使用或者许可第三人使用保管物，但是当事人另有约定的除外。

第八百九十六条 【保管人返还保管物的义务及危险通知义务】第三人对保管物主张权利的，除依法对保管物采取保全或者执行措施外，保管人应当履行向寄存人返还保管物的义务。

第三人对保管人提起诉讼或者对保管物申请扣押的，保管人应当及时通知寄存人。

第八百九十七条 【保管物毁损灭失责任】保管期内，因保管人保管不善造成保管物毁损、灭失的，保管人应当承担赔偿责任。但是，无偿保管人证明自己没有故意或者重大过失的，不承担赔偿责任。

配套

《最高人民法院关于审理旅游纠纷案件适用法律若干问题的规定》第19条

第八百九十八条 【寄存贵重物品的声明义务】寄存人寄存货币、有价证券或者其他贵重物品的，应当向保管人声明，由保管人验收或者封存；寄存人未声明的，该物品毁损、灭失后，保管人可以按照一般物品予以赔偿。

第八百九十九条 【保管物的领取及领取时间】寄存人可以随时领取保管物。

当事人对保管期限没有约定或者约定不明确的，保管人可以随时请求寄存人领取保管物；约定保管期限的，保管人无特别事由，不得请求寄存人提前领取保管物。

第九百条 【保管人归还原物及孳息的义务】保管期限届满或者寄存人提前领取保管物的，保管人应当将原物及其孳息归还寄存人。

第九百零一条 【消费保管】保管人保管货币的，可以返还相同种类、数量的货币；保管其他可替代物的，可以按照约定返还相同种类、品质、数量的物品。

第九百零二条 【保管费的支付期限】有偿的保管合同，寄存人应当按照约定的期限向保管人支付保管费。

当事人对支付期限没有约定或者约定不明确，依据本法第五百一十条的规定仍不能确定的，应当在领取保管物的同时支付。

第九百零三条 【保管人的留置权】寄存人未按照约定支付保管费或者其他费用的，保管人对保管物享有留置权，但是当事人另有约定的除外。

第二十二章　仓储合同

第九百零四条 【仓储合同的定义】仓储合同是保管人储存存货人交付的仓储物，存货人支付仓储费的合同。

第九百零五条 【仓储合同的成立时间】仓储合同自保管人和存货人意思表示一致时成立。

第九百零六条 【危险物品和易变质物品的储存】储存易燃、易爆、有毒、有腐蚀性、有放射性等危险物品或者易变质物品的，存货人应当说明该物品的性质，提供有关资料。

存货人违反前款规定的，保管人可以拒收仓储物，也可以采取相应措施以避免损失的发生，因此产生的费用由存货人负担。

保管人储存易燃、易爆、有毒、有腐蚀性、有放射性等危险物品的，应当具备相应的保管条件。

配套

《危险化学品安全管理条例》

第九百零七条　【仓储物的验收】保管人应当按照约定对入库仓储物进行验收。保管人验收时发现入库仓储物与约定不符合的，应当及时通知存货人。保管人验收后，发生仓储物的品种、数量、质量不符合约定的，保管人应当承担赔偿责任。

第九百零八条　【保管人出具仓单、入库单义务】存货人交付仓储物的，保管人应当出具仓单、入库单等凭证。

第九百零九条　【仓单的内容】保管人应当在仓单上签名或者盖章。仓单包括下列事项：

（一）存货人的姓名或者名称和住所；

（二）仓储物的品种、数量、质量、包装及其件数和标记；

（三）仓储物的损耗标准；

（四）储存场所；

（五）储存期限；

（六）仓储费；

（七）仓储物已经办理保险的，其保险金额、期间以及保险人的名称；

（八）填发人、填发地和填发日期。

第九百一十条　【仓单的转让和出质】仓单是提取仓储物的凭证。存货人或者仓单持有人在仓单上背书并经保管人签名或者盖章的，可以转让提取仓储物的权利。

第九百一十一条　【检查仓储物或提取样品的权利】保管人根据存货人或者仓单持有人的要求，应当同意其检查仓储物或者提取样品。

第九百一十二条 【保管人的通知义务】保管人发现入库仓储物有变质或者其他损坏的，应当及时通知存货人或者仓单持有人。

第九百一十三条 【保管人危险催告义务和紧急处置权】保管人发现入库仓储物有变质或者其他损坏，危及其他仓储物的安全和正常保管的，应当催告存货人或者仓单持有人作出必要的处置。因情况紧急，保管人可以作出必要的处置；但是，事后应当将该情况及时通知存货人或者仓单持有人。

第九百一十四条 【仓储物的提取】当事人对储存期限没有约定或者约定不明确的，存货人或者仓单持有人可以随时提取仓储物，保管人也可以随时请求存货人或者仓单持有人提取仓储物，但是应当给予必要的准备时间。

第九百一十五条 【仓储物的提取规则】储存期限届满，存货人或者仓单持有人应当凭仓单、入库单等提取仓储物。存货人或者仓单持有人逾期提取的，应当加收仓储费；提前提取的，不减收仓储费。

第九百一十六条 【逾期提取仓储物】储存期限届满，存货人或者仓单持有人不提取仓储物的，保管人可以催告其在合理期限内提取；逾期不提取的，保管人可以提存仓储物。

第九百一十七条 【保管不善的责任承担】储存期内，因保管不善造成仓储物毁损、灭失的，保管人应当承担赔偿责任。因仓储物本身的自然性质、包装不符合约定或者超过有效储存期造成仓储物变质、损坏的，保管人不承担赔偿责任。

第九百一十八条 【参照适用保管合同的规定】本章没有规定的，适用保管合同的有关规定。

第二十三章 委托合同

第九百一十九条 【委托合同的概念】委托合同是委托人和

受托人约定，由受托人处理委托人事务的合同。

第九百二十条 【委托权限】委托人可以特别委托受托人处理一项或者数项事务，也可以概括委托受托人处理一切事务。

配套

《律师法》第25条；《职业教育法》第22条

第九百二十一条 【处理委托事务的费用】委托人应当预付处理委托事务的费用。受托人为处理委托事务垫付的必要费用，委托人应当偿还该费用并支付利息。

第九百二十二条 【受托人服从指示的义务】受托人应当按照委托人的指示处理委托事务。需要变更委托人指示的，应当经委托人同意；因情况紧急，难以和委托人取得联系的，受托人应当妥善处理委托事务，但是事后应当将该情况及时报告委托人。

第九百二十三条 【受托人亲自处理委托事务】受托人应当亲自处理委托事务。经委托人同意，受托人可以转委托。转委托经同意或者追认的，委托人可以就委托事务直接指示转委托的第三人，受托人仅就第三人的选任及其对第三人的指示承担责任。转委托未经同意或者追认的，受托人应当对转委托的第三人的行为承担责任；但是，在紧急情况下受托人为了维护委托人的利益需要转委托第三人的除外。

第九百二十四条 【受托人的报告义务】受托人应当按照委托人的要求，报告委托事务的处理情况。委托合同终止时，受托人应当报告委托事务的结果。

第九百二十五条 【受托人以自己名义从事受托事务的法律效果】受托人以自己的名义，在委托人的授权范围内与第三人订立的合同，第三人在订立合同时知道受托人与委托人之间的代理关系的，该合同直接约束委托人和第三人；但是，有确切证据证明该合同只约束受托人和第三人的除外。

342

第九百二十六条 【委托人的介入权与第三人的选择权】受托人以自己的名义与第三人订立合同时，第三人不知道受托人与委托人之间的代理关系的，受托人因第三人的原因对委托人不履行义务，受托人应当向委托人披露第三人，委托人因此可以行使受托人对第三人的权利。但是，第三人与受托人订立合同时如果知道该委托人就不会订立合同的除外。

受托人因委托人的原因对第三人不履行义务，受托人应当向第三人披露委托人，第三人因此可以选择受托人或者委托人作为相对人主张其权利，但是第三人不得变更选定的相对人。

委托人行使受托人对第三人的权利的，第三人可以向委托人主张其对受托人的抗辩。第三人选定委托人作为其相对人的，委托人可以向第三人主张其对受托人的抗辩以及受托人对第三人的抗辩。

第九百二十七条 【受托人转移所得利益的义务】受托人处理委托事务取得的财产，应当转交给委托人。

第九百二十八条 【委托人支付报酬的义务】受托人完成委托事务的，委托人应当按照约定向其支付报酬。

因不可归责于受托人的事由，委托合同解除或者委托事务不能完成的，委托人应当向受托人支付相应的报酬。当事人另有约定的，按照其约定。

第九百二十九条 【因受托人过错致委托人损失的赔偿责任】有偿的委托合同，因受托人的过错造成委托人损失的，委托人可以请求赔偿损失。无偿的委托合同，因受托人的故意或者重大过失造成委托人损失的，委托人可以请求赔偿损失。

受托人超越权限造成委托人损失的，应当赔偿损失。

第九百三十条 【委托人的赔偿责任】受托人处理委托事务时，因不可归责于自己的事由受到损失的，可以向委托人请求赔偿损失。

第九百三十一条 【委托人另行委托他人处理事务】委托人经受托人同意，可以在受托人之外委托第三人处理委托事务。因此造成受托人损失的，受托人可以向委托人请求赔偿损失。

第九百三十二条 【共同委托】两个以上的受托人共同处理委托事务的，对委托人承担连带责任。

第九百三十三条 【任意解除权】委托人或者受托人可以随时解除委托合同。因解除合同造成对方损失的，除不可归责于该当事人的事由外，无偿委托合同的解除方应当赔偿因解除时间不当造成的直接损失，有偿委托合同的解除方应当赔偿对方的直接损失和合同履行后可以获得的利益。

第九百三十四条 【委托合同的终止】委托人死亡、终止或者受托人死亡、丧失民事行为能力、终止的，委托合同终止；但是，当事人另有约定或者根据委托事务的性质不宜终止的除外。

第九百三十五条 【受托人继续处理委托事务】因委托人死亡或者被宣告破产、解散，致使委托合同终止将损害委托人利益的，在委托人的继承人、遗产管理人或者清算人承受委托事务之前，受托人应当继续处理委托事务。

第九百三十六条 【受托人死亡后其继承人等的义务】因受托人死亡、丧失民事行为能力或者被宣告破产、解散，致使委托合同终止的，受托人的继承人、遗产管理人、法定代理人或者清算人应当及时通知委托人。因委托合同终止将损害委托人利益的，在委托人作出善后处理之前，受托人的继承人、遗产管理人、法定代理人或者清算人应当采取必要措施。

第二十四章 物业服务合同

第九百三十七条 【物业服务合同的定义】物业服务合同是物业服务人在物业服务区域内，为业主提供建筑物及其附属设施的维修养护、环境卫生和相关秩序的管理维护等物业服务，业主支付物业费的合同。

物业服务人包括物业服务企业和其他管理人。

第九百三十八条 【物业服务合同的内容与形式】物业服务合同的内容一般包括服务事项、服务质量、服务费用的标准和收取办法、维修资金的使用、服务用房的管理和使用、服务期限、服务交接等条款。

物业服务人公开作出的有利于业主的服务承诺，为物业服务合同的组成部分。

物业服务合同应当采用书面形式。

第九百三十九条 【物业服务合同的约束力】建设单位依法与物业服务人订立的前期物业服务合同，以及业主委员会与业主大会依法选聘的物业服务人订立的物业服务合同，对业主具有法律约束力。

第九百四十条 【前期物业服务合同的终止情形】建设单位依法与物业服务人订立的前期物业服务合同约定的服务期限届满前，业主委员会或者业主与新物业服务人订立的物业服务合同生效的，前期物业服务合同终止。

注 解

前期物业服务合同可以约定期限；但是，期限未满、业主委员会与物业服务企业签订的物业服务合同生效的，前期物业服务合同终止。

物业服务企业应当在前期物业服务合同终止时将下列资料移交给业主委员会：（1）竣工总平面图，单体建筑、结构、设备竣工图，配套设施、地下管网工程竣工图等竣工验收资料；（2）设施设备的安装、使用和维护保养等技术资料；（3）物业质量保修文件和物业使用说明文件；（4）物业管理所必需的其他资料。

第九百四十一条 【物业服务合同的转委托】物业服务人将物业服务区域内的部分专项服务事项委托给专业性服务组织或者

其他第三人的，应当就该部分专项服务事项向业主负责。

物业服务人不得将其应当提供的全部物业服务转委托给第三人，或者将全部物业服务支解后分别转委托给第三人。

第九百四十二条 【物业服务人的义务】物业服务人应当按照约定和物业的使用性质，妥善维修、养护、清洁、绿化和经营管理物业服务区域内的业主共有部分，维护物业服务区域内的基本秩序，采取合理措施保护业主的人身、财产安全。

对物业服务区域内违反有关治安、环保、消防等法律法规的行为，物业服务人应当及时采取合理措施制止、向有关行政主管部门报告并协助处理。

配 套

《消防法》第 18 条、第 46 条；《物业管理条例》第 35 条、第 46 条、第 47 条

第九百四十三条 【物业服务人的信息公开义务】物业服务人应当定期将服务的事项、负责人员、质量要求、收费项目、收费标准、履行情况，以及维修资金使用情况、业主共有部分的经营与收益情况等以合理方式向业主公开并向业主大会、业主委员会报告。

第九百四十四条 【业主支付物业费义务】业主应当按照约定向物业服务人支付物业费。物业服务人已经按照约定和有关规定提供服务的，业主不得以未接受或者无需接受相关物业服务为由拒绝支付物业费。

业主违反约定逾期不支付物业费的，物业服务人可以催告其在合理期限内支付；合理期限届满仍不支付的，物业服务人可以提起诉讼或者申请仲裁。

物业服务人不得采取停止供电、供水、供热、供燃气等方式催交物业费。

物业服务人违反物业服务合同约定或者法律、法规、部门规章规定，擅自扩大收费范围、提高收费标准或者重复收费，业主以违规收费为由提出抗辩的，人民法院应予支持。业主请求物业服务人退还其已经收取的违规费用的，人民法院应予支持。

物业服务合同的权利义务终止后，业主请求物业服务人退还已经预收，但尚未提供物业服务期间的物业费的，人民法院应予支持。

配 套

《物业管理条例》第 7 条、第 40-44 条；《最高人民法院关于审理物业服务纠纷案件适用法律若干问题的解释》第 2 条、第 3 条

第九百四十五条　【业主的告知、协助义务】业主装饰装修房屋的，应当事先告知物业服务人，遵守物业服务人提示的合理注意事项，并配合其进行必要的现场检查。

业主转让、出租物业专有部分、设立居住权或者依法改变共有部分用途的，应当及时将相关情况告知物业服务人。

配 套

《物业管理条例》第 49-55 条

第九百四十六条　【业主解聘物业服务人】业主依照法定程序共同决定解聘物业服务人的，可以解除物业服务合同。决定解聘的，应当提前六十日书面通知物业服务人，但是合同对通知期限另有约定的除外。

依据前款规定解除合同造成物业服务人损失的，除不可归责于业主的事由外，业主应当赔偿损失。

第九百四十七条　【物业服务人的续聘】物业服务期限届满前，业主依法共同决定续聘的，应当与原物业服务人在合同期限届满前续订物业服务合同。

物业服务期限届满前，物业服务人不同意续聘的，应当在合

同期限届满前九十日书面通知业主或者业主委员会，但是合同对通知期限另有约定的除外。

第九百四十八条　【不定期物业服务合同的成立与解除】物业服务期限届满后，业主没有依法作出续聘或者另聘物业服务人的决定，物业服务人继续提供物业服务的，原物业服务合同继续有效，但是服务期限为不定期。

当事人可以随时解除不定期物业服务合同，但是应当提前六十日书面通知对方。

第九百四十九条　【物业服务合同终止后原物业服务人的义务】物业服务合同终止的，原物业服务人应当在约定期限或者合理期限内退出物业服务区域，将物业服务用房、相关设施、物业服务所必需的相关资料等交还给业主委员会、决定自行管理的业主或者其指定的人，配合新物业服务人做好交接工作，并如实告知物业的使用和管理状况。

原物业服务人违反前款规定的，不得请求业主支付物业服务合同终止后的物业费；造成业主损失的，应当赔偿损失。

<u>配套</u>

《最高人民法院关于审理物业服务纠纷案件适用法律若干问题的解释》第3条

第九百五十条　【物业服务合同终止后新合同成立前期间的相关事项】物业服务合同终止后，在业主或者业主大会选聘的新物业服务人或者决定自行管理的业主接管之前，原物业服务人应当继续处理物业服务事项，并可以请求业主支付该期间的物业费。

第二十五章　行纪合同

第九百五十一条　【行纪合同的概念】行纪合同是行纪人以

自己的名义为委托人从事贸易活动，委托人支付报酬的合同。

第九百五十二条 【行纪人的费用负担】行纪人处理委托事务支出的费用，由行纪人负担，但是当事人另有约定的除外。

第九百五十三条 【行纪人保管义务】行纪人占有委托物的，应当妥善保管委托物。

第九百五十四条 【行纪人处置委托物义务】委托物交付给行纪人时有瑕疵或者容易腐烂、变质的，经委托人同意，行纪人可以处分该物；不能与委托人及时取得联系的，行纪人可以合理处分。

第九百五十五条 【行纪人按指定价格买卖的义务】行纪人低于委托人指定的价格卖出或者高于委托人指定的价格买入的，应当经委托人同意；未经委托人同意，行纪人补偿其差额的，该买卖对委托人发生效力。

行纪人高于委托人指定的价格卖出或者低于委托人指定的价格买入的，可以按照约定增加报酬；没有约定或者约定不明确，依据本法第五百一十条的规定仍不能确定的，该利益属于委托人。

委托人对价格有特别指示的，行纪人不得违背该指示卖出或者买入。

第九百五十六条 【行纪人的介入权】行纪人卖出或者买入具有市场定价的商品，除委托人有相反的意思表示外，行纪人自己可以作为买受人或者出卖人。

行纪人有前款规定情形的，仍然可以请求委托人支付报酬。

第九百五十七条 【委托人受领、取回义务及行纪人提存委托物】行纪人按照约定买入委托物，委托人应当及时受领。经行纪人催告，委托人无正当理由拒绝受领的，行纪人依法可以提存委托物。

委托物不能卖出或者委托人撤回出卖，经行纪人催告，委托人不取回或者不处分该物的，行纪人依法可以提存委托物。

第九百五十八条 　**【行纪人的直接履行义务】**行纪人与第三人订立合同的，行纪人对该合同直接享有权利、承担义务。

第三人不履行义务致使委托人受到损害的，行纪人应当承担赔偿责任，但是行纪人与委托人另有约定的除外。

第九百五十九条 　**【行纪人的报酬请求权及留置权】**行纪人完成或者部分完成委托事务的，委托人应当向其支付相应的报酬。委托人逾期不支付报酬的，行纪人对委托物享有留置权，但是当事人另有约定的除外。

第九百六十条 　**【参照适用委托合同的规定】**本章没有规定的，参照适用委托合同的有关规定。

第二十六章　中介合同

第九百六十一条 　**【中介合同的概念】**中介合同是中介人向委托人报告订立合同的机会或者提供订立合同的媒介服务，委托人支付报酬的合同。

第九百六十二条 　**【中介人的如实报告义务】**中介人应当就有关订立合同的事项向委托人如实报告。

中介人故意隐瞒与订立合同有关的重要事实或者提供虚假情况，损害委托人利益的，不得请求支付报酬并应当承担赔偿责任。

配套

《房地产经纪管理办法》第 21 条

第九百六十三条 　**【中介人的报酬请求权】**中介人促成合同成立的，委托人应当按照约定支付报酬。对中介人的报酬没有约定或者约定不明确，依据本法第五百一十条的规定仍不能确定的，根据中介人的劳务合理确定。因中介人提供订立合同的媒介服务而促成合同成立的，由该合同的当事人平均负担中介人的报酬。

中介人促成合同成立的，中介活动的费用，由中介人负担。

配套

《房地产经纪管理办法》第 17-19 条

第九百六十四条 【中介人的中介费用】中介人未促成合同成立的，不得请求支付报酬；但是，可以按照约定请求委托人支付从事中介活动支出的必要费用。

第九百六十五条 【委托人"跳单"应支付中介报酬】委托人在接受中介人的服务后，利用中介人提供的交易机会或者媒介服务，绕开中介人直接订立合同的，应当向中介人支付报酬。

第九百六十六条 【参照适用委托合同的规定】本章没有规定的，参照适用委托合同的有关规定。

第二十七章 合伙合同

第九百六十七条 【合伙合同的定义】合伙合同是两个以上合伙人为了共同的事业目的，订立的共享利益、共担风险的协议。

第九百六十八条 【合伙人的出资义务】合伙人应当按照约定的出资方式、数额和缴付期限，履行出资义务。

配套

《合伙企业法》第 16 条、第 17 条

第九百六十九条 【合伙财产的定义】合伙人的出资、因合伙事务依法取得的收益和其他财产，属于合伙财产。

合伙合同终止前，合伙人不得请求分割合伙财产。

配套

《合伙企业法》第 20 条、第 21 条

第九百七十条 【合伙事务的执行】合伙人就合伙事务作出决定的，除合伙合同另有约定外，应当经全体合伙人一致同意。

合伙事务由全体合伙人共同执行。按照合伙合同的约定或者全体合伙人的决定，可以委托一个或者数个合伙人执行合伙事务；其他合伙人不再执行合伙事务，但是有权监督执行情况。

合伙人分别执行合伙事务的，执行事务合伙人可以对其他合伙人执行的事务提出异议；提出异议后，其他合伙人应当暂停该项事务的执行。

配套

《合伙企业法》第 26-36 条

第九百七十一条 【合伙人执行合伙事务不得请求支付报酬】合伙人不得因执行合伙事务而请求支付报酬，但是合伙合同另有约定的除外。

第九百七十二条 【合伙的利润分配和亏损分担】合伙的利润分配和亏损分担，按照合伙合同的约定办理；合伙合同没有约定或者约定不明确的，由合伙人协商决定；协商不成的，由合伙人按照实缴出资比例分配、分担；无法确定出资比例的，由合伙人平均分配、分担。

配套

《合伙企业法》第 33 条

第九百七十三条 【合伙人对合伙债务的连带责任及追偿权】合伙人对合伙债务承担连带责任。清偿合伙债务超过自己应当承担份额的合伙人，有权向其他合伙人追偿。

配套

《合伙企业法》第 38-40 条

第九百七十四条 【合伙人转让财产份额的要求】除合伙合同另有约定外，合伙人向合伙人以外的人转让其全部或者部分财产份额的，须经其他合伙人一致同意。

配套

《合伙企业法》第22条、第23条

第九百七十五条 【合伙人债权人代位行使权利的限制】合伙人的债权人不得代位行使合伙人依照本章规定和合伙合同享有的权利，但是合伙人享有的利益分配请求权除外。

配套

《合伙企业法》第41条、第42条

第九百七十六条 【合伙期限的推定】合伙人对合伙期限没有约定或者约定不明确，依据本法第五百一十条的规定仍不能确定的，视为不定期合伙。

合伙期限届满，合伙人继续执行合伙事务，其他合伙人没有提出异议的，原合伙合同继续有效，但是合伙期限为不定期。

合伙人可以随时解除不定期合伙合同，但是应当在合理期限之前通知其他合伙人。

第九百七十七条 【合伙人死亡、民事行为能力丧失或终止时合伙合同的效力】合伙人死亡、丧失民事行为能力或者终止的，合伙合同终止；但是，合伙合同另有约定或者根据合伙事务的性质不宜终止的除外。

配套

《合伙企业法》第80条

第九百七十八条 【合伙合同终止后剩余财产的分配规则】合伙合同终止后，合伙财产在支付因终止而产生的费用以及清偿合伙债务后有剩余的，依据本法第九百七十二条的规定进行分配。

第三分编　准　合　同

第二十八章　无因管理

第九百七十九条　【无因管理的定义及法律效果】管理人没有法定的或者约定的义务，为避免他人利益受损失而管理他人事务的，可以请求受益人偿还因管理事务而支出的必要费用；管理人因管理事务受到损失的，可以请求受益人给予适当补偿。

管理事务不符合受益人真实意思的，管理人不享有前款规定的权利；但是，受益人的真实意思违反法律或者违背公序良俗的除外。

第九百八十条　【不适当的无因管理】管理人管理事务不属于前条规定的情形，但是受益人享有管理利益的，受益人应当在其获得的利益范围内向管理人承担前条第一款规定的义务。

第九百八十一条　【管理人的善良管理义务】管理人管理他人事务，应当采取有利于受益人的方法。中断管理对受益人不利的，无正当理由不得中断。

第九百八十二条　【管理人的通知义务】管理人管理他人事务，能够通知受益人的，应当及时通知受益人。管理的事务不需要紧急处理的，应当等待受益人的指示。

第九百八十三条　【管理人的报告及移交财产义务】管理结束后，管理人应当向受益人报告管理事务的情况。管理人管理事务取得的财产，应当及时转交给受益人。

第九百八十四条　【本人对管理事务的追认】管理人管理事务经受益人事后追认的，从管理事务开始时起，适用委托合同的有关规定，但是管理人另有意思表示的除外。

第二十九章　不当得利

第九百八十五条　【不当得利的构成及除外情况】得利人没有法律根据取得不当利益的，受损失的人可以请求得利人返还取得的利益，但是有下列情形之一的除外：

（一）为履行道德义务进行的给付；

（二）债务到期之前的清偿；

（三）明知无给付义务而进行的债务清偿。

第九百八十六条　【善意得利人的返还责任】得利人不知道且不应当知道取得的利益没有法律根据，取得的利益已经不存在的，不承担返还该利益的义务。

第九百八十七条　【恶意得利人的返还责任】得利人知道或者应当知道取得的利益没有法律根据的，受损失的人可以请求得利人返还其取得的利益并依法赔偿损失。

第九百八十八条　【第三人的返还义务】得利人已经将取得的利益无偿转让给第三人的，受损失的人可以请求第三人在相应范围内承担返还义务。

第四编　人　格　权

第一章　一般规定

第九百八十九条　【人格权编的调整范围】本编调整因人格权的享有和保护产生的民事关系。

第九百九十条　【人格权类型】人格权是民事主体享有的生命权、身体权、健康权、姓名权、名称权、肖像权、名誉权、荣誉权、隐私权等权利。

除前款规定的人格权外，自然人享有基于人身自由、人格尊严产生的其他人格权益。

第九百九十一条　【人格权受法律保护】民事主体的人格权受法律保护，任何组织或者个人不得侵害。

应 用

132. 民营企业或者企业家遭受人格权侵害之后，如何进行救济

涉民营企业和民营企业家人格权纠纷案件主要有使用侮辱性语言诋毁知名企业名誉；通过标题党形式误导公众、降低企业社会评价；无事实依据抹黑企业或者企业产品；因私人恩怨或者其他纠纷，对民营企业、民营企业家进行侮辱、诽谤；因同业竞争散布不实信息诋毁竞争对手商誉等类型。

民营企业或者民营企业家遭受人格权侵害后，可以采取以下措施：一是如果侵权言论是通过网络传播的，可依法通知网络服务提供者主要是网络平台采取删除、屏蔽、断开链接等必要措施，由网络服务提供者根据初步证据和服务类型采取措施，以防止不良影响进一步扩大。二是被侵权人如果能够证明行为人正在实施或者即将实施侵害其人格权的违法行为，不及时制止将遭受难以弥补的损害的，可以向人民法院申请人格权禁令，责令行为人停止有关行为。三是可以向人民法院提起诉讼，请求判令行为人承担停止侵害、消除影响、恢复名誉、赔礼道歉、赔偿损失等民事责任，来维护自身合法权益，保障企业生产经营等各方面正常运行。（最高人民法院相关部门负责人就涉民营企业、民营企业家人格权保护典型案例答记者问）

第九百九十二条　【人格权不得放弃、转让、继承】人格权不得放弃、转让或者继承。

配 套

《最高人民法院关于确定民事侵权精神损害赔偿责任若干问题的解释》；
《最高人民法院关于审理人身损害赔偿案件适用法律若干问题的解释》

第九百九十三条　【人格利益的许可使用】民事主体可以将自己的姓名、名称、肖像等许可他人使用，但是依照法律规定或

356

者根据其性质不得许可的除外。

第九百九十四条 【死者人格利益保护】死者的姓名、肖像、名誉、荣誉、隐私、遗体等受到侵害的，其配偶、子女、父母有权依法请求行为人承担民事责任；死者没有配偶、子女且父母已经死亡的，其他近亲属有权依法请求行为人承担民事责任。

应 用

133. 保护死者人格利益的方式

对死者人格利益的保护，采取死者近亲属保护的方式进行。当死者的人格利益受到侵害时，死者的第一顺位的近亲属有权向法院起诉，请求行为人承担民事责任。死者如果没有第一顺位的近亲属，其他近亲属即第二顺位的近亲属，有行使这种保护的权利。没有近亲属的，可以根据实际情况，如存在公共利益的原因，可以采用公益诉讼的方法进行保护。侵害英雄烈士的人格利益，即使死者没有近亲属，有关组织也可以提出保护的诉讼请求，由人民法院依法裁判。此外，"依法请求行为人承担民事责任"意味着死者近亲属除了到法院提起诉讼外，还可以诉诸其他救济途径，比如请求公安机关依据《治安管理处罚法》依法予以保护。

134. 死者人格利益受保护的期限

关于保护死者的人格利益的请求权是否有期限的限制，本条采用我国司法习惯，不规定期限，而是以死者的近亲属健在为限，死者不再有近亲属的，法律不再予以保护。

135. 对于侵害英雄烈士名誉的行为，英雄烈士没有近亲属或者近亲属不提起诉讼时，检察机关应依法提起公益诉讼

英雄烈士的形象是民族精神的体现，是引领社会风尚的标杆。英雄烈士的姓名、肖像、名誉和荣誉等不仅属于英雄烈士本人及其近亲属，更是社会正义的重要组成内容，承载着社会主义核心价值观，具有社会公益性质。侵害英雄烈士名誉就是对公共利益的损害。对于侵害英雄烈士名誉的行为，英雄烈士没有近亲属或者近亲属不提起诉讼时，检察机关应依法提起公益诉讼，捍卫社会公共利益。

检察机关履行这类公益诉讼职责，要在提起诉讼前确认英雄烈士是否有

近亲属以及其近亲属是否提起诉讼，区分情况处理。对于英雄烈士有近亲属的，检察机关应当当面征询英雄烈士近亲属是否提起诉讼；对于英雄烈士没有近亲属或者近亲属下落不明的，检察机关可以通过公告的方式履行告知程序。

检察机关办理该类案件，除围绕侵权责任构成要件收集、固定证据外，还要就侵权行为是否损害社会公共利益这一结果要件进行调查取证。对于在微信群内发表侮辱、诽谤英雄烈士言论的行为，要重点收集微信群成员数量、微信群组的私密性、进群验证方式、不当言论被阅读数、转发量等方面的证据，证明侵权行为产生的不良社会影响及其严重性。检察机关在决定是否提起公益诉讼时，还应当考虑行为人的主观过错程度、社会公共利益受损程度等，充分履行职责，实现政治效果、社会效果和法律效果的有机统一。

［曾云侵害英烈名誉案（检例第 51 号）］

配套

《英雄烈士保护法》第 25 条、第 26 条；《最高人民法院关于确定民事侵权精神损害赔偿责任若干问题的解释》；《最高人民法院关于审理使用人脸识别技术处理个人信息相关民事案件适用法律若干问题的规定》

第九百九十五条　【人格权保护的请求权】人格权受到侵害的，受害人有权依照本法和其他法律的规定请求行为人承担民事责任。受害人的停止侵害、排除妨碍、消除危险、消除影响、恢复名誉、赔礼道歉请求权，不适用诉讼时效的规定。

第九百九十六条　【人格权责任竞合下的精神损害赔偿】因当事人一方的违约行为，损害对方人格权并造成严重精神损害，受损害方选择请求其承担违约责任的，不影响受损害方请求精神损害赔偿。

配套

《最高人民法院关于审理旅游纠纷案件适用法律若干问题的解释》第 7 条

第九百九十七条　【申请法院责令停止侵害】民事主体有证据证明行为人正在实施或者即将实施侵害其人格权的违法行为，不及时制止将使其合法权益受到难以弥补的损害的，有权依法向

358

人民法院申请采取责令行为人停止有关行为的措施。

第九百九十八条 **【认定行为人承担责任时的考量因素】**认定行为人承担侵害除生命权、身体权和健康权外的人格权的民事责任，应当考虑行为人和受害人的职业、影响范围、过错程度，以及行为的目的、方式、后果等因素。

第九百九十九条 **【人格利益的合理使用】**为公共利益实施新闻报道、舆论监督等行为的，可以合理使用民事主体的姓名、名称、肖像、个人信息等；使用不合理侵害民事主体人格权的，应当依法承担民事责任。

`应用`

136. 合理使用的构成要件

在实施新闻报道、舆论监督中，因正当事由合理使用他人人格要素的行为，不构成侵害人格权。其要件是：（1）具有的正当事由是为公共利益实施新闻报道、舆论监督等行为；（2）使用的是民事主体的姓名、名称、肖像、个人信息等人格要素；（3）须符合正当使用的范围，即为实施新闻报道、舆论监督的目的，不得超出该范围。符合上述要件要求的，使用人对他人人格要素的使用，为正当使用行为，不承担民事责任。例如对新闻事件中人物的肖像进行报道，不构成侵害肖像权，因为其具有新闻性。

第一千条 **【消除影响、恢复名誉、赔礼道歉责任方式】**行为人因侵害人格权承担消除影响、恢复名誉、赔礼道歉等民事责任的，应当与行为的具体方式和造成的影响范围相当。

行为人拒不承担前款规定的民事责任的，人民法院可以采取在报刊、网络等媒体上发布公告或者公布生效裁判文书等方式执行，产生的费用由行为人负担。

第一千零一条 **【自然人身份权利保护的参照】**对自然人因婚姻家庭关系等产生的身份权利的保护，适用本法第一编、第五编和其他法律的相关规定；没有规定的，可以根据其性质参照适用本编人格权保护的有关规定。

第二章 生命权、身体权和健康权

第一千零二条 【生命权】自然人享有生命权。自然人的生命安全和生命尊严受法律保护。任何组织或者个人不得侵害他人的生命权。

配套

《治安管理处罚法》第 45 条；《国家赔偿法》第 34 条

第一千零三条 【身体权】自然人享有身体权。自然人的身体完整和行动自由受法律保护。任何组织或者个人不得侵害他人的身体权。

第一千零四条 【健康权】自然人享有健康权。自然人的身心健康受法律保护。任何组织或者个人不得侵害他人的健康权。

配套

《精神卫生法》第 27 条、第 83 条；《未成年人保护法》

第一千零五条 【法定救助义务】自然人的生命权、身体权、健康权受到侵害或者处于其他危难情形的，负有法定救助义务的组织或者个人应当及时施救。

配套

《人民警察法》第 21 条；《人民武装警察法》第 28 条；《消防法》第 5 条、第 44 条；《消费者权益保护法》第 18 条第 2 款

第一千零六条 【人体捐献】完全民事行为能力人有权依法自主决定无偿捐献其人体细胞、人体组织、人体器官、遗体。任何组织或者个人不得强迫、欺骗、利诱其捐献。

完全民事行为能力人依据前款规定同意捐献的，应当采用书面形式，也可以订立遗嘱。

自然人生前未表示不同意捐献的，该自然人死亡后，其配偶、成年子女、父母可以共同决定捐献，决定捐献应当采用书面形式。

137. 人体器官的捐献

人体器官捐献应当遵循自愿、无偿的原则。公民享有捐献或者不捐献其人体器官的权利；任何组织或者个人不得强迫、欺骗或者利诱他人捐献人体器官。

具有完全民事行为能力的公民有权依法自主决定捐献其人体器官。公民表示捐献其人体器官的意愿，应当采用书面形式，也可以订立遗嘱。公民对已经表示捐献其人体器官的意愿，有权予以撤销。公民生前表示不同意捐献其遗体器官的，任何组织或者个人不得捐献、获取该公民的遗体器官；公民生前未表示不同意捐献其遗体器官的，该公民死亡后，其配偶、成年子女、父母可以共同决定捐献，决定捐献应当采用书面形式。

任何组织或者个人不得获取未满18周岁公民的活体器官用于移植。

活体器官的接受人限于活体器官捐献人的配偶、直系血亲或者三代以内旁系血亲。

配 套

《献血法》第2条；《人体器官捐献和移植条例》第7-10条

第一千零七条　【禁止买卖人体细胞、组织、器官和遗体】
禁止以任何形式买卖人体细胞、人体组织、人体器官、遗体。

违反前款规定的买卖行为无效。

注 解

本条是对禁止买卖人体组成部分的规定。任何人体细胞、人体组织、人体器官以及遗体，都是人的身体组成部分，或者是人的身体的变异物，都不是交易的对象。出于救助他人的高尚目的，自然人可以将自己的身体组成部分或者遗体捐献给他人或者公益组织，但这不是买卖。进行人体细胞、人体组织、人体器官或者遗体的买卖行为，是违法行为。任何买卖人体细胞、人体组织、人体器官以及遗体的行为，都是无效的行为，都在被禁止之列。

配套

《刑法》第 234 条之一

第一千零八条 　**【人体临床试验】**为研制新药、医疗器械或者发展新的预防和治疗方法，需要进行临床试验的，应当依法经相关主管部门批准并经伦理委员会审查同意，向受试者或者受试者的监护人告知试验目的、用途和可能产生的风险等详细情况，并经其书面同意。

进行临床试验的，不得向受试者收取试验费用。

配套

《医师法》第 26 条；《药品管理法》第 21 条、第 23 条；《医疗机构管理条例》第 33 条

第一千零九条 　**【从事人体基因、胚胎等医学和科研活动的法定限制】**从事与人体基因、人体胚胎等有关的医学和科研活动，应当遵守法律、行政法规和国家有关规定，不得危害人体健康，不得违背伦理道德，不得损害公共利益。

第一千零一十条 　**【性骚扰】**违背他人意愿，以言语、文字、图像、肢体行为等方式对他人实施性骚扰的，受害人有权依法请求行为人承担民事责任。

机关、企业、学校等单位应当采取合理的预防、受理投诉、调查处置等措施，防止和制止利用职权、从属关系等实施性骚扰。

注解

根据《未成年人学校保护规定》，学校应当落实法律规定建立学生欺凌防控和预防性侵害、性骚扰等专项制度，建立对学生欺凌、性侵害、性骚扰行为的零容忍处理机制和受伤害学生的关爱、帮扶机制。学校应当建立健全教职工与学生交往行为准则、学生宿舍安全管理规定、视频监控管理规定等制度，建立预防、报告、处置性侵害、性骚扰工作机制。

学校应当采取必要措施预防并制止教职工以及其他进入校园的人员实施

以下行为：（1）与学生发生恋爱关系、性关系；（2）抚摸、故意触碰学生身体特定部位等猥亵行为；（3）对学生作出调戏、挑逗或者具有性暗示的言行；（4）向学生展示传播包含色情、淫秽内容的信息、书刊、影片、音像、图片或者其他淫秽物品；（5）持有包含淫秽、色情内容的视听、图文资料；（6）其他构成性骚扰、性侵害的违法犯罪行为。

第一千零一十一条　【非法剥夺、限制他人行动自由和非法搜查他人身体】 以非法拘禁等方式剥夺、限制他人的行动自由，或者非法搜查他人身体的，受害人有权依法请求行为人承担民事责任。

第三章　姓名权和名称权

第一千零一十二条　【姓名权】 自然人享有姓名权，有权依法决定、使用、变更或者许可他人使用自己的姓名，但是不得违背公序良俗。

第一千零一十三条　【名称权】 法人、非法人组织享有名称权，有权依法决定、使用、变更、转让或者许可他人使用自己的名称。

配套

《最高人民法院关于审理注册商标、企业名称与在先权利冲突的民事纠纷案件若干问题的规定》第2-4条

第一千零一十四条　【禁止侵害他人的姓名或名称】 任何组织或者个人不得以干涉、盗用、假冒等方式侵害他人的姓名权或者名称权。

应用

138. 基于不当目的注册包含他人姓名的商标构成对他人姓名权和人格尊严的侵害

随着社会发展的多元化，侵害人格权的行为方式呈现多样化、隐蔽化，

表现为形式上符合法律规定而实质上违反诚实守信、公平正义、公序良俗，对这类行为应当及时制止。本案中，被告与原告早年间曾产生经济纠纷，后基于不当目的针对原告的行为主观恶意明显，审理法院通过对陈某恶意行使商标权的否定性评价，判令陈某停止使用注册商标并赔礼道歉、赔偿精神损失，依法惩治了侵权行为，维护了企业家人格权益，有利于引导营造保护企业家合法权益的法治环境。（涉民营企业、民营企业家人格权保护典型案例之案例2：谢某诉陈某人格权纠纷案）

第一千零一十五条 【自然人姓氏的选取】自然人应当随父姓或者母姓，但是有下列情形之一的，可以在父姓和母姓之外选取姓氏：

（一）选取其他直系长辈血亲的姓氏；

（二）因由法定扶养人以外的人扶养而选取扶养人姓氏；

（三）有不违背公序良俗的其他正当理由。

少数民族自然人的姓氏可以遵从本民族的文化传统和风俗习惯。

第一千零一十六条 【决定、变更姓名、名称及转让名称的规定】自然人决定、变更姓名，或者法人、非法人组织决定、变更、转让名称的，应当依法向有关机关办理登记手续，但是法律另有规定的除外。

民事主体变更姓名、名称的，变更前实施的民事法律行为对其具有法律约束力。

第一千零一十七条 【姓名与名称的扩展保护】具有一定社会知名度，被他人使用足以造成公众混淆的笔名、艺名、网名、译名、字号、姓名和名称的简称等，参照适用姓名权和名称权保护的有关规定。

第四章 肖 像 权

第一千零一十八条 【肖像权及肖像】自然人享有肖像权，

有权依法制作、使用、公开或者许可他人使用自己的肖像。

肖像是通过影像、雕塑、绘画等方式在一定载体上所反映的特定自然人可以被识别的外部形象。

第一千零一十九条　【肖像权的保护】任何组织或者个人不得以丑化、污损，或者利用信息技术手段伪造等方式侵害他人的肖像权。未经肖像权人同意，不得制作、使用、公开肖像权人的肖像，但是法律另有规定的除外。

未经肖像权人同意，肖像作品权利人不得以发表、复制、发行、出租、展览等方式使用或者公开肖像权人的肖像。

第一千零二十条　【肖像权的合理使用】合理实施下列行为的，可以不经肖像权人同意：

（一）为个人学习、艺术欣赏、课堂教学或者科学研究，在必要范围内使用肖像权人已经公开的肖像；

（二）为实施新闻报道，不可避免地制作、使用、公开肖像权人的肖像；

（三）为依法履行职责，国家机关在必要范围内制作、使用、公开肖像权人的肖像；

（四）为展示特定公共环境，不可避免地制作、使用、公开肖像权人的肖像；

（五）为维护公共利益或者肖像权人合法权益，制作、使用、公开肖像权人的肖像的其他行为。

注解

本条是对肖像合理使用的规定。符合本条规定的特定事由，可以不经过肖像权人的同意，直接使用肖像权人的肖像，不构成侵害肖像权。总体来讲，肖像权合理使用规则主要是针对非商业使用而言。合理使用不能超过一定的"度"，"必要范围"、"不可避免"、"已经公开"都是对合理的限制。

根据本条的规定，实施以下几种行为的，不需要肖像权人的同意：

1. 为个人学习、艺术欣赏、课堂教学或者科学研究，在必要范围内使用肖像权人已经公开的肖像。为了个人学习、艺术欣赏的目的使用他人已经公开的肖像，是个人从事的正常社会活动，且这种使用并不会对权利人的肖像权造成损害。为个人学习、艺术欣赏、课堂教学或者科学研究使用他人肖像时，仍需注意两个限制条件：（1）只能在必要范围内使用他人肖像，超出必要范围使用的，也构成侵权。（2）只能使用他人已经公开的肖像。

2. 为实施新闻报道，不可避免地制作、使用、公开肖像权人的肖像。本项规定是对本法第999条规定的进一步落实和细化。在具体适用本项时应注意，因新闻报道而制作、使用、公开肖像权人的肖像，必须是不可避免的，否则也有可能构成侵犯他人的肖像权。

3. 为依法履行职责，国家机关在必要范围内制作、使用、公开肖像权人的肖像。国家机关依法履行职责属于行使公权力，行使公权力要么是为了维护社会秩序，要么是为了保护公众安全，要么是为了维护其他国家利益和社会公共利益，在此情况下，可以在必要范围内制作、使用、公开肖像权人的肖像。但是国家机关也不得滥用这种权力，对肖像权的使用应当符合行政行为的比例原则。本项明确规定了两个限制条件：（1）国家机关必须是在依法履行职责时，才可以制作、使用、公开肖像权人的肖像，若履行职责没有明确的法律依据，则不得制作、使用、公开肖像权人的肖像。（2）国家机关必须在必要范围内制作、使用、公开肖像权人的肖像，超出必要范围的，即使是依法履行职责，也构成对肖像权的侵犯。

4. 为展示特定公共环境，不可避免地制作、使用、公开肖像权人的肖像。这种合理使用的情形较为特殊，但也是民事主体进行社会活动必不可少的。例如某人在一个公开场所（例如景点）照相时，刚好另一游客闯入其镜头；再如游客拍摄某一著名旅游景点的景色时，就有可能将一些游客摄入其中。这种情形下的合理使用也有严格的条件限制：（1）制作、使用、公开肖像权人的肖像的目的是展示特定的公共环境。（2）即使是为了展示特定公共环境，也必须是"不可避免"地制作、使用、公开肖像权人的肖像，若在展示特定公共环境中可以避免制作、使用、公开肖像权人的肖像，则不构成合理使用。

5. 为维护公共利益或者肖像权人合法权益，制作、使用、公开肖像权人的肖像的其他行为。本项规定实际上是一个兜底条款，但并不等于法院可以随意自由裁量，法院更不得滥用本项规定或者将本项规定泛化。要适用本项规定，应当符合以下条件：（1）必须是为了公共利益或者为了肖像权人本人的利益。（2）必须是在必要范围内使用、公开，例如寻人启事上的肖像只得用于寻人之用，不得用于商业促销。

配套

《著作权法》第 24 条、第 25 条

第一千零二十一条　【肖像许可使用合同的解释】当事人对肖像许可使用合同中关于肖像使用条款的理解有争议的，应当作出有利于肖像权人的解释。

注解

肖像许可使用合同，是肖像权人与授权使用人就肖像使用范围、方式、期限、报酬等内容进行约定的合同。对此，双方当事人应当遵守约定，行使约定的权利和履行约定的义务，实现各自的利益。

双方当事人如果对这些约定发生争议，应当依照《民法典》规定的合同解释原则进行解释。由于肖像许可使用合同是支配人格利益的合同，因此，在解释时，对争议应当作出有利于肖像权人的解释，以保护肖像权人的合法权益。

第一千零二十二条　【肖像许可使用合同期限】当事人对肖像许可使用期限没有约定或者约定不明确的，任何一方当事人可以随时解除肖像许可使用合同，但是应当在合理期限之前通知对方。

当事人对肖像许可使用期限有明确约定，肖像权人有正当理由的，可以解除肖像许可使用合同，但是应当在合理期限之前通知对方。因解除合同造成对方损失的，除不可归责于肖像权人的事由外，应当赔偿损失。

第一千零二十三条　【姓名、声音等的许可使用参照肖像许可使用】对姓名等的许可使用，参照适用肖像许可使用的有关规定。

对自然人声音的保护，参照适用肖像权保护的有关规定。

第五章 名誉权和荣誉权

第一千零二十四条 【**名誉权及名誉**】民事主体享有名誉权。任何组织或者个人不得以侮辱、诽谤等方式侵害他人的名誉权。

名誉是对民事主体的品德、声望、才能、信用等的社会评价。

注解

认定微信群中的言论构成侵犯他人名誉权，应当符合名誉权侵权的全部构成要件，还应当考虑信息网络传播的特点并结合侵权主体、传播范围、损害程度等具体因素进行综合判断。不特定关系人组成的微信群具有公共空间属性，公民在此类微信群中发布侮辱、诽谤、污蔑或者贬损他人的言论构成名誉权侵权，应当依法承担法律责任。[北京兰世达光电科技有限公司、黄晓兰诉赵敏名誉权纠纷案（最高人民法院指导案例 143 号）]

应用

139. 网络自媒体蹭热点，编造虚假信息，侵害民营企业声誉，依法应承担侵权责任

数字时代人们习惯浅阅读、快阅读，自媒体数量剧增，舆论影响力大。部分网络自媒体为博取眼球，对热点事件进行恶意消费，有些甚至形成"蹭热度-引流量-涨粉丝-变现"的灰色流量营销产业链，并通过搭建自媒体矩阵在不同自媒体平台同时发布虚假、不实信息，对企业和企业家的声誉造成严重冲击，极大损害了企业通过大量投入和长期经营打造的良好形象。本案对网络自媒体恶意侵害知名企业名誉权的认定标准以及网络自媒体账号之间相互引流的共同侵权行为认定进行了有益探索，有利于依法惩治对民营企业的诽谤、污蔑等侵权行为，有利于鼓励和支持民营企业履行社会责任、积极投身社会绿色公益事业、为经济社会发展作出贡献。（涉民营企业、民营企业家人格权保护典型案例之案例 1：某科技公司诉某文化公司、某传媒公司名誉权纠纷案）

第一千零二十五条 【**新闻报道、舆论监督与保护名誉权关系问题**】行为人为公共利益实施新闻报道、舆论监督等行为，影

响他人名誉的，不承担民事责任，但是有下列情形之一的除外：

　　（一）捏造、歪曲事实；

　　（二）对他人提供的严重失实内容未尽到合理核实义务；

　　（三）使用侮辱性言辞等贬损他人名誉。

注 解

　　在新闻报道和舆论监督等新闻行为中，如果存在以下法定情形，则构成侵害名誉权。

　　（1）行为人捏造、歪曲事实。这种情形是故意利用新闻报道、舆论监督侵害他人名誉权的行为。捏造事实是无中生有，歪曲事实是不顾真相而进行歪曲。这些都是故意所为，性质恶劣，构成侵害名誉权。（2）对他人提供的严重失实内容未尽到合理核实义务。这种情形是新闻事实严重失实，是因未尽合理核实义务而使事实背离真相，是过失所为。其实不只是对他人提供的严重失实内容未尽核实义务，即使媒体自己采制的新闻，未尽必要注意而使新闻事实严重失实，同样也构成侵害名誉权的行为。（3）使用侮辱性言辞等贬损他人名誉。在新闻报道、舆论监督中，虽然没有上述两种情形，但是在其中有使用侮辱言辞等过度贬损他人名誉，对其人格有损害的，也构成侵害名誉权的行为。

应 用

　　140. 惩治网络侵权行为，维护民营企业名誉权

　　企业名誉是企业赖以生存和发展的重要基础，依法保护企业名誉权是构建法治化营商环境的应有之义。通过互联网诋毁企业名誉，具有受众面广、传播速度快、言论表达便捷等特点，极大地损害了企业经过长期努力建立起来的企业形象和市场评价，影响恶劣。本案通过判令侵权人承担侵权责任，维护企业名誉权，体现人民法院优化营商环境、保障民营企业正常开展生产经营活动的司法导向。（涉民营企业、民营企业家人格权保护典型案例之案例3：某通讯器材公司诉闫某网络侵权责任纠纷案）

　　141. 在微信朋友圈及群聊中发布贬损性、侮辱性言论，构成侵害企业名誉权

　　微信群、微信朋友圈传播信息速度快、范围广。本案被告因与原告发生

纠纷后通过微信朋友圈等多次发表针对原告公司在当地专营的线下专卖店的侮辱性信息，导致了对原告公司专营业务的社会评价降低，严重影响企业声誉。本案裁判规范惩治利用舆论侵害企业名誉权的侵权行为，对网络用户通过发布朋友圈、微信群聊等方式侵害企业名誉权的案件审理具有参考价值，引导网络用户依法使用微信等社交软件。（涉民营企业、民营企业家人格权保护典型案例之案例4：某文化创意公司诉王某某名誉权纠纷案）

142. 规制短视频带货行为，保护民营企业商誉

对于民营企业，一副好口碑就是最大的流量。近年来，短视频 APP 异军突起，平台准入门槛低、信息传播快、舆论影响力大，已成为企业扩大知名度、提高竞争力的"新阵地"。但一些经营主体违反商业道德和诚实信用原则，发布不实或误导性短视频，以测评之名行营销之实，不仅误导消费者，破坏了互联网公平竞争的市场秩序，更严重损害了其他民营企业的商誉。本案的审理，明确了经营主体发布测评短视频的性质，对以不实短视频损害民营企业形象和名誉的不正当竞争行为作出否定性评价，对澄澈天朗气清、生态良好的网络空间，打造公平竞争、健康有序的民营经济营商环境具有重要意义。（涉民营企业、民营企业家人格权保护典型案例之案例5：某食品有限公司诉某文化科技有限公司商业诋毁纠纷案）

配套

《最高人民法院关于审理利用信息网络侵害人身权益民事纠纷案件适用法律若干问题的规定》第 11 条

第一千零二十六条　【认定是否尽到合理核实义务的考虑因素】 认定行为人是否尽到前条第二项规定的合理核实义务，应当考虑下列因素：

（一）内容来源的可信度；

（二）对明显可能引发争议的内容是否进行了必要的调查；

（三）内容的时限性；

（四）内容与公序良俗的关联性；

（五）受害人名誉受贬损的可能性；

（六）核实能力和核实成本。

第一千零二十七条 【文学、艺术作品侵害名誉权的认定与例外】行为人发表的文学、艺术作品以真人真事或者特定人为描述对象，含有侮辱、诽谤内容，侵害他人名誉权的，受害人有权依法请求该行为人承担民事责任。

行为人发表的文学、艺术作品不以特定人为描述对象，仅其中的情节与该特定人的情况相似的，不承担民事责任。

第一千零二十八条 【名誉权人更正权】民事主体有证据证明报刊、网络等媒体报道的内容失实，侵害其名誉权的，有权请求该媒体及时采取更正或者删除等必要措施。

第一千零二十九条 【信用评价】民事主体可以依法查询自己的信用评价；发现信用评价不当的，有权提出异议并请求采取更正、删除等必要措施。信用评价人应当及时核查，经核查属实的，应当及时采取必要措施。

第一千零三十条 【处理信用信息的法律适用】民事主体与征信机构等信用信息处理者之间的关系，适用本编有关个人信息保护的规定和其他法律、行政法规的有关规定。

第一千零三十一条 【荣誉权】民事主体享有荣誉权。任何组织或者个人不得非法剥夺他人的荣誉称号，不得诋毁、贬损他人的荣誉。

获得的荣誉称号应当记载而没有记载的，民事主体可以请求记载；获得的荣誉称号记载错误的，民事主体可以请求更正。

注解

荣誉，是指特定民事主体在社会生产、社会活动中有突出表现或者突出贡献，政府、单位、团体等组织所给予的积极、肯定性的正式评价。荣誉权，是指民事主体对其获得的荣誉及其利益所享有的保持、支配、维护的具体人格权。

第六章 隐私权和个人信息保护

第一千零三十二条 【隐私权及隐私】自然人享有隐私权。任何组织或者个人不得以刺探、侵扰、泄露、公开等方式侵害他人的隐私权。

隐私是自然人的私人生活安宁和不愿为他人知晓的私密空间、私密活动、私密信息。

注解

隐私权是自然人享有的人格权，是指自然人对享有的私人生活安宁和不愿为他人知晓的私密空间、私密活动和私密信息等私生活安全利益自主进行支配和控制，不得他人侵扰的具体人格权。其内容是：（1）对自己的隐私进行隐瞒，不为他人所知的权利；（2）对自己的隐私享有积极利用，以满足自己的精神、物质等方面需要的权利；（3）对自己的隐私享有支配权，只要不违背公序良俗即可。

第一千零三十三条 【侵害隐私权的行为】除法律另有规定或者权利人明确同意外，任何组织或者个人不得实施下列行为：

（一）以电话、短信、即时通讯工具、电子邮件、传单等方式侵扰他人的私人生活安宁；

（二）进入、拍摄、窥视他人的住宅、宾馆房间等私密空间；

（三）拍摄、窥视、窃听、公开他人的私密活动；

（四）拍摄、窥视他人身体的私密部位；

（五）处理他人的私密信息；

（六）以其他方式侵害他人的隐私权。

注解

（1）以电话、短信、即时通讯工具、电子邮件、传单等方式侵扰他人的生活安宁。生活安宁，是自然人享有的维持安稳宁静的私人生活状态，并排除他人不法侵扰，保持无形的精神需要的满足。电话、短信、即时通讯工具、电子邮件、传单等方式侵扰个人的生活安宁，通常称为骚扰电话、骚扰短信、骚扰电邮等，侵害个人的生活安宁，构成侵害隐私权。

（2）进入、拍摄、窥视他人的住宅、宾馆房间等私密空间。隐私权保护的私密空间，包括具体的私密空间和抽象的私密空间。前者如个人住宅、宾馆房间、旅客行李、学生书包、个人通信等，后者专指日记，即思想的私密空间。

（3）拍摄、窥视、窃听、公开他人的私密活动。私密活动是一切个人的，与公共利益无关的活动，如日常生活、社会交往、夫妻生活、婚外恋等。对此进行拍摄、录制、公开、窥视、窃听，都构成侵害私人活动。

（4）拍摄、窥视他人身体的私密部位。身体的私密部位也属于隐私，是身体隐私，例如生殖器和性感部位。拍摄或者窥视他人身体私密部位，构成侵害隐私权。

（5）处理他人的私密信息。私密信息是关于自然人个人的隐私信息，获取、删除、公开、买卖他人的私密信息，构成侵害隐私权。

（6）以其他方式侵害他人的隐私权。这是兜底条款，凡是侵害私密信息、私密活动、私密空间、身体私密、生活安宁等的行为，都构成侵害隐私权。

第一千零三十四条 【个人信息保护】自然人的个人信息受法律保护。

个人信息是以电子或者其他方式记录的能够单独或者与其他信息结合识别特定自然人的各种信息，包括自然人的姓名、出生日期、身份证件号码、生物识别信息、住址、电话号码、电子邮箱、健康信息、行踪信息等。

个人信息中的私密信息，适用有关隐私权的规定；没有规定的，适用有关个人信息保护的规定。

配套

《最高人民法院关于审理利用信息网络侵害人身权益民事纠纷案件适用法律若干问题的规定》；《最高人民法院、最高人民检察院关于办理侵犯公民个人信息刑事案件适用法律若干问题的解释》第1条

第一千零三十五条　【个人信息处理的原则】处理个人信息的，应当遵循合法、正当、必要原则，不得过度处理，并符合下列条件：

（一）征得该自然人或者其监护人同意，但是法律、行政法规另有规定的除外；

（二）公开处理信息的规则；

（三）明示处理信息的目的、方式和范围；

（四）不违反法律、行政法规的规定和双方的约定。

个人信息的处理包括个人信息的收集、存储、使用、加工、传输、提供、公开等。

注解

根据《个人信息保护法》的规定，符合下列情形之一的，个人信息处理者方可处理个人信息：（1）取得个人的同意；（2）为订立、履行个人作为一方当事人的合同所必需，或者按照依法制定的劳动规章制度和依法签订的集体合同实施人力资源管理所必需；（3）为履行法定职责或者法定义务所必需；（4）为应对突发公共卫生事件，或者紧急情况下为保护自然人的生命健康和财产安全所必需；（5）为公共利益实施新闻报道、舆论监督等行为，在合理的范围内处理个人信息；（6）依照本法规定在合理的范围内处理个人自行公开或者其他已经合法公开的个人信息；（7）法律、行政法规规定的其他情形。

发生或者可能发生个人信息泄露、篡改、丢失的，个人信息处理者应当立即采取补救措施，并通知履行个人信息保护职责的部门和个人。通知应当包括下列事项：（1）发生或者可能发生个人信息泄露、篡改、丢失的信息种类、原因和可能造成的危害；（2）个人信息处理者采取的补救措施和个人可以采取的减轻危害的措施；（3）个人信息处理者的联系方式。个人信息处理者采取措施能够有效避免信息泄露、篡改、丢失造成危害的，个人信息处理者可以不通知个人；履行个人信息保护职责的部门认为可能造成危害的，有权要求个人信息处理者通知个人。

第一千零三十六条　【处理个人信息的免责事由】处理个人信息，有下列情形之一的，行为人不承担民事责任：

（一）在该自然人或者其监护人同意的范围内合理实施的行为；

（二）合理处理该自然人自行公开的或者其他已经合法公开的信息，但是该自然人明确拒绝或者处理该信息侵害其重大利益的除外；

（三）为维护公共利益或者该自然人合法权益，合理实施的其他行为。

第一千零三十七条　【个人信息主体的权利】自然人可以依法向信息处理者查阅或者复制其个人信息；发现信息有错误的，有权提出异议并请求及时采取更正等必要措施。

自然人发现信息处理者违反法律、行政法规的规定或者双方的约定处理其个人信息的，有权请求信息处理者及时删除。

第一千零三十八条　【个人信息安全】信息处理者不得泄露或者篡改其收集、存储的个人信息；未经自然人同意，不得向他人非法提供其个人信息，但是经过加工无法识别特定个人且不能复原的除外。

信息处理者应当采取技术措施和其他必要措施，确保其收集、存储的个人信息安全，防止信息泄露、篡改、丢失；发生或者可能发生个人信息泄露、篡改、丢失的，应当及时采取补救措施，按照规定告知自然人并向有关主管部门报告。

第一千零三十九条　【国家机关及其工作人员对个人信息的保密义务】国家机关、承担行政职能的法定机构及其工作人员对于履行职责过程中知悉的自然人的隐私和个人信息，应当予以保密，不得泄露或者向他人非法提供。

第五编　婚姻家庭

第一章　一般规定

第一千零四十条　【婚姻家庭编的调整范围】本编调整因婚姻家庭产生的民事关系。

注 解

婚姻家庭编，主要规定婚姻、亲属间身份关系的产生、变更和消灭，以及基于这种关系而产生的民事权利和义务。

第一千零四十一条　【婚姻家庭关系基本原则】婚姻家庭受国家保护。

实行婚姻自由、一夫一妻、男女平等的婚姻制度。

保护妇女、未成年人、老年人、残疾人的合法权益。

注 解

婚姻自由，又称婚姻自主，是指婚姻当事人享有自主地决定自己的婚姻的权利。婚姻自由包括结婚自由和离婚自由。结婚自由，就是结婚须男女双方本人完全自愿，禁止任何一方对他方加以强迫，禁止任何组织或者个人加以干涉。离婚自由，是指婚姻关系当事人有权自主地处理离婚问题。双方自愿离婚的，可以协商离婚。一方要求离婚的，可以诉至法院解决。

一夫一妻制是一男一女结为夫妻的婚姻制度。

男女平等是婚姻家庭编的一项基本原则，根据这个原则，男女两性在婚姻关系和家庭生活的各个方面，均平等享有权利，平等承担义务。

配 套

《宪法》第49条；《残疾人保障法》第3条、第9条；《妇女权益保障法》；《未成年人保护法》

376

第一千零四十二条　【禁止的婚姻家庭行为】禁止包办、买卖婚姻和其他干涉婚姻自由的行为。禁止借婚姻索取财物。

禁止重婚。禁止有配偶者与他人同居。

禁止家庭暴力。禁止家庭成员间的虐待和遗弃。

应用

143. 重婚

重婚，是指有配偶的人又与他人结婚的违法行为，或者明知他人有配偶而与他人登记结婚的违法行为。有配偶的人，未办理离婚手续又与他人登记结婚，即是重婚；虽未登记结婚，但事实上与他人以夫妻名义而公开同居生活的，也构成重婚。明知他人有配偶而与之登记结婚，或者虽未登记结婚，但事实上与他人以夫妻名义同居生活，同样构成重婚。不以夫妻名义共同生活的姘居关系，不能认为是重婚。法律明令禁止重婚，对于重婚的，不仅要解除其重婚关系，还应追究犯罪者的刑事责任。

144. 同居关系的处理

"与他人同居"的情形，是指有配偶者与婚外异性，不以夫妻名义，持续、稳定地共同居住。

当事人提起诉讼仅请求解除同居关系的，人民法院不予受理；已经受理的，裁定驳回起诉。当事人因同居期间财产分割或者子女抚养纠纷提起诉讼的，人民法院应当受理。

145. 威胁作为一种家庭暴力手段的司法认定

被告将一个裹着白布的篮球挂在家中的阳台上，且在白布上写着对原告具有攻击性和威胁性的字句，还经常击打篮球，从视觉上折磨原告，使原告产生恐惧感，该行为构成精神暴力。在夫妻发生矛盾时，被告对原告实施身体暴力致其轻微伤，最终导致了原、被告夫妻感情的完全破裂。被告对原告实施家庭暴力使原告遭受精神损害，被告应承担过错责任，故被告应酌情赔偿原告精神损害抚慰金。[郑某丽诉倪某斌离婚纠纷案（2014 年 2 月 28 日最高人民法院公布十起涉家庭暴力典型案例）]

146. 通过自伤自残对他人进行威胁属家庭暴力

精神暴力的危害性并不低于身体暴力的危害性。本案中，被申请人虽未实施殴打、残害等行为给申请人造成身体损伤，但其自伤、自残的行为必定会让申请人产生紧张恐惧的情绪，导致申请人精神不自由，从而按照被申请人的意志行事。该行为属于精神暴力。人民法院通过签发人身安全保护令，明确通过伤害自己以达到控制对方的行为也属于家庭暴力，这不但扩大了对家庭暴力的打击范围，也为更多在家庭中遭受精神暴力的家暴受害人指明了自救的有效路径，为个体独立自主权及身心健康的保障提供了有力的后盾。（最高法发布人民法院反家庭暴力典型案例（第一批）之案例三：王某申请人身安全保护令案）

配套

《刑法》第258条；《最高人民法院关于适用〈中华人民共和国民法典〉婚姻家庭编的解释（一）》第1-3条

第一千零四十三条 【婚姻家庭道德规范】家庭应当树立优良家风，弘扬家庭美德，重视家庭文明建设。

夫妻应当互相忠实，互相尊重，互相关爱；家庭成员应当敬老爱幼，互相帮助，维护平等、和睦、文明的婚姻家庭关系。

注解

当事人仅以民法典第1043条为依据提起诉讼的，人民法院不予受理；已经受理的，裁定驳回起诉。

该条属于倡导性的规定，并非公民必须遵守的义务，故不得以该条款单独提起诉讼。

配套

《最高人民法院关于适用〈中华人民共和国民法典〉婚姻家庭编的解释（一）》第4条

第一千零四十四条 【收养的原则】收养应当遵循最有利于被收养人的原则，保障被收养人和收养人的合法权益。

禁止借收养名义买卖未成年人。

注解

收养应当最有利于被收养的未成年人，这是收养的最高指导原则。

婚姻家庭编的收养规定在突出保护被收养的未成年人的同时，也兼顾保护收养人的利益。

第一千零四十五条　【亲属、近亲属与家庭成员】亲属包括配偶、血亲和姻亲。

配偶、父母、子女、兄弟姐妹、祖父母、外祖父母、孙子女、外孙子女为近亲属。

配偶、父母、子女和其他共同生活的近亲属为家庭成员。

第二章　结　婚

第一千零四十六条　【结婚自愿】结婚应当男女双方完全自愿，禁止任何一方对另一方加以强迫，禁止任何组织或者个人加以干涉。

`注 解`

根据本条规定，结婚应当男女双方完全自愿，这是婚姻自由原则在结婚上的具体体现。该规定的核心是，男女双方是否结婚、与谁结婚，应当由当事者本人决定。它包括两层含义：第一，应当是双方自愿，而不是一厢情愿。婚姻应以互爱为前提，任何一方都不得强迫对方成婚。第二，应当是当事人自愿，而不是父母等第三者采用包办、买卖等方式强迫男女双方结为夫妻。

第一千零四十七条　【法定婚龄】结婚年龄，男不得早于二十二周岁，女不得早于二十周岁。

第一千零四十八条　【禁止结婚的情形】直系血亲或者三代以内的旁系血亲禁止结婚。

`注 解`

直系血亲。包括父母子女间，祖父母、外祖父母与孙子女、外孙子女间。

三代以内旁系血亲。包括：（1）同源于父母的兄弟姊妹（含同父异母、同母异父的兄弟姊妹）。（2）不同辈的叔、伯、姑、舅、姨与侄（女）、甥（女）。

第一千零四十九条　【结婚程序】要求结婚的男女双方应当亲自到婚姻登记机关申请结婚登记。符合本法规定的，予以登记，发给结婚证。完成结婚登记，即确立婚姻关系。未办理结婚登记的，应当补办登记。

应　用

147. 彩礼返还的条件

当事人请求返还按照习俗给付的彩礼的，如果查明属于以下情形，人民法院应当予以支持：

（一）双方未办理结婚登记手续；

（二）双方办理结婚登记手续但确未共同生活；

（三）婚前给付并导致给付人生活困难。

适用前述第二项、第三项的规定，应当以双方离婚为条件。

148. 未办理结婚登记的起诉离婚

未依据民法典第一千零四十九条规定办理结婚登记而以夫妻名义共同生活的男女，提起诉讼要求离婚的，应当区别对待：

（一）1994 年 2 月 1 日民政部《婚姻登记管理条例》公布实施以前，男女双方已经符合结婚实质要件的，按事实婚姻处理。

（二）1994 年 2 月 1 日民政部《婚姻登记管理条例》公布实施以后，男女双方符合结婚实质要件的，人民法院应当告知其补办结婚登记。未补办结婚登记的，依据婚姻家庭编解释第三条规定处理。

149. 婚姻登记机关

根据《婚姻登记条例》的规定，内地居民办理婚姻登记的机关是县级人民政府民政部门或者乡（镇）人民政府，省、自治区、直辖市人民政府可以按照便民原则确定农村居民办理婚姻登记的具体机关。中国公民同外国人，内地居民同香港特别行政区居民（以下简称香港居民）、澳门特别行政区居民（以下简称澳门居民）、台湾地区居民（以下简称台湾居民）、华侨办理婚姻登记的机关是省、自治区、直辖市人民政府民政部门或者省、自治区、直辖市人民政府民政部门确定的机关。中国公民同外国人在中国内地结婚的，内地居民同香港居民、澳门居民、台湾居民、华侨在中国内地结婚的，男女双方应当共同到内地居民常住户口所在地的婚姻登记机关办理结婚登记。中华人民共和国驻外使（领）馆可以依照本条例的有关规定，为男女双方均居住于驻在国的中国公民办理婚姻登记。

150. 结婚登记程序

结婚登记大致可分为申请、审查和登记三个环节。

（一）申请

1. 中国公民在中国境内申请结婚

内地居民结婚，男女双方应当共同到一方当事人常住户口所在地的婚姻登记机关办理结婚登记。办理结婚登记的内地居民应当出具下列证件和证明材料：（1）本人的户口簿、身份证。（2）本人无配偶以及与对方当事人没有直系血亲和三代以内旁系血亲关系的签字声明。

离过婚的，还应当持离婚证。离婚的当事人恢复夫妻关系的，双方应当亲自到一方户口所在地的婚姻登记机关办理复婚登记。

2. 香港居民、澳门居民、台湾居民在中国境内申请结婚

办理结婚登记的香港居民、澳门居民、台湾居民应当出具下列证件和证明材料：（1）本人的有效通行证、身份证。（2）经居住地公证机构公证的本人无配偶以及与对方当事人没有直系血亲和三代以内旁系血亲关系的声明。

3. 华侨在中国境内申请结婚

办理结婚登记的华侨应当出具下列证件和证明材料：（1）本人的有效护照。（2）居住国公证机构或者有权机关出具的、经中华人民共和国驻该国使（领）馆认证的本人无配偶以及与对方当事人没有直系血亲和三代以内旁系血亲关系的证明，或者中华人民共和国驻该国使（领）馆出具的本人无配偶以及与对方当事人没有直系血亲和三代以内旁系血亲关系的证明。

4. 外国人在中国境内申请结婚

办理结婚登记的外国人应当出具下列证件和证明材料：（1）本人的有效护照或者其他有效的国际旅行证件。（2）所在国公证机构或者有权机关出具的、经中华人民共和国驻该国使（领）馆认证或者该国驻华使（领）馆认证的本人无配偶的证明，或者所在国驻华使（领）馆出具的本人无配偶的证明。

申请婚姻登记的当事人，应当如实向婚姻登记机关提供规定的有关证件和证明，不得隐瞒真实情况。

（二）审查

婚姻登记机关应当对结婚登记当事人出具的证件、证明材料进行审查并询问相关情况。对当事人符合结婚条件的，应当当场予以登记，发给结婚证；对当事人不符合结婚条件不予登记的，应当向当事人说明理由。

（三）登记

1. 予以登记

婚姻登记机关对符合结婚条件的，应当当场予以登记，发给结婚证。

2. 不予登记

申请人有下列情形之一的，婚姻登记机关不予登记：（1）未到法定结婚年龄的；（2）非自愿的；（3）已有配偶的；（4）属于直系血亲或者三代以内旁系血亲的。

婚姻登记机关对当事人的婚姻登记申请不予登记的，应当向当事人说明理由。

151. 双方未办理结婚登记手续，当事人一方请求返还按照习俗给付的彩礼的，人民法院应当予以支持

双方未办结婚登记，而是按民间习俗举行仪式"结婚"，进而以夫妻名义共同生活。这种不被法律承认的"婚姻"构成同居关系，应当解除。原告杨某在同居前给付聘金的行为虽属赠与，但该赠与行为追求的是双方结婚。现结婚不能实现，为结婚而赠与的财物应当返还。一审根据本案的实际情况，在酌情扣除为举办"结婚"仪式而支出的费用后，判决被告周某将聘金的余款返还给原告，判处恰当。被告上诉认为 23 万元的聘金是原告杨某的无偿赠与，不应返还，其理由缺乏法律依据，不予采纳。[杨清坚诉周宝妹、周文皮返还聘金纠纷案（《最高人民法院公报》2002 年第 3 期）]

配套

《婚姻登记条例》；《最高人民法院关于适用〈中华人民共和国民法典〉婚姻家庭编的解释（一）》第 5-8 条

第一千零五十条　【男女双方互为家庭成员】登记结婚后，按照男女双方约定，女方可以成为男方家庭的成员，男方可以成

为女方家庭的成员。

第一千零五十一条 【婚姻无效的情形】有下列情形之一的，婚姻无效：

（一）重婚；

（二）有禁止结婚的亲属关系；

（三）未到法定婚龄。

应用

152. 请求确认婚姻无效的主体

有权依据民法典第1051条规定向人民法院就已办理结婚登记的婚姻请求确认婚姻无效的主体，包括婚姻当事人及利害关系人。其中，利害关系人包括：

（一）以重婚为由的，为当事人的近亲属及基层组织；

（二）以未到法定婚龄为由的，为未到法定婚龄者的近亲属；

（三）以有禁止结婚的亲属关系为由的，为当事人的近亲属。

153. 无效婚姻的处理

人民法院受理请求确认婚姻无效案件后，原告申请撤诉的，不予准许。

对婚姻效力的审理不适用调解，应当依法作出判决。

涉及财产分割和子女抚养的，可以调解。调解达成协议的，另行制作调解书；未达成调解协议的，应当一并作出判决。

当事人以民法典第1051条规定的三种无效婚姻以外的情形请求确认婚姻无效的，人民法院应当判决驳回当事人的诉讼请求。

配套

《最高人民法院关于适用〈中华人民共和国民法典〉婚姻家庭编的解释（一）》第9-17条

第一千零五十二条 【受胁迫婚姻的撤销】因胁迫结婚的，受胁迫的一方可以向人民法院请求撤销婚姻。

请求撤销婚姻的，应当自胁迫行为终止之日起一年内提出。

被非法限制人身自由的当事人请求撤销婚姻的，应当自恢复人身自由之日起一年内提出。

154. 胁迫的定义

行为人以给另一方当事人或者其近亲属的生命、身体、健康、名誉、财产等方面造成损害为要挟，迫使另一方当事人违背真实意愿结婚的，可以认定为民法典第 1052 条所称的"胁迫"。

因受胁迫而请求撤销婚姻的，只能是受胁迫一方的婚姻关系当事人本人。

155. 诉讼时效的适用限制

民法典第 1052 条规定的"一年"，不适用诉讼时效中止、中断或者延长的规定。

受胁迫或者被非法限制人身自由的当事人请求撤销婚姻的，不适用民法典第 152 条第 2 款的规定。

当事人以民法典施行前受胁迫结婚为由请求人民法院撤销婚姻的，撤销权的行使期限适用民法典第 1052 条第 2 款的规定。

《最高人民法院关于适用〈中华人民共和国民法典〉婚姻家庭编的解释（一）》第 18 条、第 19 条；《最高人民法院关于适用〈中华人民共和国民典〉时间效力的若干规定》第 26 条

第一千零五十三条 【隐瞒重大疾病的可撤销婚姻】一方患有重大疾病的，应当在结婚登记前如实告知另一方；不如实告知的，另一方可以向人民法院请求撤销婚姻。

请求撤销婚姻的，应当自知道或者应当知道撤销事由之日起一年内提出。

本条规定，请求撤销婚姻的，应当自知道或者应当知道撤销事由之日起一年内向人民法院提出。所谓"知道"是指有直接和充分的证据证明当事人知道对方患病。"应当知道"是指虽然没有直接和充分的证据证明当事人知道，但是根据生活经验、相关事实和证据，按照一般人的普遍认知能力，运用逻辑推理可以推断当事人知道对方患病。如果不能在知道或者应当知道撤

销事由之日起一年内提出，就只能通过协议离婚或者诉讼离婚的程序解除婚姻关系。

第一千零五十四条　【婚姻无效或被撤销的法律后果】无效的或者被撤销的婚姻自始没有法律约束力，当事人不具有夫妻的权利和义务。同居期间所得的财产，由当事人协议处理；协议不成的，由人民法院根据照顾无过错方的原则判决。对重婚导致的无效婚姻的财产处理，不得侵害合法婚姻当事人的财产权益。当事人所生的子女，适用本法关于父母子女的规定。

婚姻无效或者被撤销的，无过错方有权请求损害赔偿。

应　用

156. 自始没有法律约束力

民法典第 1054 条所规定的"自始没有法律约束力"，是指无效婚姻或者可撤销婚姻在依法被确认无效或者被撤销时，才确定该婚姻自始不受法律保护。

157. 无效或者被撤销婚姻当事人的权利和义务

无效或者被撤销的婚姻，当事人之间不具有夫妻的权利和义务。本法规定，夫妻有互相扶养的义务。一方不履行扶养义务时，需要扶养的一方，有要求对方给付扶养费的权利。夫妻有相互继承遗产的权利。夫妻一方因抚育子女、照料老人、协助另一方工作等负担较多义务的，离婚时有权向另一方请求补偿。另一方应当给予补偿。离婚时，如一方生活困难，有负担能力的另一方应当给予适当帮助。因一方重婚或者与他人同居、实施家庭暴力、虐待、遗弃家庭成员或者其他重大过错而导致离婚的，无过错方有权请求损害赔偿。本法有关夫妻权利义务的规定，前提是合法婚姻，是有效婚姻。由于无效婚姻、可撤销婚姻欠缺婚姻成立的法定条件，是不合法婚姻，有关夫妻权利义务的规定对无效婚姻、被撤销婚姻的当事人都不适用。

158. 无效或者被撤销的婚姻当事人所生子女的权利义务

无效或者被撤销的婚姻当事人所生子女的权利义务，与合法婚姻当事人所生子女的权利义务一样。如父母对未成年子女有抚养、教育和保护的义务，成年子女对父母有赡养、扶助和保护的义务。父母不履行抚养义务的，未成年子女或者不能独立生活的成年子女，有要求父母给付抚养费的权利。成年子女不履行赡养义务的，缺乏劳动能力或者生活困难的父母，有要求成年子女给付赡养费的权利。父母有教育、保护未成年子女的权利和义务，未成年子女造成他人损害的，父母应当依法承担民事责任。婚姻关系被确认为无效或者被撤销后，父母对子女仍有抚养和教育的权利和义务，一方抚养子女，另一方应负担部分或者全部抚养费。不直接抚养子女的父或母，有探望子女的权利，另一方有协助的义务。

配套

《最高人民法院关于适用〈中华人民共和国民法典〉婚姻家庭编的解释（一）》第20-22条

第三章　家庭关系

第一节　夫妻关系

第一千零五十五条　【夫妻平等】夫妻在婚姻家庭中地位平等。

注解

夫妻在婚姻家庭中地位平等，不是指夫妻的权利义务一一对等，更不是指夫妻要平均承担家庭劳务等。平等不是平均，权利义务可以合理分配和承担，家庭劳务也可以合理分担。对于婚姻家庭事务，夫妻双方均有权发表意见，应当协商作出决定，一方不应独断专行。

第一千零五十六条　【夫妻姓名权】夫妻双方都有各自使用自己姓名的权利。

注解

根据本条规定，自然人的姓名权不受婚姻的影响，男女双方结婚后，其婚前姓名无须改变，妇女结婚后仍然有权使用自己的姓名。这对于保障已婚妇女的独立人格，促进夫妻在婚姻家庭关系中地位平等，具有积极意义。

第一千零五十七条　【夫妻人身自由权】夫妻双方都有参加生产、工作、学习和社会活动的自由，一方不得对另一方加以限制或者干涉。

第一千零五十八条　【夫妻抚养、教育和保护子女的权利义务平等】夫妻双方平等享有对未成年子女抚养、教育和保护的权利，共同承担对未成年子女抚养、教育和保护的义务。

`应 用`

159. 父母应当尊重未成年子女受教育的权利，父母行为侵害合法权益的，未成年子女可申请人身安全保护令

未成年子女是独立的个体，他们享有包括受教育权在内的基本民事权利。父母对未成年子女负有抚养、教育、保护义务。在处理涉及未成年人事项时，应当坚持最有利于未成年人的原则，尊重未成年人人格尊严、适应未成年人身心健康发展的规律和特点，尊重未成年人受教育的权利。父母应当在充分保障未成年子女身体、心理健康基础上，以恰当的方式教育子女。本案中，父亲虽系出于让孩子取得更好高考成绩的良好本意，但其采取的冻饿、断绝与外界交流等方式损害了未成年人的身体健康，违背了未成年人的成长规律，禁止出门上学更是损害了孩子的受教育权，名为"爱"实为"害"，必须在法律上对该行为作出否定性评价。[最高法发布人民法院反家庭暴力典型案例（第二批）之案例六：吴某某申请人身安全保护令案]

`配 套`

《未成年人保护法》第15-24条

第一千零五十九条　【夫妻扶养义务】夫妻有相互扶养的义务。

需要扶养的一方，在另一方不履行扶养义务时，有要求其给付扶养费的权利。

`注 解`

夫妻互相扶养义务是法定义务，具有强制性，夫妻之间不得以约定形式改变这一法定义务。对不履行扶养义务的一方，另一方有追索扶养费的请求

权。当夫或妻一方不履行扶养义务时，需要扶养的一方可以根据本条第 2 款的规定，要求对方给付扶养费。应当给付扶养费的一方拒绝给付或者双方就扶养费数额、支付方式等具体内容产生争议的，需要扶养的另一方可以直接向人民法院提起诉讼，或者向人民调解组织提出调解申请，要求获得扶养费。如果夫或妻一方患病或者没有独立生活能力，有扶养义务的配偶拒绝扶养，情节恶劣，构成遗弃罪的，还应当承担刑事责任。

配 套

《刑法》第 261 条；《老年人权益保障法》第 23 条

第一千零六十条　【夫妻日常家事代理权】 夫妻一方因家庭日常生活需要而实施的民事法律行为，对夫妻双方发生效力，但是夫妻一方与相对人另有约定的除外。

夫妻之间对一方可以实施的民事法律行为范围的限制，不得对抗善意相对人。

注 解

夫妻日常家事代理权，是指夫妻一方因家庭日常生活需要而与第三方为一定民事法律行为时互为代理的权利。夫妻一方在日常家庭事务范围内，与第三方所实施的一定民事法律行为，视为依夫妻双方的意思表示所为的民事法律行为，另一方也应承担因此而产生的法律后果。

需要强调的是，家庭日常生活需要的支出是指通常情况下必要的家庭日常消费，主要包括正常的衣食消费、日用品购买、子女抚养教育、老人赡养等各项费用，是维系一个家庭正常生活所必需的开支，立足点在于"必要"。随着我国经济社会和人们家庭观念、家庭生活方式的不断发展变化，在认定是否属于家庭日常生活需要支出时，也要随着社会的发展变化而不断变化。

应 用

160. 夫妻一方擅自出卖共有房屋的处理

一方未经另一方同意出售夫妻共同所有的房屋，第三人善意购买、支付合理对价并已办理不动产登记，另一方主张追回该房屋的，人民法院不予支持。

夫妻一方擅自处分共同所有的房屋造成另一方损失，离婚时另一方请求赔偿损失的，人民法院应予支持。

配套

《最高人民法院关于适用〈中华人民共和国民法典〉婚姻家庭编的解释
（一）》第28条

第一千零六十一条 【夫妻遗产继承权】夫妻有相互继承遗产的权利。

注解

遗产按照下列顺序继承：（一）第一顺序：配偶、子女、父母；（二）第二顺序：兄弟姐妹、祖父母、外祖父母。

配套

《民法典》第1127条、第1153条、第1157条

第一千零六十二条 【夫妻共同财产】夫妻在婚姻关系存续期间所得的下列财产，为夫妻的共同财产，归夫妻共同所有：

（一）工资、奖金、劳务报酬；

（二）生产、经营、投资的收益；

（三）知识产权的收益；

（四）继承或者受赠的财产，但是本法第一千零六十三条第三项规定的除外；

（五）其他应当归共同所有的财产。

夫妻对共同财产，有平等的处理权。

应用

161. 知识产权的收益

民法典第1062条第1款第3项规定的"知识产权的收益"，是指婚姻关系存续期间，实际取得或者已经明确可以取得的财产性收益。

162. 其他应当归共同所有的财产的范围

婚姻关系存续期间，下列财产属于民法典第1062条第1款第5项规定的"其他应当归共同所有的财产"：

（一）一方以个人财产投资取得的收益；

（二）男女双方实际取得或者应当取得的住房补贴、住房公积金；

（三）男女双方实际取得或者应当取得的基本养老金、破产安置补偿费。

配套

《最高人民法院关于适用〈中华人民共和国民法典〉婚姻家庭编的解释（一）》第 24-27 条

第一千零六十三条　【夫妻个人财产】下列财产为夫妻一方的个人财产：

（一）一方的婚前财产；

（二）一方因受到人身损害获得的赔偿或者补偿；

（三）遗嘱或者赠与合同中确定只归一方的财产；

（四）一方专用的生活用品；

（五）其他应当归一方的财产。

注解

婚前财产是指夫妻在结婚之前各自所有的财产，包括婚前个人劳动所得财产、继承或者受赠的财产以及其他合法财产。婚前财产归各自所有，不属于夫妻共同财产。

一方因受到人身损害获得的赔偿或者补偿，是指与生命健康直接相关的财产，具有人身专属性，对于保护个人权利具有重要意义，因此应当专属于个人所有，而不能成为共同财产。

为了尊重遗嘱人或者赠与人的个人意愿，保护个人对其财产的自由处分权，如果遗嘱人或者赠与人在遗嘱或者赠与合同中明确指出，该财产只遗赠或者赠给夫妻一方，另一方无权享用，那么，该财产就属于夫妻个人财产，归一方个人所有。

一方专用的生活用品具有专属于个人使用的特点，如个人的衣服、鞋帽等，应当属于夫妻个人财产。我国司法实践中，在处理离婚财产分割时，一般也将个人专用的生活物品，作为个人财产处理。

第一千零六十四条　【夫妻共同债务】夫妻双方共同签名或者夫妻一方事后追认等共同意思表示所负的债务，以及夫妻一方

在婚姻关系存续期间以个人名义为家庭日常生活需要所负的债务，属于夫妻共同债务。

夫妻一方在婚姻关系存续期间以个人名义超出家庭日常生活需要所负的债务，不属于夫妻共同债务；但是，债权人能够证明该债务用于夫妻共同生活、共同生产经营或者基于夫妻双方共同意思表示的除外。

注 解

本条规定了三类比较重要的夫妻共同债务，即基于共同意思表示所负的夫妻共同债务、为家庭日常生活需要所负的夫妻共同债务、债权人能够证明的夫妻共同债务。

"夫妻双方共同签名或者夫妻一方事后追认等共同意思表示所负的债务"，属于夫妻共同债务。这就是俗称的"共债共签"、"共签共债"。本条规定对这一内容加以强调意在引导债权人在形成债务尤其是大额债务时，为避免事后引发不必要的纷争，加强事前风险防范，尽可能要求夫妻共同签名。

"夫妻一方在婚姻关系存续期间以个人名义为家庭日常生活需要所负的债务"，属于夫妻共同债务。也就是基于夫妻日常家事代理权所生的债务属于夫妻共同债务。

"夫妻一方在婚姻关系存续期间以个人名义超出家庭日常生活需要所负的债务"，如果债权人能够证明该债务用于夫妻共同生活、共同生产经营或者基于夫妻双方共同意思表示的，就属于夫妻共同债务，否则，不属于夫妻共同债务，应当属于举债一方的个人债务。这里强调债权人的举证证明责任，能够促进债权人尽到谨慎注意义务，引导相关主体对于大额债权债务实行"共债共签"，体现从源头控制纠纷、更加注重交易安全的价值取向，也有利于强化公众的市场风险意识，从而平衡保护债权人和未举债夫妻一方的利益。

第一千零六十五条 　**【夫妻约定财产制】**男女双方可以约定婚姻关系存续期间所得的财产以及婚前财产归各自所有、共同所有或者部分各自所有、部分共同所有。约定应当采用书面形式。没有约定或者约定不明确的，适用本法第一千零六十二条、第一千零六十三条的规定。

夫妻对婚姻关系存续期间所得的财产以及婚前财产的约定，对双方具有法律约束力。

夫妻对婚姻关系存续期间所得的财产约定归各自所有，夫或者妻一方对外所负的债务，相对人知道该约定的，以夫或者妻一方的个人财产清偿。

应用

163. 夫妻约定财产制约定的条件

（1）缔约双方必须具有合法的夫妻身份，未婚同居、婚外同居者对他们之间财产关系的约定，不属于夫妻财产约定。

（2）缔约双方必须具有完全民事行为能力。

（3）约定必须双方自愿。夫妻对财产的约定必须出于真实的意思表示，以欺诈、胁迫等手段使对方在违背真实意思的情况下作出的约定，对方有权请求撤销。

（4）约定的内容必须合法，不得违反法律、行政法规的强制性规定，不得违背公序良俗，不得利用约定恶意串通、损害他人合法权益，约定的内容不得超出夫妻财产的范围，如不得将其他家庭成员的财产列入约定财产的范围，不得利用约定逃避对第三人的债务以及其他法定义务。

164. 夫妻约定财产制约定的方式

关于约定的方式，本条第 1 款明确规定"约定应当采用书面形式"。当然如果夫妻以口头形式作出约定，事后对约定没有争议的，该约定也有效。

165. 夫妻约定财产制约定的内容

关于约定的内容，本条第 1 款规定"男女双方可以约定婚姻关系存续期间所得的财产以及婚前财产归各自所有、共同所有或者部分各自所有、部分共同所有"。根据这一规定，夫妻既可以对婚姻关系存续期间所得的财产进行约定，也可以对婚前财产进行约定；既可以对全部夫妻财产进行约定，也可以对部分夫妻财产进行约定；既可以概括地约定采用某种夫妻财产制，也可以具体地对某一项夫妻财产进行约定；既可以约定财产所有权的归属或者使用权、管理权、收益权、处分权的行使，也可以约定家庭生活费用的负担、债务清偿责任、婚姻关系终止时财产的分割等事项。

《民法典》第 135 条、第 143 条、第 1062 条、第 1063 条

第一千零六十六条　【婚内分割夫妻共同财产】婚姻关系存续期间，有下列情形之一的，夫妻一方可以向人民法院请求分割共同财产：

（一）一方有隐藏、转移、变卖、毁损、挥霍夫妻共同财产或者伪造夫妻共同债务等严重损害夫妻共同财产利益的行为；

（二）一方负有法定扶养义务的人患重大疾病需要医治，另一方不同意支付相关医疗费用。

注 解

根据本条规定，婚姻关系存续期间，夫妻双方一般不得请求分割共同财产，只有在法定情形下，夫妻一方才可以向人民法院请求分割共同财产，法定情形有两种：

第一种情形是一方有隐藏、转移、变卖、毁损、挥霍夫妻共同财产或者伪造夫妻共同债务等严重损害夫妻共同财产利益的行为。

隐藏是指将财产藏匿起来，不让他人发现，使另一方无法获知财产的所在从而无法控制。

转移是指私自将财产移往他处，或者将资金取出移往其他账户，脱离另一方的掌握。

变卖是指将财产折价卖给他人。

毁损是指采用打碎、拆卸、涂抹等破坏性手段使物品失去原貌，失去或者部分失去原来具有的使用价值和价值。

挥霍是指超出合理范围任意处置、浪费夫妻共同财产。

伪造夫妻共同债务是指制造内容虚假的债务凭证，包括合同、欠条等，意图侵占另一方财产。

上述违法行为，在主观上只能是故意，不包括过失行为，如因不慎将某些共同财产毁坏，只要没有故意，不属于本条规定之列。

第二种情形是一方负有法定扶养义务的人患重大疾病需要医治，另一方不同意支付相关医疗费用。

本条规定明确仅指法定扶养。本法对法定扶养义务作了明确规定。第1059条规定："夫妻有相互扶养的义务。需要扶养的一方，在另一方不履行扶养义务时，有要求其给付扶养费的权利。"第1067条规定："父母不履行抚养义务的，未成年子女或者不能独立生活的成年子女，有要求父母给付抚养费的权利。成年子女不履行赡养义务的，缺乏劳动能力或者生活困难的父母，有要求成年子女给付赡养费的权利。"第1071条第2款规定："不直接抚养非婚生子女的生父或者生母，应当负担未成年子女或者不能独立生活的成年子女的抚养费。"第1072条第2款规定："继父或者继母和受其抚养教育的继子女间的权利义务关系，适用本法关于父母子女关系的规定。"第1074条规定："有负担能力的祖父母、外祖父母，对于父母已经死亡或者父母无力抚养的未成年孙子女、外孙子女，有抚养的义务。有负担能力的孙子女、外孙子女，对于子女已经死亡或者子女无力赡养的祖父母、外祖父母，有赡养的义务。"第1075条规定："有负担能力的兄、姐，对于父母已经死亡或者父母无力抚养的未成年弟、妹，有扶养的义务。由兄、姐扶养长大的有负担能力的弟、妹，对于缺乏劳动能力又缺乏生活来源的兄、姐，有扶养的义务。"应当根据这些法律规定来确定夫妻一方是否为负有法定扶养义务的人。

配套

《民法典》第1062条、第1071条、第1072条、第1074条、第1075条

第二节　父母子女关系和其他近亲属关系

第一千零六十七条　【父母与子女间的抚养赡养义务】父母不履行抚养义务的，未成年子女或者不能独立生活的成年子女，有要求父母给付抚养费的权利。

成年子女不履行赡养义务的，缺乏劳动能力或者生活困难的父母，有要求成年子女给付赡养费的权利。

应用

166. 父母对子女的抚养义务

《宪法》第49条就明确规定，父母有抚养教育未成年子女的义务。

父母对未成年子女的抚养是无条件的，在任何情况下都不能免除；即使

父母已经离婚，对未成年的子女仍应依法履行抚养的义务。

父母对成年子女的抚养是有条件的，在成年子女没有劳动能力或者出于某种原因不能独立生活时，父母也要根据需要和可能，负担其生活费用或者给予一定的帮助。对有独立生活能力的成年子女，父母自愿给予经济帮助，法律并不干预。

因父母不履行抚养义务而引起的纠纷，可由有关部门调解或者向人民法院提出追索抚养费的诉讼。人民法院应根据子女的需要和父母的抚养能力，通过调解或者判决，确定抚养费的数额、给付的期限和方法。对拒不履行抚养义务，恶意遗弃未成年子女已构成犯罪的，还应当根据我国刑法的有关规定追究其刑事责任。

167. 子女对父母的赡养义务

赡养是指子女在物质上和经济上为父母提供必要的生活条件。一切有经济能力的子女，对丧失劳动能力、无法维持生活的父母，都应予以赡养。如果子女不履行赡养义务，需要赡养的父母可以通过有关部门进行调解或者向人民法院提起诉讼。人民法院在处理赡养纠纷时，应当坚持保护老年人的合法权益的原则，通过调解或者判决使子女依法履行赡养义务。

168. 不能独立生活的成年子女

尚在校接受高中及其以下学历教育，或者丧失、部分丧失劳动能力等非因主观原因而无法维持正常生活的成年子女，可以认定为民法典第1067条规定的"不能独立生活的成年子女"。

169. 抚养费

民法典第1067条所称"抚养费"，包括子女生活费、教育费、医疗费等费用。

配套

《宪法》第45条；《老年人权益保障法》第4条、第13条；《最高人民法院关于适用〈中华人民共和国民法典〉婚姻家庭编的解释（一）》第41条、第42条

第一千零六十八条 【父母教育、保护未成年子女的权利和义务】父母有教育、保护未成年子女的权利和义务。未成年子女造成他人损害的，父母应当依法承担民事责任。

170. 未成年子女造成他人损害的，父母应当依法承担民事责任

本条明确规定："未成年子女造成他人损害的，父母应当依法承担民事责任。"这是为了充分保护受害一方的合法权益，增强父母对其未成年子女教育的责任感。至于承担民事责任的条件、方法等，应当适用相关法律规定。《民法典》第1188条对此作了明确规定："无民事行为能力人、限制民事行为能力人造成他人损害的，由监护人承担侵权责任。监护人尽到监护职责的，可以减轻其侵权责任。有财产的无民事行为能力人、限制民事行为能力人造成他人损害的，从本人财产中支付赔偿费用；不足部分，由监护人赔偿。"第1189条规定："无民事行为能力人、限制民事行为能力人造成他人损害，监护人将监护职责委托给他人的，监护人应当承担侵权责任；受托人有过错的，承担相应的责任。"

配 套

《未成年人保护法》第15-24条；《义务教育法》；《民法典》第34条第1款、第1188条、第1189条

第一千零六十九条　【子女尊重父母的婚姻权利及赡养义务】

子女应当尊重父母的婚姻权利，不得干涉父母离婚、再婚以及婚后的生活。子女对父母的赡养义务，不因父母的婚姻关系变化而终止。

注 解

老年人的婚姻自由受法律保护，子女应当尊重父母的婚姻权利，包括离婚和再婚的自主权利，尤其是不得因一己私利和世俗偏见阻挠、干涉父母再婚。父母是否再婚，与谁结婚应由其自主决定。

子女对父母的赡养义务，不因父母的婚姻关系变化而终止。《民法典》、《老年人权益保障法》和《刑法》的规定给老年人的婚姻自由和婚后生活提供了法律保障。

配 套

《民法典》第26条、第1067条；《老年人权益保障法》第76条；《刑法》第257条、第261条

第一千零七十条　【遗产继承权】父母和子女有相互继承遗产的权利。

根据本条的规定，子女可以继承其父母的遗产，父母可以继承其子女的遗产。这可以理解为，父母与子女之间相互有继承权。这种权利是以双方之间的身份为依据的。

享有继承权的父母，包括生父母、养父母和有抚养关系的继父母。被继承人的父和母，继承其死亡子女的财产的权利是平等的。

享有继承权的子女，包括亲生子女、养子女和有抚养关系的继子女。

第一千零七十一条　【非婚生子女权利】非婚生子女享有与婚生子女同等的权利，任何组织或者个人不得加以危害和歧视。

不直接抚养非婚生子女的生父或者生母，应当负担未成年子女或者不能独立生活的成年子女的抚养费。

应用

171. 人工授精出生子女应视为夫妻双方的婚生子女

双方一致同意利用他人的精子进行人工授精并使女方受孕后，男方反悔，应当征得女方同意。在未能协商一致的情况下男方死亡，其后子女出生，尽管该子女与男方没有血缘关系，仍应视为夫妻双方的婚生子女。男方在遗嘱中不给该子女保留必要的遗产份额，不符合法律规定，该部分遗嘱内容无效。[李某、范小某诉范某、滕某继承纠纷案（《最高人民法院公报》2006年第7期）]

配套

《最高人民法院关于适用〈中华人民共和国民法典〉婚姻家庭编的解释（一）》第40条

第一千零七十二条　【继父母子女之间权利义务】继父母与继子女间，不得虐待或者歧视。

继父或者继母和受其抚养教育的继子女间的权利义务关系，适用本法关于父母子女关系的规定。

第一千零七十三条　【亲子关系异议之诉】对亲子关系有异议且有正当理由的，父或者母可以向人民法院提起诉讼，请求确认或者否认亲子关系。

对亲子关系有异议且有正当理由的，成年子女可以向人民法院提起诉讼，请求确认亲子关系。

应　用

172. 拒绝做亲子鉴定的处理

父或者母向人民法院起诉请求否认亲子关系，并已提供必要证据予以证明，另一方没有相反证据又拒绝做亲子鉴定的，人民法院可以认定否认亲子关系一方的主张成立。

父或者母以及成年子女起诉请求确认亲子关系，并提供必要证据予以证明，另一方没有相反证据又拒绝做亲子鉴定的，人民法院可以认定确认亲子关系一方的主张成立。

配　套

《最高人民法院关于适用〈中华人民共和国民法典〉婚姻家庭编的解释（一）》第39条

第一千零七十四条　【祖孙之间的抚养、赡养义务】有负担能力的祖父母、外祖父母，对于父母已经死亡或者父母无力抚养的未成年孙子女、外孙子女，有抚养的义务。

有负担能力的孙子女、外孙子女，对于子女已经死亡或者子女无力赡养的祖父母、外祖父母，有赡养的义务。

配　套

《民法典》第1111条；《老年人权益保障法》第19条、第20条

第一千零七十五条　【兄弟姐妹间扶养义务】有负担能力的兄、姐，对于父母已经死亡或者父母无力抚养的未成年弟、妹，

有扶养的义务。

由兄、姐扶养长大的有负担能力的弟、妹，对于缺乏劳动能力又缺乏生活来源的兄、姐，有扶养的义务。

应用

173. 兄、姐扶养弟、妹需具备的条件

产生兄、姐对弟、妹的扶养义务，应当同时具备下述三个条件：

（1）弟、妹须为未成年人，即不满十八周岁。如果弟、妹已经成年，虽无独立生活能力，兄、姐亦无法定扶养义务。

（2）父母已经死亡或者父母无力抚养。这里包含两种情况：一是父母均已经死亡，没有了父母这第一顺序的抚养义务人。如果父母一方尚在且有抚养能力，仍应由尚在的父或母承担抚养义务。二是父母均尚在或者一方尚在但都没有抚养能力，如父母在意外事故中致残没有了劳动能力和生活来源，便产生了由有负担能力的兄、姐扶养弟、妹的义务。

（3）兄、姐有负担能力。在前述两项条件具备时，兄、姐对弟、妹的扶养义务并不必然发生，只有这项条件也具备时，即兄、姐有负担能力时，才产生扶养弟、妹的义务。

174. 弟、妹扶养兄、姐需具备的条件

产生弟、妹对兄、姐的扶养义务，亦应当同时具备下述三个条件：

（1）兄、姐既缺乏劳动能力又缺乏生活来源。如果兄、姐虽缺乏劳动能力但并不缺乏经济来源，如受到他人经济上的捐助或自己有可供生活的积蓄的，则不产生弟、妹的扶养义务。同时，如果兄、姐虽缺少生活来源，但有劳动能力，兄、姐可通过自己的劳动换取生活来源，在此情况下，弟、妹亦无扶养兄、姐的义务。

（2）兄、姐没有第一顺序的扶养义务人，或者第一顺序的扶养义务人没有扶养能力。比如，兄、姐没有配偶、子女，或兄、姐的配偶、子女已经死亡或者没有扶养能力。如果兄、姐的配偶尚在或者有子女且有扶养能力，应由这些第一顺序的扶养义务人承担扶养义务。

（3）弟、妹由兄、姐扶养长大且有负担能力。这里包含两方面的因素：一是弟、妹是由兄、姐扶养长大的。这表明在弟、妹未成年时，父母已经死亡或父母无抚养能力，兄、姐对弟、妹的成长尽了扶养义务。按照权利义务

对等原则，弟、妹应承担兄、姐的扶养责任。二是弟、妹有负担能力。若无负担能力则不负扶养义务。

第四章　离　　婚

第一千零七十六条　【协议离婚】夫妻双方自愿离婚的，应当签订书面离婚协议，并亲自到婚姻登记机关申请离婚登记。

离婚协议应当载明双方自愿离婚的意思表示和对子女抚养、财产以及债务处理等事项协商一致的意见。

应用

175. 协议离婚的条件

根据本条规定，只有符合下列条件的，才能协议离婚：

（1）协议离婚的当事人双方应当具有合法夫妻身份。

以协议离婚方式办理离婚的，仅限于依法办理了结婚登记的婚姻关系当事人，不包括未婚同居和有配偶者与他人同居的男女双方，也不包括未办理结婚登记的"事实婚姻"中的男女双方。

（2）协议离婚的当事人双方均应当具有完全的民事行为能力。

只有完全民事行为能力人才能独立自主地处理自己的婚姻问题。一方或者双方当事人为限制民事行为能力或者无民事行为能力的，如精神病患者、痴呆症患者，不适用协议离婚程序，只能适用诉讼程序处理离婚问题，以维护没有完全民事行为能力当事人的合法权益。

（3）协议离婚当事人双方必须具有离婚的共同意愿。

"双方自愿"是协议离婚的基本条件，协议离婚的当事人应当有一致的离婚意愿。这一意愿必须是真实而非虚假的；必须是自主作出的而不是受对方或第三方欺诈、胁迫或因重大误解而形成的；必须是一致的而不是有分歧的。对此本条规定"夫妻双方自愿离婚"，对于仅有一方要求离婚的申请，婚姻登记机关不予受理，当事人只能通过诉讼离婚解决争议。

（4）协议离婚当事人双方要签订书面离婚协议。

离婚协议应当载明双方自愿离婚的意思表示和对子女抚养、财产及债务处理等事项协商一致的意见。据此，离婚协议应当具有如下内容：

①有双方自愿离婚的意思表示。双方自愿离婚的意思必须要以文字的形式体现在离婚协议上。

②有对子女抚养、财产及债务处理等事项协商一致的意见。"对子女抚养、财产以及债务处理等事项协商一致的意见"是协议离婚的必备内容。如果婚姻关系当事人不能对子女抚养、财产及债务处理等事项达成一致意见的话，则不能通过婚姻登记程序离婚，而只能通过诉讼程序离婚。

第一，子女抚养等事项。双方离婚后有关子女抚养、教育、探望等问题，在有利于保护子女合法权益的原则下应当作合理的、妥当的安排，包括子女由哪一方直接抚养，子女的抚养费和教育费如何负担、如何给付等。由于父母与子女的关系不因父母离婚而消除，协议中最好约定不直接抚育方对子女探望权利行使的内容，包括探望的方式、时间、地点等。

第二，财产及债务处理等事项。主要包括：①在不侵害任何一方合法权益的前提下，对夫妻共同财产作合理分割，对给予生活困难的另一方以经济帮助作妥善安排，特别是切实解决好双方离婚后的住房问题；②在不侵害他人利益的前提下，对共同债务的清偿作出清晰、明确、负责的处理。

（5）协议离婚当事人双方应当亲自到婚姻登记机关申请离婚。

根据《民法典》第1076条、第1077条和第1078条规定，离婚登记按如下程序办理：

①申请。夫妻双方自愿离婚的，应当签订书面离婚协议，共同到有管辖权的婚姻登记机关提出申请，并提供以下证件和证明材料：

a. 内地婚姻登记机关或者中国驻外使（领）馆颁发的结婚证；

b. 符合《婚姻登记工作规范》第二十九条至第三十五条规定的有效身份证件；

c. 在婚姻登记机关现场填写的《离婚登记申请书》。

②受理。婚姻登记员按照《婚姻登记工作规范》有关规定对当事人提交的上述材料进行初审。

申请办理离婚登记的当事人有一本结婚证丢失的，当事人应当书面声明遗失，婚姻登记员可以根据另一本结婚证受理离婚登记申请；申请办理离婚登记的当事人两本结婚证都丢失的，当事人应当书面声明结婚证遗失并提供加盖查档专用章的结婚登记档案复印件，婚姻登记员可根据当事人提供的上述材料受理离婚登记申请。

婚姻登记员对当事人提交的证件和证明材料初审无误后，发给《离婚登记申请受理回执单》。不符合离婚登记申请条件的，不予受理。当事人要求出具《不予受理离婚登记申请告知书》的，应当出具。

③冷静期。自婚姻登记机关收到离婚登记申请并向当事人发放《离婚登记申请受理回执单》之日起三十日内，任何一方不愿意离婚的，可以持本人有效身份证件和《离婚登记申请受理回执单》（遗失的可不提供，但需书面说明情况），向受理离婚登记申请的婚姻登记机关撤回离婚登记申请，并亲自填写《撤回离婚登记申请书》。经婚姻登记机关核实无误后，发给《撤回离婚登记申请确认单》，并将《离婚登记申请书》、《撤回离婚登记申请书》与《撤回离婚登记申请确认单（存根联）》一并存档。

自离婚冷静期届满后三十日内，双方未共同到婚姻登记机关申请发给离婚证的，视为撤回离婚登记申请。

④审查。自离婚冷静期届满后三十日内（期间届满的最后一日是节假日的，以节假日后的第一日为期限届满的日期），双方当事人应当持《婚姻登记工作规范》第55条第4项至第7项规定的证件和材料，共同到婚姻登记机关申请发给离婚证。

婚姻登记机关按照《婚姻登记工作规范》第56条和第57条规定的程序和条件执行和审查。婚姻登记机关对不符合离婚登记条件的，不予办理。当事人要求出具《不予办理离婚登记告知书》的，应当出具。

⑤登记（发证）。婚姻登记机关按照《婚姻登记工作规范》第58条至第60条规定，予以登记，发给离婚证。

离婚协议书一式三份，男女双方各一份并自行保存，婚姻登记处存档一份。婚姻登记员在当事人持有的两份离婚协议书上加盖"此件与存档件一致，涂改无效。××××婚姻登记处××××年××月××日"的长方形红色印章并填写日期。多页离婚协议书同时在骑缝处加盖此印章，骑缝处不填写日期。当事人亲自签订的离婚协议书原件存档。婚姻登记处在存档的离婚协议书加盖"×××登记处存档件××××年××月××日"的长方形红色印章并填写日期。

176. 离婚时未处理的夫妻共同财产

离婚后，一方以尚有夫妻共同财产未处理为由向人民法院起诉请求分割的，经审查该财产确属离婚时未涉及的夫妻共同财产，人民法院应当依法予以分割。

177. 离婚登记一经完成，当事人之间的婚姻关系即告解除

离婚登记是婚姻登记机关依当事人的申请，对当事人之间就自愿解除婚姻关系及对于子女抚养、财产分配等问题所达成的协议予以认可，并以颁发离婚证的形式确认当事人之间婚姻关系解除的行政行为。离婚登记一经完成，当事人之间的婚姻关系即告解除，婚姻解除情况即产生对外效力，具有社会公信力。不具有级别管辖权的婚姻登记机关为符合离婚实质要件的涉外婚姻当事人进行离婚登记，其后又以无管辖权为由、以自行纠正方式确认离婚登记行为无效的，对于该自行纠正的行政行为，人民法院不予支持。[梁某某诉徐州市云龙区民政局离婚登记行政确认案（《最高人民法院公报》2022 年第 1 期）]

配套

《民法典》第 1049 条；《婚姻登记条例》第 7 条、第 10—12 条

第一千零七十七条　【离婚冷静期】自婚姻登记机关收到离婚登记申请之日起三十日内，任何一方不愿意离婚的，可以向婚姻登记机关撤回离婚登记申请。

前款规定期限届满后三十日内，双方应当亲自到婚姻登记机关申请发给离婚证；未申请的，视为撤回离婚登记申请。

应用

178. 离婚冷静期

申请协议离婚的当事人自向婚姻登记机关申请离婚之日起三十日内，应当冷静、理智地对自己的婚姻状况和今后的生活进行充分的考虑，重新考虑是否以离婚方式解决夫妻矛盾，考虑离婚对自身、对子女、对双方家庭、对社会的利与弊，避免冲动行为。本条中规定的三十日即为离婚冷静期，在此期间，任何一方或者双方不愿意离婚的，可以向婚姻登记机关撤回离婚登记申请。

依据本条规定，在三十日离婚冷静期内，任何一方不愿意离婚的，应当在该期间内到婚姻登记机关撤回离婚申请，对此，婚姻登记机关应当立即终止登记离婚程序。如果离婚冷静期届满，当事人仍坚持离婚，双方应当在离婚冷

静期届满后的三十日内，亲自到婚姻登记机关申请发给离婚证。婚姻登记机关查明双方确实是自愿离婚，并已对子女抚养、财产及债务处理等事项协商一致的，予以登记，发给离婚证。如果在离婚冷静期届满后的三十日内，当事人双方没有亲自到婚姻登记机关申请发给离婚证，则视为撤回离婚申请。

第一千零七十八条　【婚姻登记机关对协议离婚的查明】婚姻登记机关查明双方确实是自愿离婚，并已经对子女抚养、财产以及债务处理等事项协商一致的，予以登记，发给离婚证。

应用

179. 婚姻登记机关对协议离婚的查明

自愿离婚的夫妻双方向婚姻登记机关提交离婚协议后 30 日内，未向婚姻登记机关申请撤回离婚协议，并在提交离婚协议 30 日后的 30 日内，亲自到婚姻登记机关申请发给离婚证，对此，婚姻登记机关应当对当事人提交的离婚协议进行查明：

一是，查明当事人双方是否是自愿离婚，是否是真实而非虚假的离婚，查明离婚是否存在被胁迫的情形，查明是否因重大误解而导致的离婚。

二是，查明要求离婚的双方当事人是不是对子女抚养问题已协商一致。

三是，审查对财产及债务处理的事项是否协商一致。

经婚姻登记机关查明双方确实是自愿离婚，并已对子女抚养、财产及债务处理等事项协商一致的，应当进行离婚登记，发给离婚证。

第一千零七十九条　【诉讼离婚】夫妻一方要求离婚的，可以由有关组织进行调解或者直接向人民法院提起离婚诉讼。

人民法院审理离婚案件，应当进行调解；如果感情确已破裂，调解无效的，应当准予离婚。

有下列情形之一，调解无效的，应当准予离婚：

（一）重婚或者与他人同居；

（二）实施家庭暴力或者虐待、遗弃家庭成员；

（三）有赌博、吸毒等恶习屡教不改；

（四）因感情不和分居满二年；

404

（五）其他导致夫妻感情破裂的情形。

一方被宣告失踪，另一方提起离婚诉讼的，应当准予离婚。

经人民法院判决不准离婚后，双方又分居满一年，一方再次提起离婚诉讼的，应当准予离婚。

应用

180. 诉讼外调解

诉讼外调解，其依据来源于本条规定的"夫妻一方要求离婚的，可以由有关组织进行调解"。这种调解属于民间性质。"有关组织"在实践中一般是当事人所在单位、群众团体、基层调解组织等。经过调解可能会出现不同的结果：一是双方的矛盾得到化解，重归于好，继续保持婚姻关系；二是双方都同意离婚，在子女抚养、财产及债务处理等事项上也达成一致意见，采用协议离婚的方式，到婚姻登记机关办理离婚登记手续；三是调解不成，一方坚持离婚，另一方则坚持相反意见，或者虽都同意离婚，但在子女抚养、财产及债务处理等事项上达不成协议，而需诉诸法院解决。

181. 诉讼离婚

本条第2款中规定，"人民法院审理离婚案件，应当进行调解"。这表明调解是人民法院审理离婚案件的必经程序。适用调解程序，其目的在于防止当事人草率离婚，以及在双方当事人不能和解时，有助于平和、妥善地处理离婚所涉及的方方面面的问题。经过诉讼中的调解，会出现三种可能：第一种是双方互谅互让，重归于好。人民法院将调解和好协议的内容记入笔录，由双方当事人、审判人员、书记员签名或者盖章，协议的法律效力至此产生。第二种是双方达成全面的离婚协议，包括双方同意离婚、妥善安排子女今后的生活、合理分割财产、明确债务的承担等。人民法院应当按照协议的内容制作调解书。调解书应写明诉讼请求、案件的事实和调解结果，并由审判人员、书记员署名，加盖人民法院印章。离婚调解书经双方当事人签收后即具有法律效力。第三种是调解无效，包括双方就是否离婚或者在子女抚养、财产及债务处理等事项上达不成协议，在这种情况下，离婚诉讼程序继续进行。

调解不能久调不决，对于调解无效的案件，人民法院应当依法判决。判决应当根据当事人的婚姻状况，判决准予离婚或者判决不准离婚。一审判决离婚的，当事人在判决发生法律效力前不得另行结婚。当事人不服一审判决的，有权依法提出上诉。双方当事人在十五天的上诉期内均不上诉的，判决书发生法律效力。第二审人民法院审理上诉案件可以进行调解。经调解双方达成协议的，自调解书送达时起原审判决即视为撤销。第二审人民法院作出的判决是终审判决。对于判决不准离婚或者调解和好的离婚案件，没有新情况、新理由，原告在六个月内又起诉的，人民法院不予受理。

182. 调解无效，应当准予离婚的主要情形

人民法院审理离婚案件，符合民法典第 1079 条第 3 款规定"应当准予离婚"情形的，不应当因当事人有过错而判决不准离婚。

（1）重婚或与他人同居

重婚是指有配偶者又与他人结婚的违法行为。其表现为法律上的重婚和事实上的重婚。

"与他人同居"的情形，是指有配偶者与婚外异性，不以夫妻名义，持续、稳定地共同居住。当事人提起诉讼仅请求解除同居关系的，人民法院不予受理；已经受理的，裁定驳回起诉。当事人因同居期间财产分割或者子女抚养纠纷提起诉讼的，人民法院应当受理。

（2）实施家庭暴力或者虐待、遗弃家庭成员

家庭暴力，是指家庭成员之间以殴打、捆绑、残害、限制人身自由以及经常性谩骂、恐吓等方式实施的身体、精神等侵害行为。

虐待，指持续性、经常性的家庭暴力。

遗弃，指对于需要扶养的家庭成员，负有扶养义务而拒绝扶养的行为。

（3）有赌博、吸毒等恶习屡教不改

对于这类案件，人民法院应当查明有赌博、吸毒、酗酒等行为一方的一贯表现和事实情况。对情节较轻，有真诚悔改表现，对方也能谅解的，应着眼于调解和好。对于恶习难改，一贯不履行家庭义务，夫妻感情难以重建，夫妻难以共同生活的，经调解无效，应准予离婚。

（4）因感情不和分居满二年

夫妻因感情不和分居满二年，一般来说可以构成夫妻感情破裂的事实证明。"分居"是指夫妻间不再共同生活，不再互相履行夫妻义务，包括停止性生活，生活上不再互相关心、互相扶助等。具有分居满二年的情形，说明夫妻关系已徒具形式，名存实亡。当事人以此事由诉请人民法院离婚的，如经调解无效，应准予当事人离婚。

（5）其他导致夫妻感情破裂的情形

导致夫妻感情破裂的原因复杂多样，人民法院应当本着保障离婚自由、防止轻率离婚的原则，根据本法的立法精神和案件的具体情况，作出正确判定。例如，夫以妻擅自中止妊娠侵犯其生育权为由请求损害赔偿的，人民法院不予支持；夫妻双方因是否生育发生纠纷，致使感情确已破裂，一方请求离婚的，人民法院经调解无效，应依照民法典第 1079 条第 3 款第 5 项的规定处理。

配套

《反家庭暴力法》；《最高人民法院关于适用〈中华人民共和国民法典〉婚姻家庭编的解释（一）》第 1 条、第 2 条、第 3 条、第 23 条、第 63 条

第一千零八十条　【婚姻关系的解除时间】完成离婚登记，或者离婚判决书、调解书生效，即解除婚姻关系。

应用

183. 解除婚姻关系的时间

完成离婚登记或者判决离婚生效后，当事人解除婚姻关系，双方基于配偶产生的身份关系消灭，基于配偶身份而产生的人身关系和财产关系即行终止。

（1）完成离婚登记时

登记离婚又称协议离婚，是我国法定的一种离婚形式。即婚姻关系当事人达成离婚合意并通过婚姻登记程序解除婚姻关系。完成离婚登记，取得离婚证的当事人基于配偶身份而产生的人身关系和财产关系即行终止。

（2）离婚调解书、判决书生效时

诉讼离婚是我国法定的另一种离婚形式。即婚姻关系当事人向人民法院提出离婚请求，由人民法院调解或判决而解除其婚姻关系的一种离婚方式。对调解离婚的，人民法院应当制作调解书。调解书应当写明诉讼请求、案件事实和调解结果。调解书由审判人员、书记员署名，加盖人民法院印章，送达双方当事人；经双方当事人签收后，即具有法律效力，男女双方的婚姻关系随即解除。

人民法院对审理的离婚案件，经调解无效的，应当依法作出判决。诉讼离婚的当事人在接到发生法律效力的离婚判决书后，双方的婚姻关系随即解除。

《婚姻登记条例》

第一千零八十一条　【现役军人离婚】现役军人的配偶要求离婚，应当征得军人同意，但是军人一方有重大过错的除外。

184. "军人一方有重大过错"的判断

"军人一方有重大过错"，可以依据民法典第 1079 条第 3 款前 3 项规定及军人有其他重大过错导致夫妻感情破裂的情形予以判断。

民法典第 1079 条第 3 款前 3 项规定为：（1）重婚或者与他人同居；（2）实施家庭暴力或者虐待、遗弃家庭成员；（3）有赌博、吸毒等恶习屡教不改。

《最高人民法院关于适用〈中华人民共和国民法典〉婚姻家庭编的解释（一）》第 64 条

第一千零八十二条　【男方提出离婚的限制情形】女方在怀孕期间、分娩后一年内或者终止妊娠后六个月内，男方不得提出离婚；但是，女方提出离婚或者人民法院认为确有必要受理男方离婚请求的除外。

本条规定限制的是男方在一定期限内的起诉权，而不是否定和剥夺男方的起诉权，只是推迟了男方提出离婚的时间，并不涉及准予离婚与不准予离婚的实体性问题。也就是说，只是对男方离婚请求权暂时性的限制，超过法律规定的期限，不再适用此规定。但是，男方在此期间并不是绝对的没有离婚请求权，法律还有例外规定，即人民法院认为"确有必要"的，也可以根据具体情况受理男方的离婚请求。所谓"确有必要"，一般是指比本条特别保护利益更为重要的利益需要关注的情形。

在本条规定中，法律还规定了另一种例外情形，即在此期间，女方提出离婚的,不受此规定的限制。女方自愿放弃法律对其的特殊保护,说明其本人对离婚已有思想准备,对此,法院应当根据当事人婚姻的实际情况判定是否准予离婚。

第一千零八十三条 【复婚】离婚后,男女双方自愿恢复婚姻关系的,应当到婚姻登记机关重新进行结婚登记。

注 解

复婚,是指离了婚的男女重新和好,再次登记结婚,恢复婚姻关系。男女双方离婚后又自愿复婚,可以通过办理恢复结婚登记,重新恢复婚姻关系。

《婚姻登记条例》第 14 条规定,离婚的男女双方自愿恢复夫妻关系的,应当到婚姻登记机关办理复婚登记。复婚登记适用本条例结婚登记的规定。即复婚登记手续与结婚登记手续一致,男女双方应当亲自到一方户籍所在地的婚姻登记机关申请复婚登记。在办理复婚登记时,应提交原离婚证,以备婚姻登记机关审查。婚姻登记机关按照结婚登记程序办理复婚登记。在办理复婚登记时,应当在收回双方当事人的离婚证后,重新发给结婚证。收回离婚证的目的,是防止当事人重婚。对于复婚的当事人一般不再要求进行婚前健康检查。

第一千零八十四条 【离婚后子女的抚养】父母与子女间的关系,不因父母离婚而消除。离婚后,子女无论由父或者母直接抚养,仍是父母双方的子女。

离婚后,父母对于子女仍有抚养、教育、保护的权利和义务。

离婚后,不满两周岁的子女,以由母亲直接抚养为原则。已满两周岁的子女,父母双方对抚养问题协议不成的,由人民法院根据双方的具体情况,按照最有利于未成年子女的原则判决。子女已满八周岁的,应当尊重其真实意愿。

应 用

185. 离婚后,不满两周岁的子女的抚养

离婚案件涉及未成年子女抚养的,对不满两周岁的子女,按照民法典第 1084 条第 3 款规定的原则处理。母亲有下列情形之一,父亲请求直接抚养的,人民法院应予支持:

（1）患有久治不愈的传染性疾病或者其他严重疾病，子女不宜与其共同生活；

（2）有抚养条件不尽抚养义务，而父亲要求子女随其生活；

（3）因其他原因，子女确不宜随母亲生活。

父母双方协议不满两周岁子女由父亲直接抚养，并对子女健康成长无不利影响的，人民法院应予支持。

186. 离婚后，已满两周岁的未成年子女的抚养

对已满两周岁的未成年子女，父母均要求直接抚养，一方有下列情形之一的，可予优先考虑：

（1）已做绝育手术或者因其他原因丧失生育能力；

（2）子女随其生活时间较长，改变生活环境对子女健康成长明显不利；

（3）无其他子女，而另一方有其他子女；

（4）子女随其生活，对子女成长有利，而另一方患有久治不愈的传染性疾病或者其他严重疾病，或者有其他不利于子女身心健康的情形，不宜与子女共同生活。

187. 父或者母直接抚养子女的优先条件

父母抚养子女的条件基本相同，双方均要求直接抚养子女，但子女单独随祖父母或者外祖父母共同生活多年，且祖父母或者外祖父母要求并且有能力帮助子女照顾孙子女或者外孙子女的，可以作为父或者母直接抚养子女的优先条件予以考虑。

188. 子女抚养关系的变更

具有下列情形之一，父母一方要求变更子女抚养关系的，人民法院应予支持：

（1）与子女共同生活的一方因患严重疾病或者因伤残无力继续抚养子女；

（2）与子女共同生活的一方不尽抚养义务或有虐待子女行为，或者其与子女共同生活对子女身心健康确有不利影响；

（3）已满八周岁的子女，愿随另一方生活，该方又有抚养能力；

（4）有其他正当理由需要变更。

189. 离婚纠纷中，施暴方不宜直接抚养未成年子女

根据民法典第一千零八十四条规定，离婚纠纷中，对于已满八周岁的子女，在确定由哪一方直接抚养时，应当尊重其真实意愿。由于未成年人年龄

及智力发育尚不完全，基于情感、经济依赖等因素，其表达的意愿可能会受到成年人一定程度的影响，因此，应当全面考察未成年人的生活状况，深入了解其真实意愿，并按照最有利于未成年人的原则判决。本案中，由于儿子表达的意见存在反复，说明其对于和哪一方共同生活以及该生活对自己后续身心健康的影响尚无清晰认识，人民法院慎重考虑王某某的家暴因素，坚持最有利于未成年子女的原则，判决孩子由最有利于其成长的母亲直接抚养，有助于及时阻断家暴代际传递，也表明了对婚姻家庭中施暴方在法律上予以否定性评价的立场。(最高法发布人民法院反家庭暴力典型案例（第二批）之案例三：刘某某与王某某离婚纠纷案)

配套

《民法典》第 26 条、第 1067 条、第 1068 条；《未成年人保护法》；《最高人民法院关于适用〈中华人民共和国民法典〉婚姻家庭编的解释（一）》第 44-48 条、第 56 条

第一千零八十五条　【离婚后子女抚养费的负担】离婚后，子女由一方直接抚养的，另一方应当负担部分或者全部抚养费。负担费用的多少和期限的长短，由双方协议；协议不成的，由人民法院判决。

前款规定的协议或者判决，不妨碍子女在必要时向父母任何一方提出超过协议或者判决原定数额的合理要求。

应用

190. 抚养费的数额

抚养费的数额，可以根据子女的实际需要、父母双方的负担能力和当地的实际生活水平确定。

有固定收入的，抚养费一般可以按其月总收入的百分之二十至百分之三十的比例给付。负担两个以上子女抚养费的，比例可以适当提高，但一般不得超过月总收入的百分之五十。

无固定收入的，抚养费的数额可以依据当年总收入或者同行业平均收入，参照上述比例确定。

有特殊情况的，可以适当提高或者降低上述比例。

191. 抚养费的给付

抚养费应当定期给付，有条件的可以一次性给付。

父母一方无经济收入或者下落不明的，可以用其财物折抵抚养费。

父母双方可以协议由一方直接抚养子女并由直接抚养方负担子女全部抚养费。但是，直接抚养方的抚养能力明显不能保障子女所需费用，影响子女健康成长的，人民法院不予支持。

抚养费的给付期限，一般至子女十八周岁为止。十六周岁以上不满十八周岁，以其劳动收入为主要生活来源，并能维持当地一般生活水平的，父母可以停止给付抚养费。

192. 抚养费的增加

具有下列情形之一，子女要求有负担能力的父或者母增加抚养费的，人民法院应予支持：

（1）原定抚养费数额不足以维持当地实际生活水平；

（2）因子女患病、上学，实际需要已超过原定数额；

（3）有其他正当理由应当增加。

配套

《最高人民法院关于适用〈中华人民共和国民法典〉婚姻家庭编的解释（一）》第 49-53 条、第 58 条

第一千零八十六条 【探望子女权利】离婚后，不直接抚养子女的父或者母，有探望子女的权利，另一方有协助的义务。

行使探望权利的方式、时间由当事人协议；协议不成的，由人民法院判决。

父或者母探望子女，不利于子女身心健康的，由人民法院依法中止探望；中止的事由消失后，应当恢复探望。

注解

人民法院作出的生效的离婚判决中未涉及探望权，当事人就探望权问题单独提起诉讼的，人民法院应予受理。

当事人在履行生效判决、裁定或者调解书的过程中，一方请求中止探望的，人民法院在征询双方当事人意见后，认为需要中止探望的，依法作出裁

定；中止探望的情形消失后，人民法院应当根据当事人的请求书面通知其恢复探望。

未成年子女、直接抚养子女的父或者母以及其他对未成年子女负担抚养、教育、保护义务的法定监护人，有权向人民法院提出中止探望的请求。

对于拒不协助另一方行使探望权的有关个人或者组织，可以由人民法院依法采取拘留、罚款等强制措施，但是不能对子女的人身、探望行为进行强制执行。

配套

《最高人民法院关于适用〈中华人民共和国民法典〉婚姻家庭编的解释（一）》第 65-68 条

第一千零八十七条　【离婚时夫妻共同财产的处理】离婚时，夫妻的共同财产由双方协议处理；协议不成的，由人民法院根据财产的具体情况，按照照顾子女、女方和无过错方权益的原则判决。

对夫或者妻在家庭土地承包经营中享有的权益等，应当依法予以保护。

应用

193. 军人复员费、自主择业费等的归属及计算方法

人民法院审理离婚案件，涉及分割发放到军人名下的复员费、自主择业费等一次性费用的，以夫妻婚姻关系存续年限乘以年平均值，所得数额为夫妻共同财产。

前款所称年平均值，是指将发放到军人名下的上述费用总额按具体年限均分得出的数额。其具体年限为人均寿命七十岁与军人入伍时实际年龄的差额。

194. 投资性财产的分割

夫妻双方分割共同财产中的股票、债券、投资基金份额等有价证券以及未上市股份有限公司股份时，协商不成或者按市价分配有困难的，人民法院可以根据数量按比例分配。

195. 有限责任公司出资额的分割

人民法院审理离婚案件，涉及分割夫妻共同财产中以一方名义在有限责

任公司的出资额，另一方不是该公司股东的，按以下情形分别处理：

（1）夫妻双方协商一致将出资额部分或者全部转让给该股东的配偶，其他股东过半数同意，并且其他股东均明确表示放弃优先购买权的，该股东的配偶可以成为该公司股东；

（2）夫妻双方就出资额转让份额和转让价格等事项协商一致后，其他股东半数以上不同意转让，但愿意以同等条件购买该出资额的，人民法院可以对转让出资所得财产进行分割。其他股东半数以上不同意转让，也不愿意以同等条件购买该出资额的，视为其同意转让，该股东的配偶可以成为该公司股东。

用于证明前款规定的股东同意的证据，可以是股东会议材料，也可以是当事人通过其他合法途径取得的股东的书面声明材料。

196. 涉及合伙企业中夫妻共同财产份额的分割原则

人民法院审理离婚案件，涉及分割夫妻共同财产中以一方名义在合伙企业中的出资，另一方不是该企业合伙人的，当夫妻双方协商一致，将其合伙企业中的财产份额全部或者部分转让给对方时，按以下情形分别处理：

（1）其他合伙人一致同意的，该配偶依法取得合伙人地位；

（2）其他合伙人不同意转让，在同等条件下行使优先购买权的，可以对转让所得的财产进行分割；

（3）其他合伙人不同意转让，也不行使优先购买权，但同意该合伙人退伙或者削减部分财产份额的，可以对结算后的财产进行分割；

（4）其他合伙人既不同意转让，也不行使优先购买权，又不同意该合伙人退伙或者削减部分财产份额的，视为全体合伙人同意转让，该配偶依法取得合伙人地位。

197. 独资企业财产分割

夫妻以一方名义投资设立个人独资企业的，人民法院分割夫妻在该个人独资企业中的共同财产时，应当按照以下情形分别处理：

（1）一方主张经营该企业的，对企业资产进行评估后，由取得企业资产所有权一方给予另一方相应的补偿；

（2）双方均主张经营该企业的，在双方竞价基础上，由取得企业资产所有权的一方给予另一方相应的补偿；

（3）双方均不愿意经营该企业的，按照《个人独资企业法》等有关规定办理。

414

198. 夫妻共同财产中的房屋价值及归属

双方对夫妻共同财产中的房屋价值及归属无法达成协议时，人民法院按以下情形分别处理：

（1）双方均主张房屋所有权并且同意竞价取得的，应当准许；

（2）一方主张房屋所有权的，由评估机构按市场价格对房屋作出评估，取得房屋所有权的一方应当给予另一方相应的补偿；

（3）双方均不主张房屋所有权的，根据当事人的申请拍卖、变卖房屋，就所得价款进行分割。

199. 所有权未确定的房屋处理

离婚时双方对尚未取得所有权或者尚未取得完全所有权的房屋有争议且协商不成的，人民法院不宜判决房屋所有权的归属，应当根据实际情况判决由当事人使用。

当事人就前款规定的房屋取得完全所有权后，有争议的，可以另行向人民法院提起诉讼。

200. 离婚时一方婚前贷款所购不动产的处理

夫妻一方婚前签订不动产买卖合同，以个人财产支付首付款并在银行贷款，婚后用夫妻共同财产还贷，不动产登记于首付款支付方名下的，离婚时该不动产由双方协议处理。

依前款规定不能达成协议的，人民法院可以判决该不动产归登记一方，尚未归还的贷款为不动产登记一方的个人债务。双方婚后共同还贷支付的款项及其相对应财产增值部分，离婚时应根据民法典第一千零八十七条第一款规定的原则，由不动产登记一方对另一方进行补偿。

201. 购买以一方父母名义参加房改的房屋的处理

婚姻关系存续期间，双方用夫妻共同财产出资购买以一方父母名义参加房改的房屋，登记在一方父母名下，离婚时另一方主张按照夫妻共同财产对该房屋进行分割的，人民法院不予支持。购买该房屋时的出资，可以作为债权处理。

202. 夫妻间借款的处理

夫妻之间订立借款协议，以夫妻共同财产出借给一方从事个人经营活动或者用于其他个人事务的，应视为双方约定处分夫妻共同财产的行为，离婚时可以按照借款协议的约定处理。

《民法典》第1063条、第1065条；《最高人民法院关于适用〈中华人民共和国民法典〉婚姻家庭编的解释（一）》第71-79条、第82条

第一千零八十八条　【离婚经济补偿】 夫妻一方因抚育子女、照料老年人、协助另一方工作等负担较多义务的，离婚时有权向另一方请求补偿，另一方应当给予补偿。具体办法由双方协议；协议不成的，由人民法院判决。

第一千零八十九条　【离婚时夫妻共同债务的清偿】 离婚时，夫妻共同债务应当共同偿还。共同财产不足清偿或者财产归各自所有的，由双方协议清偿；协议不成的，由人民法院判决。

注解

根据本条规定，婚姻关系终结时，夫妻共同债务清偿应当遵循的原则是共同债务共同清偿。依法属于夫妻共同债务的，夫妻应当以共同财产共同偿还，这是一个基本原则。但是，如果夫妻共同财产不足致使不能清偿的，或者双方约定财产归各自所有没有共同财产清偿的，夫妻双方对共同债务如何偿还以及清偿比例等，可以由双方当事人协商确定，如果双方协商不能达成一致意见的，由人民法院考虑双方当事人的具体情况依法判决确定。需要注意的是，不论是双方当事人协商确定，还是人民法院判决确定的清偿方式、清偿比例等内容，仅在离婚的双方当事人之间有效，对债权人是没有法律效力的，债权人可以依照本法第178条"二人以上依法承担连带责任的，权利人有权请求部分或者全部连带责任人承担责任"的规定来要求双方履行其债务。

第一千零九十条　【离婚经济帮助】 离婚时，如果一方生活困难，有负担能力的另一方应当给予适当帮助。具体办法由双方协议；协议不成的，由人民法院判决。

第一千零九十一条　【离婚损害赔偿】 有下列情形之一，导致离婚的，无过错方有权请求损害赔偿：

（一）重婚；

（二）　与他人同居；

（三）　实施家庭暴力；

（四）　虐待、遗弃家庭成员；

（五）　有其他重大过错。

应　用

203. 离婚损害赔偿的范围

民法典第 1091 条规定的"损害赔偿"，包括物质损害赔偿和精神损害赔偿。涉及精神损害赔偿的，适用《最高人民法院关于确定民事侵权精神损害赔偿责任若干问题的解释》的有关规定。

204. 离婚损害赔偿请求的主体与限制

承担民法典第 1091 条规定的损害赔偿责任的主体，为离婚诉讼当事人中无过错方的配偶。

人民法院判决不准离婚的案件，对于当事人基于民法典第 1091 条提出的损害赔偿请求，不予支持。

在婚姻关系存续期间，当事人不起诉离婚而单独依据民法典第 1091 条提起损害赔偿请求的，人民法院不予受理。

205. 离婚损害赔偿诉讼提起时间

人民法院受理离婚案件时，应当将民法典第 1091 条等规定中当事人的有关权利义务，书面告知当事人。在适用民法典第 1091 条时，应当区分以下不同情况：

（1）符合民法典第 1091 条规定的无过错方作为原告基于该条规定向人民法院提起损害赔偿请求的，必须在离婚诉讼的同时提出。

（2）符合民法典第 1091 条规定的无过错方作为被告的离婚诉讼案件，如果被告不同意离婚也不基于该条规定提起损害赔偿请求的，可以就此单独提起诉讼。

（3）无过错方作为被告的离婚诉讼案件，一审时被告未基于民法典第一千零九十一条规定提出损害赔偿请求，二审期间提出的，人民法院应当进行调解；调解不成的，告知当事人另行起诉。双方当事人同意由第二审人民法院一并审理的，第二审人民法院可以一并裁判。

《最高人民法院关于适用〈中华人民共和国民法典〉婚姻家庭编的解释（一）》第 86-90 条

第一千零九十二条　【一方侵害夫妻财产的处理规则】夫妻一方隐藏、转移、变卖、毁损、挥霍夫妻共同财产，或者伪造夫妻共同债务企图侵占另一方财产的，在离婚分割夫妻共同财产时，对该方可以少分或者不分。离婚后，另一方发现有上述行为的，可以向人民法院提起诉讼，请求再次分割夫妻共同财产。

应用

206. 再次分割夫妻共同财产的时效

当事人依据民法典第 1092 条的规定向人民法院提起诉讼，请求再次分割夫妻共同财产的诉讼时效期间为三年，从当事人发现之日起计算。

207. 离婚案件中的财产保全措施

夫妻一方申请对配偶的个人财产或者夫妻共同财产采取保全措施的，人民法院可以在采取保全措施可能造成损失的范围内，根据实际情况，确定合理的财产担保数额。

配套

《最高人民法院关于适用〈中华人民共和国民法典〉婚姻家庭编的解释（一）》第 70 条、第 83-84 条

第五章　收　　养

第一节　收养关系的成立

第一千零九十三条　【被收养人的条件】下列未成年人，可以被收养：

（一）丧失父母的孤儿；

（二）查找不到生父母的未成年人；

（三）生父母有特殊困难无力抚养的子女。

丧失父母的孤儿。此处的"丧失"应指被收养人的父母已经死亡或者被宣告死亡。"父母"不仅包括生父母，还包括养父母以及有扶养关系的继父母。该项不包括父母被宣告失踪的情形。如果父母因查找不到而被宣告失踪，可以考虑适用本条第2项的规定，从而作为"查找不到生父母的未成年人"适用收养。

查找不到生父母的未成年人。"查找不到"是指通过各种方式均无法找到。虽然未对"查找不到"附加时间上的限制，但从维护收养关系稳定的角度，在操作方面应当有一个合理期间的限制，个人或者有关机关经过一定期间仍查找不到生父母的未成年人，可以作为被收养人。此外，需要强调的是，对于暂时脱离生父母，但嗣后又被找回的未成年人，不属于此处的"查找不到"，不应当成为被收养的对象。

生父母有特殊困难无力抚养的子女。与前两项相比，该项当中可作为被收养人的主体是由于生父母自身不具备抚养子女的能力，从而产生被收养的需要。"有特殊困难"属于一个包容性较强的表述，既包括生父母因经济困难无力抚养，也包括生父母因身体或者精神原因自身不具备抚养能力等。

第一千零九十四条 【送养人的条件】下列个人、组织可以作送养人：

（一）孤儿的监护人；

（二）儿童福利机构；

（三）有特殊困难无力抚养子女的生父母。

第一千零九十五条 【监护人送养未成年人的情形】未成年人的父母均不具备完全民事行为能力且可能严重危害该未成年人的，该未成年人的监护人可以将其送养。

208. 父母尚存的情况下，监护人送养未成年人的条件

在父母尚存的情况下，对于监护人送养未成年人的条件要求是非常

严格的。

首先，要求未成年人的父母双方均不具备完全民事行为能力。根据本法总则编对民事行为能力的分类，自然人可以分为完全民事行为能力人、限制民事行为能力人以及无民事行为能力人。如果未成年人的父母任何一方属于完全民事行为能力人，一般情况下意味着其具有抚养、教育未成年人的能力，在这种情况下，监护人不得将未成年人送养；只有未成年人的父母双方均不具备完全民事行为能力，即双方均为限制民事行为能力或者无民事行为能力人时，监护人才有可能被允许送养。

其次，未成年人的父母必须存在可能严重危害该未成年人的情形时，监护人才可将未成年人送养。所谓可能严重危害该未成年人，主要是指其父母存在危害该未成年人的现实危险，且达到严重程度的情形。

最后，此种情况下的送养主体，只能是该未成年人的监护人。根据本法第 1094 条的规定，可以担任送养人的主体原则上只包括三类，即孤儿的监护人、儿童福利机构以及有特殊困难无力抚养子女的生父母。而在未成年人的父母均不具备完全民事行为能力且可能严重危害该未成年人时，上述三类主体均无法成为适格的送养主体。此时，根据本条规定，能够成为送养主体的，是该未成年人的监护人。监护人作为实际承担监护职责的人，对该未成年人的情况最为熟悉，由其担任送养人与收养人成立收养法律关系，较为合适。

第一千零九十六条　【监护人送养孤儿的限制及变更监护人】 监护人送养孤儿的，应当征得有抚养义务的人同意。有抚养义务的人不同意送养、监护人不愿意继续履行监护职责的，应当依照本法第一编的规定另行确定监护人。

注 解

根据本条规定，监护人送养孤儿的，应当征得有抚养义务的人同意。这里的"有抚养义务的人"，是指孤儿的有负担能力的祖父母、外祖父母、兄、姐。本法第 1074 条第 1 款规定，有负担能力的祖父母、外祖父母，对于父母已经死亡或者父母无力抚养的未成年孙子女、外孙子女，有抚养的义务。第1075 条第 1 款规定，有负担能力的兄、姐，对于父母已经死亡或者父母无力抚养的未成年弟、妹，有扶养的义务。如果上述主体不同意监护人对孤儿进行送养，而监护人又不愿意继续履行监护职责的，为使被监护人不致处于无人监护的状态，应当依照本法总则编的规定另行确定监护人。

第一千零九十七条　【生父母送养子女的原则要求与例外】 生父母送养子女，应当双方共同送养。生父母一方不明或者查找不到的，可以单方送养。

第一千零九十八条　【收养人条件】 收养人应当同时具备下列条件：

（一）无子女或者只有一名子女；
（二）有抚养、教育和保护被收养人的能力；
（三）未患有在医学上认为不应当收养子女的疾病；
（四）无不利于被收养人健康成长的违法犯罪记录；
（五）年满三十周岁。

应用

209. 收养评估

为了加强收养登记管理，规范收养评估工作，根据《民法典》，为保障被收养人的合法权益，民政部制定了《收养评估办法（试行）》。

收养评估，是指民政部门对收养申请人是否具备抚养、教育和保护被收养人的能力进行调查、评估，并出具评估报告的专业服务行为。收养评估应当遵循最有利于被收养人的原则，独立、客观、公正地对收养申请人进行评估，依法保护个人信息和隐私。

民政部门进行收养评估，可以自行组织，也可以委托第三方机构开展。委托第三方机构开展收养评估的，民政部门应当与受委托的第三方机构签订委托协议。民政部门自行组织开展收养评估的，应当组建收养评估小组。收养评估小组应有 2 名以上熟悉收养相关法律法规和政策的在编人员。受委托的第三方机构应当同时具备下列条件：（1）具有法人资格；（2）组织机构健全，内部管理规范；（3）业务范围包含社会调查或者评估，或者具备评估相关经验；（4）有 5 名以上具有社会工作、医学、心理学等专业背景或者从事相关工作 2 年以上的专职工作人员；（5）开展评估工作所需的其他条件。

收养评估内容包括收养申请人以下情况：收养动机、道德品行、受教育程度、健康状况、经济及住房条件、婚姻家庭关系、共同生活家庭成员意见、抚育计划、邻里关系、社区环境、与被收养人融合情况等。

收养评估流程包括书面告知、评估准备、实施评估、出具评估报告。

（1）书面告知。民政部门收到收养登记申请有关材料后，经初步审查收养申请人、送养人、被收养人符合《中华人民共和国民法典》、《中国公民收养子女登记办法》要求的，应当书面告知收养申请人将对其进行收养评估。委托第三方机构开展评估的，民政部门应当同时书面告知受委托的第三方机构。

（2）评估准备。收养申请人确认同意进行收养评估的，第三方机构应当选派2名以上具有社会工作、医学、心理学等专业背景或者从事相关工作2年以上的专职工作人员开展评估活动。民政部门自行组织收养评估的，由收养评估小组开展评估活动。

（3）实施评估。评估人员根据评估需要，可以采取面谈、查阅资料、实地走访等多种方式进行评估，全面了解收养申请人的情况。

（4）出具报告。收养评估小组和受委托的第三方机构应当根据评估情况制作书面收养评估报告。收养评估报告包括正文和附件两部分：正文部分包括评估工作的基本情况、评估内容分析、评估结论等；附件部分包括记载评估过程的文字、语音、照片、影像等资料。委托第三方机构评估的，收养评估报告应当由参与评估人员签名，并加盖机构公章。民政部门自行组织评估的，收养评估报告应当由收养评估小组成员共同签名。

配套

《人口与计划生育法》第18条；《中国公民收养子女登记办法》；《收养评估办法（试行）》

第一千零九十九条 【三代以内旁系同辈血亲的收养】 收养三代以内旁系同辈血亲的子女，可以不受本法第一千零九十三条第三项、第一千零九十四条第三项和第一千一百零二条规定的限制。

华侨收养三代以内旁系同辈血亲的子女，还可以不受本法第一千零九十八条第一项规定的限制。

配套

《民法典》第 1093 条、第 1094 条、第 1098 条、第 1102 条

第一千一百条　【收养人收养子女数量】无子女的收养人可以收养两名子女；有子女的收养人只能收养一名子女。

收养孤儿、残疾未成年人或者儿童福利机构抚养的查找不到生父母的未成年人，可以不受前款和本法第一千零九十八条第一项规定的限制。

配套

《民法典》第 1098 条、第 1099 条、第 1103 条

第一千一百零一条　【共同收养】有配偶者收养子女，应当夫妻共同收养。

注解

这里的"共同收养"，既可以是夫妻双方共同为收养的意思表示，也可以是一方有收养子女的意思表示，另一方对此表示明确同意。

第一千一百零二条　【无配偶者收养异性子女的限制】无配偶者收养异性子女的，收养人与被收养人的年龄应当相差四十周岁以上。

注解

在无配偶者收养子女的情况下，收养人与被收养人须有四十周岁以上年龄差的限制已经不仅限于收养人为男性、被收养人为女性的情况。在收养人为无配偶女性、被收养人为未成年男性的情况下，同样应当受到收养人与被收养人须年龄相差四十周岁以上的限制。

第一千一百零三条　【收养继子女的特别规定】继父或者继母经继子女的生父母同意，可以收养继子女，并可以不受本法第一千零九十三条第三项、第一千零九十四条第三项、第一千零九十八条和第一千一百条第一款规定的限制。

第一千一百零四条 【收养自愿原则】收养人收养与送养人送养，应当双方自愿。收养八周岁以上未成年人的，应当征得被收养人的同意。

配套

《民法典》第 19 条

第一千一百零五条 【收养登记、收养协议、收养公证及收养评估】收养应当向县级以上人民政府民政部门登记。收养关系自登记之日起成立。

收养查找不到生父母的未成年人的，办理登记的民政部门应当在登记前予以公告。

收养关系当事人愿意签订收养协议的，可以签订收养协议。

收养关系当事人各方或者一方要求办理收养公证的，应当办理收养公证。

县级以上人民政府民政部门应当依法进行收养评估。

配套

《中国公民收养子女登记办法》第 7 条；《收养登记工作规范》

第一千一百零六条 【收养后的户口登记】收养关系成立后，公安机关应当按照国家有关规定为被收养人办理户口登记。

配套

《中国公民收养子女登记办法》第 8 条

第一千一百零七条 【亲属、朋友的抚养】孤儿或者生父母无力抚养的子女，可以由生父母的亲属、朋友抚养；抚养人与被抚养人的关系不适用本章规定。

第一千一百零八条 【祖父母、外祖父母优先抚养权】配偶一方死亡，另一方送养未成年子女的，死亡一方的父母有优先抚养的权利。

关于本条，需要明确以下几个问题：

一是，优先抚养权产生于生存一方配偶送养未成年子女之时，即当生存一方配偶作出送养其未成年子女的意思表示之时，死亡一方配偶的父母的优先抚养权即产生。优先抚养权作为死亡一方配偶的父母享有的一项民事权利，其可以根据权利自由处分的原则对优先抚养权表示放弃。在放弃的具体方式上，可以分为"明示放弃"与"默示放弃"。前者是指优先抚养权人在送养人送养未成年子女时，明确地表示自己不抚养该子女；后者则是指优先抚养权人明知送养人要送养未成年子女，但其既不作出优先抚养的直接、明确的意思表示，也没有阻止他人收养该子女，据此可以推定优先抚养权人放弃了优先抚养权。

二是，优先抚养权并不绝对，在有的情况下，从有利于未成年人利益最大化的角度出发，可以考虑限制甚至剥夺优先抚养权人的优先抚养权。比如，优先抚养权人存在严重危害未成年人身心健康的现实危险、优先抚养权人不具备实际的抚养能力等。此外，如果未成年人属于八周岁以上的限制民事行为能力人，在确定抚养权人时还要充分听取未成年人的意愿。

三是，在有的情况下，如死亡一方配偶的父母离婚，但两人同时主张优先抚养权的，需要首先审查他们是否同时具备优先抚养权。如果同时具备优先抚养权，就要综合考虑各种因素，并可以听取送养人的意见，确定由其中一人抚养未成年人。

四是，优先抚养权的产生具有先决条件，即必须是在配偶一方死亡，另一方送养子女时，死亡一方配偶的父母才可主张。换言之，如果配偶一方死亡，另一方并无送养子女的意思表示，该方作为子女的生父或者生母，仍然是未成年子女的监护人和法定代理人，由其继续承担对于子女的抚养、教育及保护义务，死亡一方配偶的父母无权主张优先抚养。

第一千一百零九条　【涉外收养】外国人依法可以在中华人民共和国收养子女。

外国人在中华人民共和国收养子女，应当经其所在国主管机关依照该国法律审查同意。收养人应当提供由其所在国有权机构出具的有关其年龄、婚姻、职业、财产、健康、有无受过刑事处罚等状况的证明材料，并与送养人签订书面协议，亲自向省、自治区、直辖市人民政府民政部门登记。

前款规定的证明材料应当经收养人所在国外交机关或者外交机关授权的机构认证，并经中华人民共和国驻该国使领馆认证，但是国家另有规定的除外。

应用

210. 外国人依法可以在中华人民共和国收养子女的实质要件

按照本章有关被收养人、送养人以及收养人条件的规定，外国人在我国收养子女的，必须符合这些实质性条件的要求。

（1）被收养人方面，丧失父母的孤儿、查找不到生父母的未成年人以及生父母有特殊困难无力抚养的子女这三类主体，均可以作为涉外收养的被收养人由外国人收养。

（2）送养人方面，根据本法第1094条规定，孤儿的监护人、儿童福利机构以及有特殊困难无力抚养子女的生父母，均可以作为送养人送养未成年人。

（3）收养人条件方面，本法第1098条规定了收养人应当同时具备的条件，包括无子女或者只有一名子女，有抚养、教育和保护被收养人的能力，未患有在医学上认为不应当收养子女的疾病，无不利于被收养人健康成长的违法犯罪记录，年满三十周岁等。当然，在有的情形下，个别条件允许适当放宽。

211. 外国人依法可以在中华人民共和国收养子女的形式要件

收养人应当提供由其所在国有权机构出具的有关其年龄、婚姻、职业、财产、健康、有无受过刑事处罚等状况的证明材料，并与送养人订立书面协议，亲自向省、自治区、直辖市人民政府民政部门登记。

配套

《外国人在中华人民共和国收养子女登记办法》第4条

第一千一百一十条　【保守收养秘密】收养人、送养人要求保守收养秘密的，其他人应当尊重其意愿，不得泄露。

第二节　收养的效力

第一千一百一十一条　**【收养的效力】**自收养关系成立之日起，养父母与养子女间的权利义务关系，适用本法关于父母子女关系的规定；养子女与养父母的近亲属间的权利义务关系，适用本法关于子女与父母的近亲属关系的规定。

养子女与生父母以及其他近亲属间的权利义务关系，因收养关系的成立而消除。

第一千一百一十二条　**【养子女的姓氏】**养子女可以随养父或者养母的姓氏，经当事人协商一致，也可以保留原姓氏。

第一千一百一十三条　**【收养行为的无效】**有本法第一编关于民事法律行为无效规定情形或者违反本编规定的收养行为无效。

无效的收养行为自始没有法律约束力。

第三节　收养关系的解除

第一千一百一十四条　**【收养关系的协议解除与诉讼解除】**收养人在被收养人成年以前，不得解除收养关系，但是收养人、送养人双方协议解除的除外。养子女八周岁以上的，应当征得本人同意。

收养人不履行抚养义务，有虐待、遗弃等侵害未成年养子女合法权益行为的，送养人有权要求解除养父母与养子女间的收养关系。送养人、收养人不能达成解除收养关系协议的，可以向人民法院提起诉讼。

应用

212. 协议解除收养关系

从本条第 1 款规定看，协议解除收养关系存在以下特点，需要准确把握：一是，原则上，在被收养人成年以前，收养人不得单方解除收养关系。

这一规定主要是出于对未成年人利益的保护，防止因收养人推卸责任而致使未成年人无人抚养的状况出现。二是，收养人与送养人经协商一致，可以解除收养关系。在收养人不得随意解除收养关系的原则要求之下，如果收养人与送养人能够协商一致，意味着对未成年人的抚养不会出现问题，从尊重双方当事人意思自治的角度出发，可以允许解除收养关系。三是，养子女八周岁以上的，应当征得其同意。在送养人、收养人就解除收养关系达成一致的前提下，如果养子女属于八周岁以上的限制民事行为能力人，则还需要征得养子女的同意才可解除收养关系。这是因为，收养关系的解除不能只考虑送养人、收养人的意愿。养子女八周岁以上的，能够基于被抚养经历及情感联系选择最有利于自己的成长环境，此时就需要征得其同意方可解除收养关系。四是，收养人、送养人协商解除收养关系只能通过协议解除的方式，不能通过诉讼方式解除。

213. 诉讼解除收养关系

本条第 2 款是通过诉讼解除收养关系的规定。理解本款需要注意以下几点：一是，适用本款规定的前提是被收养人尚未成年。二是，本款适用的对象仅为送养人，不适用于收养人或者被收养人。其立法初衷在于保护被收养人的合法权益，赋予送养人在一定条件下提起解除收养关系之诉的权利。三是，本款的适用情形有严格限制，即收养人不履行抚养义务，有虐待、遗弃等侵害未成年养子女合法权益的行为。如果收养人不存在这些行为，则送养人无权提起解除收养关系的诉讼。

第一千一百一十五条 【养父母与成年养子女解除收养关系】养父母与成年养子女关系恶化、无法共同生活的，可以协议解除收养关系。不能达成协议的，可以向人民法院提起诉讼。

注解

正确理解和适用本条，需要注意以下几点：

第一，本条解决的是养父母与成年养子女关系恶化、无法共同生活时收养关系的解除，不包括养子女为未成年人时的情形。

第二，本条所规范的养父母与成年养子女之间收养关系的解除，既包括协议解除，也包括诉讼解除。当养父母与成年养子女双方关系恶化、无法共

428

同生活时，可以由一方提出解除收养关系的意思表示，另一方如果同意，则双方就可以协议解除。如果一方提出解除，另一方不同意解除或者对解除收养关系的具体内容不认可，则可以通过向法院提起诉讼的方式解除收养关系。无论是养父母还是成年养子女，均享有诉权。

第三，养父母与成年养子女解除收养关系的原因是双方关系恶化、无法共同生活，至于引起关系恶化的具体原因在所不问。

对于解除收养关系后养父母的生活保障，本法第1118条作了规定，即经养父母抚养的成年养子女，对缺乏劳动能力又缺乏生活来源的养父母，应当给付生活费。

第一千一百一十六条 **【解除收养关系的登记】** 当事人协议解除收养关系的，应当到民政部门办理解除收养关系登记。

配套

《中国公民收养子女登记办法》第9条、第10条

第一千一百一十七条 **【收养关系解除的法律后果】** 收养关系解除后，养子女与养父母以及其他近亲属间的权利义务关系即行消除，与生父母以及其他近亲属间的权利义务关系自行恢复。但是，成年养子女与生父母以及其他近亲属间的权利义务关系是否恢复，可以协商确定。

第一千一百一十八条 **【收养关系解除后生活费、抚养费支付】** 收养关系解除后，经养父母抚养的成年养子女，对缺乏劳动能力又缺乏生活来源的养父母，应当给付生活费。因养子女成年后虐待、遗弃养父母而解除收养关系的，养父母可以要求养子女补偿收养期间支出的抚养费。

生父母要求解除收养关系的，养父母可以要求生父母适当补偿收养期间支出的抚养费；但是，因养父母虐待、遗弃养子女而解除收养关系的除外。

第六编 继 承

第一章 一般规定

第一千一百一十九条 【继承编的调整范围】本编调整因继承产生的民事关系。

注解

《民法典》第 124 条规定，自然人依法享有继承权。自然人合法的私有财产，可以依法继承。

继承是指继承人对死者生前的财产权利和义务的承受，又称为财产继承，即自然人死亡时，其遗留的个人合法财产归死者生前在法定范围内指定的或者法定的亲属承受的民事法律关系。在继承法律关系中，生前享有的财产因其死亡而移转给他人的死者为被继承人，被继承人死亡时遗留的个人合法财产为遗产，依法承受被继承人遗产的法定范围内的人为继承人。以继承人继承财产的方式为标准，可以将继承分为遗嘱继承和法定继承，这是对继承的基本分类。

继承的法律特征如下：（1）继承因作为被继承人的自然人死亡而发生；（2）继承中的继承人与被继承人存在特定亲属身份关系；（3）继承是处理死者遗产的法律关系；（4）继承是继承人概括承受被继承人财产权利和义务的法律制度。

配套

《宪法》第 13 条

第一千一百二十条 【继承权的保护】国家保护自然人的继承权。

注解

继承权是指自然人按照被继承人所立的合法有效遗嘱或法律的直接规定

享有的继承被继承人遗产的权利。其法律特征是：（1）在继承权的主体方面，继承权只能是自然人享有的权利。（2）在取得根据方面，继承权是自然人依照合法有效的遗嘱或者法律的直接规定而享有的权利。（3）继承权的客体是被继承人生前的财产权利。（4）继承权的本质是独立的民事权利。

配套

《宪法》第 13 条

第一千一百二十一条 **【继承的开始时间和死亡时间的推定】**继承从被继承人死亡时开始。

相互有继承关系的数人在同一事件中死亡，难以确定死亡时间的，推定没有其他继承人的人先死亡。都有其他继承人，辈份不同的，推定长辈先死亡；辈份相同的，推定同时死亡，相互不发生继承。

注解

对被继承人死亡时间的确定，包括生理死亡和宣告死亡两种死亡情形。

自然人的死亡时间，以死亡证明记载的时间为准；没有死亡证明的，以户籍登记或者其他有效身份登记记载的时间为准；有其他证据足以推翻以上记载时间的，以该证据证明的时间为准。

宣告死亡的，根据《民法典》第 48 条规定确定的死亡日期，为继承开始的时间。即，人民法院宣告死亡的判决作出之日视为其死亡的日期；因意外事件下落不明宣告死亡的，意外事件发生之日视为其死亡的日期。

配套

《最高人民法院关于适用〈中华人民共和国民法典〉继承编的解释（一）》第 1 条

第一千一百二十二条 **【遗产的范围】**遗产是自然人死亡时遗留的个人合法财产。

依照法律规定或者根据其性质不得继承的遗产，不得继承。

遗产范围是指被继承人在其死亡时遗留的可以作为遗产被继承人继承的财产范围。遗产包括死者遗留下来的财产和财产权利。遗产是继承权的客体，只存在于继承开始后到遗产处理结束之前这段时间内。

具体而言，遗产包括自然人的收入；房屋、储蓄和生活用品；林木、牲畜和家禽；文物、图书资料；法律允许公民所有的生产资料；著作权、专利权中的财产权利等个人合法财产。

承包人死亡时尚未取得承包收益的，可以将死者生前对承包所投入的资金和所付出的劳动及其增值和孳息，由发包单位或者接续承包合同的人合理折价、补偿。其价额作为遗产。

由国家或者集体组织供给生活费用的烈属和享受社会救济的自然人，其遗产仍应准许合法继承人继承。

《最高人民法院关于适用〈中华人民共和国民法典〉继承编的解释（一）》第2条、第39条

第一千一百二十三条　【法定继承、遗嘱继承、遗赠和遗赠扶养协议的效力】继承开始后，按照法定继承办理；有遗嘱的，按照遗嘱继承或者遗赠办理；有遗赠扶养协议的，按照协议办理。

本条是关于法定继承、遗嘱继承、遗赠、遗赠扶养协议关系的规定。它们之间的继承顺序是：遗赠扶养协议>遗嘱继承、遗赠>法定继承。

被继承人生前与他人订有遗赠扶养协议，同时又立有遗嘱的，继承开始后，如果遗赠扶养协议与遗嘱没有抵触，遗产分别按协议和遗嘱处理；如果有抵触，按协议处理，与协议抵触的遗嘱全部或者部分无效。

法定继承是指被继承人死亡时没有留下遗嘱，其个人合法遗产的继承由法律规定的继承人范围、顺序和分配原则进行遗产继承的一种继承方式。

遗嘱继承与法定继承相对称，是指遗嘱中所指定的继承人，根据遗嘱对其应当继承的遗产种类、数额等规定，继承被继承人遗产的一种继承方式。

遗赠是指公民以遗嘱方式将个人财产赠与国家、集体或法定继承人以外

的人，于其死亡时发生法律效力的民事行为。立遗嘱的自然人为遗赠人，接受遗赠的人为受遗赠人。

遗赠扶养协议是指遗赠人和扶养人为明确相互间遗赠和扶养的权利义务关系所订立的协议。需要他人扶养，并愿意将自己的个人财产全部或部分遗赠给扶养人的为遗赠人；对遗赠人尽生养死葬义务并接受遗赠的人为扶养人。

配套

《民法典》第 1042 条；《最高人民法院关于适用〈中华人民共和国民法典〉继承编的解释（一）》第 3 条

第一千一百二十四条 【继承和遗赠的接受和放弃】继承开始后，继承人放弃继承的，应当在遗产处理前，以书面形式作出放弃继承的表示；没有表示的，视为接受继承。

受遗赠人应当在知道受遗赠后六十日内，作出接受或者放弃受遗赠的表示；到期没有表示的，视为放弃受遗赠。

注解

继承权放弃是指继承人不接受被继承人遗产的意思表示，该意思表示应当在继承开始后、遗产处理前的这段时间里作出，且必须以书面形式向遗产管理人或者其他继承人表示。

对于继承权的承认或者放弃，规则是：继承开始后，继承人放弃继承的，应当在遗产分割前，以书面形式作出放弃继承的表示。没有表示的，视为接受继承。遗产分割后表示放弃的不再是继承权，而是所有权。遗产处理前或者在诉讼进行中，继承人对放弃继承反悔的，由人民法院根据其提出的具体理由，决定是否承认。遗产处理后，继承人对放弃继承反悔的，不予承认。放弃继承的效力，追溯到继承开始的时间。在诉讼中，继承人向人民法院以口头方式表示放弃继承的，要制作笔录，由放弃继承的人签名。继承人因放弃继承权，致其不能履行法定义务的，放弃继承权的行为无效。

对于遗赠，承认或者放弃的规则是：受遗赠人应当在知道受遗赠后六十日内，作出接受或者放弃受遗赠的表示。到期没有表示的，视为放弃受遗赠。继承开始后，受遗赠人表示接受遗赠，并于遗产分割前死亡的，其接受遗赠的权利转移给他的继承人。

《民法典》第230条;《最高人民法院关于适用〈中华人民共和国民法典〉继承编的解释(一)》第32-38条

第一千一百二十五条　【继承权的丧失】继承人有下列行为之一的,丧失继承权:

(一)故意杀害被继承人;

(二)为争夺遗产而杀害其他继承人;

(三)遗弃被继承人,或者虐待被继承人情节严重;

(四)伪造、篡改、隐匿或者销毁遗嘱,情节严重;

(五)以欺诈、胁迫手段迫使或者妨碍被继承人设立、变更或者撤回遗嘱,情节严重。

继承人有前款第三项至第五项行为,确有悔改表现,被继承人表示宽恕或者事后在遗嘱中将其列为继承人的,该继承人不丧失继承权。

受遗赠人有本条第一款规定行为的,丧失受遗赠权。

继承人故意杀害被继承人的,不论是既遂还是未遂,均应当确认其丧失继承权。继承人有本条第1款第1项或者第2项所列之行为,即故意杀害被继承人或为争夺遗产而杀害其他继承人,而被继承人以遗嘱将遗产指定由该继承人继承的,可以确认遗嘱无效,并确认该继承人丧失继承权。

为争夺遗产而杀害其他继承人,是指继承人中的一人或数人出于争夺遗产的动机,而杀害居于其之前或者与其处于同一继承顺序的其他继承人,或者杀害被继承人在遗嘱中指定的继承人。实施杀害行为的继承人误认为后一顺序的继承人会妨碍他继承全部遗产而杀害了后一顺序继承人,也丧失继承权。

遗弃被继承人是指继承人对被继承人故意不尽扶养义务,而使被继承人处于危难或困境中。但是,应将遗弃行为同继承人因为继承人的错误而与之分居或来往不密切严格区分开。

虐待是指对共同生活的家庭成员经常地进行精神上和肉体上的折磨、摧残，如经常打骂、冻饿、禁闭、有病不给治疗、强迫从事过度体力劳动等。是否符合"虐待被继承人情节严重"，可以从实施虐待行为的时间、手段、后果和社会影响等方面认定。虐待被继承人情节严重的，不论是否追究刑事责任，均可确认其丧失继承权。

继承人实施这类行为多是从利己的目的出发，为使自己多得或者独得遗产，而侵害其他继承人的合法利益。伪造遗嘱是指被继承人本来没有立遗嘱而继承人故意以被继承人名义制作假遗嘱，或者被继承人本来有遗嘱，继承人将其销毁或者隐匿后又另造假遗嘱。篡改遗嘱是指继承人故意改变遗嘱的内容。销毁遗嘱是指继承人故意将遗嘱毁灭。继承人实施了伪造、篡改、销毁遗嘱的行为，并且情节严重的，丧失继承权。

继承人伪造、篡改、隐匿或者销毁遗嘱，侵害了缺乏劳动能力又无生活来源的继承人的利益，并造成其生活困难的，应当认定为本条第1款第4项规定的"情节严重"。

以法定继承权的丧失为前提，宽宥特指被继承人在情感上对继承人的故意或过失行为的谅解或者宽恕。本条第2款规定，遗弃被继承人的，或者虐待被继承人情节严重的，或者伪造、篡改、隐匿或者销毁遗嘱，情节严重的，或者以欺诈、胁迫手段迫使或者妨碍被继承人设立、变更或者撤回遗嘱，情节严重的，确有悔改表现，被继承人表示宽恕或者事后在遗嘱中将其列为继承人的，即宽宥，该继承人恢复继承权。宽宥作为被继承人的单方意思表示，不需要相对方即继承人做出任何意思表示便产生法律效力。

配套

《最高人民法院关于适用〈中华人民共和国民法典〉继承编的解释（一）》第5-9条

第二章　法定继承

第一千一百二十六条　【继承权男女平等原则】 继承权男女平等。

在法定继承中，继承权男女平等，是继承权平等原则的核心和基本表现。继承权男女平等的含义是：（1）男女具有平等的继承权，不因性别差异而有所不同。（2）夫妻在继承上有平等的权利，有相互继承遗产的权利，如夫妻一方死亡后另一方再婚的，有权处分所继承的财产，任何人不得干涉。（3）在继承人的范围和法定继承的顺序上，男女亲等相同，父系亲与母系亲平等。（4）在代位继承中，男女有平等的代位继承权，适用于父系的代位继承，同样适用于母系。

配套

《宪法》第 49 条

第一千一百二十七条　【继承人的范围及继承顺序】 遗产按照下列顺序继承：

（一）第一顺序：配偶、子女、父母；

（二）第二顺序：兄弟姐妹、祖父母、外祖父母。

继承开始后，由第一顺序继承人继承，第二顺序继承人不继承；没有第一顺序继承人继承的，由第二顺序继承人继承。

本编所称子女，包括婚生子女、非婚生子女、养子女和有扶养关系的继子女。

本编所称父母，包括生父母、养父母和有扶养关系的继父母。

本编所称兄弟姐妹，包括同父母的兄弟姐妹、同父异母或者同母异父的兄弟姐妹、养兄弟姐妹、有扶养关系的继兄弟姐妹。

注解

本条规定了两个继承顺序：

1. 配偶、子女、父母为第一顺序法定继承人。其中，配偶是指因合法的婚姻关系而确立夫妻身份的男女双方；子女包括婚生子女、非婚生子女、养子女、有扶养关系的继子女；父母，包括生父母、养父母和有扶养关系的继父母。丧偶儿媳对公婆、丧偶女婿对岳父母尽了主要赡养义务的，作为第一顺序继承人。

被收养人对养父母尽了赡养义务，同时又对生父母扶养较多的，除可以依照本条规定继承养父母的遗产外，还可以依照第1131条的规定分得生父母适当的遗产。

继子女继承了继父母遗产的，不影响其继承生父母的遗产。继父母继承了继子女遗产的，不影响其继承生子女的遗产。

2. 兄弟姐妹、祖父母、外祖父母为第二顺序法定继承人。其中，兄弟姐妹包括同父母的兄弟姐妹、同父异母或者同母异父的兄弟姐妹、养兄弟姐妹、有扶养关系的继兄弟姐妹。

养子女与生子女之间、养子女与养子女之间，系养兄弟姐妹，可以互为第二顺序继承人。被收养人与其亲兄弟姐妹之间的权利义务关系，因收养关系的成立而消除，不能互为第二顺序继承人。

继兄弟姐妹之间的继承权，因继兄弟姐妹之间的扶养关系而发生。没有扶养关系的，不能互为第二顺序继承人。继兄弟姐妹之间相互继承了遗产的，不影响其继承亲兄弟姐妹的遗产。

配套

《民法典》第1070条、第1071条；《老年人权益保障法》第22条；《最高人民法院关于适用〈中华人民共和国民法典〉继承编的解释（一）》第10-13条

第一千一百二十八条 【代位继承】被继承人的子女先于被继承人死亡的，由被继承人的子女的直系晚辈血亲代位继承。

被继承人的兄弟姐妹先于被继承人死亡的，由被继承人的兄弟姐妹的子女代位继承。

代位继承人一般只能继承被代位继承人有权继承的遗产份额。

注解

代位继承是指被继承人的子女先于被继承人死亡时，由被继承人的继承人的晚辈直系血亲代替先死亡的被继承人的子女继承被继承人遗产的一项法定继承制度，又称为间接继承。先于被继承人死亡的继承人，叫作被代位继

承人，简称被代位人。代替被代位人继承遗产的人，叫作代位继承人，简称代位人。代位人代替被代位人继承遗产的权利，叫作代位继承权。

本条规定了两种代位继承：一是被继承人的子女的直系晚辈血亲的代位继承；二是被继承人的兄弟姐妹的子女的代位继承。代位继承产生的法律效力，主要为代位人可以继承被代位人的应继份，即被代位人有权继承的遗产份额。

配套

《最高人民法院关于适用〈中华人民共和国民法典〉继承编的解释（一）》第 14-18 条

第一千一百二十九条 【丧偶儿媳、女婿的继承权】丧偶儿媳对公婆，丧偶女婿对岳父母，尽了主要赡养义务的，作为第一顺序继承人。

注解

对被继承人生活提供了主要经济来源，或者在劳务等方面给予了主要扶助的，应当认定其尽了主要赡养义务或主要扶养义务。

另外，丧偶儿媳对公婆、丧偶女婿对岳父母，无论其是否再婚，依照第 1129 条规定作为第一顺序继承人时，不影响其子女代位继承。

配套

《最高人民法院关于适用〈中华人民共和国民法典〉继承编的解释（一）》第 18 条、第 19 条

第一千一百三十条 【遗产分配规则】同一顺序继承人继承遗产的份额，一般应当均等。

对生活有特殊困难又缺乏劳动能力的继承人，分配遗产时，应当予以照顾。

对被继承人尽了主要扶养义务或者与被继承人共同生活的继承人，分配遗产时，可以多分。

有扶养能力和有扶养条件的继承人，不尽扶养义务的，分配遗产时，应当不分或者少分。

继承人协商同意的，也可以不均等。

438

法定继承人分割遗产的具体方法是：

（1）同一顺序继承人之间遗产应当均等分配。这是对同一顺序继承人的继承权的平等保护。同一顺序的法定继承人的法律地位是平等的，不分男女老幼，不论是有血缘关系还是拟制的血缘关系，都平等地享有继承被继承人遗产的权利，并应该均等地获得遗产。

（2）对生活有特殊困难又缺乏劳动能力的继承人，应当予以适当照顾，适当多分。

（3）对被继承人尽了主要扶养义务或者与被继承人共同生活的继承人，可以多分财产。继承人有扶养能力和扶养条件，愿意尽扶养义务，但被继承人因有固定收入和劳动能力，明确表示不要求其扶养的，分配遗产时，一般不应因此而影响其继承份额。有扶养能力和扶养条件的继承人虽然与被继承人共同生活，但对需要扶养的被继承人不尽扶养义务，分配遗产时，可以少分或者不分。

（4）对于有扶养能力和扶养条件却不尽扶养义务的继承人，可以不分或者少分。

（5）各继承人协商同意不均等分割的，也可以不均等分割。

遗嘱继承人依遗嘱取得遗产后，仍有权依照本条的规定取得遗嘱未处分的遗产。

人民法院对故意隐匿、侵吞或者争抢遗产的继承人，可以酌情减少其应继承的遗产。

配 套

《最高人民法院关于适用〈中华人民共和国民法典〉继承编的解释（一）》第4条、第20-23条；《老年人权益保障法》第13-24条

第一千一百三十一条 【酌情分得遗产权】对继承人以外的依靠被继承人扶养的人，或者继承人以外的对被继承人扶养较多的人，可以分给适当的遗产。

注 解

可以酌分遗产的人有两种：（1）对继承人以外的依靠被继承人扶养的人。（2）继承人以外的对被继承人扶养较多的人。

养子女对其生父母若尽了主要赡养义务的，可以依据这一规定适当分得其生父母的遗产。

依照民法典本条规定可以分给适当遗产的人，分给他们遗产时，按具体情况可以多于或者少于继承人。

依照本条规定可以分给适当遗产的人，在其依法取得被继承人遗产的权利受到侵犯时，本人有权以独立的诉讼主体资格向人民法院提起诉讼。

配套

《最高人民法院关于适用〈中华人民共和国民法典〉继承编的解释（一）》第 10 条、第 20 条、第 21 条、第 41 条

第一千一百三十二条 【继承的处理方式】继承人应当本着互谅互让、和睦团结的精神，协商处理继承问题。遗产分割的时间、办法和份额，由继承人协商确定；协商不成的，可以由人民调解委员会调解或者向人民法院提起诉讼。

第三章 遗嘱继承和遗赠

第一千一百三十三条 【遗嘱处分个人财产】自然人可以依照本法规定立遗嘱处分个人财产，并可以指定遗嘱执行人。

自然人可以立遗嘱将个人财产指定由法定继承人中的一人或者数人继承。

自然人可以立遗嘱将个人财产赠与国家、集体或者法定继承人以外的组织、个人。

自然人可以依法设立遗嘱信托。

注解

遗嘱继承是指于继承开始后，继承人按照被继承人合法有效的遗嘱，继承被继承人遗产的继承方式。遗嘱是遗嘱人生前按照自己的意思和想法处分自己财产的行为，体现的是遗嘱人的真实意思。生前立有遗嘱的被继承人称为遗嘱人或立遗嘱人，依照遗嘱的指定享有遗产继承权的人为遗嘱继承人。

遗嘱继承所指向的客体为被继承人指定的遗产份额。

自然人可以依照民法典的规定,用立遗嘱的方法,处分个人在死后的遗产,并且可以指定遗嘱执行人,由遗嘱执行人执行自己的遗嘱。在遗嘱中,可以将个人死后的遗产指定由法定继承人中的一人或者数人继承。自然人也可以立遗嘱将个人财产赠给国家、集体或者法定继承人以外的人,即遗赠。设立遗赠也使其他继承人丧失或者部分丧失继承被继承人遗产的权利。

配 套

《信托法》第 13 条

第一千一百三十四条 【自书遗嘱】自书遗嘱由遗嘱人亲笔书写,签名,注明年、月、日。

注 解

遗嘱人自己书写的遗嘱,称为自书遗嘱。自书遗嘱应当由遗嘱人亲笔书写,签名,注明年、月、日。需要注意的是,根据《最高人民法院关于适用〈中华人民共和国民法典〉继承编的解释(一)》第 27 条的规定,自然人在遗书中涉及死后个人财产处分的内容,确为死者的真实意思表示,有本人签名并注明了年、月、日,又无相反证据的,可以按自书遗嘱对待。自书遗嘱不需要证人就当然地具有遗嘱的效力,这一点不同于代书遗嘱需要证人来证明。

第一千一百三十五条 【代书遗嘱】代书遗嘱应当有两个以上见证人在场见证,由其中一人代书,并由遗嘱人、代书人和其他见证人签名,注明年、月、日。

注 解

代书遗嘱是由他人代笔书写的遗嘱。代书遗嘱通常是在遗嘱人不会写字或因病不能写字的情况下不得已而为之的。

代书遗嘱须符合以下要求:(1)须由遗嘱人口授遗嘱内容,并由一个见证人代书。(2)须有两个以上见证人在场见证。(3)须代书人、其他见证人和遗嘱人在遗嘱上签名,并注明年、月、日。

第一千一百三十六条 【打印遗嘱】打印遗嘱应当有两个以上见证人在场见证。遗嘱人和见证人应当在遗嘱每一页签名，注明年、月、日。

打印遗嘱是指遗嘱人通过电脑制作，用打印机打印出来的遗嘱。

打印遗嘱有效的要件是：（1）遗嘱为电脑制作、打印机打印出来的文本形式。（2）打印遗嘱应当有两个以上见证人在场见证，并在打印遗嘱文本的每一页都签名。（3）遗嘱人在遗嘱文本的每一页都签名。（4）注明年、月、日。具备这些要件，打印遗嘱发生遗嘱效力。

第一千一百三十七条 【录音录像遗嘱】以录音录像形式立的遗嘱，应当有两个以上见证人在场见证。遗嘱人和见证人应当在录音录像中记录其姓名或者肖像，以及年、月、日。

录音录像遗嘱，是一种新型的遗嘱方式，是指以录音或者录像方式录制下来的遗嘱人的口述遗嘱，其实就是视听遗嘱。录音录像遗嘱应当符合下列要件：（1）有两个以上见证人在场见证，见证人应当把各自的姓名、性别、年龄、籍贯、职业、所在工作单位和家庭住址等基本情况予以说明。（2）由遗嘱人亲自叙述遗嘱的内容，内容应当具体，对有关财产的处分，应当说明财产的基本情况，说明财产归什么人承受。（3）遗嘱人、见证人将有关视听资料封存，并签名、注明日期，以确定遗嘱的订立时间。（4）当众开启录音录像遗嘱，在继承开始后，在参加制作遗嘱的见证人和全体继承人到场的情况下，当众启封，维护录音录像遗嘱的真实性。具备这些要件的录音录像遗嘱，发生法律效力。

第一千一百三十八条 【口头遗嘱】遗嘱人在危急情况下，可以立口头遗嘱。口头遗嘱应当有两个以上见证人在场见证。危急情况消除后，遗嘱人能够以书面或者录音录像形式立遗嘱的，所立的口头遗嘱无效。

口头遗嘱是由遗嘱人口头表达并不以任何方式记载的遗嘱。口头遗嘱完全靠见证人表述证明，极其容易发生纠纷。因此，法律规定遗嘱人只能在危急的情况下才可以立口头遗嘱，并且必须有两个以上见证人在场见证。危急情况消除后，遗嘱人能够以书面或者录音录像形式立遗嘱的，所立的口头遗嘱无效。

第一千一百三十九条 **【公证遗嘱】**公证遗嘱由遗嘱人经公证机构办理。

公证遗嘱是指通过法律规定的公证形式订立的，有关订立程序和形式都由法律规定的遗嘱。根据我国《公证法》第2条的规定，公证是公证机构根据自然人、法人或者其他组织的申请，依照法定程序对民事法律行为、有法律意义的事实和文书的真实性、合法性予以证明的活动。公证遗嘱是最严格的遗嘱方式，公证遗嘱具有很强的证据效力和证明效力。

公证遗嘱与遗嘱公证不同，遗嘱公证是公证处按照法定程序证明遗嘱人设立遗嘱行为真实、合法的活动。经公证证明的遗嘱为公证遗嘱。

公证遗嘱的办理要求如下：(1)遗嘱人应当亲自到公证处提出申请。遗嘱人亲自到公证处有困难的，可以书面或者口头形式请求有管辖权的公证处指派公证人员到其住所或者临时处所办理。(2)遗嘱公证应当由两名公证人员共同办理，由其中一名公证员在公证书上署名。因特殊情况由一名公证员办理时，应当有一名见证人在场，见证人应当在遗嘱和笔录上签名。(3)遗嘱人提供的遗嘱，无修改、补充的，遗嘱人应当在公证人员面前确认遗嘱内容、签名及签署日期属实。遗嘱人提供的遗嘱或者遗嘱草稿，有修改、补充的，经整理、誊清后，应当交遗嘱人核对，并由其签名。遗嘱人未提供遗嘱或者遗嘱草稿的，公证人员可以根据遗嘱人的意思表示代为起草遗嘱。公证人员代拟的遗嘱，应当交遗嘱人核对，并由其签名。(4)公证员遵守回避的规定，依法作出公证。

公证遗嘱生效后，与继承权益相关的人员有确凿证据证明公证遗嘱部分违法的，公证处应当予以调查核实；经调查核实，公证遗嘱部分内容确属违法的，公证处应当撤销对公证遗嘱中违法部分的公证证明。因公证人员过错造成错证的，公证处应当承担赔偿责任。

配套

《公证法》第11条、第25条、第26条；《公证程序规则》；《遗嘱公证细则》

第一千一百四十条　【作为遗嘱见证人的消极条件】下列人员不能作为遗嘱见证人：

（一）无民事行为能力人、限制民事行为能力人以及其他不具有见证能力的人；

（二）继承人、受遗赠人；

（三）与继承人、受遗赠人有利害关系的人。

注解

除自书遗嘱外，其他各种遗嘱皆须有见证人参与。由于见证人的证明直接影响遗嘱的效力，为保证这几种遗嘱真实地反映遗嘱人的意思和想法，本条对遗嘱见证人的资格作出了限制性规定。其中，见证人是否具有民事行为能力，应当以遗嘱见证时为准。如果其于遗嘱人立遗嘱时具有完全民事行为能力，而后丧失行为能力，则不影响遗嘱见证的效力。

继承人、受遗赠人的债权人、债务人，共同经营的合伙人，也应当视为与继承人、受遗赠人有利害关系，不能作为遗嘱的见证人。

配套

《最高人民法院关于适用〈中华人民共和国民法典〉继承编的解释（一）》第24条

第一千一百四十一条　【必留份】遗嘱应当为缺乏劳动能力又没有生活来源的继承人保留必要的遗产份额。

注解

特留份是指被继承人在立遗嘱处分自己的遗产时，必须依法留给特定继承人，不得自由处分的遗产份额。本条规定的遗嘱应当为缺乏劳动能力又没有生活来源的继承人保留必要的遗产份额，就是特留份。继承人是否缺乏劳动能力又没有生活来源，应当按遗嘱生效时该继承人的具体情况而定。

遗嘱人未保留缺乏劳动能力又没有生活来源的继承人的遗产份额，遗产处理时，应当为该继承人留下必要的遗产，所剩余的部分，才可参照遗嘱确定的分配原则处理。

配套

《最高人民法院关于适用〈中华人民共和国民法典〉继承编的解释（一）》第25条；《公证法》第36条、第40条

第一千一百四十二条　【遗嘱的撤回与变更】遗嘱人可以撤回、变更自己所立的遗嘱。

立遗嘱后，遗嘱人实施与遗嘱内容相反的民事法律行为的，视为对遗嘱相关内容的撤回。

立有数份遗嘱，内容相抵触的，以最后的遗嘱为准。

注解

遗嘱是遗嘱人处分其个人财产的行为，遗嘱只有在遗嘱人死亡后才会发生法律效力。因此，订立遗嘱后，遗嘱人认为遗嘱不当或者有错误，或者改变主意的，遗嘱人在死亡之前均可以撤回或者变更其原来订立的遗嘱，这也是遗嘱自由原则的具体表现。

遗嘱撤回是指遗嘱人在订立遗嘱后又通过一定的方式取消原来所立的遗嘱。遗嘱变更是指遗嘱人在遗嘱订立后对遗嘱内容的部分修改。

立有数份遗嘱，内容相抵触的，应当视为后设立的遗嘱取代或者变更了原设立的遗嘱。因此，遗嘱人设立数份遗嘱内容抵触的，应当以最后设立的遗嘱为准，即"遗嘱设立在后效力优先"。本条规定删除了原《继承法》第20条规定的公证遗嘱优先原则。

配套

《民法典》第1743条；《公证法》第36条、第40条

第一千一百四十三条　【遗嘱无效的情形】无民事行为能力人或者限制民事行为能力人所立的遗嘱无效。

遗嘱必须表示遗嘱人的真实意思，受欺诈、胁迫所立的遗嘱无效。

伪造的遗嘱无效。

遗嘱被篡改的，篡改的内容无效。

注 解

遗嘱无效是指遗嘱因不符合法律规定而不能发生法律效力。

根据《最高人民法院关于适用〈中华人民共和国民法典〉继承编的解释（一）》的规定，遗嘱人以遗嘱处分了国家、集体或者他人财产的，应当认定该部分遗嘱无效。

本条规定的遗嘱无效事由如下：

（1）无民事行为能力人或者限制民事行为能力人所立的遗嘱。不满八周岁的未成年人为无民事行为能力人，由其法定代理人代理实施民事法律行为。不能辨认自己行为的成年人为无民事行为能力人，由其法定代理人代理实施民事法律行为。八周岁以上的未成年人不能辨认自己行为的，适用上述规定。无民事行为能力人实施的民事法律行为无效。

遗嘱人立遗嘱时必须具有完全民事行为能力。无民事行为能力人或者限制民事行为能力人所立的遗嘱，即使其本人后来具有完全民事行为能力，仍属无效遗嘱。遗嘱人立遗嘱时具有完全民事行为能力，后来成为无民事行为能力人或者限制民事行为能力人的，不影响遗嘱的效力。

（2）受欺诈、受胁迫所设立的遗嘱，因不是遗嘱人真实意思表示，欠缺遗嘱的合法要件而无效。应当注意的是，受欺诈、受胁迫所设立的遗嘱，虽然也是民事法律行为，但是不适用《民法典》第148—150条的规定，不属于可撤销的民事法律行为，而是无效的民事法律行为。

（3）伪造的遗嘱。这是指以被继承人的名义设立，但根本不是被继承人意思表示的遗嘱。

（4）被篡改的遗嘱内容。经篡改的遗嘱内容已经不再是遗嘱人的意思表示，而是篡改人的意思表示，因而不发生遗嘱的效力，为无效。遗嘱中未被篡改的内容仍然有效。

配套

《民法典》第19-23条、第144条;《最高人民法院关于适用〈中华人民共和国民法典〉继承编的解释（一）》第26条、第28条

第一千一百四十四条 **【附义务的遗嘱继承或遗赠】**遗嘱继承或者遗赠附有义务的,继承人或者受遗赠人应当履行义务。没有正当理由不履行义务的,经利害关系人或者有关组织请求,人民法院可以取消其接受附义务部分遗产的权利。

注解

本条规定,在遗嘱继承中,遗嘱人可以为继承人、受遗赠人设定一定的义务,继承人、受遗赠人在享有继承遗嘱人的财产权利的同时,必须履行其义务。

这种附加义务的条件,应当符合以下要求:(1)附义务的遗嘱所设定的义务,只能由遗嘱继承人或者受遗赠人承担,不得对不取得遗产利益的人设定义务。(2)设定的义务不得违背法律和社会公共利益。(3)设定的义务必须是可能实现的。(4)附义务的遗嘱中所规定的继承人或受遗赠人应当履行的义务,不得超过继承人或受遗赠人所取得的利益。

附义务的遗嘱继承或者遗赠,如义务能够履行,而继承人、受遗赠人无正当理由不履行,经受益人或者其他继承人请求,人民法院可以取消其接受附义务部分遗产的权利,由提出请求的继承人或者受益人负责按遗嘱人的意愿履行义务,接受遗产。

配套

《最高人民法院关于适用〈中华人民共和国民法典〉继承编的解释（一）》第29条;《民法典》第663条

第四章 遗产的处理

第一千一百四十五条 **【遗产管理人的选任】**继承开始后,遗嘱执行人为遗产管理人;没有遗嘱执行人的,继承人应当及时

推选遗产管理人；继承人未推选的，由继承人共同担任遗产管理人；没有继承人或者继承人均放弃继承的，由被继承人生前住所地的民政部门或者村民委员会担任遗产管理人。

注解

　　自然人可以依照本法规定立遗嘱处分个人财产，并可以指定遗嘱执行人。遗产管理人是指对死者遗产负责保存和管理的人。

配套

《民法典》第 194 条；《信托法》第 39 条

第一千一百四十六条　【法院指定遗产管理人】对遗产管理人的确定有争议的，利害关系人可以向人民法院申请指定遗产管理人。

注解

　　出现以下情形，利害关系人可以向法院起诉，申请指定遗产管理人：

　　（1）遗嘱未指定遗嘱执行人，继承人对遗产管理人的选任有争议的。

　　（2）没有继承人或者继承人下落不明，遗嘱中又未指定遗嘱执行人的。

　　（3）对指定遗产管理人的遗嘱的效力存在争议的。

　　（4）遗产债权人有证据证明继承人的行为已经或将要损害其利益的。

　　另外，在诉讼时效期间的最后六个月内，继承开始后未确定继承人或者遗产管理人，不能行使请求权的，会导致诉讼时效中止。未确定继承人时，继承财产的权利主体没有确定，无法有效地对被继承人的债务人行使权利，被继承人的债权人也不知道向谁主张权利，被暂时划定在继承财产中的他人的财产权利也无法主张。未确定遗产管理人的，遗产的权利不能分割。

配套

《民法典》第 194 条；《信托法》第 39 条

第一千一百四十七条　【遗产管理人的职责】遗产管理人应当履行下列职责：

　　（一）清理遗产并制作遗产清单；

　　（二）向继承人报告遗产情况；

（三）采取必要措施防止遗产毁损、灭失；

（四）处理被继承人的债权债务；

（五）按照遗嘱或者依照法律规定分割遗产；

（六）实施与管理遗产有关的其他必要行为。

注解

清理遗产是指查清遗产的名称、数量、地点、价值等状况。"防止遗产毁损"的必要措施，如变卖易腐物品、修缮房屋、进行必要的营业行为、收取到期债权等。

配套

《民法典》第 194 条；《信托法》第 39 条

第一千一百四十八条　【遗产管理人的责任】遗产管理人应当依法履行职责，因故意或者重大过失造成继承人、受遗赠人、债权人损害的，应当承担民事责任。

注解

本条是关于遗产管理人履行职责及责任的规定，是继承相关的新增条文。

为使遗产债权人、受遗赠人等遗产权利人的利益得到保障，遗产管理人应当负善良管理人的注意义务。遗产管理人须忠实、谨慎地履行管理职责。

遗产管理人未尽善良管理人的注意义务，不当履行职责，因故意或者重大过失造成继承人、受遗赠人、债权人损害的，应当承担民事责任，对造成的损失应当予以赔偿。

配套

《民法典》第 194 条；《信托法》第 39 条

第一千一百四十九条　【遗产管理人的报酬】遗产管理人可以依照法律规定或者按照约定获得报酬。

配套

《民法典》第 194 条；《信托法》第 39 条

第一千一百五十条 **【继承开始的通知】**继承开始后，知道被继承人死亡的继承人应当及时通知其他继承人和遗嘱执行人。继承人中无人知道被继承人死亡或者知道被继承人死亡而不能通知的，由被继承人生前所在单位或者住所地的居民委员会、村民委员会负责通知。

注解

本条是关于继承开始后的通知的规定。

继承开始时，有的继承人因各种原因可能不知道继承已经开始，因此本条规定相关人员将被继承人死亡的事实通知继承人或者遗嘱执行人，以便保护相关继承人的利益，从而保证继承的顺利进行。

在通知的时间和方式上，一般要求负有通知义务的继承人或相关单位应当及时向其他继承人发出通知；通知的方式以能将被继承人死亡、继承开始的事实传达到继承人为准，一般以口头通知为主，如通过电话通知，也可以采取书面方式如电报、传真、快递等，甚至还可以采取公告的方式。

配套

《最高人民法院关于适用〈中华人民共和国民法典〉继承编的解释（一）》第 30 条；《城市居民委员会组织法》第 2、3 条；《村民委员会组织法》第 2 条

第一千一百五十一条 **【遗产的保管】**存有遗产的人，应当妥善保管遗产，任何组织或者个人不得侵吞或者争抢。

注解

本条是关于存有遗产的人保管遗产义务的规定。

人民法院在审理继承案件时，如果知道有继承人而无法通知的，分割遗产时，要保留其应继承的遗产，并确定该遗产的保管人或保管单位。

配套

《信托法》第 39 条

第一千一百五十二条 【转继承】继承开始后，继承人于遗产分割前死亡，并没有放弃继承的，该继承人应当继承的遗产转给其继承人，但是遗嘱另有安排的除外。

注 解

本条是关于转继承的规定。

转继承是指在继承开始后，继承人未放弃继承，于遗产分割前死亡的，其所应继承的遗产份额由其继承人承受的继承制度。转继承是对遗产份额的再继承，而非继承权利的移转。

继承开始后，受遗赠人表示接受遗赠，并于遗产分割前死亡的，其接受遗赠的权利转移给他的继承人。

配 套

《最高人民法院关于适用〈中华人民共和国民法典〉继承编的解释（一）》第38条

第一千一百五十三条 【遗产的确定】夫妻共同所有的财产，除有约定的外，遗产分割时，应当先将共同所有的财产的一半分出为配偶所有，其余的为被继承人的遗产。

遗产在家庭共有财产之中的，遗产分割时，应当先分出他人的财产。

注 解

析产主要有以下两种情形：

1. 夫妻共同财产的析产。

在分割遗产之前，应当先确定遗产的范围。具体方法是：先析出夫妻个人财产；确定夫妻共同财产的范围；将确定为夫妻共同财产的财产一分为二，一半作为生存一方当事人的个人财产，另一半确定为遗产范围。如果夫妻双方约定为分别财产制的，则不存在这种析产问题。

夫妻在婚姻关系存续期间所得的下列财产，为夫妻的共同财产，归夫妻共同所有：（1）工资、奖金和劳务报酬；（2）生产、经营、投资的收益；（3）知识产权的收益；（4）继承或者受赠的财产，但是《民法典》第1063

条第 3 项规定的除外；（5）其他应当归共同所有的财产。夫妻对共同财产，有平等的处理权。

婚姻关系存续期间，下列财产属于"其他应当归共同所有的财产"：（1）一方以个人财产投资取得的收益；（2）男女双方实际取得或者应当取得的住房补贴、住房公积金；（3）男女双方实际取得或者应当取得的基本养老金、破产安置补偿费。

夫妻一方个人财产在婚后产生的收益，除孳息和自然增值外，应认定为夫妻共同财产。由一方婚前承租、婚后用共同财产购买的房屋，登记在一方名下的，应当认定为夫妻共同财产。

下列财产为夫妻一方的个人财产：（1）一方的婚前财产；（2）一方因受到人身损害获得的赔偿或者补偿；（3）遗嘱或者赠与合同中确定只归一方的财产；（4）一方专用的生活用品；（5）其他应当归一方的财产。军人的伤亡保险金、伤残补助金、医药生活补助费属于个人财产。

男女双方可以约定婚姻关系存续期间所得的财产以及婚前财产归各自所有、共同所有或者部分各自所有、部分共同所有。约定应当采用书面形式。没有约定或者约定不明确的，适用《民法典》第 1062 条、第 1063 条的规定。

夫妻对婚姻关系存续期间所得的财产以及婚前财产的约定，对双方具有法律约束力。

夫妻对婚姻关系存续期间所得的财产约定归各自所有，夫或者妻一方对外所负的债务，相对人知道该约定的，以夫或者妻一方的个人财产清偿。

2. 家庭共同财产的析产。具体方法是，先析出家庭成员的个人财产，析出家庭共同财产中属于子女的财产，析出被继承人个人的遗产债务，确定在家庭共同财产中的遗产。

第一千一百五十四条　【按法定继承办理】有下列情形之一的，遗产中的有关部分按照法定继承办理：

（一）遗嘱继承人放弃继承或者受遗赠人放弃受遗赠；

（二）遗嘱继承人丧失继承权或者受遗赠人丧失受遗赠权；

（三）遗嘱继承人、受遗赠人先于遗嘱人死亡或者终止；

（四）遗嘱无效部分所涉及的遗产；

（五）遗嘱未处分的遗产。

本条是关于不执行遗嘱的遗产等适用法定继承的规定。其中，遗嘱继承人或者受遗赠人实施了《民法典》第 1125 条规定丧失继承权或者受遗赠权的行为，丧失继承权或者受遗赠权，不能接受遗产，应当按照法定继承处理遗产。

第一千一百五十五条 **【胎儿预留份】** 遗产分割时，应当保留胎儿的继承份额。胎儿娩出时是死体的，保留的份额按照法定继承办理。

涉及遗产继承、接受赠与等胎儿利益保护的，胎儿视为具有民事权利能力，父母在胎儿娩出前作为法定代理人主张相应权利的，人民法院依法予以支持。应当为胎儿保留的遗产份额没有保留的，应从继承人所继承的遗产中扣回。

《民法典》第 16 条从法律上明确了胎儿在特定情形下视为具有民事权利能力。上述"遗产继承"不仅包括法定继承，也包括遗嘱继承、遗赠。胎儿是法定继承人的，按照法定继承取得相应的遗产份额；有遗嘱的，胎儿按照遗嘱继承取得遗嘱确定的份额。胎儿不是法定继承人的，被继承人也可以立遗嘱将个人财产赠给胎儿，将来按遗赠办理，胎儿取得遗产继承权。

《最高人民法院关于适用〈中华人民共和国民法典〉继承编的解释（一）》第 31 条

第一千一百五十六条 **【遗产分割】** 遗产分割应当有利于生产和生活需要，不损害遗产的效用。

不宜分割的遗产，可以采取折价、适当补偿或者共有等方法处理。

遗产分割时应当遵循下列一些原则：

（1）发挥遗产效用原则。分割遗产应体现物尽其用、财尽其值的要求，使遗产作为一种社会资源尽可能释放出经济效用，促进生产，方便生活。《最高人民法院关于适用〈中华人民共和国民法典〉继承编的解释（一）》指出："人民法院在分割遗产中的房屋、生产资料和特定职业所需要的财产时，应当依据有利于发挥其使用效益和继承人的实际需要，兼顾各继承人的利益进行处理。"

（2）酌给遗产原则。《民法典》第1131条确定了继承法律制度的酌给遗产原则，即对继承人以外的依靠被继承人扶养的人，或者继承人以外的对被继承人扶养较多的人，可以分给适当的遗产。当遗产因无人继承收归国家或者集体组织所有时，上述人员提出取得遗产的要求，人民法院应视情况适当分给遗产。

（3）保留胎儿应继份额原则。《民法典》第16条规定，涉及遗产继承、接受赠与等胎儿利益保护的，胎儿视为具有民事权利能力。但是，胎儿娩出时为死体的，其民事权利能力自始不存在。

配套

《最高人民法院关于适用〈中华人民共和国民法典〉继承编的解释（一）》第42条

第一千一百五十七条　【再婚时对所继承遗产的处分】夫妻一方死亡后另一方再婚的，有权处分所继承的财产，任何组织或者个人不得干涉。

注解

夫妻有相互继承遗产的权利。当一方死亡后，另一方与他人再婚的，并不能改变其所继承的遗产成为自己的财产的性质，因而有权处分自己所继承的财产。

第一千一百五十八条　【遗赠扶养协议】自然人可以与继承人以外的组织或者个人签订遗赠扶养协议。按照协议，该组织或者个人承担该自然人生养死葬的义务，享有受遗赠的权利。

注解

遗赠扶养协议是指遗赠人和扶养人为明确相互间遗赠和扶养的权利义务关系所订立的协议。需要他人扶养，并愿意将自己的合法财产全部或部分遗赠给扶养人的为遗赠人；对遗赠人尽扶养义务并接受遗赠的人为扶养人。遗赠人必须是具有完全民事行为能力、有一定的可遗赠的财产并需要他人扶养的自然人。扶养人必须是遗赠人法定继承人以外的个人或组织，并具有完全民事行为能力、能履行扶养义务。

遗赠扶养协议可以根据《遗赠扶养协议公证细则》进行公证。

遗赠扶养协议的特征如下：（1）遗赠扶养协议为双方法律行为，须有双方的意思表示一致才能成立。（2）遗赠扶养协议为诺成法律行为，自双方意思表示达成一致时起即发生效力。（3）遗赠扶养协议为要式法律行为，应采用书面形式。（4）遗赠扶养协议为双务有偿法律行为，扶养人负有负责受扶养人的生养死葬的义务，受扶养人也有将自己的财产遗赠给扶养人的义务。（5）遗赠扶养协议具有效力优先性，遗赠扶养协议与遗赠、遗嘱继承并存，则应当优先执行遗赠扶养协议。

继承人以外的组织或者个人与自然人签订遗赠扶养协议后，无正当理由不履行，导致协议解除的，不能享有受遗赠的权利，其支付的供养费用一般不予补偿；遗赠人无正当理由不履行，导致协议解除的，则应当偿还继承人以外的组织或者个人已支付的供养费用。

配套

《最高人民法院关于适用〈中华人民共和国民法典〉继承编的解释（一）》第40条；《遗赠扶养协议公证细则》

第一千一百五十九条　【遗产分割时的义务】分割遗产，应当清偿被继承人依法应当缴纳的税款和债务；但是，应当为缺乏劳动能力又没有生活来源的继承人保留必要的遗产。

注解

本条是关于遗产清偿债务顺序的规定。

遗产在分割之前，应当先清偿债务。遗产债务清偿的顺序是：

（1）遗产管理费。虽然本条没有规定遗产管理费具有最优先的地位，但这是必需的。

（2）缴纳所欠税款。被继承人生前所欠税款，应当在清偿生前所欠债务之后，予以扣除。

（3）被继承人生前所欠债务。被继承人的遗产源于被继承人生前所从事的各类法律行为。履行债务则是获得债权的代价，即债务是债权的基础。

对于继承人以外的依靠被继承人扶养的缺乏劳动能力又没有生活来源的人，即使遗产不足以清偿上述税款和债务，也应当保留适当份额，按具体情况可以多于或少于继承人。

第一千一百六十条　【无人继承的遗产的处理】 无人继承又无人受遗赠的遗产，归国家所有，用于公益事业；死者生前是集体所有制组织成员的，归所在集体所有制组织所有。

注解

本条是关于无人继承又无人受遗赠遗产的规定。

无人继承又无人受遗赠的遗产是指公民死后没有法定继承人，又没有遗嘱，或者全部继承人都放弃或丧失继承权时的财产，以及被继承人没有法定继承人，只用遗嘱处分了一部分遗产，其余未加处分的那一部分遗产。

对于无人继承又无人受遗赠的遗产，首先应当用来支付死者必要的殡葬费用，清偿死者生前欠下的债务。余下的遗产，根据本条的规定，如果死者生前是集体所有制组织成员的，则归他生前所在的集体所有制组织所有；除上述情形外，归国家所有，用于公益事业。

遗产因无人继承又无人受遗赠归国家或者集体所有制组织所有时，按照本法第1131条规定可以分给适当遗产的人提出取得遗产的诉讼请求，人民法院应当视情况适当分给遗产。

配套

《最高人民法院关于适用〈中华人民共和国民法典〉继承编的解释（一）》第41条

第一千一百六十一条　【限定继承】 继承人以所得遗产实际价值为限清偿被继承人依法应当缴纳的税款和债务。超过遗产实际价值部分，继承人自愿偿还的不在此限。

继承人放弃继承的，对被继承人依法应当缴纳的税款和债务可以不负清偿责任。

本条是关于限定继承和放弃继承的规定。

限定继承是指继承人附加限制条件地接受被继承人的全部遗产的意思表示。一般的限定条件是以因继承所得之遗产偿还被继承人债务。

继承权放弃是指继承人于继承开始后、遗产分割前作出的放弃其继承被继承人遗产权利的意思表示。

各继承人已将遗产分割完毕才发现还有未清偿的债务的，应按以下办法清偿：既有法定继承又有遗嘱继承、遗赠的，由法定继承人清偿被继承人依法应当缴纳的税款和债务；超过法定继承遗产实际价值部分，由遗嘱继承人和受遗赠人按比例以所得遗产清偿。

第一千一百六十二条　【遗赠与遗产债务清偿】执行遗赠不得妨碍清偿遗赠人依法应当缴纳的税款和债务。

注 解

受遗赠权不是债权，遗赠人的债权人依法应当缴纳的税款和债权的请求权优于受遗赠人的受遗赠权，受遗赠人不能与税务部门和受遗赠人的债权人平等地分配遗产。

第一千一百六十三条　【既有法定继承又有遗嘱继承、遗赠时的债务清偿】既有法定继承又有遗嘱继承、遗赠的，由法定继承人清偿被继承人依法应当缴纳的税款和债务；超过法定继承遗产实际价值部分，由遗嘱继承人和受遗赠人按比例以所得遗产清偿。

注 解

本条是关于法定继承、遗嘱继承和遗赠同时存在时清偿遗产债务顺序的规定。（1）先由法定继承人清偿被继承人依法应当缴纳的税款和债务。这是因为，遗嘱继承和遗赠的效力优先于法定继承。（2）由法定继承人继承的遗产部分清偿税款和债务仍有不足的，再由遗嘱继承人和受遗赠人按比例以所得遗产予以清偿。按比例，就是遗嘱继承人和受遗赠人接受遗产的效力相同，不存在先后顺序问题，因而应当按比例以所得遗产清偿债务。这个比例，是遗嘱继承人和受遗赠人各自所得遗产的比例。无论是法定继承还是遗嘱继承、遗赠，超过其所得遗产部分，不承担清偿责任。

第七编　侵权责任

第一章　一般规定

第一千一百六十四条　【侵权责任编的调整范围】本编调整因侵害民事权益产生的民事关系。

应用

214. 侵权责任保护的范围

（1）《民法典》规定的民事权利，即人格权、身份权、物权、债权、知识产权、继承权和股权及其他投资性权利，都在侵权责任的保护范畴。

（2）法律保护的民事利益即法益。包括一般人格权保护的其他人格利益、胎儿的人格利益、死者的人格利益、其他身份利益和其他财产利益。这些都由侵权责任予以保护。

这些民事权益受到侵害，产生侵权责任法律关系，被侵权人可以行使请求权，侵权人应当承担侵权责任，救济损害。

配套

《最高人民法院关于审理人身损害赔偿案件适用法律若干问题的解释》

第一千一百六十五条　【过错责任原则与过错推定责任】行为人因过错侵害他人民事权益造成损害的，应当承担侵权责任。

依照法律规定推定行为人有过错，其不能证明自己没有过错的，应当承担侵权责任。

应用

215. 过错责任

过错责任是指造成损害并不必然承担赔偿责任，必须要看行为人是否有过错，有过错有责任，无过错无责任。在过错责任原则下，只要同时满足以下条件，行为人就应承担侵权责任：一是行为人实施了某一行为。二是行为人行为时有过错。过错分为故意和过失。故意是指行为人预见到自己的行为会导致某一损害后果而希望或者放任该后果发生的一种主观心理状态。过失是指行为人因疏忽或者轻信而使自己未履行应有注意义务的一种心理状态。故意与过失的主要区别是：故意表现为行为人对损害后果的追求、放任心态，而过失表现为行为人不希望、不追求、不放任损害后果的心态。三是受害人的民事权益受到损害。四是行为人的行为与受害人的损害之间有因果关系。因果关系是指行为人的行为作为原因，损害事实作为结果，在二者之间存在的前者导致后者发生的客观联系。

216. 过错推定责任

在过错责任原则中，通常由受害人证明行为人是否有过错，但在一些情况下也适用过错推定。所谓过错推定，是指根据法律规定推定行为人有过错，行为人不能证明自己没有过错的，应当承担侵权责任。

第一千一百六十六条 **【无过错责任】**行为人造成他人民事权益损害，不论行为人有无过错，法律规定应当承担侵权责任的，依照其规定。

注 解

无过错责任原则是指不以行为人的过错为要件，只要其活动或者所管理的人或者物损害了他人的民事权益，除非有法定的免责事由，行为人就要承担侵权责任。适用无过错责任原则的意义在于加重行为人的责任，及时救济受害人，使其损害赔偿请求权更容易实现。

无过错责任的构成要件有三个：一是行为；二是受害人的损害；三是行为与损害之间具有因果关系。具备这三个要件，即构成侵权责任。

第一千一百六十七条 **【危及他人人身、财产安全的责任承担方式】**侵权行为危及他人人身、财产安全的，被侵权人有权请求侵权人承担停止侵害、排除妨碍、消除危险等侵权责任。

民事权益保全请求权，是指侵权行为危及他人人身、财产安全时，被侵权人对侵权人享有停止侵害、排除妨碍、消除危险等请求权。这几种侵权责任的适用条件，都是侵权行为危及他人人身、财产安全，尚未造成实际损害的情形。事实上，即使这种侵权行为已经造成了受害人的损害，除了损害赔偿之外，被侵权人也可以请求这些救济方法。

第一千一百六十八条 【共同侵权】二人以上共同实施侵权行为，造成他人损害的，应当承担连带责任。

应 用

217. 共同侵权行为

共同侵权行为，是指二人以上基于主观的或者客观的意思联络，共同实施侵权行为造成他人损害，应当承担连带赔偿责任的多数人侵权行为。构成共同侵权行为，应当承担连带赔偿责任。

构成共同侵权行为需要满足以下几个要件：一是主体的复数性。二是共同实施侵权行为。这一要件中的"共同"主要包括三层含义：其一，共同故意。其二，共同过失。"共同过失"主要是数个行为人共同从事某种行为，基于共同的疏忽大意，造成他人损害。其三，故意行为与过失行为相结合。三是侵权行为与损害后果之间具有因果关系。四是受害人具有损害，且该损害不可分割。

218. 直播间运营者与商品经营者之间承担连带责任的情形

直播间运营者知道或者应当知道经营者提供的商品不符合保障人身、财产安全的要求，或者有其他侵害消费者合法权益行为，仍为其推广，给消费者造成损害，消费者依据民法典第一千一百六十八条等规定主张直播间运营者与提供该商品的经营者承担连带责任的，人民法院应予支持。

配 套

《最高人民法院关于审理人身损害赔偿案件适用法律若干问题的解释》；《最高人民法院关于审理网络消费纠纷案件适用法律若干问题的规定（一）》

第一千一百六十九条 【教唆侵权、帮助侵权】教唆、帮助他人实施侵权行为的，应当与行为人承担连带责任。

教唆、帮助无民事行为能力人、限制民事行为能力人实施侵权行为的，应当承担侵权责任；该无民事行为能力人、限制民事行为能力人的监护人未尽到监护职责的，应当承担相应的责任。

注解

教唆、帮助无民事行为能力人、限制民事行为能力人实施侵权行为，教唆人、帮助人以其不知道且不应当知道行为人为无民事行为能力人、限制民事行为能力人为由，主张不承担侵权责任或者与行为人的监护人承担连带责任的，人民法院不予支持。教唆、帮助无民事行为能力人、限制民事行为能力人实施侵权行为，被侵权人合并请求教唆人、帮助人以及监护人承担侵权责任的，依照民法典第一千一百六十九条第二款的规定，教唆人、帮助人承担侵权人应承担的全部责任；监护人在未尽到监护职责的范围内与教唆人、帮助人共同承担责任，但责任主体实际支付的赔偿费用总和不应超出被侵权人应受偿的损失数额。

第一千一百七十条　【共同危险行为】 二人以上实施危及他人人身、财产安全的行为，其中一人或者数人的行为造成他人损害，能够确定具体侵权人的，由侵权人承担责任；不能确定具体侵权人的，行为人承担连带责任。

应用

219. 共同危险行为

共同危险行为，是指数人的危险行为对他人的合法权益造成了某种危险，但对于实际造成的损害又无法查明是危险行为中的何人所为，法律为保护被侵权人的利益，将数个行为人视为侵权行为人。对于共同危险行为的免责事由，只有在确定具体侵权人的情形下，其他行为人才可以免除责任。

配套

《民法典》第 178 条

第一千一百七十一条 　**【分别侵权的连带责任】**二人以上分别实施侵权行为造成同一损害，每个人的侵权行为都足以造成全部损害的，行为人承担连带责任。

注解

适用本条规定需要符合以下构成要件：

一是二人以上分别实施侵权行为。行为主体的复数性仍然是最基本的条件，每个人的行为都必须是侵权行为。

二是造成同一损害后果。"同一损害"指数个侵权行为所造成的损害的性质是相同的，都是身体伤害或者财产损失，并且损害内容具有关联性。

三是每个人的侵权行为都足以造成全部损害。判断每个侵权行为是否足以造成全部损害是适用本条的关键。本条中的"足以"并不是指每个侵权行为都实际上造成了全部损害，而是指即便没有其他侵权行为的共同作用，独立的单个侵权行为也有可能造成全部损害。

第一千一百七十二条 　**【分别侵权的按份责任】**二人以上分别实施侵权行为造成同一损害，能够确定责任大小的，各自承担相应的责任；难以确定责任大小的，平均承担责任。

第一千一百七十三条 　**【与有过错】**被侵权人对同一损害的发生或者扩大有过错的，可以减轻侵权人的责任。

注解

被侵权人对于损害的发生或者扩大也有过错的，让侵权人承担全部赔偿责任，有失公允。因此，侵权人可以被侵权人的过错为主张进行抗辩，要求减轻自己的侵权责任，主要是减少损害赔偿的数额。在学理上一般称为"与有过失"或"过失相抵"。

配套

《水污染防治法》第 96 条第 3 款；《电力法》第 60 条第 2 款；《道路交通安全法》第 76 条第 1 款第 2 项

462

第一千一百七十四条 【受害人故意】损害是因受害人故意造成的，行为人不承担责任。

受害人故意造成损害，是指受害人明知自己的行为会发生损害自己的后果，而希望或者放任此种结果的发生。受害人故意分为直接故意和间接故意。直接故意是指受害人从主观上追求损害自己的结果发生；间接故意是指受害人已经预见到自己的行为可能发生损害自己的结果，虽不直接追求损害结果的发生，但也不停止该行为，而是放任损害结果的发生。

本条规定对行为人免责，是指损害完全是因为受害人的故意造成的，即受害人故意的行为是其损害发生的唯一原因。如果有证据证明损害是由于受害人的故意造成，也有证据证明行为人对损害的发生也有故意或者重大过失的，应适用本法第1173条关于与有过失的规定。

《道路交通安全法》第76条第2款；《水污染防治法》第96条第3款；《铁路法》第58条；《电力法》第60条

第一千一百七十五条 【第三人过错】损害是因第三人造成的，第三人应当承担侵权责任。

第三人过错也叫第三人原因，是指受害人和加害人对于损害的发生没有过错，受害人的损害完全是第三人的过错行为造成的，应当由第三人承担侵权责任的免责事由。第三人的过错包括故意和过失。

第一千一百七十六条 【自甘风险】自愿参加具有一定风险的文体活动，因其他参加者的行为受到损害的，受害人不得请求其他参加者承担侵权责任；但是，其他参加者对损害的发生有故意或者重大过失的除外。

活动组织者的责任适用本法第一千一百九十八条至第一千二百零一条的规定。

　　自甘风险，是指受害人自愿参加具有一定风险的文体活动，因其他参加者的行为受到损害的，受害人不得请求其他参加者承担侵权责任。如果其他参加者对损害的发生有故意或者重大过失除外的免责事由。其构成要件是：（1）组织者组织的文体活动有一定的风险，例如蹦极；（2）受害人对该危险有意识，但是自愿参加；（3）受害人参加此活动，因其他参加者的行为造成损害；（4）组织者没有故意或者过失。具备这些构成要件的，即免除组织者的侵权责任，其他参加者也不承担侵权责任。例如参加足球比赛活动受到参加者的损害。

　　本条第2款规定的"活动组织者的责任适用本法第1198条至第1201条的规定"，是指自甘风险的危险活动的组织者，如果有故意重大或者过失，构成违反安全保障义务的侵权责任，或者对学校组织未成年学生参加的文体活动，造成未成年学生人身伤害的，分为两种情况：

　　（1）组织者因故意或者过失，未尽到安全保障义务造成受害人损害的，应当承担赔偿责任。

　　（2）组织者因故意或者过失，致使第三人造成受害人损害的，承担相应的补偿责任，承担责任后可以向第三人追偿。

第一千一百七十七条　【自力救济】合法权益受到侵害，情况紧迫且不能及时获得国家机关保护，不立即采取措施将使其合法权益受到难以弥补的损害的，受害人可以在保护自己合法权益的必要范围内采取扣留侵权人的财物等合理措施；但是，应当立即请求有关国家机关处理。

　　受害人采取的措施不当造成他人损害的，应当承担侵权责任。

第一千一百七十八条　【特别规定优先适用】本法和其他法律对不承担责任或者减轻责任的情形另有规定的，依照其规定。

注解

　　行为人为了维护因碰撞而受伤害一方的合法权益，劝阻另一方不要离开碰撞现场且没有超过合理限度的，属于合法行为。被劝阻人因自身疾病发生猝死，其近亲属请求行为人承担侵权责任的，人民法院不予支持。[刘明莲、

郭丽丽、郭双双诉孙伟、河南兰庭物业管理有限公司信阳分公司生命权纠纷案（最高人民法院指导案例 142 号）]

配套

《民法典》第 180-182 条、第 184 条

第二章　损害赔偿

第一千一百七十九条　【人身损害赔偿范围】侵害他人造成人身损害的，应当赔偿医疗费、护理费、交通费、营养费、住院伙食补助费等为治疗和康复支出的合理费用，以及因误工减少的收入。造成残疾的，还应当赔偿辅助器具费和残疾赔偿金；造成死亡的，还应当赔偿丧葬费和死亡赔偿金。

应用

220. 医疗费

医疗费根据医疗机构出具的医药费、住院费等收款凭证，结合病历和诊断证明等相关证据确定。赔偿义务人对治疗的必要性和合理性有异议的，应当承担相应的举证责任。医疗费的赔偿数额，按照一审法庭辩论终结前实际发生的数额确定。器官功能恢复训练所必要的康复费、适当的整容费以及其他后续治疗费，赔偿权利人可以待实际发生后另行起诉。但根据医疗证明或者鉴定结论确定必然发生的费用，可以与已经发生的医疗费一并予以赔偿。

221. 误工费

误工费根据受害人的误工时间和收入状况确定。误工时间根据受害人接受治疗的医疗机构出具的证明确定。受害人因伤致残持续误工的，误工时间可以计算至定残日前一天。受害人有固定收入的，误工费按照实际减少的收入计算。受害人无固定收入的，按照其最近三年的平均收入计算；受害人不能举证证明其最近三年的平均收入状况的，可以参照受诉法院所在地相同或者相近行业上一年度职工的平均工资计算。

222. 护理费

护理费根据护理人员的收入状况和护理人数、护理期限确定。护理人员

有收入的，参照误工费的规定计算；护理人员没有收入或者雇佣护工的，参照当地护工从事同等级别护理的劳务报酬标准计算。护理人员原则上为一人，但医疗机构或者鉴定机构有明确意见的，可以参照确定护理人员人数。护理期限应计算至受害人恢复生活自理能力时止。受害人因残疾不能恢复生活自理能力的，可以根据其年龄、健康状况等因素确定合理的护理期限，但最长不超过二十年。受害人定残后的护理，应当根据其护理依赖程度并结合配制残疾辅助器具的情况确定护理级别。

223. 交通费

交通费根据受害人及其必要的陪护人员因就医或者转院治疗实际发生的费用计算。交通费应当以正式票据为凭；有关凭据应当与就医地点、时间、人数、次数相符合。

224. 住院伙食补助费

住院伙食补助费可以参照当地国家机关一般工作人员的出差伙食补助标准予以确定。受害人确有必要到外地治疗，因客观原因不能住院，受害人本人及其陪护人员实际发生的住宿费和伙食费，其合理部分应予赔偿。

225. 营养费

营养费根据受害人伤残情况参照医疗机构的意见确定。

226. 残疾赔偿金

残疾赔偿金根据受害人丧失劳动能力程度或者伤残等级，按照受诉法院所在地上一年度城镇居民人均可支配收入标准，自定残之日起按二十年计算。但六十周岁以上的，年龄每增加一岁减少一年；七十五周岁以上的，按五年计算。受害人因伤致残但实际收入没有减少，或者伤残等级较轻但造成职业妨害严重影响其劳动就业的，可以对残疾赔偿金作相应调整。赔偿权利人举证证明其住所地或者经常居住地城镇居民人均可支配收入高于受诉法院所在地标准的，残疾赔偿金可以按照其住所地或者经常居住地的相关标准计算。城镇居民人均可支配收入按照政府统计部门公布的各省、自治区、直辖市以及经济特区和计划单列市上一年度相关统计数据确定。"上一年度"，是指一审法庭辩论终结时的上一统计年度。

227. 残疾辅助器具费

残疾辅助器具费按照普通适用器具的合理费用标准计算。伤情有特殊需要的，可以参照辅助器具配制机构的意见确定相应的合理费用标准。辅助器具的更换周期和赔偿期限参照配制机构的意见确定。

228. 丧葬费

丧葬费按照受诉法院所在地上一年度职工月平均工资标准，以六个月总额计算。

229. 死亡赔偿金

死亡赔偿金按照受诉法院所在地上一年度城镇居民人均可支配收入标准，按二十年计算。但六十周岁以上的，年龄每增加一岁减少一年；七十五周岁以上的，按五年计算。赔偿权利人举证证明其住所地或者经常居住地城镇居民人均可支配收入高于受诉法院所在地标准的，死亡赔偿金可以按照其住所地或者经常居住地的相关标准计算。城镇居民人均可支配收入按照政府统计部门公布的各省、自治区、直辖市以及经济特区和计划单列市上一年度相关统计数据确定。"上一年度"，是指一审法庭辩论终结时的上一统计年度。

配套

《产品质量法》第 44 条；《消费者权益保护法》第 49 条；《最高人民法院关于审理人身损害赔偿案件适用法律若干问题的解释》

第一千一百八十条 **【以相同数额确定死亡赔偿金】**因同一侵权行为造成多人死亡的，可以以相同数额确定死亡赔偿金。

注解

这里需要注意几点：一是以相同数额确定死亡赔偿金并非确定死亡赔偿金的一般方式，若分别计算死亡赔偿金较为容易，可以不采用这种方式。二是根据本法的规定，以相同数额确定死亡赔偿金原则上仅适用于因同一侵权行为造成多人死亡的案件。三是本条特别强调，对因同一侵权行为造成多人死亡的，只是"可以"以相同数额确定死亡赔偿金，而不是任何因同一侵权行为造成多人死亡的案件都"必须"或者"应当"以相同数额确定死亡赔偿金。法院可以根据具体案情，综合考虑各种因素后决定。四是以相同数额确定死亡赔偿金的，原则上不考虑受害人的年龄、收入状况等个人因素。

配套

《最高人民法院关于审理人身损害赔偿案件适用法律若干问题的解释》

第一千一百八十一条　【被侵权人死亡时请求权主体的确定】 被侵权人死亡的，其近亲属有权请求侵权人承担侵权责任。被侵权人为组织，该组织分立、合并的，承继权利的组织有权请求侵权人承担侵权责任。

被侵权人死亡的，支付被侵权人医疗费、丧葬费等合理费用的人有权请求侵权人赔偿费用，但是侵权人已经支付该费用的除外。

注解

本条区分为以下情况并作出规定：一是被侵权人死亡的，其近亲属有权请求侵权人承担侵权责任。根据本法第 1045 条第 2 款的规定，配偶、父母、子女、兄弟姐妹、祖父母、外祖父母、孙子女、外孙子女为近亲属。二是被侵权人为单位，该单位分立、合并的，承继权利的单位有权请求侵权人承担侵权责任。单位在分立、合并过程中一般都会通过合同对权利的承继者作出安排，没有作出安排的，则依据公司相关法律规定决定谁有权承继这种权利。

本条第 2 款赋予实际支付医疗费、丧葬费等费用的主体独立请求权。适用本款时，应重点注意以下四个问题：（1）本款适用的情形为，侵权人实施侵害行为致使被侵权人死亡的。如果被侵权人的死亡与侵权人无关，则应当依其他相关的民事法律处理，与本款无关。（2）支付医疗费、丧葬费等合理费用的人，为请求权主体。该第三人应当与被侵权人无近亲属关系。否则该第三人无须依本款请求侵权人赔偿，而应当直接依据本条第 1 款前半段请求侵权人承担侵权责任。（3）支付合理费用的第三人只能请求侵权人赔偿其实际支付的合理费用，包括医疗费、丧葬费等，而不能请求侵权人支付死亡赔偿金。死亡赔偿金请求权只能依本条第 1 款前半段的规定，由被侵权人的近亲属享有。（4）如果侵权人之前已经向被侵权人的近亲属或者其他第三人支付过医疗费、丧葬费等合理费用的，本款中支付被侵权人医疗费、丧葬费等合理费用的人不得再请求侵权人支付，而只能向获得侵权人所支付款项的被侵权人的近亲属或其他第三人请求支付。

第一千一百八十二条　【侵害他人人身权益造成财产损失的赔偿计算方式】 侵害他人人身权益造成财产损失的，按照被侵权人因此受到的损失或者侵权人因此获得的利益赔偿；被侵权人因此受到的损失以及侵权人因此获得的利益难以确定，被侵权人和侵权人就赔偿数额协商不一致，向人民法院提起诉讼的，由人民法院根据实际情况确定赔偿数额。

注 解

侵害他人人身权益造成的财产损失的赔偿范围，根据侵害行为及侵害人身权益内容的不同，造成财产损失的情形也不尽相同。主要包括：（1）侵害他人生命权、健康权、身体权等人身权益造成的财产损失。（2）侵害他人名誉权、荣誉权、姓名权、肖像权和隐私权等人身权益造成的财产损失。

应 用

230. 自然人为制止人脸信息处理者侵权行为所支付的合理开支的认定

人脸信息属于民法典第1034条规定的"生物识别信息"。信息处理者处理人脸信息侵害自然人人格权益造成财产损失，该自然人依据本条主张财产损害赔偿的，人民法院依法予以支持。自然人为制止侵权行为所支付的合理开支，可以认定为本条规定的财产损失。合理开支包括该自然人或者委托代理人对侵权行为进行调查、取证的合理费用。人民法院根据当事人的请求和具体案情，可以将合理的律师费用计算在赔偿范围内。

配 套

《最高人民法院关于审理使用人脸识别技术处理个人信息相关民事案件适用法律若干问题的规定》

第一千一百八十三条　【精神损害赔偿】侵害自然人人身权益造成严重精神损害的，被侵权人有权请求精神损害赔偿。

因故意或者重大过失侵害自然人具有人身意义的特定物造成严重精神损害的，被侵权人有权请求精神损害赔偿。

应 用

231. 精神损害的赔偿数额的确定

精神损害的赔偿数额根据以下因素确定：（1）侵权人的过错程度，但是法律另有规定的除外；（2）侵权行为的目的、方式、场合等具体情节；（3）侵权行为所造成的后果；（4）侵权人的获利情况；（5）侵权人承担责任的经济能力；（6）受理诉讼法院所在地的平均生活水平。

配套

《民法典》第996条；《最高人民法院关于确定民事侵权精神损害赔偿责任若干问题的解释》

第一千一百八十四条　【财产损失的计算】侵害他人财产的，财产损失按照损失发生时的市场价格或者其他合理方式计算。

第一千一百八十五条　【故意侵害知识产权的惩罚性赔偿责任】故意侵害他人知识产权，情节严重的，被侵权人有权请求相应的惩罚性赔偿。

注解

原告请求惩罚性赔偿的，应当在起诉时明确赔偿数额、计算方式以及所依据的事实和理由。原告在一审法庭辩论终结前增加惩罚性赔偿请求的，人民法院应当准许；在二审中增加惩罚性赔偿请求的，人民法院可以根据当事人自愿的原则进行调解，调解不成的，告知当事人另行起诉。

应用

232. 侵害知识产权情节严重的认定

对于侵害知识产权情节严重的认定，人民法院应当综合考虑侵权手段、次数，侵权行为的持续时间、地域范围、规模、后果，侵权人在诉讼中的行为等因素。

被告有下列情形的，人民法院可以认定为情节严重：（1）因侵权被行政处罚或者法院裁判承担责任后，再次实施相同或者类似侵权行为；（2）以侵害知识产权为业；（3）伪造、毁坏或者隐匿侵权证据；（4）拒不履行保全裁定；（5）侵权获利或者权利人受损巨大；（6）侵权行为可能危害国家安全、公共利益或者人身健康；（7）其他可以认定为情节严重的情形。

233. 确定惩罚性赔偿数额

《最高人民法院关于审理侵害知识产权民事案件适用惩罚性赔偿的解释》第5条规定："人民法院确定惩罚性赔偿数额时，应当分别依照相关法律，以原告实际损失数额、被告违法所得数额或者因侵权所获得的利益作为计算基数。该基数不包括原告为制止侵权所支付的合理开支；法律另有规定的，依照其规定。前款所称实际损失数额、违法所得数额、因侵权所获得的利益均难以计算的，人民法院依法参照该权利许可使用费的倍数合理确定，并以此作为惩罚性赔偿数额的计算基数。人民法院依法责令被告提供其掌握的与侵权行为相关的账簿、资料，被告无正当理由拒不提供或者提供虚假账簿、资料的，人民法院可以参考原告的主张和证据确定惩罚性赔偿数额的计算基数。构成民事诉讼法第一百一十一条规定情形的，依法追究法律责任。"

配套

《最高人民法院关于审理侵害知识产权民事案件适用惩罚性赔偿的解释》

第一千一百八十六条 【公平分担损失】受害人和行为人对损害的发生都没有过错的，依照法律的规定由双方分担损失。

注解

适用本条规定，对损失进行分担的要件是：（1）行为人造成了受害人的损害；（2）行为人和受害人对损害的发生都没有过错；（3）须有法律的特别规定。对具备了这三个要件的损害，才可以适用公平分担损失规则，双方当事人对损失按照公平的要求进行分担。例如民法典第1188条第1款、第1190条和第1254条的规定，都是法律明文规定可以分担损失的规范。

本条规定的分担损失规则并没有请求权，须在法律具体规定的条文中才包括请求权，因此，本条规定的公平分担损失规则不可以滥用。

第一千一百八十七条 【赔偿费用的支付方式】损害发生后，当事人可以协商赔偿费用的支付方式。协商不一致的，赔偿费用应当一次性支付；一次性支付确有困难的，可以分期支付，但是被侵权人有权请求提供相应的担保。

配套

《医疗事故处理条例》第52条；《最高人民法院关于审理人身损害赔偿案件适用法律若干问题的解释》

第三章 责任主体的特殊规定

第一千一百八十八条 【监护人责任】无民事行为能力人、限制民事行为能力人造成他人损害的，由监护人承担侵权责任。监护人尽到监护职责的，可以减轻其侵权责任。

有财产的无民事行为能力人、限制民事行为能力人造成他人损害的，从本人财产中支付赔偿费用；不足部分，由监护人赔偿。

注解

本条第 1 款规定的是监护人承担侵权责任的规则，第 2 款规定的是履行该赔偿责任的规则。

监护人承担民事责任的规则是：（1）替代责任，无民事行为能力人或者限制民事行为能力人造成他人损害，应当由他们的监护人承担侵权责任，而不是自己承担责任，因为他们没有或者只有不完全的民事行为能力。（2）实行过错推定，无民事行为能力人或者限制民事行为能力人造成他人损害，推定其监护人有监护过失，被侵权人无须提供监护人未尽监护责任的过失的证明。（3）如果监护人能够证明自己没有监护过失，实行公平分担损失，减轻监护人的赔偿责任，根据双方经济状况，对监护人的赔偿责任适当减轻。

履行赔偿责任的规则是：（1）造成他人损害的无民事行为能力人或者限制民事行为能力人自己有财产的，由他们自己的财产支付赔偿金，例如被监护人是成年人，自己有收入或者有积蓄等。（2）用被监护人的财产支付赔偿金有不足的，监护人承担补充责任，不足部分由监护人补充赔偿。（3）造成他人损害的无民事行为能力人或者限制民事行为能力人没有财产的，不适用前两项规则，全部由监护人承担侵权责任。

配套

《民法典》第 34 条、第 35 条

第一千一百八十九条　【委托监护时监护人的责任】无民事行为能力人、限制民事行为能力人造成他人损害，监护人将监护职责委托给他人的，监护人应当承担侵权责任；受托人有过错的，承担相应的责任。

委托监护人的责任，是指无民事行为能力人或者限制民事行为能力人造成他人损害，监护人将监护职责委托他人，监护人与委托监护人分担责任的特殊侵权责任。

委托监护人的责任的构成条件是：

1. 委托监护，是监护人对自己负有的对无民事行为能力人或者限制民事行为能力人的监护职责委托给他人承担。

2. 无民事行为能力人或者限制民事行为能力人是在委托监护人的监护下，而不是在监护人的监护下。

3. 被监护的无民事行为能力人或者限制民事行为能力人实施的行为，造成了被侵权人的损害。

4. 对监护人推定其存在未尽监护职的过失，对委托监护人的过失，应当由被侵权人举证证明。

符合这四个要件的要求，构成委托监护责任，应当承担侵权责任。

委托监护责任的责任分担规则是：

1. 委托监护侵权责任的主体有两个，一是监护人，二是受托监护人。

2. 两种责任主体承担的责任是单向连带责任，即混合责任，监护人承担的是对全部损害的连带责任，只要被侵权人主张其承担全部责任，就须承担全部赔偿责任。

3. 能够证明委托监护人存在未尽监护职责的过失，应当在就其过失造成损失的范围内，承担相应的按份责任，不承担连带责任，被侵权人不能向其主张承担全部赔偿责任。

第一千一百九十条　【暂时丧失意识后的侵权责任】完全民事行为能力人对自己的行为暂时没有意识或者失去控制造成他人损害有过错的，应当承担侵权责任；没有过错的，根据行为人的经济状况对受害人适当补偿。

完全民事行为能力人因醉酒、滥用麻醉药品或者精神药品对自己的行为暂时没有意识或者失去控制造成他人损害的，应当承担侵权责任。

注解

第1款中的过错，是指"过错"导致其丧失意识，因为失去意识之后确实没有过错可言。完全民事行为能力人是由于其过错导致意识丧失，那么对于丧失意识后的行为造成他人损害的，则要承担相应的侵权责任。

第2款规定的是行为人因醉酒、滥用麻醉药品或者精神药品而暂时没有意识或者失去控制造成他人损害的，就是对自己暂时丧失心智有过失，因而对造成的损害应当承担赔偿责任。

第一千一百九十一条　【用人单位责任和劳务派遣单位、劳务用工单位责任】用人单位的工作人员因执行工作任务造成他人损害的，由用人单位承担侵权责任。用人单位承担侵权责任后，可以向有故意或者重大过失的工作人员追偿。

劳务派遣期间，被派遣的工作人员因执行工作任务造成他人损害的，由接受劳务派遣的用工单位承担侵权责任；劳务派遣单位有过错的，承担相应的责任。

注解

与用人单位形成劳动关系的工作人员、执行用人单位工作任务的其他人员，因执行工作任务造成他人损害，被侵权人依照民法典第一千一百九十一条第一款的规定，请求用人单位承担侵权责任的，人民法院应予支持。个体工商户的从业人员因执行工作任务造成他人损害的，适用民法典第一千一百九十一条第一款的规定认定民事责任。劳务派遣期间，被派遣的工作人员因执行工作任务造成他人损害，被侵权人合并请求劳务派遣单位与接受劳务派遣的用工单位承担侵权责任的，依照民法典第一千一百九十一条第二款的规定，接受劳务派遣的用工单位承担侵权人应承担的全部责任；劳务派遣单位在不当选派工作人员、未依法履行培训义务等过错范围内，与接受劳务派遣的用工单位共同承担责任，但责任主体实际支付的赔偿费用总和不应超出被侵权人应受偿的损失数额。劳务派遣单位先行支付赔偿费用后，就超过自己相应责任的部分向接受劳务派遣的用工单位追偿的，人民法院应予支持，但双方另有约定的除外。工作人员在执行工作任务中实施的违法行为造成他人损害，构成自然人犯罪的，工作人员承担刑事责任不影响用人单位依法承担民事责任。依照民法典第一千一百九十一条规定用人单位应当承担侵权责任的，在刑事案件中已完成的追缴、退赔可以在民事判决书中明确并扣减，也可以在执行程序中予以扣减。

配套

《劳动合同法》第58条第1款、第59条；《最高人民法院关于适用〈中华人民共和国民法典〉侵权责任编的解释（一）》

第一千一百九十二条 **【个人劳务关系中的侵权责任】** 个人之间形成劳务关系，提供劳务一方因劳务造成他人损害的，由接受劳务一方承担侵权责任。接受劳务一方承担侵权责任后，可以向有故意或者重大过失的提供劳务一方追偿。提供劳务一方因劳务受到损害的，根据双方各自的过错承担相应的责任。

提供劳务期间，因第三人的行为造成提供劳务一方损害的，提供劳务一方有权请求第三人承担侵权责任，也有权请求接受劳务一方给予补偿。接受劳务一方补偿后，可以向第三人追偿。

注解

劳务关系是指提供劳务一方为接受劳务一方提供劳务服务，由接受劳务一方按照约定支付报酬而建立的一种民事权利义务关系。

实践中，保姆等家政服务人员提供劳务的，接受劳务一方获得了利益。提供劳务一方在劳务过程中因此而受到损害的，为体现公平原则，原则上应当由接受劳务一方承担侵权责任；提供劳务一方对损害的发生有故意或重大过失的，接受劳务一方可以向其追偿。

无偿提供劳务的帮工人，在从事帮工活动中致人损害的，被帮工人应当承担赔偿责任。被帮工人承担赔偿责任后向有故意或者重大过失的帮工人追偿的，人民法院应予支持。被帮工人明确拒绝帮工的，不承担赔偿责任。

无偿提供劳务的帮工人因帮工活动遭受人身损害的，根据帮工人和被帮工人各自的过错承担相应的责任；被帮工人明确拒绝帮工的，被帮工人不承担赔偿责任，但可以在受益范围内予以适当补偿。

帮工人在帮工活动中因第三人的行为遭受人身损害的，有权请求第三人承担赔偿责任，也有权请求被帮工人予以适当补偿。被帮工人补偿后，可以向第三人追偿。

配套

《最高人民法院关于审理人身损害赔偿案件适用法律若干问题的解释》

第一千一百九十三条　【承揽关系中的侵权责任】 承揽人在完成工作过程中造成第三人损害或者自己损害的，定作人不承担侵权责任。但是，定作人对定作、指示或者选任有过错的，应当承担相应的责任。

注解

被侵权人合并请求定作人和承揽人承担侵权责任的，依照民法典第一千一百六十五条、第一千一百九十三条的规定，造成损害的承揽人承担侵权人应承担的全部责任；定作人在定作、指示或者选任过错范围内与承揽人共同承担责任，但责任主体实际支付的赔偿费用总和不应超出被侵权人应受偿的损失数额。

配套

《最高人民法院关于适用〈中华人民共和国民法典〉侵权责任编的解释（一）》第 18 条

第一千一百九十四条　【网络侵权责任】 网络用户、网络服务提供者利用网络侵害他人民事权益的，应当承担侵权责任。法律另有规定的，依照其规定。

注解

网络侵权责任的一般规则，包括网络用户在他人的网络上实施侵权行为的责任承担规则，以及网络服务提供者利用自己的网络实施侵权行为的责任承担规则。无论上述两种情形中的哪一种，都适用过错责任原则确定侵权责任，网络用户或者网络服务提供者对自己实施的网络侵权行为负责。

本条规定的"法律另有规定"，应当是指其他法律对网络用户、网络服务提供者利用网络侵害他人民事权益承担民事责任的情形。例如，《电子商务法》、《消费者权益保护法》、《食品安全法》等都对这类侵权行为作出特别规定，应当依照其规定确定这些民事主体的侵权责任。

配套

《信息网络传播权保护条例》第13-17条、第20-24条；《最高人民法院关于审理侵害信息网络传播权民事纠纷案件适用法律若干问题的规定》

第一千一百九十五条 **【"通知与取下"制度】**网络用户利用网络服务实施侵权行为的，权利人有权通知网络服务提供者采取删除、屏蔽、断开链接等必要措施。通知应当包括构成侵权的初步证据及权利人的真实身份信息。

网络服务提供者接到通知后，应当及时将该通知转送相关网络用户，并根据构成侵权的初步证据和服务类型采取必要措施；未及时采取必要措施的，对损害的扩大部分与该网络用户承担连带责任。

权利人因错误通知造成网络用户或者网络服务提供者损害的，应当承担侵权责任。法律另有规定的，依照其规定。

第一千一百九十六条 **【"反通知"制度】**网络用户接到转送的通知后，可以向网络服务提供者提交不存在侵权行为的声明。声明应当包括不存在侵权行为的初步证据及网络用户的真实身份信息。

网络服务提供者接到声明后，应当将该声明转送发出通知的权利人，并告知其可以向有关部门投诉或者向人民法院提起诉讼。网络服务提供者在转送声明到达权利人后的合理期限内，未收到权利人已经投诉或者提起诉讼通知的，应当及时终止所采取的措施。

注解

当权利人行使对网络用户发布的信息采取必要措施的通知权，网络服务提供者将该通知转送网络用户，网络用户接到该通知后，即产生反通知权，可以向网络服务提供者提交自己不存在侵权行为的声明。提交的反通知声明，也应当包括不存在侵权行为的初步证据以及其真实身份信息，不符合这样的要求的反通知声明不发生反通知的效果。权利人在收到反通知的声明合理期限内，未通知网络服务提供者其已经投诉或者起诉通知的，网络服务提供者应当及时对网络用户发布的信息终止所采取的删除、屏蔽或者断开链接的必要措施，保护网络用户即反通知权利人的表达自由。

第一千一百九十七条 　【网络服务提供者与网络用户的连带责任】网络服务提供者知道或者应当知道网络用户利用其网络服务侵害他人民事权益，未采取必要措施的，与该网络用户承担连带责任。

第一千一百九十八条 　【违反安全保障义务的侵权责任】宾馆、商场、银行、车站、机场、体育场馆、娱乐场所等经营场所、公共场所的经营者、管理者或者群众性活动的组织者，未尽到安全保障义务，造成他人损害的，应当承担侵权责任。

因第三人的行为造成他人损害的，由第三人承担侵权责任；经营者、管理者或者组织者未尽到安全保障义务的，承担相应的补充责任。经营者、管理者或者组织者承担补充责任后，可以向第三人追偿。

应用

234. 公共场所经营管理者的安全保障义务，应限于合理限度范围内，与其管理和控制能力相适应

公共场所经营管理者的安全保障义务，应限于合理限度范围内，与其管理和控制能力相适应。完全民事行为能力人因私自攀爬景区内果树采摘果实而不慎跌落致其自身损害，主张经营管理者承担赔偿责任的，人民法院不予支持。[李秋月等诉广州市花都区梯面镇红山村村民委员会违反安全保障义务责任纠纷案（最高人民法院指导案例 140 号）]

第一千一百九十九条 【**教育机构对无民事行为能力人受到人身损害的过错推定责任**】无民事行为能力人在幼儿园、学校或者其他教育机构学习、生活期间受到人身损害的，幼儿园、学校或者其他教育机构应当承担侵权责任；但是，能够证明尽到教育、管理职责的，不承担侵权责任。

第一千二百条 【**教育机构对限制民事行为能力人受到人身损害的过错责任**】限制民事行为能力人在学校或者其他教育机构学习、生活期间受到人身损害，学校或者其他教育机构未尽到教育、管理职责的，应当承担侵权责任。

第一千二百零一条 【**受到校外人员人身损害时的责任分担**】无民事行为能力人或者限制民事行为能力人在幼儿园、学校或者其他教育机构学习、生活期间，受到幼儿园、学校或者其他教育机构以外的第三人人身损害的，由第三人承担侵权责任；幼儿园、学校或者其他教育机构未尽到管理职责的，承担相应的补充责任。幼儿园、学校或者其他教育机构承担补充责任后，可以向第三人追偿。

注解

无民事行为能力人或者限制民事行为能力人在幼儿园、学校或者其他教育机构学习、生活期间，受到教育机构以外的第三人人身损害，第三人、教育机构作为共同被告且依法应承担侵权责任的，人民法院应当在判决中明确，教育机构在人民法院就第三人的财产依法强制执行后仍不能履行的范围内，承担与其过错相应的补充责任。被侵权人仅起诉教育机构的，人民法院应当向原告释明申请追加实施侵权行为的第三人为共同被告。第三人不确定的，未尽到管理职责的教育机构先行承担与其过错相应的责任；教育机构承担责任后向已经确定的第三人追偿的，人民法院依照民法典第一千二百零一条的规定予以支持。

配套

《最高人民法院关于适用〈中华人民共和国民法典〉侵权责任编的解释（一）》

第四章 产品责任

第一千二百零二条 【产品生产者侵权责任】 因产品存在缺陷造成他人损害的,生产者应当承担侵权责任。

注解

这里的缺陷,实践中以《产品质量法》第46条为判断标准。

按照本条的规定,只要因产品存在缺陷造成他人损害的,除了法定可以减轻或者免除责任的事由外,不论缺陷产品的生产者主观上是否存在过错,都应当承担侵权责任。因产品存在缺陷造成买受人财产损害,买受人请求产品的生产者或者销售者赔偿缺陷产品本身损害以及其他财产损害的,人民法院依照民法典第一千二百零二条、第一千二百零三条的规定予以支持。

配套

《产品质量法》;《最高人民法院关于适用〈中华人民共和国民法典〉侵权责任编的解释(一)》

第一千二百零三条 【被侵权人请求损害赔偿的途径和先行赔偿人追偿权】 因产品存在缺陷造成他人损害的,被侵权人可以向产品的生产者请求赔偿,也可以向产品的销售者请求赔偿。

产品缺陷由生产者造成的,销售者赔偿后,有权向生产者追偿。因销售者的过错使产品存在缺陷的,生产者赔偿后,有权向销售者追偿。

注解

本条所讲被侵权人是指因产品存在缺陷造成人身、财产损害之后,有权要求获得赔偿的人,包括直接购买并使用缺陷产品的人,也包括非直接购买使用缺陷产品但受到缺陷产品损害的其他人。

《产品质量法》第 43 条;《消费者权益保护法》第 40 条;《农产品质量安全法》第 54 条

第一千二百零四条　【生产者、销售者的第三人追偿权】因运输者、仓储者等第三人的过错使产品存在缺陷,造成他人损害的,产品的生产者、销售者赔偿后,有权向第三人追偿。

注 解

产品在运输流通过程中,运输者、仓储者等应当按照有关规定和产品包装上标明的储藏、运输等标准进行储存、运输。如果运输者、仓储者等不按规定运输或者仓储,有可能造成产品缺陷。根据过错原则,行为人应当对因自己的过错产生的损害负赔偿责任。因此,因运输者、仓储者等第三人导致产品缺陷造成他人损害的,应当承担赔偿责任。

产品责任第三人责任的责任形态叫先付责任,是因为在不真正连带责任中,数个责任主体都是要承担中间责任的,被侵权人作为请求权人可以向任何一方请求承担全部赔偿责任。但是,第三人责任的规则特殊,即须先向无过错的生产者、销售者要求赔偿,在他们承担了赔偿责任之后,由他们再向第三人追偿。

第一千二百零五条　【产品缺陷危及他人人身、财产安全的侵权责任】因产品缺陷危及他人人身、财产安全的,被侵权人有权请求生产者、销售者承担停止侵害、排除妨碍、消除危险等侵权责任。

注 解

这一规定与本编第 1167 条规定的内容是一致的,只是在产品责任中予以特别强调这一救济方法。

产品存在缺陷对他人可能产生两种影响:一是造成他人损害,这种损害是已经发生的,现实存在的;二是对他人人身、财产安全产生一种危险,存在不安全因素。从某种角度说,这是一种尚未发生,非现实存在的损害,如果不采取相应措施,这种潜在的损害随时都有可能发生,造成受害人的实际损害。本条规定是为了避免这种潜在损害实际发生，给受害人造成真正的损害，杜绝、减少或者减轻受害人的损失。

配套

《消费者权益保护法》第 49 条；《食品安全法》第 103 条

第一千二百零六条　【生产者、销售者的补救措施及费用承担】产品投入流通后发现存在缺陷的，生产者、销售者应当及时采取停止销售、警示、召回等补救措施；未及时采取补救措施或者补救措施不力造成损害扩大的，对扩大的损害也应当承担侵权责任。

依据前款规定采取召回措施的，生产者、销售者应当负担被侵权人因此支出的必要费用。

注解

构成缺陷产品预防性补救责任的要件是：（1）产品在流通前，根据现有科学技术无法发现其是否有缺陷，符合发展风险的要求，可以投入流通。（2）产品投入流通后发现其存在缺陷，负有停止销售、警示、召回等补救义务。（3）生产者、销售者未及时采取补救措施，或者补救措施不力。（4）该产品由于生产者、销售者未采取补救措施或者采取的补救措施不力，而造成了被侵权人损害的扩大。

配套

《消费者权益保护法》第 19 条

第一千二百零七条　【产品责任中的惩罚性赔偿】明知产品存在缺陷仍然生产、销售，或者没有依据前条规定采取有效补救措施，造成他人死亡或者健康严重损害的，被侵权人有权请求相应的惩罚性赔偿。

注解

惩罚性赔偿也称惩戒性赔偿，是加害人给付受害人超过其实际损害数额的一种金钱赔偿。是一种集补偿、惩罚、遏制等功能于一身的赔偿制度。根据本条的规定，适用惩罚性赔偿的条件是：第一，侵权人具有主观故意，即明知是缺陷产品仍然生产、销售，或者没有依据前条规定采取有效补救措施；第二，要有损害事实，这种损害事实不是一般的损害事实，而应当是造成严重损害的事实，即造成他人死亡或者健康受到严重损害；第三，要有因果关系，即被侵权人的生命被侵害或者健康严重被损害是因为侵权人生产或者销售的缺陷产品造成的。本条还规定了惩罚性赔偿的适用范围，即在被侵权人生命受到损害或者健康受到严重损害的范围内适用，除此之外的其他损害不适用惩罚性赔偿，例如被侵权人的财产损害。被侵权人要求的惩罚赔偿金的数额应当与其所受到的损害相当，具体的赔偿数额由人民法院根据个案具体分析裁决。

《消费者权益保护法》第55条；《食品安全法》第148条；《最高人民法院关于审理商品房买卖合同纠纷案件适用法律若干问题的解释》第19条、第20条

第五章　机动车交通事故责任

第一千二百零八条　【机动车交通事故责任的法律适用】机动车发生交通事故造成损害的，依照道路交通安全法律和本法的有关规定承担赔偿责任。

注解

民法典在机动车交通事故责任一章中，没有规定机动车交通事故责任的一般规则，而是规定直接适用《道路交通安全法》第76条规定的机动车交通事故责任的基本规则。

《道路交通安全法》第76条规定的基本规则是：

1. 确定机动车交通事故责任，首先适用机动车交通事故强制保险规则解决；赔偿不足部分，适用《道路交通安全法》和民法典的相关规定。

2. 机动车交通事故责任的归责原则：（1）机动车与行人、非机动车驾驶人之间发生的交通事故，适用过错推定原则；（2）机动车相互之间发生的

机动车交通事故责任，适用过错责任原则。

3. 机动车交通事故责任适用过失相抵规则：（1）机动车与行人或者非机动车驾驶人之间发生的交通事故，按照双方各自的过错程度和原因力，机动车一方承担的责任比例，在过失相抵确定的比例之上增加10%；（2）机动车相互之间发生的交通事故，按照过失相抵规则确定。

4. 机动车一方完全没有过失，发生交通事故造成损害的全部原因是行人或者非机动车驾驶人过失所致，机动车一方承担不超过10%的赔偿责任，可以根据受害人一方的过失程度，在5%-10%之间确定合适的赔偿责任。

5. 受害人故意造成损害，例如受害人故意碰撞机动车造成损害的，机动车一方免责。

`配套`

《道路交通安全法》第17条、第21条、第23条、第76条；《机动车交通事故责任强制保险条例》第2条、第3条、第21条、第23条

第一千二百零九条　【租赁、借用机动车交通事故责任】 因租赁、借用等情形机动车所有人、管理人与使用人不是同一人时，发生交通事故造成损害，属于该机动车一方责任的，由机动车使用人承担赔偿责任；机动车所有人、管理人对损害的发生有过错的，承担相应的赔偿责任。

`配套`

《最高人民法院关于审理道路交通事故损害赔偿案件适用法律若干问题的解释》第1条

第一千二百一十条　【转让并交付但未办理登记的机动车侵权责任】 当事人之间已经以买卖或者其他方式转让并交付机动车但是未办理登记，发生交通事故造成损害，属于该机动车一方责任的，由受让人承担赔偿责任。

`配套`

《道路交通安全法》第12条

第一千二百一十一条 **【挂靠机动车交通事故责任】**以挂靠形式从事道路运输经营活动的机动车，发生交通事故造成损害，属于该机动车一方责任的，由挂靠人和被挂靠人承担连带责任。

以挂靠形式从事道路运输经营活动的机动车运营，是比较普遍的现象，原因是从事机动车运营需要政府管理部门核准资质，而政府只给法人或者非法人组织办理运营资质，不给个人颁发运营资质，因而个人从事机动车运营活动，只能挂靠到有运营资质的单位，才能进行合法运营活动。

挂靠机动车发生交通事故造成他人损害，属于该机动车一方责任的，其责任分担的方式，是挂靠一方和被挂靠一方共同承担连带责任。被侵权人可以向挂靠一方或者被挂靠一方主张承担连带责任，依照《民法典》第178条规定的连带责任规则承担责任。

第一千二百一十二条 **【擅自驾驶他人机动车交通事故责任】**未经允许驾驶他人机动车，发生交通事故造成损害，属于该机动车一方责任的，由机动车使用人承担赔偿责任；机动车所有人、管理人对损害的发生有过错的，承担相应的赔偿责任，但是本章另有规定的除外。

第一千二百一十三条 **【交通事故侵权救济来源的支付顺序】**机动车发生交通事故造成损害，属于该机动车一方责任的，先由承保机动车强制保险的保险人在强制保险责任限额范围内予以赔偿；不足部分，由承保机动车商业保险的保险人按照保险合同的约定予以赔偿；仍然不足或者没有投保机动车商业保险的，由侵权人赔偿。

机动车所有人对于自己的机动车，每年都须投保机动车强制保险，还须投保相应的机动车商业保险。当机动车发生交通事故造成损害，属于该机动车一方责任的，被侵权人同时请求保险人和侵权人承担赔偿责任时，承担保险责任和侵权责任的顺序是：

（1）机动车强制保险优先。机动车强制保险人承担第一顺位保险责任，由其在机动车强制保险责任限额范围内，承担赔偿责任。

（2）强制保险赔偿不足部分，商业保险优先。机动车商业保险人的保险责任为第二顺位责任，对机动车强制保险限额范围赔偿不足的部分，商业保险人按照商业保险合同约定的保险范围承担赔偿责任。

（3）商业保险赔偿仍然不足的部分，或者根本就没有投保商业保险的，侵权人承担赔偿责任。凡是商业保险也不能理赔的部分，就由应当承担责任的机动车一方的所有人、管理人或者使用人予以赔偿，按照相关的责任形式及规则承担赔偿责任。

第一千二百一十四条　【拼装车、报废车交通事故责任】 以买卖或者其他方式转让拼装或者已经达到报废标准的机动车，发生交通事故造成损害的，由转让人和受让人承担连带责任。

注解

转让人、受让人以其不知道且不应当知道该机动车系拼装或者已经达到报废标准为由，主张不承担侵权责任的，人民法院不予支持。

配套

《最高人民法院关于适用〈中华人民共和国民法典〉侵权责任编的解释（一）》

第一千二百一十五条　【盗抢机动车交通事故责任】 盗窃、抢劫或者抢夺的机动车发生交通事故造成损害的，由盗窃人、抢劫人或者抢夺人承担赔偿责任。盗窃人、抢劫人或者抢夺人与机动车使用人不是同一人，发生交通事故造成损害，属于该机动车一方责任的，由盗窃人、抢劫人或者抢夺人与机动车使用人承担连带责任。

保险人在机动车强制保险责任限额范围内垫付抢救费用的，有权向交通事故责任人追偿。

注解

盗窃、抢劫或者抢夺他人的机动车，是侵害他人财产的违法犯罪行为，在占有该机动车行驶中发生交通事故造成他人损害的，盗窃人、抢劫人或者抢夺人应当承担损害赔偿责任，而不是由机动车所有人、管理人承担侵权责任。在盗窃、抢劫或者抢夺他人机动车的过程中发生的交通事故致人损害，也应当适用本条规定。

发生保险人在机动车强制保险责任限额范围内垫付抢救费用的情形，是盗窃、抢劫、抢夺的他人机动车发生交通事故致人损害，出现找不到侵权责任主体时，机动车强制保险的保险人应当并且实际垫付了抢救费用。如果找到了侵权责任主体，保险人有权向其进行追偿。

配套

《机动车交通事故责任强制保险条例》第22条

第一千二百一十六条　【驾驶人逃逸责任承担规则】机动车驾驶人发生交通事故后逃逸，该机动车参加强制保险的，由保险人在机动车强制保险责任限额范围内予以赔偿；机动车不明、该机动车未参加强制保险或者抢救费用超过机动车强制保险责任限额，需要支付被侵权人人身伤亡的抢救、丧葬等费用的，由道路交通事故社会救助基金垫付。道路交通事故社会救助基金垫付后，其管理机构有权向交通事故责任人追偿。

配套

《道路交通安全法》第17条、第70条、第75条；《机动车交通事故责任强制保险条例》第24条、第25条

应用

235. 道路交通事故社会救助基金

是指依法筹集用于垫付机动车道路交通事故中受害人人身伤亡的丧葬费用、部分或者全部抢救费用的社会专项基金。救助基金的来源包括：（1）按照机动车交通事故责任强制保险的保险费的一定比例提取的资金；（2）地方政府按照保险公司经营交强险缴纳营业税数额给予的财政补助；（3）对未按照规定投保交强险的机动车的所有人、管理人的罚款；（4）救助基金孳息；（5）救助基金管理机构依法向机动车道路交通事故责任人追偿的资金；（6）社会捐款；（7）其他资金。

第一千二百一十七条 【好意同乘规则】非营运机动车发生交通事故造成无偿搭乘人损害，属于该机动车一方责任的，应当减轻其赔偿责任，但是机动车使用人有故意或者重大过失的除外。

第六章 医疗损害责任

第一千二百一十八条 【医疗损害责任归责原则】患者在诊疗活动中受到损害，医疗机构或者其医务人员有过错的，由医疗机构承担赔偿责任。

> **注解**

患者依据本条规定主张医疗机构承担赔偿责任的，应当提交到该医疗机构就诊、受到损害的证据。患者无法提交医疗机构或者其医务人员有过错、诊疗行为与损害之间具有因果关系的证据，依法提出医疗损害鉴定申请的，人民法院应予准许。

医疗机构主张不承担责任的，应当就以下情形等抗辩事由，即患者或者其近亲属不配合医疗机构进行符合诊疗规范的诊疗；医务人员在抢救生命垂危的患者等紧急情况下已经尽到合理诊疗义务；限于当时的医疗水平难以诊疗，承担举证证明责任。

> **配套**

《医疗事故处理条例》第 2 条、第 49 条；《最高人民法院关于审理医疗损害责任纠纷案件适用法律若干问题的解释》

第一千二百一十九条 【医疗机构说明义务与患者知情同意权】医务人员在诊疗活动中应当向患者说明病情和医疗措施。需要实施手术、特殊检查、特殊治疗的，医务人员应当及时向患者具体说明医疗风险、替代医疗方案等情况，并取得其明确同意；不能或者不宜向患者说明的，应当向患者的近亲属说明，并取得其明确同意。

医务人员未尽到前款义务，造成患者损害的，医疗机构应当承担赔偿责任。

《医师法》第26条;《医疗事故处理条例》第11条;《医疗机构管理条例》第33条

第一千二百二十条　【紧急情况下实施的医疗措施】因抢救生命垂危的患者等紧急情况,不能取得患者或者其近亲属意见的,经医疗机构负责人或者授权的负责人批准,可以立即实施相应的医疗措施。

236. 不能取得患者或者其近亲属意见

因抢救生命垂危的患者等紧急情况且不能取得患者意见时,下列情形可以认定为本条规定的不能取得患者近亲属意见:(1)近亲属不明的;(2)不能及时联系到近亲属的;(3)近亲属拒绝发表意见的;(4)近亲属达不成一致意见的;(5)法律、法规规定的其他情形。

上述情形,医务人员经医疗机构负责人或者授权的负责人批准立即实施相应医疗措施,患者因此请求医疗机构承担赔偿责任的,不予支持;医疗机构及其医务人员怠于实施相应医疗措施造成损害,患者请求医疗机构承担赔偿责任的,应予支持。

《医疗机构管理条例》第33条;《最高人民法院关于审理医疗损害责任纠纷案件适用法律若干问题的解释》

第一千二百二十一条　【医务人员过错的医疗机构赔偿责任】医务人员在诊疗活动中未尽到与当时的医疗水平相应的诊疗义务,造成患者损害的,医疗机构应当承担赔偿责任。

依照本条规定,医务人员的注意义务就是应当尽到与当时的医疗水平相应的诊疗义务。医疗行为具有未知性、特异性和专业性等特点,不能仅凭事后证明错误这一点来认定医务人员存在诊疗过错,不能唯结果论。关键要看是不是其他的医务人员一般都不会犯这种错误。因此，本条规定的诊疗义务可以理解为一般情况下医务人员可以尽到的，通过谨慎的作为或者不作为避免患者受到损害的义务。

《医师法》；《医疗事故处理条例》第5条

第一千二百二十二条　【医疗机构过错推定的情形】 患者在诊疗活动中受到损害，有下列情形之一的，推定医疗机构有过错：

（一）违反法律、行政法规、规章以及其他有关诊疗规范的规定；

（二）隐匿或者拒绝提供与纠纷有关的病历资料；

（三）遗失、伪造、篡改或者违法销毁病历资料。

应用

237. 病历资料

本条规定的病历资料包括医疗机构保管的门诊病历、住院志、体温单、医嘱单、检验报告、医学影像检查资料、特殊检查（治疗）同意书、手术同意书、手术及麻醉记录、病理资料、护理记录、出院记录以及国务院卫生行政主管部门规定的其他病历资料。

对医疗机构或者其医务人员的过错的认定。

对医疗机构或者其医务人员的过错，应当依据法律、行政法规、规章以及其他有关诊疗规范进行认定，可以综合考虑患者病情的紧急程度、患者个体差异、当地的医疗水平、医疗机构与医务人员资质等因素。

配套

《医师法》第22条、第23条、第37条；《医疗事故处理条例》第5条、第9条；《医疗机构管理条例》第25条；《最高人民法院关于审理医疗损害责任纠纷案件适用法律若干问题的解释》

第一千二百二十三条　【因药品、消毒产品、医疗器械的缺陷或输入不合格的血液的侵权责任】 因药品、消毒产品、医疗器械的缺陷，或者输入不合格的血液造成患者损害的，患者可以向药品上市许可持有人、生产者、血液提供机构请求赔偿，也可以向医疗机构请求赔偿。患者向医疗机构请求赔偿的，医疗机构赔偿后，有权向负有责任的药品上市许可持有人、生产者、血液提供机构追偿。

238. 因使用医疗产品或输入不合格的血液的侵权责任的举证责任

患者依据民法典第 1223 条规定请求赔偿的，应当提交使用医疗产品或者输入血液、受到损害的证据。患者无法提交使用医疗产品或者输入血液与损害之间具有因果关系的证据，依法申请鉴定的，人民法院应予准许。医疗机构、医疗产品的生产者、销售者、药品上市许可持有人或者血液提供机构主张不承担责任的，应当对医疗产品不存在缺陷或者血液合格等抗辩事由承担举证证明责任。

《医师法》第 25 条；《产品质量法》第 41 条、第 43 条、第 46 条；《献血法》第 2 条、第 11 条、第 14 条；《最高人民法院关于审理医疗损害责任纠纷案件适用法律若干问题的解释》

第一千二百二十四条 【医疗机构免责事由】患者在诊疗活动中受到损害，有下列情形之一的，医疗机构不承担赔偿责任：

（一）患者或者其近亲属不配合医疗机构进行符合诊疗规范的诊疗；

（二）医务人员在抢救生命垂危的患者等紧急情况下已经尽到合理诊疗义务；

（三）限于当时的医疗水平难以诊疗。

前款第一项情形中，医疗机构或者其医务人员也有过错的，应当承担相应的赔偿责任。

《医师法》；《医疗事故处理条例》第 33 条

第一千二百二十五条　【医疗机构对病历的义务及患者对病历的权利】 医疗机构及其医务人员应当按照规定填写并妥善保管住院志、医嘱单、检验报告、手术及麻醉记录、病理资料、护理记录等病历资料。

患者要求查阅、复制前款规定的病历资料的，医疗机构应当及时提供。

注解

《医疗事故处理条例》第8条第1款规定，医疗机构应当按照国务院卫生行政部门规定的要求，书写并妥善保管病历资料。《医疗机构病历管理规定（2013年版）》对"病历"作了界定，是指医务人员在医疗活动过程中形成的文字、符号、图表、影像、切片等资料的总和，包括门（急）诊病历和住院病历。同时，该规定还对"病历资料"作了进一步明确，规定医疗机构可以为申请人复制的病历资料包括：门（急）诊病历和住院病历中的体温单、医嘱单、住院志（入院记录）、手术同意书、麻醉同意书、麻醉记录、手术记录、病重（病危）患者护理记录、出院记录、输血治疗知情同意书、特殊检查（特殊治疗）同意书、病理报告、检验报告等辅助检查报告单、医学影像检查资料等病历资料。

除患者本人外，经本人指定的代理人，或者在患者本人死亡的情况下，其法定继承人或者法定继承人的代理人等，均可依法对相关病历资料进行查阅和复制。

配套

《医师法》；《医疗事故处理条例》第8条、第10条、第16条

第一千二百二十六条　【患者隐私和个人信息保护】 医疗机构及其医务人员应当对患者的隐私和个人信息保密。泄露患者的隐私和个人信息，或者未经患者同意公开其病历资料的，应当承担侵权责任。

注解

患者对医务人员无隐私。在诊疗过程中，为使医务人员准确诊断病情，

患者会将自己隐私和个人信息告知医生，记录患者诊疗过程形成的病历资料本身就是患者的隐私和个人信息。医疗机构和医务人员负有保密义务，对患者的隐私、个人信息和病历资料不得泄露和公开。泄露患者隐私、个人信息或者擅自公开患者病历资料的行为，都是侵害患者隐私权、个人信息权的行为，应当承担赔偿责任。

医疗机构侵害患者隐私权和个人信息权应当承担的侵权责任，与民法典人格权编规定的人格权请求权发生竞合。民法典第 995 条规定："人格权受到侵害的，受害人有权依照本法和其他法律的规定请求行为人承担民事责任。"患者可以依照本条规定请求损害赔偿，也可以依照第 995 条规定请求医疗机构承担其他民事责任。本条规定的性质属于特别法，受害患者依照本条规定请求医疗机构承担侵权责任更为妥当。

配套

《民法典》第 995 条；《医师法》第 22 条；《最高人民法院关于确定民事侵权精神损害赔偿责任若干问题的解释》第 3 条

第一千二百二十七条　【不必要检查禁止义务】医疗机构及其医务人员不得违反诊疗规范实施不必要的检查。

注解

过度检查一般是指由医疗机构提供的超出患者个体和社会保健实践需求的医疗检查服务，医学伦理学界把它称为"过度检查"。过度检查具有以下特征：（1）为诊疗疾病所采取的检查手段超出疾病诊疗的基本需求，不符合疾病的规律与特点。（2）采用非"金标准"的诊疗手段，所谓"金标准"，是指当前临床医学界公认的诊断疾病的最可靠方法。较为常用的"金标准"有活检、手术发现、微生物培养、特殊检查和影像诊断，以及长期随访的结果等。（3）费用超出与疾病对基本诊疗需求无关的过度消费。

第一千二百二十八条　【医疗机构及医务人员合法权益的维护】医疗机构及其医务人员的合法权益受法律保护。

干扰医疗秩序，妨碍医务人员工作、生活，侵害医务人员合法权益的，应当依法承担法律责任。

注解

需要说明的是，对于干扰医疗秩序，妨害医务人员工作、生活的，应当依法承担法律责任，这里的法律责任不仅仅包括民事赔偿责任，还涉及行政责任和刑事责任。

配套

《医师法》第49条、第60条；《医疗事故处理条例》第59条；《治安管理处罚法》第23条；《刑法》第289条、第290条第1款

第七章　环境污染和生态破坏责任

第一千二百二十九条　【环境污染和生态破坏侵权责任】 因污染环境、破坏生态造成他人损害的，侵权人应当承担侵权责任。

应用

239. 海洋环境污染中的"污染物"不限于国家或者地方环境标准明确列举的物质

根据海洋环境保护法等有关规定，海洋环境污染中的"污染物"不限于国家或者地方环境标准明确列举的物质。污染者向海水水域排放未纳入国家或者地方环境标准的含有铁物质等成分的污水，造成渔业生产者养殖物损害的，污染者应当承担环境侵权责任。[吕金奎等79人诉山海关船舶重工有限责任公司海上污染损害责任纠纷案（最高人民法院指导案例127号）]

配套

《环境保护法》第2条、第64条；《海洋环境保护法》第89条第1款、第91条；《水污染防治法》第96条；《大气污染防治法》第125条；《固体废物污染环境防治法》第121条

第一千二百三十条　【环境污染、生态破坏侵权举证责任】 因污染环境、破坏生态发生纠纷，行为人应当就法律规定的不承担责任或者减轻责任的情形及其行为与损害之间不存在因果关系承担举证责任。

494

环境污染、生态破坏侵权实行因果关系的举证责任倒置。将污染行为、生态破坏行为与损害之间的因果关系的举证义务加于污染者，有利于保护受害人的合法权益。受害人只要证明污染者有污染行为、损害以及行为与损害的初步联系，就由污染者承担排污行为和损害事实之间有无因果关系的证明责任，污染者必须提出反证，证明其行为与损害之间没有因果关系，才能不承担侵权责任。

配 套

《环境保护法》第 64 条；《水污染防治法》第 98 条

第一千二百三十一条　【两个以上侵权人造成损害的责任分担】 两个以上侵权人污染环境、破坏生态的，承担责任的大小，根据污染物的种类、浓度、排放量，破坏生态的方式、范围、程度，以及行为对损害后果所起的作用等因素确定。

第一千二百三十二条　【侵权人的惩罚性赔偿】 侵权人违反法律规定故意污染环境、破坏生态造成严重后果的，被侵权人有权请求相应的惩罚性赔偿。

应 用

240. 被侵权人主张侵权人承担惩罚性赔偿责任的，应当提供的证据

被侵权人主张侵权人承担惩罚性赔偿责任的，应当提供证据证明以下事实：（1）侵权人污染环境、破坏生态的行为违反法律规定；（2）侵权人具有污染环境、破坏生态的故意；（3）侵权人污染环境、破坏生态的行为造成严重后果。

241. 如何认定侵权人具有污染环境、破坏生态的故意

人民法院认定侵权人是否具有污染环境、破坏生态的故意，应当根据侵权人的职业经历、专业背景或者经营范围，因同一或者同类行为受到行政处罚或者刑事追究的情况，以及污染物的种类，污染环境、破坏生态行为的方式等因素综合判断。

具有下列情形之一的，人民法院应当认定侵权人具有污染环境、破坏生态的故意：（1）因同一污染环境、破坏生态行为，已被人民法院认定构成破坏环境资源保护犯罪的；（2）建设项目未依法进行环境影响评价，或者提供虚假材料导致环境影响评价文件严重失实，被行政主管部门责令停止建设后拒不执行的；（3）未取得排污许可证排放污染物，被行政主管部门责令停止排污后拒不执行，或者超过污染物排放标准或者重点污染物排放总量控制指标排放污染物，经行政主管机关责令限制生产、停产整治或者给予其他行政处罚后仍不改正的；（4）生产、使用国家明令禁止生产、使用的农药，被行政主管部门责令改正后拒不改正的；（5）无危险废物经营许可证而从事收集、贮存、利用、处置危险废物经营活动，或者知道或者应当知道他人无许可证而将危险废物提供或者委托给其从事收集、贮存、利用、处置等活动的；（6）将未经处理的废水、废气、废渣直接排放或者倾倒的；（7）通过暗管、渗井、渗坑、灌注，篡改、伪造监测数据，或者以不正常运行防治污染设施等逃避监管的方式，违法排放污染物的；（8）在相关自然保护区域、禁猎（渔）区、禁猎（渔）期使用禁止使用的猎捕工具、方法猎捕、杀害国家重点保护野生动物、破坏野生动物栖息地的；（9）未取得勘查许可证、采矿许可证，或者采取破坏性方法勘查开采矿产资源的；（10）其他故意情形。

242. 如何确定惩罚性赔偿金数额

人民法院确定惩罚性赔偿金数额，应当以环境污染、生态破坏造成的人身损害赔偿金、财产损失数额作为计算基数。人身损害赔偿金、财产损失数额，依照民法典第1179条、第1184条规定予以确定。法律另有规定的，依照其规定。人民法院确定惩罚性赔偿金数额，应当综合考虑侵权人的恶意程度、侵权后果的严重程度、侵权人因污染环境、破坏生态行为所获得的利益或者侵权人所采取的修复措施及其效果等因素，但一般不超过人身损害赔偿金、财产损失数额的二倍。因同一污染环境、破坏生态行为已经被行政机关给予罚款或者被人民法院判处罚金，侵权人主张免除惩罚性赔偿责任的，人民法院不予支持，但在确定惩罚性赔偿金数额时可以综合考虑。

配套

《最高人民法院关于审理生态环境侵权纠纷案件适用惩罚性赔偿的解释》

第一千二百三十三条　【因第三人过错污染环境、破坏生态的责任】因第三人的过错污染环境、破坏生态的，被侵权人可以

496

向侵权人请求赔偿，也可以向第三人请求赔偿。侵权人赔偿后，有权向第三人追偿。

本条中的第三人的过错，是指除污染者与被侵权人之外的第三人，对被侵权人损害的发生具有过错，此种过错包括故意和过失。这种情况需具备以下几个条件：首先，第三人是指被侵权人和污染者之外的第三人，即第三人不属于被侵权人和污染者一方，第三人与受害者和污染者之间不存在法律上应负责任的关系，如雇佣关系等。其次，第三人和污染者之间不存在意思联络。如果第三人与污染者有意思联络，则第三人与污染者构成共同侵权，不属于本条规范。

《水污染防治法》第96条第4款；《海洋环境保护法》第89条第1款

第一千二百三十四条　【生态环境损害修复责任】 违反国家规定造成生态环境损害，生态环境能够修复的，国家规定的机关或者法律规定的组织有权请求侵权人在合理期限内承担修复责任。侵权人在期限内未修复的，国家规定的机关或者法律规定的组织可以自行或者委托他人进行修复，所需费用由侵权人负担。

根据《最高人民法院关于审理森林资源民事纠纷案件适用法律若干问题的解释》，违反国家规定造成森林生态环境损害，生态环境能够修复的，国家规定的机关或者法律规定的组织依据民法典第1234条的规定，请求侵权人在合理期限内以补种树木、恢复植被、恢复林地土壤性状、投放相应生物种群等方式承担修复责任的，人民法院依法予以支持。人民法院判决侵权人承担修复责任的，可以同时确定其在期限内不履行修复义务时应承担的森林生态环境修复费用。

243. 哪些主体可以向人民法院申请作出禁止令

因污染环境、破坏生态行为受到损害的自然人、法人或者非法人组织，以及民法典第一千二百三十四条、第一千二百三十五条规定的"国家规定的机关或者法律规定的组织",可以向人民法院申请作出禁止令。

申请人提起生态环境侵权诉讼时或者诉讼过程中,向人民法院申请作出禁止令的,人民法院应当在接受申请后五日内裁定是否准予。情况紧急的,人民法院应当在接受申请后四十八小时内作出。因情况紧急,申请人可在提起诉讼前向污染环境、破坏生态行为实施地、损害结果发生地或者被申请人住所地等对案件有管辖权的人民法院申请作出禁止令,人民法院应当在接受申请后四十八小时内裁定是否准予。

244. 申请人向人民法院申请作出禁止令的,应当提交申请书,申请书应当载明哪些事项

申请人向人民法院申请作出禁止令的,应当提交申请书和相应的证明材料。申请书应当载明下列事项:(1)申请人与被申请人的身份、送达地址、联系方式等基本情况;(2)申请禁止的内容、范围;(3)被申请人正在实施或者即将实施污染环境、破坏生态行为,以及如不及时制止将使申请人合法权益或者生态环境受到难以弥补损害的情形;(4)提供担保的财产信息,或者不需要提供担保的理由。

`配套`

《最高人民法院关于生态环境侵权案件适用禁止令保全措施的若干规定》

第一千二百三十五条 【生态环境损害赔偿的范围】违反国家规定造成生态环境损害的,国家规定的机关或者法律规定的组织有权请求侵权人赔偿下列损失和费用:

(一)生态环境受到损害至修复完成期间服务功能丧失导致的损失;

(二)生态环境功能永久性损害造成的损失;

(三)生态环境损害调查、鉴定评估等费用;

(四)清除污染、修复生态环境费用;

(五)防止损害的发生和扩大所支出的合理费用。

245. 生态资源损失赔偿责任

当收购者明知其所收购的鱼苗系非法捕捞所得，仍与非法捕捞者建立固定买卖关系，形成完整利益链条，共同损害生态资源的，收购者应当与捕捞者对共同实施侵权行为造成的生态资源损失承担连带赔偿责任。侵权人使用禁用网具非法捕捞，在造成其捕捞的特定鱼类资源损失的同时，也破坏了相应区域其他水生生物资源，严重损害生物多样性的，应当承担包括特定鱼类资源损失和其他水生生物资源损失在内的生态资源损失赔偿责任。当生态资源损失难以确定时，人民法院应当结合生态破坏的范围和程度、资源的稀缺性、恢复所需费用等因素，充分考量非法行为的方式破坏性、时间敏感性、地点特殊性等特点，并参考专家意见，综合作出判断。[江苏省泰州市人民检察院诉王小朋等59人生态破坏民事公益诉讼案（最高人民法院指导案例175号）]

第八章　高度危险责任

第一千二百三十六条　【高度危险责任一般规定】 从事高度危险作业造成他人损害的，应当承担侵权责任。

高度危险作业造成他人损害的，应当承担无过错责任，就是说只要是高度危险作业造成他人人身、财产损害，无论作业人是否有过错，都要承担侵权责任。但不是说高度危险责任没有任何的不承担责任或者减轻责任情形，如果针对具体的高度危险责任，法律规定不承担责任或者减轻责任的，应当依照其规定。

第一千二百三十七条　【民用核设施致害责任】 民用核设施或者运入运出核设施的核材料发生核事故造成他人损害的，民用核设施的营运单位应当承担侵权责任；但是，能够证明损害是因战争、武装冲突、暴乱等情形或者受害人故意造成的，不承担责任。

民用核设施以及运入运出核设施的核材料发生核事故致人损害，适用无过错责任原则。构成民用核设施和核材料损害责任的要件是：

（1）民用核设施和核材料发生了核事故。《核安全法》第93条第1款规定，核事故是指核设施内的核燃料、放射性产物、放射性废物或者运入运出核设施的核材料所发生的放射性、毒害性、爆炸性或者其他危害性事故，或者一系列事故。如日本福岛核电站发生的核泄漏、苏联切尔诺贝利核电站发生的核泄漏事故，都构成民用核设施损害责任。

（2）民用核设施和核材料的核事故造成了他人的人身损害或者财产损害。

（3）民用核设施和核材料的核事故与他人人身损害和财产损害结果之间有因果关系。

民用核设施和核材料发生核事故损害责任的主体，是核设施的营运单位，即核设施的占有人。《核安全法》第93条第3款规定，核设施营运单位，是指在中华人民共和国境内，申请或者持有核设施安全许可证，可以经营和运行核设施的单位。核设施的营运单位是核设施的经营者。当发生核事故致人损害时，核设施的占有人即营运单位对受害人承担赔偿责任。确定核损害责任，应当适用《核安全法》的相关规定。

《核安全法》第93条；《放射性污染防治法》第59条、第62条；《国务院关于核事故损害赔偿责任问题的批复》

第一千二百三十八条 【民用航空器致害责任】民用航空器造成他人损害的，民用航空器的经营者应当承担侵权责任；但是，能够证明损害是因受害人故意造成的，不承担责任。

246. 民用航空器造成他人损害的情形

民用航空器造成他人损害的，包括两种情形。

一种情形是，民用航空器在从事旅客、货物运输过程中，对所载运的旅客、货物造成的损害。

另一种情形是，民用航空器对地面第三人的人身、财产造成的损害。具体来说，就是飞行中的民用航空器或者从飞行中的民用航空器上落下的人或者物，造成地面（包括水面）上的人身伤亡和财产损害。

这里的经营者主要包括从事运输旅客、货物运输的承运人和从事通用航空的民用航空器使用人。

配套

《民用航空法》第 124-172 条

第一千二百三十九条　【高度危险物致害责任】 占有或者使用易燃、易爆、剧毒、高放射性、强腐蚀性、高致病性等高度危险物造成他人损害的，占有人或者使用人应当承担侵权责任；但是，能够证明损害是因受害人故意或者不可抗力造成的，不承担责任。被侵权人对损害的发生有重大过失的，可以减轻占有人或者使用人的责任。

注解

对易燃、易爆、剧毒、高放射性、强腐蚀性、高致病性物品的认定，一般根据国家颁布的标准，如《危险货物分类和品名编号》、《危险货物品名表》、《常用危险化学品的分类及标志》等进行认定。

承担责任的主体是占有人和使用人。这里的"占有"和"使用"包括生产、储存、运输高度危险品以及将高度危险品作为原料或者工具进行生产等行为。因此，高度危险物的占有人和使用人必须采取可靠的安全措施，避免高度危险物造成他人损害。

配套

《放射性污染防治法》第 59 条、第 62 条

第一千二百四十条　【高度危险活动致害责任】 从事高空、高压、地下挖掘活动或者使用高速轨道运输工具造成他人损害的，经营者应当承担侵权责任；但是，能够证明损害是因受害人故意或者不可抗力造成的，不承担责任。被侵权人对损害的发生有重大过失的，可以减轻经营者的责任。

　　高空作业也称为高处作业，根据高处作业分级标准规定，凡距坠落高度基准面2米及其以上，有可能坠落的高处进行的作业，称为高处作业。本条的"高压"则属于工业生产意义上的高压，包括高压电、高压容器等。地下挖掘就是在地表下向下一定深度进行挖掘的行为。高速轨道运输工具就是沿着固定轨道上行驶的车辆。通常来说，高速轨道运输工具包括铁路、地铁、轻轨、磁悬浮、有轨电车等。

　　《电力法》第60条；《最高人民法院关于审理铁路运输人身损害赔偿纠纷案件适用法律若干问题的解释》

第一千二百四十一条　【遗失、抛弃高度危险物致害的侵权责任】遗失、抛弃高度危险物造成他人损害的，由所有人承担侵权责任。所有人将高度危险物交由他人管理的，由管理人承担侵权责任；所有人有过错的，与管理人承担连带责任。

　　高度危险物的所有人或者管理人应当严格按照有关安全生产规范，对其占有、使用的高度危险物进行储存或者处理。如果管理人遗失、抛弃高度危险物造成他人损害的，有过错的所有人与管理人承担连带责任。被侵权人可以要求所有人承担侵权责任，也可以要求管理人承担侵权责任，也可以要求所有人和管理人共同承担侵权责任。在对内关系上，所有人和管理人根据各自的责任大小确定各自的赔偿数额；难以确定的，平均承担赔偿责任。支付超出自己赔偿数额的连带责任人，有权向其他连带责任人追偿。

第一千二百四十二条　【非法占有高度危险物致害的侵权责任】非法占有高度危险物造成他人损害的，由非法占有人承担侵权责任。所有人、管理人不能证明对防止非法占有尽到高度注意义务的，与非法占有人承担连带责任。

非法占有是指明知自己无权占有，而通过非法手段将他人的物品占为己有。现实中，盗窃、抢劫、抢夺都是非法占有的主要形式。

第一千二百四十三条　【未经许可进入高度危险作业区域的致害责任】 未经许可进入高度危险活动区域或者高度危险物存放区域受到损害，管理人能够证明已经采取足够安全措施并尽到充分警示义务的，可以减轻或者不承担责任。

一般来说，高度危险活动区域或者高度危险物存放区域都同社会大众的活动场所相隔绝，如果在管理人已经采取安全措施并且尽到警示义务的情况下，受害人未经许可进入该高度危险区域这一行为本身就说明受害人对于损害的发生具有过错，例如出于自杀的故意积极追求损害的发生；或者出于过失，虽然看到警示标识但轻信自己能够避免，上述两种情况下，高度危险活动区域或者高度危险物存放区域的管理人可以减轻或者不承担责任。

第一千二百四十四条　【高度危险责任赔偿限额】 承担高度危险责任，法律规定赔偿限额的，依照其规定，但是行为人有故意或者重大过失的除外。

限额赔偿是相对于全额赔偿而言，是行为人的行为已经构成侵权责任，在法律有特别规定的情况下，不适用全额赔偿责任而按照法律规定实行限额赔偿的侵权责任制度。

本条规定的限额赔偿的适用要件是：（1）侵权人已经确定应当承担侵权责任，且承担的是高度危险责任；（2）法律对这种高度危险责任规定了实行限额赔偿的规范。按照这一规定，本章规定的高度危险责任，只要法律规定了限额赔偿，都可以适用限额赔偿制度。

第九章　饲养动物损害责任

第一千二百四十五条　【饲养动物损害责任一般规定】饲养的动物造成他人损害的，动物饲养人或者管理人应当承担侵权责任；但是，能够证明损害是因被侵权人故意或者重大过失造成的，可以不承担或者减轻责任。

注解

在各类侵权行为中，饲养动物致人损害是一种特殊的形式，其特殊性在于它是一种间接侵权引发的一种直接责任，其加害行为是人的行为与动物的行为的复合。人的行为是指人对动物的所有、占有、饲养或者管理。动物的行为是直接的加害行为。这两种行为相结合，才能构成侵权行为。

动物致人损害的构成要件是：须为饲养的动物；须有动物的加害行为；须有造成他人损害的事实；须有动物加害行为与损害之间的因果关系。

配套

《野生动物保护法》第2条、第19条

第一千二百四十六条　【未对动物采取安全措施损害责任】违反管理规定，未对动物采取安全措施造成他人损害的，动物饲养人或者管理人应当承担侵权责任；但是，能够证明损害是因被侵权人故意造成的，可以减轻责任。

第一千二百四十七条　【禁止饲养的危险动物损害责任】禁止饲养的烈性犬等危险动物造成他人损害的，动物饲养人或者管理人应当承担侵权责任。

注解

禁止饲养的烈性犬等危险动物造成他人损害的，是饲养动物损害责任中最严格的责任，不仅适用无过错责任原则，而且没有规定免责事由，因而被称为绝对责任条款。

504

禁止饲养的烈性犬等危险动物造成他人损害，动物饲养人或者管理人主张不承担责任或者减轻责任的，人民法院不予支持。

第一千二百四十八条 【动物园饲养动物损害责任】动物园的动物造成他人损害的，动物园应当承担侵权责任；但是，能够证明尽到管理职责的，不承担侵权责任。

配套

《野生动物保护法》第 19 条

第一千二百四十九条 【遗弃、逃逸动物损害责任】遗弃、逃逸的动物在遗弃、逃逸期间造成他人损害的，由动物原饲养人或者管理人承担侵权责任。

注解

动物的遗弃是指动物饲养人抛弃了动物。逃逸的动物是指饲养人并不是放弃了自己饲养的权利，而是暂时地丧失了对该动物的占有和控制。

第一千二百五十条 【因第三人过错致使动物致害责任】因第三人的过错致使动物造成他人损害的，被侵权人可以向动物饲养人或者管理人请求赔偿，也可以向第三人请求赔偿。动物饲养人或者管理人赔偿后，有权向第三人追偿。

注解

本条中的第三人的过错是指被侵权人和动物饲养人或者管理人以外的人对动物造成损害有过错。第三人的过错在大多数场合表现为：有意挑逗、投打、投喂、诱使动物，其后果致使他人受到人身或者财产的损害，其实质是实施了诱发动物致害的行为。

第一千二百五十一条 【饲养动物应负的社会责任】饲养动物应当遵守法律法规，尊重社会公德，不得妨碍他人生活。

第十章 建筑物和物件损害责任

第一千二百五十二条 【建筑物、构筑物或者其他设施倒塌、塌陷致害责任】建筑物、构筑物或者其他设施倒塌、塌陷造成他人损害的，由建设单位与施工单位承担连带责任，但是建设单位与施工单位能够证明不存在质量缺陷的除外。建设单位、施工单位赔偿后，有其他责任人的，有权向其他责任人追偿。

因所有人、管理人、使用人或者第三人的原因，建筑物、构筑物或者其他设施倒塌、塌陷造成他人损害的，由所有人、管理人、使用人或者第三人承担侵权责任。

注解

倒塌、塌陷，是指建筑物、构筑物或者其他设施坍塌、倒覆、陷落，造成该建筑物、构筑物或者其他设施丧失基本使用功能。

本条第1款对建筑物、构筑物或者其他设施倒塌、塌陷造成他人损害规定了两个责任主体：一是建设单位。通常情况下，建设单位依法取得土地使用权，在该土地上建造建筑物、构筑物或者其他设施，是建设工程合同的总发包人。二是施工单位。施工单位与建设单位或者其他发包人签订建设工程合同，对建设工程进行施工。

配套

《最高人民法院关于审理建设工程施工合同纠纷案件适用法律问题的解释（一）》第13条、第18条

第一千二百五十三条 【建筑物、构筑物或者其他设施及其搁置物、悬挂物脱落、坠落致害责任】建筑物、构筑物或者其他设施及其搁置物、悬挂物发生脱落、坠落造成他人损害，所有人、管理人或者使用人不能证明自己没有过错的，应当承担侵权责任。所有人、管理人或者使用人赔偿后，有其他责任人的，有权向其他责任人追偿。

建筑物是指人工建造的、固定在土地上，其空间用于居住、生产或者存放物品的设施，如住宅、写字楼、车间、仓库等。

构筑物或者其他设施是指人工建造的、固定在土地上、建筑物以外的某些设施，例如道路、桥梁、隧道、城墙、堤坝等。

第一千二百五十四条　【高空抛掷物、坠落物致害责任】禁止从建筑物中抛掷物品。从建筑物中抛掷物品或者从建筑物上坠落的物品造成他人损害的，由侵权人依法承担侵权责任；经调查难以确定具体侵权人的，除能够证明自己不是侵权人的外，由可能加害的建筑物使用人给予补偿。可能加害的建筑物使用人补偿后，有权向侵权人追偿。

物业服务企业等建筑物管理人应当采取必要的安全保障措施防止前款规定情形的发生；未采取必要的安全保障措施的，应当依法承担未履行安全保障义务的侵权责任。

发生本条第一款规定的情形的，公安等机关应当依法及时调查，查清责任人。

物业服务企业等建筑物管理人未采取必要的安全保障措施防止从建筑物中抛掷物或者从建筑物上坠落的物品造成他人损害，具体侵权人、物业服务企业等建筑物管理人作为共同被告的，人民法院应当依照民法典第一千一百九十八条第二款、第一千二百五十四条的规定，在判决中明确，未采取必要安全保障措施的物业服务企业等建筑物管理人在人民法院就具体侵权人的财产依法强制执行后仍不能履行的范围内，承担与其过错相应的补充责任。物业服务企业等建筑物管理人未采取必要的安全保障措施防止从建筑物中抛掷物品或者从建筑物上坠落的物品造成他人损害，经公安等机关调查，在民事案件一审法庭辩论终结前仍难以确定具体侵权人的，未采取必要安全保障措施的物业服务企业等建筑物管理人承担与其过错相应的责任。被侵权人其余部分的损害，由可能加害的建筑物使用人给予适当补偿。具体侵权人确定后，已经承担责任的物业服务企业等建筑物管理人、可能加害的建筑物使用人向具体侵权人追偿的，人民法院依照民法典第一千一百九十八条第二款、第一千二百五十四条第一款的规定予以支持。

配套

《最高人民法院关于适用〈中华人民共和国民法典〉侵权责任编的解释（一）》

第一千二百五十五条　【堆放物致害责任】 堆放物倒塌、滚落或者滑落造成他人损害，堆放人不能证明自己没有过错的，应当承担侵权责任。

第一千二百五十六条　【在公共道路上妨碍通行物品的致害责任】 在公共道路上堆放、倾倒、遗撒妨碍通行的物品造成他人损害的，由行为人承担侵权责任。公共道路管理人不能证明已经尽到清理、防护、警示等义务的，应当承担相应的责任。

注解

在公共道路上堆放、倾倒、遗撒妨碍通行物，既可以是堆放、倾倒、遗撒固体物，例如，在公共道路上非法设置路障、晾晒粮食、倾倒垃圾等；也可以是倾倒液体、排放气体，例如，运油车将石油泄漏到公路上、非法向道路排水、热力井向道路散发出大量蒸汽。本条规定的有关单位或者个人，主要是指堆放、倾倒、遗撒妨碍通行物的单位或者个人。

配套

《道路交通安全法》第30条、第31条、第48条、第66条；《公路法》第46条、第47条、第54条、第77条、第79条；《道路交通安全法实施条例》第62条；《最高人民法院关于审理建筑物区分所有权纠纷案件具体应用法律若干问题的解释》第3条

第一千二百五十七条　【林木致害的责任】 因林木折断、倾倒或者果实坠落等造成他人损害，林木的所有人或者管理人不能证明自己没有过错的，应当承担侵权责任。

本条所说的林木，包括自然生长和人工种植的林木。本条规定并未限定林木生长的地域范围，林地中的林木、公共道路旁的林木以及院落周围零星生长的树木等折断造成他人损害，林木的所有人或者管理人不能证明自己没有过错的，均要承担侵权责任。

配 套

《森林法》第 20 条

第一千二百五十八条　【公共场所或道路施工致害责任和窨井等地下设施致害责任】 在公共场所或者道路上挖掘、修缮安装地下设施等造成他人损害，施工人不能证明已经设置明显标志和采取安全措施的，应当承担侵权责任。

窨井等地下设施造成他人损害，管理人不能证明尽到管理职责的，应当承担侵权责任。

注 解

公共场所施工致人损害的责任人是施工人。施工人是指组织施工的单位或者个人，而非施工单位的工作人员或者个体施工人的雇员。施工人一般是承包或者承揽他人的工程进行施工的单位或者个人，有时也可能是自己为自己的工程施工。

窨井等地下设施的管理人，是指负责对该地下设施进行管理、维护的单位或者个人。城市地下设施复杂，有输水、输油、输气、输电设施等，不同的地下设施可能属于不同的单位管理，在损害发生后要明确具体的管理人，由相关的管理人依法承担侵权责任。

配 套

《道路交通安全法》第 32 条、第 104 条、第 105 条；《公路法》第 32 条、第 44 条、第 45 条；《治安管理处罚法》第 37 条；《道路交通安全法实施条例》第 35 条

附　　则

　　第一千二百五十九条　**【法律术语含义】**民法所称的"以上"、"以下"、"以内"、"届满"，包括本数；所称的"不满"、"超过"、"以外"，不包括本数。

　　第一千二百六十条　**【施行日期】**本法自 2021 年 1 月 1 日起施行。《中华人民共和国婚姻法》、《中华人民共和国继承法》、《中华人民共和国民法通则》、《中华人民共和国收养法》、《中华人民共和国担保法》、《中华人民共和国合同法》、《中华人民共和国物权法》、《中华人民共和国侵权责任法》、《中华人民共和国民法总则》同时废止。

配 套 法 规

最高人民法院关于适用
《中华人民共和国民法典》
时间效力的若干规定

（2020 年 12 月 14 日最高人民法院审判委员会第 1821
次会议通过　2020 年 12 月 29 日最高人民法院公告公布
自 2021 年 1 月 1 日起施行　法释〔2020〕15 号）

根据《中华人民共和国立法法》《中华人民共和国民法典》等法律规定，就人民法院在审理民事纠纷案件中有关适用民法典时间效力问题作出如下规定。

一、一般规定

第一条　民法典施行后的法律事实引起的民事纠纷案件，适用民法典的规定。

民法典施行前的法律事实引起的民事纠纷案件，适用当时的法律、司法解释的规定，但是法律、司法解释另有规定的除外。

民法典施行前的法律事实持续至民法典施行后，该法律事实引起的民事纠纷案件，适用民法典的规定，但是法律、司法解释另有规定的除外。

第二条　民法典施行前的法律事实引起的民事纠纷案件，当时的法律、司法解释有规定，适用当时的法律、司法解释的规定，但是适用民法典的规定更有利于保护民事主体合法权益，更有利于维护社会和经济秩序，更有利于弘扬社会主义核心价值观的除外。

第三条　民法典施行前的法律事实引起的民事纠纷案件，当时的法律、司法解释没有规定而民法典有规定的，可以适用民法典的规定，但是明显减损当事人合法权益、增加当事人法定义务或者背离当事人合理预期的除外。

第四条　民法典施行前的法律事实引起的民事纠纷案件，当时的法律、司法解释仅有原则性规定而民法典有具体规定的，适用当时的法律、司法解释的规定，但是可以依据民法典具体规定进行裁判说理。

第五条　民法典施行前已经终审的案件，当事人申请再审或者按照审判监督程序决定再审的，不适用民法典的规定。

二、溯及适用的具体规定

第六条　《中华人民共和国民法总则》施行前，侵害英雄烈士等的姓名、肖像、名誉、荣誉，损害社会公共利益引起的民事纠纷案件，适用民法典第一百八十五条的规定。

第七条　民法典施行前，当事人在债务履行期限届满前约定债务人不履行到期债务时抵押财产或者质押财产归债权人所有的，适用民法典第四百零一条和第四百二十八条的规定。

第八条　民法典施行前成立的合同，适用当时的法律、司法解释的规定合同无效而适用民法典的规定合同有效的，适用民法典的相关规定。

第九条　民法典施行前订立的合同，提供格式条款一方未履行提示或者说明义务，涉及格式条款效力认定的，适用民法典第四百九十六条的规定。

第十条　民法典施行前，当事人一方未通知对方而直接以提起诉讼

512

方式依法主张解除合同的，适用民法典第五百六十五条第二款的规定。

第十一条　民法典施行前成立的合同，当事人一方不履行非金钱债务或者履行非金钱债务不符合约定，对方可以请求履行，但是有民法典第五百八十条第一款第一项、第二项、第三项除外情形之一，致使不能实现合同目的，当事人请求终止合同权利义务关系的，适用民法典第五百八十条第二款的规定。

第十二条　民法典施行前订立的保理合同发生争议的，适用民法典第三编第十六章的规定。

第十三条　民法典施行前，继承人有民法典第一千一百二十五条第一款第四项和第五项规定行为之一，对该继承人是否丧失继承权发生争议的，适用民法典第一千一百二十五条第一款和第二款的规定。

民法典施行前，受遗赠人有民法典第一千一百二十五条第一款规定行为之一，对受遗赠人是否丧失受遗赠权发生争议的，适用民法典第一千一百二十五条第一款和第三款的规定。

第十四条　被继承人在民法典施行前死亡，遗产无人继承又无人受遗赠，其兄弟姐妹的子女请求代位继承的，适用民法典第一千一百二十八条第二款和第三款的规定，但是遗产已经在民法典施行前处理完毕的除外。

第十五条　民法典施行前，遗嘱人以打印方式立的遗嘱，当事人对该遗嘱效力发生争议的，适用民法典第一千一百三十六条的规定，但是遗产已经在民法典施行前处理完毕的除外。

第十六条　民法典施行前，受害人自愿参加具有一定风险的文体活动受到损害引起的民事纠纷案件，适用民法典第一千一百七十六条的规定。

第十七条　民法典施行前，受害人为保护自己合法权益采取扣留侵权人的财物等措施引起的民事纠纷案件，适用民法典第一千一百七十七条的规定。

第十八条　民法典施行前，因非营运机动车发生交通事故造成无偿搭乘人损害引起的民事纠纷案件，适用民法典第一千二百一十七条的规定。

第十九条　民法典施行前，从建筑物中抛掷物品或者从建筑物上坠落的物品造成他人损害引起的民事纠纷案件，适用民法典第一千二百五十四条的规定。

三、衔接适用的具体规定

第二十条　民法典施行前成立的合同，依照法律规定或者当事人约定该合同的履行持续至民法典施行后，因民法典施行前履行合同发生争议的，适用当时的法律、司法解释的规定；因民法典施行后履行合同发生争议的，适用民法典第三编第四章和第五章的相关规定。

第二十一条　民法典施行前租赁期限届满，当事人主张适用民法典第七百三十四条第二款规定的，人民法院不予支持；租赁期限在民法典施行后届满，当事人主张适用民法典第七百三十四条第二款规定的，人民法院依法予以支持。

第二十二条　民法典施行前，经人民法院判决不准离婚后，双方又分居满一年，一方再次提起离婚诉讼的，适用民法典第一千零七十九条第五款的规定。

第二十三条　被继承人在民法典施行前立有公证遗嘱，民法典施行后又立有新遗嘱，其死亡后，因该数份遗嘱内容相抵触发生争议的，适用民法典第一千一百四十二条第三款的规定。

第二十四条　侵权行为发生在民法典施行前，但是损害后果出现在民法典施行后的民事纠纷案件，适用民法典的规定。

第二十五条　民法典施行前成立的合同，当时的法律、司法解释没有规定且当事人没有约定解除权行使期限，对方当事人也未催告的，解除权人在民法典施行前知道或者应当知道解除事由，自民法典施行之日起一年内不行使的，人民法院应当依法认定该解除权消灭；解除权人在民法典施行后知道或者应当知道解除事由的，适用民法典第五百六十四条第二款关于解除权行使期限的规定。

第二十六条 当事人以民法典施行前受胁迫结婚为由请求人民法院撤销婚姻的，撤销权的行使期限适用民法典第一千零五十二条第二款的规定。

第二十七条 民法典施行前成立的保证合同，当事人对保证期间约定不明确，主债务履行期限届满至民法典施行之日不满二年，当事人主张保证期间为主债务履行期限届满之日起二年的，人民法院依法予以支持；当事人对保证期间没有约定，主债务履行期限届满至民法典施行之日不满六个月，当事人主张保证期间为主债务履行期限届满之日起六个月的，人民法院依法予以支持。

四、附　　则

第二十八条 本规定自 2021 年 1 月 1 日起施行。

本规定施行后，人民法院尚未审结的一审、二审案件适用本规定。

最高人民法院关于适用
《中华人民共和国民法典》
婚姻家庭编的解释 （一）

（2020 年 12 月 25 日最高人民法院审判委员会第 1825 次会议通过　2020 年 12 月 29 日最高人民法院公告公布　自 2021 年 1 月 1 日起施行　法释〔2020〕22 号）

为正确审理婚姻家庭纠纷案件，根据《中华人民共和国民法典》《中华人民共和国民事诉讼法》等相关法律规定，结合审判实践，制定本解释。

一、一般规定

第一条　持续性、经常性的家庭暴力，可以认定为民法典第一千零四十二条、第一千零七十九条、第一千零九十一条所称的"虐待"。

第二条　民法典第一千零四十二条、第一千零七十九条、第一千零九十一条规定的"与他人同居"的情形，是指有配偶者与婚外异性，不以夫妻名义，持续、稳定地共同居住。

第三条　当事人提起诉讼仅请求解除同居关系的，人民法院不予受理；已经受理的，裁定驳回起诉。

当事人因同居期间财产分割或者子女抚养纠纷提起诉讼的，人民法院应当受理。

第四条　当事人仅以民法典第一千零四十三条为依据提起诉讼的，人民法院不予受理；已经受理的，裁定驳回起诉。

第五条　当事人请求返还按照习俗给付的彩礼的，如果查明属于以下情形，人民法院应当予以支持：

（一）双方未办理结婚登记手续；

（二）双方办理结婚登记手续但确未共同生活；

（三）婚前给付并导致给付人生活困难。

适用前款第二项、第三项的规定，应当以双方离婚为条件。

二、结　婚

第六条　男女双方依据民法典第一千零四十九条规定补办结婚登记的，婚姻关系的效力从双方均符合民法典所规定的结婚的实质要件时起算。

第七条　未依据民法典第一千零四十九条规定办理结婚登记而以夫妻名义共同生活的男女，提起诉讼要求离婚的，应当区别对待：

（一）1994年2月1日民政部《婚姻登记管理条例》公布实施以前，男女双方已经符合结婚实质要件的，按事实婚姻处理。

（二）1994年2月1日民政部《婚姻登记管理条例》公布实施以后，男女双方符合结婚实质要件的，人民法院应当告知其补办结婚登记。未补办结婚登记的，依据本解释第三条规定处理。

第八条 未依据民法典第一千零四十九条规定办理结婚登记而以夫妻名义共同生活的男女，一方死亡，另一方以配偶身份主张享有继承权的，依据本解释第七条的原则处理。

第九条 有权依据民法典第一千零五十一条规定向人民法院就已办理结婚登记的婚姻请求确认婚姻无效的主体，包括婚姻当事人及利害关系人。其中，利害关系人包括：

（一）以重婚为由的，为当事人的近亲属及基层组织；

（二）以未到法定婚龄为由的，为未到法定婚龄者的近亲属；

（三）以有禁止结婚的亲属关系为由的，为当事人的近亲属。

第十条 当事人依据民法典第一千零五十一条规定向人民法院请求确认婚姻无效，法定的无效婚姻情形在提起诉讼时已经消失的，人民法院不予支持。

第十一条 人民法院受理请求确认婚姻无效案件后，原告申请撤诉的，不予准许。

对婚姻效力的审理不适用调解，应当依法作出判决。

涉及财产分割和子女抚养的，可以调解。调解达成协议的，另行制作调解书；未达成调解协议的，应当一并作出判决。

第十二条 人民法院受理离婚案件后，经审理确属无效婚姻的，应当将婚姻无效的情形告知当事人，并依法作出确认婚姻无效的判决。

第十三条 人民法院就同一婚姻关系分别受理了离婚和请求确认婚姻无效案件的，对于离婚案件的审理，应当待请求确认婚姻无效案件作出判决后进行。

第十四条 夫妻一方或者双方死亡后，生存一方或者利害关系人依据民法典第一千零五十一条的规定请求确认婚姻无效的，人民法院应当受理。

第十五条 利害关系人依据民法典第一千零五十一条的规定，请求人民法院确认婚姻无效的，利害关系人为原告，婚姻关系当事人双方为被告。

夫妻一方死亡的，生存一方为被告。

第十六条 人民法院审理重婚导致的无效婚姻案件时，涉及财产处理的，应当准许合法婚姻当事人作为有独立请求权的第三人参加诉讼。

第十七条 当事人以民法典第一千零五十一条规定的三种无效婚姻以外的情形请求确认婚姻无效的，人民法院应当判决驳回当事人的诉讼请求。

当事人以结婚登记程序存在瑕疵为由提起民事诉讼，主张撤销结婚登记的，告知其可以依法申请行政复议或者提起行政诉讼。

第十八条 行为人以给另一方当事人或者其近亲属的生命、身体、健康、名誉、财产等方面造成损害为要挟，迫使另一方当事人违背真实意愿结婚的，可以认定为民法典第一千零五十二条所称的"胁迫"。

因受胁迫而请求撤销婚姻的，只能是受胁迫一方的婚姻关系当事人本人。

第十九条 民法典第一千零五十二条规定的"一年"，不适用诉讼时效中止、中断或者延长的规定。

受胁迫或者被非法限制人身自由的当事人请求撤销婚姻的，不适用民法典第一百五十二条第二款的规定。

第二十条 民法典第一千零五十四条所规定的"自始没有法律约束力"，是指无效婚姻或者可撤销婚姻在依法被确认无效或者被撤销时，才确定该婚姻自始不受法律保护。

第二十一条 人民法院根据当事人的请求，依法确认婚姻无效或者撤销婚姻的，应当收缴双方的结婚证书并将生效的判决书寄送当地婚姻登记管理机关。

第二十二条　被确认无效或者被撤销的婚姻，当事人同居期间所得的财产，除有证据证明为当事人一方所有的以外，按共同共有处理。

三、夫妻关系

第二十三条　夫以妻擅自中止妊娠侵犯其生育权为由请求损害赔偿的，人民法院不予支持；夫妻双方因是否生育发生纠纷，致使感情确已破裂，一方请求离婚的，人民法院经调解无效，应依照民法典第一千零七十九条第三款第五项的规定处理。

第二十四条　民法典第一千零六十二条第一款第三项规定的"知识产权的收益"，是指婚姻关系存续期间，实际取得或者已经明确可以取得的财产性收益。

第二十五条　婚姻关系存续期间，下列财产属于民法典第一千零六十二条规定的"其他应当归共同所有的财产"：

（一）一方以个人财产投资取得的收益；

（二）男女双方实际取得或者应当取得的住房补贴、住房公积金；

（三）男女双方实际取得或者应当取得的基本养老金、破产安置补偿费。

第二十六条　夫妻一方个人财产在婚后产生的收益，除孳息和自然增值外，应认定为夫妻共同财产。

第二十七条　由一方婚前承租、婚后用共同财产购买的房屋，登记在一方名下的，应当认定为夫妻共同财产。

第二十八条　一方未经另一方同意出售夫妻共同所有的房屋，第三人善意购买、支付合理对价并已办理不动产登记，另一方主张追回该房屋的，人民法院不予支持。

夫妻一方擅自处分共同所有的房屋造成另一方损失，离婚时另一方请求赔偿损失的，人民法院应予支持。

第二十九条 当事人结婚前，父母为双方购置房屋出资的，该出资应当认定为对自己子女个人的赠与，但父母明确表示赠与双方的除外。

当事人结婚后，父母为双方购置房屋出资的，依照约定处理；没有约定或者约定不明确的，按照民法典第一千零六十二条第一款第四项规定的原则处理。

第三十条 军人的伤亡保险金、伤残补助金、医药生活补助费属于个人财产。

第三十一条 民法典第一千零六十三条规定为夫妻一方的个人财产，不因婚姻关系的延续而转化为夫妻共同财产。但当事人另有约定的除外。

第三十二条 婚前或者婚姻关系存续期间，当事人约定将一方所有的房产赠与另一方或者共有，赠与方在赠与房产变更登记之前撤销赠与，另一方请求判令继续履行的，人民法院可以按照民法典第六百五十八条的规定处理。

第三十三条 债权人就一方婚前所负个人债务向债务人的配偶主张权利的，人民法院不予支持。但债权人能够证明所负债务用于婚后家庭共同生活的除外。

第三十四条 夫妻一方与第三人串通，虚构债务，第三人主张该债务为夫妻共同债务的，人民法院不予支持。

夫妻一方在从事赌博、吸毒等违法犯罪活动中所负债务，第三人主张该债务为夫妻共同债务的，人民法院不予支持。

第三十五条 当事人的离婚协议或者人民法院生效判决、裁定、调解书已经对夫妻财产分割问题作出处理的，债权人仍有权就夫妻共同债务向男女双方主张权利。

一方就夫妻共同债务承担清偿责任后，主张由另一方按照离婚协议或者人民法院的法律文书承担相应债务的，人民法院应予支持。

第三十六条 夫或者妻一方死亡的，生存一方应当对婚姻关系存续期间的夫妻共同债务承担清偿责任。

第三十七条 民法典第一千零六十五条第三款所称"相对人知道该约定的"，夫妻一方对此负有举证责任。

第三十八条 婚姻关系存续期间，除民法典第一千零六十六条规定情形以外，夫妻一方请求分割共同财产的，人民法院不予支持。

四、父母子女关系

第三十九条 父或者母向人民法院起诉请求否认亲子关系，并已提供必要证据予以证明，另一方没有相反证据又拒绝做亲子鉴定的，人民法院可以认定否认亲子关系一方的主张成立。

父或者母以及成年子女起诉请求确认亲子关系，并提供必要证据予以证明，另一方没有相反证据又拒绝做亲子鉴定的，人民法院可以认定确认亲子关系一方的主张成立。

第四十条 婚姻关系存续期间，夫妻双方一致同意进行人工授精，所生子女应视为婚生子女，父母子女间的权利义务关系适用民法典的有关规定。

第四十一条 尚在校接受高中及其以下学历教育，或者丧失、部分丧失劳动能力等非因主观原因而无法维持正常生活的成年子女，可以认定为民法典第一千零六十七条规定的"不能独立生活的成年子女"。

第四十二条 民法典第一千零六十七条所称"抚养费"，包括子女生活费、教育费、医疗费等费用。

第四十三条 婚姻关系存续期间，父母双方或者一方拒不履行抚养子女义务，未成年子女或者不能独立生活的成年子女请求支付抚养费的，人民法院应予支持。

第四十四条 离婚案件涉及未成年子女抚养的，对不满两周岁的子女，按照民法典第一千零八十四条第三款规定的原则处理。母亲有下列情形之一，父亲请求直接抚养的，人民法院应予支持：

（一）患有久治不愈的传染性疾病或者其他严重疾病，子女不宜与其共同生活；

（二）有抚养条件不尽抚养义务，而父亲要求子女随其生活；

（三）因其他原因，子女确不宜随母亲生活。

第四十五条 父母双方协议不满两周岁子女由父亲直接抚养，并对子女健康成长无不利影响的，人民法院应予支持。

第四十六条 对已满两周岁的未成年子女，父母均要求直接抚养，一方有下列情形之一的，可予优先考虑：

（一）已做绝育手术或者因其他原因丧失生育能力；

（二）子女随其生活时间较长，改变生活环境对子女健康成长明显不利；

（三）无其他子女，而另一方有其他子女；

（四）子女随其生活，对子女成长有利，而另一方患有久治不愈的传染性疾病或者其他严重疾病，或者有其他不利于子女身心健康的情形，不宜与子女共同生活。

第四十七条 父母抚养子女的条件基本相同，双方均要求直接抚养子女，但子女单独随祖父母或者外祖父母共同生活多年，且祖父母或者外祖父母要求并且有能力帮助子女照顾孙子女或者外孙子女的，可以作为父或者母直接抚养子女的优先条件予以考虑。

第四十八条 在有利于保护子女利益的前提下，父母双方协议轮流直接抚养子女的，人民法院应予支持。

第四十九条 抚养费的数额，可以根据子女的实际需要、父母双方的负担能力和当地的实际生活水平确定。

有固定收入的，抚养费一般可以按其月总收入的百分之二十至三十的比例给付。负担两个以上子女抚养费的，比例可以适当提高，但一般不得超过月总收入的百分之五十。

无固定收入的，抚养费的数额可以依据当年总收入或者同行业平均收入，参照上述比例确定。

有特殊情况的，可以适当提高或者降低上述比例。

第五十条 抚养费应当定期给付，有条件的可以一次性给付。

第五十一条 父母一方无经济收入或者下落不明的，可以用其财物折抵抚养费。

第五十二条 父母双方可以协议由一方直接抚养子女并由直接抚养方负担子女全部抚养费。但是，直接抚养方的抚养能力明显不能保障子女所需费用，影响子女健康成长的，人民法院不予支持。

第五十三条 抚养费的给付期限，一般至子女十八周岁为止。

十六周岁以上不满十八周岁，以其劳动收入为主要生活来源，并能维持当地一般生活水平的，父母可以停止给付抚养费。

第五十四条 生父与继母离婚或者生母与继父离婚时，对曾受其抚养教育的继子女，继父或者继母不同意继续抚养的，仍应由生父或者生母抚养。

第五十五条 离婚后，父母一方要求变更子女抚养关系的，或者子女要求增加抚养费的，应当另行提起诉讼。

第五十六条 具有下列情形之一，父母一方要求变更子女抚养关系的，人民法院应予支持：

（一）与子女共同生活的一方因患严重疾病或者因伤残无力继续抚养子女；

（二）与子女共同生活的一方不尽抚养义务或有虐待子女行为，或者其与子女共同生活对子女身心健康确有不利影响；

（三）已满八周岁的子女，愿随另一方生活，该方又有抚养能力；

（四）有其他正当理由需要变更。

第五十七条 父母双方协议变更子女抚养关系的，人民法院应予支持。

第五十八条 具有下列情形之一，子女要求有负担能力的父或者母增加抚养费的，人民法院应予支持：

（一）原定抚养费数额不足以维持当地实际生活水平；

（二）因子女患病、上学，实际需要已超过原定数额；

（三）有其他正当理由应当增加。

第五十九条　父母不得因子女变更姓氏而拒付子女抚养费。父或者母擅自将子女姓氏改为继母或继父姓氏而引起纠纷的，应当责令恢复原姓氏。

第六十条　在离婚诉讼期间，双方均拒绝抚养子女的，可以先行裁定暂由一方抚养。

第六十一条　对拒不履行或者妨害他人履行生效判决、裁定、调解书中有关子女抚养义务的当事人或者其他人，人民法院可依照民事诉讼法第一百一十一条的规定采取强制措施。

五、离　婚

第六十二条　无民事行为能力人的配偶有民法典第三十六条第一款规定行为，其他有监护资格的人可以要求撤销其监护资格，并依法指定新的监护人；变更后的监护人代理无民事行为能力一方提起离婚诉讼的，人民法院应予受理。

第六十三条　人民法院审理离婚案件，符合民法典第一千零七十九条第三款规定"应当准予离婚"情形的，不应当因当事人有过错而判决不准离婚。

第六十四条　民法典第一千零八十一条所称的"军人一方有重大过错"，可以依据民法典第一千零七十九条第三款前三项规定及军人有其他重大过错导致夫妻感情破裂的情形予以判断。

第六十五条　人民法院作出的生效的离婚判决中未涉及探望权，当事人就探望权问题单独提起诉讼的，人民法院应予受理。

第六十六条　当事人在履行生效判决、裁定或者调解书的过程中，一方请求中止探望的，人民法院在征询双方当事人意见后，认为需要中止探望的，依法作出裁定；中止探望的情形消失后，人民法院应当根据当事人的请求书面通知其恢复探望。

第六十七条　未成年子女、直接抚养子女的父或者母以及其他对未成年子女负担抚养、教育、保护义务的法定监护人，有权向人民法院提出中止探望的请求。

第六十八条　对于拒不协助另一方行使探望权的有关个人或者组织，可以由人民法院依法采取拘留、罚款等强制措施，但是不能对子女的人身、探望行为进行强制执行。

第六十九条　当事人达成的以协议离婚或者到人民法院调解离婚为条件的财产以及债务处理协议，如果双方离婚未成，一方在离婚诉讼中反悔的，人民法院应当认定该财产以及债务处理协议没有生效，并根据实际情况依照民法典第一千零八十七条和第一千零八十九条的规定判决。

当事人依照民法典第一千零七十六条签订的离婚协议中关于财产以及债务处理的条款，对男女双方具有法律约束力。登记离婚后当事人因履行上述协议发生纠纷提起诉讼的，人民法院应当受理。

第七十条　夫妻双方协议离婚后就财产分割问题反悔，请求撤销财产分割协议的，人民法院应当受理。

人民法院审理后，未发现订立财产分割协议时存在欺诈、胁迫等情形的，应当依法驳回当事人的诉讼请求。

第七十一条　人民法院审理离婚案件，涉及分割发放到军人名下的复员费、自主择业费等一次性费用的，以夫妻婚姻关系存续年限乘以年平均值，所得数额为夫妻共同财产。

前款所称年平均值，是指将发放到军人名下的上述费用总额按具体年限均分得出的数额。其具体年限为人均寿命七十岁与军人入伍时实际年龄的差额。

第七十二条　夫妻双方分割共同财产中的股票、债券、投资基金份额等有价证券以及未上市股份有限公司股份时，协商不成或者按市价分配有困难的，人民法院可以根据数量按比例分配。

第七十三条 人民法院审理离婚案件，涉及分割夫妻共同财产中以一方名义在有限责任公司的出资额，另一方不是该公司股东的，按以下情形分别处理：

（一）夫妻双方协商一致将出资额部分或者全部转让给该股东的配偶，其他股东过半数同意，并且其他股东均明确表示放弃优先购买权的，该股东的配偶可以成为该公司股东；

（二）夫妻双方就出资额转让份额和转让价格等事项协商一致后，其他股东半数以上不同意转让，但愿意以同等条件购买该出资额的，人民法院可以对转让出资所得财产进行分割。其他股东半数以上不同意转让，也不愿意以同等条件购买该出资额的，视为其同意转让，该股东的配偶可以成为该公司股东。

用于证明前款规定的股东同意的证据，可以是股东会议材料，也可以是当事人通过其他合法途径取得的股东的书面声明材料。

第七十四条 人民法院审理离婚案件，涉及分割夫妻共同财产中以一方名义在合伙企业中的出资，另一方不是该企业合伙人的，当夫妻双方协商一致，将其合伙企业中的财产份额全部或者部分转让给对方时，按以下情形分别处理：

（一）其他合伙人一致同意的，该配偶依法取得合伙人地位；

（二）其他合伙人不同意转让，在同等条件下行使优先购买权的，可以对转让所得的财产进行分割；

（三）其他合伙人不同意转让，也不行使优先购买权，但同意该合伙人退伙或者削减部分财产份额的，可以对结算后的财产进行分割；

（四）其他合伙人既不同意转让，也不行使优先购买权，又不同意该合伙人退伙或者削减部分财产份额的，视为全体合伙人同意转让，该配偶依法取得合伙人地位。

第七十五条 夫妻以一方名义投资设立个人独资企业的，人民法院分割夫妻在该个人独资企业中的共同财产时，应当按照以下情形分别处理：

（一）一方主张经营该企业的，对企业资产进行评估后，由取得企业资产所有权一方给予另一方相应的补偿；

（二）双方均主张经营该企业的，在双方竞价基础上，由取得企业资产所有权的一方给予另一方相应的补偿；

（三）双方均不愿意经营该企业的，按照《中华人民共和国个人独资企业法》等有关规定办理。

第七十六条 双方对夫妻共同财产中的房屋价值及归属无法达成协议时，人民法院按以下情形分别处理：

（一）双方均主张房屋所有权并且同意竞价取得的，应当准许；

（二）一方主张房屋所有权的，由评估机构按市场价格对房屋作出评估，取得房屋所有权的一方应当给予另一方相应的补偿；

（三）双方均不主张房屋所有权的，根据当事人的申请拍卖、变卖房屋，就所得价款进行分割。

第七十七条 离婚时双方对尚未取得所有权或者尚未取得完全所有权的房屋有争议且协商不成的，人民法院不宜判决房屋所有权的归属，应当根据实际情况判决由当事人使用。

当事人就前款规定的房屋取得完全所有权后，有争议的，可以另行向人民法院提起诉讼。

第七十八条 夫妻一方婚前签订不动产买卖合同，以个人财产支付首付款并在银行贷款，婚后用夫妻共同财产还贷，不动产登记于首付款支付方名下的，离婚时该不动产由双方协议处理。

依前款规定不能达成协议的，人民法院可以判决该不动产归登记一方，尚未归还的贷款为不动产登记一方的个人债务。双方婚后共同还贷支付的款项及其相对应财产增值部分，离婚时应根据民法典第一千零八十七条第一款规定的原则，由不动产登记一方对另一方进行补偿。

第七十九条 婚姻关系存续期间，双方用夫妻共同财产出资购买以一方父母名义参加房改的房屋，登记在一方父母名下，离婚时另一方主张按照夫妻共同财产对该房屋进行分割的，人民法院不予支持。购买该房屋时的出资，可以作为债权处理。

第八十条 离婚时夫妻一方尚未退休、不符合领取基本养老金条件，另一方请求按照夫妻共同财产分割基本养老金的，人民法院不予支持；婚后以夫妻共同财产缴纳基本养老保险费，离婚时一方主张将养老金账户中婚姻关系存续期间个人实际缴纳部分及利息作为夫妻共同财产分割的，人民法院应予支持。

第八十一条 婚姻关系存续期间，夫妻一方作为继承人依法可以继承的遗产，在继承人之间尚未实际分割，起诉离婚时另一方请求分割的，人民法院应当告知当事人在继承人之间实际分割遗产后另行起诉。

第八十二条 夫妻之间订立借款协议，以夫妻共同财产出借给一方从事个人经营活动或者用于其他个人事务的，应视为双方约定处分夫妻共同财产的行为，离婚时可以按照借款协议的约定处理。

第八十三条 离婚后，一方以尚有夫妻共同财产未处理为由向人民法院起诉请求分割的，经审查该财产确属离婚时未涉及的夫妻共同财产，人民法院应当依法予以分割。

第八十四条 当事人依据民法典第一千零九十二条的规定向人民法院提起诉讼，请求再次分割夫妻共同财产的诉讼时效期间为三年，从当事人发现之日起计算。

第八十五条 夫妻一方申请对配偶的个人财产或者夫妻共同财产采取保全措施的，人民法院可以在采取保全措施可能造成损失的范围内，根据实际情况，确定合理的财产担保数额。

第八十六条 民法典第一千零九十一条规定的"损害赔偿"，包括物质损害赔偿和精神损害赔偿。涉及精神损害赔偿的，适用《最高人民法院关于确定民事侵权精神损害赔偿责任若干问题的解释》的有关规定。

第八十七条 承担民法典第一千零九十一条规定的损害赔偿责任的主体，为离婚诉讼当事人中无过错方的配偶。

人民法院判决不准离婚的案件，对于当事人基于民法典第一千零九十一条提出的损害赔偿请求，不予支持。

在婚姻关系存续期间，当事人不起诉离婚而单独依据民法典第一千零九十一条提起损害赔偿请求的，人民法院不予受理。

第八十八条 人民法院受理离婚案件时，应当将民法典第一千零九十一条等规定中当事人的有关权利义务，书面告知当事人。在适用民法典第一千零九十一条时，应当区分以下不同情况：

（一）符合民法典第一千零九十一条规定的无过错方作为原告基于该条规定向人民法院提起损害赔偿请求的，必须在离婚诉讼的同时提出。

（二）符合民法典第一千零九十一条规定的无过错方作为被告的离婚诉讼案件，如果被告不同意离婚也不基于该条规定提起损害赔偿请求的，可以就此单独提起诉讼。

（三）无过错方作为被告的离婚诉讼案件，一审时被告未基于民法典第一千零九十一条规定提出损害赔偿请求，二审期间提出的，人民法院应当进行调解；调解不成的，告知当事人另行起诉。双方当事人同意由第二审人民法院一并审理的，第二审人民法院可以一并裁判。

第八十九条 当事人在婚姻登记机关办理离婚登记手续后，以民法典第一千零九十一条规定为由向人民法院提出损害赔偿请求的，人民法院应当受理。但当事人在协议离婚时已经明确表示放弃该项请求的，人民法院不予支持。

第九十条 夫妻双方均有民法典第一千零九十一条规定的过错情形，一方或者双方向对方提出离婚损害赔偿请求的，人民法院不予支持。

六、附　则

第九十一条 本解释自 2021 年 1 月 1 日起施行。

最高人民法院关于适用
《中华人民共和国民法典》
继承编的解释（一）

（2020 年 12 月 25 日最高人民法院审判委员会第 1825
次会议通过　2020 年 12 月 29 日最高人民法院公告公布
自 2021 年 1 月 1 日起施行　法释〔2020〕23 号）

为正确审理继承纠纷案件，根据《中华人民共和国民法典》等
相关法律规定，结合审判实践，制定本解释。

一、一般规定

第一条　继承从被继承人生理死亡或者被宣告死亡时开始。

宣告死亡的，根据民法典第四十八条规定确定的死亡日期，为
继承开始的时间。

第二条　承包人死亡时尚未取得承包收益的，可以将死者生前
对承包所投入的资金和所付出的劳动及其增值和孳息，由发包单位
或者接续承包合同的人合理折价、补偿。其价额作为遗产。

第三条　被继承人生前与他人订有遗赠扶养协议，同时又立有
遗嘱的，继承开始后，如果遗赠扶养协议与遗嘱没有抵触，遗产分
别按协议和遗嘱处理；如果有抵触，按协议处理，与协议抵触的遗
嘱全部或者部分无效。

第四条　遗嘱继承人依遗嘱取得遗产后，仍有权依照民法典第
一千一百三十条的规定取得遗嘱未处分的遗产。

第五条　在遗产继承中，继承人之间因是否丧失继承权发生纠

纷，向人民法院提起诉讼的，由人民法院依据民法典第一千一百二十五条的规定，判决确认其是否丧失继承权。

第六条 继承人是否符合民法典第一千一百二十五条第一款第三项规定的"虐待被继承人情节严重"，可以从实施虐待行为的时间、手段、后果和社会影响等方面认定。

虐待被继承人情节严重的，不论是否追究刑事责任，均可确认其丧失继承权。

第七条 继承人故意杀害被继承人的，不论是既遂还是未遂，均应当确认其丧失继承权。

第八条 继承人有民法典第一千一百二十五条第一款第一项或者第二项所列之行为，而被继承人以遗嘱将遗产指定由该继承人继承的，可以确认遗嘱无效，并确认该继承人丧失继承权。

第九条 继承人伪造、篡改、隐匿或者销毁遗嘱，侵害了缺乏劳动能力又无生活来源的继承人的利益，并造成其生活困难的，应当认定为民法典第一千一百二十五条第一款第四项规定的"情节严重"。

二、法定继承

第十条 被收养人对养父母尽了赡养义务，同时又对生父母扶养较多的，除可以依照民法典第一千一百二十七条的规定继承养父母的遗产外，还可以依照民法典第一千一百三十一条的规定分得生父母适当的遗产。

第十一条 继子女继承了继父母遗产的，不影响其继承生父母的遗产。

继父母继承了继子女遗产的，不影响其继承生子女的遗产。

第十二条 养子女与生子女之间、养子女与养子女之间，系养兄弟姐妹，可以互为第二顺序继承人。

被收养人与其亲兄弟姐妹之间的权利义务关系，因收养关系的成立而消除，不能互为第二顺序继承人。

第十三条　继兄弟姐妹之间的继承权，因继兄弟姐妹之间的扶养关系而发生。没有扶养关系的，不能互为第二顺序继承人。

继兄弟姐妹之间相互继承了遗产的，不影响其继承亲兄弟姐妹的遗产。

第十四条　被继承人的孙子女、外孙子女、曾孙子女、外曾孙子女都可以代位继承，代位继承人不受辈数的限制。

第十五条　被继承人的养子女、已形成扶养关系的继子女的生子女可以代位继承；被继承人亲生子女的养子女可以代位继承；被继承人养子女的养子女可以代位继承；与被继承人已形成扶养关系的继子女的养子女也可以代位继承。

第十六条　代位继承人缺乏劳动能力又没有生活来源，或者对被继承人尽过主要赡养义务的，分配遗产时，可以多分。

第十七条　继承人丧失继承权的，其晚辈直系血亲不得代位继承。如该代位继承人缺乏劳动能力又没有生活来源，或者对被继承人尽赡养义务较多的，可以适当分给遗产。

第十八条　丧偶儿媳对公婆、丧偶女婿对岳父母，无论其是否再婚，依照民法典第一千一百二十九条规定作为第一顺序继承人时，不影响其子女代位继承。

第十九条　对被继承人生活提供了主要经济来源，或者在劳务等方面给予了主要扶助的，应当认定其尽了主要赡养义务或主要扶养义务。

第二十条　依照民法典第一千一百三十一条规定可以分给适当遗产的人，分给他们遗产时，按具体情况可以多于或者少于继承人。

第二十一条　依照民法典第一千一百三十一条规定可以分给适当遗产的人，在其依法取得被继承人遗产的权利受到侵犯时，本人有权以独立的诉讼主体资格向人民法院提起诉讼。

第二十二条　继承人有扶养能力和扶养条件，愿意尽扶养义务，但被继承人因有固定收入和劳动能力，明确表示不要求其扶养的，分配遗产时，一般不应因此而影响其继承份额。

第二十三条 有扶养能力和扶养条件的继承人虽然与被继承人共同生活，但对需要扶养的被继承人不尽扶养义务，分配遗产时，可以少分或者不分。

三、遗嘱继承和遗赠

第二十四条 继承人、受遗赠人的债权人、债务人，共同经营的合伙人，也应当视为与继承人、受遗赠人有利害关系，不能作为遗嘱的见证人。

第二十五条 遗嘱人未保留缺乏劳动能力又没有生活来源的继承人的遗产份额，遗产处理时，应当为该继承人留下必要的遗产，所剩余的部分，才可参照遗嘱确定的分配原则处理。

继承人是否缺乏劳动能力又没有生活来源，应当按遗嘱生效时该继承人的具体情况确定。

第二十六条 遗嘱人以遗嘱处分了国家、集体或者他人财产的，应当认定该部分遗嘱无效。

第二十七条 自然人在遗书中涉及死后个人财产处分的内容，确为死者的真实意思表示，有本人签名并注明了年、月、日，又无相反证据的，可以按自书遗嘱对待。

第二十八条 遗嘱人立遗嘱时必须具有完全民事行为能力。无民事行为能力人或者限制民事行为能力人所立的遗嘱，即使其本人后来具有完全民事行为能力，仍属无效遗嘱。遗嘱人立遗嘱时具有完全民事行为能力，后来成为无民事行为能力人或者限制民事行为能力人的，不影响遗嘱的效力。

第二十九条 附义务的遗嘱继承或者遗赠，如义务能够履行，而继承人、受遗赠人无正当理由不履行，经受益人或者其他继承人请求，人民法院可以取消其接受附义务部分遗产的权利，由提出请求的继承人或者受益人负责按遗嘱人的意愿履行义务，接受遗产。

四、遗产的处理

第三十条 人民法院在审理继承案件时，如果知道有继承人而无法通知的，分割遗产时，要保留其应继承的遗产，并确定该遗产的保管人或者保管单位。

第三十一条 应当为胎儿保留的遗产份额没有保留的，应从继承人所继承的遗产中扣回。

为胎儿保留的遗产份额，如胎儿出生后死亡的，由其继承人继承；如胎儿娩出时是死体的，由被继承人的继承人继承。

第三十二条 继承人因放弃继承权，致其不能履行法定义务的，放弃继承权的行为无效。

第三十三条 继承人放弃继承应当以书面形式向遗产管理人或者其他继承人表示。

第三十四条 在诉讼中，继承人向人民法院以口头方式表示放弃继承的，要制作笔录，由放弃继承的人签名。

第三十五条 继承人放弃继承的意思表示，应当在继承开始后、遗产分割前作出。遗产分割后表示放弃的不再是继承权，而是所有权。

第三十六条 遗产处理前或者在诉讼进行中，继承人对放弃继承反悔的，由人民法院根据其提出的具体理由，决定是否承认。遗产处理后，继承人对放弃继承反悔的，不予承认。

第三十七条 放弃继承的效力，追溯到继承开始的时间。

第三十八条 继承开始后，受遗赠人表示接受遗赠，并于遗产分割前死亡的，其接受遗赠的权利转移给他的继承人。

第三十九条 由国家或者集体组织供给生活费用的烈属和享受社会救济的自然人，其遗产仍应准许合法继承人继承。

第四十条 继承人以外的组织或者个人与自然人签订遗赠扶养协议后，无正当理由不履行，导致协议解除的，不能享有受遗赠的权利，其支付的供养费用一般不予补偿；遗赠人无正当理由不履行，导致协议解除的，则应当偿还继承人以外的组织或者个人已支付的供养费用。

第四十一条 遗产因无人继承又无人受遗赠归国家或者集体所有制组织所有时，按照民法典第一千一百三十一条规定可以分给适当遗产的人提出取得遗产的诉讼请求，人民法院应当视情况适当分给遗产。

第四十二条 人民法院在分割遗产中的房屋、生产资料和特定职业所需要的财产时，应当依据有利于发挥其使用效益和继承人的实际需要，兼顾各继承人的利益进行处理。

第四十三条 人民法院对故意隐匿、侵吞或者争抢遗产的继承人，可以酌情减少其应继承的遗产。

第四十四条 继承诉讼开始后，如继承人、受遗赠人中有既不愿参加诉讼，又不表示放弃实体权利的，应当追加为共同原告；继承人已书面表示放弃继承、受遗赠人在知道受遗赠后六十日内表示放弃受遗赠或者到期没有表示的，不再列为当事人。

五、附　则

第四十五条 本解释自 2021 年 1 月 1 日起施行。

最高人民法院关于适用
《中华人民共和国民法典》
物权编的解释（一）

（2020 年 12 月 25 日最高人民法院审判委员会第 1825 次会议通过　2020 年 12 月 29 日最高人民法院公告公布自 2021 年 1 月 1 日起施行　法释〔2020〕24 号）

为正确审理物权纠纷案件，根据《中华人民共和国民法典》等相关法律规定，结合审判实践，制定本解释。

第一条　因不动产物权的归属，以及作为不动产物权登记基础的买卖、赠与、抵押等产生争议，当事人提起民事诉讼的，应当依法受理。当事人已经在行政诉讼中申请一并解决上述民事争议，且人民法院一并审理的除外。

第二条　当事人有证据证明不动产登记簿的记载与真实权利状态不符、其为该不动产物权的真实权利人，请求确认其享有物权的，应予支持。

第三条　异议登记因民法典第二百二十条第二款规定的事由失效后，当事人提起民事诉讼，请求确认物权归属的，应当依法受理。异议登记失效不影响人民法院对案件的实体审理。

第四条　未经预告登记的权利人同意，转让不动产所有权等物权，或者设立建设用地使用权、居住权、地役权、抵押权等其他物权的，应当依照民法典第二百二十一条第一款的规定，认定其不发生物权效力。

第五条　预告登记的买卖不动产物权的协议被认定无效、被撤销，或者预告登记的权利人放弃债权的，应当认定为民法典第二百二十一条第二款所称的"债权消灭"。

第六条 转让人转让船舶、航空器和机动车等所有权，受让人已经支付合理价款并取得占有，虽未经登记，但转让人的债权人主张其为民法典第二百二十五条所称的"善意第三人"的，不予支持，法律另有规定的除外。

第七条 人民法院、仲裁机构在分割共有不动产或者动产等案件中作出并依法生效的改变原有物权关系的判决书、裁决书、调解书，以及人民法院在执行程序中作出的拍卖成交裁定书、变卖成交裁定书、以物抵债裁定书，应当认定为民法典第二百二十九条所称导致物权设立、变更、转让或者消灭的人民法院、仲裁机构的法律文书。

第八条 依据民法典第二百二十九条至第二百三十一条规定享有物权，但尚未完成动产交付或者不动产登记的权利人，依据民法典第二百三十五条至第二百三十八条的规定，请求保护其物权的，应予支持。

第九条 共有份额的权利主体因继承、遗赠等原因发生变化时，其他按份共有人主张优先购买的，不予支持，但按份共有人之间另有约定的除外。

第十条 民法典第三百零五条所称的"同等条件"，应当综合共有份额的转让价格、价款履行方式及期限等因素确定。

第十一条 优先购买权的行使期间，按份共有人之间有约定的，按照约定处理；没有约定或者约定不明的，按照下列情形确定：

（一）转让人向其他按份共有人发出的包含同等条件内容的通知中载明行使期间的，以该期间为准；

（二）通知中未载明行使期间，或者载明的期间短于通知送达之日起十五日的，为十五日；

（三）转让人未通知的，为其他按份共有人知道或者应当知道最终确定的同等条件之日起十五日；

（四）转让人未通知，且无法确定其他按份共有人知道或者应当知道最终确定的同等条件的，为共有份额权属转移之日起六个月。

第十二条　按份共有人向共有人之外的人转让其份额，其他按份共有人根据法律、司法解释规定，请求按照同等条件优先购买该共有份额的，应予支持。其他按份共有人的请求具有下列情形之一的，不予支持：

（一）未在本解释第十一条规定的期间内主张优先购买，或者虽主张优先购买，但提出减少转让价款、增加转让人负担等实质性变更要求；

（二）以其优先购买权受到侵害为由，仅请求撤销共有份额转让合同或者认定该合同无效。

第十三条　按份共有人之间转让共有份额，其他按份共有人主张依据民法典第三百零五条规定优先购买的，不予支持，但按份共有人之间另有约定的除外。

第十四条　受让人受让不动产或者动产时，不知道转让人无处分权，且无重大过失的，应当认定受让人为善意。

真实权利人主张受让人不构成善意的，应当承担举证证明责任。

第十五条　具有下列情形之一的，应当认定不动产受让人知道转让人无处分权：

（一）登记簿上存在有效的异议登记；

（二）预告登记有效期内，未经预告登记的权利人同意；

（三）登记簿上已经记载司法机关或者行政机关依法裁定、决定查封或者以其他形式限制不动产权利的有关事项；

（四）受让人知道登记簿上记载的权利主体错误；

（五）受让人知道他人已经依法享有不动产物权。

真实权利人有证据证明不动产受让人应当知道转让人无处分权的，应当认定受让人具有重大过失。

第十六条　受让人受让动产时，交易的对象、场所或者时机等不符合交易习惯的，应当认定受让人具有重大过失。

第十七条　民法典第三百一十一条第一款第一项所称的"受让人受让该不动产或者动产时"，是指依法完成不动产物权转移登记或者动产交付之时。

当事人以民法典第二百二十六条规定的方式交付动产的，转让动产民事法律行为生效时为动产交付之时；当事人以民法典第二百二十七条规定的方式交付动产的，转让人与受让人之间有关转让返还原物请求权的协议生效时为动产交付之时。

法律对不动产、动产物权的设立另有规定的，应当按照法律规定的时间认定权利人是否为善意。

第十八条　民法典第三百一十一条第一款第二项所称"合理的价格"，应当根据转让标的物的性质、数量以及付款方式等具体情况，参考转让时交易地市场价格以及交易习惯等因素综合认定。

第十九条　转让人将民法典第二百二十五条规定的船舶、航空器和机动车等交付给受让人的，应当认定符合民法典第三百一十一条第一款第三项规定的善意取得的条件。

第二十条　具有下列情形之一，受让人主张依据民法典第三百一十一条规定取得所有权的，不予支持：

（一）转让合同被认定无效；

（二）转让合同被撤销。

第二十一条　本解释自 2021 年 1 月 1 日起施行。

最高人民法院关于审理建设工程施工
合同纠纷案件适用法律问题的解释（一）

（2020 年 12 月 25 日最高人民法院审判委员会第 1825
次会议通过　2020 年 12 月 29 日最高人民法院公告公布
自 2021 年 1 月 1 日起施行　法释〔2020〕25 号）

为正确审理建设工程施工合同纠纷案件，依法保护当事人合法权益，维护建筑市场秩序，促进建筑市场健康发展，根据《中华人民共和国民法典》《中华人民共和国建筑法》《中华人民共和国招标投标法》《中华人民共和国民事诉讼法》等相关法律规定，结合审判实践，制定本解释。

第一条 建设工程施工合同具有下列情形之一的，应当依据民法典第一百五十三条第一款的规定，认定无效：

（一）承包人未取得建筑业企业资质或者超越资质等级的；

（二）没有资质的实际施工人借用有资质的建筑施工企业名义的；

（三）建设工程必须进行招标而未招标或者中标无效的。

承包人因转包、违法分包建设工程与他人签订的建设工程施工合同，应当依据民法典第一百五十三条第一款及第七百九十一条第二款、第三款的规定，认定无效。

第二条 招标人和中标人另行签订的建设工程施工合同约定的工程范围、建设工期、工程质量、工程价款等实质性内容，与中标合同不一致，一方当事人请求按照中标合同确定权利义务的，人民法院应予支持。

招标人和中标人在中标合同之外就明显高于市场价格购买承建房产、无偿建设住房配套设施、让利、向建设单位捐赠财物等另行签订合同，变相降低工程价款，一方当事人以该合同背离中标合同实质性内容为由请求确认无效的，人民法院应予支持。

第三条 当事人以发包人未取得建设工程规划许可证等规划审批手续为由，请求确认建设工程施工合同无效的，人民法院应予支持，但发包人在起诉前取得建设工程规划许可证等规划审批手续的除外。

发包人能够办理审批手续而未办理，并以未办理审批手续为由请求确认建设工程施工合同无效的，人民法院不予支持。

第四条 承包人超越资质等级许可的业务范围签订建设工程施工合同，在建设工程竣工前取得相应资质等级，当事人请求按照无效合同处理的，人民法院不予支持。

540

第五条 具有劳务作业法定资质的承包人与总承包人、分包人签订的劳务分包合同，当事人请求确认无效的，人民法院依法不予支持。

第六条 建设工程施工合同无效，一方当事人请求对方赔偿损失的，应当就对方过错、损失大小、过错与损失之间的因果关系承担举证责任。

损失大小无法确定，一方当事人请求参照合同约定的质量标准、建设工期、工程价款支付时间等内容确定损失大小的，人民法院可以结合双方过错程度、过错与损失之间的因果关系等因素作出裁判。

第七条 缺乏资质的单位或者个人借用有资质的建筑施工企业名义签订建设工程施工合同，发包人请求出借方与借用方对建设工程质量不合格等因出借资质造成的损失承担连带赔偿责任的，人民法院应予支持。

第八条 当事人对建设工程开工日期有争议的，人民法院应当分别按照以下情形予以认定：

（一）开工日期为发包人或者监理人发出的开工通知载明的开工日期；开工通知发出后，尚不具备开工条件的，以开工条件具备的时间为开工日期；因承包人原因导致开工时间推迟的，以开工通知载明的时间为开工日期。

（二）承包人经发包人同意已经实际进场施工的，以实际进场施工时间为开工日期。

（三）发包人或者监理人未发出开工通知，亦无相关证据证明实际开工日期的，应当综合考虑开工报告、合同、施工许可证、竣工验收报告或者竣工验收备案表等载明的时间，并结合是否具备开工条件的事实，认定开工日期。

第九条 当事人对建设工程实际竣工日期有争议的，人民法院应当分别按照以下情形予以认定：

（一）建设工程经竣工验收合格的，以竣工验收合格之日为竣工日期；

（二）承包人已经提交竣工验收报告，发包人拖延验收的，以承包人提交验收报告之日为竣工日期；

（三）建设工程未经竣工验收，发包人擅自使用的，以转移占有建设工程之日为竣工日期。

第十条 当事人约定顺延工期应当经发包人或者监理人签证等方式确认，承包人虽未取得工期顺延的确认，但能够证明在合同约定的期限内向发包人或者监理人申请过工期顺延且顺延事由符合合同约定，承包人以此为由主张工期顺延的，人民法院应予支持。

当事人约定承包人未在约定期限内提出工期顺延申请视为工期不顺延的，按照约定处理，但发包人在约定期限后同意工期顺延或者承包人提出合理抗辩的除外。

第十一条 建设工程竣工前，当事人对工程质量发生争议，工程质量经鉴定合格的，鉴定期间为顺延工期期间。

第十二条 因承包人的原因造成建设工程质量不符合约定，承包人拒绝修理、返工或者改建，发包人请求减少支付工程价款的，人民法院应予支持。

第十三条 发包人具有下列情形之一，造成建设工程质量缺陷，应当承担过错责任：

（一）提供的设计有缺陷；

（二）提供或者指定购买的建筑材料、建筑构配件、设备不符合强制性标准；

（三）直接指定分包人分包专业工程。

承包人有过错的，也应当承担相应的过错责任。

第十四条 建设工程未经竣工验收，发包人擅自使用后，又以使用部分质量不符合约定为由主张权利的，人民法院不予支持；但是承包人应当在建设工程的合理使用寿命内对地基基础工程和主体结构质量承担民事责任。

第十五条 因建设工程质量发生争议的，发包人可以以总承包人、分包人和实际施工人为共同被告提起诉讼。

第十六条　发包人在承包人提起的建设工程施工合同纠纷案件中，以建设工程质量不符合合同约定或者法律规定为由，就承包人支付违约金或者赔偿修理、返工、改建的合理费用等损失提出反诉的，人民法院可以合并审理。

第十七条　有下列情形之一，承包人请求发包人返还工程质量保证金的，人民法院应予支持：

（一）当事人约定的工程质量保证金返还期限届满；

（二）当事人未约定工程质量保证金返还期限的，自建设工程通过竣工验收之日起满二年；

（三）因发包人原因建设工程未按约定期限进行竣工验收的，自承包人提交工程竣工验收报告九十日后当事人约定的工程质量保证金返还期限届满；当事人未约定工程质量保证金返还期限的，自承包人提交工程竣工验收报告九十日后起满二年。

发包人返还工程质量保证金后，不影响承包人根据合同约定或者法律规定履行工程保修义务。

第十八条　因保修人未及时履行保修义务，导致建筑物毁损或者造成人身损害、财产损失的，保修人应当承担赔偿责任。

保修人与建筑物所有人或者发包人对建筑物毁损均有过错的，各自承担相应的责任。

第十九条　当事人对建设工程的计价标准或者计价方法有约定的，按照约定结算工程价款。

因设计变更导致建设工程的工程量或者质量标准发生变化，当事人对该部分工程价款不能协商一致的，可以参照签订建设工程施工合同时当地建设行政主管部门发布的计价方法或者计价标准结算工程价款。

建设工程施工合同有效，但建设工程经竣工验收不合格的，依照民法典第五百七十七条规定处理。

第二十条　当事人对工程量有争议的，按照施工过程中形成的签证等书面文件确认。承包人能够证明发包人同意其施工，但未能提供签证文件证明工程量发生的，可以按照当事人提供的其他证据确认实际发生的工程量。

第二十一条　当事人约定，发包人收到竣工结算文件后，在约定期限内不予答复，视为认可竣工结算文件的，按照约定处理。承包人请求按照竣工结算文件结算工程价款的，人民法院应予支持。

第二十二条　当事人签订的建设工程施工合同与招标文件、投标文件、中标通知书载明的工程范围、建设工期、工程质量、工程价款不一致，一方当事人请求将招标文件、投标文件、中标通知书作为结算工程价款的依据的，人民法院应予支持。

第二十三条　发包人将依法不属于必须招标的建设工程进行招标后，与承包人另行订立的建设工程施工合同背离中标合同的实质性内容，当事人请求以中标合同作为结算建设工程价款依据的，人民法院应予支持，但发包人与承包人因客观情况发生了在招标投标时难以预见的变化而另行订立建设工程施工合同的除外。

第二十四条　当事人就同一建设工程订立的数份建设工程施工合同均无效，但建设工程质量合格，一方当事人请求参照实际履行的合同关于工程价款的约定折价补偿承包人的，人民法院应予支持。

实际履行的合同难以确定，当事人请求参照最后签订的合同关于工程价款的约定折价补偿承包人的，人民法院应予支持。

第二十五条　当事人对垫资和垫资利息有约定，承包人请求按照约定返还垫资及其利息的，人民法院应予支持，但是约定的利息计算标准高于垫资时的同类贷款利率或者同期贷款市场报价利率的部分除外。

当事人对垫资没有约定的，按照工程欠款处理。

当事人对垫资利息没有约定，承包人请求支付利息的，人民法院不予支持。

第二十六条　当事人对欠付工程价款利息计付标准有约定的，按照约定处理。没有约定的，按照同期同类贷款利率或者同期贷款市场报价利率计息。

第二十七条　利息从应付工程价款之日开始计付。当事人对付款时间没有约定或者约定不明的，下列时间视为应付款时间：

（一）建设工程已实际交付的，为交付之日；

（二）建设工程没有交付的，为提交竣工结算文件之日；

（三）建设工程未交付，工程价款也未结算的，为当事人起诉之日。

第二十八条　当事人约定按照固定价结算工程价款，一方当事人请求对建设工程造价进行鉴定的，人民法院不予支持。

第二十九条　当事人在诉讼前已经对建设工程价款结算达成协议，诉讼中一方当事人申请对工程造价进行鉴定的，人民法院不予准许。

第三十条　当事人在诉讼前共同委托有关机构、人员对建设工程造价出具咨询意见，诉讼中一方当事人不认可该咨询意见申请鉴定的，人民法院应予准许，但双方当事人明确表示受该咨询意见约束的除外。

第三十一条　当事人对部分案件事实有争议的，仅对有争议的事实进行鉴定，但争议事实范围不能确定，或者双方当事人请求对全部事实鉴定的除外。

第三十二条　当事人对工程造价、质量、修复费用等专门性问题有争议，人民法院认为需要鉴定的，应当向负有举证责任的当事人释明。当事人经释明未申请鉴定，虽申请鉴定但未支付鉴定费用或者拒不提供相关材料的，应当承担举证不能的法律后果。

一审诉讼中负有举证责任的当事人未申请鉴定，虽申请鉴定但未支付鉴定费用或者拒不提供相关材料，二审诉讼中申请鉴定，人民法院认为确有必要的，应当依照民事诉讼法第一百七十条第一款第三项的规定处理。

第三十三条　人民法院准许当事人的鉴定申请后，应当根据当事人申请及查明案件事实的需要，确定委托鉴定的事项、范围、鉴定期限等，并组织当事人对争议的鉴定材料进行质证。

第三十四条　人民法院应当组织当事人对鉴定意见进行质证。鉴定人将当事人有争议且未经质证的材料作为鉴定依据的，人民法院应当组织当事人就该部分材料进行质证。经质证认为不能作为鉴定依据的，根据该材料作出的鉴定意见不得作为认定案件事实的依据。

第三十五条　与发包人订立建设工程施工合同的承包人，依据民法典第八百零七条的规定请求其承建工程的价款就工程折价或者拍卖的价款优先受偿的，人民法院应予支持。

第三十六条　承包人根据民法典第八百零七条规定享有的建设工程价款优先受偿权优于抵押权和其他债权。

第三十七条　装饰装修工程具备折价或者拍卖条件，装饰装修工程的承包人请求工程价款就该装饰装修工程折价或者拍卖的价款优先受偿的，人民法院应予支持。

第三十八条　建设工程质量合格，承包人请求其承建工程的价款就工程折价或者拍卖的价款优先受偿的，人民法院应予支持。

第三十九条　未竣工的建设工程质量合格，承包人请求其承建工程的价款就其承建工程部分折价或者拍卖的价款优先受偿的，人民法院应予支持。

第四十条　承包人建设工程价款优先受偿的范围依照国务院有关行政主管部门关于建设工程价款范围的规定确定。

承包人就逾期支付建设工程价款的利息、违约金、损害赔偿金等主张优先受偿的，人民法院不予支持。

第四十一条　承包人应当在合理期限内行使建设工程价款优先受偿权，但最长不得超过十八个月，自发包人应当给付建设工程价款之日起算。

第四十二条　发包人与承包人约定放弃或者限制建设工程价款优先受偿权，损害建筑工人利益，发包人根据该约定主张承包人不享有建设工程价款优先受偿权的，人民法院不予支持。

第四十三条　实际施工人以转包人、违法分包人为被告起诉的，人民法院应当依法受理。

实际施工人以发包人为被告主张权利的，人民法院应当追加转包人或者违法分包人为本案第三人，在查明发包人欠付转包人或者违法分包人建设工程价款的数额后，判决发包人在欠付建设工程价款范围内对实际施工人承担责任。

第四十四条 实际施工人依据民法典第五百三十五条规定，以转包人或者违法分包人怠于向发包人行使到期债权或者与该债权有关的从权利，影响其到期债权实现，提起代位权诉讼的，人民法院应予支持。

第四十五条 本解释自 2021 年 1 月 1 日起施行。

最高人民法院关于审理劳动争议案件
适用法律问题的解释（一）

（2020 年 12 月 25 日最高人民法院审判委员会第 1825 次会议通过　2020 年 12 月 29 日最高人民法院公告公布自 2021 年 1 月 1 日起施行　法释〔2020〕26 号）

为正确审理劳动争议案件，根据《中华人民共和国民法典》《中华人民共和国劳动法》《中华人民共和国劳动合同法》《中华人民共和国劳动争议调解仲裁法》《中华人民共和国民事诉讼法》等相关法律规定，结合审判实践，制定本解释。

第一条 劳动者与用人单位之间发生的下列纠纷，属于劳动争议，当事人不服劳动争议仲裁机构作出的裁决，依法提起诉讼的，人民法院应予受理：

（一）劳动者与用人单位在履行劳动合同过程中发生的纠纷；

（二）劳动者与用人单位之间没有订立书面劳动合同，但已形成劳动关系后发生的纠纷；

（三）劳动者与用人单位因劳动关系是否已经解除或者终止，以及应否支付解除或者终止劳动关系经济补偿金发生的纠纷；

（四）劳动者与用人单位解除或者终止劳动关系后，请求用人单位返还其收取的劳动合同定金、保证金、抵押金、抵押物发生的纠纷，或者办理劳动者的人事档案、社会保险关系等移转手续发生的纠纷；

（五）劳动者以用人单位未为其办理社会保险手续，且社会保险经办机构不能补办导致其无法享受社会保险待遇为由，要求用人单位赔偿损失发生的纠纷；

（六）劳动者退休后，与尚未参加社会保险统筹的原用人单位因追索养老金、医疗费、工伤保险待遇和其他社会保险待遇而发生的纠纷；

（七）劳动者因为工伤、职业病，请求用人单位依法给予工伤保险待遇发生的纠纷；

（八）劳动者依据劳动合同法第八十五条规定，要求用人单位支付加付赔偿金发生的纠纷；

（九）因企业自主进行改制发生的纠纷。

第二条　下列纠纷不属于劳动争议：

（一）劳动者请求社会保险经办机构发放社会保险金的纠纷；

（二）劳动者与用人单位因住房制度改革产生的公有住房转让纠纷；

（三）劳动者对劳动能力鉴定委员会的伤残等级鉴定结论或者对职业病诊断鉴定委员会的职业病诊断鉴定结论的异议纠纷；

（四）家庭或者个人与家政服务人员之间的纠纷；

（五）个体工匠与帮工、学徒之间的纠纷；

（六）农村承包经营户与受雇人之间的纠纷。

第三条　劳动争议案件由用人单位所在地或者劳动合同履行地的基层人民法院管辖。

劳动合同履行地不明确的，由用人单位所在地的基层人民法院管辖。

法律另有规定的，依照其规定。

第四条 劳动者与用人单位均不服劳动争议仲裁机构的同一裁决，向同一人民法院起诉的，人民法院应当并案审理，双方当事人互为原告和被告，对双方的诉讼请求，人民法院应当一并作出裁决。在诉讼过程中，一方当事人撤诉的，人民法院应当根据另一方当事人的诉讼请求继续审理。双方当事人就同一仲裁裁决分别向有管辖权的人民法院起诉的，后受理的人民法院应当将案件移送给先受理的人民法院。

第五条 劳动争议仲裁机构以无管辖权为由对劳动争议案件不予受理，当事人提起诉讼的，人民法院按照以下情形分别处理：

（一）经审查认为该劳动争议仲裁机构对案件确无管辖权的，应当告知当事人向有管辖权的劳动争议仲裁机构申请仲裁；

（二）经审查认为该劳动争议仲裁机构有管辖权的，应当告知当事人申请仲裁，并将审查意见书面通知该劳动争议仲裁机构；劳动争议仲裁机构仍不受理，当事人就该劳动争议事项提起诉讼的，人民法院应予受理。

第六条 劳动争议仲裁机构以当事人申请仲裁的事项不属于劳动争议为由，作出不予受理的书面裁决、决定或者通知，当事人不服依法提起诉讼的，人民法院应当分别情况予以处理：

（一）属于劳动争议案件的，应当受理；

（二）虽不属于劳动争议案件，但属于人民法院主管的其他案件，应当依法受理。

第七条 劳动争议仲裁机构以申请仲裁的主体不适格为由，作出不予受理的书面裁决、决定或者通知，当事人不服依法提起诉讼，经审查确属主体不适格的，人民法院不予受理；已经受理的，裁定驳回起诉。

第八条 劳动争议仲裁机构为纠正原仲裁裁决错误重新作出裁决，当事人不服依法提起诉讼的，人民法院应当受理。

第九条 劳动争议仲裁机构仲裁的事项不属于人民法院受理的案件范围，当事人不服依法提起诉讼的，人民法院不予受理；已经受理的，裁定驳回起诉。

第十条 当事人不服劳动争议仲裁机构作出的预先支付劳动者劳动报酬、工伤医疗费、经济补偿或者赔偿金的裁决，依法提起诉讼的，人民法院不予受理。

用人单位不履行上述裁决中的给付义务，劳动者依法申请强制执行的，人民法院应予受理。

第十一条 劳动争议仲裁机构作出的调解书已经发生法律效力，一方当事人反悔提起诉讼的，人民法院不予受理；已经受理的，裁定驳回起诉。

第十二条 劳动争议仲裁机构逾期未作出受理决定或仲裁裁决，当事人直接提起诉讼的，人民法院应予受理，但申请仲裁的案件存在下列事由的除外：

（一）移送管辖的；

（二）正在送达或者送达延误的；

（三）等待另案诉讼结果、评残结论的；

（四）正在等待劳动争议仲裁机构开庭的；

（五）启动鉴定程序或者委托其他部门调查取证的；

（六）其他正当事由。

当事人以劳动争议仲裁机构逾期未作出仲裁裁决为由提起诉讼的，应当提交该仲裁机构出具的受理通知书或者其他已接受仲裁申请的凭证、证明。

第十三条 劳动者依据劳动合同法第三十条第二款和调解仲裁法第十六条规定向人民法院申请支付令，符合民事诉讼法第十七章督促程序规定的，人民法院应予受理。

依据劳动合同法第三十条第二款规定申请支付令被人民法院裁定终结督促程序后，劳动者就劳动争议事项直接提起诉讼的，人民法院应当告知其先向劳动争议仲裁机构申请仲裁。

550

依据调解仲裁法第十六条规定申请支付令被人民法院裁定终结督促程序后，劳动者依据调解协议直接提起诉讼的，人民法院应予受理。

第十四条 人民法院受理劳动争议案件后，当事人增加诉讼请求的，如该诉讼请求与讼争的劳动争议具有不可分性，应当合并审理；如属独立的劳动争议，应当告知当事人向劳动争议仲裁机构申请仲裁。

第十五条 劳动者以用人单位的工资欠条为证据直接提起诉讼，诉讼请求不涉及劳动关系其他争议的，视为拖欠劳动报酬争议，人民法院按照普通民事纠纷受理。

第十六条 劳动争议仲裁机构作出仲裁裁决后，当事人对裁决中的部分事项不服，依法提起诉讼的，劳动争议仲裁裁决不发生法律效力。

第十七条 劳动争议仲裁机构对多个劳动者的劳动争议作出仲裁裁决后，部分劳动者对仲裁裁决不服，依法提起诉讼的，仲裁裁决对提起诉讼的劳动者不发生法律效力；对未提起诉讼的部分劳动者，发生法律效力，如其申请执行的，人民法院应当受理。

第十八条 仲裁裁决的类型以仲裁裁决书确定为准。仲裁裁决书未载明该裁决为终局裁决或者非终局裁决，用人单位不服该仲裁裁决向基层人民法院提起诉讼的，应当按照以下情形分别处理：

（一）经审查认为该仲裁裁决为非终局裁决的，基层人民法院应予受理；

（二）经审查认为该仲裁裁决为终局裁决的，基层人民法院不予受理，但应告知用人单位可以自收到不予受理裁定书之日起三十日内向劳动争议仲裁机构所在地的中级人民法院申请撤销该仲裁裁决；已经受理的，裁定驳回起诉。

第十九条 仲裁裁决书未载明该裁决为终局裁决或者非终局裁决，劳动者依据调解仲裁法第四十七条第一项规定，追索劳动报酬、工伤医疗费、经济补偿或者赔偿金，如果仲裁裁决涉及数项，每项确定的数额均不超过当地月最低工资标准十二个月金额的，应当按照终局裁决处理。

第二十条 劳动争议仲裁机构作出的同一仲裁裁决同时包含终局裁决事项和非终局裁决事项，当事人不服该仲裁裁决向人民法院提起诉讼的，应当按照非终局裁决处理。

第二十一条 劳动者依据调解仲裁法第四十八条规定向基层人民法院提起诉讼，用人单位依据调解仲裁法第四十九条规定向劳动争议仲裁机构所在地的中级人民法院申请撤销仲裁裁决的，中级人民法院应当不予受理；已经受理的，应当裁定驳回申请。

被人民法院驳回起诉或者劳动者撤诉的，用人单位可以自收到裁定书之日起三十日内，向劳动争议仲裁机构所在地的中级人民法院申请撤销仲裁裁决。

第二十二条 用人单位依据调解仲裁法第四十九条规定向中级人民法院申请撤销仲裁裁决，中级人民法院作出的驳回申请或者撤销仲裁裁决的裁定为终审裁定。

第二十三条 中级人民法院审理用人单位申请撤销终局裁决的案件，应当组成合议庭开庭审理。经过阅卷、调查和询问当事人，对没有新的事实、证据或者理由，合议庭认为不需要开庭审理的，可以不开庭审理。

中级人民法院可以组织双方当事人调解。达成调解协议的，可以制作调解书。一方当事人逾期不履行调解协议的，另一方可以申请人民法院强制执行。

第二十四条 当事人申请人民法院执行劳动争议仲裁机构作出的发生法律效力的裁决书、调解书，被申请人提出证据证明劳动争议仲裁裁决书、调解书有下列情形之一，并经审查核实的，人民法院可以根据民事诉讼法第二百三十七条规定，裁定不予执行：

（一）裁决的事项不属于劳动争议仲裁范围，或者劳动争议仲裁机构无权仲裁的；

（二）适用法律、法规确有错误的；

552

（三）违反法定程序的；

（四）裁决所根据的证据是伪造的；

（五）对方当事人隐瞒了足以影响公正裁决的证据的；

（六）仲裁员在仲裁该案时有索贿受贿、徇私舞弊、枉法裁决行为的；

（七）人民法院认定执行该劳动争议仲裁裁决违背社会公共利益的。

人民法院在不予执行的裁定书中，应当告知当事人在收到裁定书之次日起三十日内，可以就该劳动争议事项向人民法院提起诉讼。

第二十五条 劳动争议仲裁机构作出终局裁决，劳动者向人民法院申请执行，用人单位向劳动争议仲裁机构所在地的中级人民法院申请撤销的，人民法院应当裁定中止执行。

用人单位撤回撤销终局裁决申请或者其申请被驳回的，人民法院应当裁定恢复执行。仲裁裁决被撤销的，人民法院应当裁定终结执行。

用人单位向人民法院申请撤销仲裁裁决被驳回后，又在执行程序中以相同理由提出不予执行抗辩的，人民法院不予支持。

第二十六条 用人单位与其它单位合并的，合并前发生的劳动争议，由合并后的单位为当事人；用人单位分立为若干单位的，其分立前发生的劳动争议，由分立后的实际用人单位为当事人。

用人单位分立为若干单位后，具体承受劳动权利义务的单位不明确的，分立后的单位均为当事人。

第二十七条 用人单位招用尚未解除劳动合同的劳动者，原用人单位与劳动者发生的劳动争议，可以列新的用人单位为第三人。

原用人单位以新的用人单位侵权为由提起诉讼的，可以列劳动者为第三人。

原用人单位以新的用人单位和劳动者共同侵权为由提起诉讼的，新的用人单位和劳动者列为共同被告。

第二十八条 劳动者在用人单位与其他平等主体之间的承包经

营期间，与发包方和承包方双方或者一方发生劳动争议，依法提起诉讼的，应当将承包方和发包方作为当事人。

第二十九条　劳动者与未办理营业执照、营业执照被吊销或者营业期限届满仍继续经营的用人单位发生争议的，应当将用人单位或者其出资人列为当事人。

第三十条　未办理营业执照、营业执照被吊销或者营业期限届满仍继续经营的用人单位，以挂靠等方式借用他人营业执照经营的，应当将用人单位和营业执照出借方列为当事人。

第三十一条　当事人不服劳动争议仲裁机构作出的仲裁裁决，依法提起诉讼，人民法院审查认为仲裁裁决遗漏了必须共同参加仲裁的当事人的，应当依法追加遗漏的人为诉讼当事人。

被追加的当事人应当承担责任的，人民法院应当一并处理。

第三十二条　用人单位与其招用的已经依法享受养老保险待遇或者领取退休金的人员发生用工争议而提起诉讼的，人民法院应当按劳务关系处理。

企业停薪留职人员、未达到法定退休年龄的内退人员、下岗待岗人员以及企业经营性停产放长假人员，因与新的用人单位发生用工争议而提起诉讼的，人民法院应当按劳动关系处理。

第三十三条　外国人、无国籍人未依法取得就业证件即与中华人民共和国境内的用人单位签订劳动合同，当事人请求确认与用人单位存在劳动关系的，人民法院不予支持。

持有《外国专家证》并取得《外国人来华工作许可证》的外国人，与中华人民共和国境内的用人单位建立用工关系的，可以认定为劳动关系。

第三十四条　劳动合同期满后，劳动者仍在原用人单位工作，原用人单位未表示异议的，视为双方同意以原条件继续履行劳动合同。一方提出终止劳动关系的，人民法院应予支持。

根据劳动合同法第十四条规定，用人单位应当与劳动者签订无固定期限劳动合同而未签订的，人民法院可以视为双方之间存在无固定期限劳动合同关系，并以原劳动合同确定双方的权利义务关系。

第三十五条 劳动者与用人单位就解除或者终止劳动合同办理相关手续、支付工资报酬、加班费、经济补偿或者赔偿金等达成的协议，不违反法律、行政法规的强制性规定，且不存在欺诈、胁迫或者乘人之危情形的，应当认定有效。

前款协议存在重大误解或者显失公平情形，当事人请求撤销的，人民法院应予支持。

第三十六条 当事人在劳动合同或者保密协议中约定了竞业限制，但未约定解除或者终止劳动合同后给予劳动者经济补偿，劳动者履行了竞业限制义务，要求用人单位按照劳动者在劳动合同解除或者终止前十二个月平均工资的30%按月支付经济补偿的，人民法院应予支持。

前款规定的月平均工资的30%低于劳动合同履行地最低工资标准的，按照劳动合同履行地最低工资标准支付。

第三十七条 当事人在劳动合同或者保密协议中约定了竞业限制和经济补偿，当事人解除劳动合同时，除另有约定外，用人单位要求劳动者履行竞业限制义务，或者劳动者履行了竞业限制义务后要求用人单位支付经济补偿的，人民法院应予支持。

第三十八条 当事人在劳动合同或者保密协议中约定了竞业限制和经济补偿，劳动合同解除或者终止后，因用人单位的原因导致三个月未支付经济补偿，劳动者请求解除竞业限制约定的，人民法院应予支持。

第三十九条 在竞业限制期限内，用人单位请求解除竞业限制协议的，人民法院应予支持。

在解除竞业限制协议时，劳动者请求用人单位额外支付劳动者三个月的竞业限制经济补偿的，人民法院应予支持。

第四十条 劳动者违反竞业限制约定，向用人单位支付违约金后，用人单位要求劳动者按照约定继续履行竞业限制义务的，人民法院应予支持。

第四十一条　劳动合同被确认为无效，劳动者已付出劳动的，用人单位应当按照劳动合同法第二十八条、第四十六条、第四十七条的规定向劳动者支付劳动报酬和经济补偿。

由于用人单位原因订立无效劳动合同，给劳动者造成损害的，用人单位应当赔偿劳动者因合同无效所造成的经济损失。

第四十二条　劳动者主张加班费的，应当就加班事实的存在承担举证责任。但劳动者有证据证明用人单位掌握加班事实存在的证据，用人单位不提供的，由用人单位承担不利后果。

第四十三条　用人单位与劳动者协商一致变更劳动合同，虽未采用书面形式，但已经实际履行了口头变更的劳动合同超过一个月，变更后的劳动合同内容不违反法律、行政法规且不违背公序良俗，当事人以未采用书面形式为由主张劳动合同变更无效的，人民法院不予支持。

第四十四条　因用人单位作出的开除、除名、辞退、解除劳动合同、减少劳动报酬、计算劳动者工作年限等决定而发生的劳动争议，用人单位负举证责任。

第四十五条　用人单位有下列情形之一，迫使劳动者提出解除劳动合同的，用人单位应当支付劳动者的劳动报酬和经济补偿，并可支付赔偿金：

（一）以暴力、威胁或者非法限制人身自由的手段强迫劳动的；

（二）未按照劳动合同约定支付劳动报酬或者提供劳动条件的；

（三）克扣或者无故拖欠劳动者工资的；

（四）拒不支付劳动者延长工作时间工资报酬的；

（五）低于当地最低工资标准支付劳动者工资的。

第四十六条　劳动者非因本人原因从原用人单位被安排到新用人单位工作，原用人单位未支付经济补偿，劳动者依据劳动合同法第三十八条规定与新用人单位解除劳动合同，或者新用人单位向劳动者提出解除、终止劳动合同，在计算支付经济补偿或赔偿金的工作年限时，劳动者请求把在原用人单位的工作年限合并计算为新用人单位工作年限的，人民法院应予支持。

用人单位符合下列情形之一的，应当认定属于"劳动者非因本人原因从原用人单位被安排到新用人单位工作"：

（一）劳动者仍在原工作场所、工作岗位工作，劳动合同主体由原用人单位变更为新用人单位；

（二）用人单位以组织委派或任命形式对劳动者进行工作调动；

（三）因用人单位合并、分立等原因导致劳动者工作调动；

（四）用人单位及其关联企业与劳动者轮流订立劳动合同；

（五）其他合理情形。

第四十七条 建立了工会组织的用人单位解除劳动合同符合劳动合同法第三十九条、第四十条规定，但未按照劳动合同法第四十三条规定事先通知工会，劳动者以用人单位违法解除劳动合同为由请求用人单位支付赔偿金的，人民法院应予支持，但起诉前用人单位已经补正有关程序的除外。

第四十八条 劳动合同法施行后，因用人单位经营期限届满不再继续经营导致劳动合同不能继续履行，劳动者请求用人单位支付经济补偿的，人民法院应予支持。

第四十九条 在诉讼过程中，劳动者向人民法院申请采取财产保全措施，人民法院经审查认为申请人经济确有困难，或者有证据证明用人单位存在欠薪逃匿可能的，应当减轻或者免除劳动者提供担保的义务，及时采取保全措施。

人民法院作出的财产保全裁定中，应当告知当事人在劳动争议仲裁机构的裁决书或者在人民法院的裁判文书生效后三个月内申请强制执行。逾期不申请的，人民法院应当裁定解除保全措施。

第五十条 用人单位根据劳动合同法第四条规定，通过民主程序制定的规章制度，不违反国家法律、行政法规及政策规定，并已向劳动者公示的，可以作为确定双方权利义务的依据。

用人单位制定的内部规章制度与集体合同或者劳动合同约定的内容不一致，劳动者请求优先适用合同约定的，人民法院应予支持。

第五十一条 当事人在调解仲裁法第十条规定的调解组织主持下达成的具有劳动权利义务内容的调解协议，具有劳动合同的约束力，可以作为人民法院裁判的根据。

当事人在调解仲裁法第十条规定的调解组织主持下仅就劳动报酬争议达成调解协议，用人单位不履行调解协议确定的给付义务，劳动者直接提起诉讼的，人民法院可以按照普通民事纠纷受理。

第五十二条 当事人在人民调解委员会主持下仅就给付义务达成的调解协议，双方认为有必要的，可以共同向人民调解委员会所在地的基层人民法院申请司法确认。

第五十三条 用人单位对劳动者作出的开除、除名、辞退等处理，或者因其他原因解除劳动合同确有错误的，人民法院可以依法判决予以撤销。

对于追索劳动报酬、养老金、医疗费以及工伤保险待遇、经济补偿金、培训费及其他相关费用等案件，给付数额不当的，人民法院可以予以变更。

第五十四条 本解释自 2021 年 1 月 1 日起施行。

最高人民法院关于适用
《中华人民共和国民法典》
有关担保制度的解释

（2020 年 12 月 25 日最高人民法院审判委员会第 1824 次会议通过 2020 年 12 月 31 日最高人民法院公告公布 自 2021 年 1 月 1 日起施行 法释〔2020〕28 号）

为正确适用《中华人民共和国民法典》有关担保制度的规定，结合民事审判实践，制定本解释。

一、关于一般规定

第一条 因抵押、质押、留置、保证等担保发生的纠纷，适用本解释。所有权保留买卖、融资租赁、保理等涉及担保功能发生的纠纷，适用本解释的有关规定。

第二条 当事人在担保合同中约定担保合同的效力独立于主合同，或者约定担保人对主合同无效的法律后果承担担保责任，该有关担保独立性的约定无效。主合同有效的，有关担保独立性的约定无效不影响担保合同的效力；主合同无效的，人民法院应当认定担保合同无效，但是法律另有规定的除外。

因金融机构开立的独立保函发生的纠纷，适用《最高人民法院关于审理独立保函纠纷案件若干问题的规定》。

第三条 当事人对担保责任的承担约定专门的违约责任，或者约定的担保责任范围超出债务人应当承担的责任范围，担保人主张仅在债务人应当承担的责任范围内承担责任的，人民法院应予支持。

担保人承担的责任超出债务人应当承担的责任范围，担保人向债务人追偿，债务人主张仅在其应当承担的责任范围内承担责任的，人民法院应予支持；担保人请求债权人返还超出部分的，人民法院依法予以支持。

第四条 有下列情形之一，当事人将担保物权登记在他人名下，债务人不履行到期债务或者发生当事人约定的实现担保物权的情形，债权人或者其受托人主张就该财产优先受偿的，人民法院依法予以支持：

（一）为债券持有人提供的担保物权登记在债券受托管理人名下；

（二）为委托贷款人提供的担保物权登记在受托人名下；

（三）担保人知道债权人与他人之间存在委托关系的其他情形。

第五条 机关法人提供担保的，人民法院应当认定担保合同无效，但是经国务院批准为使用外国政府或者国际经济组织贷款进行转贷的除外。

居民委员会、村民委员会提供担保的，人民法院应当认定担保合同无效，但是依法代行村集体经济组织职能的村民委员会，依照村民委员会组织法规定的讨论决定程序对外提供担保的除外。

第六条 以公益为目的的非营利性学校、幼儿园、医疗机构、养老机构等提供担保的，人民法院应当认定担保合同无效，但是有下列情形之一的除外：

（一）在购入或者以融资租赁方式承租教育设施、医疗卫生设施、养老服务设施和其他公益设施时，出卖人、出租人为担保价款或者租金实现而在该公益设施上保留所有权；

（二）以教育设施、医疗卫生设施、养老服务设施和其他公益设施以外的不动产、动产或者财产权利设立担保物权。

登记为营利法人的学校、幼儿园、医疗机构、养老机构等提供担保，当事人以其不具有担保资格为由主张担保合同无效的，人民法院不予支持。

第七条 公司的法定代表人违反公司法关于公司对外担保决议程序的规定，超越权限代表公司与相对人订立担保合同，人民法院应当依照民法典第六十一条和第五百零四条等规定处理：

（一）相对人善意的，担保合同对公司发生效力；相对人请求公司承担担保责任的，人民法院应予支持。

（二）相对人非善意的，担保合同对公司不发生效力；相对人请求公司承担赔偿责任的，参照适用本解释第十七条的有关规定。

法定代表人超越权限提供担保造成公司损失，公司请求法定代表人承担赔偿责任的，人民法院应予支持。

第一款所称善意，是指相对人在订立担保合同时不知道且不应当知道法定代表人超越权限。相对人有证据证明已对公司决议进行了合理审查，人民法院应当认定其构成善意，但是公司有证据证明

560

相对人知道或者应当知道决议系伪造、变造的除外。

第八条 有下列情形之一，公司以其未依照公司法关于公司对外担保的规定作出决议为由主张不承担担保责任的，人民法院不予支持：

（一）金融机构开立保函或者担保公司提供担保；

（二）公司为其全资子公司开展经营活动提供担保；

（三）担保合同系由单独或者共同持有公司三分之二以上对担保事项有表决权的股东签字同意。

上市公司对外提供担保，不适用前款第二项、第三项的规定。

第九条 相对人根据上市公司公开披露的关于担保事项已经董事会或者股东大会决议通过的信息，与上市公司订立担保合同，相对人主张担保合同对上市公司发生效力，并由上市公司承担担保责任的，人民法院应予支持。

相对人未根据上市公司公开披露的关于担保事项已经董事会或者股东大会决议通过的信息，与上市公司订立担保合同，上市公司主张担保合同对其不发生效力，且不承担担保责任或者赔偿责任的，人民法院应予支持。

相对人与上市公司已公开披露的控股子公司订立的担保合同，或者相对人与股票在国务院批准的其他全国性证券交易场所交易的公司订立的担保合同，适用前两款规定。

第十条 一人有限责任公司为其股东提供担保，公司以违反公司法关于公司对外担保决议程序的规定为由主张不承担担保责任的，人民法院不予支持。公司因承担担保责任导致无法清偿其他债务，提供担保时的股东不能证明公司财产独立于自己的财产，其他债权人请求该股东承担连带责任的，人民法院应予支持。

第十一条 公司的分支机构未经公司股东（大）会或者董事会决议以自己的名义对外提供担保，相对人请求公司或者其分支机构承担担保责任的，人民法院不予支持，但是相对人不知道且不应当知道分支机构对外提供担保未经公司决议程序的除外。

金融机构的分支机构在其营业执照记载的经营范围内开立保函，或者经有权从事担保业务的上级机构授权开立保函，金融机构或者其分支机构以违反公司法关于公司对外担保决议程序的规定为由主张不承担担保责任的，人民法院不予支持。金融机构的分支机构未经金融机构授权提供保函之外的担保，金融机构或者其分支机构主张不承担担保责任的，人民法院应予支持，但是相对人不知道且不应当知道分支机构对外提供担保未经金融机构授权的除外。

担保公司的分支机构未经担保公司授权对外提供担保，担保公司或者其分支机构主张不承担担保责任的，人民法院应予支持，但是相对人不知道且不应当知道分支机构对外提供担保未经担保公司授权的除外。

公司的分支机构对外提供担保，相对人非善意，请求公司承担赔偿责任的，参照本解释第十七条的有关规定处理。

第十二条 法定代表人依照民法典第五百五十二条的规定以公司名义加入债务的，人民法院在认定该行为的效力时，可以参照本解释关于公司为他人提供担保的有关规则处理。

第十三条 同一债务有两个以上第三人提供担保，担保人之间约定相互追偿及分担份额，承担了担保责任的担保人请求其他担保人按照约定分担份额的，人民法院应予支持；担保人之间约定承担连带共同担保，或者约定相互追偿但是未约定分担份额的，各担保人按照比例分担债务人不能追偿的部分。

同一债务有两个以上第三人提供担保，担保人之间未对相互追偿作出约定且未约定承担连带共同担保，但是各担保人在同一份合同书上签字、盖章或者按指印，承担了担保责任的担保人请求其他担保人按照比例分担向债务人不能追偿部分的，人民法院应予支持。

除前两款规定的情形外，承担了担保责任的担保人请求其他担保人分担向债务人不能追偿部分的，人民法院不予支持。

第十四条 同一债务有两个以上第三人提供担保，担保人受让债权的，人民法院应当认定该行为系承担担保责任。受让债权的担保人作为债权人请求其他担保人承担担保责任的，人民法院不予支持；该担保人请求其他担保人分担相应份额的，依照本解释第十三条的规定处理。

第十五条 最高额担保中的最高债权额，是指包括主债权及其利息、违约金、损害赔偿金、保管担保财产的费用、实现债权或者实现担保物权的费用等在内的全部债权，但是当事人另有约定的除外。

登记的最高债权额与当事人约定的最高债权额不一致的，人民法院应当依据登记的最高债权额确定债权人优先受偿的范围。

第十六条 主合同当事人协议以新贷偿还旧贷，债权人请求旧贷的担保人承担担保责任的，人民法院不予支持；债权人请求新贷的担保人承担担保责任的，按照下列情形处理：

（一）新贷与旧贷的担保人相同的，人民法院应予支持；

（二）新贷与旧贷的担保人不同，或者旧贷无担保新贷有担保的，人民法院不予支持，但是债权人有证据证明新贷的担保人提供担保时对以新贷偿还旧贷的事实知道或者应当知道的除外。

主合同当事人协议以新贷偿还旧贷，旧贷的物的担保人在登记尚未注销的情形下同意继续为新贷提供担保，在订立新的贷款合同前又以该担保财产为其他债权人设立担保物权，其他债权人主张其担保物权顺位优先于新贷债权人的，人民法院不予支持。

第十七条 主合同有效而第三人提供的担保合同无效，人民法院应当区分不同情形确定担保人的赔偿责任：

（一）债权人与担保人均有过错的，担保人承担的赔偿责任不应超过债务人不能清偿部分的二分之一；

（二）担保人有过错而债权人无过错的，担保人对债务人不能清偿的部分承担赔偿责任；

（三）债权人有过错而担保人无过错的，担保人不承担赔偿责任。

主合同无效导致第三人提供的担保合同无效，担保人无过错的，不承担赔偿责任;担保人有过错的,其承担的赔偿责任不应超过债务人不能清偿部分的三分之一。

第十八条 承担了担保责任或者赔偿责任的担保人,在其承担责任的范围内向债务人追偿的,人民法院应予支持。

同一债权既有债务人自己提供的物的担保,又有第三人提供的担保,承担了担保责任或者赔偿责任的第三人,主张行使债权人对债务人享有的担保物权的,人民法院应予支持。

第十九条 担保合同无效,承担了赔偿责任的担保人按照反担保合同的约定,在其承担赔偿责任的范围内请求反担保人承担担保责任的,人民法院应予支持。

反担保合同无效的,依照本解释第十七条的有关规定处理。当事人仅以担保合同无效为由主张反担保合同无效的,人民法院不予支持。

第二十条 人民法院在审理第三人提供的物的担保纠纷案件时,可以适用民法典第六百九十五条第一款、第六百九十六条第一款、第六百九十七条第二款、第六百九十九条、第七百条、第七百零一条、第七百零二条等关于保证合同的规定。

第二十一条 主合同或者担保合同约定了仲裁条款的,人民法院对约定仲裁条款的合同当事人之间的纠纷无管辖权。

债权人一并起诉债务人和担保人的,应当根据主合同确定管辖法院。

债权人依法可以单独起诉担保人且仅起诉担保人的,应当根据担保合同确定管辖法院。

第二十二条 人民法院受理债务人破产案件后,债权人请求担保人承担担保责任,担保人主张担保债务自人民法院受理破产申请之日起停止计息的,人民法院对担保人的主张应予支持。

第二十三条 人民法院受理债务人破产案件,债权人在破产程序中申报债权后又向人民法院提起诉讼,请求担保人承担担保责任的,人民法院依法予以支持。

担保人清偿债权人的全部债权后，可以代替债权人在破产程序中受偿；在债权人的债权未获全部清偿前，担保人不得代替债权人在破产程序中受偿，但是有权就债权人通过破产分配和实现担保债权等方式获得清偿总额中超出债权的部分，在其承担担保责任的范围内请求债权人返还。

债权人在债务人破产程序中未获全部清偿，请求担保人继续承担担保责任的，人民法院应予支持；担保人承担担保责任后，向和解协议或者重整计划执行完毕后的债务人追偿的，人民法院不予支持。

第二十四条 债权人知道或者应当知道债务人破产，既未申报债权也未通知担保人，致使担保人不能预先行使追偿权的，担保人就该债权在破产程序中可能受偿的范围内免除担保责任，但是担保人因自身过错未行使追偿权的除外。

二、关于保证合同

第二十五条 当事人在保证合同中约定了保证人在债务人不能履行债务或者无力偿还债务时才承担保证责任等类似内容，具有债务人应当先承担责任的意思表示的，人民法院应当将其认定为一般保证。

当事人在保证合同中约定了保证人在债务人不履行债务或者未偿还债务时即承担保证责任、无条件承担保证责任等类似内容，不具有债务人应当先承担责任的意思表示的，人民法院应当将其认定为连带责任保证。

第二十六条 一般保证中，债权人以债务人为被告提起诉讼的，人民法院应予受理。债权人未就主合同纠纷提起诉讼或者申请仲裁，仅起诉一般保证人的，人民法院应当驳回起诉。

一般保证中，债权人一并起诉债务人和保证人的，人民法院可以受理，但是在作出判决时，除有民法典第六百八十七条第二款但书规定的情形外，应当在判决书主文中明确，保证人仅对债务人财产依法强制执行后仍不能履行的部分承担保证责任。

债权人未对债务人的财产申请保全，或者保全的债务人的财产足以清偿债务，债权人申请对一般保证人的财产进行保全的，人民法院不予准许。

第二十七条 一般保证的债权人取得对债务人赋予强制执行效力的公证债权文书后，在保证期间内向人民法院申请强制执行，保证人以债权人未在保证期间内对债务人提起诉讼或者申请仲裁为由主张不承担保证责任的，人民法院不予支持。

第二十八条 一般保证中，债权人依据生效法律文书对债务人的财产依法申请强制执行，保证债务诉讼时效的起算时间按照下列规则确定：

（一）人民法院作出终结本次执行程序裁定，或者依照民事诉讼法第二百五十七条第三项、第五项的规定作出终结执行裁定的，自裁定送达债权人之日起开始计算；

（二）人民法院自收到申请执行书之日起一年内未作出前项裁定的，自人民法院收到申请执行书满一年之日起开始计算，但是保证人有证据证明债务人仍有财产可供执行的除外。

一般保证的债权人在保证期间届满前对债务人提起诉讼或者申请仲裁，债权人举证证明存在民法典第六百八十七条第二款但书规定情形的，保证债务的诉讼时效自债权人知道或者应当知道该情形之日起开始计算。

第二十九条 同一债务有两个以上保证人，债权人以其已经在保证期间内依法向部分保证人行使权利为由，主张已经在保证期间内向其他保证人行使权利的，人民法院不予支持。

同一债务有两个以上保证人，保证人之间相互有追偿权，债权人未在保证期间内依法向部分保证人行使权利，导致其他保证人在承担保证责任后丧失追偿权，其他保证人主张在其不能追偿的范围内免除保证责任的，人民法院应予支持。

第三十条　最高额保证合同对保证期间的计算方式、起算时间等有约定的，按照其约定。

最高额保证合同对保证期间的计算方式、起算时间等没有约定或者约定不明，被担保债权的履行期限均已届满的，保证期间自债权确定之日起开始计算；被担保债权的履行期限尚未届满的，保证期间自最后到期债权的履行期限届满之日起开始计算。

前款所称债权确定之日，依照民法典第四百二十三条的规定认定。

第三十一条　一般保证的债权人在保证期间内对债务人提起诉讼或者申请仲裁后，又撤回起诉或者仲裁申请，债权人在保证期间届满前未再行提起诉讼或者申请仲裁，保证人主张不再承担保证责任的，人民法院应予支持。

连带责任保证的债权人在保证期间内对保证人提起诉讼或者申请仲裁后，又撤回起诉或者仲裁申请，起诉状副本或者仲裁申请书副本已经送达保证人的，人民法院应当认定债权人已经在保证期间内向保证人行使了权利。

第三十二条　保证合同约定保证人承担保证责任直至主债务本息还清时为止等类似内容的，视为约定不明，保证期间为主债务履行期限届满之日起六个月。

第三十三条　保证合同无效，债权人未在约定或者法定的保证期间内依法行使权利，保证人主张不承担赔偿责任的，人民法院应予支持。

第三十四条　人民法院在审理保证合同纠纷案件时，应当将保证期间是否届满、债权人是否在保证期间内依法行使权利等事实作为案件基本事实予以查明。

债权人在保证期间内未依法行使权利的，保证责任消灭。保证责任消灭后，债权人书面通知保证人要求承担保证责任，保证人在通知书上签字、盖章或者按指印，债权人请求保证人继续承担保责任的，人民法院不予支持，但是债权人有证据证明成立了新的保证合同的除外。

第三十五条　保证人知道或者应当知道主债权诉讼时效期间届满仍然提供保证或者承担保证责任，又以诉讼时效期间届满为由拒绝承担保证责任或者请求返还财产的，人民法院不予支持；保证人承担保证责任后向债务人追偿的，人民法院不予支持，但是债务人放弃诉讼时效抗辩的除外。

第三十六条　第三人向债权人提供差额补足、流动性支持等类似承诺文件作为增信措施，具有提供担保的意思表示，债权人请求第三人承担保证责任的，人民法院应当依照保证的有关规定处理。

第三人向债权人提供的承诺文件，具有加入债务或者与债务人共同承担债务等意思表示的，人民法院应当认定为民法典第五百五十二条规定的债务加入。

前两款中第三人提供的承诺文件难以确定是保证还是债务加入的，人民法院应当将其认定为保证。

第三人向债权人提供的承诺文件不符合前三款规定的情形，债权人请求第三人承担保证责任或者连带责任的，人民法院不予支持，但是不影响其依据承诺文件请求第三人履行约定的义务或者承担相应的民事责任。

三、关于担保物权

（一）担保合同与担保物权的效力

第三十七条　当事人以所有权、使用权不明或者有争议的财产抵押，经审查构成无权处分的，人民法院应当依照民法典第三百一十一条的规定处理。

当事人以依法被查封或者扣押的财产抵押，抵押权人请求行使抵押权，经审查查封或者扣押措施已经解除的，人民法院应予支持。抵押人以抵押权设立时财产被查封或者扣押为由主张抵押合同无效的，人民法院不予支持。

以依法被监管的财产抵押的，适用前款规定。

第三十八条 主债权未受全部清偿，担保物权人主张就担保财产的全部行使担保物权的，人民法院应予支持，但是留置权人行使留置权的，应当依照民法典第四百五十条的规定处理。

担保财产被分割或者部分转让，担保物权人主张就分割或者转让后的担保财产行使担保物权的，人民法院应予支持，但是法律或者司法解释另有规定的除外。

第三十九条 主债权被分割或者部分转让，各债权人主张就其享有的债权份额行使担保物权的，人民法院应予支持，但是法律另有规定或者当事人另有约定的除外。

主债务被分割或者部分转移，债务人自己提供物的担保，债权人请求以该担保财产担保全部债务履行的，人民法院应予支持；第三人提供物的担保，主张对未经其书面同意转移的债务不再承担担保责任的，人民法院应予支持。

第四十条 从物产生于抵押权依法设立前，抵押权人主张抵押权的效力及于从物的，人民法院应予支持，但是当事人另有约定的除外。

从物产生于抵押权依法设立后，抵押权人主张抵押权的效力及于从物的，人民法院不予支持，但是在抵押权实现时可以一并处分。

第四十一条 抵押权依法设立后，抵押财产被添附，添附物归第三人所有，抵押权人主张抵押权效力及于补偿金的，人民法院应予支持。

抵押权依法设立后，抵押财产被添附，抵押人对添附物享有所有权，抵押权人主张抵押权的效力及于添附物的，人民法院应予支持，但是添附导致抵押财产价值增加的，抵押权的效力不及于增加的价值部分。

抵押权依法设立后，抵押人与第三人因添附成为添附物的共有人，抵押权人主张抵押权的效力及于抵押人对共有物享有的份额的，人民法院应予支持。

本条所称添附，包括附合、混合与加工。

第四十二条 抵押权依法设立后，抵押财产毁损、灭失或者被征收等，抵押权人请求按照原抵押权的顺位就保险金、赔偿金或者补偿金等优先受偿的，人民法院应予支持。

给付义务人已经向抵押人给付了保险金、赔偿金或者补偿金，抵押权人请求给付义务人向其给付保险金、赔偿金或者补偿金的，人民法院不予支持，但是给付义务人接到抵押权人要求向其给付的通知后仍然向抵押人给付的除外。

抵押权人请求给付义务人向其给付保险金、赔偿金或者补偿金的，人民法院可以通知抵押人作为第三人参加诉讼。

第四十三条 当事人约定禁止或者限制转让抵押财产但是未将约定登记，抵押人违反约定转让抵押财产，抵押权人请求确认转让合同无效的，人民法院不予支持；抵押财产已经交付或者登记，抵押权人请求确认转让不发生物权效力的，人民法院不予支持，但是抵押权人有证据证明受让人知道的除外；抵押权人请求抵押人承担违约责任的，人民法院依法予以支持。

当事人约定禁止或者限制转让抵押财产且已经将约定登记，抵押人违反约定转让抵押财产，抵押权人请求确认转让合同无效的，人民法院不予支持；抵押财产已经交付或者登记，抵押权人主张转让不发生物权效力的，人民法院应予支持，但是因受让人代替债务人清偿债务导致抵押权消灭的除外。

第四十四条 主债权诉讼时效期间届满后，抵押权人主张行使抵押权的，人民法院不予支持；抵押人以主债权诉讼时效期间届满为由，主张不承担担保责任的，人民法院应予支持。主债权诉讼时效期间届满前，债权人仅对债务人提起诉讼，经人民法院判决或者调解后未在民事诉讼法规定的申请执行时效期间内对债务人申请强制执行，其向抵押人主张行使抵押权的，人民法院不予支持。

主债权诉讼时效期间届满后，财产被留置的债务人或者对留置财产享有所有权的第三人请求债权人返还留置财产的，人民法院不予支持；债务人或者第三人请求拍卖、变卖留置财产并以所得价款清偿债务的，人民法院应予支持。

主债权诉讼时效期间届满的法律后果，以登记作为公示方式的权利质权，参照适用第一款的规定；动产质权、以交付权利凭证作为公示方式的权利质权，参照适用第二款的规定。

第四十五条 当事人约定当债务人不履行到期债务或者发生当事人约定的实现担保物权的情形，担保物权人有权将担保财产自行拍卖、变卖并就所得的价款优先受偿的，该约定有效。因担保人的原因导致担保物权人无法自行对担保财产进行拍卖、变卖，担保物权人请求担保人承担因此增加的费用的，人民法院应予支持。

当事人依照民事诉讼法有关"实现担保物权案件"的规定，申请拍卖、变卖担保财产，被申请人以担保合同约定仲裁条款为由主张驳回申请的，人民法院经审查后，应当按照以下情形分别处理：

（一）当事人对担保物权无实质性争议且实现担保物权条件已经成就的，应当裁定准许拍卖、变卖担保财产；

（二）当事人对实现担保物权有部分实质性争议的，可以就无争议的部分裁定准许拍卖、变卖担保财产，并告知可以就有争议的部分申请仲裁；

（三）当事人对实现担保物权有实质性争议的，裁定驳回申请，并告知可以向仲裁机构申请仲裁。

债权人以诉讼方式行使担保物权的，应当以债务人和担保人作为共同被告。

（二）不动产抵押

第四十六条 不动产抵押合同生效后未办理抵押登记手续，债权人请求抵押人办理抵押登记手续的，人民法院应予支持。

抵押财产因不可归责于抵押人自身的原因灭失或者被征收等导致不能办理抵押登记，债权人请求抵押人在约定的担保范围内承担责任的，人民法院不予支持；但是抵押人已经获得保险金、赔偿金或者补偿金等，债权人请求抵押人在其所获金额范围内承担赔偿责任的，人民法院依法予以支持。

因抵押人转让抵押财产或者其他可归责于抵押人自身的原因导致不能办理抵押登记，债权人请求抵押人在约定的担保范围内承担责任的，人民法院依法予以支持，但是不得超过抵押权能够设立时抵押人应当承担的责任范围。

第四十七条　不动产登记簿就抵押财产、被担保的债权范围等所作的记载与抵押合同约定不一致的，人民法院应当根据登记簿的记载确定抵押财产、被担保的债权范围等事项。

第四十八条　当事人申请办理抵押登记手续时，因登记机构的过错致使其不能办理抵押登记，当事人请求登记机构承担赔偿责任的，人民法院依法予以支持。

第四十九条　以违法的建筑物抵押的，抵押合同无效，但是一审法庭辩论终结前已经办理合法手续的除外。抵押合同无效的法律后果，依照本解释第十七条的有关规定处理。

当事人以建设用地使用权依法设立抵押，抵押人以土地上存在违法的建筑物为由主张抵押合同无效的，人民法院不予支持。

第五十条　抵押人以划拨建设用地上的建筑物抵押，当事人以该建设用地使用权不能抵押或者未办理批准手续为由主张抵押合同无效或者不生效的，人民法院不予支持。抵押权依法实现时，拍卖、变卖建筑物所得的价款，应当优先用于补缴建设用地使用权出让金。

当事人以划拨方式取得的建设用地使用权抵押，抵押人以未办理批准手续为由主张抵押合同无效或者不生效的，人民法院不予支持。已经依法办理抵押登记，抵押权人主张行使抵押权的，人民法院应予支持。抵押权依法实现时所得的价款，参照前款有关规定处理。

第五十一条　当事人仅以建设用地使用权抵押，债权人主张抵押权的效力及于土地上已有的建筑物以及正在建造的建筑物已完成部分的，人民法院应予支持。债权人主张抵押权的效力及于正在建造的建筑物的续建部分以及新增建筑物的，人民法院不予支持。

当事人以正在建造的建筑物抵押，抵押权的效力范围限于已办理抵押登记的部分。当事人按照担保合同的约定，主张抵押权的效力及于续建部分、新增建筑物以及规划中尚未建造的建筑物的，人民法院不予支持。

抵押人将建设用地使用权、土地上的建筑物或者正在建造的建筑物分别抵押给不同债权人的，人民法院应当根据抵押登记的时间先后确定清偿顺序。

第五十二条　当事人办理抵押预告登记后，预告登记权利人请求就抵押财产优先受偿，经审查存在尚未办理建筑物所有权首次登记、预告登记的财产与办理建筑物所有权首次登记时的财产不一致、抵押预告登记已经失效等情形，导致不具备办理抵押登记条件的，人民法院不予支持；经审查已经办理建筑物所有权首次登记，且不存在预告登记失效等情形的，人民法院应予支持，并应当认定抵押权自预告登记之日起设立。

当事人办理了抵押预告登记，抵押人破产，经审查抵押财产属于破产财产，预告登记权利人主张就抵押财产优先受偿的，人民法院应当在受理破产申请时抵押财产的价值范围内予以支持，但是在人民法院受理破产申请前一年内，债务人对没有财产担保的债务设立抵押预告登记的除外。

（三）动产与权利担保

第五十三条　当事人在动产和权利担保合同中对担保财产进行概括描述，该描述能够合理识别担保财产的，人民法院应当认定担保成立。

第五十四条 动产抵押合同订立后未办理抵押登记，动产抵押权的效力按照下列情形分别处理：

（一）抵押人转让抵押财产，受让人占有抵押财产后，抵押权人向受让人请求行使抵押权的，人民法院不予支持，但是抵押权人能够举证证明受让人知道或者应当知道已经订立抵押合同的除外；

（二）抵押人将抵押财产出租给他人并移转占有，抵押权人行使抵押权的，租赁关系不受影响，但是抵押权人能够举证证明承租人知道或者应当知道已经订立抵押合同的除外；

（三）抵押人的其他债权人向人民法院申请保全或者执行抵押财产，人民法院已经作出财产保全裁定或者采取执行措施，抵押权人主张对抵押财产优先受偿的，人民法院不予支持；

（四）抵押人破产，抵押权人主张对抵押财产优先受偿的，人民法院不予支持。

第五十五条 债权人、出质人与监管人订立三方协议，出质人以通过一定数量、品种等概括描述能够确定范围的货物为债务的履行提供担保，当事人有证据证明监管人系受债权人的委托监管并实际控制该货物的，人民法院应当认定质权于监管人实际控制货物之日起设立。监管人违反约定向出质人或者其他人放货、因保管不善导致货物毁损灭失，债权人请求监管人承担违约责任的，人民法院依法予以支持。

在前款规定情形下，当事人有证据证明监管人系受出质人委托监管该货物，或者虽然受债权人委托但是未实际履行监管职责，导致货物仍由出质人实际控制的，人民法院应当认定质权未设立。债权人可以基于质押合同的约定请求出质人承担违约责任，但是不得超过质权有效设立时出质人应当承担的责任范围。监管人未履行监管职责，债权人请求监管人承担责任的，人民法院依法予以支持。

第五十六条 买受人在出卖人正常经营活动中通过支付合理对价取得已被设立担保物权的动产，担保物权人请求就该动产优先受偿的，人民法院不予支持，但是有下列情形之一的除外：

（一）购买商品的数量明显超过一般买受人；

（二）购买出卖人的生产设备；

（三）订立买卖合同的目的在于担保出卖人或者第三人履行债务；

（四）买受人与出卖人存在直接或者间接的控制关系；

（五）买受人应当查询抵押登记而未查询的其他情形。

前款所称出卖人正常经营活动，是指出卖人的经营活动属于其营业执照明确记载的经营范围，且出卖人持续销售同类商品。前款所称担保物权人，是指已经办理登记的抵押权人、所有权保留买卖的出卖人、融资租赁合同的出租人。

第五十七条 担保人在设立动产浮动抵押并办理抵押登记后又购入或者以融资租赁方式承租新的动产，下列权利人为担保价款债权或者租金的实现而订立担保合同，并在该动产交付后十日内办理登记，主张其权利优先于在先设立的浮动抵押权的，人民法院应予支持：

（一）在该动产上设立抵押权或者保留所有权的出卖人；

（二）为价款支付提供融资而在该动产上设立抵押权的债权人；

（三）以融资租赁方式出租该动产的出租人。

买受人取得动产但未付清价款或者承租人以融资租赁方式占有租赁物但是未付清全部租金，又以标的物为他人设立担保物权，前款所列权利人为担保价款债权或者租金的实现而订立担保合同，并在该动产交付后十日内办理登记，主张其权利优先于买受人为他人设立的担保物权的，人民法院应予支持。

同一动产上存在多个价款优先权的，人民法院应当按照登记的时间先后确定清偿顺序。

第五十八条 以汇票出质，当事人以背书记载"质押"字样并在汇票上签章，汇票已经交付质权人的，人民法院应当认定质权自汇票交付质权人时设立。

第五十九条 存货人或者仓单持有人在仓单上以背书记载"质押"字样，并经保管人签章，仓单已经交付质权人的，人民法院应当认定质权自仓单交付质权人时设立。没有权利凭证的仓单，依法可以办理出质登记的，仓单质权自办理出质登记时设立。

出质人既以仓单出质，又以仓储物设立担保，按照公示的先后确定清偿顺序；难以确定先后的，按照债权比例清偿。

保管人为同一货物签发多份仓单，出质人在多份仓单上设立多个质权，按照公示的先后确定清偿顺序；难以确定先后的，按照债权比例受偿。

存在第二款、第三款规定的情形，债权人举证证明其损失系由出质人与保管人的共同行为所致，请求出质人与保管人承担连带赔偿责任的，人民法院应予支持。

第六十条 在跟单信用证交易中，开证行与开证申请人之间约定以提单作为担保的，人民法院应当依照民法典关于质权的有关规定处理。

在跟单信用证交易中，开证行依据其与开证申请人之间的约定或者跟单信用证的惯例持有提单，开证申请人未按照约定付款赎单，开证行主张对提单项下货物优先受偿的，人民法院应予支持；开证行主张对提单项下货物享有所有权的，人民法院不予支持。

在跟单信用证交易中，开证行依据其与开证申请人之间的约定或者跟单信用证的惯例，通过转让提单或者提单项下货物取得价款，开证申请人请求返还超出债权部分的，人民法院应予支持。

前三款规定不影响合法持有提单的开证行以提单持有人身份主张运输合同项下的权利。

第六十一条 以现有的应收账款出质，应收账款债务人向质权人确认应收账款的真实性后，又以应收账款不存在或者已经消灭为由主张不承担责任的，人民法院不予支持。

以现有的应收账款出质，应收账款债务人未确认应收账款的真实性，质权人以应收账款债务人为被告，请求就应收账款优先受偿，能够举证证明办理出质登记时应收账款真实存在的，人民法院应予支持；质权人不能举证证明办理出质登记时应收账款真实存在，仅以已经办理出质登记为由，请求就应收账款优先受偿的，人民法院不予支持。

以现有的应收账款出质，应收账款债务人已经向应收账款债权人履行了债务，质权人请求应收账款债务人履行债务的，人民法院不予支持，但是应收账款债务人接到质权人要求向其履行的通知后，仍然向应收账款债权人履行的除外。

以基础设施和公用事业项目收益权、提供服务或者劳务产生的债权以及其他将有的应收账款出质，当事人为应收账款设立特定账户，发生法定或者约定的质权实现事由时，质权人请求就该特定账户内的款项优先受偿的，人民法院应予支持；特定账户内的款项不足以清偿债务或者未设立特定账户，质权人请求折价或者拍卖、变卖项目收益权等将有的应收账款，并以所得的价款优先受偿的，人民法院依法予以支持。

第六十二条 债务人不履行到期债务，债权人因同一法律关系留置合法占有的第三人的动产，并主张就该留置财产优先受偿的，人民法院应予支持。第三人以该留置财产并非债务人的财产为由请求返还的，人民法院不予支持。

企业之间留置的动产与债权并非同一法律关系，债务人以该债权不属于企业持续经营中发生的债权为由请求债权人返还留置财产的，人民法院应予支持。

企业之间留置的动产与债权并非同一法律关系，债权人留置第三人的财产，第三人请求债权人返还留置财产的，人民法院应予支持。

四、关于非典型担保

第六十三条 债权人与担保人订立担保合同，约定以法律、行政法规尚未规定可以担保的财产权利设立担保，当事人主张合同无效的，人民法院不予支持。当事人未在法定的登记机构依法进行登记，主张该担保具有物权效力的，人民法院不予支持。

第六十四条　在所有权保留买卖中，出卖人依法有权取回标的物，但是与买受人协商不成，当事人请求参照民事诉讼法"实现担保物权案件"的有关规定，拍卖、变卖标的物的，人民法院应予准许。

出卖人请求取回标的物，符合民法典第六百四十二条规定的，人民法院应予支持；买受人以抗辩或者反诉的方式主张拍卖、变卖标的物，并在扣除买受人未支付的价款以及必要费用后返还剩余款项的，人民法院应当一并处理。

第六十五条　在融资租赁合同中，承租人未按照约定支付租金，经催告后在合理期限内仍不支付，出租人请求承租人支付全部剩余租金，并以拍卖、变卖租赁物所得的价款受偿的，人民法院应予支持；当事人请求参照民事诉讼法"实现担保物权案件"的有关规定，以拍卖、变卖租赁物所得价款支付租金的，人民法院应予准许。

出租人请求解除融资租赁合同并收回租赁物，承租人以抗辩或者反诉的方式主张返还租赁物价值超过欠付租金以及其他费用的，人民法院应当一并处理。当事人对租赁物的价值有争议的，应当按照下列规则确定租赁物的价值：

（一）融资租赁合同有约定的，按照其约定；

（二）融资租赁合同未约定或者约定不明的，根据约定的租赁物折旧以及合同到期后租赁物的残值来确定；

（三）根据前两项规定的方法仍然难以确定，或者当事人认为根据前两项规定的方法确定的价值严重偏离租赁物实际价值的，根据当事人的申请委托有资质的机构评估。

第六十六条　同一应收账款同时存在保理、应收账款质押和债权转让，当事人主张参照民法典第七百六十八条的规定确定优先顺序的，人民法院应予支持。

在有追索权的保理中，保理人以应收账款债权人或者应收账款债务人为被告提起诉讼，人民法院应予受理；保理人一并起诉应收账款债权人和应收账款债务人的，人民法院可以受理。

应收账款债权人向保理人返还保理融资款本息或者回购应收账款债权后，请求应收账款债务人向其履行应收账款债务的，人民法院应予支持。

第六十七条 在所有权保留买卖、融资租赁等合同中，出卖人、出租人的所有权未经登记不得对抗的"善意第三人"的范围及其效力，参照本解释第五十四条的规定处理。

第六十八条 债务人或者第三人与债权人约定将财产形式上转移至债权人名下，债务人不履行到期债务，债权人有权对财产折价或者以拍卖、变卖该财产所得价款偿还债务的，人民法院应当认定该约定有效。当事人已经完成财产权利变动的公示，债务人不履行到期债务，债权人请求参照民法典关于担保物权的有关规定就该财产优先受偿的，人民法院应予支持。

债务人或者第三人与债权人约定将财产形式上转移至债权人名下，债务人不履行到期债务，财产归债权人所有的，人民法院应当认定该约定无效，但是不影响当事人有关提供担保的意思表示的效力。当事人已经完成财产权利变动的公示，债务人不履行到期债务，债权人请求对该财产享有所有权的，人民法院不予支持；债权人请求参照民法典关于担保物权的规定对财产折价或者以拍卖、变卖该财产所得的价款优先受偿的，人民法院应予支持；债务人履行债务后请求返还财产，或者请求对财产折价或者以拍卖、变卖所得的价款清偿债务的，人民法院应予支持。

债务人与债权人约定将财产转移至债权人名下，在一定期间后再由债务人或者其指定的第三人以交易本金加上溢价款回购，债务人到期不履行回购义务，财产归债权人所有的，人民法院应当参照第二款规定处理。回购对象自始不存在的，人民法院应当依照民法典第一百四十六条第二款的规定，按照其实际构成的法律关系处理。

第六十九条 股东以将其股权转移至债权人名下的方式为债务履行提供担保，公司或者公司的债权人以股东未履行或者未全面履行出资义务、抽逃出资等为由，请求作为名义股东的债权人与股东承担连带责任的，人民法院不予支持。

　　第七十条　债务人或者第三人为担保债务的履行，设立专门的保证金账户并由债权人实际控制，或者将其资金存入债权人设立的保证金账户，债权人主张就账户内的款项优先受偿的，人民法院应予支持。当事人以保证金账户内的款项浮动为由，主张实际控制该账户的债权人对账户内的款项不享有优先受偿权的，人民法院不予支持。

　　在银行账户下设立的保证金分户，参照前款规定处理。

　　当事人约定的保证金并非为担保债务的履行设立，或者不符合前两款规定的情形，债权人主张就保证金优先受偿的，人民法院不予支持，但是不影响当事人依照法律的规定或者按照当事人的约定主张权利。

<h3 style="text-align:center">五、附　则</h3>

　　第七十一条　本解释自 2021 年 1 月 1 日起施行。

<h1 style="text-align:center">最高人民法院关于适用
《中华人民共和国民法典》
总则编若干问题的解释</h1>

（2021 年 12 月 30 日最高人民法院审判委员会第 1861
次会议通过　2022 年 2 月 24 日最高人民法院公告公布　自
2022 年 3 月 1 日起施行　法释〔2022〕6 号）

　　为正确审理民事案件，依法保护民事主体的合法权益，维护社会和经济秩序，根据《中华人民共和国民法典》《中华人民共和国民事诉讼法》等相关法律规定，结合审判实践，制定本解释。

一、一般规定

第一条 民法典第二编至第七编对民事关系有规定的，人民法院直接适用该规定；民法典第二编至第七编没有规定的，适用民法典第一编的规定，但是根据其性质不能适用的除外。

就同一民事关系，其他民事法律的规定属于对民法典相应规定的细化的，应当适用该民事法律的规定。民法典规定适用其他法律的，适用该法律的规定。

民法典及其他法律对民事关系没有具体规定的，可以遵循民法典关于基本原则的规定。

第二条 在一定地域、行业范围内长期为一般人从事民事活动时普遍遵守的民间习俗、惯常做法等，可以认定为民法典第十条规定的习惯。

当事人主张适用习惯的，应当就习惯及其具体内容提供相应证据；必要时，人民法院可以依职权查明。

适用习惯，不得违背社会主义核心价值观，不得违背公序良俗。

第三条 对于民法典第一百三十二条所称的滥用民事权利，人民法院可以根据权利行使的对象、目的、时间、方式、造成当事人之间利益失衡的程度等因素作出认定。

行为人以损害国家利益、社会公共利益、他人合法权益为主要目的行使民事权利的，人民法院应当认定构成滥用民事权利。

构成滥用民事权利的，人民法院应当认定该滥用行为不发生相应的法律效力。滥用民事权利造成损害的，依照民法典第七编等有关规定处理。

二、民事权利能力和民事行为能力

第四条 涉及遗产继承、接受赠与等胎儿利益保护，父母在胎儿娩出前作为法定代理人主张相应权利的，人民法院依法予以支持。

第五条 限制民事行为能力人实施的民事法律行为是否与其年龄、智力、精神健康状况相适应，人民法院可以从行为与本人生活相关联的程度，本人的智力、精神健康状况能否理解其行为并预见相应的后果，以及标的、数量、价款或者报酬等方面认定。

三、监　护

第六条 人民法院认定自然人的监护能力，应当根据其年龄、身心健康状况、经济条件等因素确定；认定有关组织的监护能力，应当根据其资质、信用、财产状况等因素确定。

第七条 担任监护人的被监护人父母通过遗嘱指定监护人，遗嘱生效时被指定的人不同意担任监护人的，人民法院应当适用民法典第二十七条、第二十八条的规定确定监护人。

未成年人由父母担任监护人，父母中的一方通过遗嘱指定监护人，另一方在遗嘱生效时有监护能力，有关当事人对监护人的确定有争议的，人民法院应当适用民法典第二十七条第一款的规定确定监护人。

第八条 未成年人的父母与其他依法具有监护资格的人订立协议，约定免除具有监护能力的父母的监护职责的，人民法院不予支持。协议约定在未成年人的父母丧失监护能力时由该具有监护资格的人担任监护人的，人民法院依法予以支持。

依法具有监护资格的人之间依据民法典第三十条的规定，约定由民法典第二十七条第二款、第二十八条规定的不同顺序的人共同担任监护人，或者由顺序在后的人担任监护人的，人民法院依法予以支持。

第九条 人民法院依据民法典第三十一条第二款、第三十六条第一款的规定指定监护人时，应当尊重被监护人的真实意愿，按照最有利于被监护人的原则指定，具体参考以下因素：

（一）与被监护人生活、情感联系的密切程度；

（二）依法具有监护资格的人的监护顺序；

（三）是否有不利于履行监护职责的违法犯罪等情形；

（四）依法具有监护资格的人的监护能力、意愿、品行等。

人民法院依法指定的监护人一般应当是一人，由数人共同担任监护人更有利于保护被监护人利益的，也可以是数人。

第十条 有关当事人不服居民委员会、村民委员会或者民政部门的指定，在接到指定通知之日起三十日内向人民法院申请指定监护人的，人民法院经审理认为指定并无不当，依法裁定驳回申请；认为指定不当，依法判决撤销指定并另行指定监护人。

有关当事人在接到指定通知之日起三十日后提出申请的，人民法院应当按照变更监护关系处理。

第十一条 具有完全民事行为能力的成年人与他人依据民法典第三十三条的规定订立书面协议事先确定自己的监护人后，协议的任何一方在该成年人丧失或者部分丧失民事行为能力前请求解除协议的，人民法院依法予以支持。该成年人丧失或者部分丧失民事行为能力后，协议确定的监护人无正当理由请求解除协议的，人民法院不予支持。

该成年人丧失或者部分丧失民事行为能力后，协议确定的监护人有民法典第三十六条第一款规定的情形之一，该条第二款规定的有关个人、组织申请撤销其监护人资格的，人民法院依法予以支持。

第十二条 监护人、其他依法具有监护资格的人之间就监护人是否有民法典第三十九条第一款第二项、第四项规定的应当终止监护关系的情形发生争议，申请变更监护人的，人民法院应当依法受理。经审理认为理由成立的，人民法院依法予以支持。

被依法指定的监护人与其他具有监护资格的人之间协议变更监护人的，人民法院应当尊重被监护人的真实意愿，按照最有利于被监护人的原则作出裁判。

第十三条 监护人因患病、外出务工等原因在一定期限内不能完全履行监护职责，将全部或者部分监护职责委托给他人，当事人主张受托人因此成为监护人的，人民法院不予支持。

四、宣告失踪和宣告死亡

第十四条 人民法院审理宣告失踪案件时，下列人员应当认定为民法典第四十条规定的利害关系人：

（一）被申请人的近亲属；

（二）依据民法典第一千一百二十八条、第一千一百二十九条规定对被申请人有继承权的亲属；

（三）债权人、债务人、合伙人等与被申请人有民事权利义务关系的民事主体，但是不申请宣告失踪不影响其权利行使、义务履行的除外。

第十五条 失踪人的财产代管人向失踪人的债务人请求偿还债务的，人民法院应当将财产代管人列为原告。

债权人提起诉讼，请求失踪人的财产代管人支付失踪人所欠的债务和其他费用的，人民法院应当将财产代管人列为被告。经审理认为债权人的诉讼请求成立的，人民法院应当判决财产代管人从失踪人的财产中支付失踪人所欠的债务和其他费用。

第十六条 人民法院审理宣告死亡案件时，被申请人的配偶、父母、子女，以及依据民法典第一千一百二十九条规定对被申请人有继承权的亲属应当认定为民法典第四十六条规定的利害关系人。

符合下列情形之一的，被申请人的其他近亲属，以及依据民法典第一千一百二十八条规定对被申请人有继承权的亲属应当认定为民法典第四十六条规定的利害关系人：

（一）被申请人的配偶、父母、子女均已死亡或者下落不明的；

（二）不申请宣告死亡不能保护其相应合法权益的。

被申请人的债权人、债务人、合伙人等民事主体不能认定为民法典第四十六条规定的利害关系人，但是不申请宣告死亡不能保护其相应合法权益的除外。

第十七条　自然人在战争期间下落不明的，利害关系人申请宣告死亡的期间适用民法典第四十六条第一款第一项的规定，自战争结束之日或者有关机关确定的下落不明之日起计算。

五、民事法律行为

第十八条　当事人未采用书面形式或者口头形式，但是实施的行为本身表明已经作出相应意思表示，并符合民事法律行为成立条件的，人民法院可以认定为民法典第一百三十五条规定的采用其他形式实施的民事法律行为。

第十九条　行为人对行为的性质、对方当事人或者标的物的品种、质量、规格、价格、数量等产生错误认识，按照通常理解如果不发生该错误认识行为人就不会作出相应意思表示的，人民法院可以认定为民法典第一百四十七条规定的重大误解。

行为人能够证明自己实施民事法律行为时存在重大误解，并请求撤销该民事法律行为的，人民法院依法予以支持；但是，根据交易习惯等认定行为人无权请求撤销的除外。

第二十条　行为人以其意思表示存在第三人转达错误为由请求撤销民事法律行为的，适用本解释第十九条的规定。

第二十一条　故意告知虚假情况，或者负有告知义务的人故意隐瞒真实情况，致使当事人基于错误认识作出意思表示的，人民法院可以认定为民法典第一百四十八条、第一百四十九条规定的欺诈。

第二十二条　以给自然人及其近亲属等的人身权利、财产权利以及其他合法权益造成损害或者以给法人、非法人组织的名誉、荣誉、财产权益等造成损害为要挟，迫使其基于恐惧心理作出意思表示的，人民法院可以认定为民法典第一百五十条规定的胁迫。

第二十三条　民事法律行为不成立，当事人请求返还财产、折价补偿或者赔偿损失的，参照适用民法典第一百五十七条的规定。

第二十四条　民事法律行为所附条件不可能发生，当事人约定为生效条件的，人民法院应当认定民事法律行为不发生效力；当事人约定为解除条件的，应当认定未附条件，民事法律行为是否失效，依照民法典和相关法律、行政法规的规定认定。

六、代　理

第二十五条　数个委托代理人共同行使代理权，其中一人或者数人未与其他委托代理人协商，擅自行使代理权的，依据民法典第一百七十一条、第一百七十二条等规定处理。

第二十六条　由于急病、通讯联络中断、疫情防控等特殊原因，委托代理人自己不能办理代理事项，又不能与被代理人及时取得联系，如不及时转委托第三人代理，会给被代理人的利益造成损失或者扩大损失的，人民法院应当认定为民法典第一百六十九条规定的紧急情况。

第二十七条　无权代理行为未被追认，相对人请求行为人履行债务或者赔偿损失的，由行为人就相对人知道或者应当知道行为人无权代理承担举证责任。行为人不能证明的，人民法院依法支持相对人的相应诉讼请求；行为人能够证明的，人民法院应当按照各自的过错认定行为人与相对人的责任。

第二十八条　同时符合下列条件的，人民法院可以认定为民法典第一百七十二条规定的相对人有理由相信行为人有代理权：

（一）存在代理权的外观；

（二）相对人不知道行为人行为时没有代理权，且无过失。

因是否构成表见代理发生争议的，相对人应当就无权代理符合前款第一项规定的条件承担举证责任；被代理人应当就相对人不符合前款第二项规定的条件承担举证责任。

第二十九条 法定代理人、被代理人依据民法典第一百四十五条、第一百七十一条的规定向相对人作出追认的意思表示的，人民法院应当依据民法典第一百三十七条的规定确认其追认意思表示的生效时间。

七、民事责任

第三十条 为了使国家利益、社会公共利益、本人或者他人的人身权利、财产权利以及其他合法权益免受正在进行的不法侵害，而针对实施侵害行为的人采取的制止不法侵害的行为，应当认定为民法典第一百八十一条规定的正当防卫。

第三十一条 对于正当防卫是否超过必要的限度，人民法院应当综合不法侵害的性质、手段、强度、危害程度和防卫的时机、手段、强度、损害后果等因素判断。

经审理，正当防卫没有超过必要限度的，人民法院应当认定正当防卫人不承担责任。正当防卫超过必要限度的，人民法院应当认定正当防卫人在造成不应有的损害范围内承担部分责任；实施侵害行为的人请求正当防卫人承担全部责任的，人民法院不予支持。

实施侵害行为的人不能证明防卫行为造成不应有的损害，仅以正当防卫人采取的反击方式和强度与不法侵害不相当为由主张防卫过当的，人民法院不予支持。

第三十二条 为了使国家利益、社会公共利益、本人或者他人的人身权利、财产权利以及其他合法权益免受正在发生的急迫危险，不得已而采取紧急措施的，应当认定为民法典第一百八十二条规定的紧急避险。

第三十三条 对于紧急避险是否采取措施不当或者超过必要的

限度，人民法院应当综合危险的性质、急迫程度、避险行为所保护的权益以及造成的损害后果等因素判断。

经审理，紧急避险采取措施并无不当且没有超过必要限度的，人民法院应当认定紧急避险人不承担责任。紧急避险采取措施不当或者超过必要限度的，人民法院应当根据紧急避险人的过错程度、避险措施造成不应有的损害的原因力大小、紧急避险人是否为受益人等因素认定紧急避险人在造成的不应有的损害范围内承担相应的责任。

第三十四条 因保护他人民事权益使自己受到损害，受害人依据民法典第一百八十三条的规定请求受益人适当补偿的，人民法院可以根据受害人所受损失和已获赔偿的情况、受益人受益的多少及其经济条件等因素确定受益人承担的补偿数额。

八、诉讼时效

第三十五条 民法典第一百八十八条第一款规定的三年诉讼时效期间，可以适用民法典有关诉讼时效中止、中断的规定，不适用延长的规定。该条第二款规定的二十年期间不适用中止、中断的规定。

第三十六条 无民事行为能力人或者限制民事行为能力人的权利受到损害的，诉讼时效期间自其法定代理人知道或者应当知道权利受到损害以及义务人之日起计算，但是法律另有规定的除外。

第三十七条 无民事行为能力人、限制民事行为能力人的权利受到原法定代理人损害，且在取得、恢复完全民事行为能力或者在原法定代理终止并确定新的法定代理人后，相应民事主体才知道或者应当知道权利受到损害的，有关请求权诉讼时效期间的计算适用民法典第一百八十八条第二款、本解释第三十六条的规定。

第三十八条 诉讼时效依据民法典第一百九十五条的规定中断后，在新的诉讼时效期间内，再次出现第一百九十五条规定的中断事由，可以认定为诉讼时效再次中断。

权利人向义务人的代理人、财产代管人或者遗产管理人等提出履行请求的，可以认定为民法典第一百九十五条规定的诉讼时效中断。

九、附　　则

第三十九条　本解释自 2022 年 3 月 1 日起施行。

民法典施行后的法律事实引起的民事案件，本解释施行后尚未终审的，适用本解释；本解释施行前已经终审，当事人申请再审或者按照审判监督程序决定再审的，不适用本解释。

最高人民法院关于适用
《中华人民共和国民法典》
合同编通则若干问题的解释

（2023 年 5 月 23 日最高人民法院审判委员会第 1889 次会议通过　2023 年 12 月 4 日最高人民法院公告公布　自2023 年 12 月 5 日起施行　法释〔2023〕13 号）

为正确审理合同纠纷案件以及非因合同产生的债权债务关系纠纷案件，依法保护当事人的合法权益，根据《中华人民共和国民法典》、《中华人民共和国民事诉讼法》等相关法律规定，结合审判实践，制定本解释。

一、一般规定

第一条　人民法院依据民法典第一百四十二条第一款、第四百六十六条第一款的规定解释合同条款时，应当以词句的通常含义为基础，结合相关条款、合同的性质和目的、习惯以及诚信原则，参考缔约背景、磋商过程、履行行为等因素确定争议条款的含义。

有证据证明当事人之间对合同条款有不同于词句的通常含义的其他共同理解，一方主张按照词句的通常含义理解合同条款的，人民法院不予支持。

对合同条款有两种以上解释，可能影响该条款效力的，人民法院应当选择有利于该条款有效的解释；属于无偿合同的，应当选择对债务人负担较轻的解释。

第二条 下列情形，不违反法律、行政法规的强制性规定且不违背公序良俗的，人民法院可以认定为民法典所称的"交易习惯"：

（一）当事人之间在交易活动中的惯常做法；

（二）在交易行为当地或者某一领域、某一行业通常采用并为交易对方订立合同时所知道或者应当知道的做法。

对于交易习惯，由提出主张的当事人一方承担举证责任。

二、合同的订立

第三条 当事人对合同是否成立存在争议，人民法院能够确定当事人姓名或者名称、标的和数量的，一般应当认定合同成立。但是，法律另有规定或者当事人另有约定的除外。

根据前款规定能够认定合同已经成立的，对合同欠缺的内容，人民法院应当依据民法典第五百一十条、第五百一十一条等规定予以确定。

当事人主张合同无效或者请求撤销、解除合同等，人民法院认为合同不成立的，应当依据《最高人民法院关于民事诉讼证据的若干规定》第五十三条的规定将合同是否成立作为焦点问题进行审理，并可以根据案件的具体情况重新指定举证期限。

第四条 采取招标方式订立合同，当事人请求确认合同自中标通知书到达中标人时成立的，人民法院应予支持。合同成立后，当事人拒绝签订书面合同的，人民法院应当依据招标文件、投标文件和中标通知书等确定合同内容。

采取现场拍卖、网络拍卖等公开竞价方式订立合同，当事人请求确认合同自拍卖师落槌、电子交易系统确认成交时成立的，人民法院应予支持。合同成立后，当事人拒绝签订成交确认书的，人民法院应当依据拍卖公告、竞买人的报价等确定合同内容。

产权交易所等机构主持拍卖、挂牌交易，其公布的拍卖公告、交易规则等文件公开确定了合同成立需要具备的条件，当事人请求确认合同自该条件具备时成立的，人民法院应予支持。

第五条 第三人实施欺诈、胁迫行为，使当事人在违背真实意思的情况下订立合同，受到损失的当事人请求第三人承担赔偿责任的，人民法院依法予以支持；当事人亦有违背诚信原则的行为的，人民法院应当根据各自的过错确定相应的责任。但是，法律、司法解释对当事人与第三人的民事责任另有规定的，依照其规定。

第六条 当事人以认购书、订购书、预订书等形式约定在将来一定期限内订立合同，或者为担保在将来一定期限内订立合同交付了定金，能够确定将来所要订立合同的主体、标的等内容的，人民法院应当认定预约合同成立。

当事人通过签订意向书或者备忘录等方式，仅表达交易的意向，未约定在将来一定期限内订立合同，或者虽然有约定但是难以确定将来所要订立合同的主体、标的等内容，一方主张预约合同成立的，人民法院不予支持。

当事人订立的认购书、订购书、预订书等已就合同标的、数量、价款或者报酬等主要内容达成合意，符合本解释第三条第一款规定的合同成立条件，未明确约定在将来一定期限内另行订立合同，或者虽然有约定但是当事人一方已实施履行行为且对方接受的，人民法院应当认定本约合同成立。

第七条 预约合同生效后，当事人一方拒绝订立本约合同或者在磋商订立本约合同时违背诚信原则导致未能订立本约合同的，人民法院应当认定该当事人不履行预约合同约定的义务。

人民法院认定当事人一方在磋商订立本约合同时是否违背诚信原则，应当综合考虑该当事人在磋商时提出的条件是否明显背离预约合同约定的内容以及是否已尽合理努力进行协商等因素。

第八条 预约合同生效后，当事人一方不履行订立本约合同的义务，对方请求其赔偿因此造成的损失的，人民法院依法予以支持。

前款规定的损失赔偿，当事人有约定的，按照约定；没有约定的，人民法院应当综合考虑预约合同在内容上的完备程度以及订立本约合同的条件的成就程度等因素酌定。

第九条 合同条款符合民法典第四百九十六条第一款规定的情形，当事人仅以合同系依据合同示范文本制作或者双方已经明确约定合同条款不属于格式条款为由主张该条款不是格式条款的，人民法院不予支持。

从事经营活动的当事人一方仅以未实际重复使用为由主张其预先拟定且未与对方协商的合同条款不是格式条款的，人民法院不予支持。但是，有证据证明该条款不是为了重复使用而预先拟定的除外。

第十条 提供格式条款的一方在合同订立时采用通常足以引起对方注意的文字、符号、字体等明显标识，提示对方注意免除或者减轻其责任、排除或者限制对方权利等与对方有重大利害关系的异常条款的，人民法院可以认定其已经履行民法典第四百九十六条第二款规定的提示义务。

提供格式条款的一方按照对方的要求，就与对方有重大利害关系的异常条款的概念、内容及其法律后果以书面或者口头形式向对方作出通常能够理解的解释说明的，人民法院可以认定其已经履行民法典第四百九十六条第二款规定的说明义务。

提供格式条款的一方对其已经尽到提示义务或者说明义务承担

举证责任。对于通过互联网等信息网络订立的电子合同，提供格式条款的一方仅以采取了设置勾选、弹窗等方式为由主张其已经履行提示义务或者说明义务的，人民法院不予支持，但是其举证符合前两款规定的除外。

三、合同的效力

第十一条 当事人一方是自然人，根据该当事人的年龄、智力、知识、经验并结合交易的复杂程度，能够认定其对合同的性质、合同订立的法律后果或者交易中存在的特定风险缺乏应有的认知能力的，人民法院可以认定该情形构成民法典第一百五十一条规定的"缺乏判断能力"。

第十二条 合同依法成立后，负有报批义务的当事人不履行报批义务或者履行报批义务不符合合同的约定或者法律、行政法规的规定，对方请求其继续履行报批义务的，人民法院应予支持；对方主张解除合同并请求其承担违反报批义务的赔偿责任的，人民法院应予支持。

人民法院判决当事人一方履行报批义务后，其仍不履行，对方主张解除合同并参照违反合同的违约责任请求其承担赔偿责任的，人民法院应予支持。

合同获得批准前，当事人一方起诉请求对方履行合同约定的主要义务，经释明后拒绝变更诉讼请求的，人民法院应当判决驳回其诉讼请求，但是不影响其另行提起诉讼。

负有报批义务的当事人已经办理申请批准等手续或者已经履行生效判决确定的报批义务，批准机关决定不予批准，对方请求其承担赔偿责任的，人民法院不予支持。但是，因迟延履行报批义务等可归责于当事人的原因导致合同未获批准，对方请求赔偿因此受到的损失的，人民法院应当依据民法典第一百五十七条的规定处理。

第十三条　合同存在无效或者可撤销的情形，当事人以该合同已在有关行政管理部门办理备案、已经批准机关批准或者已依据该合同办理财产权利的变更登记、移转登记等为由主张合同有效的，人民法院不予支持。

第十四条　当事人之间就同一交易订立多份合同，人民法院应当认定其中以虚假意思表示订立的合同无效。当事人为规避法律、行政法规的强制性规定，以虚假意思表示隐藏真实意思表示的，人民法院应当依据民法典第一百五十三条第一款的规定认定被隐藏合同的效力；当事人为规避法律、行政法规关于合同应当办理批准等手续的规定，以虚假意思表示隐藏真实意思表示的，人民法院应当依据民法典第五百零二条第二款的规定认定被隐藏合同的效力。

依据前款规定认定被隐藏合同无效或者确定不发生效力的，人民法院应当以被隐藏合同为事实基础，依据民法典第一百五十七条的规定确定当事人的民事责任。但是，法律另有规定的除外。

当事人就同一交易订立的多份合同均系真实意思表示，且不存在其他影响合同效力情形的，人民法院应当在查明各合同成立先后顺序和实际履行情况的基础上，认定合同内容是否发生变更。法律、行政法规禁止变更合同内容的，人民法院应当认定合同的相应变更无效。

第十五条　人民法院认定当事人之间的权利义务关系，不应当拘泥于合同使用的名称，而应当根据合同约定的内容。当事人主张的权利义务关系与根据合同内容认定的权利义务关系不一致的，人民法院应当结合缔约背景、交易目的、交易结构、履行行为以及当事人是否存在虚构交易标的等事实认定当事人之间的实际民事法律关系。

第十六条　合同违反法律、行政法规的强制性规定，有下列情形之一，由行为人承担行政责任或者刑事责任能够实现强制性规定的立法目的的，人民法院可以依据民法典第一百五十三条第一款关于"该强制性规定不导致该民事法律行为无效的除外"的规定认定该合同不因违反强制性规定无效：

（一）强制性规定虽然旨在维护社会公共秩序，但是合同的实际履行对社会公共秩序造成的影响显著轻微，认定合同无效将导致案件处理结果有失公平公正；

（二）强制性规定旨在维护政府的税收、土地出让金等国家利益或者其他民事主体的合法利益而非合同当事人的民事权益，认定合同有效不会影响该规范目的的实现；

（三）强制性规定旨在要求当事人一方加强风险控制、内部管理等，对方无能力或者无义务审查合同是否违反强制性规定，认定合同无效将使其承担不利后果；

（四）当事人一方虽然在订立合同时违反强制性规定，但是在合同订立后其已经具备补正违反强制性规定的条件却违背诚信原则不予补正；

（五）法律、司法解释规定的其他情形。

法律、行政法规的强制性规定旨在规制合同订立后的履行行为，当事人以合同违反强制性规定为由请求认定合同无效的，人民法院不予支持。但是，合同履行必然导致违反强制性规定或者法律、司法解释另有规定的除外。

依据前两款认定合同有效，但是当事人的违法行为未经处理的，人民法院应当向有关行政管理部门提出司法建议。当事人的行为涉嫌犯罪的，应当将案件线索移送刑事侦查机关；属于刑事自诉案件的，应当告知当事人可以向有管辖权的人民法院另行提起诉讼。

第十七条 合同虽然不违反法律、行政法规的强制性规定，但是有下列情形之一，人民法院应当依据民法典第一百五十三条第二款的规定认定合同无效：

（一）合同影响政治安全、经济安全、军事安全等国家安全的；

（二）合同影响社会稳定、公平竞争秩序或者损害社会公共利益等违背社会公共秩序的；

（三）合同背离社会公德、家庭伦理或者有损人格尊严等违背善良风俗的。

人民法院在认定合同是否违背公序良俗时，应当以社会主义核心价值观为导向，综合考虑当事人的主观动机和交易目的、政府部门的监管强度、一定期限内当事人从事类似交易的频次、行为的社会后果等因素，并在裁判文书中充分说理。当事人确因生活需要进行交易，未给社会公共秩序造成重大影响，且不影响国家安全，也不违背善良风俗的，人民法院不应当认定合同无效。

第十八条 法律、行政法规的规定虽然有"应当""必须"或者"不得"等表述，但是该规定旨在限制或者赋予民事权利，行为人违反该规定将构成无权处分、无权代理、越权代表等，或者导致合同相对人、第三人因此获得撤销权、解除权等民事权利的，人民法院应当依据法律、行政法规规定的关于违反该规定的民事法律后果认定合同效力。

第十九条 以转让或者设定财产权利为目的订立的合同，当事人或者真正权利人仅以让与人在订立合同时对标的物没有所有权或者处分权为由主张合同无效的，人民法院不予支持；因未取得真正权利人事后同意或者让与人事后未取得处分权导致合同不能履行，受让人主张解除合同并请求让与人承担违反合同的赔偿责任的，人民法院依法予以支持。

前款规定的合同被认定有效，且让与人已经将财产交付或者移转登记至受让人，真正权利人请求认定财产权利未发生变动或者请求返还财产的，人民法院应予支持。但是，受让人依据民法典第三百一十一条等规定善意取得财产权利的除外。

第二十条 法律、行政法规为限制法人的法定代表人或者非法人组织的负责人的代表权，规定合同所涉事项应当由法人、非法人组织的权力机构或者决策机构决议，或者应当由法人、非法人组织的执行机构决定，法定代表人、负责人未取得授权而以法人、非法人组织的名义订立合同，未尽到合理审查义务的相对人主张该合同对法人、非法人组织发生效力并由其承担违约责任的，人民法院不予支持，但是法人、非法人组织有过错的，可以参照民法典第一百五十七条的规定判决其承担相应的赔偿责任。相对人已尽到合理审查义务，构成表见代表的，人民法院应当依据民法典第五百零四条的规定处理。

合同所涉事项未超越法律、行政法规规定的法定代表人或者负责人的代表权限，但是超越法人、非法人组织的章程或者权力机构等对代表权的限制，相对人主张该合同对法人、非法人组织发生效力并由其承担违约责任的，人民法院依法予以支持。但是，法人、非法人组织举证证明相对人知道或者应当知道该限制的除外。

法人、非法人组织承担民事责任后，向有过错的法定代表人、负责人追偿因越权代表行为造成的损失的，人民法院依法予以支持。法律、司法解释对法定代表人、负责人的民事责任另有规定的，依照其规定。

第二十一条 法人、非法人组织的工作人员就超越其职权范围的事项以法人、非法人组织的名义订立合同，相对人主张该合同对法人、非法人组织发生效力并由其承担违约责任的，人民法院不予支持。但是，法人、非法人组织有过错的，人民法院可以参照民法典第一百五十七条的规定判决其承担相应的赔偿责任。前述情形，构成表见代理的，人民法院应当依据民法典第一百七十二条的规定处理。

合同所涉事项有下列情形之一的，人民法院应当认定法人、非法人组织的工作人员在订立合同时超越其职权范围：

（一）依法应当由法人、非法人组织的权力机构或者决策机构决议的事项；

（二）依法应当由法人、非法人组织的执行机构决定的事项；

（三）依法应当由法定代表人、负责人代表法人、非法人组织实施的事项；

（四）不属于通常情形下依其职权可以处理的事项。

合同所涉事项未超越依据前款确定的职权范围，但是超越法人、非法人组织对工作人员职权范围的限制，相对人主张该合同对法人、非法人组织发生效力并由其承担违约责任的，人民法院应予支持。但是，法人、非法人组织举证证明相对人知道或者应当知道该限制的除外。

法人、非法人组织承担民事责任后，向故意或者有重大过失的工作人员追偿的，人民法院依法予以支持。

第二十二条　法定代表人、负责人或者工作人员以法人、非法人组织的名义订立合同且未超越权限，法人、非法人组织仅以合同加盖的印章不是备案印章或者系伪造的印章为由主张该合同对其不发生效力的，人民法院不予支持。

合同系以法人、非法人组织的名义订立，但是仅有法定代表人、负责人或者工作人员签名或者按指印而未加盖法人、非法人组织的印章，相对人能够证明法定代表人、负责人或者工作人员在订立合同时未超越权限的，人民法院应当认定合同对法人、非法人组织发生效力。但是，当事人约定以加盖印章作为合同成立条件的除外。

合同仅加盖法人、非法人组织的印章而无人员签名或者按指印，相对人能够证明合同系法定代表人、负责人或者工作人员在其权限范围内订立的，人民法院应当认定该合同对法人、非法人组织发生效力。

在前三款规定的情形下，法定代表人、负责人或者工作人员在订立合同时虽然超越代表或者代理权限，但是依据民法典第五百零四条的规定构成表见代表，或者依据民法典第一百七十二条的规定构成表见代理的，人民法院应当认定合同对法人、非法人组织发生效力。

第二十三条　法定代表人、负责人或者代理人与相对人恶意串通，以法人、非法人组织的名义订立合同，损害法人、非法人组织的合法权益，法人、非法人组织主张不承担民事责任的，人民法院应予支持。法人、非法人组织请求法定代表人、负责人或者代理人与相对人对因此受到的损失承担连带赔偿责任的，人民法院应予支持。

　　根据法人、非法人组织的举证，综合考虑当事人之间的交易习惯、合同在订立时是否显失公平、相关人员是否获取了不正当利益、合同的履行情况等因素，人民法院能够认定法定代表人、负责人或者代理人与相对人存在恶意串通的高度可能性的，可以要求前述人员就合同订立、履行的过程等相关事实作出陈述或者提供相应的证据。其无正当理由拒绝作出陈述，或者所作陈述不具合理性又不能提供相应证据的，人民法院可以认定恶意串通的事实成立。

　　第二十四条　合同不成立、无效、被撤销或者确定不发生效力，当事人请求返还财产，经审查财产能够返还的，人民法院应当根据案件具体情况，单独或者合并适用返还占有的标的物、更正登记簿册记载等方式；经审查财产不能返还或者没有必要返还的，人民法院应当以认定合同不成立、无效、被撤销或者确定不发生效力之日该财产的市场价值或者以其他合理方式计算的价值为基准判决折价补偿。

　　除前款规定的情形外，当事人还请求赔偿损失的，人民法院应当结合财产返还或者折价补偿的情况，综合考虑财产增值收益和贬值损失、交易成本的支出等事实，按照双方当事人的过错程度及原因力大小，根据诚信原则和公平原则，合理确定损失赔偿额。

　　合同不成立、无效、被撤销或者确定不发生效力，当事人的行为涉嫌违法且未经处理，可能导致一方或者双方通过违法行为获得不当利益的，人民法院应当向有关行政管理部门提出司法建议。当事人的行为涉嫌犯罪的，应当将案件线索移送刑事侦查机关；属于刑事自诉案件的，应当告知当事人可以向有管辖权的人民法院另行提起诉讼。

　　第二十五条　合同不成立、无效、被撤销或者确定不发生效力，有权请求返还价款或者报酬的当事人一方请求对方支付资金占用费的，人民法院应当在当事人请求的范围内按照中国人民银行授权全国银行间同业拆借中心公布的一年期贷款市场报价利率（LPR）计算。但是，占用资金的当事人对于合同不成立、无效、被撤销或者确定不发生效力没有过错的，应当以中国人民银行公布的同期同类存款基准利率计算。

双方互负返还义务，当事人主张同时履行的，人民法院应予支持；占有标的物的一方对标的物存在使用或者依法可以使用的情形，对方请求将其应支付的资金占用费与应收取的标的物使用费相互抵销的，人民法院应予支持，但是法律另有规定的除外。

四、合同的履行

第二十六条 当事人一方未根据法律规定或者合同约定履行开具发票、提供证明文件等非主要债务，对方请求继续履行该债务并赔偿因怠于履行该债务造成的损失的，人民法院依法予以支持；对方请求解除合同的，人民法院不予支持，但是不履行该债务致使不能实现合同目的或者当事人另有约定的除外。

第二十七条 债务人或者第三人与债权人在债务履行期限届满后达成以物抵债协议，不存在影响合同效力情形的，人民法院应当认定该协议自当事人意思表示一致时生效。

债务人或者第三人履行以物抵债协议后，人民法院应当认定相应的原债务同时消灭；债务人或者第三人未按照约定履行以物抵债协议，经催告后在合理期限内仍不履行，债权人选择请求履行原债务或者以物抵债协议的，人民法院应予支持，但是法律另有规定或者当事人另有约定的除外。

前款规定的以物抵债协议经人民法院确认或者人民法院根据当事人达成的以物抵债协议制作成调解书，债权人主张财产权利自确认书、调解书生效时发生变动或者具有对抗善意第三人效力的，人民法院不予支持。

债务人或者第三人以自己不享有所有权或者处分权的财产权利

600

订立以物抵债协议的，依据本解释第十九条的规定处理。

第二十八条　债务人或者第三人与债权人在债务履行期限届满前达成以物抵债协议的，人民法院应当在审理债权债务关系的基础上认定该协议的效力。

当事人约定债务人到期没有清偿债务，债权人可以对抵债财产拍卖、变卖、折价以实现债权的，人民法院应当认定该约定有效。当事人约定债务人到期没有清偿债务，抵债财产归债权人所有的，人民法院应当认定该约定无效，但是不影响其他部分的效力；债权人请求对抵债财产拍卖、变卖、折价以实现债权的，人民法院应予支持。

当事人订立前款规定的以物抵债协议后，债务人或者第三人未将财产权利转移至债权人名下，债权人主张优先受偿的，人民法院不予支持；债务人或者第三人已将财产权利转移至债权人名下的，依据《最高人民法院关于适用〈中华人民共和国民法典〉有关担保制度的解释》第六十八条的规定处理。

第二十九条　民法典第五百二十二条第二款规定的第三人请求债务人向自己履行债务的，人民法院应予支持；请求行使撤销权、解除权等民事权利的，人民法院不予支持，但是法律另有规定的除外。

合同依法被撤销或者被解除，债务人请求债权人返还财产的，人民法院应予支持。

债务人按照约定向第三人履行债务，第三人拒绝受领，债权人请求债务人向自己履行债务的，人民法院应予支持，但是债务人已经采取提存等方式消灭债务的除外。第三人拒绝受领或者受领迟延，债务人请求债权人赔偿因此造成的损失的，人民法院依法予以支持。

第三十条　下列民事主体，人民法院可以认定为民法典第五百二十四条第一款规定的对履行债务具有合法利益的第三人：

（一）保证人或者提供物的担保的第三人；

（二）担保财产的受让人、用益物权人、合法占有人；

（三）担保财产上的后顺位担保权人；

（四）对债务人的财产享有合法权益且该权益将因财产被强制执行而丧失的第三人；

（五）债务人为法人或者非法人组织的，其出资人或者设立人；

（六）债务人为自然人的，其近亲属；

（七）其他对履行债务具有合法利益的第三人。

第三人在其已经代为履行的范围内取得对债务人的债权，但是不得损害债权人的利益。

担保人代为履行债务取得债权后，向其他担保人主张担保权利的，依据《最高人民法院关于适用〈中华人民共和国民法典〉有关担保制度的解释》第十三条、第十四条、第十八条第二款等规定处理。

第三十一条　当事人互负债务，一方以对方没有履行非主要债务为由拒绝履行自己的主要债务的，人民法院不予支持。但是，对方不履行非主要债务致使不能实现合同目的或者当事人另有约定的除外。

当事人一方起诉请求对方履行债务，被告依据民法典第五百二十五条的规定主张双方同时履行的抗辩且抗辩成立，被告未提起反诉的，人民法院应当判决被告在原告履行债务的同时履行自己的债务，并在判项中明确原告申请强制执行的，人民法院应当在原告履行自己的债务后对被告采取执行行为；被告提起反诉的，人民法院应当判决双方同时履行自己的债务，并在判项中明确任何一方申请强制执行的，人民法院应当在该当事人履行自己的债务后对对方采取执行行为。

当事人一方起诉请求对方履行债务，被告依据民法典第五百二十六条的规定主张原告应先履行的抗辩且抗辩成立的，人民法院应当驳回原告的诉讼请求，但是不影响原告履行债务后另行提起诉讼。

第三十二条　合同成立后，因政策调整或者市场供求关系异常变动等原因导致价格发生当事人在订立合同时无法预见的、不属于商业风险的涨跌，继续履行合同对于当事人一方明显不公平的，人民法院应当认定合同的基础条件发生了民法典第五百三十三条第一款规定的"重大变化"。但是，合同涉及市场属性活跃、长期以来价格波动较大的大宗商品以及股票、期货等风险投资型金融产品的除外。

合同的基础条件发生了民法典第五百三十三条第一款规定的重大变化，当事人请求变更合同的，人民法院不得解除合同；当事人一方请求变更合同，对方请求解除合同的，或者当事人一方请求解除合同，对方请求变更合同的，人民法院应当结合案件的实际情况，根据公平原则判决变更或者解除合同。

人民法院依据民法典第五百三十三条的规定判决变更或者解除合同的，应当综合考虑合同基础条件发生重大变化的时间、当事人重新协商的情况以及因合同变更或者解除给当事人造成的损失等因素，在判项中明确合同变更或者解除的时间。

当事人事先约定排除民法典第五百三十三条适用的，人民法院应当认定该约定无效。

五、合同的保全

第三十三条　债务人不履行其对债权人的到期债务，又不以诉讼或者仲裁方式向相对人主张其享有的债权或者与该债权有关的从权利，致使债权人的到期债权未能实现的，人民法院可以认定为民法典第五百三十五条规定的"债务人怠于行使其债权或者与该债权有关的从权利，影响债权人的到期债权实现"。

第三十四条　下列权利，人民法院可以认定为民法典第五百三十五条第一款规定的专属于债务人自身的权利：

（一）抚养费、赡养费或者扶养费请求权；

（二）人身损害赔偿请求权；

（三）劳动报酬请求权，但是超过债务人及其所扶养家属的生活必需费用的部分除外；

（四）请求支付基本养老保险金、失业保险金、最低生活保障金等保障当事人基本生活的权利；

（五）其他专属于债务人自身的权利。

第三十五条 债权人依据民法典第五百三十五条的规定对债务人的相对人提起代位权诉讼的，由被告住所地人民法院管辖，但是依法应当适用专属管辖规定的除外。

债务人或者相对人以双方之间的债权债务关系订有管辖协议为由提出异议的，人民法院不予支持。

第三十六条 债权人提起代位权诉讼后，债务人或者相对人以双方之间的债权债务关系订有仲裁协议为由对法院主管提出异议的，人民法院不予支持。但是，债务人或者相对人在首次开庭前就债务人与相对人之间的债权债务关系申请仲裁的，人民法院可以依法中止代位权诉讼。

第三十七条 债权人以债务人的相对人为被告向人民法院提起代位权诉讼，未将债务人列为第三人的，人民法院应当追加债务人为第三人。

两个以上债权人以债务人的同一相对人为被告提起代位权诉讼的，人民法院可以合并审理。债务人对相对人享有的债权不足以清偿其对两个以上债权人负担的债务的，人民法院应当按照债权人享有的债权比例确定相对人的履行份额，但是法律另有规定的除外。

第三十八条 债权人向人民法院起诉债务人后，又向同一人民法院对债务人的相对人提起代位权诉讼，属于该人民法院管辖的，可以合并审理。不属于该人民法院管辖的，应当告知其向有管辖权的人民法院另行起诉；在起诉债务人的诉讼终结前，代位权诉讼应当中止。

第三十九条 在代位权诉讼中，债务人对超过债权人代位请求数额的债权部分起诉相对人，属于同一人民法院管辖的，可以合并审理。不属于同一人民法院管辖的，应当告知其向有管辖权的人民法院另行起诉；在代位权诉讼终结前，债务人对相对人的诉讼应当中止。

第四十条　代位权诉讼中，人民法院经审理认为债权人的主张不符合代位权行使条件的，应当驳回诉讼请求，但是不影响债权人根据新的事实再次起诉。

债务人的相对人仅以债权人提起代位权诉讼时债权人与债务人之间的债权债务关系未经生效法律文书确认为由，主张债权人提起的诉讼不符合代位权行使条件的，人民法院不予支持。

第四十一条　债权人提起代位权诉讼后，债务人无正当理由减免相对人的债务或者延长相对人的履行期限，相对人以此向债权人抗辩的，人民法院不予支持。

第四十二条　对于民法典第五百三十九条规定的"明显不合理"的低价或者高价，人民法院应当按照交易当地一般经营者的判断，并参考交易时交易地的市场交易价或者物价部门指导价予以认定。

转让价格未达到交易时交易地的市场交易价或者指导价百分之七十的，一般可以认定为"明显不合理的低价"；受让价格高于交易时交易地的市场交易价或者指导价百分之三十的，一般可以认定为"明显不合理的高价"。

债务人与相对人存在亲属关系、关联关系的，不受前款规定的百分之七十、百分之三十的限制。

第四十三条　债务人以明显不合理的价格，实施互易财产、以物抵债、出租或者承租财产、知识产权许可使用等行为，影响债权人的债权实现，债务人的相对人知道或者应当知道该情形，债权人请求撤销债务人的行为的，人民法院应当依据民法典第五百三十九条的规定予以支持。

第四十四条　债权人依据民法典第五百三十八条、第五百三十九条的规定提起撤销权诉讼的，应当以债务人和债务人的相对人为共同被告，由债务人或者相对人的住所地人民法院管辖，但是依法应当适用专属管辖规定的除外。

两个以上债权人就债务人的同一行为提起撤销权诉讼的，人民法院可以合并审理。

第四十五条 在债权人撤销权诉讼中，被撤销行为的标的可分，当事人主张在受影响的债权范围内撤销债务人的行为的，人民法院应予支持；被撤销行为的标的不可分，债权人主张将债务人的行为全部撤销的，人民法院应予支持。

债权人行使撤销权所支付的合理的律师代理费、差旅费等费用，可以认定为民法典第五百四十条规定的"必要费用"。

第四十六条 债权人在撤销权诉讼中同时请求债务人的相对人向债务人承担返还财产、折价补偿、履行到期债务等法律后果的，人民法院依法予以支持。

债权人请求受理撤销权诉讼的人民法院一并审理其与债务人之间的债权债务关系，属于该人民法院管辖的，可以合并审理。不属于该人民法院管辖的，应当告知其向有管辖权的人民法院另行起诉。

债权人依据其与债务人的诉讼、撤销权诉讼产生的生效法律文书申请强制执行的，人民法院可以就债务人对相对人享有的权利采取强制执行措施以实现债权人的债权。债权人在撤销权诉讼中，申请对相对人的财产采取保全措施的，人民法院依法予以准许。

六、合同的变更和转让

第四十七条 债权转让后，债务人向受让人主张其对让与人的抗辩的，人民法院可以追加让与人为第三人。

债务转移后，新债务人主张原债务人对债权人的抗辩的，人民法院可以追加原债务人为第三人。

当事人一方将合同权利义务一并转让后，对方就合同权利义务向受让人主张抗辩或者受让人就合同权利义务向对方主张抗辩的，人民法院可以追加让与人为第三人。

第四十八条 债务人在接到债权转让通知前已经向让与人履行，受让人请求债务人履行的，人民法院不予支持；债务人接到债权转让通知后仍然向让与人履行，受让人请求债务人履行的，人民法院应予支持。

让与人未通知债务人，受让人直接起诉债务人请求履行债务，人民法院经审理确认债权转让事实的，应当认定债权转让自起诉状副本送达时对债务人发生效力。债务人主张因未通知而给其增加的费用或者造成的损失从认定的债权数额中扣除的，人民法院依法予以支持。

第四十九条 债务人接到债权转让通知后，让与人以债权转让合同不成立、无效、被撤销或者确定不发生效力为由请求债务人向其履行的，人民法院不予支持。但是，该债权转让通知被依法撤销的除外。

受让人基于债务人对债权真实存在的确认受让债权后，债务人又以该债权不存在为由拒绝向受让人履行的，人民法院不予支持。但是，受让人知道或者应当知道该债权不存在的除外。

第五十条 让与人将同一债权转让给两个以上受让人，债务人以已经向最先通知的受让人履行为由主张其不再履行债务的，人民法院应予支持。债务人明知接受履行的受让人不是最先通知的受让人，最先通知的受让人请求债务人继续履行债务或者依据债权转让协议请求让与人承担违约责任的，人民法院应予支持；最先通知的受让人请求接受履行的受让人返还其接受的财产的，人民法院不予支持，但是接受履行的受让人明知该债权在其受让前已经转让给其他受让人的除外。

前款所称最先通知的受让人，是指最先到达债务人的转让通知中载明的受让人。当事人之间对通知到达时间有争议的，人民法院应当结合通知的方式等因素综合判断，而不能仅根据债务人认可的通知时间或者通知记载的时间予以认定。当事人采用邮寄、通讯电子系统等方式发出通知的，人民法院应当以邮戳时间或者通讯电子系统记载的时间等作为认定通知到达时间的依据。

第五十一条 第三人加入债务并与债务人约定了追偿权，其履行债务后主张向债务人追偿的，人民法院应予支持；没有约定追偿权，第三人依照民法典关于不当得利等的规定，在其已经向债权人履行债务的范围内请求债务人向其履行的，人民法院应予支持，但是第三人知道或者应当知道加入债务会损害债务人利益的除外。

债务人就其对债权人享有的抗辩向加入债务的第三人主张的，人民法院应予支持。

七、合同的权利义务终止

第五十二条 当事人就解除合同协商一致时未对合同解除后的违约责任、结算和清理等问题作出处理，一方主张合同已经解除的，人民法院应予支持。但是，当事人另有约定的除外。

有下列情形之一的，除当事人一方另有意思表示外，人民法院可以认定合同解除：

（一）当事人一方主张行使法律规定或者合同约定的解除权，经审理认为不符合解除权行使条件但是对方同意解除；

（二）双方当事人均不符合解除权行使的条件但是均主张解除合同。

前两款情形下的违约责任、结算和清理等问题，人民法院应当依据民法典第五百六十六条、第五百六十七条和有关违约责任的规定处理。

第五十三条 当事人一方以通知方式解除合同，并以对方未在约定的异议期限或者其他合理期限内提出异议为由主张合同已经解除的，人民法院应当对其是否享有法律规定或者合同约定的解除权进行审查。经审查，享有解除权的，合同自通知到达对方时解除；不享有解除权的，不发生合同解除的效力。

第五十四条　当事人一方未通知对方，直接以提起诉讼的方式主张解除合同，撤诉后再次起诉主张解除合同，人民法院经审理支持该主张的，合同自再次起诉的起诉状副本送达对方时解除。但是，当事人一方撤诉后又通知对方解除合同且该通知已经到达对方的除外。

第五十五条　当事人一方依据民法典第五百六十八条的规定主张抵销，人民法院经审理认为抵销权成立的，应当认定通知到达对方时双方互负的主债务、利息、违约金或者损害赔偿金等债务在同等数额内消灭。

第五十六条　行使抵销权的一方负担的数项债务种类相同，但是享有的债权不足以抵销全部债务，当事人因抵销的顺序发生争议的，人民法院可以参照民法典第五百六十条的规定处理。

行使抵销权的一方享有的债权不足以抵销其负担的包括主债务、利息、实现债权的有关费用在内的全部债务，当事人因抵销的顺序发生争议的，人民法院可以参照民法典第五百六十一条的规定处理。

第五十七条　因侵害自然人人身权益，或者故意、重大过失侵害他人财产权益产生的损害赔偿债务，侵权人主张抵销的，人民法院不予支持。

第五十八条　当事人互负债务，一方以其诉讼时效期间已经届满的债权通知对方主张抵销，对方提出诉讼时效抗辩的，人民法院对该抗辩应予支持。一方的债权诉讼时效期间已经届满，对方主张抵销的，人民法院应予支持。

八、违约责任

第五十九条　当事人一方依据民法典第五百八十条第二款的规定请求终止合同权利义务关系的，人民法院一般应当以起诉状副本送达对方的时间作为合同权利义务关系终止的时间。根据案件的具体情况，以其他时间作为合同权利义务关系终止的时间更加符合公平原则和诚信原则的，人民法院可以以该时间作为合同权利义务关系终止的时间，但是应当在裁判文书中充分说明理由。

第六十条　人民法院依据民法典第五百八十四条的规定确定合同履行后可以获得的利益时，可以在扣除非违约方为订立、履行合同支出的费用等合理成本后，按照非违约方能够获得的生产利润、经营利润或者转售利润等计算。

非违约方依法行使合同解除权并实施了替代交易，主张按照替代交易价格与合同价格的差额确定合同履行后可以获得的利益的，人民法院依法予以支持；替代交易价格明显偏离替代交易发生时当地的市场价格，违约方主张按照市场价格与合同价格的差额确定合同履行后可以获得的利益的，人民法院应予支持。

非违约方依法行使合同解除权但是未实施替代交易，主张按照违约行为发生后合理期间内合同履行地的市场价格与合同价格的差额确定合同履行后可以获得的利益的，人民法院应予支持。

第六十一条　在以持续履行的债务为内容的定期合同中，一方不履行支付价款、租金等金钱债务，对方请求解除合同，人民法院经审理认为合同应当依法解除的，可以根据当事人的主张，参考合同主体、交易类型、市场价格变化、剩余履行期限等因素确定非违约方寻找替代交易的合理期限，并按照该期限对应的价款、租金等扣除非违约方应当支付的相应履约成本确定合同履行后可以获得的利益。

非违约方主张按照合同解除后剩余履行期限相应的价款、租金等扣除履约成本确定合同履行后可以获得的利益的，人民法院不予支持。但是，剩余履行期限少于寻找替代交易的合理期限的除外。

第六十二条　非违约方在合同履行后可以获得的利益难以根据本解释第六十条、第六十一条的规定予以确定的，人民法院可以综合考虑违约方因违约获得的利益、违约方的过错程度、其他违约情节等因素，遵循公平原则和诚信原则确定。

第六十三条　在认定民法典第五百八十四条规定的"违约一方订立合同时预见到或者应当预见到的因违约可能造成的损失"时，

人民法院应当根据当事人订立合同的目的，综合考虑合同主体、合同内容、交易类型、交易习惯、磋商过程等因素，按照与违约方处于相同或者类似情况的民事主体在订立合同时预见到或者应当预见到的损失予以确定。

除合同履行后可以获得的利益外，非违约方主张还有其向第三人承担违约责任应当支出的额外费用等其他因违约所造成的损失，并请求违约方赔偿，经审理认为该损失系违约一方订立合同时预见到或者应当预见到的，人民法院应予支持。

在确定违约损失赔偿额时，违约方主张扣除非违约方未采取适当措施导致的扩大损失、非违约方也有过错造成的相应损失、非违约方因违约获得的额外利益或者减少的必要支出的，人民法院依法予以支持。

第六十四条 当事人一方通过反诉或者抗辩的方式，请求调整违约金的，人民法院依法予以支持。

违约方主张约定的违约金过分高于违约造成的损失，请求予以适当减少的，应当承担举证责任。非违约方主张约定的违约金合理的，也应当提供相应的证据。

当事人仅以合同约定不得对违约金进行调整为由主张不予调整违约金的，人民法院不予支持。

第六十五条 当事人主张约定的违约金过分高于违约造成的损失，请求予以适当减少的，人民法院应当以民法典第五百八十四条规定的损失为基础，兼顾合同主体、交易类型、合同的履行情况、当事人的过错程度、履约背景等因素，遵循公平原则和诚信原则进行衡量，并作出裁判。

约定的违约金超过造成损失的百分之三十的，人民法院一般可以认定为过分高于造成的损失。

恶意违约的当事人一方请求减少违约金的，人民法院一般不予支持。

第六十六条 当事人一方请求对方支付违约金，对方以合同不成立、无效、被撤销、确定不发生效力、不构成违约或者非违约方不存在损失等为由抗辩，未主张调整过高的违约金的，人民法院应当就若不支持该抗辩，当事人是否请求调整违约金进行释明。第一审人民法院认为抗辩成立且未予释明，第二审人民法院认为应当判决支付违约金的，可以直接释明，并根据当事人的请求，在当事人就是否应当调整违约金充分举证、质证、辩论后，依法判决适当减少违约金。

被告因客观原因在第一审程序中未到庭参加诉讼，但是在第二审程序中到庭参加诉讼并请求减少违约金的，第二审人民法院可以在当事人就是否应当调整违约金充分举证、质证、辩论后，依法判决适当减少违约金。

第六十七条 当事人交付留置金、担保金、保证金、订约金、押金或者订金等，但是没有约定定金性质，一方主张适用民法典第五百八十七条规定的定金罚则的，人民法院不予支持。当事人约定了定金性质，但是未约定定金类型或者约定不明，一方主张为违约定金的，人民法院应予支持。

当事人约定以交付定金作为订立合同的担保，一方拒绝订立合同或者在磋商订立合同时违背诚信原则导致未能订立合同，对方主张适用民法典第五百八十七条规定的定金罚则的，人民法院应予支持。

当事人约定以交付定金作为合同成立或者生效条件，应当交付定金的一方未交付定金，但是合同主要义务已经履行完毕并为对方所接受的，人民法院应当认定合同在对方接受履行时已经成立或者生效。

当事人约定定金性质为解约定金，交付定金的一方主张以丧失定金为代价解除合同的，或者收受定金的一方主张以双倍返还定金为代价解除合同的，人民法院应予支持。

第六十八条 双方当事人均具有致使不能实现合同目的的违约行为，其中一方请求适用定金罚则的，人民法院不予支持。当事人一方仅有轻微违约，对方具有致使不能实现合同目的的违约行为，轻微违约方主张适用定金罚则，对方以轻微违约方也构成违约为由抗辩的，人民法院对该抗辩不予支持。

当事人一方已经部分履行合同，对方接受并主张按照未履行部分所占比例适用定金罚则的，人民法院应予支持。对方主张按照合同整体适用定金罚则的，人民法院不予支持，但是部分未履行致使不能实现合同目的的除外。

因不可抗力致使合同不能履行，非违约方主张适用定金罚则的，人民法院不予支持。

九、附　则

第六十九条　本解释自 2023 年 12 月 5 日起施行。

民法典施行后的法律事实引起的民事案件，本解释施行后尚未终审的，适用本解释；本解释施行前已经终审，当事人申请再审或者按照审判监督程序决定再审的，不适用本解释。

最高人民法院关于适用
《中华人民共和国民法典》
侵权责任编的解释（一）

（2023 年 12 月 18 日最高人民法院审判委员会第 1909
次会议通过　2024 年 9 月 25 日最高人民法院公告公布　自
2024 年 9 月 27 日起施行　法释〔2024〕12 号）

为正确审理侵权责任纠纷案件，根据《中华人民共和国民法典》、《中华人民共和国民事诉讼法》等法律规定，结合审判实践，制定本解释。

第一条　非法使被监护人脱离监护，监护人请求赔偿为恢复监

613

护状态而支出的合理费用等财产损失的，人民法院应予支持。

第二条 非法使被监护人脱离监护，导致父母子女关系或者其他近亲属关系受到严重损害的，应当认定为民法典第一千一百八十三条第一款规定的严重精神损害。

第三条 非法使被监护人脱离监护，被监护人在脱离监护期间死亡，作为近亲属的监护人既请求赔偿人身损害，又请求赔偿监护关系受侵害产生的损失的，人民法院依法予以支持。

第四条 无民事行为能力人、限制民事行为能力人造成他人损害，被侵权人请求监护人承担侵权责任，或者合并请求监护人和受托履行监护职责的人承担侵权责任的，人民法院应当将无民事行为能力人、限制民事行为能力人列为共同被告。

第五条 无民事行为能力人、限制民事行为能力人造成他人损害，被侵权人请求监护人承担侵权人应承担的全部责任的，人民法院应予支持，并在判决中明确，赔偿费用可以先从被监护人财产中支付，不足部分由监护人支付。

监护人抗辩主张承担补充责任，或者被侵权人、监护人主张人民法院判令有财产的无民事行为能力人、限制民事行为能力人承担赔偿责任的，人民法院不予支持。

从被监护人财产中支付赔偿费用的，应当保留被监护人所必需的生活费和完成义务教育所必需的费用。

第六条 行为人在侵权行为发生时不满十八周岁，被诉时已满十八周岁的，被侵权人请求原监护人承担侵权人应承担的全部责任的，人民法院应予支持，并在判决中明确，赔偿费用可以先从被监护人财产中支付，不足部分由监护人支付。

前款规定情形，被侵权人仅起诉行为人的，人民法院应当向原告释明申请追加原监护人为共同被告。

第七条 未成年子女造成他人损害，被侵权人请求父母共同承担侵权责任的，人民法院依照民法典第二十七条第一款、第一千零六十八条以及第一千一百八十八条的规定予以支持。

第八条　夫妻离婚后，未成年子女造成他人损害，被侵权人请求离异夫妻共同承担侵权责任的，人民法院依照民法典第一千零六十八条、第一千零八十四条以及第一千一百八十八条的规定予以支持。一方以未与该子女共同生活为由主张不承担或者少承担责任的，人民法院不予支持。

离异夫妻之间的责任份额，可以由双方协议确定；协议不成的，人民法院可以根据双方履行监护职责的约定和实际履行情况等确定。实际承担责任超过自己责任份额的一方向另一方追偿的，人民法院应予支持。

第九条　未成年子女造成他人损害的，依照民法典第一千零七十二条第二款的规定，未与该子女形成抚养教育关系的继父或者继母不承担监护人的侵权责任，由该子女的生父母依照本解释第八条的规定承担侵权责任。

第十条　无民事行为能力人、限制民事行为能力人造成他人损害，被侵权人合并请求监护人和受托履行监护职责的人承担侵权责任的，依照民法典第一千一百八十九条的规定，监护人承担侵权人应承担的全部责任；受托人在过错范围内与监护人共同承担责任，但责任主体实际支付的赔偿费用总和不应超出被侵权人应受偿的损失数额。

监护人承担责任后向受托人追偿的，人民法院可以参照民法典第九百二十九条的规定处理。

仅有一般过失的无偿受托人承担责任后向监护人追偿的，人民法院应予支持。

第十一条　教唆、帮助无民事行为能力人、限制民事行为能力人实施侵权行为，教唆人、帮助人以其不知道且不应当知道行为人为无民事行为能力人、限制民事行为能力人为由，主张不承担侵权责任或者与行为人的监护人承担连带责任的，人民法院不予支持。

第十二条　教唆、帮助无民事行为能力人、限制民事行为能力人实施侵权行为，被侵权人合并请求教唆人、帮助人以及监护人承担侵权责任的，依照民法典第一千一百六十九条第二款的规定，教唆人、帮助人承担侵权人应承担的全部责任；监护人在未尽到监护职责的范围内与教唆人、帮助人共同承担责任，但责任主体实际支付的赔偿费用总和不应超出被侵权人应受偿的损失数额。

监护人先行支付赔偿费用后，就超过自己相应责任的部分向教唆人、帮助人追偿的，人民法院应予支持。

第十三条　教唆、帮助无民事行为能力人、限制民事行为能力人实施侵权行为，被侵权人合并请求教唆人、帮助人与监护人以及受托履行监护职责的人承担侵权责任的，依照本解释第十条、第十二条的规定认定民事责任。

第十四条　无民事行为能力人或者限制民事行为能力人在幼儿园、学校或者其他教育机构学习、生活期间，受到教育机构以外的第三人人身损害，第三人、教育机构作为共同被告且依法应承担侵权责任的，人民法院应当在判决中明确，教育机构在人民法院就第三人的财产依法强制执行后仍不能履行的范围内，承担与其过错相应的补充责任。

被侵权人仅起诉教育机构的，人民法院应当向原告释明申请追加实施侵权行为的第三人为共同被告。

第三人不确定的，未尽到管理职责的教育机构先行承担与其过错相应的责任；教育机构承担责任后向已经确定的第三人追偿的，人民法院依照民法典第一千二百零一条的规定予以支持。

第十五条　与用人单位形成劳动关系的工作人员、执行用人单位工作任务的其他人员，因执行工作任务造成他人损害，被侵权人依照民法典第一千一百九十一条第一款的规定，请求用人单位承担侵权责任的，人民法院应予支持。

个体工商户的从业人员因执行工作任务造成他人损害的，适用民法典第一千一百九十一条第一款的规定认定民事责任。

第十六条　劳务派遣期间，被派遣的工作人员因执行工作任务造成他人损害，被侵权人合并请求劳务派遣单位与接受劳务派遣的用工单位承担侵权责任的，依照民法典第一千一百九十一条第二款的规定，接受劳务派遣的用工单位承担侵权人应承担的全部责任；劳务派遣单位在不当选派工作人员、未依法履行培训义务等过错范围内，与接受劳务派遣的用工单位共同承担责任，但责任主体实际支付的赔偿费用总和不应超出被侵权人应受偿的损失数额。

劳务派遣单位先行支付赔偿费用后，就超过自己相应责任的部分向接受劳务派遣的用工单位追偿的，人民法院应予支持，但双方另有约定的除外。

第十七条　工作人员在执行工作任务中实施的违法行为造成他人损害，构成自然人犯罪的，工作人员承担刑事责任不影响用人单位依法承担民事责任。依照民法典第一千一百九十一条规定用人单位应当承担侵权责任的，在刑事案件中已完成的追缴、退赔可以在民事判决书中明确并扣减，也可以在执行程序中予以扣减。

第十八条　承揽人在完成工作过程中造成第三人损害的，人民法院依照民法典第一千一百六十五条的规定认定承揽人的民事责任。

被侵权人合并请求定作人和承揽人承担侵权责任的，依照民法典第一千一百六十五条、第一千一百九十三条的规定，造成损害的承揽人承担侵权人应承担的全部责任；定作人在定作、指示或者选任过错范围内与承揽人共同承担责任，但责任主体实际支付的赔偿费用总和不应超出被侵权人应受偿的损失数额。

定作人先行支付赔偿费用后，就超过自己相应责任的部分向承揽人追偿的，人民法院应予支持，但双方另有约定的除外。

第十九条　因产品存在缺陷造成买受人财产损害，买受人请求产品的生产者或者销售者赔偿缺陷产品本身损害以及其他财产损害的，人民法院依照民法典第一千二百零二条、第一千二百零三条的规定予以支持。

第二十条　以买卖或者其他方式转让拼装或者已经达到报废标准的机动车，发生交通事故造成损害，转让人、受让人以其不知道且不应当知道该机动车系拼装或者已经达到报废标准为由，主张不承担侵权责任的，人民法院不予支持。

第二十一条 未依法投保强制保险的机动车发生交通事故造成损害，投保义务人和交通事故责任人不是同一人，被侵权人合并请求投保义务人和交通事故责任人承担侵权责任的，交通事故责任人承担侵权人应承担的全部责任；投保义务人在机动车强制保险责任限额范围内与交通事故责任人共同承担责任，但责任主体实际支付的赔偿费用总和不应超出被侵权人应受偿的损失数额。

投保义务人先行支付赔偿费用后，就超出机动车强制保险责任限额范围部分向交通事故责任人追偿的，人民法院应予支持。

第二十二条 机动车驾驶人离开本车后，因未采取制动措施等自身过错受到本车碰撞、碾压造成损害，机动车驾驶人请求承保本车机动车强制保险的保险人在强制保险责任限额范围内，以及承保本车机动车商业第三者责任保险的保险人按照保险合同的约定赔偿的，人民法院不予支持，但可以依据机动车车上人员责任保险的有关约定支持相应的赔偿请求。

第二十三条 禁止饲养的烈性犬等危险动物造成他人损害，动物饲养人或者管理人主张不承担责任或者减轻责任的，人民法院不予支持。

第二十四条 物业服务企业等建筑物管理人未采取必要的安全保障措施防止从建筑物中抛掷物品或者从建筑物上坠落的物品造成他人损害，具体侵权人、物业服务企业等建筑物管理人作为共同被告的，人民法院应当依照民法典第一千一百九十八条第二款、第一千二百五十四条的规定，在判决中明确，未采取必要安全保障措施的物业服务企业等建筑物管理人在人民法院就具体侵权人的财产依法强制执行后仍不能履行的范围内，承担与其过错相应的补充责任。

第二十五条 物业服务企业等建筑物管理人未采取必要的安全保障措施防止从建筑物中抛掷物品或者从建筑物上坠落的物品造成他人损害，经公安等机关调查，在民事案件一审法庭辩论终结前仍难以确定具体侵权人的，未采取必要安全保障措施的物业服务企业等建筑物管理人承担与其过错相应的责任。被侵权人其余部分的损

618

害，由可能加害的建筑物使用人给予适当补偿。

具体侵权人确定后，已经承担责任的物业服务企业等建筑物管理人、可能加害的建筑物使用人向具体侵权人追偿的，人民法院依照民法典第一千一百九十八条第二款、第一千二百五十四条第一款的规定予以支持。

第二十六条 本解释自 2024 年 9 月 27 日起施行。

本解释施行后，人民法院尚未审结的一审、二审案件适用本解释。本解释施行前已经终审，当事人申请再审或者按照审判监督程序决定再审的，适用当时的法律、司法解释规定。

民事案件案由规定

（2007 年 10 月 29 日最高人民法院审判委员会第 1438 次会议通过 自 2008 年 4 月 1 日起施行 根据 2011 年 2 月 18 日最高人民法院《关于修改〈民事案件案由规定〉的决定》（法〔2011〕41 号）第一次修正 根据 2020 年 12 月 14 日最高人民法院审判委员会第 1821 次会议通过的《最高人民法院关于修改〈民事案件案由规定〉的决定》（法〔2020〕346 号）第二次修正）

为了正确适用法律，统一确定案由，根据《中华人民共和国民法典》《中华人民共和国民事诉讼法》等法律规定，结合人民法院民事审判工作实际情况，对民事案件案由规定如下：

第一部分　人格权纠纷

一、人格权纠纷

1. 生命权、身体权、健康权纠纷

2. 姓名权纠纷

3. 名称权纠纷

4. 肖像权纠纷

5. 声音保护纠纷

6. 名誉权纠纷

7. 荣誉权纠纷

8. 隐私权、个人信息保护纠纷

（1）隐私权纠纷

（2）个人信息保护纠纷

9. 婚姻自主权纠纷

10. 人身自由权纠纷

11. 一般人格权纠纷

（1）平等就业权纠纷

第二部分　婚姻家庭、继承纠纷

二、婚姻家庭纠纷

12. 婚约财产纠纷

13. 婚内夫妻财产分割纠纷

14. 离婚纠纷

15. 离婚后财产纠纷

16. 离婚后损害责任纠纷

17. 婚姻无效纠纷

18. 撤销婚姻纠纷

19. 夫妻财产约定纠纷

20. 同居关系纠纷

（1）同居关系析产纠纷

（2）同居关系子女抚养纠纷

21. 亲子关系纠纷

（1）确认亲子关系纠纷

（2）否认亲子关系纠纷

22. 抚养纠纷

（1）抚养费纠纷

（2）变更抚养关系纠纷

23. 扶养纠纷

（1）扶养费纠纷

（2）变更扶养关系纠纷

24. 赡养纠纷

（1）赡养费纠纷

（2）变更赡养关系纠纷

25. 收养关系纠纷

（1）确认收养关系纠纷

（2）解除收养关系纠纷

26. 监护权纠纷

27. 探望权纠纷

28. 分家析产纠纷

三、继承纠纷

29. 法定继承纠纷

（1）转继承纠纷

（2）代位继承纠纷

30. 遗嘱继承纠纷

31. 被继承人债务清偿纠纷

32. 遗赠纠纷

33. 遗赠扶养协议纠纷

34. 遗产管理纠纷

第三部分 物权纠纷

四、不动产登记纠纷

35. 异议登记不当损害责任纠纷

36. 虚假登记损害责任纠纷

五、物权保护纠纷

37. 物权确认纠纷

（1）所有权确认纠纷

（2）用益物权确认纠纷

（3）担保物权确认纠纷

38. 返还原物纠纷

39. 排除妨害纠纷

40. 消除危险纠纷

41. 修理、重作、更换纠纷

42. 恢复原状纠纷

43. 财产损害赔偿纠纷

六、所有权纠纷

44. 侵害集体经济组织成员权益纠纷

45. 建筑物区分所有权纠纷

（1）业主专有权纠纷

（2）业主共有权纠纷

（3）车位纠纷

（4）车库纠纷

46. 业主撤销权纠纷

47. 业主知情权纠纷

48. 遗失物返还纠纷

49. 漂流物返还纠纷

50. 埋藏物返还纠纷

51. 隐藏物返还纠纷

52. 添附物归属纠纷

53. 相邻关系纠纷

（1）相邻用水、排水纠纷

（2）相邻通行纠纷

（3）相邻土地、建筑物利用关系纠纷

（4）相邻通风纠纷

（5）相邻采光、日照纠纷

（6）相邻污染侵害纠纷

（7）相邻损害防免关系纠纷

54. 共有纠纷

（1）共有权确认纠纷

（2）共有物分割纠纷

（3）共有人优先购买权纠纷

（4）债权人代位析产纠纷

七、用益物权纠纷

55. 海域使用权纠纷

56. 探矿权纠纷

57. 采矿权纠纷

58. 取水权纠纷

59. 养殖权纠纷

60. 捕捞权纠纷

61. 土地承包经营权纠纷

（1）土地承包经营权确认纠纷

（2）承包地征收补偿费用分配纠纷

（3）土地承包经营权继承纠纷

62. 土地经营权纠纷

63. 建设用地使用权纠纷

64. 宅基地使用权纠纷

65. 居住权纠纷

66. 地役权纠纷

八、担保物权纠纷

67. 抵押权纠纷

（1）建筑物和其他土地附着物抵押权纠纷

（2）在建建筑物抵押权纠纷

（3）建设用地使用权抵押权纠纷

（4）土地经营权抵押权纠纷

（5）探矿权抵押权纠纷

（6）采矿权抵押权纠纷

（7）海域使用权抵押权纠纷

（8）动产抵押权纠纷

（9）在建船舶、航空器抵押权纠纷

（10）动产浮动抵押权纠纷

（11）最高额抵押权纠纷

68. 质权纠纷

（1）动产质权纠纷

（2）转质权纠纷

（3）最高额质权纠纷

（4）票据质权纠纷

（5）债券质权纠纷

（6）存单质权纠纷

（7）仓单质权纠纷

（8）提单质权纠纷

（9）股权质权纠纷

（10）基金份额质权纠纷

（11）知识产权质权纠纷

（12）应收账款质权纠纷

69. 留置权纠纷

九、占有保护纠纷

70. 占有物返还纠纷

71. 占有排除妨害纠纷

72. 占有消除危险纠纷

73. 占有物损害赔偿纠纷

第四部分　合同、准合同纠纷

十、合同纠纷

74. 缔约过失责任纠纷

75. 预约合同纠纷

76. 确认合同效力纠纷

（1）确认合同有效纠纷

（2）确认合同无效纠纷

77. 债权人代位权纠纷

78. 债权人撤销权纠纷

79. 债权转让合同纠纷

80. 债务转移合同纠纷

81. 债权债务概括转移合同纠纷

82. 债务加入纠纷

83. 悬赏广告纠纷

84. 买卖合同纠纷

（1）分期付款买卖合同纠纷

（2）凭样品买卖合同纠纷

（3）试用买卖合同纠纷

（4）所有权保留买卖合同纠纷

（5）招标投标买卖合同纠纷

（6）互易纠纷

（7）国际货物买卖合同纠纷

（8）信息网络买卖合同纠纷

85. 拍卖合同纠纷

86. 建设用地使用权合同纠纷

（1）建设用地使用权出让合同纠纷

（2）建设用地使用权转让合同纠纷

87. 临时用地合同纠纷

88. 探矿权转让合同纠纷

89. 采矿权转让合同纠纷

90. 房地产开发经营合同纠纷

（1）委托代建合同纠纷

（2）合资、合作开发房地产合同纠纷

（3）项目转让合同纠纷

91. 房屋买卖合同纠纷

（1）商品房预约合同纠纷

（2）商品房预售合同纠纷

（3）商品房销售合同纠纷

（4）商品房委托代理销售合同纠纷

（5）经济适用房转让合同纠纷

（6）农村房屋买卖合同纠纷

92. 民事主体间房屋拆迁补偿合同纠纷

93. 供用电合同纠纷

94. 供用水合同纠纷

95. 供用气合同纠纷

96. 供用热力合同纠纷

97. 排污权交易纠纷

98. 用能权交易纠纷

99. 用水权交易纠纷

100. 碳排放权交易纠纷

101. 碳汇交易纠纷

102. 赠与合同纠纷

（1）公益事业捐赠合同纠纷

（2）附义务赠与合同纠纷

103. 借款合同纠纷

（1）金融借款合同纠纷

（2）同业拆借纠纷

（3）民间借贷纠纷

（4）小额借款合同纠纷

（5）金融不良债权转让合同纠纷

（6）金融不良债权追偿纠纷

104. 保证合同纠纷

105. 抵押合同纠纷

106. 质押合同纠纷

107. 定金合同纠纷

108. 进出口押汇纠纷

109. 储蓄存款合同纠纷

110. 银行卡纠纷

（1）借记卡纠纷

（2）信用卡纠纷

111. 租赁合同纠纷

（1）土地租赁合同纠纷

（2）房屋租赁合同纠纷

（3）车辆租赁合同纠纷

（4）建筑设备租赁合同纠纷

112. 融资租赁合同纠纷

113. 保理合同纠纷

114. 承揽合同纠纷

（1）加工合同纠纷

（2）定作合同纠纷

（3）修理合同纠纷

（4）复制合同纠纷

（5）测试合同纠纷

（6）检验合同纠纷

（7）铁路机车、车辆建造合同纠纷

115. 建设工程合同纠纷

（1）建设工程勘察合同纠纷

（2）建设工程设计合同纠纷

（3）建设工程施工合同纠纷

（4）建设工程价款优先受偿权纠纷

（5）建设工程分包合同纠纷

（6）建设工程监理合同纠纷

（7）装饰装修合同纠纷

（8）铁路修建合同纠纷

（9）农村建房施工合同纠纷

116. 运输合同纠纷

（1）公路旅客运输合同纠纷

（2）公路货物运输合同纠纷

（3）水路旅客运输合同纠纷

（4）水路货物运输合同纠纷

（5）航空旅客运输合同纠纷

（6）航空货物运输合同纠纷

（7）出租汽车运输合同纠纷

（8）管道运输合同纠纷

（9）城市公交运输合同纠纷

（10）联合运输合同纠纷

（11）多式联运合同纠纷

（12）铁路货物运输合同纠纷

（13）铁路旅客运输合同纠纷

（14）铁路行李运输合同纠纷

（15）铁路包裹运输合同纠纷

（16）国际铁路联运合同纠纷

117. 保管合同纠纷

118. 仓储合同纠纷

119. 委托合同纠纷

（1）进出口代理合同纠纷

（2）货运代理合同纠纷

（3）民用航空运输销售代理合同纠纷

（4）诉讼、仲裁、人民调解代理合同纠纷

（5）销售代理合同纠纷

120. 委托理财合同纠纷

（1）金融委托理财合同纠纷

（2）民间委托理财合同纠纷

121. 物业服务合同纠纷

122. 行纪合同纠纷

123. 中介合同纠纷

124. 补偿贸易纠纷

125. 借用合同纠纷

126. 典当纠纷

127. 合伙合同纠纷

128. 种植、养殖回收合同纠纷

129. 彩票、奖券纠纷

130. 中外合作勘探开发自然资源合同纠纷

131. 农业承包合同纠纷

132. 林业承包合同纠纷

133. 渔业承包合同纠纷

134. 牧业承包合同纠纷

135. 土地承包经营权合同纠纷

（1）土地承包经营权转让合同纠纷

（2）土地承包经营权互换合同纠纷

（3）土地经营权入股合同纠纷

（4）土地经营权抵押合同纠纷

（5）土地经营权出租合同纠纷

136. 居住权合同纠纷

137. 服务合同纠纷

（1）电信服务合同纠纷

（2）邮政服务合同纠纷

（3）快递服务合同纠纷

（4）医疗服务合同纠纷

（5）法律服务合同纠纷

（6）旅游合同纠纷

（7）房地产咨询合同纠纷

（8）房地产价格评估合同纠纷

（9）旅店服务合同纠纷

（10）财会服务合同纠纷

（11）餐饮服务合同纠纷

（12）娱乐服务合同纠纷

（13）有线电视服务合同纠纷

（14）网络服务合同纠纷

（15）教育培训合同纠纷

（16）家政服务合同纠纷

（17）庆典服务合同纠纷

（18）殡葬服务合同纠纷

（19）农业技术服务合同纠纷

（20）农机作业服务合同纠纷

（21）保安服务合同纠纷

（22）银行结算合同纠纷

138. 演出合同纠纷

139. 劳务合同纠纷

140. 离退休人员返聘合同纠纷

141. 广告合同纠纷

142. 展览合同纠纷

143. 追偿权纠纷

十一、不当得利纠纷

144. 不当得利纠纷

十二、无因管理纠纷

145. 无因管理纠纷

第五部分　知识产权与竞争纠纷

十三、知识产权合同纠纷

146. 著作权合同纠纷

（1）委托创作合同纠纷

（2）合作创作合同纠纷

（3）著作权转让合同纠纷

（4）著作权许可使用合同纠纷

（5）出版合同纠纷

（6）表演合同纠纷

（7）音像制品制作合同纠纷

（8）广播电视播放合同纠纷

（9）邻接权转让合同纠纷

（10）邻接权许可使用合同纠纷

（11）计算机软件开发合同纠纷

（12）计算机软件著作权转让合同纠纷

（13）计算机软件著作权许可使用合同纠纷

147. 商标合同纠纷

（1）商标权转让合同纠纷

（2）商标使用许可合同纠纷

（3）商标代理合同纠纷

148. 专利合同纠纷

（1）专利申请权转让合同纠纷

（2）专利权转让合同纠纷

（3）发明专利实施许可合同纠纷

（4）实用新型专利实施许可合同纠纷

（5）外观设计专利实施许可合同纠纷

（6）专利代理合同纠纷

149. 植物新品种合同纠纷

（1）植物新品种育种合同纠纷

（2）植物新品种申请权转让合同纠纷

（3）植物新品种权转让合同纠纷

（4）植物新品种实施许可合同纠纷

150. 集成电路布图设计合同纠纷

（1）集成电路布图设计创作合同纠纷

（2）集成电路布图设计专有权转让合同纠纷

（3）集成电路布图设计许可使用合同纠纷

151. 商业秘密合同纠纷

（1）技术秘密让与合同纠纷

（2）技术秘密许可使用合同纠纷

（3）经营秘密让与合同纠纷

（4）经营秘密许可使用合同纠纷

152. 技术合同纠纷

（1）技术委托开发合同纠纷

（2）技术合作开发合同纠纷

（3）技术转化合同纠纷

632

（4）技术转让合同纠纷

（5）技术许可合同纠纷

（6）技术咨询合同纠纷

（7）技术服务合同纠纷

（8）技术培训合同纠纷

（9）技术中介合同纠纷

（10）技术进口合同纠纷

（11）技术出口合同纠纷

（12）职务技术成果完成人奖励、报酬纠纷

（13）技术成果完成人署名权、荣誉权、奖励权纠纷

153. 特许经营合同纠纷

154. 企业名称（商号）合同纠纷

（1）企业名称（商号）转让合同纠纷

（2）企业名称（商号）使用合同纠纷

155. 特殊标志合同纠纷

156. 网络域名合同纠纷

（1）网络域名注册合同纠纷

（2）网络域名转让合同纠纷

（3）网络域名许可使用合同纠纷

157. 知识产权质押合同纠纷

十四、知识产权权属、侵权纠纷

158. 著作权权属、侵权纠纷

（1）著作权权属纠纷

（2）侵害作品发表权纠纷

（3）侵害作品署名权纠纷

（4）侵害作品修改权纠纷

（5）侵害保护作品完整权纠纷

（6）侵害作品复制权纠纷

（7）侵害作品发行权纠纷

（8）侵害作品出租权纠纷

（9）侵害作品展览权纠纷

（10）侵害作品表演权纠纷

（11）侵害作品放映权纠纷

（12）侵害作品广播权纠纷

（13）侵害作品信息网络传播权纠纷

（14）侵害作品摄制权纠纷

（15）侵害作品改编权纠纷

（16）侵害作品翻译权纠纷

（17）侵害作品汇编权纠纷

（18）侵害其他著作财产权纠纷

（19）出版者权权属纠纷

（20）表演者权权属纠纷

（21）录音录像制作者权权属纠纷

（22）广播组织权权属纠纷

（23）侵害出版者权纠纷

（24）侵害表演者权纠纷

（25）侵害录音录像制作者权纠纷

（26）侵害广播组织权纠纷

（27）计算机软件著作权权属纠纷

（28）侵害计算机软件著作权纠纷

159. 商标权权属、侵权纠纷

（1）商标权权属纠纷

（2）侵害商标权纠纷

160. 专利权权属、侵权纠纷

（1）专利申请权权属纠纷

（2）专利权权属纠纷

（3）侵害发明专利权纠纷

（4）侵害实用新型专利权纠纷

（5）侵害外观设计专利权纠纷

（6）假冒他人专利纠纷

（7）发明专利临时保护期使用费纠纷

（8）职务发明创造发明人、设计人奖励、报酬纠纷

（9）发明创造发明人、设计人署名权纠纷

（10）标准必要专利使用费纠纷

161. 植物新品种权权属、侵权纠纷

（1）植物新品种申请权权属纠纷

（2）植物新品种权权属纠纷

（3）侵害植物新品种权纠纷

（4）植物新品种临时保护期使用费纠纷

162. 集成电路布图设计专有权权属、侵权纠纷

（1）集成电路布图设计专有权权属纠纷

（2）侵害集成电路布图设计专有权纠纷

163. 侵害企业名称（商号）权纠纷

164. 侵害特殊标志专有权纠纷

165. 网络域名权属、侵权纠纷

（1）网络域名权属纠纷

（2）侵害网络域名纠纷

166. 发现权纠纷

167. 发明权纠纷

168. 其他科技成果权纠纷

169. 确认不侵害知识产权纠纷

（1）确认不侵害专利权纠纷

（2）确认不侵害商标权纠纷

（3）确认不侵害著作权纠纷

（4）确认不侵害植物新品种权纠纷

（5）确认不侵害集成电路布图设计专用权纠纷

（6）确认不侵害计算机软件著作权纠纷

170. 因申请知识产权临时措施损害责任纠纷

（1）因申请诉前停止侵害专利权损害责任纠纷

（2）因申请诉前停止侵害注册商标专用权损害责任纠纷

（3）因申请诉前停止侵害著作权损害责任纠纷

（4）因申请诉前停止侵害植物新品种权损害责任纠纷

（5）因申请海关知识产权保护措施损害责任纠纷

（6）因申请诉前停止侵害计算机软件著作权损害责任纠纷

（7）因申请诉前停止侵害集成电路布图设计专用权损害责任纠纷

171. 因恶意提起知识产权诉讼损害责任纠纷

172. 专利权宣告无效后返还费用纠纷

十五、不正当竞争纠纷

173. 仿冒纠纷

（1）擅自使用与他人有一定影响的商品名称、包装、装潢等相同或者近似的标识纠纷

（2）擅自使用他人有一定影响的企业名称、社会组织名称、姓名纠纷

（3）擅自使用他人有一定影响的域名主体部分、网站名称、网页纠纷

174. 商业贿赂不正当竞争纠纷

175. 虚假宣传纠纷

176. 侵害商业秘密纠纷

（1）侵害技术秘密纠纷

（2）侵害经营秘密纠纷

177. 低价倾销不正当竞争纠纷

178. 捆绑销售不正当竞争纠纷

179. 有奖销售纠纷

180. 商业诋毁纠纷

181. 串通投标不正当竞争纠纷

182. 网络不正当竞争纠纷

十六、垄断纠纷

183. 垄断协议纠纷

（1）横向垄断协议纠纷

（2）纵向垄断协议纠纷

184. 滥用市场支配地位纠纷

（1）垄断定价纠纷

（2）掠夺定价纠纷

（3）拒绝交易纠纷

（4）限定交易纠纷

（5）捆绑交易纠纷

（6）差别待遇纠纷

185. 经营者集中纠纷

第六部分　劳动争议、人事争议

十七、劳动争议

186. 劳动合同纠纷

（1）确认劳动关系纠纷

（2）集体合同纠纷

（3）劳务派遣合同纠纷

（4）非全日制用工纠纷

（5）追索劳动报酬纠纷

（6）经济补偿金纠纷

（7）竞业限制纠纷

187. 社会保险纠纷

（1）养老保险待遇纠纷

（2）工伤保险待遇纠纷

（3）医疗保险待遇纠纷

（4）生育保险待遇纠纷

（5）失业保险待遇纠纷

188. 福利待遇纠纷

十八、人事争议

189. 聘用合同纠纷

190. 聘任合同纠纷

191. 辞职纠纷

192. 辞退纠纷

第七部分　海事海商纠纷

十九、海事海商纠纷

193. 船舶碰撞损害责任纠纷

194. 船舶触碰损害责任纠纷

195. 船舶损坏空中设施、水下设施损害责任纠纷

196. 船舶污染损害责任纠纷

197. 海上、通海水域污染损害责任纠纷

198. 海上、通海水域养殖损害责任纠纷

199. 海上、通海水域财产损害责任纠纷

200. 海上、通海水域人身损害责任纠纷

201. 非法留置船舶、船载货物、船用燃油、船用物料损害责任纠纷

202. 海上、通海水域货物运输合同纠纷

203. 海上、通海水域旅客运输合同纠纷

204. 海上、通海水域行李运输合同纠纷

205. 船舶经营管理合同纠纷

206. 船舶买卖合同纠纷

207. 船舶建造合同纠纷

208. 船舶修理合同纠纷

209. 船舶改建合同纠纷

210. 船舶拆解合同纠纷

211. 船舶抵押合同纠纷

212. 航次租船合同纠纷

213. 船舶租用合同纠纷

（1）定期租船合同纠纷

（2）光船租赁合同纠纷

214. 船舶融资租赁合同纠纷

215. 海上、通海水域运输船舶承包合同纠纷

216. 渔船承包合同纠纷

217. 船舶属具租赁合同纠纷

218. 船舶属具保管合同纠纷

219. 海运集装箱租赁合同纠纷

220. 海运集装箱保管合同纠纷

221. 港口货物保管合同纠纷

222. 船舶代理合同纠纷

223. 海上、通海水域货运代理合同纠纷

224. 理货合同纠纷

225. 船舶物料和备品供应合同纠纷

226. 船员劳务合同纠纷

227. 海难救助合同纠纷

228. 海上、通海水域打捞合同纠纷

229. 海上、通海水域拖航合同纠纷

230. 海上、通海水域保险合同纠纷

231. 海上、通海水域保赔合同纠纷

232. 海上、通海水域运输联营合同纠纷

233. 船舶营运借款合同纠纷

第八部分　与公司、证券、保险、票据等有关的民事纠纷

二十、与企业有关的纠纷

300. 损害债务人利益赔偿纠纷

301. 管理人责任纠纷

二十四、证券纠纷

302. 证券权利确认纠纷

（1）股票权利确认纠纷

（2）公司债券权利确认纠纷

（3）国债权利确认纠纷

（4）证券投资基金权利确认纠纷

303. 证券交易合同纠纷

（1）股票交易纠纷

（2）公司债券交易纠纷

（3）国债交易纠纷

（4）证券投资基金交易纠纷

304. 金融衍生品种交易纠纷

305. 证券承销合同纠纷

（1）证券代销合同纠纷

（2）证券包销合同纠纷

306. 证券投资咨询纠纷

307. 证券资信评级服务合同纠纷

308. 证券回购合同纠纷

（1）股票回购合同纠纷

（2）国债回购合同纠纷

（3）公司债券回购合同纠纷

（4）证券投资基金回购合同纠纷

（5）质押式证券回购纠纷

309. 证券上市合同纠纷

310. 证券交易代理合同纠纷

311. 证券上市保荐合同纠纷

312. 证券发行纠纷

（1）证券认购纠纷

（2）证券发行失败纠纷

313. 证券返还纠纷

314. 证券欺诈责任纠纷

（1）证券内幕交易责任纠纷

（2）操纵证券交易市场责任纠纷

（3）证券虚假陈述责任纠纷

（4）欺诈客户责任纠纷

315. 证券托管纠纷

316. 证券登记、存管、结算纠纷

317. 融资融券交易纠纷

318. 客户交易结算资金纠纷

二十五、期货交易纠纷

319. 期货经纪合同纠纷

320. 期货透支交易纠纷

321. 期货强行平仓纠纷

322. 期货实物交割纠纷

323. 期货保证合约纠纷

324. 期货交易代理合同纠纷

325. 侵占期货交易保证金纠纷

326. 期货欺诈责任纠纷

327. 操纵期货交易市场责任纠纷

328. 期货内幕交易责任纠纷

329. 期货虚假信息责任纠纷

二十六、信托纠纷

330. 民事信托纠纷

331. 营业信托纠纷

332. 公益信托纠纷

二十七、保险纠纷

333. 财产保险合同纠纷

（1）财产损失保险合同纠纷

（2）责任保险合同纠纷

（3）信用保险合同纠纷

（4）保证保险合同纠纷

（5）保险人代位求偿权纠纷

334. 人身保险合同纠纷

（1）人寿保险合同纠纷

（2）意外伤害保险合同纠纷

（3）健康保险合同纠纷

335. 再保险合同纠纷

336. 保险经纪合同纠纷

337. 保险代理合同纠纷

338. 进出口信用保险合同纠纷

339. 保险费纠纷

二十八、票据纠纷

340. 票据付款请求权纠纷

341. 票据追索权纠纷

342. 票据交付请求权纠纷

343. 票据返还请求权纠纷

344. 票据损害责任纠纷

345. 票据利益返还请求权纠纷

346. 汇票回单签发请求权纠纷

347. 票据保证纠纷

348. 确认票据无效纠纷

349. 票据代理纠纷

350. 票据回购纠纷

第九部分　侵权责任纠纷

（2）群众性活动组织者责任纠纷

371. 教育机构责任纠纷

372. 性骚扰损害责任纠纷

373. 产品责任纠纷

（1）产品生产者责任纠纷

（2）产品销售者责任纠纷

（3）产品运输者责任纠纷

（4）产品仓储者责任纠纷

374. 机动车交通事故责任纠纷

375. 非机动车交通事故责任纠纷

376. 医疗损害责任纠纷

（1）侵害患者知情同意权责任纠纷

（2）医疗产品责任纠纷

377. 环境污染责任纠纷

（1）大气污染责任纠纷

（2）水污染责任纠纷

（3）土壤污染责任纠纷

（4）电子废物污染责任纠纷

（5）固体废物污染责任纠纷

（6）噪声污染责任纠纷

（7）光污染责任纠纷

（8）放射性污染责任纠纷

378. 生态破坏责任纠纷

379. 高度危险责任纠纷

（1）民用核设施、核材料损害责任纠纷

（2）民用航空器损害责任纠纷

（3）占有、使用高度危险物损害责任纠纷

（4）高度危险活动损害责任纠纷

（5）遗失、抛弃高度危险物损害责任纠纷

（6）非法占有高度危险物损害责任纠纷

380. 饲养动物损害责任纠纷

381. 建筑物和物件损害责任纠纷

（1）物件脱落、坠落损害责任纠纷

（2）建筑物、构筑物倒塌、塌陷损害责任纠纷

（3）高空抛物、坠物损害责任纠纷

（4）堆放物倒塌、滚落、滑落损害责任纠纷

（5）公共道路妨碍通行损害责任纠纷

（6）林木折断、倾倒、果实坠落损害责任纠纷

（7）地面施工、地下设施损害责任纠纷

382. 触电人身损害责任纠纷

383. 义务帮工人受害责任纠纷

384. 见义勇为人受害责任纠纷

385. 公证损害责任纠纷

386. 防卫过当损害责任纠纷

387. 紧急避险损害责任纠纷

388. 驻香港、澳门特别行政区军人执行职务侵权责任纠纷

389. 铁路运输损害责任纠纷

（1）铁路运输人身损害责任纠纷

（2）铁路运输财产损害责任纠纷

390. 水上运输损害责任纠纷

（1）水上运输人身损害责任纠纷

（2）水上运输财产损害责任纠纷

391. 航空运输损害责任纠纷

（1）航空运输人身损害责任纠纷

（2）航空运输财产损害责任纠纷

392. 因申请财产保全损害责任纠纷

393. 因申请行为保全损害责任纠纷

394. 因申请证据保全损害责任纠纷

395. 因申请先予执行损害责任纠纷

第十部分　非讼程序案件案由

三十二、选民资格案件

396. 申请确定选民资格

三十三、宣告失踪、宣告死亡案件

397. 申请宣告自然人失踪

398. 申请撤销宣告失踪判决

399. 申请为失踪人财产指定、变更代管人

400. 申请宣告自然人死亡

401. 申请撤销宣告自然人死亡判决

三十四、认定自然人无民事行为能力、限制民事行为能力案件

402. 申请宣告自然人无民事行为能力

403. 申请宣告自然人限制民事行为能力

404. 申请宣告自然人恢复限制民事行为能力

405. 申请宣告自然人恢复完全民事行为能力

三十五、指定遗产管理人案件

406. 申请指定遗产管理人

三十六、认定财产无主案件

407. 申请认定财产无主

408. 申请撤销认定财产无主判决

三十七、确认调解协议案件

409. 申请司法确认调解协议

410. 申请撤销确认调解协议裁定

三十八、实现担保物权案件

411. 申请实现担保物权

412. 申请撤销准许实现担保物权裁定

五十、申请承认与执行法院判决、仲裁裁决案件

453. 申请执行海事仲裁裁决

454. 申请执行知识产权仲裁裁决

455. 申请执行涉外仲裁裁决

456. 申请认可和执行香港特别行政区法院民事判决

457. 申请认可和执行香港特别行政区仲裁裁决

458. 申请认可和执行澳门特别行政区法院民事判决

459. 申请认可和执行澳门特别行政区仲裁裁决

460. 申请认可和执行台湾地区法院民事判决

461. 申请认可和执行台湾地区仲裁裁决

462. 申请承认和执行外国法院民事判决、裁定

463. 申请承认和执行外国仲裁裁决

第十一部分 特殊诉讼程序案件案由

五十一、与宣告失踪、宣告死亡案件有关的纠纷

464. 失踪人债务支付纠纷

465. 被撤销死亡宣告人请求返还财产纠纷

五十二、公益诉讼

466. 生态环境保护民事公益诉讼

（1）环境污染民事公益诉讼

（2）生态破坏民事公益诉讼

（3）生态环境损害赔偿诉讼

467. 英雄烈士保护民事公益诉讼

468. 未成年人保护民事公益诉讼

469. 消费者权益保护民事公益诉讼

五十三、第三人撤销之诉

470. 第三人撤销之诉

五十四、执行程序中的异议之诉

471. 执行异议之诉

（1）案外人执行异议之诉

（2）申请执行人执行异议之诉

472. 追加、变更被执行人异议之诉

473. 执行分配方案异议之诉

典型案例①

一、广州市黄埔区民政局与陈某金申请变更监护人案

（一）典型意义

习近平总书记强调："孩子们成长得更好，是我们最大的心愿。"本案是人民法院、人民检察院和民政部门联动护航困境少年的典型范例。民法典和新修订的《未成年人保护法》完善了公职监护人制度，明确规定在没有依法具有监护资格的人时，由民政部门承担未成年人的监护责任。审理法院以判决形式确定由民政部门担任监护人，为民政部门规范适用相关法律履行公职监护职责提供了司法实践样本，推动民法典确立的以家庭、社会和国家为一体的多元监护格局落实落地。

（二）基本案情

吴某，2010 年 10 月 28 日出生，于 2011 年 8 月 22 日被收养。吴某为智力残疾三级，其养父母于 2012 年和 2014 年先后因病死亡，后由其养祖母陈某金作为监护人。除每月 500 余元农村养老保险及每年 2000 余元社区股份分红外，陈某金无其他经济收入来源，且陈某金年事已高并有疾病在身。吴某的外祖父母也年事已高亦无经济收入来源。2018 年起，陈某金多次向街道和区民政局申请将吴某送往

---

① 来源：最高人民法院于 2022 年 2 月 25 日发布的《人民法院贯彻实施民法典典型案例（第一批）》、2023 年 1 月 12 日发布的《人民法院贯彻实施民法典典型案例（第二批）》。

儿童福利机构养育、照料。为妥善做好吴某的后期监护，广州市黄埔区民政局依照民法典相关规定向人民法院申请变更吴某的监护人为民政部门，广州市黄埔区人民检察院出庭支持民政部门的变更申请。

（三）裁判结果

生效裁判认为，被监护人吴某为未成年人，且智力残疾三级，养父母均已去世，陈某金作为吴某的养祖母，年事已高并有疾病在身，经济状况较差，已无能力抚养吴某。鉴于陈某金已不适宜继续承担吴某的监护职责，而吴某的外祖父母同样不具备监护能力，且陈某金同意将吴某的监护权变更给广州市黄埔区民政局，将吴某的监护人由陈某金变更为广州市黄埔区民政局不仅符合法律规定，还可以为吴某提供更好的生活、教育环境，更有利于吴某的健康成长。故判决自 2021 年 7 月 23 日起，吴某的监护人由陈某金变更为广州市黄埔区民政局。

（四）民法典条文指引

第二十七条　父母是未成年子女的监护人。

未成年人的父母已经死亡或者没有监护能力的，由下列有监护能力的人按顺序担任监护人：

（一）祖父母、外祖父母；

（二）兄、姐；

（三）其他愿意担任监护人的个人或者组织，但是须经未成年人住所地的居民委员会、村民委员会或者民政部门同意。

第三十二条　没有依法具有监护资格的人的，监护人由民政部门担任，也可以由具备履行监护职责条件的被监护人住所地的居民委员会、村民委员会担任。

二、梅河口市儿童福利院与张某柔申请撤销监护人资格案

(一) 典型意义

未成年人是祖国的未来和民族的希望,进一步加强未成年人司法保护是新时代对人民法院工作提出的更高要求。本案是适用民法典相关规定,依法撤销监护人资格的典型案例。民法典扩大了监护人的范围,进一步严格了监护责任,对撤销监护人资格的情形作出了明确规定。本案中,未成年人生母构成遗弃罪,为切实保护未成年人合法权益,梅河口市儿童福利院申请撤销监护人资格并申请指定其作为监护人。人民法院依法判决支持其申请,彰显了司法的态度和温度。

(二) 基本案情

2021年3月14日3时许,张某柔在吉林省梅河口市某烧烤店内生育一女婴(非婚生,暂无法确认生父),随后将女婴遗弃在梅河口市某村露天垃圾箱内。当日9时30分许,女婴被群众发现并报案,梅河口市公安局民警将女婴送至医院抢救治疗。2021年3月21日,女婴出院并被梅河口市儿童福利院抚养至今,取名"党心"(化名)。张某柔因犯遗弃罪,被判刑。目前,张某柔仍不履行抚养义务,其近亲属亦无抚养意愿。梅河口市儿童福利院申请撤销张某柔监护人资格,并申请由该福利院作为党心的监护人。梅河口市人民检察院出庭支持梅河口市儿童福利院的申请。

(三) 裁判结果

生效裁判认为,父母是未成年子女的法定监护人,有保护被监护人的身体健康、照顾被监护人的生活、管理和保护被监护人的财产等义务。张某柔的遗弃行为严重损害了被监护人的身心健康和合法权益,依照民法典第三十六条规定,其监护人资格应当予以撤销。梅河口市儿童福利院作为为全市孤儿和残疾儿童提供社会服务的机

构，能够解决党心的教育、医疗、心理疏导等一系列问题。从对未成年人特殊、优先保护原则和未成年人最大利益原则出发，由梅河口市儿童福利院作为党心的监护人，更有利于保护其生活、受教育、医疗保障等权利，故指定梅河口市儿童福利院为党心的监护人。

（四）民法典条文指引

第三十六条　监护人有下列情形之一的，人民法院根据有关个人或者组织的申请，撤销其监护人资格，安排必要的临时监护措施，并按照最有利于被监护人的原则依法指定监护人：

（一）实施严重损害被监护人身心健康的行为；

（二）怠于履行监护职责，或者无法履行监护职责且拒绝将监护职责部分或者全部委托给他人，导致被监护人处于危困状态；

（三）实施严重侵害被监护人合法权益的其他行为。

本条规定的有关个人、组织包括：其他依法具有监护资格的人，居民委员会、村民委员会、学校、医疗机构、妇女联合会、残疾人联合会、未成年人保护组织、依法设立的老年人组织、民政部门等。

前款规定的个人和民政部门以外的组织未及时向人民法院申请撤销监护人资格的，民政部门应当向人民法院申请。

三、杭州市上城区人民检察院诉某网络科技有限公司英雄烈士保护民事公益诉讼案

（一）典型意义

英雄烈士是一个国家和民族精神的体现，是引领社会风尚的标杆，加强对英烈姓名、名誉、荣誉等的法律保护，对于促进社会尊崇英烈、扬善抑恶、弘扬社会主义核心价值观意义重大。为更好地弘扬英雄烈士精神，增强民族凝聚力，维护社会公共利益，民法典第一百八十五条对英雄烈士等的人格利益保护作出了特别规定。本

案适用民法典的规定，认定将雷锋姓名用于商业广告和营利宣传，曲解了雷锋精神，构成对雷锋同志人格利益的侵害，损害了社会公共利益，依法应当承担相应法律责任，为网络空间注入缅怀英烈、热爱英烈、敬仰英烈的法治正能量。

（二）基本案情

被告某网络科技有限公司将其付费会员称为"雷锋会员"，将其提供服务的平台称为"雷锋社群"，将其注册运营的微信公众号称为"雷锋哥"，在微信公众号上发布有"雷锋会员""雷锋社群"等文字的宣传海报和文章，并在公司住所地悬挂"雷锋社群"文字标识。该公司以"雷锋社群"名义多次举办"创业广交会""电商供应链大会""全球云选品对接会"等商业活动，并以"雷锋社群会费"等名目收取客户费用 16 笔，金额共计 308464 元。公益诉讼起诉人诉称，要求被告立即停止在经营项目中以雷锋的名义进行宣传，并在浙江省内省级媒体就使用雷锋姓名赔礼道歉。

（三）裁判结果

生效裁判认为，英雄的事迹和精神是中华民族共同的历史记忆和精神财富，雷锋同志的姓名作为一种重要的人格利益，应当受到保护。某网络科技有限公司使用的"雷锋"文字具有特定意义，确系社会公众所广泛认知的雷锋同志之姓名。该公司明知雷锋同志的姓名具有特定的意义，仍擅自将其用于开展网络商业宣传，会让公众对"雷锋社群"等称谓产生误解，侵犯了英雄烈士的人格利益。将商业运作模式假"雷锋精神"之名推广，既曲解了"雷锋精神"，与社会公众的一般认知相背离，也损害了承载于其上的人民群众的特定感情，对营造积极健康的网络环境产生负面影响，侵害了社会公共利益。故判决被告停止使用雷锋同志姓名的行为（包括停止使用"雷锋哥"微信公众号名称、"雷锋社群"名称、"雷锋会员"名称等），并在浙江省内省级报刊向社会公众发表赔礼道歉的声明。

（四）民法典条文指引

第一百八十五条　侵害英雄烈士等的姓名、肖像、名誉、荣誉，损害社会公共利益的，应当承担民事责任。

第一千条　行为人因侵害人格权承担消除影响、恢复名誉、赔礼道歉等民事责任的，应当与行为的具体方式和造成的影响范围相当。

行为人拒不承担前款规定的民事责任的，人民法院可以采取在报刊、网络等媒体上发布公告或者公布生效裁判文书等方式执行，产生的费用由行为人负担。

四、邱某光与董某军居住权执行案

（一）典型意义

民法典物权编正式确立了居住权制度，有利于更好地保障弱势群体的居住生存权益，对平衡房屋所有权人和居住权人的利益具有重要制度价值。本案申请执行人作为丧偶独居老人，其对案涉房屋的居住使用权益取得于民法典实施之前，执行法院依照民法典规定的居住权登记制度，向不动产登记机构发出协助执行通知书，为申请执行人办了居住权登记，最大限度地保障了申请执行人既有的房屋居住使用权利，对于引导当事人尊重法院判决，推动民法典有关居住权制度的新规则真正惠及人民群众，具有积极的示范意义。

（二）基本案情

邱某光与董某峰于2006年登记结婚，双方均系再婚，婚后未生育子女，董某军系董某峰之弟。董某峰于2016年3月去世，生前写下遗嘱，其内容为："我名下位于洪山区珞狮路某房遗赠给我弟弟董某军，在我丈夫邱某光没再婚前拥有居住权，此房是我毕生心血，不许分割、不许转让、不许卖出……"董某峰离世后，董某军等人与邱某光发生遗嘱继承纠纷并诉至法院。法院判决被继承人董某峰名下位于武汉市洪山区珞狮路某房所有权归董某军享有，邱某光在其再婚前享有该房屋的居住使用权。判决生效后，邱某光一直居住

659

在该房屋内。2021 年初，邱某光发现所住房屋被董某军挂在某房产中介出售，其担心房屋出售后自己被赶出家门，遂向法院申请居住权强制执行。

（三）裁判结果

生效裁判认为，案涉房屋虽为董某军所有，但是董某峰通过遗嘱方式使得邱某光享有案涉房屋的居住使用权。执行法院遂依照民法典第三百六十八条等关于居住权的规定，裁定将董某军所有的案涉房屋的居住权登记在邱某光名下。

（四）民法典条文指引

第三百六十八条　居住权无偿设立，但是当事人另有约定的除外。设立居住权的，应当向登记机构申请居住权登记。居住权自登记时设立。

五、某物流有限公司诉吴某运输合同纠纷案

（一）典型意义

民法典合同编新增了具有合法利益的第三人代为履行的规定，对于确保各交易环节有序运转，促进债权实现，维护交易安全，优化营商环境具有重要意义。本案是适用民法典关于具有合法利益的第三人代为履行规则的典型案例。审理法院适用民法典相关规定，依法认定原告某物流有限公司代被告吴某向承运司机支付吴某欠付的运费具有合法利益，且在原告履行后依法取得承运司机对被告吴某的债权。本案判决不仅对维护物流运输行业交易秩序、促进物流运输行业蓬勃发展具有保障作用，也对人民法院探索具有合法利益的第三人代为履行规则的适用具有积极意义。

（二）基本案情

某物流有限公司（甲方）与吴某（乙方）于 2020 年签订《货

物运输合同》，约定该公司的郑州运输业务由吴某承接。合同还约定调运车辆、雇佣运输司机的费用由吴某结算，与某物流有限公司无关。某物流有限公司与吴某之间已结清大部分运费，但因吴某未及时向承运司机结清运费，2020 年 11 月某日，承运司机在承运货物时对货物进行扣留。基于运输货物的时效性，某物流有限公司向承运司机垫付了吴某欠付的 46 万元，并通知吴某，吴某当时对此无异议。后吴某仅向某物流有限公司支付了 6 万元。某物流有限公司向吴某追偿余款未果，遂提起诉讼。

（三）裁判结果

生效裁判认为，某物流有限公司与吴某存在运输合同关系，在吴某未及时向货物承运司机结清费用，致使货物被扣留时，某物流有限公司对履行该债务具有合法利益，有权代吴某向承运司机履行。某物流有限公司代为履行后，承运司机对吴某的债权即转让给该公司，故依照民法典第五百二十四条规定，判决支持某物流有限公司请求吴某支付剩余运费的诉讼请求。

（四）民法典条文指引

第五百二十四条　债务人不履行债务，第三人对履行该债务具有合法利益的，第三人有权向债权人代为履行；但是，根据债务性质、按照当事人约定或者依照法律规定只能由债务人履行的除外。

债权人接受第三人履行后，其对债务人的债权转让给第三人，但是债务人和第三人另有约定的除外。

六、楼某熙诉杜某峰、某网络技术
有限公司肖像权纠纷案

（一）典型意义

本案是人民法院依法打击网络侵权行为，保护自然人人格权益的典型案件。本案中，行为人于"七七事变"纪念日在微博上发表不当言论，并附有他人清晰脸部和身体特征的图片，意图达到贬低、丑化祖国和中国人的效果。该行为不仅侵犯了他人的肖像权，而且冲击了社会公共利益和良好的道德风尚。审理法院在本案判决中依法适用民法典的规定保护他人的肖像权，同时结合案情，将"爱国"这一社会主义核心价值观要求融入裁判说理，既依法维护了当事人的合法权益，也充分发挥了司法裁判的引领示范作用，突出弘扬了爱国主义精神的鲜明价值导向，有利于净化网络环境，维护网络秩序。

（二）基本案情

2021年7月7日，杜某峰通过其名为"西格隆咚锵的隆"的新浪微博账号发布一条微博（某网络技术有限公司系该平台经营者），内容为"日本地铁上的小乘客，一个人上学，那眼神里充满自信和勇气，太可爱了"，并附有楼某熙乘坐杭州地铁时的照片，引起网友热议。次日，楼某熙的母亲在新浪微博发布辟谣帖："我是地铁小女孩的妈妈，网传我家孩子是日本小孩！在此特此申明：我家孩子是我大中华儿女，并深深热爱着我们的祖国！……"广大网友也纷纷指出其错误。杜某峰对此仍不删除案涉微博，还在该微博下留言，继续发表贬低祖国和祖国文化的言论。后该微博账号"西格隆咚锵的隆"由于存在其他不当言论被新浪微博官方关闭，所有发布的内容从新浪微博平台清除。楼某熙以杜某峰、某网络科技有限公司侵害其肖像权为由，提起诉讼。

（三）裁判结果

生效裁判认为，自然人享有肖像权，有权依法制作、使用、公开或者许可他人使用自己的肖像；任何组织或者个人不得以丑化、污损，或者利用信息技术手段伪造等方式侵害他人的肖像权；未经肖像权人同意，不得制作、使用、公开肖像权人的肖像，但是法律另有规定的除外。本案中，杜某峰发布的案涉微博中使用的图片含有小女孩的清晰面部、体貌状态等外部身体形象，通过比对楼某熙本人的肖像，以社会一般人的认知标准，能够清楚确认案涉微博中的肖像为楼某熙的形象，故楼某熙对该图片再现的肖像享有肖像权。杜某峰在"七七事变"纪念日这一特殊时刻，罔顾客观事实，在众多网友留言指出其错误、楼某熙母亲发文辟谣的情况下，仍拒不删除案涉微博，还不断留言，此种行为严重损害了包括楼某熙在内的社会公众的国家认同感和民族自豪感，应认定为以造谣传播等方式歪曲使用楼某熙的肖像，严重侵害了楼某熙的肖像权。楼某熙诉请杜某峰赔礼道歉，有利于恢复其人格状态的圆满，有利于其未来的健康成长，依法应获得支持。遂判决杜某峰向楼某熙赔礼道歉，并赔偿楼某熙精神损害抚慰金、合理维权费用等损失。

（四）民法典条文指引

第一千零一十八条　自然人享有肖像权，有权依法制作、使用、公开或者许可他人使用自己的肖像。

肖像是通过影像、雕塑、绘画等方式在一定载体上所反映的特定自然人可以被识别的外部形象。

第一千零一十九条第一款　任何组织或者个人不得以丑化、污损，或者利用信息技术手段伪造等方式侵害他人的肖像权。未经肖像权人同意，不得制作、使用、公开肖像权人的肖像，但是法律另有规定的除外。

第一千一百八十三条第一款　侵害自然人人身权益造成严重精神损害的，被侵权人有权请求精神损害赔偿。

七、苏某甲诉李某田等法定继承纠纷案

（一）典型意义

本案是适用民法典关于侄甥代位继承制度的典型案例。侄甥代位继承系民法典新设立的制度，符合我国民间传统，有利于保障财产在血缘家族内部的流转，减少产生遗产无人继承的状况，同时促进亲属关系的发展，引导人们重视亲属亲情，从而减少家族矛盾、促进社会和谐。本案中，审理法院还适用了遗产的酌给制度，即对继承人以外的对被继承人扶养较多的人适当分给遗产，体现了权利义务相一致原则，弘扬了积极妥善赡养老人的传统美德，充分体现了社会主义核心价值观的要求。

（二）基本案情

被继承人苏某泉于 2018 年 3 月死亡，其父母和妻子均先于其死亡，生前未生育和收养子女。苏某泉的姐姐苏某乙先于苏某泉死亡，苏某泉无其他兄弟姐妹。苏某甲系苏某乙的养女。李某田是苏某泉堂姐的儿子，李某禾是李某田的儿子。苏某泉生前未立遗嘱，也未立遗赠扶养协议。上海市徐汇区华泾路某弄某号某室房屋的登记权利人为苏某泉、李某禾，共同共有。苏某泉的梅花牌手表 1 块及钻戒 1 枚由李某田保管中。苏某甲起诉请求，依法继承系争房屋中属于被继承人苏某泉的产权份额，及梅花牌手表 1 块和钻戒 1 枚。

（三）裁判结果

生效裁判认为，当事人一致确认苏某泉生前未立遗嘱，也未立遗赠扶养协议，故苏某泉的遗产应由其继承人按照法定继承办理。苏某甲系苏某泉姐姐苏某乙的养子女，在苏某乙先于苏某泉死亡且苏某泉的遗产无人继承又无人受遗赠的情况下，根据《最高人民法院关于适用〈中华人民共和国民法典〉时间效力的若干规定》第十四条，适用民法典第一千一百二十八条第二款和第三款的规定，苏某甲有权作为苏某泉的法定继承人继承苏某泉的遗产。另外，李某田与苏某泉长期共同居住，苏某泉生病在护理院期间的事宜由李某田负责处理，费用由李某田代为支付，苏某泉的丧葬事宜也由李某田操办，相较苏某甲，李某田对苏某泉尽了更多的扶养义务，故李某田作为继承人以外对被继承人扶养较多的人，可以分得适当遗产且可多于苏某甲。对于苏某泉名下系争房屋的产权份额和梅花牌手表 1 块及钻戒 1 枚，法院考虑到有利于生产生活、便于执行的原则，判归李某田所有并由李某田向苏某甲给付房屋折价款人民币 60 万元。

（四）民法典条文指引

第一千一百二十八条　被继承人的子女先于被继承人死亡的，由被继承人的子女的直系晚辈血亲代位继承。

被继承人的兄弟姐妹先于被继承人死亡的，由被继承人的兄弟姐妹的子女代位继承。

代位继承人一般只能继承被代位继承人有权继承的遗产份额。

八、欧某士申请指定遗产管理人案

（一）典型意义

侨乡涉侨房产因年代久远、继承人散落海外往往析产确权困难，存在管养维护责任长期处于搁置或争议状态的窘境，不少历史风貌建筑因此而残破贬损。本案中，审理法院巧用民法典新创设的遗产管理人法律制度，创造性地在可查明的继承人中引入管养房屋方案"竞标"方式，让具有管养维护遗产房屋优势条件的部分继承人担任侨房遗产管理人，妥善解决了涉侨祖宅的管养维护问题，充分彰显了民法典以人为本、物尽其用的价值追求，为侨乡历史建筑的司法保护开创了一条全新路径。

（二）基本案情

厦门市思明区某处房屋原业主为魏姜氏（19 世纪生人）。魏姜氏育有三女一子，该四支继承人各自向下已经延嗣到第五代，但其中儿子一支无任何可查信息，幼女一支散落海外情况不明，仅长女和次女两支部分继承人居住在境内。因继承人无法穷尽查明，长女和次女两支继承人曾历经两代、长达十年的继承诉讼，仍未能顺利实现继承析产。民法典实施后，长女一支继承人以欧某士为代表提出，可由生活在境内的可查明信息的两支继承人共同管理祖宅；次女一支继承人则提出，遗产房屋不具有共同管理的条件，应由现实际居住在境内且别无住处的次女一支继承人中的陈某萍和陈某芬担任遗产管理人。

（三）裁判结果

生效裁判认为，魏姜氏遗产的多名继承人目前下落不明、信息不明，遗产房屋将在较长时间内不能明确所有权人，其管养维护责任可能长期无法得到有效落实，确有必要在析产分割条件成就前尽快依法确定管理责任人。而魏姜氏生前未留有遗嘱，未指定其遗嘱执行人或遗产管理人，在案各继承人之间就遗产管理问题又分歧巨大、未能协商达成一致意见，故当秉承最有利于遗产保护、管理、债权债务清理的原则，在综合考虑被继承人内心意愿、各继承人与被继承人亲疏远近关系、各继承人管理保护遗产的能力水平等方面因素，确定案涉遗产房屋的合适管理人。次女魏某燕一支在魏姜氏生前尽到主要赡养义务，与产权人关系较为亲近，且历代长期居住在遗产房屋内并曾主持危房改造，与遗产房屋有更深的历史情感联系，对周边人居环境更为熟悉，更有实际能力履行管养维护职责，更有能力清理遗产上可能存在的债权债务；长女魏某静一支可查后人现均居住漳州市，客观上无法对房屋尽到充分、周到的管养维护责任。故，由魏某静一支继承人跨市管理案涉遗产房屋暂不具备客观条件；魏某燕一支继承人能够协商支持由陈某萍、陈某芬共同管理案涉遗产房屋，符合遗产效用最大化原则。因此判决指定陈某萍、陈某芬为魏姜氏房屋的遗产管理人。

（四）民法典条文指引

第一千一百四十六条　对遗产管理人的确定有争议的，利害关系人可以向人民法院申请指定遗产管理人。

九、宋某祯诉周某身体权纠纷案

（一）典型意义

本案是民法典施行后，首例适用民法典第一千一百七十六条"自甘冒险"规定作出判决的案件。民法典施行前，由于法律规定不明确，人民法院在处理文体活动中身体受伤引发的民事纠纷时，容易出现认识分歧，进而引发争议。民法典确立"自甘冒险"规则，既统一了思想认识，也统一了裁判尺度。本案审理法院结合具体案情，适用"自甘冒险"规则，明确判决对损害发生无故意、无重大过失的文体活动参加者，不承担赔偿责任，亮明了拒绝"和稀泥"的司法态度，宣示了冒险者须对自己行为负责的规则，不仅弘扬了社会主义核心价值观，促进了文体活动的健康有序发展，也为民法典新规则的实施提供了有益的司法经验。

（二）基本案情

宋某祯、周某均为羽毛球业余爱好者，自 2015 年起自发参加羽毛球比赛。2020 年 4 月 28 日上午，宋某祯、周某与案外四人在北京市朝阳区红领巾公园内露天场地进行羽毛球 3 对 3 比赛。运动中，宋某祯站在发球线位置接对方网前球后，将球回挑到周某方中场，周某迅速杀球进攻，宋某祯直立举拍防守未果，被羽毛球击中右眼。事发后，宋某祯至北京大学人民医院就诊治疗，术后 5 周余验光提示右眼最佳矫正视力为 0.05。宋某祯遂诉至法院，要求周某赔偿医疗费、护理费、住院伙食补助费、营养费等各项费用。

（三）裁判结果

生效裁判认为，竞技体育运动不同于一般的生活领域，主要目的即为争胜，此类运动具有对抗性、人身危险性的特点，参与者均处于潜在危险中，既是危险的潜在制造者，也是危险的潜在承担者。

羽毛球运动系典型的对抗性体育竞赛，除扭伤、拉伤等常规风险外，更为突出的风险即在于羽毛球自身体积小、密度大、移动速度快，运动员如未及时作出判断即会被击中，甚至击伤。宋某祯作为多年参与羽毛球运动的爱好者，对于自身和其他参赛者的能力以及此项运动的危险和可能造成的损害，应当有所认知和预见，而宋某祯仍自愿参加比赛，将自身置于潜在危险之中，属于自甘冒险的行为。依照民法典第一千一百七十六条第一款，在此情形下，只有周某对宋某祯受伤的损害后果存在故意或重大过失时，才需承担侵权损害赔偿责任。本案中，周某杀球进攻的行为系该类运动的正常技术动作，周某并不存在明显违反比赛规则的情形，不应认定其存在重大过失，且现行法律未就本案所涉情形适用公平责任予以规定，故宋某祯无权主张周某承担赔偿责任或分担损失。2021 年 1 月 4 日，一审法院判决驳回宋某祯的全部诉讼请求。二审法院判决驳回上诉，维持原判。

（四）民法典条文指引

第一千一百七十六条第一款　自愿参加具有一定风险的文体活动，因其他参加者的行为受到损害的，受害人不得请求其他参加者承担侵权责任；但是，其他参加者对损害的发生有故意或者重大过失的除外。

第一千一百八十六条　受害人和行为人对损害的发生都没有过错的，依照法律的规定由双方分担损失。

十、浮梁县人民检察院诉某化工集团有限公司环境污染民事公益诉讼案

（一）典型意义

本案是我国首例适用民法典惩罚性赔偿条款的环境污染民事公

益诉讼案件。民法典侵权责任编新增规定了污染环境和破坏生态的惩罚性赔偿制度，贯彻了"绿水青山就是金山银山"的环保理念，增强了生态环境保护力度，是构建天蓝地绿水净的美好家园的法治保障。审理法院在判令被告承担生态环境修复费用、环境功能性损失等补偿性费用之外，采取"基数+倍数"的计算方式，结合具体案情决定以环境功能性损失费用为计算基数，综合考虑侵权人主观过错程度、侵权后果的严重程度、侵权人的经济能力、赔偿态度、受到行政处罚的情况等调节因素确定倍数，进而确定最终的惩罚性赔偿数额，为正确实施环境污染和生态破坏责任惩罚性赔偿制度提供了有益借鉴。

（二）基本案情

2018年3月3日至同年7月31日期间，被告某化工集团有限公司（以下简称被告公司）生产部经理吴某民将公司生产的硫酸钠废液交由无危险废物处置资质的吴某良处理，吴某良又雇请李某贤将30车共计1124.1吨硫酸钠废液运输到浮梁县寿安镇八角井、浮梁县湘湖镇洞口村的山上倾倒，造成了浮梁县寿安镇八角井周边约8.08亩范围内的环境和浮梁县湘湖镇洞口村洞口组、江村组地表水、地下水受到污染，影响了浮梁县湘湖镇洞口约6.6平方公里流域的环境，妨碍了当地1000余名居民的饮用水安全。经鉴定，两处受污染地块的生态环境修复总费用为人民币2168000元，环境功能性损失费用共计人民币57135.45元，并产生检测鉴定费95670元。受污染地浮梁县湘湖镇洞口村采取合理预防、处置措施产生的应急处置费用共计人民币528160.11元。其中，吴某良、吴某民、李某贤等因犯污染环境罪已被另案判处六年六个月至三年二个月不等的有期徒刑。公益诉讼起诉人起诉请求被告公司赔偿相关生态环境损害。

（三）裁判结果

生效裁判认为，被告公司将生产废液交由无危险废物处置资质的个人处理，放任污染环境危害结果的发生，主观上存在故意，客观上违反了法律规定，损害了社会公共利益，造成严重后果。且至本案审理期间，涉案倾倒废液行为所致的环境污染并未得到修复，损害后果仍在持续，符合民法典第一千二百三十二条规定的环境侵权惩罚性赔偿适用条件。综合该公司的过错程度、赔偿态度、损害后果、承担责任的经济能力、受到行政处罚等因素，判令其赔偿环境修复费用2168000元、环境功能性损失费用57135.45元、应急处置费用532860.11元、检测鉴定费95670元，并承担环境污染惩罚性赔偿171406.35元，以上共计3025071.91元；对违法倾倒硫酸钠废液污染环境的行为在国家级新闻媒体上向社会公众赔礼道歉。

（四）民法典条文指引

第一千二百三十二条　侵权人违反法律规定故意污染环境、破坏生态造成严重后果的，被侵权人有权请求相应的惩罚性赔偿。

十一、某种业科技有限公司诉某农业产业发展有限公司侵害植物新品种权纠纷案

（一）典型意义

种子是农业的"芯片"，种业知识产权保护事关国家粮食安全，事关农业科技自立自强。习近平总书记强调，要把种源安全提升到关系国家安全的战略高度，实现种业科技自立自强、种源自主可控。本案是适用民法典规定的惩罚性赔偿制度，打击种子套牌侵权、净化种业市场秩序的典型案件。民法典侵权责任编新增规定了知识产权侵权惩罚性赔偿制度，为各类知识产权纠纷适用惩罚性赔偿提供了一般规则，对于建设知识产权强国，保障经济社会高质量发展具有重要作用。本案中，审理法院秉持强化植物新品种权保护的司法理念，在侵权人拒不提供交易记录、相关账簿的情况下，依法适用举证妨碍制度，参考其宣传的交易额合理推定侵权获利达到100万元以上，并依法适用民法典及《种子法》规定的惩罚性赔偿制度，

按照计算基数的二倍确定惩罚性赔偿金额为 200 万元，实际赔偿总额为基数的三倍。本案判决对于切实解决知识产权侵权维权难度大、赔偿数额低的问题，形成对恶意侵权行为的强有力威慑，彰显种业知识产权司法保护力度，具有积极示范作用。

（二）基本案情

某种业科技有限公司为水稻新品种"金粳 818"的独占实施被许可人。某农业产业发展有限公司在不具有种子生产经营许可证的情况下，未经许可在微信群内发布"农业产业链信息匹配"寻找潜在交易者，并收取会员费后提供种子交易信息，与买家商定交易价格、数量、交货时间后安排送交无标识、标签的白皮袋，或者包装标注为其他商品粮的"金粳 818"种子。某种业科技有限公司诉请判令某农业产业发展有限公司停止侵权，并赔偿经济损失 300 万元。

（三）裁判结果

生效裁判认为，某农业产业发展有限公司系被诉侵权种子的交易组织者、决策者，其行为构成销售侵权。由于该公司拒不提供相关账簿，故审理法院参考其宣传资料，综合考虑侵权情节推定侵权获利达到 100 万元以上，并以此为基数。该公司明知未经许可销售授权品种繁殖材料的侵权性质，所销售的被诉侵权种子部分包装未标注任何信息、部分包装标注为其他商品粮，试图掩盖侵权行为和逃避责任追究的意图明显，具有侵权恶意。其未取得种子生产经营许可证生产经营种子，可以认定为侵权行为情节严重。因此，审理法院依法适用惩罚性赔偿，按照基数的二倍确定惩罚性赔偿数额，全额支持权利人诉请。

（四）民法典条文指引

第一千一百八十五条　故意侵害他人知识产权，情节严重的，被侵权人有权请求相应的惩罚性赔偿。

十二、庚某娴诉黄某辉高空抛物损害责任纠纷案

（一）典型意义

本案是人民法院首次适用民法典第一千二百五十四条判决高空抛物者承担赔偿责任，切实维护人民群众"头顶上的安全"的典型案例。民法典侵权责任编明确禁止从建筑物中抛掷物品，进一步完善了高空抛物的治理规则。本案依法判决高空抛物者承担赔偿责任，有利于通过公正裁判树立行为规则，进一步强化高空抛物、坠物行为预防和惩治工作，也有利于更好地保障居民合法权益，切实增强人民群众的幸福感、安全感。

（二）基本案情

2019 年 5 月 26 日，庚某娴在位于广州杨箕的自家小区花园散步，经过黄某辉楼下时，黄某辉家小孩在房屋阳台从 35 楼抛下一瓶矿泉水，水瓶掉落到庚某娴身旁，导致其惊吓、摔倒，随后被送往医院救治。次日，庚某娴亲属与黄某辉一起查看监控，确认了上述事实后，双方签订确认书，确认矿泉水瓶系黄某辉家小孩从阳台扔下，同时黄某辉向庚某娴支付 1 万元赔偿。庚某娴住院治疗 22 天才出院，其后又因此事反复入院治疗，累计超过 60 天，且被鉴定为十级伤残。由于黄某辉拒绝支付剩余治疗费，庚某娴遂向法院提起诉讼。

（三）裁判结果

生效裁判认为，庚某娴散步时被从高空抛下的水瓶惊吓摔倒受伤，经监控录像显示水瓶由黄某辉租住房屋阳台抛下，有视频及庚某娴、黄某辉签订的确认书证明。双方确认抛物者为无民事行为能力人，黄某辉是其监护人，庚某娴要求黄某辉承担赔偿责任，黄某辉亦同意赔偿。涉案高空抛物行为发生在民法典实施前，但为了更好地保护公民、法人和其他组织的权利和利益，根据《最高人民法

院关于适用〈中华人民共和国民法典〉时间效力的若干规定》第十九条规定，民法典施行前，从建筑物中抛掷物品或者从建筑物上坠落的物品造成他人损害引起的民事纠纷案件，适用民法典第一千二百五十四条的规定。2021 年 1 月 4 日，审理法院判决黄某辉向庾某娴赔偿医疗费、护理费、交通费、住院伙食补助费、残疾赔偿金、鉴定费合计 8.3 万元；精神损害抚慰金 1 万元。

（四）民法典条文指引

第一千二百五十四条　禁止从建筑物中抛掷物品。从建筑物中抛掷物品或者从建筑物上坠落的物品造成他人损害的，由侵权人依法承担侵权责任；经调查难以确定具体侵权人的，除能够证明自己不是侵权人的外，由可能加害的建筑物使用人给予补偿。可能加害的建筑物使用人补偿后，有权向侵权人追偿。

物业服务企业等建筑物管理人应当采取必要的安全保障措施防止前款规定情形的发生；未采取必要的安全保障措施的，应当依法承担未履行安全保障义务的侵权责任。

发生本条第一款规定的情形的，公安等机关应当依法及时调查，查清责任人。

十三、乐平市民政局申请撤销罗某监护人资格案

（一）典型意义

未成年人是祖国的未来和民族的希望，进一步加强未成年人司法保护是新时代对人民法院工作提出的更高要求。本案是人民法院准确适用民法典关于监护制度的规定，并主动延伸司法职能，与有关部门合力守护未成年人健康成长的典型案例。本案中，人民法院根据案件具体情况依法撤销了原监护人的监护人资格，指定民政部门作为监护人，同时向民政部门发出司法建议书，协助其更好地履

行监护职责，为被监护人的临时生活照料、确定收养关系、完善收养手续以及后续的生活教育提供司法服务。

（二）基本案情

被申请人罗某系吴某 1（11 岁）、吴某 2（10 岁）、吴某 3（8岁）三姐弟的生母。罗某自三子女婴幼时期起既未履行抚养教育义务，又未支付抚养费用，不履行监护职责，且与他人另组建家庭并生育子女。罗某在知道三个孩子的父亲、祖父均去世，家中无其他近亲属照料、抚养孩子的情况下，仍不管不问，拒不履行监护职责达 6 年以上，导致三子女生活处于极其危困状态。为保障三姐弟的合法权益，乐平市民政局向人民法院申请撤销罗某对三姐弟的监护人资格，并指定该民政局为三姐弟的监护人。

（三）裁判结果

生效裁判认为，被申请人罗某作为被监护人吴某 1、吴某 2、吴某 3 的生母及法定监护人，在三名被监护人年幼时离家出走，六年期间未履行对子女的抚养、照顾、教育等义务；在被监护人父亲去世，三名被监护人处于无人照看、生活危困的状况下，被申请人知情后仍怠于履行监护职责，导致三名未成年人流离失所，其行为已严重侵害了三名被监护人的合法权益。监护人怠于履行监护职责导致被监护人处于危困状态，人民法院根据乐平市民政局的申请，依法撤销了罗某的监护人资格。被监护人的祖父过世，祖母情况不明，外祖父母远在贵州且从未与三名被监护人共同生活，上述顺位亲属均不能或者不适合担任吴某 1、吴某 2、吴某 3 的监护人。考虑到现在的临时照料家庭能够为孩子们提供良好的成长环境和安定的生活保障，经人民法院与乐平市民政局沟通后，明确三名被监护人由乐平市民政局监护，便于其通过相应法定程序与"临时家庭"完善收养手续，将临时照料人转变为合法收养人，与三姐弟建立起完整的亲权法律关系。如此，三姐弟能获得良好的教育、感受家庭的温暖，三个临时照料家庭的父母也能享天伦之乐。故判决自 2022 年 5 月 27 日起，吴某 1、吴某 2、吴某 3 的监护人由乐平市民政局担任。

（四）民法典条文指引

第二十七条第一款　父母是未成年子女的监护人。

第三十六条　监护人有下列情形之一的，人民法院根据有关个人或者组织的申请，撤销其监护人资格，安排必要的临时监护措施，并按照最有利于被监护人的原则依法指定监护人：

（一）实施严重损害被监护人身心健康的行为；

（二）怠于履行监护职责，或者无法履行监护职责且拒绝将监护职责部分或者全部委托给他人，导致被监护人处于危困状态；

（三）实施严重侵害被监护人合法权益的其他行为。

本条规定的有关个人、组织包括：其他依法具有监护资格的人、居民委员会、村民委员会、学校、医疗机构、妇女联合会、残疾人联合会、未成年人保护组织、依法设立的老年人组织、民政部门等。

前款规定的个人和民政部门以外的组织未及时向人民法院申请撤销监护人资格的，民政部门应当向人民法院申请。

十四、李某良、钟某梅诉吴某闲等生命权纠纷案

（一）典型意义

见义勇为是中华民族的传统美德，是社会主义核心价值观的内在要求。"一人兴善，万人可激"，新时代新征程，更需要榜样的力量、榜样的激励。本案中，李某林在突发情况下毫不犹豫跳水救人后不幸溺亡，其英勇救人的行为值得肯定、褒扬和尊重。审理法院适用民法典"见义勇为损害救济规则"，肯定李某林的见义勇为精神，通过以案释法树立是非标杆，积极倡导了崇德向善的社会风尚。

（二）基本案情

2020 年 6 月 2 日晚，李某林与吴某闲等四人一同就餐后，前往重庆市江津区几江长江大桥下江边码头散步。因琐事发生争执，吴

某闲跳入长江，李某林跳江施救，此后吴某闲抓住岸上连接船只的钢丝线后获救，李某林不幸溺亡。吴某闲垫付打捞尸体费用6000元。后李某林的父母李某良、钟某梅以吴某闲等人为被告诉至法院，请求判令吴某闲等赔偿因李某林死亡产生的各项赔偿款800000元。

（三）裁判结果

生效裁判认为，因保护他人民事权益使自己受到损害，没有侵权人、侵权人逃逸或者无力承担民事责任，受害人请求补偿的，受益人应当给予适当补偿。本案中，李某林在没有法定或者约定义务的前提下，下水救助吴某闲而不幸溺亡，属于见义勇为。吴某闲系因发生争执情绪激动主动跳水，本案没有侵权人，吴某闲作为受益人应当给予适当补偿。遂综合考虑李某林救助行为及所起作用、原告受损情况等，判令吴某闲补偿李某良、钟某梅40000元，吴某闲垫付的打捞尸体费用亦作为吴某闲的补偿费用，不再进行抵扣。

（四）民法典条文指引

第一百八十三条　因保护他人民事权益使自己受到损害的，由侵权人承担民事责任，受益人可以给予适当补偿。没有侵权人、侵权人逃逸或者无力承担民事责任，受害人请求补偿的，受益人应当给予适当补偿。

十五、杭州市临平区人民检察院诉陈某
英雄烈士保护民事公益诉讼案

（一）典型意义

习近平总书记指出，一切民族英雄都是中华民族的脊梁，他们的事迹和精神都是激励我们前行的强大力量。英烈不容诋毁，法律不容挑衅。民法典第一百八十五条"英烈条款"的核心要义是保护英雄烈士的人格利益，维护社会公共利益，弘扬尊崇英烈、扬善抑恶的精神风气。肖思远烈士为国戍边守土，遭敌围攻壮烈牺牲，其英雄事迹必将为人民群众缅怀铭记。该案适用民法典规定，认定陈某的行为侵害肖思远烈士的名誉、荣誉，损害了社会公共利益，鲜明表达了人民法院严厉打击和制裁抹黑英雄烈士形象行为的坚定立场，向全社会传递了热爱英雄、崇尚英雄、捍卫英雄的强烈态度。

（二）基本案情

2020年6月15日，戍边烈士肖思远在边境冲突中誓死捍卫祖国领土，突围后又义无反顾返回营救战友，遭敌围攻壮烈牺牲，于2021年2月被中央军委追记一等功。2021年2月至4月间，陈某在人民日报、央视新闻、头条新闻等微博账号发布的纪念、缅怀肖思远烈士的文章下，发表针对肖思远烈士的不当评论内容共计20条，诋毁其形象和荣誉。公益诉讼起诉人认为，陈某的行为侵害戍边烈士肖思远的名誉和荣誉，损害社会公共利益，故向人民法院提起民事公益诉讼，请求判令陈某在全国性的新闻媒体上公开赔礼道歉、消除影响。

（三）裁判结果

生效裁判认为，民法典第一百八十五条侧重保护的是已经成为社会公共利益重要组成部分的英雄烈士的人格利益。英雄烈士是中华民族最优秀群体的代表，英雄烈士和他们所体现的爱国主义、英雄主义精神，是我们党魂、国魂、军魂、民族魂的不竭源泉和重要支撑，是中华民族精神的集中反映。英雄烈士的事迹和精神是中华民族的共同记忆，是社会主义核心价值观的重要体现。抹黑英雄烈士，既是对社会主义核心价值观的否定和瓦解，也容易对人民群众的价值观念造成恶劣影响。陈某在互联网空间多次公开发表针对肖思远烈士名誉、荣誉的严重侮辱、诋毁、贬损、亵渎言论，伤害了国民的共同情感和民族精神，污染了社会风气，不利于民族共同记忆的赓续、传承，更是对社会主义核心价值观的严重背离，已构成对社会公共利益的侵害。故判决陈某在全国性的新闻媒体上向社会公众公开赔礼道歉、消除影响。

第一百八十五条　侵害英雄烈士等的姓名、肖像、名誉、荣誉，损害社会公共利益的，应当承担民事责任。

十六、某金属表面处理公司与某铁塔公司破产债权确认纠纷案

（一）典型意义

民法典新增添附制度，明确规定添附物所有权归属的认定方式，以及因此造成当事人损害的赔偿或补偿规则，使我国有关产权保护的法律规则体系更加完备。本案中，审理法院依法认定添附物的所有权优先按合同约定确定归属，同时妥善解决因确定添附物归属造成当事人损害的赔偿问题，有效维护了物的归属和利用关系，有利于保障诚信、公平的市场交易秩序。

（二）基本案情

2019 年 8 月，某金属表面处理公司向某铁塔公司租赁厂房及生产线，租赁期限为十年，同时约定某金属表面处理公司经某铁塔公司同意可以对厂房、设备等进行扩建、改造，但其投资建设的一切固定设施、建筑物均归某铁塔公司所有。之后，某金属表面处理公司使用租赁厂房和生产线进行生产经营，并投入大量资金对厂房、生产线进行改造。2020 年 7 月，某铁塔公司进入破产清算程序，人民法院依法指定管理人接管某铁塔公司。2020 年 9 月，管理人通知某金属表面处理公司解除前述租赁合同。某金属表面处理公司诉至法院，请求确认其购买设备及改造车间费用、遣散工人费用、部分停产停业损失为某铁塔公司的共益债务。

（三）裁判结果

生效裁判认为，本案纠纷虽然发生在民法典施行前，但根据

《最高人民法院关于适用〈中华人民共和国民法典〉时间效力的若干规定》第三条，本案可以适用民法典关于添附制度的新规定。租赁合同解除后，某金属表面处理公司对租赁标的物所作配套投入形成的添附物所有权依约归某铁塔公司所有。因某铁塔公司进入破产程序而提前解除合同，添附物归属于某铁塔公司导致某金属表面处理公司存在一定损失，依照民法典第三百二十二条"因一方当事人的过错或者确定物的归属造成另一方当事人损害的，应当给予赔偿或者补偿"的规定精神，某铁塔公司应对某金属表面处理公司的损失承担赔偿责任。由于某铁塔公司对某金属表面处理公司所负赔偿责任并非破产程序开始后为了全体债权人的共同利益而负担的债务，不能认定为共益债务。故判决确认某金属表面处理公司对某铁塔公司享有普通债权 334.3 万元。

(四) 民法典条文指引

第三百二十二条　因加工、附合、混合而产生的物的归属，有约定的，按照约定；没有约定或者约定不明确的，依照法律规定；法律没有规定的，按照充分发挥物的效用以及保护无过错当事人的原则确定。因一方当事人的过错或者确定物的归属造成另一方当事人损害的，应当给予赔偿或者补偿。

十七、邹某玲诉某医院医疗服务合同纠纷案

(一) 典型意义

本案是依照民法典和《妇女权益保障法》相关规定的精神，保护丧偶妇女辅助生育权益的典型案例。审理法院结合案情和《人类辅助生殖技术规范》《人类辅助生殖技术和人类精子库伦理原则》有关"禁止给单身妇女实施人类辅助生殖技术"的规范目的，依法认定本案原告丧偶后与上述规定中的"单身妇女"有本质不同，从而

确认了"丧偶妇女"继续实施人类辅助生殖技术的正当性。本案是依法保护女性生育权益的具体实践,体现了司法对妇女合法权益的有效维护,具有积极的导向意义。

(二)基本案情

2020年,邹某玲与丈夫陈某平因生育障碍问题,为实施试管婴儿辅助生育手术到被告湖南省某医院处进行助孕治疗,并于2020年10月1日签署了《助孕治疗情况及配子、胚胎处理知情同意书》等材料。因邹某玲的身体原因暂不宜实施胚胎移植手术,被告对符合冷冻条件的4枚胚胎于当日进行冷冻保存。2021年5月29日,陈某平死亡。后邹某玲要求被告继续为其实施胚胎移植手术,但被告以不能够为单身妇女实施辅助生殖术为由拒绝。

(三)裁判结果

生效裁判认为,有关行政规范性文件规定"禁止给单身妇女实施人类辅助生殖技术",但原告是否属于条文中的"单身妇女"需要结合规范目的及本案的案情综合看待。"单身妇女"应当指未有配偶者到医院实施人类辅助生殖技术的情形,原告是已实施完胚胎培育后丧偶的妇女,与上述规定所指实施胚胎移植手术的单身妇女有本质区别。目前对于丧偶妇女要求继续移植与丈夫已受精完成的胚胎进行生育,法律并无禁止性规定。原告欲继续实施人类辅助生殖,既是为了寄托对丈夫的哀思,也是为人母的责任与担当的体现,符合人之常情和社会公众一般认知,不违背公序良俗。故判决湖南省某医院继续履行与原告的医疗服务合同。

(四)民法典条文指引

第三条 民事主体的人身权利、财产权利以及其他合法权益受法律保护,任何组织或者个人不得侵犯。

第八条 民事主体从事民事活动,不得违反法律,不得违背公序良俗。

十八、蔡某勤诉姚某、杨某昊买卖合同纠纷案

（一）典型意义

本案是适用民法典债务加入规则的典型案例。民法典总结民商事审判经验，回应民商事实践发展需要，以立法形式对债务加入作出规定，赋予民事主体更加多元的选择，对于贯彻自愿原则、保障债权安全、优化营商环境具有重要意义。本案中，审理法院结合具体案情，依法认定被告向原告作出的还款意思表示不属于债务转移，而是构成债务加入，是人民法院适用民法典新增制度规则的一次生动实践。

（二）基本案情

2020年春节后新冠肺炎疫情暴发期间，蔡某勤与姚某协商订购200支额温枪，并支付77000元货款，姚某收款后与杨某昊联系订购150支额温枪，并付款42000元。后姚某、杨某昊均未能交付货物，经蔡某勤催要，姚某退还蔡某勤15000元。杨某昊向蔡某勤出具承诺，表示其因被他人诈骗不能交付货物，如2020年6月3日前不能退赃退赔，愿意直接退还蔡某勤42000元。后姚某、杨某昊均未退还货款，蔡某勤遂提起诉讼，要求姚某对62000元及利息承担还款责任，杨某昊对其中42000元及利息承担连带责任。

（三）裁判结果

生效裁判认为，蔡某勤、杨某昊均未明示同意免除姚某的还款责任，双方的诉讼主张也表明双方均未同意免除姚某的还款责任，故本案不属于债务转移，姚某应对62000元货款承担还款责任。杨某昊自愿向蔡某勤作出承担42000元债务的意思表示，其行为构成债务加入。民法典之前的法律对债务加入未作规定，根据《最高人民法院关于适用〈中华人民共和国民法典〉时间效力的若干规定》

第三条，本案可以适用民法典关于债务加入的规定。故判决由姚某对 62000 元及利息承担还款责任，杨某昊对其中 42000 元及利息承担连带责任。

（四）民法典条文指引

第五百五十二条　第三人与债务人约定加入债务并通知债权人，或者第三人向债权人表示愿意加入债务，债权人未在合理期限内明确拒绝的，债权人可以请求第三人在其愿意承担的债务范围内和债务人承担连带债务。

十九、北京某旅游公司诉北京某村民委员会等合同纠纷案

（一）典型意义

本案是人民法院准确适用民法典关于合同权利义务关系终止和违约责任承担等制度，依法妥善化解民事纠纷的典型案例。审理法院根据案件具体情况认定所涉案件事实不构成情势变更，防止市场主体随意以构成情势变更为由逃避合同规定的义务，同时考虑到合同已经丧失继续履行的现实可行性，依法终止合同权利义务关系。本案裁判有利于指引市场主体遵循诚信原则依法行使权利、履行义务，对于维护市场交易秩序、弘扬诚实守信的社会主义核心价值观具有积极意义。

（二）基本案情

2019 年 2 月 26 日，北京某村民委员会、北京某经济合作社、北京某旅游公司就北京某村域范围内旅游资源开发建设签订经营协议，经营面积 595.88 公顷，经营范围内有河沟、山谷、民宅等旅游资源，经营期限 50 年。北京某旅游公司交纳合作费用 300 万元。2018 年年中，区水务局开始进行城市蓝线规划工作，至 2019 年底形成正

式稿，将涉案经营范围内河沟两侧划定为城市蓝线。2019年11月左右，北京某旅游公司得知河沟两侧被划定为城市蓝线，于2020年5月11日通知要求解除相关协议，后北京某旅游公司撤场。区水务局提供的城市蓝线图显示，城市蓝线沿着河沟两侧划定，大部分村民旧宅在城市蓝线范围外。区水务局陈述，城市蓝线是根据标准不同以及河道防洪等级不同划定的，开发建设必须保证不影响防洪，如果影响，需要对河道进行治理，治理验收合格后则能正常开发建设。庭审中，北京某旅游公司未提交证据证明其对经营范围内区域进行旅游开发时，曾按照政策要求报请相关审批手续，也未提交证据证明因城市蓝线的划定相关政府部门向其出具禁止开展任何活动的通知。

（三）裁判结果

生效裁判认为，本案中城市蓝线的划定不属于情势变更。城市蓝线划定不属于无法预见的重大变化，不会导致一方当事人无法履约。经营协议确定的绝大部分经营区域并不在城市蓝线范围内，对于在城市蓝线范围内的经营区域，北京某旅游公司亦可在履行相应行政审批手续、符合政策文件具体要求的情况下继续进行开发活动，城市蓝线政策不必然导致其履约困难。北京某村民委员会、北京某经济合作社并不存在违约行为，北京某旅游公司明确表示不再对经营范围进行民宿及旅游资源开发，属于违约一方，不享有合同的法定解除权。本案中，北京某旅游公司已撤场，且明确表示不再对经营范围进行民宿及旅游资源开发，要求解除或终止合同，而北京某村民委员会不同意解除或终止合同，要求北京某旅游公司继续履行合同。双方签订的经营协议系具有合作性质的长期性合同，北京某旅游公司是否对民宿及旅游资源进行开发建设必将影响北京某村民委员会的后期收益，北京某旅游公司的开发建设既属权利，也系义务，该不履行属"不履行非金钱债务"情形，且该债务不适合强制履行。同时，长期性合作合同须以双方自愿且相互信赖为前提，在涉案经营协议已丧失继续履行的现实可行性情形下，如不允许双方权利义务终止，既不利于充分发挥土地等资源的价值，又不利于双方利益的平衡保护。因此，涉案经营协议履行已陷入僵局，故对于当事人依据民法典第五百八十条请求终止合同权利义务关系的主张，人民法院予以支持。本案中，旅游开发建设未实际开展，合同权利义务关系终止后，产生恢复原状的法律后果，但合同权利义务关系终止不影响违约责任的承担。综合考虑北京某村民委员会前期费用支出、双方合同权利义务约定、北京某旅游公司的违约情形、合同实际履行期间等因素，酌定北京某村民委员会、北京某经济合作社退还北京某旅游公司部分合作费 120 万元。

（四）民法典条文指引

第七条　民事主体从事民事活动，应当遵循诚信原则，秉持诚实，恪守承诺。

第五百三十三条　合同成立后，合同的基础条件发生了当事人在订立合同时无法预见的、不属于商业风险的重大变化，继续履行合同对于当事人一方明显不公平的，受不利影响的当事人可以与对方重新协商；在合理期限内协商不成的，当事人可以请求人民法院或者仲裁机构变更或者解除合同。

人民法院或者仲裁机构应当结合案件的实际情况，根据公平原则变更或者解除合同。

第五百八十条　当事人一方不履行非金钱债务或者履行非金钱债务不符合约定的，对方可以请求履行，但是有下列情形之一的除外：

（一）法律上或者事实上不能履行；

（二）债务的标的不适于强制履行或者履行费用过高；

（三）债权人在合理期限内未请求履行。

有前款规定的除外情形之一，致使不能实现合同目的的，人民法院或者仲裁机构可以根据当事人的请求终止合同权利义务关系，但是不影响违约责任的承担。

二十、安徽某医疗科技公司诉安徽某健康科技公司名誉权纠纷案

（一）典型意义

党的二十大报告强调要优化民营企业发展环境，依法保护民营企业产权和企业家权益，促进民营经济发展壮大。企业名誉是企业赖以生存和发展的重要基础，依法保护企业名誉权是构建法治化营商环境的应有之义。民法典第一百一十条确认了法人、非法人组织享有名誉权，第一千零二十四条规定任何组织和个人不得以侮辱、诽谤等方式侵害他人名誉权。本案中，安徽某健康科技公司未经核实，采取投诉、公开发布指责声明的方式，侵犯同行业安徽某医疗科技公司名誉，致使其商业信誉降低，构成侵犯企业名誉权。人民法院依法判决安徽某健康科技公司停止侵害、删除发布在网站上的不实信息并登报赔礼道歉，既保护了被侵权企业的合法权益，也有利于维护市场竞争秩序，促进行业在良性竞争中发展。

（二）基本案情

原告安徽某医疗科技公司与被告安徽某健康科技公司均生产防护口罩。2021 年 7 月，安徽某健康科技公司向安徽省商务厅投诉称，安徽某医疗科技公司盗取其公司防护口罩的产品图片等宣传资料，并冒用其公司名义在国际电商平台上公开销售产品。随后，安徽某医疗科技公司收到安徽省商务厅的约谈通知。与此同时，该公司不断接到客户电话反映称，安徽某健康科技公司在公司官网、微信公众号上发布指责其盗用防护口罩名称、包装的文章，被各大网络平台转载。经查，涉案国际电商平台设立在东南亚某国，安徽某医疗科技公司从未在该平台上注册企业用户信息，也不是该平台的卖家商户，虽然平台上确有安徽某健康科技公司防护口罩的产品信息，

但网页配图中安徽某医疗科技公司的厂房和车间图片系被盗用和嫁接。为了维护自身合法权益，安徽某医疗科技公司诉至法院，请求判令安徽某健康科技公司立即停止侵犯名誉权行为并赔礼道歉。安徽某健康科技公司提起反诉，要求安徽某医疗科技公司立即停止在国际电商平台销售和宣传侵权产品，并赔礼道歉。

（三）裁判结果

生效裁判认为，涉案国际电商平台上涉及两家公司的商品信息均为网站用户在其个人终端上自主上传，安徽某医疗科技公司没有在该平台上注册过企业用户信息，不具备在该电商平台上销售产品的前提条件，网页配图系被他人盗用。安徽某健康科技公司发现平台用户存在侵权行为后，应当第一时间向该电商平台要求采取删除、屏蔽、断开链接等必要措施，并查清实际侵权人。但安徽某健康科技公司未核实信息来源，仅凭配发的安徽某医疗科技公司图片即向有关部门投诉。在投诉尚无结论时，安徽某健康科技公司即在公司官网及微信公众号发布不实言论，主观认定安徽某医疗科技公司假冒、仿冒其公司产品，文章和声明被各大网络平台大量转载和传播，足以引导阅读者对安徽某医疗科技公司产生误解，致使公司的商业信誉降低，社会评价下降。安徽某健康科技公司的行为严重侵犯安徽某医疗科技公司的企业名誉，构成侵权，应当承担相应的民事责任。据此，依法判决安徽某健康科技公司停止侵害、删除发布在网站上的不实信息并登报赔礼道歉，驳回安徽某健康科技公司的反诉。

（四）民法典条文指引

第一百一十条　自然人享有生命权、身体权、健康权、姓名权、肖像权、名誉权、荣誉权、隐私权、婚姻自主权等权利。

法人、非法人组织享有名称权、名誉权和荣誉权。

第一百七十九条　承担民事责任的方式主要有：

（一）停止侵害；

（二）排除妨碍；

（三）消除危险；

（四）返还财产；

（五）恢复原状；

（六）修理、重作、更换；

（七）继续履行；

（八）赔偿损失；

（九）支付违约金；

（十）消除影响、恢复名誉；

（十一）赔礼道歉。

法律规定惩罚性赔偿的，依照其规定。

本条规定的承担民事责任的方式，可以单独适用，也可以合并适用。

第一千零二十四条　民事主体享有名誉权。任何组织和个人不得以侮辱、诽谤等方式侵害他人名誉权。

名誉是对民事主体的品德、声望、才能、信用等的社会评价。

二十一、孙某燕与某通信公司某市分公司等隐私权、个人信息保护纠纷案

（一）典型意义

民法典在总则编和人格权编对隐私权和个人信息保护作出专门规定，丰富和完善了隐私权和个人信息保护的规则。特别是第一千零三十三条第一项对群众反映强烈的以电话、短信、即时通信工具、电子邮件等方式侵扰他人私人生活安宁的行为进行了严格规制，回应了社会关切。本案中，原告孙某燕使用被告某通信公司某市分公司提供的移动通信号码，并向其支付费用，故原、被告之间存在电信服务合同关系。某通信公司某市分公司在孙某燕多次明确表示不

接受电话推销业务后，仍继续向孙某燕进行电话推销，其行为构成对孙某燕隐私权的侵犯。本案虽系依据《民法总则》作出裁判，但也充分体现了民法典第一千零三十二条、第一千零三十三条第一项的规定精神，其裁判结果不仅维护了当事人的隐私权，更对当前群众反映强烈的问题作出了回应，亮明了司法态度。

（二）基本案情

2011年7月，原告孙某燕在被告某通信公司某市分公司处入网，办理了电话卡。2020年6月至12月，孙某燕持续收到营销人员以某通信公司某市分公司工作人员名义拨打的推销电话，以"搞活动""回馈老客户""赠送""升级"等为由数次向孙某燕推销套餐升级业务。期间，原告孙某燕两次拨打该通信公司客服电话进行投诉，该通信公司客服在投诉回访中表示会将原告的手机号加入"营销免打扰"，以后尽量避免再向原告推销。后原告孙某燕又接到了被告的推销电话，经拨打该通信公司客服电话反映沟通未得到回复，遂通过工业和信息化部政务平台"电信用户申诉受理平台"进行申诉。该平台回复"在处理过程中，双方未能达成一致意见，依据《电信用户申诉处理办法》第十七、十九、二十条等规定，因调解不成，故视为办结，建议依照国家有关法律规定就申诉事项向仲裁机构申请仲裁或者向人民法院提起诉讼"。原告孙某燕遂向人民法院提起诉讼，请求被告承担侵权责任。

（三）裁判结果

生效裁判认为，自然人的私人生活安宁不受侵扰和破坏。本案中，孙某燕与某通信公司某市分公司之间的电信服务合同依法成立生效。某通信公司某市分公司应当在服务期内为孙某燕提供合同约定的电信服务。孙某燕提交的证据能够证明某通信公司某市分公司擅自多次向孙某燕进行电话推销，侵扰了孙某燕的私人生活安宁，构成了对孙某燕隐私权的侵犯。故判决被告某通信公司某市分公司未经原告孙某燕的同意不得向其移动通信号码拨打营销电话，并赔偿原告孙某燕交通费用782元、精神损害抚慰金3000元。

688

（四）民法典条文指引

第一百一十条　自然人享有生命权、身体权、健康权、姓名权、肖像权、名誉权、荣誉权、隐私权、婚姻自主权等权利。

法人、非法人组织享有名称权、名誉权和荣誉权。

第一千零三十二条　自然人享有隐私权。任何组织或者个人不得以刺探、侵扰、泄露、公开等方式侵害他人的隐私权。

隐私是自然人的私人生活安宁和不愿为他人知晓的私密空间、私密活动、私密信息。

第一千零三十三条　除法律另有规定或者权利人明确同意外，任何组织或者个人不得实施下列行为：

（一）以电话、短信、即时通讯工具、电子邮件、传单等方式侵扰他人的私人生活安宁；

（二）进入、拍摄、窥视他人的住宅、宾馆房间等私密空间；

（三）拍摄、窥视、窃听、公开他人的私密活动；

（四）拍摄、窥视他人身体的私密部位；

（五）处理他人的私密信息；

（六）以其他方式侵害他人的隐私权。

二十二、林某诉张某撤销婚姻纠纷案

（一）典型意义

本案是依法适用民法典相关规定判决撤销婚姻的典型案例。对于一方患有重大疾病，未在结婚登记前如实告知另一方的情形，民法典明确另一方可以向人民法院请求撤销婚姻。本案中，人民法院依法适用民法典相关规定，判决撤销双方的婚姻关系，不仅有效保护了案件中无过错方的合法权益，也符合社会大众对公平正义、诚实信用的良好期待，弘扬了社会主义核心价值观。

（二）基本案情

林某和张某经人介绍相识，于2020年6月28日登记结婚。在登记之后，张某向林某坦白其患有艾滋病多年，并且长期吃药。2020年7月，林某被迫人工终止妊娠。2020年10月，林某提起诉讼要求宣告婚姻无效。诉讼中，林某明确若婚姻无效不能成立，则请求撤销婚姻，对此，张某亦无异议。

（三）裁判结果

生效裁判认为，自然人依法享有缔结婚姻等合法权益，张某虽患有艾滋病，但不属于婚姻无效的情形。林某又提出撤销婚姻的请求，张某对此亦无异议，为减少当事人讼累，人民法院一并予以处理。张某所患疾病对婚姻生活有重大影响，属于婚前应告知林某的重大疾病，但张某未在结婚登记前告知林某，显属不当。故依照民法典第一千零五十三条的规定，判决撤销林某与张某的婚姻关系。判决后，双方均未上诉。

（四）民法典条文指引

第一千零五十三条　一方患有重大疾病的，应当在结婚登记前如实告知另一方；不如实告知的，另一方可以向人民法院请求撤销婚姻。

请求撤销婚姻的，应当自知道或者应当知道撤销事由之日起一年内提出。

二十三、马某臣、段某娥诉于某艳探望权纠纷案

（一）典型意义

近年来，（外）祖父母起诉要求探视（外）孙子女的案件不断增多，突出反映了社会生活对保障"隔代探望权"的司法需求。民法典虽未对隔代探望权作出规定，但民法典第十条明确了处理民事纠纷的依据。按照我国风俗习惯，隔代近亲属探望（外）孙子女符

合社会广泛认可的人伦情理，不违背公序良俗。本案依法支持原告探望孙女的诉讼请求，符合民法典立法目的和弘扬社会主义核心价值观的要求，对保障未成年人身心健康成长和维护老年人合法权益具有积极意义。

（二）基本案情

原告马某臣、段某娥系马某豪父母。被告于某艳与马某豪原系夫妻关系，两人于 2018 年 2 月 14 日办理结婚登记，2019 年 6 月 30 日生育女儿马某。2019 年 8 月 14 日，马某豪在工作时因电击意外去世。目前，马某一直随被告于某艳共同生活。原告因探望孙女马某与被告发生矛盾，协商未果，现诉至法院，请求判令：每周五下午六点原告从被告处将马某接走，周日下午六点被告将马某从原告处接回；寒暑假由原告陪伴马某。

（三）裁判结果

生效裁判认为，马某臣、段某娥夫妇老年痛失独子，要求探望孙女是人之常情，符合民法典立法精神。马某臣、段某娥夫妇探望孙女，既可缓解老人丧子之痛，也能使孙女从老人处得到关爱，有利于其健康成长。我国祖孙三代之间的关系十分密切，一概否定（外）祖父母对（外）孙子女的探望权不符合公序良俗。因此，对于马某臣、段某娥要求探望孙女的诉求，人民法院予以支持。遵循有利于未成年人成长原则，综合考虑马某的年龄、居住情况及双方家庭关系等因素，判决：马某臣、段某娥对马某享有探望权，每月探望两次，每次不超过五个小时，于某艳可在场陪同或予以协助。

（四）民法典条文指引

第十条　处理民事纠纷，应当依照法律；法律没有规定的，可以适用习惯，但是不得违背公序良俗。

第一千零四十三条　家庭应当树立优良家风，弘扬家庭美德，重视家庭文明建设。

夫妻应当互相忠实，互相尊重，互相关爱；家庭成员应当敬老爱幼，互相帮助，维护平等、和睦、文明的婚姻家庭关系。

二十四、曾某泉、曾某军、曾某、李某军
与孙某学婚姻家庭纠纷案

(一) 典型意义

习近平总书记强调："家风是一个家庭的精神内核，也是一个社会的价值缩影。"本案是人民法院弘扬新时代优良家风，维护尽到赡养义务的成年继子女权益的典型案例。民法典明确规定了有扶养关系的继子女与婚生子女、非婚生子女、养子女同属于子女范畴。审理法院依法认定对继父母尽到赡养义务的成年继子女属于有扶养关系的继子女，享有继父母死亡抚恤金分配权，同时确定年老患病的遗孀享有更多分配份额，为弘扬敬老爱老的传统美德，鼓励互助互爱的优良家风提供了现实样例。

(二) 基本案情

曾某彬（男）与曾某泉、曾某军、曾某三人系父子关系，孙某学（女）与李某军系母子关系。2006年，李某军34岁时，曾某彬与孙某学登记结婚。2019年11月4日，曾某彬去世，其单位向孙某学发放一次性死亡抚恤金163536元。曾某彬生前十余年一直与孙某学、李某军共同在李某军所有的房屋中居住生活。曾某彬患有矽肺，孙某学患有（直肠）腺癌，李某军对曾某彬履行了赡养义务。曾某泉三兄弟主张李某军在曾某彬与孙某学结婚时已经成年，双方未形成扶养关系，故李某军不具有上述死亡抚恤金的分配资格。

(三) 裁判结果

生效裁判认为，一次性死亡抚恤金是针对死者近亲属的一种抚恤，应参照继承相关法律规范进行处理。本案应由曾某彬的配偶、子女参与分配，子女包括有扶养关系的继子女。成年继子女对继父母履行了赡养义务的，应认定为有扶养关系的继子女。本案中，曾

某彬与孙某学再婚时，李某军虽已成年，但三人共同居住生活在李某军所有的房屋长达十余年，形成了民法典第一千零四十五条第三款规定的更为紧密的家庭成员关系，且曾某彬患有矽肺，孙某学患有癌症，二人均需家人照顾，根据案件事实可以认定李某军对曾某彬履行了赡养义务。考虑到孙某学年老患病且缺乏劳动能力，遂判决孙某学享有曾某彬一次性死亡抚恤金40%的份额，李某军与曾某泉三兄弟各享有15%的份额。

（四）民法典条文指引

第一千零四十三条　家庭应当树立优良家风，弘扬家庭美德，重视家庭文明建设。

夫妻应当互相忠实，互相尊重，互相关爱；家庭成员应当敬老爱幼，互相帮助，维护平等、和睦、文明的婚姻家庭关系。

第一千零四十五条　亲属包括配偶、血亲和姻亲。

配偶、父母、子女、兄弟姐妹、祖父母、外祖父母、孙子女、外孙子女为近亲属。

配偶、父母、子女和其他共同生活的近亲属为家庭成员。

第一千一百二十七条　遗产按照下列顺序继承：

（一）第一顺序：配偶、子女、父母；

（二）第二顺序：兄弟姐妹、祖父母、外祖父母。

继承开始后，由第一顺序继承人继承，第二顺序继承人不继承；没有第一顺序继承人继承的，由第二顺序继承人继承。

本编所称子女，包括婚生子女、非婚生子女、养子女和有扶养关系的继子女。

本编所称父母，包括生父母、养父母和有扶养关系的继父母。

本编所称兄弟姐妹，包括同父母的兄弟姐妹、同父异母或者同母异父的兄弟姐妹、养兄弟姐妹、有扶养关系的继兄弟姐妹。

第一千一百三十条　同一顺序继承人继承遗产的份额，一般应当均等。

对生活有特殊困难又缺乏劳动能力的继承人，分配遗产时，应当予以照顾。

对被继承人尽了主要扶养义务或者与被继承人共同生活的继承人，分配遗产时，可以多分。

有扶养能力和有扶养条件的继承人，不尽扶养义务的，分配遗产时，应当不分或者少分。

继承人协商同意的，也可以不均等。

二十五、刘某起与刘某海、刘某霞、刘某华遗嘱继承纠纷案

（一）典型意义

民法典顺应时代的变化，回应人民群众的新需要，将打印遗嘱新增规定为法定遗嘱形式。本案依据打印遗嘱规则，准确认定打印遗嘱的成立和生效要件，明确打印人的不同不影响打印遗嘱的认定。打印遗嘱应当有两个以上见证人在场见证，否则不符合法律规定的形式要件，应认定打印遗嘱无效。本案有利于推动打印遗嘱规则在司法实践中的正确适用，有利于践行民法典的新增亮点规定，对于依法维护老年人的遗嘱权益，保障继承权的行使具有重要意义。

（二）基本案情

刘某海、刘某起系刘某与张某的子女。张某和刘某分别于2010年与2018年死亡。刘某起持有《遗嘱》一份，为打印件，加盖有立遗嘱人张某人名章和手印，另见证人处有律师祁某、陈某的署名文字。刘某起称该《遗嘱》系见证人根据张某意思在外打印。刘某起还提供视频录像对上述遗嘱订立过程予以佐证，但录像内容显示张某仅在一名见证人宣读遗嘱内容后，在该见证人协助下加盖人名章、捺手印。依刘某起申请，一审法院分别向两位见证人邮寄相关出庭

材料，一份被退回，一份虽被签收但见证人未出庭作证。刘某海亦持有打印《遗嘱》一份，主张为刘某的见证遗嘱，落款处签署有"刘某"姓名及日期"2013年12月11日"并捺印，另有见证律师李某、高某署名及日期。刘某订立遗嘱的过程有视频录像作为佐证。视频录像主要显示刘某在两名律师见证下签署了遗嘱。此外，作为见证人之一的律师高某出庭接受了质询，证明其与律师李某共同见证刘某订立遗嘱的过程。

（三）裁判结果

生效裁判认为，刘某起提交的《遗嘱》为打印形成，应认定为打印遗嘱而非代书遗嘱。在其他继承人对该遗嘱真实性有异议的情况下，刘某起提交的遗嘱上虽有两名见证人署名，但相应录像视频并未反映见证过程全貌，且录像视频仅显示一名见证人，经法院多次释明及向《遗嘱》记载的两位见证人邮寄出庭通知书，见证人均未出庭证实《遗嘱》真实性，据此对该份《遗嘱》的效力不予认定。刘某海提交的《遗嘱》符合打印遗嘱的形式要件，亦有证据证明见证人全程在场见证，应认定为有效。

（四）民法典条文指引

第一千一百三十六条　打印遗嘱应当有两个以上见证人在场见证。遗嘱人和见证人应当在遗嘱每一页签名，注明年、月、日。

二十六、柳某诉张某莲、某物业公司健康权纠纷案

（一）典型意义

与邻为善、邻里互助是中华民族优秀传统美德，是社会主义核心价值观在社会生活领域的重要体现。本案适用民法典侵权责任编的相关规定，严格审查行为与后果之间的因果关系，坚守法律底线，不因有人受伤而扩大赔偿主体范围，明确自愿为小区购买游乐设施

的业主不承担赔偿责任。本案的裁判贯彻了社会主义核心价值观的要求，依法保护无过错方权益，为善行正名、为义举护航，就对与错、赔与不赔等是非问题予以明确回应，不让好人无端担责或受委屈，维护了人民群众心中的公平正义，表明了司法的态度和温度，弘扬了时代新风新貌。

（二）基本案情

被告张某莲系江苏省江阴市某小区业主，因所在小区游乐设施较少，在征得小区物业公司同意后，自费购置一套儿童滑梯（含配套脚垫）放置在小区公共区域，供儿童免费玩耍。该区域的卫生清洁管理等工作由小区物业公司负责。2020年11月，原告柳某途经此处时，踩到湿滑的脚垫而滑倒摔伤，造成十级伤残。后柳某将张某莲和小区物业公司诉至法院，要求共同赔偿医疗费、护理费、残疾赔偿金、精神损害抚慰金等各项损失近20万元。

（三）裁判结果

生效裁判认为，民法典第一千一百六十五条规定，行为人因过错侵害他人民事权益造成损害的，应当承担侵权责任。本案中，张某莲自费为小区添置儿童游乐设施，在法律上并无过错，也与本案事故的发生无因果关系，依法无需承担赔偿责任。相反，张某莲的行为丰富了小区业主生活，增进了邻里友谊，符合与人为善、与邻为善的传统美德，应予以肯定性的评价。某物业公司作为小区物业服务人，应在同意张某莲放置游乐设施后承担日常维护、管理和安全防范等义务。某物业公司未及时有效清理、未设置警示标志，存在过错，致使滑梯脚垫湿滑，是导致事故发生的主要原因。柳某作为成年公民，未能及时查明路况，对损害的发生亦存在一定过错，依法可适当减轻某物业公司的赔偿责任。一审法院判决某物业公司赔偿柳某因本案事故所受损失的80%，共计12万余元。

（四）民法典条文指引

第一千一百六十五条第一款　行为人因过错侵害他人民事权益造成损害的，应当承担侵权责任。

第一千一百七十三条 被侵权人对同一损害的发生或者扩大有过错的，可以减轻侵权人的责任。

二十七、稳健股份公司诉苏州稳健公司、某包装公司、滑某侵害商标权及不正当竞争纠纷案

（一）典型意义

《知识产权强国建设纲要（2021-2035）》提出，要建设支撑国际一流营商环境的知识产权保护体系。知识产权司法保护作为知识产权保护体系的重要力量，发挥着不可或缺的重要作用。本案是人民法院依法保护企业字号和商标权益，服务保障疫情防控和经济社会发展的典型案例。本案中，稳健股份公司是知名医用卫生材料生产企业，商标及企业字号在业内知名度较高。侵权人故意以该字号为名称注册企业，生产销售口罩产品，有组织、有分工地实施严重的商标侵权及不正当竞争行为。对此，审理法院判决通过适用惩罚性赔偿、加大赔偿力度、认定共同侵权、责令停止使用字号等方式予以严厉惩治，有力保护了权利人的知识产权和相关权利，诠释了人民法院全面加强知识产权司法保护、维护公平竞争秩序的基本理念，实现了政治效果、法律效果和社会效果有机统一。

（二）基本案情

稳健股份公司成立于2000年，业务覆盖医用敷料、手术耗材、医用卫生材料及家庭卫生护理用品等领域，在口罩等多个商品上注册有"winner""稳健""稳健医疗"等诸多商标。稳健股份公司在业内具有较高的知名度和影响力，为我国疫情防控工作作出了重要贡献。苏州稳健公司成立于2020年，在生产销售的口罩产品图片、参数、详情、包装箱、合格证、价签、包装袋以及经营环境、公众号、网站等处使用"SW""WJ"以及"品牌：苏稳、品牌：稳健、

697

品牌：Winner/稳健、生产企业：苏州稳健医疗用品有限公司""稳健医疗、SW 苏稳、WJ 稳健医疗、苏州稳健医疗""苏州稳健公司""苏州稳健医疗用品有限公司"等字样，对其产品、公司及经营进行宣传介绍。滑某分别持有苏州稳健公司、某包装公司 99%、91.6667%股份。苏州稳健公司办公地址位于某包装工业园内，销售的口罩包装袋上标注某包装公司官网地址，出具的销售收据加盖某包装公司公章。某包装公司官网大篇幅介绍苏州稳健公司产品及企业信息，网店销售苏州稳健公司口罩，并自称"自有工厂""源头厂家"。滑某将某包装公司网店销售口罩的收入纳入个人账户。稳健股份公司认为上述行为侵害其商标权，并构成不正当竞争，某包装公司、滑某实施共同侵权，故要求苏州稳健公司停止侵权并赔偿损失，某包装公司、滑某承担连带责任。

（三）裁判结果

生效裁判认为，涉案注册商标及企业字号知名度较高。苏州稳健公司在口罩产品和公司网站、网店、公众号上使用与涉案注册商标相同或近似的标识，擅自注册、使用"稳健"字号及企业名称，开展相同经营活动，具有明显攀附稳健股份公司商誉的目的，造成混淆误认，构成商标侵权及不正当竞争。苏州稳健公司、某包装公司高度关联，滑某为两公司绝对控股股东，个人与公司财产混同。在滑某策划与控制下，两公司分工合作，共同实施侵权行为，三者应当承担连带责任。苏州稳健公司、某包装公司、滑某明知涉案商标及字号在业内知名度极高，使用侵权字号注册公司，有组织、有分工地实施上述行为，且在稳健股份公司两次举报后仍继续实施侵权行为，并向市场监管部门进行不实陈述，严重违背诚信原则和商业道德。同时，本案侵权商品为疫情防控物资，价格低廉，未经正规检验程序即向公众销售，质量堪忧，极大损害稳健股份公司商誉，严重危及公众健康，对疫情防控工作造成不利影响。本案侵权渠道多样，包括线上官网、网店、线下销售，线上覆盖了微信、抖音、淘宝、1688 等，而且侵权规模较大、时间跨度长，当事人拒绝根据法院要求提交财务账册等证据。因此，法院认为苏州稳健公司、某包装公司、滑某侵权情节严重，主观故意明显，对于可以查明的侵权获利部分，依法适用四倍惩罚性赔偿；对于无法查明具体销量的部分，综合考虑严重侵权情节，适用法定赔偿确定赔偿额。据此判决苏州稳健公司、某包装公司、滑某立即停止侵害商标专用权行为及不正当竞争行为，苏州稳健公司立即停止使用现有企业名称，三者共同赔偿稳健股份公司损失及维权合理费用 1021655 元。

（四）民法典条文指引

第一百七十九条　承担民事责任的方式主要有：

（一）停止侵害；

（二）排除妨碍；

（三）消除危险；

（四）返还财产；

（五）恢复原状；

（六）修理、重作、更换；

（七）继续履行；

（八）赔偿损失；

（九）支付违约金；

（十）消除影响、恢复名誉；

（十一）赔礼道歉。

法律规定惩罚性赔偿的，依照其规定。

本条规定的承担民事责任的方式，可以单独适用，也可以合并适用。

第一千一百六十八条　二人以上共同实施侵权行为，造成他人损害的，应当承担连带责任。

二十八、上海市奉贤区生态环境局与张某新、童某勇、王某平生态环境损害赔偿诉讼案

（一）典型意义

习近平总书记多次强调，要像保护眼睛一样保护生态环境。本案系人民法院践行习近平生态文明思想，适用民法典相关规定判决由国家规定的机关委托修复生态环境，所需费用由侵权人负担的典型案例。本案依法认定生态修复刻不容缓而侵权人客观上无法履行修复义务的，行政机关有权委托他人进行修复，并可根据民法典第一千二百三十四条直接主张费用赔偿，既有力推动了生态环境修复，也为民法典施行前发生的环境污染纠纷案件准确适用法律提供了参考借鉴。

（二）基本案情

2018年4月始，张某新、童某勇合伙进行电镀作业，含镍废液直接排入厂房内渗坑。后王某平向张某新承租案涉场地部分厂房，亦进行电镀作业，含镍废液也直接排入渗坑。2018年12月左右，两家电镀作坊雇人在厂房内挖了一口渗井后，含镍废液均通过渗井排放。2019年4月，上海市奉贤区环境监测站检测发现渗井内镍浓度超标，严重污染环境。奉城镇人民政府遂委托他人对镍污染河水和案涉场地电镀废液进行应急处置，并开展环境损害的鉴定评估、生态环境修复、环境监理、修复后效果评估等工作。相关刑事判决以污染环境罪分别判处张某新、童某勇及案外人宋某军有期徒刑，王某平在逃。经奉贤区人民政府指定，奉贤区生态环境局启动本案的生态环境损害索赔工作。因与被告磋商无果，奉贤区生态环境局提起生态环境损害赔偿诉讼，请求判令三被告共同承担应急处置费、环境损害鉴定评估费、招标代理费、修复工程费、环境监理费、修

复效果评估费等费用共计 6712571 元。上海市人民检察院第三分院支持起诉。

（三）裁判结果

生效裁判认为，民法典第一千二百三十四条规定，国家规定的机关可以自行或者委托他人进行修复，所需费用由侵权人负担。涉案侵权行为发生在民法典实施之前，根据《最高人民法院关于适用〈中华人民共和国民法典〉时间效力的若干规定》第三条规定的空白溯及原则，本案可以适用民法典第一千二百三十四条。法院判决三被告共赔偿原告奉贤区生态环境局应急处置费、环境损害鉴定评估费、招标代理费、修复工程费、环境监理费、修复效果评估费等费用共计 6712571 元，其中张某新、童某勇连带赔偿上述金额的 50%，王某平赔偿上述金额的 50%。

（四）民法典条文指引

第一千二百三十四条　违反国家规定造成生态环境损害，生态环境能够修复的，国家规定的机关或者法律规定的组织有权请求侵权人在合理期限内承担修复责任。侵权人在期限内未修复的，国家规定的机关或者法律规定的组织可以自行或者委托他人进行修复，所需费用由侵权人负担。

国有土地上房屋征收补偿标准及计算公式[①]

1. 房屋被征收后被征收人能够获得货币补偿的金额

> 房屋征收货币补偿金额=被征收房屋经由评估机构确定的市场价格（包括房屋装饰装修商定或者评估的补偿金额）+搬迁费用+临时安置费用+营业性房屋的停产停业损失（非营业性房屋无此项补偿）+补助和奖励

2. 采取房屋置换方式补偿的差价金额

> 房屋征收调换产权补偿差价金额=被征收房屋的评估价格+房屋装饰装修商定或者评估的补偿金额-获得的调换产权的房屋的评估价格

3. 搬迁费用

> 搬迁费用=搬迁发生的实际费用或者双方约定的一定数额的搬迁补助费

4. 临时安置费用

> 临时安置费用=没有提供周转房情况下的临时安置费+超出过渡期限的临时安置费

5. 停产停业损失的计算方法

根据房屋被征收前的效益、停产停业的期限等因素确定，具体计算方法由各省、自治区、直辖市制定。主要方法有以下几种：

---

① 本部分内容仅供参考。

（1）根据被征收房屋的总体价值的一定比例计算，预先由双方协商约定；

（2）根据房屋的面积按照单位面积补偿一定金额来计算；

（3）根据营利性房屋的前几年的年平均经营收入和利润等指标，乘以停产停业的期限（年份）来计算；

（4）由评估机构对其进行评估确定；

（5）根据实际损失补偿计算，协商确定。

6. 补助和奖励，由市、县级人民政府制定补助和奖励办法。

遗赠扶养协议书[①]

（参考文本）

遗赠方：×××，（性别），××岁，××族，××市×区人，无子女，现住××市×区×街×号。

扶养方：××，（性别），××岁，××族，××市×县人，××市×（职位），现住×市×区×街×号。

当事人×××与××系××关系。×××年老体弱，没有子女，孤身一人，生活上需要人照顾。××自愿承担照顾老人的义务，直至老人去世。为了明确双方权利义务关系，经共同商定，达成如下协议：

一、×××随××共同生活。在×××有生之年，由××负责照顾其衣食、起居和医病等。×××去世后，由××负责丧葬事宜。

二、×××在××区×街×号有私房×间、厨房×间（房产所有证××××号），赠与××名下为业。×××去世之日，赠与生效，房屋产权开始转移。

三、×××赠与之房产，在其有生之年不得转卖、出租、转赠等；××应尊敬老人，保证×××幸福地度过晚年。

四、此协议自签订之日起生效。在履行协议过程中，一方有违背协议的行为，另一方可以提出终止协议并提出赔偿损失的要求。

以上协议，当事人均属自愿，保证遵照执行。特委托××市××律师事务所律师×××代书协议书一式3份（当事人各执1份，律师事务所留存1份）。

遗赠人：×××（印）

扶养人：××（印）

代书人：××市××律师事务所（章）

律　师：×××（印）

年　　月　　日

---

① 本部分内容仅供参考。

704

遗　嘱①

（参考文本）

【遗　嘱】

立遗嘱人：身份证号：性别：住所：

婚姻状况：已婚，配偶_____

兹郑重申明，将本人所有以前订立之遗嘱、遗嘱修订附件及遗嘱性质的产权处置，无论书面或口头，全部作废，并以该遗嘱为本人最后之遗嘱。

一、本人名下位于_____室的房产，产权证号：房地_____字（_____）第_____号，本人愿将上述房产作为遗产由_____继承。

二、本人将本人名下的所有现金及银行存款、贵重物品、家具电器等全部属于本人的动产作为遗产由_____继承。

三、本人的遗产先用于支付本人丧葬费用，后事交由_____全权办理。

四、遗嘱一式贰份，一份由____持有，一份由____持有，此嘱。

立遗嘱人：_____

____年____月____日

填写说明：

1. 立遗嘱人的姓名、身份证号、住所、性别、婚姻状况应写明。

2. 立遗嘱人的资产，包括现金、银行账户、股票、保险金、房地产、古董、珠宝首饰、汽车、股份等等，均需详细准确列明。

3. 继承人的身份、名称、关系等也应写明。

---

① 本部分内容仅供参考。

夫妻共同财产和个人财产的计算公式[1]

（1）夫妻共同财产的计算公式

公式一：

> 夫妻共同财产＝约定的共同财产＋法定的共同财产

公式二：

> 法定的夫妻共同所有财产＝工资＋奖金＋劳务收入＋生产、经营、投资的收益＋知识产权的收益＋未确定由特定一方继承或者受赠的财产＋住房补贴＋住房公积金＋养老保险金＋破产安置补偿费＋购置的财产＋取得的债权＋复员费（部分）＋军人自主择业费（部分）＋其他应当归共同所有的财产（以上各项均为婚姻关系存续期间取得的）

① 工资、奖金和劳务收入的计算公式

> 工资、奖金和劳务收入＝工资＋奖金＋红包＋红利＋津贴＋互助金＋餐补＋服装费＋其他劳务收入

② 生产、经营、投资的收益计算公式

> 生产、经营、投资的收益＝劳动收入＋资本收益（如股票债券收入，经营个体工商户的收益、经营企业的收益、入股收益等，包括股份、股权等）

---

[1] 本部分内容仅供参考。

706

③ 知识产权的收益计算公式

知识产权的收益＝已得收益＋已经明确可以取得的财产性收益

④ 继承或者受赠的财产计算要点

遗嘱或赠与合同中没有确定只归夫或妻一方的财产（继承权是在婚姻关系存续期间取得或者接受赠与是在婚姻关系存续期间）

⑤ 复员费、转业费、军人自主择业费（部分）计算公式

属于夫妻共同财产的复员费、转业费、自主择业费＝夫妻婚姻关系存续年限×年平均值

年平均值＝复员费、转业费、自主择业费总额÷（70-军人入伍时实际年龄）

⑥ 其他应当归共同所有的财产计算公式

其他应当归共同所有的财产＝一方以个人财产投资取得的收益＋男女双方实际取得或者应当取得的养老保险金＋破产安置补偿费＋住房补贴＋住房公积金＋共同财产购买的房产＋购置的财产＋其他

（2）夫妻个人所有财产的计算公式

公式一：

> 夫妻个人所有的财产＝约定的个人所有的财产＋法定夫妻个人所有的财产

公式二：

> 法定夫妻个人所有的财产＝一方的婚前财产＋一方因受到人身损害获得的＋遗嘱或者赠与合同中确定只归一方的财产＋一方专用的生活用品＋其他应当归一方的财产

① 一方的婚前财产计算要点

> 一方婚前的财产不因婚姻关系的延续而转化为夫妻共同财产（当事人另有约定的除外）

② 一方因受到人身损害获得的赔偿或者补偿计算公式

> 一方因受到人身损害获得的赔偿或者补偿＝医疗费＋残疾人生活补助费＋精神抚慰金＋一次性工伤伤残补助金＋交通补助费＋营养补助费＋住院伙食补助费＋护理费＋假肢安装费＋军人的伤亡保险金＋军人伤残补助金＋军人医药生活补助费＋其他一方因受到人身损害而获得的赔偿或者补偿

继承纠纷诉讼流程图①

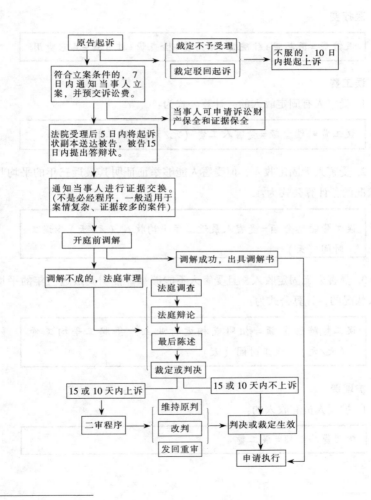

---

① 本部分内容仅供参考。

人身损害赔偿计算公式^①

医疗费

> 医疗费＝医药费+住院费+治疗费+检查费+挂号费+其它费用

误工费

1. 受害人有固定收入的，计算公式为：

> 误工费赔偿金额＝受害人工资（元/天）×误工时间（天）

2. 受害人无固定收入，但受害人能够举证证明其最近三年的平均收入状况的，计算公式为：

> 误工费赔偿金额＝受害人最近三年平均收入（元/天）×误工
>   时间（天）

3. 受害人无固定收入，且受害人不能够举证证明其最近三年的平均收入状况的，计算公式为：

> 误工费赔偿金额＝相同或相近行业上一年职工平均工资
>   （天/元）×误工时间（天）

护理费

1. 护理人员有收入的：

> 护理费赔偿额＝误工费

---

① 本部分内容仅供参考。

710

2. 护理人员没有收入或者雇佣护工的：

护理费赔偿额＝护理标准（元/天）×护理期限（天）

交通费

交通费赔偿金额＝往返费用×往返次数×往返人数

住院伙食补助费

住院伙食补助费＝当地国家机关一般工作人员出差伙食补助
标准（元/天）×住院天数

营养费

营养费＝实际发生的必要营养费

残疾赔偿金

残疾赔偿金＝受诉法院所在地上一年度城镇居民人均可支配
收入×伤残等级系数×赔偿年限

残疾辅助器具费

残疾辅助器具费＝普通适用器具的合理费用

丧葬费

丧葬费赔偿额＝受诉法院所在地上一年度职工月平均工资
（元/月）×6个月

被扶养人生活费

1. 被扶养人没有其他扶养人的：

被扶养人生活费赔偿额=受诉法院所在地上一年度城镇居民人均消费性支出（农村居民人均年生活消费支出）×伤残系数×赔偿年限

2. 被扶养人还有其他抚养人的：

被扶养人生活费赔偿额=受害人依法应承担的扶养费用

3. 被扶养人有数人的：

年赔偿总额≤上一年度城镇居民人均消费性支出额或者农村居民人均年生活消费支出额

死亡赔偿金

因同一侵权行为造成多人死亡的，可以以相同数额确定死亡赔偿金

精神损害赔偿

侵害自然人人身权益造成严重精神损害的；因故意或者重大过失侵害自然人具有人身意义的特定物造成严重精神损害的，被侵权人有权请求精神损害赔偿。

因当事人一方的违约行为，损害对方人格权并造成严重精神损害，受损害方选择请求其承担违约责任的，不影响受损害方请求精神损害赔偿。

图书在版编目（CIP）数据

中华人民共和国民法典注解与配套／中国法制出版
社编 . —北京：中国法制出版社，2023. 12（2024. 11 重印）
（法律注解与配套丛书）
ISBN 978-7-5216-1420-6

Ⅰ . ①中… Ⅱ . ①中… Ⅲ . ①民法–法典–法律解释
–中国 Ⅳ . ①D923. 05

中国版本图书馆 CIP 数据核字（2020）第 218188 号

策划编辑：袁笋冰　　　　责任编辑：卜范杰　　　　封面设计：杨泽江

中华人民共和国民法典注解与配套
ZHONGHUA RENMIN GONGHEGUO MINFADIAN ZHUJIE YU PEITAO

经销/新华书店
印刷/三河市紫恒印装有限公司
开本/850 毫米×1168 毫米　32 开　　　　　印张/ 25　字数/ 612 千
版次/2023 年 12 月第 1 版　　　　　　　　2024 年 11 月第 2 次印刷

中国法制出版社出版
书号 ISBN 978-7-5216-1420-6　　　　　　　　　　　定价：58. 00 元

北京市西城区西便门西里甲 16 号西便门办公区
邮政编码：100053　　　　　　　　　　传真：010-63141600
网址：http：//www. zgfzs. com　　　编辑部电话：010-63141673
市场营销部电话：010-63141612　　　印务部电话：010-63141606

（如有印装质量问题，请与本社印务部联系。）